VDE-Fachberichte 35

Mustererkennung 1983

Vorträge des 5. DAGM-Symposiums
vom 11.–13. Oktober 1983 in Karlsruhe

Wissenschaftliche Tagungsleitung
H. Kazmierczak, Karlsruhe

Veranstalter
Deutsche Arbeitsgemeinschaft für Mustererkennung (DAGM)
Ausrichtung durch die Nachrichtentechnische Gesellschaft
im VDE (NTG)

Springer-Verlag Berlin Heidelberg GmbH

Redaktion: Dipl.-Ing. Roland Werner

CIP-Kurztitelaufnahme der Deutschen Bibliothek

Mustererkennung ⟨1983, Karlsruhe⟩:
[Mustererkennung neunzehnhundertdreiundachtzig]
Mustererkennung 1983: vom 11. – 13. Oktober 1983
in Karlsruhe / wiss. Tagungsleitung H. Kazmierczak.
Veranst. Dt. Arbeitsgemeinschaft für Mustererkennung (DAGM).
Ausrichtung durch d. Nachrichtentechn. Ges. im VDE (NTG).
[Red.: Roland Werner]. – Berlin ; Offenbach : VDE-VERLAG, 1983.
    (Vorträge des ... DAGM-Symposiums ; 5)
    (Fachberichte / Verband Deutscher Elektrotechniker ; 35)

NE: Kazmierczak, Helmut [Hrsg.]; Werner, Roland [Red.];
Deutsche Arbeitsgemeinschaft für Mustererkennung;
Vorträge des ... DAGM-Symposiums;
Verband Deutscher Elektrotechniker: Fachberichte; HST

Die DAGM wird durch folgende wissenschaftliche Gesellschaften
– die Träger der DAGM – gebildet:

    Deutsche Gesellschaft für Angewandte Optik
    Deutsche Gesellschaft für Ortung und Navigation
    Deutsche Gesellschaft für Medizinische Dokumentation,
    Information und Statistik
    Deutsche Gesellschaft für Angewandte Datenverarbeitung
    und Automation in der Medizin
    Gesellschaft für Informatik
    Nachrichtentechnische Gesellschaft im VDE (NTG)
    Deutsche Gesellschaft für Nuklearmedizin
    Deutsche Sektion des IEEE

Die DAGM ist Mitglied der International Association for Pattern
Recognition, Inc. (IAPR, affiliate member of IFIP)

Programmausschuß

K.-H. Höhne, Hamburg	H. Platzer, München
H. Kazmierczak, Karlsruhe	B. Radig, Hamburg
C.-E. Liedtke, Hannover	U. Rembold, Karlsruhe
H. Niemann, Erlangen	G. Winkler, Karlsruhe
E. Paulus, Braunschweig	H.-G. Zimmer, Göttingen

ISBN 978-3-8007-1334-9   ISBN 978-3-662-36430-7 (eBook)
DOI 10.1007/978-3-662-36430-7

© 1983 Springer-Verlag Berlin Heidelberg

Ursprünglich erschienen bei VDE-Verlag GmbH 1983.

Alle Rechte vorbehalten

VORWORT

Die seit 1978 von der Deutschen Arbeitsgemeinschaft für Mustererkennung (DAGM) durchgeführte Veranstaltung mit Tagungen in Oberpfaffenhofen, Karlsruhe, Essen und Hamburg wird nach einjähriger Unterbrechung wegen der ICPR 82 München mit dem Symposium Mustererkennung 1983 in Karlsruhe fortgesetzt. Diese Tagung, die von der Nachrichtentechnischen Gesellschaft im VDE (NTG) ausgerichtet wird, steht im Zeichen der Anwendungen der Bildauswertung und Mustererkennung. Insgesamt werden die Themen Bildtransformationen, Erkennungsmerkmale und Objektklassifikation, Spracherkennung und Bildbeschreibung, Auswertung von Bildfolgen, Industrie- und 3D-Szenen, Bildverarbeitungs-Prozessoren und Anwendungen u.a. in Medizin und Erderkundung behandelt. Weiter geben 4 Fachleute auf dem Gebiet der Bildverarbeitung eine Übersicht zu den Themenbereichen 2D- und 3D-Objektbeschreibung, photogrammetrische Auswertekonzepte, Parallelverarbeitung und industrielle Anwendungen.

Die steigende Zahl von Beitragsanmeldungen weist auf das zunehmende Interesse am DAGM-Symposium hin. Leider konnte nur etwa die Hälfte der 108 eingereichten Beiträge berücksichtigt werden. Bei der Auswahl der Vorträge unterstützte mich der Programmausschuß:

K.-H. Höhne (Hamburg), C.-E. Liedtke (Hannover),
H. Niemann (Erlangen), E. Paulus (Braunschweig),
H. Platzer (München), B. Radig (Hamburg),
U. Rembold (Karlsruhe), G. Winkler (Karlsruhe),
H.-G. Zimmer (Göttingen)

Im Namen der Tagungsteilnehmer bedanke ich mich sehr herzlich bei

den Autoren für die eingereichten Beitragsanmeldungen und Vorträge,

den Mitgliedern des Programmausschusses und den Sitzungsleitern für die Mitwirkung am wissenschaftlichen Programm,

den betreffenden Mitarbeitern des Forschungsinstitutes für Informationsverarbeitung und Mustererkennung (FIM/FGAN) für die Mitwirkung bei der Tagungsorganisation,

der Universität Karlsruhe für die Überlassung der Tagungsräume,

der VDE-Zentralstelle und dem VDE-Bezirksverein für die Tagungsorganisation

Allen Tagungsteilnehmern wünsche ich viele anregende Diskussionen und einen angenehmen Aufenthalt in Karlsruhe.

Karlsruhe, im Juli 1983   Helmut Kazmierczak

Inhalt　　　　　　　　　　　　　　　　　　　　　　　　　　　　　　　　　　Seite

3D-Szenen

Leberl, F., Graz (Übersichtsvortrag)
Photogrammetrische Konzepte zur Auswertung von 2D- und 3D-Szenen 11

Dreschler-Fischer, L., Enkelmann, W., Hamburg, Nagel, H.-H., Karlsruhe
Lernen durch Beobachtung von Szenen mit bewegten Objekten: Phasen einer
Systementwicklung 29

Hille, G., Hamburg
Bestimmung von Orientierungsänderungen und Beleuchtungsänderungen
durch Farbbildanalyse 35

Bildfolgen

Hofer-Alfeis, J., Bamler, R., München
Fouriertransformation drei- und vierdimensionaler Signale dargestellt
durch Bildsequenzen 41

Obermöller, U., Witte, G., Höhne, K.H., Hamburg
Parametrische Bilder aus intravenösen Angiogrammen des linken Herzventrikels 47

May, F., Wolf, W., Ulm
Trennung bewegter Objekte im bewegten Umfeld einer Bildszene durch
mehrstufige Bewegungskompensation 54

Zimmermann, G., Korries, R., Karlsruhe
Die Eignung spezifischer Bildstrukturen für die Bewegungsbestimmung in
Bildfolgen 60

Bargel, B., Ebert, A., Ernst, D., Karlsruhe
Objektdetektion und Klassifikation in Bildfolgen 66

Industrie-Szenen I

Geißelmann, H., Karlsruhe (Übersichtsvortrag)
Forderungen an die Bildverarbeitung in der industriellen Fertigung ... 72

Zarschizky, H., Lauterborn, W., Göttingen
Bildsegmentation in reellen Hologrammrekonstruktionen auf der Grundlage
von Speckle-Statistiken 84

Decker, H., Hamburg
Elastischer Bildvergleich am Beispiel der automatischen Prüfung von
Aluminiumteilen 91

Andresen, K., Morche, B., Ritter, R., Braunschweig
Das Reflexions-Raster-Verfahren und seine Anwendung bei der automatischen Bestimmung von Oberflächenverformungen 95

Levi, P., Weirich, E., Karlsruhe
Lasergestützte Qualitätskontrolle mit synthetischen Bildern 101

  Seite

Medizin I

Stassen, H.H., Günter, R., Bomben, G., Zürich
Multidimensionale Skalierung: Gewinnung metrischer Informationen aus
nicht-metrischen Daten am Beispiel von EEG-Spektralmustern 107

Jäpel, D., Erlangen-Nürnberg
Messtechnische Auswertung von Gewebeschnitten 112

Abmayr, W., Rappl, W., Mannweiler, E., Neuherberg
Segmentieren von Zellen in Gewebeschnitten 118

Gerlach, B., Haucke, M., Aus, H.M., Harms, H., ter Meulen, V., Würzburg
Automatisierte Chromosomenanalyse mittels eines hochauflösenden TV-
Mikroskops 124

Strässle, G., Reinhardt, E.R., Stuttgart, Witte, S., Karlsruhe
Texturanalyse an nativem Zellmaterial mit Hilfe der Ultraviolettmikroskopie 131

Jütting, U., Gais, P., Rodenacker, K., Burger, G., Neuherberg b.München
Schenck, U., München
Analyse von Objektagglomeraten in Bildern 137

Anwendungen

Pfannerstill, E., Aachen
Ein Mustererkennungssystem zur Wiedererkennung von Kraftfahrzeugen ... 143

Blaffert, T., Hamburg
Unscharfe Mengen und invertierte Suche - zwei Konzepte zur Identifizierung chemischer Verbindungen in Spektren 149

Maderlechner, G., Kuner, P., Hundt, E., München
Mustererkennung und Musterbeschreibung von Liniengrafik in Zeichnungen 155

Doster, W., Oed, R., Ulm
Zur Bildanalyse bei der handschriftlichen Direkteingabe 161

Naske, R.D., Wiesbaden
Modellgestützte Bilddeformation und ihre Anwendung in der textbezogenen
Schreibererkennung 167

Buhr, R., Wiesbaden
Zur Verarbeitung von digitalisierten Gesichtsbildern 173

Prozessoren

Gemmar, P., Karlsruhe (Übersichtsvortrag)
Prozessoren und Systeme für die Bildverarbeitung 179

Beushausen, J., Fries, E., Clausthal
Hypothesengesteuerte Bilddatenerfassung über einen DMA-gekoppelten
Peripheriebus 197

Graefe, V., München
Ein Bildvorverarbeitungsrechner für die Bewegungssteuerung durch
Rechnersehen 203

Benn, W., Radig, B., Hamburg
Integration eines Datenbanksystems in ein Rechnernetz zur Bildfolgenauswertung 209

Seite

Erderkundung

Claus, M., Karlsruhe
3-D Ermittlung aus Rasterbildern durch Stereokorrelationsrechnung 215

Jourdan, W., Hamburg
Untersuchung von Texturmerkmalen aus verschiedenen Farbvideoauszügen zur Klassifikation farbiger Luftbildaufnahmen 219

Haberäcker, P., München, Thiemann, R., Ottobrunn
Szenenanalytische Auswertung von digitalisierten Luftbildern mit Baumstrukturen 225

Mauer, E., Schärf, R., Karlsruhe
Automatische adaptive Texturanalyse in Kombination mit der Multispektralanalyse 231

Merkmale und Klassifikation

Korn, A., Schönbein, R., Karlsruhe
Formmerkmale und deren statistische Verteilung zur Texturbeschreibung in verschiedenen Ortsfrequenzbereichen 237

Geuen, W., Preuth, H.G., Sarfert, T., Hannover
Bewertung von Segmentierungsverfahren 243

Jäpel, D., Erlangen-Nürnberg
Zur Fehlerrate als Kriterium in der Merkmalsauswahl 249

Bernhardt, L., Konstanz
Zur Klassifizierung vieler Musterklassen mit wenigen Merkmalen 255

Franke, J., Ulm
Zur Entwicklung hierarchischer Klassifikatoren aus der entscheidungstheoretischen Konzeption 261

Geisler, W., Braunschweig
Ein Modell zum Lernen eines hinreichenden Verfahrens zur Suche und Verfolgung von Objektkonturen 266

Transformationen

Besslich, Ph., Kurowski, J.O., Bremen
Radix-$2^{**}k$-Gewichtstransformationen zur Cluster-Analyse 272

Altmann, J., Reitböck, H., Marburg/Lahn
Größen-, rotations- und translationsinvariante Mustererkennung durch eine schnelle Korrelationsmethode 278

Verbeek, P.W., de Jong, D.J., Delft
Simplified Versions of a Local Wiener Filter 284

Schorb, H., Burkhardt, H., Karlsruhe
Maximum-A-Posteriori Restauration gestörter Bilder unter Berücksichtigung von bekannten Bildsignaleinschränkungen 288

Zinser, G., Erhardt, A., Komitowski, D., Bille, J., Heidelberg
Erzeugung und Rekonstruktion dreidimensionaler lichtmikroskopischer Bilder 294

Seite

Industrie-Szenen II

Radig, B., Hamburg (Übersichtsvortrag)
2D- und 3D-Objektbeschreibung für Sichtsysteme 300

Stein, G., Karlsruhe
Automatische Strukturanalyse von Bildsignalen aufgrund rechnerinterner
Modelle aus lokalen Formmerkmalen 319

Walter, I., Tropf, H., Karlsruhe
Erweiterte Übergangsnetze als Modell zur 3D-Erkennung von Werkstücken
in Einzelbildern 325

Slavik, J., Freiburg
Räumliche Lagebestimmung vereinzelter zylindrischer Wellen aus 3D-
Rasterbildern 331

Levi, P., Horner, R., Karlsruhe
Bestimmung dreidimensionaler Symmetrieeigenschaften auf der Basis von
Trägheitsmomenten 337

Medizin II

Kriete, A., Haucke, M., Gerlach, B., Harms, H., Aus, H.M.,
ter Meulen, V., Würzburg
Computeranalyse von elektronenmikroskopischen Bildern 343

Vollmann, W., Mahnke, G., Hamburg
Automatische Konturfindung in Ultraschallbildern des Herzens 348

Stein, N., Pfannenstiel, P., Brückner, A., v. Seelen, W., Wiesbaden
Automatisierte Auswertung von Ultraschall-Schnittbildern der Schilddrüse 354

Englmeier, K.-H., Hecker, R., Pöppl, S.J., Neuherberg b.München
Computergestützte Bestimmung des Prostatavolumens aus transrektalen
Ultraschalltomogrammen 361

Spracherkennung und Bildbeschreibung

Regel, P., Erlangen-Nürnberg
Kontinuierliche Spracherkennung: Ein Akustik-Phonetik Modul 367

Mudler, J., Braunschweig
Wissensgesteuerte Analyse bei der automatischen Spracherkennung ... 373

Hartmann, G., Paderborn
Erzeugung von Verarbeitung hierarchisch codierter Konturinformation .. 378

Zamperoni, Piero, Braunschweig
Modellorientierte Bildsegmentierung 384

Liedtke, C.-E., Kappei, F., Hannover
Wissensgesteuerte Segmentierung von Urothelzellbildern 390

Gabler, R., Kestner, W., Nicolin, B., Karlsruhe
Objektgruppierung in Luftbildern 396

Seite

Carlsohn, M.F., Bremen
Quadrantenstruktur zur Erzeugung variabler Unterbildgrößen 402

Jaenecke, P., Gießen
Kritische Anmerkungen zur syntaktischen Mustererkennung 404

Linge, H., Zimmer, H.-G., Neuhoff, V., Göttingen
Die dreidimensionale Übertragungsfunktion eines Scanningmikrophoto-
meters 406

Rübel, M., Hamburg
Darstellung von diskreten Volumendaten in stereoskopischen Projektions-
bildern 408

PHOTOGRAMMETRISCHE KONZEPTE ZUR AUSWERTUNG VON 2D- UND 3D-SZENEN.

F. Leberl
Institut für digitale Bildverarbeitung und Graphik
Technische Universität und Forschungszentrum Graz.
Wastiangasse 6, A-8010 Graz.

Zusammenfassung

Die Photogrammetrie befaßt sich vor allem mit der Vermessung von Objekten mittels zentralperspektiver Bilder. Damit bestehen photogrammetrische Lösungen für eine große Zahl von Problemstellungen zur Anwendung in der Mustererkennung mit Einzel- und Stereobildern. Umgekehrt dringen Methoden der Mustererkennung durch verstärktes Nutzen digitaler Bilder in die Photogrammetrie ein. Der Beitrag liefert eine Übersicht einiger im Grenzbereich zwischen Photogrammetrie und Mustererkennung liegender Konzepte.

Abstract

Photogrammetry is the discipline that surveys objects with the help of central perspective photographs. A large number of solutions exists for use with pattern recognition techniques in single images and stereo-pairs. Also methods of pattern recognition begin to enter into photogrammetry. This paper is a review of concepts in the area between current photogrammetry and pattern recognition.

1. Einleitung

(a) Zentralperspektive: Wesentlicher Inhalt der Photogrammetrie und dieses Beitrages ist die Zentralperspektive. Die Definition der Photogrammetrie als Disziplin zur Gewinnung geometrischer und thematischer Information über Objekte aus Bildern /39/ ist eigentlich zu allgemein: Schwerpunkte liegen bei der geometrischen Information und den photographischen, zentralperspektiven Aufnahmen.

(b) <u>Anwendung:</u> Wesentliche Anwendung der Photogrammetrie ist die Herstellung topographischer Landkarten und Pläne; daher wird die Photogrammetrie dem Fachgebiet des Vermessungswesens zugeordnet. Ein Begriff für diesen Teil des Faches ist L u f t b i l d w e s e n . Aber das Spektrum der Anwendungen reicht in viele andere Bereiche wie Medizin und Architektur; sie dient dort, wo geometrische Information aus Bildern gewonnen wird.

(c) <u>Fernerkundung:</u> Gewisse bildgebende Verfahren der Physik und Medizin nötigen die Photogrammetrie vereinzelt auch zur Analyse nicht-zentralperspektiver Bildgeometrien /22/. Aber erst seit dem Entstehen der Fernerkundung stellt sich die Photogrammetrie vertieft der Frage nicht-photographischer Bilder. Dabei erfolgt -- derzeit zumindest (noch) -- eine grobe Unterscheidung in die klassischen zentralperspektiven Verfahren und in sonstige Abbildungen der Fernerkundung. Es ist unklar, ob die Photogrammetrie im Gegensatz zur Fernerkundung steht oder das eine einfach als Teilgebiet des anderen gelten muß.

(d) <u>Digitale Bilder:</u> Das digitale Bild dringt auch in die Photogrammetrie vor; derzeit geschieht dies vornehmlich auf dem Umweg der Fernerkundung und der nicht-topographischen Verfahren. Digitalbilder und Methoden der digitalen Bildverarbeitung und Mustererkennung sind aber auch von rasch steigender Bedeutung in der klassischen Luftbildmessung /3/, /20/. Umgekehrt können bekannte und ausentwickelte Methoden der Photogrammetrie einen Beitrag zur digitalen Bildverarbeitung und Mustererkennung liefern.

(e) <u>Zur Gliederung des Beitrages:</u> Zweck dieses Vortrages ist es, im letzteren Sinne einige photogrammetrische Konzepte zu diskutieren, welche für die Arbeit mit zentralperspektiven Digitalbildern von Wert sein können. Die Darstellung richtet sich nicht an photogrammetrische Fachkollegen, sondern an die in der Informatik tätigen Experten der Mustererkennung. Die Darstellung gliedert sich in Fragen zum Einzelbild und zur Stereophotogrammetrie. Darauf folgt eine Definition des für digitale Bildverarbeitung relevanten sogenannten Orthophotos. Photogrammetrische Entwicklungsschwerpunkte mit Bezug zur Mustererkennung sind Thema der Schlußbetrachtungen.

(f) <u>2D und 3D-Szenen:</u> In der Photogrammetrie unterscheidet man zwischen ebenen und räumlichen Objekten. Damit sind unterschiedliche Aufgaben und Verfahren betroffen. Daher ist es sinnvoll, auch im folgenden eine Unterscheidung in 2-D und 3-D Szenen im Sinne ebener und räumlich ausgedehnter Objekte zu treffen.

2. Das Einzelbild

2.1 Auflösung und Genauigkeit

(a) <u>Pixeldurchmesser</u>: Das geometrische Auflösungsvermögen wird in der Photographie mittels Linienpaaren pro Millimeter (lp/mm) beschrieben. In der Luftbildmessung rechnet man mit 20 bis 50 lp/mm (/38/). Im Digitalbild ist eine gleichwertige Angabe mittels Pixeldurchmessern zu treffen. Im allgemeinen wird hiefür ein Bezug zwischen dem Wert n in lp/mm und dem maximal zulässigen Pixeldurchmesser a definiert:

$$a = 1/(n * 2.8) \tag{1}$$

Damit ergibt sich ein für die Luftbildmessung gleichwertiger Pixeldurchmesser von 8 bis 17 μm.

(b) <u>Punktdefinition</u>: Thurgood und Mikhail /43/ prüfen die Frage der Genauigkeit der Punktdefinition im Digitalbild: die Autoren kommen zum Schluß, daß ein punktförmiges Objekt in einem Digitalbild mit einem mittleren Fehler von 10 Prozent des Pixeldurchmessers gemessen werden kann.

(c) <u>Lagefehler von Bildpunkten</u>: Genauigkeit photogrammetrischer Lösungen wird meist in Form von mittleren Koordinaten oder Punktlagefehlern im Maßstab des Bildes angegeben. Damit wird die Aussage von der unmittelbaren Aufnahmedisposition unabhängig. Moderne Präzisionsverfahren der Photogrammetrie leisten Genauigkeiten von 2 bis 5 μm im (zentralperspektiven) Bild (/39/, /21/, /45/). Es ist zu erwarten, daß im Digitalfall Genauigkeiten von Bruchteilen des Pixeldurchmessers erreichbar sind.

2.2 Der Begriff des räumlichen Rückwärtsschnittes

(a) <u>Innere Orientierung</u>: Üblicherweise verwendet die Photogrammetrie sogenannte M e ß b i l d e r aus Kameras mit im Bildraum bekannter Lage des Projektionszentrums: Abb. 1 zeigt diese Lage durch Definition der Brennweite (oder sogenannter K a m m e r k o n s t a n t e r) und der Abbildung des Projektionszentrums (i n n e r e O r i e n t i e r u n g).

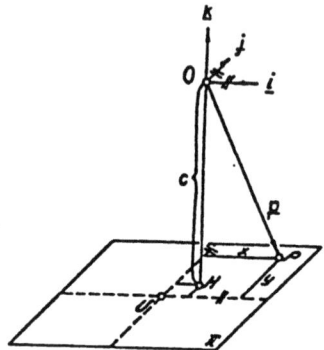

Abb. 1: Größen der inneren Orientierung der Zentralperspektive. U... Koordinatenursprung; H... Bildhauptpunkt; c... Kammerkonstante; p... Bildvektor; o... Projektionszentrum; $\underline{i},\underline{j},\underline{k}$... Koordinatensystem des Bildraumes.

(b) <u>Zentralprojektion</u>:

Es ist für eine Anwendung die Orientierung und Lage der Kamera im Objektraum mittels Paßpunkten zu bestimmen. Es gilt für die Zentralprojektion bekanntlich:

$$\begin{bmatrix} x - x_o \\ y - y_o \\ -c \end{bmatrix} = \lambda \cdot \underline{R} \cdot \begin{bmatrix} X - X_o \\ Y - Y_o \\ Z - Z_o \end{bmatrix} \qquad (2)$$

oder

$$\frac{x - x_o}{-c} = \frac{r_{11}(X-X_o) + r_{12}(Y-Y_o) + r_{13}(Z-Z_o)}{r_{31}(X-X_o) + r_{32}(Y-Y_o) + r_{33}(Z-Z_o)}$$

$$\frac{y - y_o}{-c} = \frac{r_{21}(X-X_o) + r_{22}(Y-Y_o) + r_{23}(Z-Z_o)}{r_{31}(X-X_o) + r_{32}(Y-Y_o) + r_{33}(Z-Z_o)}$$

Ein Gleichungspaar (3) definiert bei bekanntem (x_o, y_o, c) ein perspektives Strahlenbündel (Abb. 2), wobei (x, y) die Lage eines Punktes im Bildkoordinatensystem beschreibt, (x_o, y_o) die Lage des sogenannten Bildhauptpunktes der Zentralperspektive definiert, ein Maßstabsfaktor, $\underline{R}$ eine Drehmatrix ist und (X_o, Y_o, Z_o) den Ort des Projektzentrums sowie (X, Y, Z) jenen des Objektpunktes angibt, der zum Bildpunkt (x, y) gehört.

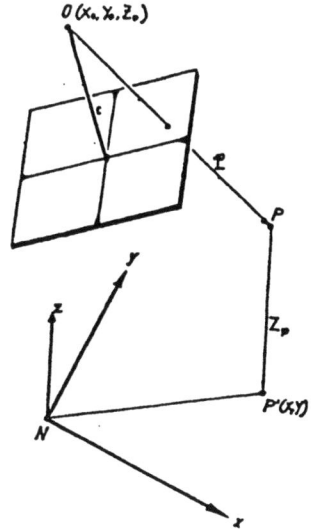

Abb. 2: Projektionsstrahlen p.

(c) <u>Bestimmung der äußeren Orientierung:</u> Eine Aufnahmedisposition ist mittels (x_o, y_o, c), also der inneren Orientierung, und mittels $\underline{R}$, (X_O, Y_O, Z_O), der äußeren Orientierung bestimmt. Bei Meßbildern ist (x_o, y_o, c) als bekannte Größe der Kamera vorgegeben. Es gilt, mittels Messungen von identen Bild- und Objektpunkten die Unbekannten der äußeren Orientierung zu ermitteln ($\underline{R}$ beinhaltet 3 Drehwinkel). Die Lösung des Problems gelingt mit 3 Paßpunkten, ist in der Photogrammetrie unter dem Begriff des räumlichen R ü c k w ä r t s - S c h n i t t e s bekannt und in allen Lehrbüchern ausführlich behandelt (z.B. /11/, /38/, /39/). Im folgenden wird auf einige Besonderheiten des räumlichen Rückwärtsschnittes hingewiesen.

(d) <u>Nichtlinearität des Gleichungssystems:</u> Gln. (3) sind in den 6 Unbekannten der äußeren Orientierung nicht linear und ohne direkte Lösung. Daher ist für eine Lösung ein Iterationsverfahren zu verwenden, welches von Näherungswerten der Unbekannten ausgeht.

(e) <u>Näherungswerte und Überbestimmung:</u> Es bestehen einfache Verfahren zur Ermittlung von Näherungslösungen, welche nur die minimale Anzahl von 3 Paßpunkten benutzen. In allen photogrammetrischen Verfahren wird getrachtet, Probleme mit Überbestimmung zu lösen, sodaß zumindest vier oder mehr Paßpunkte verwendet werden. Nach der Bestimmung der Näherungslösung aus 3 Paßpunkten geht man daher in eine überbestimmte, iterative Lösung mittels linearisierter Gln. (3) und benutzt hiefür die Methode der kleinsten Quadrate.

In einem neueren Beitrag von Fischler und Bolles /12/ wurden neue Verfahren der direkten Bestimmung von Näherungslösungen für den räumlichen R ü c k w ä r t s s c h n i t t angegeben, wobei die Aufgabe des Rückwärtsschnittes (engl. R e s e c t i o n i n S p a c e) in /12/ mit LDP (Location Determination Problem) bezeichnet wird.

(f) <u>Unbestimmte Lösung mit g e f ä h r l i c h e m Z y l i n d e r:</u> Die Lösung des räumlichen Rückwärtsschnittes versagt, wenn die Paßpunkte und der Aufnahmeort alle auf dem Mantel eines Kreiszylinders liegen (/38/).

2.3 Die direkte Lineartransformation (DLT)

(a) <u>Das Problem:</u> Im Falle der Verwendung von Nicht-Meßbildern sind die Brennweite der Kamera und das zentralperspektive Strahlenbündel nicht bekannt. Das Problem erfordert die Lösung der Gln. (3) mit 9 Unbekannten, nämlich $\underline{R}$, (X_o, Y_o, Z_o) sowie (x_o, y_o, c).

(b) <u>Lösung mit 11 Hilfsunbekannten:</u> Hiezu wird in der Photogrammetrie wiederum ein Standardverfahren verwendet, welches von Gln. (3) ausgeht und diese durch Einführen von 11 Hilfsunbekannten linearisiert. Einzelheiten sind den Arbeiten von Karara und Abdel-Aziz /1/, /32/ sowie aus /22/ zu entnehmen.

(c) <u>Versagen des Verfahrens:</u> Das DLT-Verfahren versagt, wenn alle Paßpunkte in einer Ebene liegen. In diesem Falle sind statt Gln. (3) jene der ebenen Kollineation zu verwenden (siehe /38/).

2.4 Das Konzept des M o n o   P l o t t i n g

(a) <u>Problemstellung:</u> Das Einzelbild beschreibt die Geometrie einer ebenen Szene vollständig: In der Ebene ist die 3. Koordinate (Z) eine von vornherein bekannte Funktion der beiden anderen Koordinaten (X, Y). Im Falle einer 3D-Szene haben Punkte des Objektraums jedoch unabhängige X, Y, Z -Koordinaten, welche sich aus dem Einzelbild mit (x, y) nicht rekonstruieren lassen.

(b) <u>Digitales Höhenmodell:</u> Ist die Form der Objektoberfläche durch ein digitales Oberflächenmodell bekannt, so ist der Zusammenhang etwa zwischen (XY) und (Z) vorgegeben. In der Topographie wird dies mit digitalem   G e l ä n d e m o d e l l   (DGM) oder mit digitalem   H ö h e n m o d e l l   bezeichnet (DHM).

(c) <u>Monoplotting:</u> Damit kann aus Bildpunkten (x, y) die Objektposition (X, Y, Z) durch Schnitt des zentralperspektiven Projektionsstrahles aus Gln. (3) mit dem DGM $Z = f(X, Y)$ ermittelt werden. Dies wird mit   3 D - M o n o p l o t t i n g   bezeichnet /31/, da ein Einzelbild in Verbindung mit Daten über die Objektform die symbolische Beschreibung des Objektes ermöglicht. 3. <u>Stereophotogrammetrie</u>

3.1 Definition

(a) <u>Überlagernde Bilder:</u> Für manchen Außenstehenden ist der stereoskopische Effekt das charakteristische Herzstück der Photogrammetrie.   S t e r e o   bezeichnet den   R a u m , Stereophotogrammetrie ist die Rekonstruktion der räumlichen

Geometrie von Objekten aus einander überlagernden Bildern.

(b) <u>Andere Stereoverfahren:</u> Es bestehen auch andere Prinzipien der räumlichen Rekonstruktion. Eine sehr anschauliche Übersicht zu diesem Thema stammt von Neumann /36/ und behandelt neben der stereoskopischen Auswertung überlappender Bilder vor allem die Probleme des Bewegungsstereo. Weitere Verfahren sind die Photoklinometrie unter Benutzung von Schatten (Nathan /35/), die S h a p e - f r o m - s h a d i n g - Techniken /46/, /47/ und die erst in jüngster Zeit von Haralick vorgeschlagene strukturelle Methode einer Analyse von einzelnen Multispektralbildern zur 3D-Rekonstruktion /13/.

(c) <u>Stereoskopische Bildpaare:</u> Im folgenden seien einige wesentliche photogrammetrische Konzepte dargestellt. Diese beruhen ausschließlich auf der Nutzung stereoskopischer Bildpaare. Andere Rekonstruktionsverfahren der 3D-Form werden in der Photogrammetrie nicht verwendet.

3.2 Herstellung von Stereomodellen

Die Stereophotogrammetrie beruht auf Meßbildern. Sind solche nicht gegeben, so wird dem Verfahren eine DLT-Lösung vorgeschaltet (vlg. Abschnitt 2.3).

(a) <u>Zwei Bildpunkte eines Objektpunktes:</u> Man unterscheidet die Herstellung eines Stereomodells i n e i n e m G u ß von jener i n S t u f e n. Das Objekt ist in 2 überlappenden Bildern abgebildet. Damit entspricht jedem Objektpunkt (XYZ) ein Paar von Bildpunkten (x', y'), (x", y") und Gleichungen (3). Diese Gleichungen enthalten 12 Unbekannte der äußeren Orientierung, pro Bild jeweils sechs.

(b) <u>Rechnerische Formulierung:</u> Die Ermittlung der äußeren Orientierung beider Bilder geschieht unter der Bedingung, daß einander entsprechende Projektionsstrahlen schneiden. Dies wird erreicht, indem zusätzlich zu den für die Paßpunkte geltenden Gln (3) noch für andere Entsprechungspunkte die aus Abb. 3 abzulesende Bedingung in Form eines Spatproduktes von 3 Vektoren mitgeführt wird:

$$(\underline{b}, \underline{p}', \underline{p}'') = 0 \qquad (4)$$

wobei $\underline{b}$ den sogenannten B a s i s v e k t o r zwischen den Aufnahmeorten O', O" und $\underline{p}'$, $\underline{p}''$ die einander entsprechenden Projektionsstrahlen eines Objektpunktes definieren.

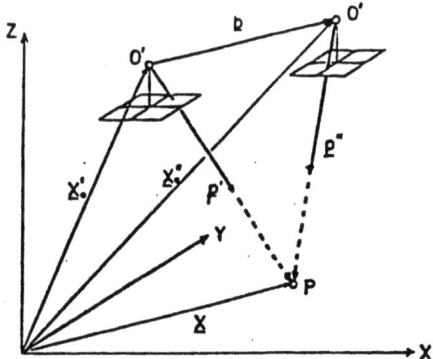

Abb. 3: Die Schnittbedingung homologer Projektionsstrahlen p', p". x°', x°"... Ortsvektoren
der Projektionszentren.

(c) <u>Nichtlinearität:</u> Die für jeden Paßpunkt geltenden Gln. (3) und die für jeden sonstigen Korrespondenzpunkt definierte Gl. (4) bilden wiederum ein nicht-lineares Gleichungssystem. Für die Lösung sind Näherungswerte der Unbekannten bereitzustellen. Hiefür steht einerseits der Weg über zwei räumliche Rückwärtsschnitte nach Abschnitt 2.2 offen. Andererseits besteht auch die Möglichkeit, zunächst nur mit Gln. (4) zu arbeiten und ein im Objektraum nicht räumlich absolut orientiertes Stereomodell herzustellen.

(d) <u>Stufenweise Lösung - Erste Stufe:</u> Die Lösung der Gln. (4) wird mit relativer oder gegenseitiger O r i e n t i e r u n g eines Stereomodells bezeichnet. Nach Abb. 4 ist damit ein parallaxenfreies Stereomodell aus den Schnitten homologer Projektionsstrahlen definiert. Dieses Stereomodell ist ein dem Objekt ähnliches Gebilde.

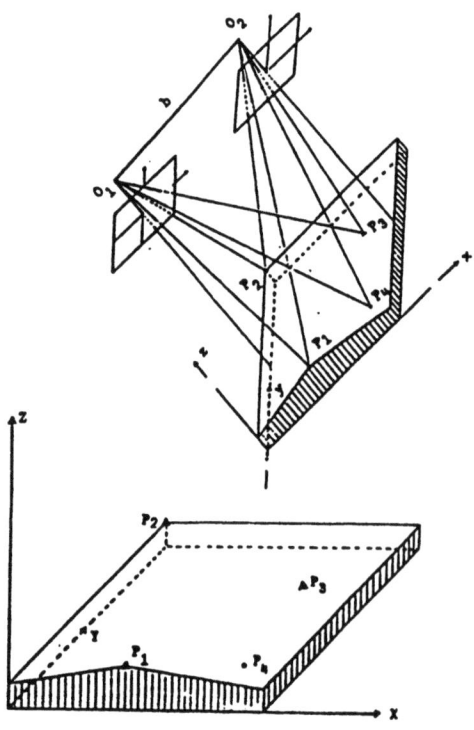

Abb. 4: Das gegenseitig orientierte Stereomodell muß noch
in das Objektsystem gebracht werden (aus /48/).

(e) Stufenweise Lösung - Zweite Stufe:
Die a b s o l u t e O r i e n t i e r u n g stellt eine räumliche Drehstreckung des Stereomodells nach:

$$\begin{bmatrix} X \\ Y \\ Z \end{bmatrix} = \lambda \cdot R \begin{bmatrix} U \\ V \\ W \end{bmatrix} + \begin{bmatrix} X_u \\ Y_u \\ Z_u \end{bmatrix} \tag{5}$$

in das Objektkoordinatensystem dar. Hier sind ein Maßstabsfaktor λ, eine Drematrix $\underline{R}$ mit 3 unbekannten Drehwinkeln und X_u Y_u Z_u die Verschiebungen des Gebildes.

(f) Zur Lösung i n e i n e m G u ß : Die stufenweise Herstellung des Stereomodelles über relative und absolute Orientierung ist der Normalfall der photogrammetrischen Arbeit. Die Weiterführung zu einer strengen gemeinsamen Lösung der Gln. (3) und (4) ist erst in jüngster Zeit zunehmend aktuell. Eine Bezeichnung hiefür ist auch B ü n d e l v e r f a h r e n .

(g) Probleme bei der Herstellung des Stereomodells: Gln. (5) beinhalten 7 Unbekannte (λ, $\underline{R}$, X_u, Y_u, Z_u). Somit ist das Problem der relativen Orientierung mit 12 - 7 = 5 Unbekannten zu definieren und daher mit 5 homologen Punktpaaren und 5 Gln. (4) zu lösen. Hofmann /19/ hat in einer ausführlichen Studie die Frage der Unlösbarkeit der Gln. (4) behandelt. Diese ist gegeben, wenn die für die relative Orientierung gewählten Korrespondenzpunkte im Stereomodell zusammen mit dem Basisvektor $\underline{b}$ eine Regelfläche 2. Ordnung bilden (Abb. 5).

Das Problem tritt selten auf, ist aber einfach zu umgehen. Eine der 5 Unbekannten der relativen Orientierung wird auf einen beliebig angenommenen Wert, etwa 0, gesetzt und als zusätzliche Unbekannte in der absoluten Orientierung bestimmt. Das Problem besteht nicht bei einer Lösung i n e i n e m G u ß .

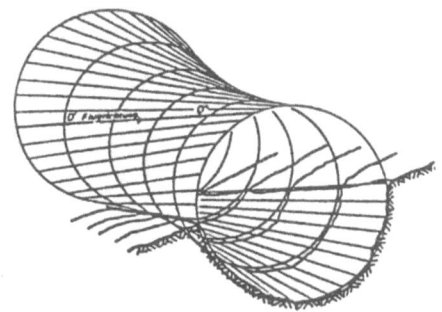

Abb. 5: Gefährliche Fläche der relativen Orientierung (aus /38/).

3.3 Bestimmung homologer Punktpaare: Das Korrespondezproblem

(a) <u>Stereokorrelation</u>: Höchste Genauigkeit bei der Ermittlung zusammengehöriger (homologer) Bildpunkte zu jedem Objektpunkt ist mit visueller Stereokorrelation durch einen photogrammetrischen Auswerter am Gerät zu erreichen. Es besteht die Methode der automatischen Stereokorrelation. Frühe Lösungen hiezu sind von Hobrough und stellen elektronische Analogkorrelatoren dar /10/, /15/, /17/, /18/, /25/. Die Verfahren der digitalen Bildkorrelation wurden im photogrammetrischen Anwendungsbereich von Sharp /40/ entwickelt und beschränken sich auf das Aufsuchen ähnlicher Grauwertbereiche in Stereobildpaaren.

(b) <u>Kernstrahlen</u>: Es sind die Verfahren für zentralperspektive Meßbilder von jenen für andere Bilder, z.B. der Fernerkundung, zu unterscheiden. Im ersten Fall wird allgemein die Tatsache genutzt, daß homologe Bildpunkte auf bekannten K e r n s t r a h l e n liegen: Kernstrahlen (engl. Epipolar lines) sind die Schnitte der Bildebenen mit einer Ebene durch den Basisvektor <u>b</u> (Abb. 6). Beispiele dieser Bildkorrelation mit Kernstrahlen sind von /9/, /16/, /24/, /27/, /33/.

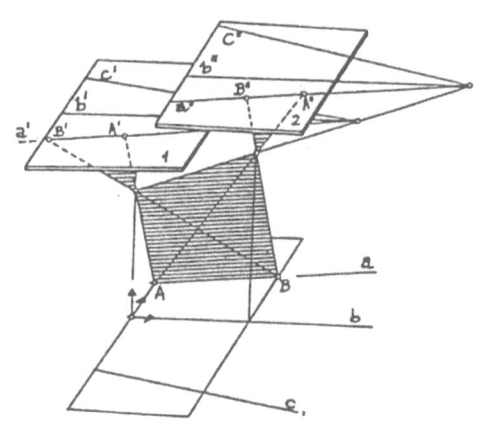

Abb. 6: Kernstrahlen a', b', c', a", b", c"
zu Objektpunkten (aus /16/).

(c) <u>Anwendungen der Korrelation</u>: Die automatische Stereokorrelation wird erst nach händischer Beobachtung der notwendigen Punkte für die Herstellung des Stereomodells genutzt. Sie dient ausschließlich der Erfassung der Objektoberfläche zur Gewinnung digitaler Höhenmodelle (DHM). Die erreichten Genauigkeiten automatischer Verfahren sind jenen geschulter photogrammetrischer Stereoauswerter um einen Faktor 2 bis 4 unterlegen /30/. Aus

Wirtschaftlichkeitsüberlegungen besteht trotzdem eine gewisse bescheidene Anwendung automatischer Verfahren.

(d) <u>Automatische Korrelation nach Bildvorverarbeitung:</u> In jüngster Zeit wird verstärkt von der konventionellen Stereokorrelation durch Aufsuchen von homologen Grauwertbereichen abgegangen und durch ein Verfahren der Korrespondenzsuche nach vorheriger Bildsegmentierung ersetzt. Eine interessante Übersicht neuerer Literatur findet sich bei /8/. Andere Arbeiten sind /4/, /37/, und viele andere. Damit ist die ausschließliche Anwendung auf die Erstellung von DHMs durch ein größeres Konzept der Bildanalyse zu ersetzen.

4. Orthophoto, Photokarte

(a) <u>Objektbeschreibung:</u> Ist die Objektgeometrie bekannt, so bestehen verschiedene Möglichkeiten, aus dem zentralperspektiven Bild abgeleitete Objektbeschreibungen herzustellen. Seit dem Jahre 1929 kennt die Photogrammetrie die d i f f e r e n t i e l l e   E n t z e r r u n g , also die punktweise Umbildung der Zentralperspektive in eine Orthogonalprojektion /29/. Das Ergebnis ist das   O r t h o p h o t o /38/. Dieses dient mit einer beschränkten kartographischen Gestaltung (Kartenrand, Maßstabsbalken, Objektnamen etc.) zur Herstellung von Photokarten und ist somit eine Alternative zur herkömmlichen symbolischen Objektbeschreibung in Landkarten.

(b) <u>Zweck des Orthophotos:</u> Da die Fähigkeit des Extrahierens relevanter Information aus Photographien ein Expertenwissen voraussetzt, hat das Orthophoto die herkömmliche Karte nicht verdrängt. Statt dessen dient es als technisches Hilfsmittel zur Ermittlung von Objektveränderungen; insbesondere wird dies mit   K a r t e n r e v i s i o n   bezeichnet.

(c) <u>Stereoorthophoto:</u> Ein Hilfsmittel zur Objektdarstellung und Analyse ist das sogenannte   S t e r e o o r t h o p h o t o : es ist ein aus einem ursprünglich zentralperspektiven Bildpaar erstelltes Paar von Parallelprojektionen nach Abb. 7 , in dem künstliche Stereoparallaxen den Höheneindruck vermitteln und eines von beiden Bildern ein Orthophoto ist. Es ist das Ergebnis des Wunsches, die dritte Dimension für die vereinfachte Bildanalyse zur Verfügung zu stellen. Haydn /14/ und Kraus u.a. /26/ haben dieses Konzept noch weitergeführt und den Raumeindruck für die Wiedergabe thematischer statt geometrischer Information genutzt.

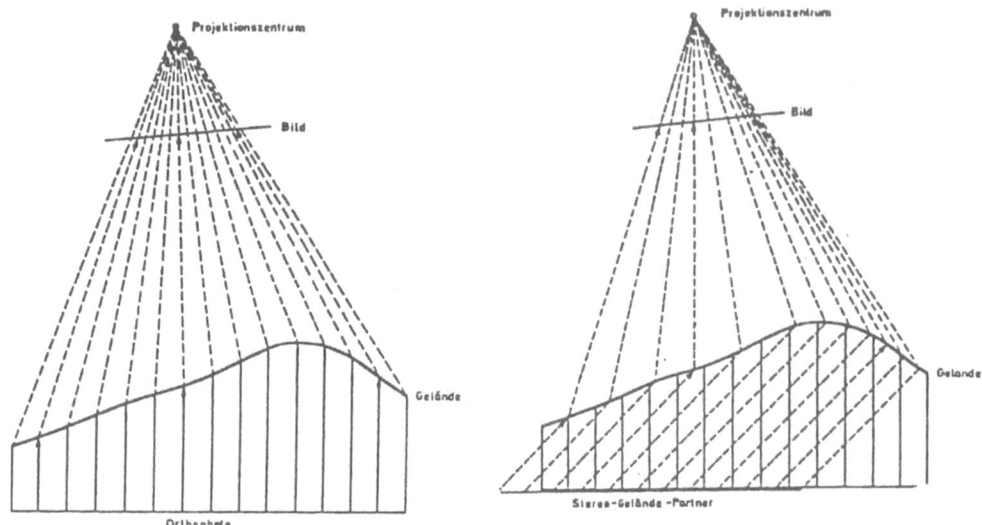

Abb. 7: Orthophoto und Stereoorthophoto (aus /26/).

(d) <u>Analog versus Digitalbilder</u>: Das Ortho- und Stereoorthophoto sind derzeit noch weitgehend Produkte von Analog-Verfahren mittels (rechengesteuerter) optisch-mechanischer Geräte, welche Analogbilder auf Film verarbeiten. Aber erste Ansätze zur digitalen Orthophotoerstellung bestehen in der Photogrammetrie /23/, /3/, /27/.

5. Korrespondenz zwischen Bild und symbolischer Objektbeschreibung

(a) <u>Laufendhaltung des Datenbestandes</u>: Ein zentrales Problem der Kartenherstellung ist die Laufendhaltung bestehender Kartenunterlagen und die Überwachung veränderlicher Erscheinungen. Mit zunehmender Digitalisierung von Karten entsteht die Möglichkeit, diese Aufgabe durch Automation zu untersützen.

(b) <u>Bestehende Konzepte</u>: Derzeit werden unter anderem das Orthophoto oder das Verfahren des Monoplotting angewandt, um den veralteten Datenbestand mit dem neuen Bild zu verbinden. Die analoge Karte wird über das Orthophoto gelegt, um Unterschiede händisch zu korrigieren. Beim Monoplotting wird die digitale Karte geometrisch auf das Bild eingepaßt, sodaß dann Veränderungen interaktiv bereinigt werden.

(c) <u>Automatische Bild/Karte Verknüpfung</u>: Im Rahmen des
B i l d v e r s t e h e n s oder Image Understanding
kann die Karte als unterstützender Datenbestand zur
Bildsegmentierung und Merkmalserkennung dienen. Daraus ist
mittels der festgestellten geometrischen und thematischen
Widersprüche ein Vorschlag auf Anpassung der Karte
abzuleiten. Der Begriff der modellgestützten Bildanalyse
(Model-guided image analysis, siehe Binford /6/) ist
anwendbar. Konzepte wurden von Barrow u.a. /5/, Tennenbaum
u.a. /42/, Stockman u.a. /41/, Kropatsch und Leberl /28/,
Triendl /44/ und anderen vorgeschlagen und in
experimentellen Systemen untersucht. Hiezu sind geeignete
digitale Datenbestände aufzubauen, sodaß eine Verknüpfung
mit natürlichen Bildern erleichtert wird.

(d) <u>Analyse von Bildfolgen</u>: Die Bild-Karte Korrespondenz
tritt nicht nur in der Kartographie auf, sondern ist
allgemein in der Analyse von Bildfolgen anzutreffen. Eine
relevante Darstellung ist von Mühle und Radig /34/. Die
kartographische Anwendung mag wegen der Informationsvielfalt
besonders komplex sein. Lösungsansätze entstammen jedoch
dem Gebiet der Mustererkennung, wohingegen die Kartographie
bisher das Problem nur in Verbindung mit der Auswertung von
Satellitenbildern für Überwachungsprobleme
(M o n i t o r i n g) kennt.

6. Schluss und Ausblick

Die Photogrammetrie ist zwar als Meßverfahren definiert,
wird aber vor allem durch ihre bisherige Hauptanwendung in
der Vermessung geprägt. Die Zentralperspektive war lange
das wesentliche methodische Element, welches wegen neuer
bildgebender Verfahren um andere Bildgeometrien ergänzt
wird.

Es besteht eine Vielfalt photogrammetrischer Literatur zur
Arbeit mit einzelnen Meßbildern und mit stereoskopischen
Bildpaaren. Die Rekonstruktion der 3D-Szenen beruht auf
überlappenden Bildern aus verschiedenen Standpunkten. Die
automatische Stereokorrelation zum Aufsuchen von
Korrespondenzpunkten hat keine zentrale Rolle, da die
visuelle, händische Auswertung höhere Genauigkeiten liefert.

Noch liegt die Anwendung gänzlich beim Analogbild, aber eine
tiefgreifende Wandlung zum digitalen Bild beginnt sich
abzuzeichnen. Im Vorfeld photogrammetrischer Forschung
werden Datenmengen von 20 000 x 20 000 Pixel je Luftbild
vorgesehen (Case /7/). Damit hat ein System im Stereofall
die interaktive Echtzeitverarbeitung von 8×10^8 Byte zu
ermöglichen.

Die Realisierung dieser Konzepte wird eine Befruchtung
photogrammetrischer Arbeit aus der Mustererkennung zur Folge
haben.

Literatur

/1/ Abdel-Aziz Y.I., H.M. Karara (1971):
"Direct Linear Transformation from Comparator Coordinates into Object-Space Coordinates". Proceedings, Symposium on Close Range Photogrammetry, American Society of Photogrammetry, Falls Church, VA 22046.

/2/ Bähr H.P. (1979):
"Wechselwirkung von Photogrammetrie und Fernerkundung durch Anwendung digitaler Bildverarbeitung". Habilitationsschrift der Universität Hannover.

/3/ Bähr H.P. (1980):
"Einsatz digitaler Bildverarbeitung in der klassischen Photogrammetrie am Beispiel eines Architekturobjektes". Bildmessung und Luftbildwesen, 48. Jahrgang, S. 85-93.

/4/ Baker H.H., T. Binford (1982):
"A System for Automated Stereo Mapping". Proceedings, Symp. of Comm. II, International Society for Photogrammetry and Remote Sensing. International Archives of Photogrammetry, Vol. 24-II. Canadian Institute of Surveyors, Ottawa. S. 156-171.

/5/ Barrow H.G. u.a. (1977):
"Experiments in Map-Guided Photo-Interpretation". Proceedings, 5th Joint Conference on Artificial Intelligence, IJCAI - 77.

/6/ Binford T. (1981):
"Model-Guided Image Analysis". Vortrag beim DAGM - Symposium, Hamburg.

/7/ Case J.B. (1982):
"The Digital Stereo Comparator/Compiler (DSCC)". Proceedings, Symp. of Comm. II of the International Society of Photogrammetry and Remote Sensing. International Archives of Photogrammetry, Vol. 24-II. Canadian Institute of Surveyors, Ottawa. S. 23-29.

/8/ Correlation and Stereo-Matching Papers (1983):
Papers by M. Crombie, B. Opitz, B. Horn, G. Wood, A. Colvocoresses. Photogrammetric Engineering and Remote Sensing, Vol. 49, No. 4.

/9/ Dowman I. (1982):
"The Performance of Correlation Systems". Proceedings, Symp. of Comm. II, International Society for Photogrammetry and Remote Sensing. International Archives of Photogrammetry, Vol. 24-II. Canadian Institute of Surveyors, Ottawa. S. 172-181.

/10/ Esten R.D. (1957):
  "Automatic Contouring". Photogrammetric Engineering, S. 49-53.

/11/ Finsterwalder R., W. Hofmann (1968):
  "Photogrammetrie", Walter de Gruyter & Co., Berlin. 455 Seiten.

/12/ Fischler M.A., R.C. Bolles (1981):
  "Random Sample Consensus: A Paradigm for Model Fitting with Applications to Image Analysis and Automated Cartography". Comm. ACM, Vol. 24, No. 6, pp. 381 - 395.

/13/ Haralick R., S. Wang, D. Elliott (1982):
  "Spatial Reasoning to Determine Stream Network from Landsat Imagery". Proceedings, 6th IAPR-Conference. S. 502 - 516.

/14/ Haydn R. (1982):
  "Some Aspects of the Presentation of Remote Sensing Data". European Space Agency SP-175. S. 77-80.

/15/ Helava U.V. (1964):
  "Some Thoughts on Automation in Photogrammetry". Canadian Surveyor.

/16/ Helava U.V., W. Chapelle (1972):
  "Epi-Polar Scan Correlation". Bendix Techn. Journal, Vol. 5, No. 1. S. 19-23.

/17/ Hobrough G.L. (1959):
  "Automatic Stereo Plotting". Photogrammetric Engineering.

/18/ Hobrough G.L. (1961):
  "The Control System of an Automatic Stereo Mapping Machine". Transactions of the Engineering Institute of Canada, S. 129-139.

/19/ Hofmann W. (1953):
  "Das Problem der gefährlichen Flächen in Theorie und Praxis". Veröffentlichung der Deutschen Geodätischen Kommission, Reihe C, Nr.3, München.

/20/ Hofmann O., D. Nave, H. Ebner (1982):
  "DPS - A Digital Photogrammetric System for Producing DEM and Orthophoto by Means of Linear Array Scanner Imagery". Proceedings, Symposium of Comm. III of the International Society for Photogrammetry and Remote Sensing, International Archives of Photogrammetry, Vol. 24-III, Techn. Univ. of Helsinki. S. 216-227.

/21/ Jacobsen K. (1982):
"Attempts of Obtaining the Best Possible Accuracy in Bundle Block Adjustment". Photogrammetria, Vol. 37, No. 6. S. 219-236.

/22/ Karara H.M. ed. (1979):
"Handbook of Non-Topographic Photogrammetry". American Society of Photogrammetry, Falls Church, VA 22046, 206 Seiten.

/23/ Keating T.J., D.R. Boston (1979):
"Digital Orthophoto Production using Scanning Microdensiometers". Photogrammetric Engineering and Remote Sensing, Vol. 45, No. 6. S. 735-740.

/24/ Konecny G., D. Pape (1981):
"Correlation Techniques and Devices". Photogrammetric Engineering and Remote Sensing. Vol. 47, No. 3, S. 323-333.

/25/ Kowalski D.C. (1968):
"A Comparison of Optical and Electronic Correlation Techniques". Bendix Technical Journal, Vol. 1, No. 2, S. 63-71.

/26/ Kraus K., E. Vozikis (1983):
"Stereoskopie thematischer Informationen". Kartographische Nachrichten. 33. Jahrgang, S. 45-51.

/27/ Kreiling W. (1976):
"Automatische Herstellung von Höhenmodellen und Orthophotos aus Stereobildern durch digitale Korrelation". Dissertation der Universität Karlsruhe.

/28/ Kropatsch W., F. Leberl (1981):
"Organisation kartographischer Daten zur kenntnisgestützten Bildanalyse". DAGM-Symposium Hamburg. Informatik-Fachberichte Nr.49, Springer-Verlag, S.167-173.

/29/ Lacman O. (1931):
"Entzerrungsgerät für nicht-ebenes Gelände". Bildmessung und Luftbildwesen, S. 10-12.

/30/ Lindig G. (1980):
"ISP Correlation Test - Phase I". Proceedings, 14th Congress of the International Society of Photogrammetry, Vol. XX III, Part B-2, S. 118-127.

/31/ Makarovic B. (1973):
"Digital Mono-Plotters". ITC-Journal, 1973/4, ITC, Enschede, Niederlande, S. 583-600.

/32/ Marzan G.T., H.M. Karara (1975):
"A Computer Program for the Direct Linear Transformation Solution of the Colinearity Condition, and some Applications of it". Proceedings, Symposium on Close-Range Photogrammetric Systems, American Society of Photogrammetry, Falls Church, VA 22046.

/33/ Masry S.E. (1972):
"The Analytical Plotter as a Stereo-Microdensitometer". Presented paper, 12. Kongress der Intern. Gesellschaft für Photogrammetria, Ottawa. Dept. of Surveying Engineers, Univ. of New Brunswick, Fredericton, Kanada, 18 Seiten.

/34/ Mühle K., B. Radig (1981):
"Entwurf eines Datenbanksystems zur Unterstützung der Analyse von Bildfolgen". DAGM-Symposium Hamburg. Informatik-Fachberichte Nr. 49, Springer-Verlag. S. 144-150.

/35/ Nathan R. (1966):
"Digital Video Data Handling Report". Jet Propulsion Laboratory Technical Report Nr. 32-877, Pasadena, USA.

/36/ Neumann B. (1981):
"3D-Information aus mehrfachen Ansichten". DAGM-Symposium 1981, Informatik-Fachberichte, Band 49, Springer-Verlag, S. 93-111.

/37/ Panton D.J. (1978):
"A Flexible Approach to Digital Stereo Mapping". Photogrammetric Engineering and Remote Sensing. Vol. 44, No. 12, S. 1499-1512.

/38/ Rinner K., R. Burkhardt ed. (1972):
"Photogrammetrie". Band IIIa des Handbuches der Vermessungskunde. Metzler'sche Verlagsbuchhandlung, Stuttgart. 2321 Seiten.

/39/ Schwidefsky K., F. Ackermann (1976):
"Photogrammetrie". Teubner-Verlag, Stuttgart. 384 S.

/40/ Sharp J.V. u.a. (1965):
"Automatic Map Compilation using Digital Techniques". Photogrammetric Engineering, S. 235ff.

/41/ Stockman G., S. Kopstein, S. Benett (1982):
"Matching Images to Models for Registration and Object Detection via Clustering". PAMI-4, No. 3, S. 229-241.

/42/ Tennenbaum J.M., M. Fischler, H. Wolf (1978):
"A Scene Analysis Approach to Remote Sensing". TN A3, SRI-Menlo Park, Kalifornien.

/43/ Thurgood J.D., E.M. Mikhail (1982):
"Photogrammetric Aspects of Digital Images".
Proceedings, 48th Annual Meeting of the American
Society of Photogrammetry, Falls Church, VA 22046,
pp. 295-304.

/44/ Triendl E. (1981):
"Lokalisierung von durch Zeichnungen beschreibenen
Strukturen in Bildern". DAGM-Symposium Hamburg.
Informatik-Fachberichte Nr. 49. Springer-Verlag,
S. 174-178.

/45/ Visser J. F. Leberl, J. Kure (1973):
"OEEPE Oberschwaben Reseau Investigations". Official
OEEPE-Publication No. 8, Institut für Angewandte
Geodäsie, Frankfurt/Main, S. 289-315.

/46/ Woodham R.J. (1978):
"Photometric Stereo: A Reflectance Map Technique for
Determining Surface Orientation from Image Intensity".
Proceedings of the SPIE, Vol. 155.

/47/ Wildey R.L. (1975):
"Generalized Photo-Clinometry for Mariner 9". Icarus,
Vol. 75, pp. 613-626.

/48/ Kraus K., P. Waldhäusl (1982):
Photogrammetrie, F. Dümmler-Verlag, Bonn

Lernen durch Beobachtung von Szenen mit bewegten Objekten:
Phasen einer Systementwicklung

L. Dreschler-Fischer und W. Enkelmann

Fachbereich Informatik der Universität Hamburg
Schlüterstraße 70, 2000 Hamburg 13

und H.-H. Nagel

Fakultät für Informatik der Universität Karlsruhe und
Fraunhofer Institut für Informations- und Datenverarbeitung
Sebastian-Kneipp-Str. 12-14, 7500 Karlsruhe 1

1.0 EINLEITUNG

Das MORIO-System (MORIO = MOving RIgid Object description) dient zur Analyse von monokularen schwarz/weiß TV-Bildfolgen, die mit einer stationären Kamera aufgezeichnet wurden. Die Aufgabe dieses Systems besteht darin, dreidimensionale Modelle aus mehrfachen Ansichten eines bewegten starren Körpers zu lernen, ohne szenenspezifisches Vorwissen über den Inhalt der Bildfolge zu verwenden. Als Ergebnis wird ein approximatives volumetrisches Modell berechnet, und zwar die konvexe Hülle der rekonstruierten Objektpunkte. Dieses Modell kann als Ausgangspunkt zur genaueren Modellierung der Objektoberflächen verwendet werden [WESTPHAL 82].

2.0 DAS MORIO-BILDVERARBEITUNGSSYSTEM

2.1 Phasen einer Systementwicklung

Das MORIO-System entstand aus einem Programm zur Ermittlung von nichtstationären Bildkomponenten [JAIN und NAGEL 79]. Parallel dazu wurde ein Verfahren zur 3D-Rekonstruktion von körperfesten Objektpunkten entwickelt [BONDE und NAGEL 79]. Zur Lösung des Korrespondenzproblems wurde zunächst ein Verfahren von BARNARD und THOMPSON 80 implementiert. Diese drei Komponenten ermöglichten erste 3D-Rekonstruktionsversuche für eine längere Folge von Realwelt-Aufnahmen. Die Untersuchungen von Detailproblemen zeigten sehr bald die Notwendigkeit, die Bausteine in einen flexiblen Systemrahmen zu integrieren, der die Verwaltung der komplexen Datenstrukturen übernimmt und dem Benutzer ausgefeilte Interaktions-möglichkeiten zur Analyse von Zwischenergebnissen bietet.

Mithilfe dieser Werkzeuge konnte ein einstufiger Punktefinder entwickelt werden, der den Punktefinder von MORAVEC 80 ablöste und im Laufe der Zeit zum zweistufigen Punktefinder weiterentwickelt wurde [DRESCHLER und NAGEL 82a]. Außerdem konnten die in DRESCHLER und NAGEL 82a beschriebenen Verbesserungen am Relaxationsverfahren von BARNARD und THOMPSON 80 erarbeitet werden. Dank der Normierung der Schnittstellen und der modularen Struktur des Systems ließ sich das Programm zur Ermittlung der nichtstationären Bildkomponenten problemlos durch das separat entwickelte Verfahren von NAGEL und REKERS 82 ersetzen. Ebenso einfach ließ sich die Korrespondenzanalyse auf der Basis von Verschiebungsvektoren integrieren (siehe Abschnitt 3.). Eine weitere Erleichterung für den Benutzer brachte die Möglichkeit, drei Rechner parallel einzusetzen, so daß die Rechenzeit auch für längere Bildfolgen erträglich wurde.

2.2 Systemaufbau

Das MORIO-System (Abb.1) ist streng modular aufgebaut, wobei es Klassen von untereinander austauschbaren Modulen gibt, die dem System dieselbe Schnittstelle bieten und dasselbe Teilproblem lösen. Eine solche Klasse bilden z.B. die Programmpakete zur Auswahl von „markanten Punkten", von denen wahlweise der Moravec-Operator [MORAVEC 80], die auf der Gaußschen Krümmung basierenden Punktefinder [DRESCHLER und NAGEL 82a] oder der auf der Krümmung von Bereichskonturen basierende Punktefinder [DRESCHLER und NAGEL 82b] verwendet werden können.

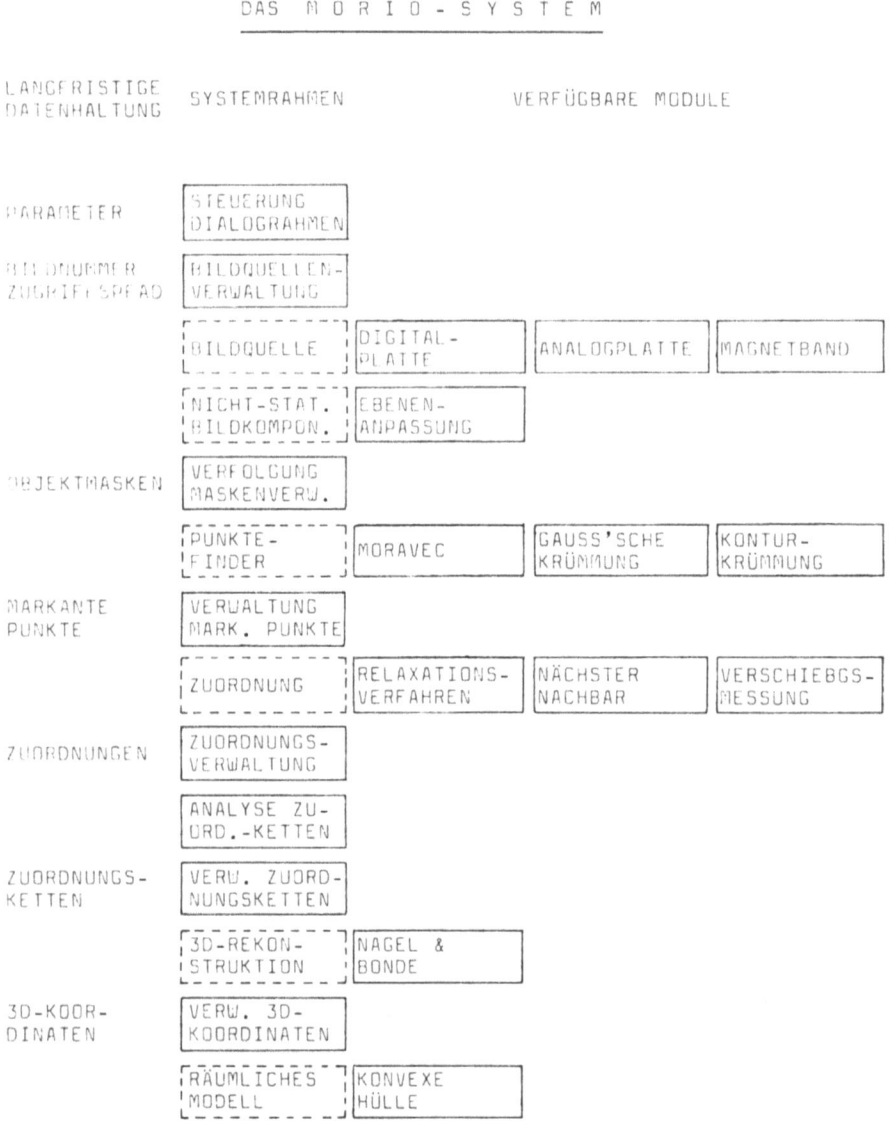

Abb. 1: Aufbau des MORIO-Systems

In der zweiten Spalte von Abb.1 sind mit durchgezogenen Umrandungslinien die starr programmierten Bausteine des Systemrahmens dargestellt. Diese Bausteine enthalten die Zugriffsprozeduren für gemeinsam benutzte Daten, wie z.B. „markante Punkte" und „Zuordnungspaare", Prozeduren zur Darstellung dieser Daten auf einem Rastersichtgerät und Prozeduren zum Sichern dieser Daten in einer Plattendatei. Diese Datei hat mehrere Funktionen: Sie dient dazu, Ergebnisse von MORIO anderen Benutzer zur Verfügung zu stellen und kann als Aufsetzpunkt benutzt werden, um längere Bildfolgen in Etappen zu bearbeiten. Außerdem können die Ergebnisse eines Programmlaufs aus dieser Datei wie ein Film auf dem Rastersichtgerät vorgeführt werden, um das erste Auftreten von Problemen bei der Verarbeitung längerer Bildfolgen zu lokalisieren. Auch bei der Untersuchung von Detailproblemen ist es nützlich, wenn nicht alle Zwischenergebnisse jedes Mal erneut berechnet werden müssen. Die gestrichelt umrandeten Kästchen in Abb.1 sind Platzhalter, für die eines der jeweils rechts davon angegebenen Module aufgerufen werden kann.

3. KORRESPONDENZPROBLEM

3.1 Grenzen des Relaxationsverfahren

Obwohl die in DRESCHLER und NAGEL 82a beschriebenen Modifikationen des Relaxationsverfahrens einige Verbesserungen gebracht haben, ergaben detaillierte Untersuchungen von Problemfällen, daß der heuristische Charakter dieses Ansatzes es schwer macht, den Einfluß einer größeren Zahl von Annahmen sowie deren Wechselwirkung mit einem vertretbaren Aufwand abzuklären.

Ein Problem besteht z.B. darin, daß nur relative Konfidenzwerte ermittelt werden, um die Zuordnungsalternativen für einen markanten Punkt gegeneinander abwägen zu können. Die Konfidenzwerte geben keine Aussage über die absolute Güte der Zuordnung. Dies führt zu Schwierigkeiten, wenn es für einen markanten Punkt im anderen Bild keinen geeigneten Zuordnungskandidaten gibt, da die am wenigsten schlechte Alternative einen hohen Konfidenzwert erhält.

Abb.2a: Initialisierung   Abb.2b: 10.Iterationsschritt

Abb.2: Konfidenzwerte für Zuordnungen im Relaxationsverfahren. Die „markanten Punkte" aus Bild #1 sind als Punkte, die aus Bild #2 als Kästchen eingetragen.

In Abb.2a hat der mit einem Pfeil gekennzeichnete Punkt die mit einem Kreis gekennzeichneten Punkte als Zuordnungskandidaten, wobei keine der beiden Alternativen korrekt ist. Die aufgrund der Grauwertähnlichkeit vergebenen Konfidenzwerte sind umso höher, je dunkler die Verbindungslinie zwischen den Kandidaten ist. Abb.2b zeigt das Ergebnis des Relaxationsverfahrens nach 10 Iterationsschritten. Man sieht, daß die Konfidenz für die Zuordnung des oben betrachteten Punktes zu dem einen Kandidaten stark gesunken ist, weil dieser Kandidat eine bessere Zuordnungsalternative hat. Dadurch wird die Konfidenz für die andere Zuordnungsmöglichkeit noch erhöht und eine falsche Zuordnung bleibt übrig.

3.2 Zuordnung „markanter Punkte" auf der Basis von Verschiebungsvektoren

NAGEL 83 entwickelte eine analytischen Ansatz zur lokalen Berechnung beider Komponenten des Verschiebungsvektors an Grauwertecken. Durch iterative Anwendung dieses Verfahrens konnten die Schätzungen für Verschiebungsvektoren noch verbessert werden [NAGEL und ENKELMANN 82]. Zur Lösung des Korrespondenzproblems zwischen den „markanten Punkten" zweier aufeinanderfolgender Bilder einer Bildfolge wird für jeden Punkt aus Bild #n die Verschiebung gegenüber Bild #n+1 berechnet und umgekehrt. Die so erhaltenen Verschiebungsvektoren werden nun mit den in NAGEL und ENKELMANN 83 diskutierten Kriterien für die Akzeptanz von Verschiebungsvektoren untersucht. Um die Sicherheit in der Zuordnung noch zu erhöhen, wird geprüft, wie gut die bei der Berechnung des Verschiebungsvektors verwendete Anpassung eines bivariaten Polynoms 2.Ordnung an die Grauwertverteilung einer lokalen Umgebung des betrachteten Punktes aus Bild #n mit der Grauwertverteilung der Umgebung des durch den Verschiebungsvektor bestimmten Punktes in Bild #n+1 übereinstimmt und umgekehrt. In Abb.3 sind die Verschiebungsvektoren dargestellt, die nach diesen Kriterien akzeptiert wurden.

Eine zusätzliche Sicherheit erhält man durch die Klassifizierung der „markanten Punkte", die durch den von DRESCHLER und NAGEL 82 entwickelten zweistufigen Punktefinder geliefert werden. Bei der Zuordnung der „markanten Punkte" werden nur Kandidaten berücksichtigt, die innerhalb einer eng begrenzten Umgebung der vorhergesagten Position liegen und deren Klassifizierung kompatibel ist. In der Regel ist die so ermittelte Korrespondenz schon eindeutig. Bei Mehrdeutigkeiten wird derjenige Kandidat gewählt, der der Prädiktion am nächsten kommt. Punkte, für die kein Verschiebungsvektor ermittelt werden kann, werden nicht zugeordnet. Abb.4 zeigt das Zuordnungsergebnis für „markante Punkte", deren Verschiebungsvektor geschätzt werden konnte.

4.0 Zusammenfassung

In dieser Arbeit wurde die Bedeutung von Interaktiosmöglichkeiten, der Einfluß eines Systemrahmens auf Entwurf und Abwicklung der Untersuchungen sowie die Adaption des Systems an die sich weiterentwickelnden apparativen Gegebenheiten und inzwischen gewonnene Einsichten deutlich gemacht. Die dabei gewonnenen Erfahrungen haben zu Konventionen geführt, die von anderen Mitarbeitern mit Vorteil auch für zunächst separat durchgeführte Programmentwicklungen verwendet werden.

Wir danken G. Rekers und Th. Bonde† für die Hilfe bei der Integration ihrer Programme, W. Benn und H. Faasch für die Unterstützung beim Übergang auf das von ihnen entwickelte Mehr-Rechner PASCAL-System, sowie allen anderen Mitarbeitern des Arbeitsbereiches „Kognitive Systeme", ohne deren Einsatz bei Aufbau und Wartung der komplexen Bildverarbeitungsapparatur diese Arbeit nicht möglich gewesen wäre. Ein Teil dieser Arbeit wurde von der Deutschen Forschungsgemeinschaft finanziert.

5.0 Literatur

BARNARD und THOMSON 80
    Disparity Analysis of Images, S.T. Barnard and W.B. Thompson
    IEEE Trans. Pattern Analysis and Machine Intelligence PAMI-2 (1980) 333-340

BONDE und NAGEL 79
    Deriving a 3-D Description of a Moving Rigid Object from Monocular
    TV-Frame Sequences, T. Bonde und H.-H. Nagel,
    WCATVI-79, pp. 44-45; see also Dreschler und Nagel 82a.

DRESCHLER und NAGEL 82a
    Volumetric Model and 3D-Trajectory of a Moving Car
    Derived from Monocular TV-Frame Sequences of a Street Scene
    L. Dreschler und H.-H. Nagel
    Computer Graphics and Image Processing 20 (1982) 199-228

DRESCHLER und Nagel 82b
    On the Selection of Critical Points and Local Curvature Extrema of Region
    Boundaries for Interframe Matching, L. Dreschler and H.-H. Nagel
    Proc. Nato Advanced Study Institute on Image Sequence Processing and Dynamic
    Scene Analysis, Braunlage/FR. Germany, 21.Juni-2.Juli 1982, T.S. Huang (ed.)
    Springer-Verlag Berlin/Heidelberg/New York 1983 (im Druck) see also:
    Int. Conf. on Pattern Recognition, München, 19.-22. Okt. 1982, pp. 542-544

JAIN und NAGEL 79
    On the Analysis of Accumulative Difference Pictures from Image Sequences
    of Real-World Scenes, R.Jain und H.-H. Nagel, IEEE Trans. Pattern Analysis
    and Machine Intelligence PAMI-1 (1979) 206-214

MORAVEC 80
    Obstacle Avoidance and Navigation in the Real World by a Seeing Robot Rover
    H.P. Moravec
    Ph.D. Thesis, Department of Computer Science Stanford University
    available as CMU-RI-TR-3 (September 1980)
    Robotics Institute, Carnegie-Mellon University Pittsburgh/PA

NAGEL 83
    Displacement Vectors Derived from Second Order Intensity Variations
    in Image Sequences, H.-H. Nagel
    Computer Vision, Graphics and Image Processing 21 (1983) 85-117

NAGEL und ENKELMANN 82
    Investigation of Second Order Greyvalue Variations to Estimate Corner
    Point Displacements, H.-H. Nagel und W. Enkelmann
    Int. Conf. on Pattern Recognition, München, 19.-22. Okt. 1982, pp. 768-773

NAGEL und ENKELMANN 83
    Iterative Estimation of Displacement Vector Fields from TV-Frame Sequences
    H.-H. Nagel und W. Enkelmann, Proc. 2nd European Signal Processing Conf.
    EUSIPCO-83, Erlangen/FR. Germany, 12.-16. September 1983 (im Druck)

NAGEL und REKERS 82
    Moving Object Masks Based on an Improved Likelihood Test,
    H.-H. Nagel and G. Rekers,
    Int. Conf. on Pattern Recognition, München, 19.-22. Okt. 1982, pp. 1140-1142

WESTPHAL 82
    Photometric Stereo for Moving Objects, H. Westphal
    Int. Conf. on Pattern Recognition, München, 19.-22. Okt. 1982, pp. 310-312,
    see also: Proc. Nato Advanced Study Institute on Image Sequence Processing
    and Dynamic Scene Analysis, Braunlage/FR. Germany, 21.Juni-2.Juli 1982
    T.S. Huang (ed.) Springer-Verlag Berlin/Heidelberg/New York 1983 (im Druck)

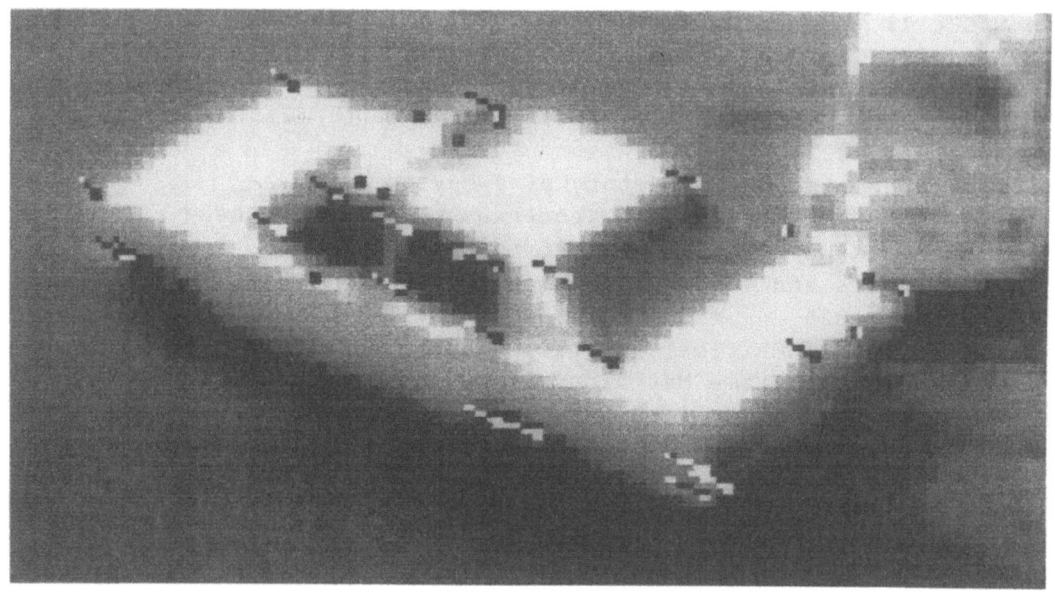

Abb.3: Mit dem zweistufigen Punktefinder gewählten Punkte im ersten Bild der Folge und deren Verschiebungsvektoren.

Abb.4: Zuordnungsergebnis der Punkte aus Bild #1 und Bild #2, für die ein Verschiebungsvektor geschätzt werden konnte.

BESTIMMUNG VON ORIENTIERUNGSÄNDERUNGEN UND BELEUCHTUNGSÄNDERUNGEN DURCH FARBBILDANALYSE

Gunter Hille
Fachbereich Informatik der Universität Hamburg
Schlüterstraße 70, 2000 Hamburg 13

1. Zusammenfassung

Es wird ein Verfahren beschrieben, das mit dem Modell eines lambert'schen Strahlers für die Objekte einer Szene eine Klassifikation von gekrümmten Oberflächen homogener Materialien ermöglicht. Die Verwendung eines Beleuchtungsmodells ergibt, daß Intensitätsquotienten oder Intensitätsdifferenzen der spektralen Meßwerte zur Bestimmung homogener Materialien herangezogen werden können (vgl. [Haralick et al. 82]). Beleuchtungsänderungen und Orientierungsänderungen werden mit diesem Modell gleichermaßen erklärt. Das Verfahren wurde auf Farbbildern einer Straßenszene überprüft.

2. Einleitung

Veränderungen von Szeneneigenschaften, wie z.B. Orientierungsänderungen von Oberflächen, Materialänderungen oder Beleuchtungsänderungen auf Objektoberflächen werden im Bild der Szene als Grauwertänderungen wahrgenommen. Wird allein der Grauwert zur Analyse des Bildes herangezogen, so kann eine festgestellte Grauwertkante durch jede der angegebenen Szenenveränderungen verursacht worden sein. Die eine Intensitätskante verursachende Szeneneigenschaft kann zur Klassifizierung des Kantentyps herangezogen werden. Zusätzliche Ausnutzung von Farbinformation liefert Hinweise auf

- Materialänderungen: Die Färbung der beteiligten Materialien ist unterschiedlich.
- Orientierungsänderungen: Sie erzeugen Intensitätsänderungen in den einzelnen Farbauszügen ohne Farbänderung.
- Beleuchtungsänderungen: bewirken ebenfalls Intensitätsänderungen ohne Farbänderung in den Spektralbereichen.

Segmentationsverfahren zerlegen vielfach Bilder in Bereiche, die zum gleichen Objekt gehören und sich allein durch Orientierungs- oder Beleuchtungsänderungen unterscheiden. Unsere Untersuchungen konzentrieren sich daher darauf, aus einem homogenen Material bestehende Objekte auch über Orientierungskanten oder Schattenkanten hinweg zu erkennen.

3. Farbinformation zur Bildsegmentation

Die Segmentation über Schattengrenzen hinweg oder die Bestimmung von gekrümmten, einfarbigen Oberflächen sind bei Grauwertbildern schwierig durchzuführen. Die Notwendigkeit, Farbinformation bei der Segmentation von Bildern einzubeziehen, wird vielfach mit diesen Schwierigkeiten begründet. Werden die bisher verwendeten Klassifizierungsmethoden (Histogrammverfahren, Ballungsanalyse,etc.) auf die spektralen Bildkomponenten oder deren Transformationen angewendet, gelingt auch hierbei keine befriedigende Segmentation bei gekrümmten Oberflächen [Ohlander 75, Ohta 80, Schachter et al. 76].

Auf gekrümmten Oberflächen oder in abschattierten Teilen von Oberflächen ist zwar die Farbart konstant, wird jedoch die Farbart als Komponente im Merkmalsraum verwendet, so ergeben sich Singularitäten bei der nichtlinearen Tranformation von RGB-Werten in die Farbart [Kender 76].

4. Die physikalischen Abbildungsgesetze

Das im folgenden beschriebene Verfahren geht von der Annahme aus, daß in der Szene nur matte Oberflächen existieren (lambert'sche Strahler). Die spektrale Bildintensität eines Oberflächenelements läßt sich dann durch eine Gleichung der Form

$$I(\lambda) = \varrho(\lambda)E(\lambda)(\vec{n} * \vec{l})R(\theta,\varphi) \qquad (1)$$

beschreiben, wobei $\varrho(\lambda)$ die Reflektanz der Oberfläche und $E(\lambda)$ die spektrale Energieverteilung der Lichtquelle beschreiben. $R(\theta,\varphi)$ ist die bidirektionale Reflektanzfunktion. Sie beschreibt die Reflexionseigenschaften der Oberfläche in Abhängigkeit von der Richtung des Beobachters (φ) und der Lichtquelle (θ) [Horn und Sjoberg 78]. Im verwendeten Reflexionsmodell wird diese Abhängigkeit nicht berücksichtigt, d.h. $R(\theta,\varphi)=1$. Rubin und Richards haben das Verhalten der Bildintensitätsgleichung bei Beleuchtungsänderungen (Abschattierung), Orientierungsänderungen, Änderungen der Pigmentdichte und Materialänderungen untersucht [Rubin und Richards 81]. Sie zeigten, daß mindestens zwei spektrale Intensitätsmessungen auf zwei unterschiedlichen Oberflächen und eine zusätzliche Bedingung für die gemessenen Intensitäten notwendig sind, um eine Materialänderung zwischen den beteiligten Oberflächen festzustellen und andere Änderungen auszuschließen.

4.1. Beleuchtungsänderungen auf homogenen Oberflächen

Für die folgenden Betrachtungen machen wir die Annahme, daß spektrale Intensitäten für zwei Bildpunkte gemessen wurden, von denen der eine Punkt von der Lichtquelle beleuchtet wird, während der andere im Schatten oder Halbschatten liegt. Beide Bildpunkte gehören zu einer homogen gefärbten ebenen Oberfläche der Szene. Neben der direkten Beleuchtung durch eine oder mehrere Lichtquellen ist eine diffuse Beleuchtung vorhanden. Die Bildintensität des beleuchteten Oberflächenelements ist dann

$$I_L(\lambda) = \varrho(\lambda)E_L(\lambda)(\vec{n} * \vec{l}) R_L + \varrho(\lambda)E_D(\lambda) R_D \qquad (2)$$

und für das im Schatten oder Halbschatten liegende Oberflächenelement

$$I_S(\lambda) = \alpha\varrho(\lambda)E_L(\lambda)(\vec{n} * \vec{l}) R_L + \varrho(\lambda)E_D(\lambda) R_D$$

Der Bruchteil der im Halbschattengebiet auftreffenden direkten Beleuchtung wird durch die Variable α beschrieben, die im Intervall [0,1] liegen kann. E_D bezeichnet die diffuse Komponente. Bildet man den Quotienten der Intensitäten von beleuchteten ($\alpha = 1$) und im Schlagschatten liegenden Punkten ($\alpha = 0$), so erhält man

$$q(\lambda) = \frac{I_L(\lambda)}{I_S(\lambda)} = 1 + \frac{E_L(\lambda)(\vec{n} * \vec{l})R_L}{E_D(\lambda)R_D} \qquad (3)$$

Die Intensitätsquotienten $q(\lambda)$ sind charakteristisch für das betrachtete Oberflächenelement im Schatten. Der Intensitätsquotient ist unabhängig vom Albedo der Oberfläche. Wenn die gemessene Intensität des unbeleuchteten Oberflächenelements als Referenz genommen wird und die spektralen Intensitätsquotienten als Komponenten eines Merkmalsraumes aufgefaßt werden, so erhalten wir für alle zur gleichen homogenen Oberfläche gehörenden Bildpunkte im Schattengebiet eine Häufung um den durch q(λ) definierten Punkt. Als einfaches Abstandsmaß bietet sich der euklidsche Abstand an:

$$\Sigma[q(\lambda_i) - q(\lambda)]^2 < \text{Schwellenwert} \qquad (4)$$

Gleiche Intensitätsquotienten ergeben sich nur auf im Schattenbereich liegenden Oberflächen mit gleichem Albedo wie dem der Referenzoberfläche.

4.2. Orientierungsänderungen auf homogenen Oberflächen

Werden die zwei Referenzmessungen der spektralen Intensitäten auf zwei Oberflächenelementen gemacht, die verschiedene Oberflächennormalen besitzen, so ergibt sich für den Intensitätsquotienten

$$q_o(\lambda) = \frac{I_1(\lambda)}{I_2(\lambda)} = \frac{\varrho(\lambda)E_L(\lambda)(\vec{n}_1 * \vec{l})R_L + \varrho(\lambda)E_D(\lambda)R_D}{\varrho(\lambda)E_L(\lambda)(\vec{n}_2 * \vec{l})R_L + \varrho(\lambda)E_D(\lambda)R_D} = \frac{(\vec{n}_1 * \vec{l}) + C}{(\vec{n}_2 * \vec{l}) + C} \qquad (5)$$

$$\text{mit} \quad C = \frac{E_D(\lambda)R_D}{E_L(\lambda)R_L}$$

Wiederum ist der Intensitätsquotient unabhängig von der Wellenlänge. Zur Veranschaulichung werde der Fall einer von direkter und diffuser Lichtquelle beleuchteten homogen gefärbten Kugeloberfläche betrachtet. Die Meßwerte $I_2(\lambda)$ seien auf einem Oberflächenelement mit Normalenvektor $\vec{n}$ parallel zur Lichtrichtung $\vec{l}$ gewonnen. Alle Oberflächenelemente, die sich auf einem Kreisring um diesen hellsten Punkt der Kugeloberfläche befinden, ergeben gleiche Intensitätsquotienten in den gemessenen Spektralbereichen. Bei der Auswahl eines zweiten Testpunktes auf der Kugeloberfläche und Vergleich der Intensitätsquotienten weiterer Bildpunkte mit den Quotienten der Testpunkte nach Gleichung (4) können also nur diejenigen Oberflächenelemente gefunden werden, die sich im gleichen Abstand vom hellsten Punkt befinden. Wählt man als Referenzpunkt ein nicht von der Lichtquelle beleuchtetes Oberflächenelement und bildet für alle Punkte der Kugeloberfläche die Intensitätsquotienten, so ergibt sich

$$\frac{I(\lambda)}{I_2(\lambda)} = 1 + (\vec{n}_2 * \vec{l}) \frac{E_L(\lambda)R_L}{E_D(\lambda)R_D} \qquad (6)$$

Wir wählen jetzt ein Koordinatensystem mit den Intensitätsquotienten (etwa den Quotienten der RGB-Werte eines Farbbildes) als Achsen. Jedes Oberflächenelement kann dann auf einen Punkt im dreidimensionalen Quotientenraum abgebildet werden. Oberflächen im Schatten führen zu Punktballungen um den Punkt P_S. Alle anderen Oberflächenelemente mit unterschiedlicher Orientierung werden auf die Verbindungslinie $\overline{P_S P_L}$ abgebildet (Abb. 1). Für eine Ballungsanalyse im Merkmalsraum (zum Auffinden aller Oberflächenelemente eines homogen gefärbten Objekts) wird verlangt, daß der durch die drei Intensitätsquotienten festgelegte Punkt sich in der Nähe dieser Verbindungslinie befindet. Wählt man als Abstandsfunktion den euklidschen Abstand eines Punktes von einer Geraden, so ergibt sich für die Klassifikation eines zur gesuchten Oberfläche gehörenden Oberflächenelements die Bedingung

$$d(P, \overline{P_L P_S}) < \text{Schwellenwert} \qquad (7)$$

Die zu einer homogen gefärbten Oberfläche mit beliebiger Krümmung gehörenden Oberflächenelemente werden durch die Schwellenwertbedingung in das Innere eines

Zylinders projiziert, dessen Orientierung im Raum durch die zwei Referenzpunkte festgelegt wird, während der Radius durch den Schwellenwert bestimmt ist.

4.3. Experimentelle Ergebnisse

Die Klassifizierung von Schattenpunkten wurde auf Farbbildern einer Straßenszene überprüft. Referenzpunkte in hellen Bildbereichen und im Schattengebiet wurden auf einem Farb-Rastersichtgerät interaktiv mit der Rollkugel ausgewählt und die in Schattenbereichen liegenden Oberflächenelemente über die Schwellenwertfunktion (4) bestimmt. Die Referenzpunkte wurden auf homogenen Materialien gewonnen. Trotzdem wurden nicht nur die im Schatten liegenden Bereiche des ausgewählten Objekts, sondern auch die Schatten anderer Objekte markiert. Ursache hierfür sind die Digitisierungsfehler bei kleinen Intensitäten, spektrale Änderungen des Albedo können bei geringen Intensitäten daher nicht ausreichend aufgelöst werden.

Die Abstandsfunktion läßt sich auch zur Überprüfung von Orientierungsänderungen heranziehen. Werden als Referenzpunkte zwei Punkte im Bild gewählt, die verschieden orientierte Oberflächen repräsentieren, liefert die Bestimmung aller Bildpunkte mit der Bedingung (4) nur die Oberflächenelemente der zweiten Referenzoberfläche.

Die unbefriedigen Resultate bei der Diskriminierung von Schattengebieten auf homogenem Material waren ein Grund, die Abstandsfunktion (7) nicht auf die Verbindungs*linie* zu beziehen, sondern auf die Verbindungs*gerade* auszuweiten. Da nicht für alle Objekte Schattengebiete und hellste Oberflächen im Bild vorhanden sind, kann die Lage der Geraden im Quotientenraum auch über zwei beliebige andere Punkte der Oberfläche mit unterschiedlicher Orientierung bestimmt werden. (Abb. 3) zeigt das Ergebnis einer Klassifizierung aller zu dem hellen PKW in der Bildmitte gehörenden Oberflächenelemente. Dach, Motorhaube, linke Karosserieseite und Holme sind nahezu vollständig gefunden worden; die Zahl der zusätzlich markierten Bildpunkte im restlichen Bild ist gering.

5. Anwendung des Verfahrens auf Farbbildfolgen

Betrachtet wird die Rotation eines starren Körpers um eine feste Drehachse mit konstanter Winkelgeschwindigkeit. Wir wählen ein objektzentriertes Koordinatensystem. Die z-Achse falle mit der Drehachse zusammen. Als weiteres Koordinatensystem wird ein Kugelkoordinatensystem im Ursprung des ersten gewählt. Jeder Normalenvektor einer Objektoberfläche kann dann durch die Koordinaten φ und λ seines Durchstoßungspunktes auf der Einheitskugel repräsentiert werden. Für einen lambert'schen Strahler gilt für das Skalarprodukt $(\vec{n} * \vec{l})$ auf der Kugel

$$(\vec{n} * \vec{l}) = \cos\varphi\cos\varphi_1 \cos(\lambda_1 - \lambda) + \sin\varphi_1 \sin\varphi$$

Dies entspricht der Großkreisentfernung auf der Einheitskugel. Bei einer Rotation des Körpers um den Winkel $\Delta\lambda$ verändern sich i.a. die Intensitäten auf den Objektoberflächen.

Punkte auf der Oberfläche, die sich nur im Winkel φ unterscheiden, erreichen zum gleichen Zeitpunkt das Intensitätsmaximum. Sie lassen sich aus der Analyse des zeitlichen Grauwertverlaufs ermitteln (falls die korrespondierenden Punkte in den Bildern der Folge ermittelt werden können). Dann kann auch λ berechnet werden, falls φ und λ der Lichtquelle bekannt sind.

Sei Δ_1 die Intensitätsdifferenz eines Punktes mit bekanntem λ und φ und sei ΔI_n

die eines weiteren beliebigen Punktes mit gleichem λ. Dann kann φ berechnet werden. Als Startwerte für Oberflächen können z.B. die mit dem Verfahren von Dreschler und Nagel ermittelten Oberflächen der konvexen Hülle eines bewegten Objekts sein [Dreschler und Nagel 82]. Werden Intensitätsdifferenzenquotienten aus drei Bildern einer Folge gewonnen, so können Drehwinkel $\Delta\lambda$ der Oberfläche oder seine Koordinate λ_1 geschätzt werden.

$$\frac{I(t_1) - I(t_2)}{I(t_2) - I(t_3)} = \frac{1}{1 - \Delta\lambda\cot(\lambda_1 - \lambda_1)}$$

Die Quotienten sind unabhängig vom gewählten Spektralbereich. Ihre Konstanz kann zur Überprüfung der dem Verfahren zugrundeliegenden Annahmen verwendet werden.

LITERATURVERZEICHNIS

[Dreschler und Nagel 82]
    Volumetric Model and 3D-Trajectory of a Moving Car
    Derived from Monocular TV-Frame Sequences of a Street Scene
    L. Dreschler und H.-H. Nagel
    Computer Graphics and Image Processing 20 (1982)

[Haralick et al. 82]
    Spatial Reasoning to Determine Stream Network from Landsat Imagery
    R. Haralick, S. Wang, D.B. Elliot
    Proc. 6th Int. Conference on Pattern Recognition (1982) 502-516

[Horn und Sjoberg 78]
    Calculating the Reflectance Map
    in: L.S. Baumann(ed), Proc. Image Understanding Workshop(1978)

[Kender 76]
    Saturation, Hue and Normalized Color: Calculation, Digitization Effects, and Use
    J. Kender
    Technical Report, Dept. of Computer Science, Carnegie-Mellon Univ. (1976)

[Ohlander 75]
    Analysis of Natural Scenes
    R.B. Ohlander
    Dissertation, Carnegie-Mellon Univ. (1975)

[Ohta 80]
    A Region-Oriented Image-Analysis System by Computer
    Y. Ohta
    Dissertation, Dept. of Information Science, Kyoto Univ. (1980)

[Rubin und Richards 81]
    Color Vision and Image Intensities: When are Changes Material ?
    J.M. Rubin, W.A. Richards
    AI-Memo No. 631, MIT-AI Lab. (1980)

[Schachter et al. 76]
    Scene Segmentation by Cluster Detection in Color Space
    B.J. Schachter, L.S. Davis, A. Rosenfeld
    ACM SIGART Newsletter No. 58 (1976) 16

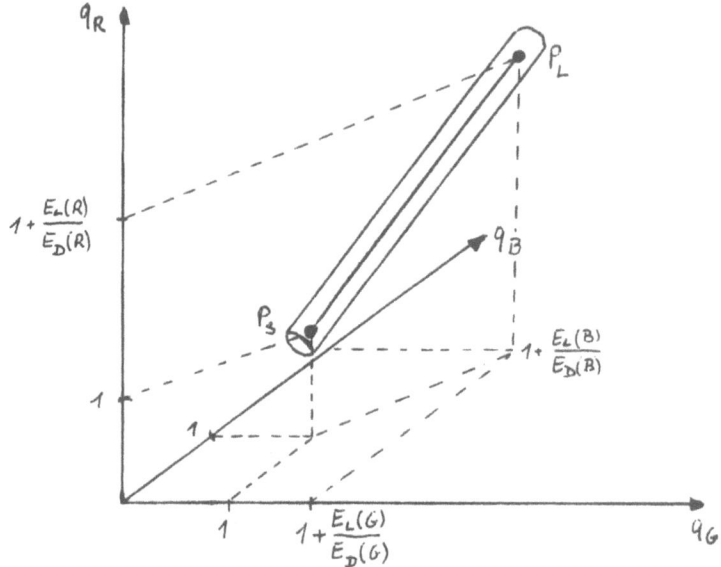

Abb.1: Lage der Oberflächenelemente eines gekrümmten Objekts im Intensitätsquotientenraum. Die Indizes R,G,B bezeichnen die drei Spektralkomponenten eines Farbbildes.

Abb.2: Intensitätsbild der Straßenszene.

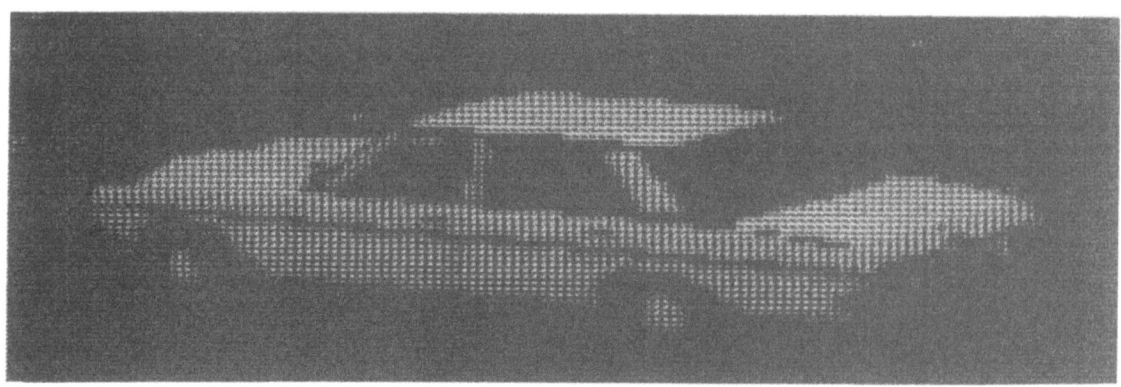

Abb.3: Mit Schwellenwertbedingung (7) detektierter PKW.

FOURIERTRANSFORMATION DREI- UND VIERDIMENSIONALER SIGNALE DARGESTELLT DURCH BILDSEQUENZEN.

J.Hofer-Alfeis, R.Bamler

Lehrstuhl für Nachrichtentechnik, TU München

Zusammenfassung

Dreidimensionale (3D) und 4D Signale können vollständig in Bildsequenzen dargestellt werden, in dem sie in einer bzw. zwei Dimensionen geeignet abgetastet werden und die Schnittbilder in einer Ebene angeordnet werden. Das Fourierspektrum einer solchen Bildsequenz ist seinerseits eine Bildsequenz des 3D oder 4D Spektrums, als Sequenzspektrum bezeichnet. Diese Darstellung, ihre Koordinaten und Maßstäbe, wird beschrieben und durch experimentell erzeugte Beispiele von Sequenzleistungsspektren veranschaulicht.

1. Einführung

Multidimensionale (nD) Signale können in zwei Dimensionen vollständig durch Bildsequenzen dargestellt werden, indem sie in allen bis auf zwei Dimensionen geeignet abgetastet werden und die so entstandenen Schnittbilder in einer Ebene angeordnet werden. Der Kinofilm ist ein bekanntes Beispiel, in dem Zeitschnitte einer 3D Funktion, eines zeitabhängigen Bildes, im Ort regelmäßig zu einer Bildzeile angeordnet werden. Andere Beispiele für Bildsequenzen von 3D Funktionen sind Schichtbilder in der Tomographie und Multispektralaufnahmen in der Fernerkendung, wobei einmal die Tiefe und einmal die Wellenlänge die abgetastete Dimension ist. In der dynamischen Tomographie wird das Zeitverhalten eines 3D Objekts durch die Aufzeichnung von Tiefenschnittbildern in regelmäßigen Zeitabständen festgehalten; d.h. ein 4D Signal wird durch eine Bildsequenz (eine matrixartige Anordnung von Bildern) dargestellt. Die Bildbeschreibung durch lokale Leistungsspektren oder die Wigner-Distribution und die Beschreibung eines ortsvarianten Abbildungssystems durch seine Punktantworten führt ebenfalls auf ein meist durch eine Bildsequenz dargestelltes 4D Signal.

Die nD Fouriertransformation (FT) dient wie im 1D und 2D Fall zur Signalanalyse nach globalen Eigenschaften wie Bandbreiten, Symmetrie, Periodizitäten, Hauptorientierungen und Konzentration der spektralen Energie (z.B. tiefpaß- oder bandpaßgefiltert). Dazu können Sinalinvarianzen im nD Raum, wie sie z.B. bei Bewegung eines steifen Objekts im Ort-Zeit-Raum auftreten, im Spektrum festgestellt werden. Diese Signaleigenschaften spielen bei der Verarbeitung von nD Signalen eine wichtige Rolle, insbesondere wenn der Einsatz von nD linearen Filtern untersucht wird, z.B. zur Interpolation, Objekt- oder Bewegungsdetektion und Entzerrung.

Die Berechnung der nD FT ist im allgemeinen sehr aufwendig. In /1/ wurde gezeigt, daß die 2D FT einer geeignet angeordneten Bildsequenz eine Bildsequenz des nD Spektrums, im weiteren Sequenzspektrum genannt, erzeugt. Die Bildsequenz hat zwar in der Regel ein sehr großes Ort--Bandbreiteprodukt, aber es können digital die bekannten 2D Transformationsverfahren oder kohärent-optisch das Beugungsbild zur Aufzeichnung des Leistungsspektrums bzw. holographische Methoden zur Aufzeichnung des komplexen Spektrums verwendet werden, wobei die große Transformationskapazität der optischen Methode ausgeschöpft werden kann. Im 2. Kapitel wird der Zusammenhang zwischen dem Sequenzspektrum und dem nD Spektrum zusammengestellt, der im 3. Kapitel an einigen Beispielen kohärent-optisch gewonnener Leistungsspektren veranschaulicht wird.

2. Das Sequenzspektrum

3D Signale

Die Umwandlung eines 3D Signals in eine Bildsequenz kann durch zwei einfache Operationen beschrieben werden, deren Korrespondenz im Frequenzbereich den Zusammenhang zwischen 3D Spektrum und Sequenzspektrum angibt /1/:

(1) das 3D Signal wird periodisch wiederholt, wobei es in der abgetasteten Dimension um das Abtastintervall und in einer der beiden anderen Dimensionen um den Sequenzbildabstand verschoben wird, der so gewählt sein muß, daß es nicht zu Überschneidungen kommt.

(2) aus dem periodischen Signal wird die Ebene der nicht abgetasteten Dimensionen herausgeschnitten.

Wird z.B. die Funktion $h(x,y,z)$ in z im Abstand Δz abgetastet und die Schnittbilder im Abstand Δx angeordnet, ergibt sich dabei formal die Bildsequenz h_S:

$$h_S(x,y) = \sum_k h(x-k\Delta x,\ y,\ k\Delta z) \quad (1)$$

Das Sequenzspektrum $H_S(u,v)$ folgt mit den korrespondierenden Operationen zu (1) und (2) aus dem 3D Spektrum $H(u,v,w)$ über folgende Schritte (Beispielskizze in Abb.1):

(1) Abtastung von H auf den parallelen äquidistanten Flächen
$$D_u(u,v,w) = \sum_k \delta(u\Delta x - w\Delta z - k). \quad (2)$$
Diese Schnittflächen sind um den Winkel
$$\varphi_u = \arctan(\Delta z/\Delta x) \quad (3)$$
um die v-Achse aus der v,w-Ebene herausgedreht. Wird entsprechend ein neues Kordinatensystem u',v,w' (s.Abb.1) definiert, wird die Abtastfunktion aus Gl.2 zu
$$D_u'(u',v,w') = \Delta u' \sum_k \delta(u - k\Delta u') \quad (4)$$
mit dem Abtastabstand $\Delta u'$ im Frequenzbereich
$$\Delta u' = (\Delta x^2 + \Delta z^2)^{-1/2} \quad (5)$$
Da im allgemeinen der Abtastabstand Δz viel kleiner als der Bildabstand Δx ist, wird φ_u sehr klein und die Abtastung des 3D Spektrums erfolgt fast parallel zur v,w-Ebene.

(2) Projektion des abgetasteten Spektrums $H \cdot D_u$ auf die u,v-Ebene d.h. Linienintegration in w-Richtung, die gerade einen Wert von H herausnimmt, wenn H in w entsprechend dem Abtasttheorem bandbegrenzt ist. Damit ergibt sich
$$H_S(u,v) = \int_{-\infty}^{\infty} \sum_k H(u,v,w) \cdot \delta(u\Delta x - w\Delta z - k)dw =$$
$$= \Delta z^{-1} \sum_k H(u,v,\frac{\Delta x}{\Delta z}u - \frac{k}{\Delta z}) \quad (6)$$
Wird H im oben eingeführten gedrehten Koordinatensystem durch $H'(u',v,w')$ ausgedrückt, ergibt sich eine Sequenzformel wie in Gl.1
$$H_S(u,v) = \frac{1}{\Delta z} \sum_k H'(k\Delta u',\ v,\ \frac{u - k/\Delta x}{\sin \varphi_u}) \quad (7)$$

wobei die lineare Stauchung der w'-Achse bei der Projektion der Schnittflächen auf die u,v-Ebene sichtbar wird. Es ergibt sich als Maßstab

$$\Delta w'_{Sequenz} / \Delta w'_{3D} = \sin \varphi_u = (1+\Delta x^2/\Delta z^2)^{-1/2} \quad (8)$$

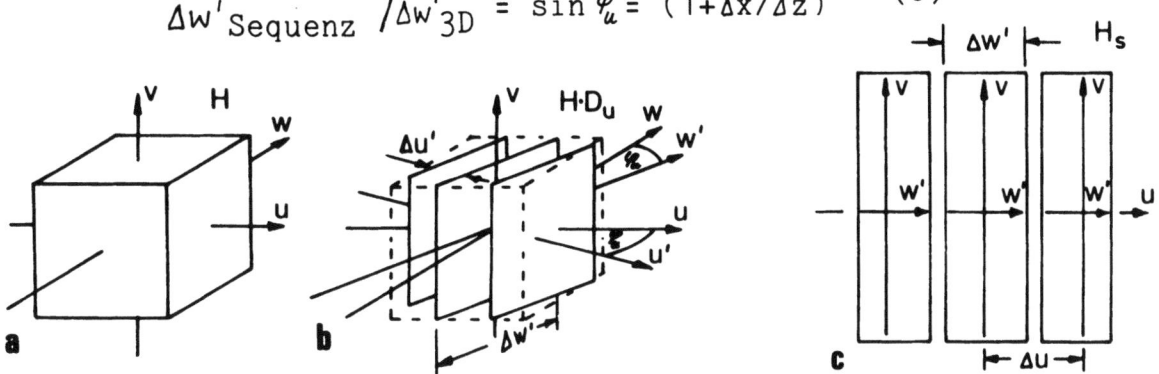

Abb.1: Beispiel für ein quaderförmiges 3D-Spektrum H(1a), abgetastet mit D_u(1b); nach Projektion auf die u,v-Ebene ergibt sich H_s(1c).

4D Signale

Die Umwandlung eines 4D Signals in eine 2D Bildsequenz und damit die Verbindung von 4D Spektrum mit dem Sequenzspektrum wird am leichtesten verständlich, wenn jeweils für diskrete Abtastwerte der 4. Dimension die verbleibenden 3D Signale entsprechend dem vorhergehenden Abschnitt in zeilenförmige Bildsequenzen umgewandelt werden. Ordnet man diese untereinander an, entsteht eine Bildsequenz mit an regelmäßigen Rasterpunkten angeordneten Bildern, s.z.B. Abb.6a.

Für den Zusammenhang Sequenzspektrum und 4D Spektrum müssen die bereits beschriebenen Operationen im Frequenzbereich zweimal und in verschiedener Richtung angewendet werden. Die Bildsequenz h_{ss} der 4D Funktion $h(x,y,z,t)$ lautet dann z.B.

$$h_{ss}(u,v) = \sum_m \sum_n h(x-m\Delta x, y-n\Delta y, m\Delta z, n\Delta t) \quad (9)$$

und ihr Sequenzspektrum ergibt sich zu /2/

$$H_{ss}(u,v) = \frac{1}{\Delta z \Delta t} \sum_m \sum_n H(u,v,\frac{\Delta x}{\Delta z}u-\frac{m}{\Delta z}, \frac{\Delta y}{\Delta t}v-\frac{n}{\Delta t}) \quad (10)$$

Der Zusammenhang ist in Abb. 2 für ein in vier Dimensionen quaderförmiges Beispielspektrum skizziert. Der zusätzliche Drehwinkel φ_v, der Abtastabstand $\Delta v'$ und der Maßstab der vierten Frequenzachse ergeben sich jeweils aus Gl. 3,5 oder 8 durch Einsetzen der veränderten Parameter Δt und Δy.

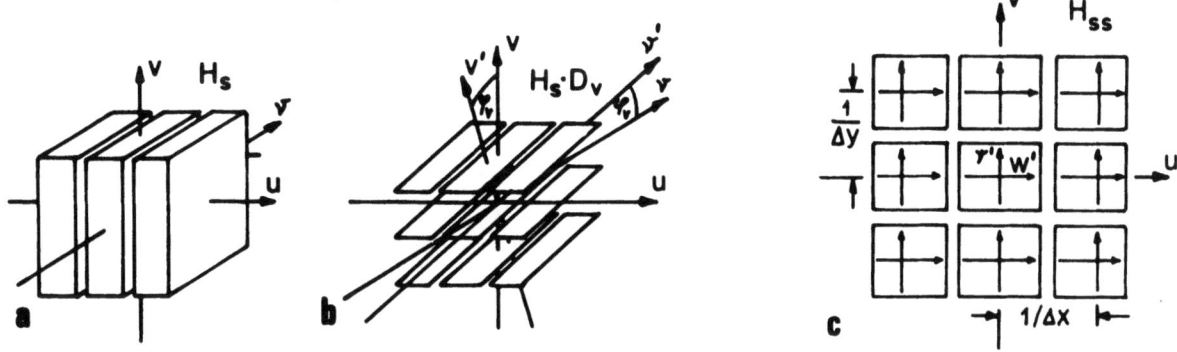

Abb.2: Beispiel für ein quaderförmiges 4D Spektrum, in einer Dimension bereits in eine Sequenz gewandelt (2a); abgetastet mit D_v(2b);

nach Projektion auf die u,v-Ebene ergibt sich H_{SS}(2c). (Die zu t gehörige Frequenzachse wurde mit ν bezeichnet).

3. Beispiele

Die folgenden Sequenzleistungsspektren wurden durch kohärent- optische Fouriertransformation von Bildsequenzen erzeugt, die vom Digitalrechner geplottet und auf hochauflösendem Hochkontrastfotomaterial aufgenommen worden waren.

Abb.3a zeigt als Beispiel eine Kugel mit Delle und die zugehörige Bildsequenz bei Abtastung in z-Richtung. Die 3D Fouriertransformierte einer Kugel ist ein System von Kugelschalen alternierenden Vorzeichens. Diese sind im Sequenzspektrum in Abb. 3b in den Schnittbildern deutlich erkennbar; Schnittbildanordnung und Maßstab s.Abb.1.

Abb.3a: 3D Beispiel "Kugel mit Delle", links perspektivisch dargestellt, rechts Sequenzschema (Abtastung in z) und Bildsequenz.

Abb.4a ist die Bildsequenz einer sich drehenden Scheibe (Mittelschnitt aus der Sequenz in Abb.3a), beobachtet über drei Perioden und in x mit Faktor 4 gestaucht um eine entsprechende Dehnung des Sequenzspektrums zu erreichen. Das Sequenzspektrum ist in Abb.4b wiedergegeben. Eine hier nicht angeführte Analyse dieses Beispiels zeigt, daß in w-Richtung die Zirkularharmonischen des 2D Schnittbildspektrums (Abb.5) auftreten.

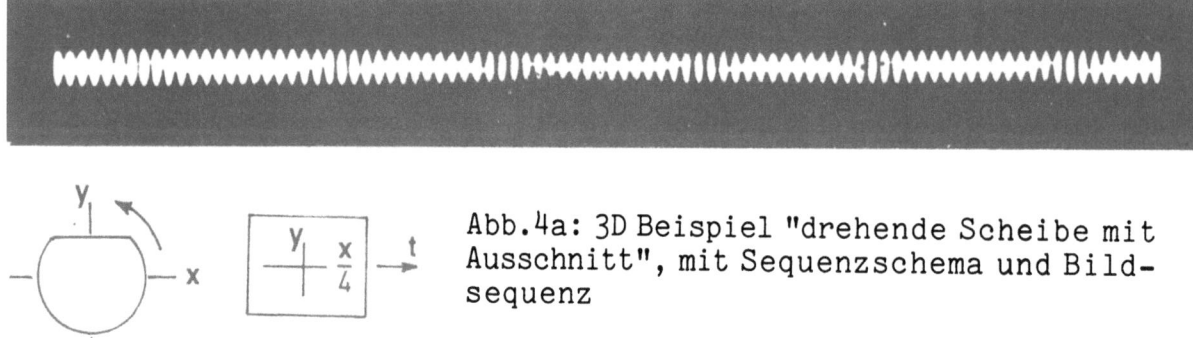

Abb.4a: 3D Beispiel "drehende Scheibe mit Ausschnitt", mit Sequenzschema und Bildsequenz

Abb.6a zeigt die Bildsequenz der Kugel mit Delle aus Abb. 3a, der aber jetzt eine zusätzliche Abhängigkeit von einem neuen Parameter, z.B. der Zeit t, gegeben wurde, indem sich die Sequenzzeilen in t--Richtung (von unten nach oben) ändern. Das zugehörige 4D Signal ist also vergleichbar einer auftauchenden Linie, die zur Kugel anschwillt und wieder zur Linie zurückschrumpft und verschwindet. Abb.6b zeigt das Sequenzleistungsspektrum, eine Matrix von Schnittbilder jeweils für kontinuierliche w' und ν' (näherungsweise Tiefen- und Zeitfrequenz) und diskrete u' und v'.

Abb 6a: 4D Beispiel "Kugel mit Delle" in z und t abgetastet (Sequenzschema und Bildsequenz)

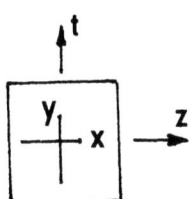

4. Schlussfolgerungen

Durch die Eigenschaft der 2D FT von Bildsequenzen von nD Signalen, ihrerseits ebenfalls Bildsequenzen der nD Spektren zu sein, können 2D Prozessoren, wie z.B. kohärent--optische FT-Systeme, zur Berechnung der nD FT benutzt werden. Die Schnittbilder im Frequenzbereich werden aus leicht geneigten Ebenen entnommen. Die "zusätzlichen" Frequenzdimensionen, die mit den abgetasteten im Orginalbereich korrespondieren, sind in verkleinertem Maßstab dargestellt, was aber durch entsprechende Kompression der Orginalsequenz aufgehoben werden kann. Die Dimensionsreduktion für die FT vergrößert das Ort-Bandbreiteprodukt, so daß FT-Systeme mit großer Transformationskapazität, wie z.B. kohärent-optische, notwendig sind. Letztere sind natürlich dann besonders sinnvoll, wenn die Bildsequenz bereits auf Fotomaterial vorliegt. Problematisch ist für die Aufzeichnung der Sequenzspektren ihre hohe Dynamik : der charakteristische Abfall im Frequenzbereich wird etwa mit $f^{-1/2}$ schneller pro Dimension, wie z.B. im Vergleich der FT von 1D Rechteckfunktion, Kreisscheibe und Kugel ersichtlich ist.

5. Referenzen

/1/ J.Hofer-Alfeis, R.Bamler, 3-D and 4-D convolutions by coherent optical filtering". In: Transformations in Optical Signal Processing, W.T.Rhodes et al.,eds,SPIE,Vol.373, Bellingham, WA,USA (1983)

/2/ J.Hofer-Alfeis, R.Bamler, "Coherent-optical Fouriertransform of multidimensional signals represented as sequences", in: Proc. of the 10 th IOCC, Cambridge, SPIE VOL No 422, 105-110 (1983).

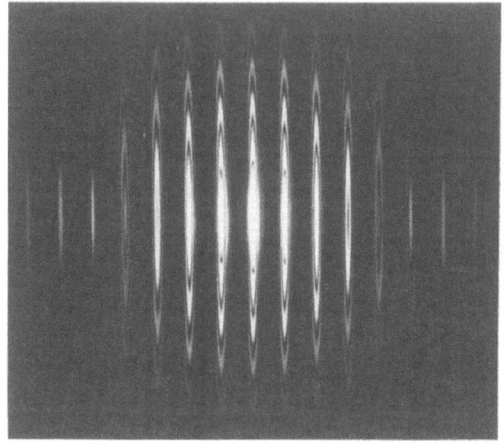

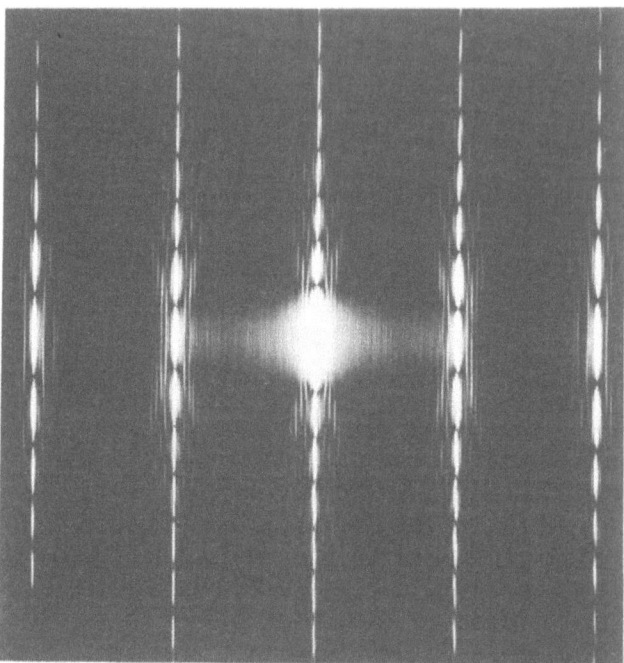

Abb 3b (oben): Sequenzleistungsspektrum der "Kugel mit Delle"

Sequenzschema: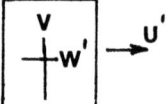

Abb.4b (rechts oben): Sequenzleistungsspektrum
der "drehenden Scheibe mit Anschnitt"

Sequenzschema: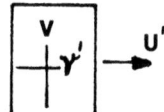

Abb.5 (rechts): 2D Leistungsspektrum der
"Scheibe mit Anschnitt", s. Abb.4a.

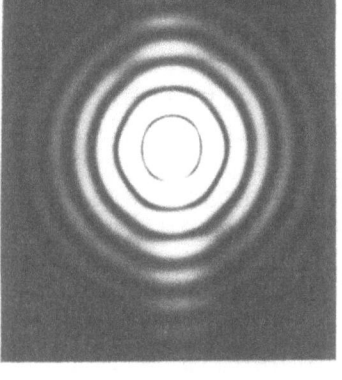

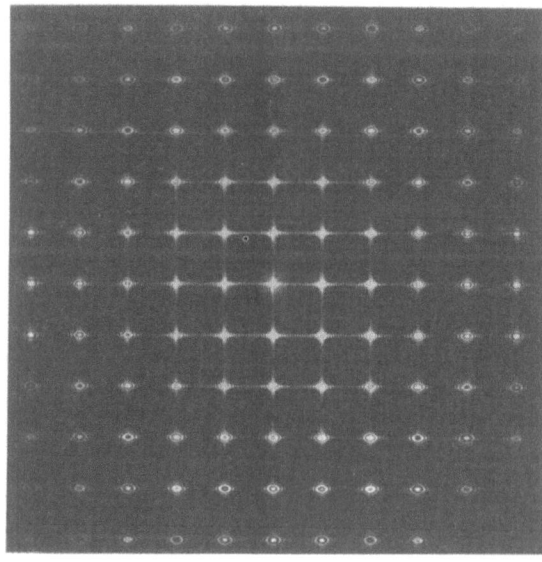

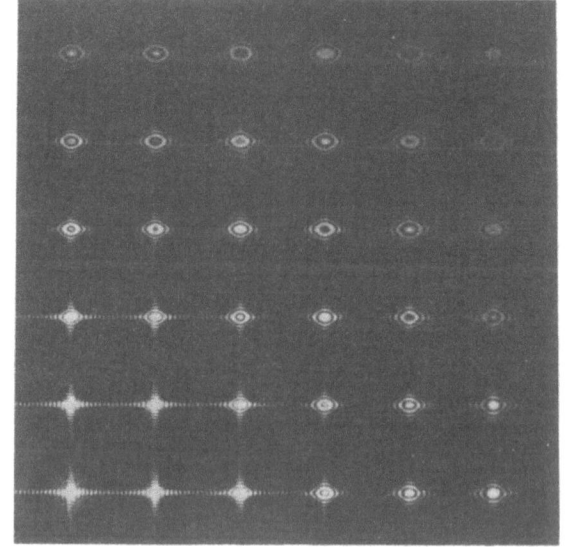

Abb.6b: Sequenzleistungs-
spektrum der "Kugel mit
Delle, wachsend und wieder
zusammenfallend"

Sequenz-
schema: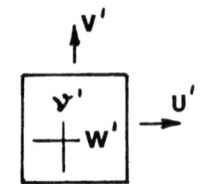

Abb.6c: Aus-
schnitt aus
Abb.6b
(I.Quadrant)

PARAMETRISCHE BILDER AUS INTRAVENÖSEN
ANGIOGRAMMEN DES LINKEN HERZVENTRIKELS

U.Obermöller[1]; G.Witte[2]; K.H.Höhne[1]

Institut für Mathematik und Datenverarbeitung
in der Medizin (1) und Radiologische Klinik (2)

Universitäts Krankenhaus Eppendorf
Martinistraße 52, 2000 Hamburg 20

1. EINFÜHRUNG

In vielen Anwendungen der Angiographie hat sich die weniger invasive, intravenöse Kontrastmittel(KM)-Injektion gegenüber der aufwendigen arteriellen Injektion durchgesetzt. Wegen des geringen Kontrastes und des schlechten Signal/Rausch-Verhältnisses bei intravenösen Verfahren ist eine Bearbeitung zur Rauschunterdrückung und zur Kontrastverstärkung notwendig. Dies geschieht normalerweise durch Integration mehrerer Bilder bzw. durch Subtraktion eines Bildes ohne KM (Maskenbild) von dem Bild des KM-gefüllten Organs (Füllungsbild). Dieses einfache Verfahren eignet sich jedoch nur für statische Szenen, Aufnahmen von bewegten Objekten wie z.B. der Lunge oder des Herzens lassen sich nur unvollkommmen bearbeiten.

Am Beispiel des Herzens wurden von uns verschiedene Verfahren erprobt, die das Ziel haben:

- Bildsequenzen von bewegten Objekten zunächst optisch zu verbessern und damit die visuelle Interpretation der Bewegung durch den Arzt zu erleichtern, und,

- durch eine semi-quantitative Auswertung der Bewegungsmuster des Organs und Darstellung der Ergebnisse in Form von parametrischen Bildern, eine Diagnosehilfe zu liefern.

Über die Anwendung des Verfahrens der parametrischen Bilder bei selektiven, arteriellen Ventrikulogrammen wurde bereits berichtet /1/. Durch entsprechende Vorverarbeitung und Adaption der Verfahren an die speziellen Probleme bei intravenöser Injektion lassen sich Ergebnisbilder erzielen, deren Qualität mit parametrischen Bildern von arteriellen Ventrikulogrammen vergleichbar ist.

2. MATERIAL

Vom gleichen Patienten wurden verschiedene Ventrikulogramme aufgezeichnet, zum einen nach Stimulation mit einem Herzschrittmacher (Fall A), zum anderen nach Gabe von Nitroglycerin (Fall B). Das Verfahren der Stimulation verstärkt Anomalien in der Herzwandbewegung bei bestimmten Herzkrankheiten. Die Ventrikulogramme wurden nach venöser Injektion von 20ml 76% Kontrastmittel mit 10 R/Bild mit einer hochauflösenden Bildverstärker-Fernseh-Einheit aufgenommen und auf Band gespeichert.

Die Digitisierung erfolgte mit einer Auflösung von 256^2 Bildpunkten, 50 Bildern/sec und 8 Bit Intensitätsauflösung. Die Digitisierung und Verarbeitung wurde mit dem System CA-1 (Computer Angiography One /2,3/) durchgeführt, in dem ein 8 Mbyte RAM Bildsequenzspeicher sowie spezielle Bildverarbeitungs-Hard- und Software zur Verfügung stehen.

3. METHODEN

3.1. VORVERARBEITUNG DER BILDSEQUENZEN

Die Anfärbung des linken Ventrikels nach intravenöser KM-Gabe ist i.A. so schwach, daß die Bewegung der Herzwand auf den Originalbildern nur unzureichend beobachtet werden kann. Dieses liegt zum einen an dem schlechten Signal/Rausch-Verhältnis, zum anderen an der störenden Überlagerung des Ventrikels mit anderen kontrastreichen Strukturen. Die Rauschunterdrückung durch Integration ist nicht möglich, da durch die Bewegung die Herzkonturen unscharf werden (Blurring). Aus dem gleichen Grund führt die Elimination des Hintergrundes durch Subtraktion eines einzelnen Leerbildes von der Bildsequenz nur zu unbefriedigenden Ergebnissen.

Bei den von uns verwendeten Verfahren werden diese Nachteile dadurch vermieden, daß bei der Bearbeitung der Bildsequenz die jeweilige Phase der Herzbewegung berücksichtigt wird. Operationen wie Integration oder Subtraktion werden nur auf Bilder angewendet, auf denen die Herzwand die gleiche Position einnimmt /4/. Die Bearbeitung einer Bildsequenz unfasst folgende Schritte:

- Berechnung eines integrierten Füllungszyklus

- Berechnung eines integrierten Maskenzykus

- phasengerechte Subtraktion von Füllungs- und Maskenzyklus

Da die Anzahl der Zyklen normalerweise nicht ausreicht, um eine Rauschunterdrückung nur durch Integration zu gewährleisten, wird zusätzlich ein Tiefpaßfilter eingesetzt /5/.

Die Bearbeitung läßt sich besonders einfach durchführen wenn die Bilddaten in den Frequenzraum transformiert werden. Hierdurch wird die periodische Natur der Herzbewegung vorteilhaft ausgenutzt. Die Anwendung der Fourier-Transformation, sowohl zur Rauschunterdrückung als auch zur weiteren Analyse der Herzbewegung ist aus der Nuklearmedizin bekannt /6,7/. Die Intensitätsänderung in der Zeit (Intensitäts-Zeit-Kurve = IZK) wird hierzu an jedem Bildpunkt extrahiert und der 1-dimensionalen Fourier-Transformation unterworfen. Die IZK wird dann als Summe von Sinusfunktionen dargestellt:

$$IZK \approx F(IZK) = A_0/2 + \sum_{i=1}^{n} A_i + \sin(i\omega t + \varphi_i)$$

wobei gilt: $\omega = 2\pi/T$, T ist die Länge des Untersuchungszeitraumes, A_i und φ_i sind jeweils die Amplitude und Phase der Sinusfunktion mit der Frequenz i/T, und n ist die Zahl der Schwingungen, durch welche die IZK approximiert wird.

In Abb.1 ist eine exemplarische IZK aus einer Sequenz von 10 Herzzyklen, zusammen mit dem Histogramm der Amplituden nach der Transformation, dargestellt. Die Maxima im Histogramm stammen von der Änderung der Kontrastmittel-Konzentration und von der Herzfrequenz und deren Vielfachen während sich das Rauschen in den hohen Frequenzen ausdrückt.

Verschiedene Operationen lassen sich nunmehr durch einfache Verknüpfung bzw. Selektion bestimmter Frequenzen realisieren. Das Weglassen der hohen Frequenzen entspricht einem Tiefpassfilter und dient der Rauschunterdrückung. Durch Beschränkung auf die Herzfrequenz und deren Vielfache werden mehrere Herzzyklen phasengerecht integriert. Hierbei wird eine konstante Zykluslänge vorausgesetzt. Werden je eine Sequenz von Herzzyklen mit und ohne KM-Füllung transformiert, so lassen sich diese durch Verknüpfung der Koeffizienten der entsprechenden Frequenzen phasengerecht voneinander subtrahieren. Nach Rücktransformation erhält man eine Bildsequenz von Differenzbildern, welche im Idealfall nur die Bewegung des KM-gefüllten linken Ventrikels zeigt.

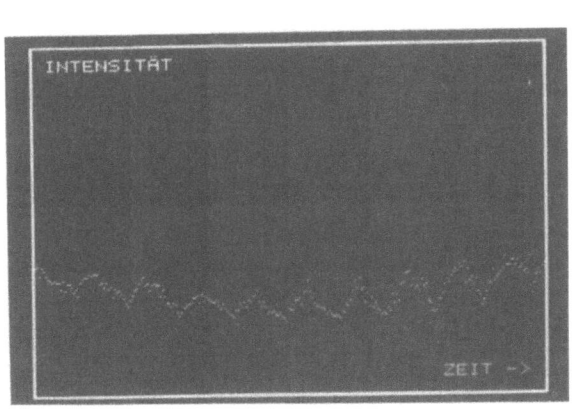 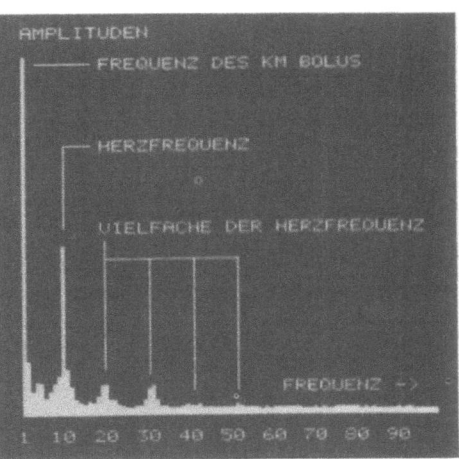

Abb.1: Intensitäts-Zeit-Kurve über 10 Herzzyklen und
Histogramm der Amplituden nach Fourier-Transformation

3.2. BEWEGUNGSANALYSE UND QUANTIFIZIERUNG

Auch nach optimaler Bearbeitung einer Bildsequenz kann die Bewegung der Herzwand durch visuelle Inspektion nur qualitativ beurteilt werden. Die verbesserte Bildsequenz kann jedoch nunmehr auch dazu verwendet werden, die Herzwandbewegung näher zu analysieren und zu quantifizieren. Hierzu wird die IZK an jedem Bildpunkt parametrisiert. Auf diese Weise kann z.B. die Ankunftszeit der Herzwand in den verschiedenen Bereichen berechnet und verglichen werden. Durch Darstellung der Parameter in Form von parametrischen Bildern bzw. Funktionsbildern kann die Bewegung der Herzwand im morphologischen Zusammenhang beurteilt werden, Gebiete mit abweichendem Bewegungsmuster lassen sich lokalisieren. Diese Methode haben wir bereits früher bei statischen Organen und bei der semiquantitativen Analyse der Herzwandbewegung in arteriellen Ventrikulogrammen eingesetzt /1/. Die parametrischen Bilder, die wir von intravenösen Sequenzen berechnen, lassen sich nach der Art der Berechnung der Parameter in zwei Gruppen einteilen:

- 'Form'-Parameter, die direkt aus der Form der ursprünglichen IZK berechnet werden, und

- 'Fourier'-Parameter, die aus der transformierten Darstellung der IZK im Frequenzraum abgeleitet werden.

Folgende Parameter zählen zur ersten Gruppe (siehe auch Abb.2):

- das Maximum der IZK

- die Zeit zu der das Maximum erreicht wird

- das Integral unter der Kurve

- die Zeiten zu denen 50% des Maximums erreicht werden, jeweils beim Anstieg und beim Abfall der Kurve

- die maximale Steilheit (Maximum der 1. Ableitung), jeweils beim Anstieg und beim Abfall der Kurve

- die Zeiten der maximalen Steilheit.

Zu den Fourier-Parametern zählen (siehe auch Abb.1):

- die Amplitude A_0 (der statische Anteil der Schwingung)

- die Amplitude A_K und die Phase φ_K, welche dem Verlauf der Kontrastmittel-Konzentration entsprechen

- die Amplitude A_H und die Phase φ_H, die dem Herzschlag entsprechen (H=Herzfrequenz).

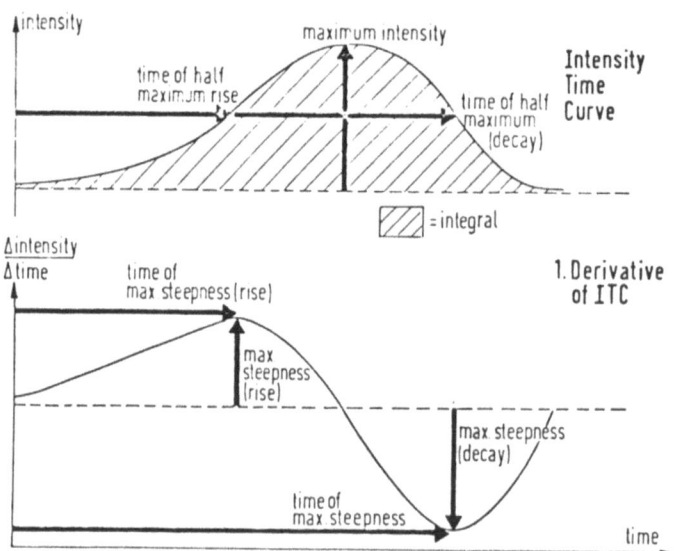

Abb.2: Schema einer Intensitäts-Zeit-Kurve mit verschiedenen Parametern

4. ERGEBNISSE

4.1. VORVERARBEITUNG

In Abb.3 werden die Ergebnisse von verschiedenen Verfahren zur Rauschunterdrückung dargestellt. Durch die Filterung lässt sich gegenüber der Integration eine deutliche Verbesserung erreichen. Die Verwendung eines Tiefpassfilters, die im räumlichen Kontext problematisch sein kann, führt in dieser Anwendung nicht zu Informationsverlusten, da im zeitlichen Verlauf keine abrupten Intensitätsänderungen auftreten können. Abb.4.zeigt den Effekt der Hintergrundssubtraktion. Nach der Subtraktion eines statischen Hintergrundes ist die äußere Herzwand als Artefakt zu sehen. Dies stört weniger bei der morphologischen Betrachtung der einzelnen Bilder, als bei der weiteren Auswertung der Bildsequenz. Nach phasengerechter Subtraktion wird nur noch der mit Kontrastmittel gefüllte Ventrikel abgebildet.

Die nach der Vorverarbeitung resultierende Sequenz von Differenzbildern ist für die Diagnose in vielen Fällen aussagekräftiger als ein normaler Röntgenfilm, da die arterielle Injektion oftmals zu Extra-Systolen führt, bei denen die Herzbewegung nur schlecht beurteilt werden kann.

4.2. PARAMETRISCHE BILDER

Bezüglich ihrer Bedeutung lassen sich die Parameter in zwei Gruppen einteilen /8/: Intensitätsparameter und Zeitparameter.

Intensitätsparameter, wie das Maximum der IZK oder die Amplitude der Herzfrequenz sind zunächst von der Stärke der Bewegung und der Konzentration des Kontrastmittels abhängig. In Abb.5 werden die Bilder vom Parameter A_H für Fall A und B gezeigt. In Fall A läßt sich eine schwächere Bewegung im Bereich der Herzspitze (Apex) lokalisieren. Die Intensitätsparameter werden jedoch auch in starkem Maße von Eigenschaften des abbildenden Systems beeinflußt (Röntgenkontrast, Linearität der Übertragungsfunktion), so daß sich vorwiegend nur Aufnahmen vergleichen lassen, die unter identischen Bedingungen gemacht wurden.

Zeitparameter, wie die Zeit des Maximums oder die Phase φ_H hängen vorwiegend von der lokalen Geschwindigkeit der Herzwand sowie der Phase des Herzzyklus ab. Die Zeiten, zu denen 50% des Maximums erreicht werden und die Zeiten, zu denen die 1. Ableitung ihre Maxima hat sind sehr eng miteinender verbunden und werden als die Zeiten angesehen, zu denen die Herzwand den jeweiligen Bildpunkt bei Expansion und Kontraktion überstreicht. In Abb. 6 zeigt sich für beide Fälle eine Verzögerung der Kontraktionsbewegung an der Herzspitze. Die Maxima der 1. Ableitung stellen eine Kombination aus Intensitäts- und Zeitparameter dar und geben ein relatives Maß für die Expansions- bzw. Kontraktionsgeschwindigkeit der Ventrikelwand. In Abb.7 läßt sich für Fall A eine geringere Geschwindigkeit ablesen.

Alle Fourier-Parameter bieten den prinzipiellen Vorteil, daß keine zusätzlichen Verarbeitungsschritte zur Rauschunterdräckung notwendig sind, weil die Extraktion der Koeffizienten einer Frequenz selbst schon einen Filterungsprozess darstellt. Der Parameter φ_H (siehe Abb.8) zeigt wie auch schon Abb.6 einen Phasensprung für die Bewegung an der Herzspitze. Des weiteren grenzen sich hier linker Vorhof und Ventrikel wegen ihrer gegenphasigen Bewegung klar voneinander ab, was für die Konturfindung, z.B. zur Berechnung der Ejektionsfraktion, nützlich ist. Es ist jedoch bei diesem Parameter nicht möglich, Anomalien in der Bewegung nach Expansion und Kontraktion zu unterscheiden, da die IZK durch eine symmetrische Sinuskurve approximiert wird, wenn man nur eine Frequenz betrachtet /9/. Die Asymmetrien in der Bewegung sind in den höheren Frequenzen enthalten. Da die Bilder dieser höheren Frequenzen keine anschauliche Bedeutung haben, lassen sie sich jedoch nur schwer interpretieren.

5. SCHLUSSFOLGERUNG

Es wurden Verfahren der Bildverarbeitung vorgestellt, die es erlauben, die Vorteile der intravenösen Kontrastmittelgabe (weniger invasiv, bessere Durchmischung von Kontrastmittel und Blut) auch für bewegte Organe auszunützen. Durch die entsprechende Vorverarbeitung werden die Nachteile dieser Aufnahmetechnik (geringer Kontrast, hoher Rauschanteil) weitgehend ausgeglichen, so daß sich die Qualität der bearbeiteten intravenöse Ventrikulogramme mit arteriellen Herzaufnahmen vergleichen läßt.

Auf der Basis der so vorverarbeiteten Sequenzen lassen sich parametrische Bilder erzeugen, die verschiedene Aspekte der Herzwanddynamik regional differenziert darstellen. Durch die verwendeten Verfahren ist die Qualität der erzeugten Bilder teilweise sogar besser als nach der wesentlich aufwendigeren und gefährlicheren arteriellen Injektion. Dies ermöglicht die Entdeckung regionaler Anomalien, z.B. bezüglich der Stärke, Geschwindigkeit und Synchronität der Herzbewegung, ohne den Patienten zu gefährden.

REFERENZEN:

/1/ Böhm,M., Obermöller,U., Höhne,K.H.:
'Determination of Heart Dynamics from X-Ray and Ultrasound Images'
5th Int. Conf. on Pattern Recognition, Miami IEEE, (1980) 403-408

/2/ Nicolae,G.C., Höhne,K.H.:
'Multiprocessor System for Real-Time Processing of Video-Image-Series.'
Elektron. Rechenanl. 21 (1979)

/3/ Böhm,M., Nicolae,G.C., Höhne,K.H.:
'PROFI-11: A Simple Dialog Language for the Processing of Image Sequences.' Proc. 1st Int. Symp. on Medical Imaging and Image Interpretation, Berlin, IEEE Publ., (1982) 386-391

/4/ Brennecke,R., Bürsch,J.H., Bogren,H.G.,Heintzen,P.H.:
'Digital Intravenous Imaging Techniques in Pediatric Cardiology.' in: Mistretta,C.A. (Hrsg.): "Digital Subtraction Arteriography"
Year Book Medical Publishers, Chicago (1982)

/5/ Kruger,R.A.:
'A Method for Time Domain Filtering using Computerized Fluoroscopy.'
Med. Phys. 8 (4), (1981) 466-470

/6/ Bacharach,S.L., Green,M.V., Bonow,R.O., deGraaf,C.N., Johnston,G.S.:
'A Method for Objective Evaluation of Functional Images.'
Journal of Nuclear Medicine 23, (1982) 285-290

/7/ Adam,W.E., Tarkowska,A., Bitter,F., Stauch,M., Geffers,H.:
'Equilibrum (Gated) Radionuclide Ventriculography'
Cardiovasc. Radiology 2, (1979) 161-173

/8/ Höhne,K.H., Obermöller,U., Böhm,M.:
'X-Ray Functional Imaging - Evaluation of Properties of Different Parameters.' Proc. Conf. on Digital Radiography, Stanford Proc. SPIE 314, (1981) 224-228

/9/ Goris,M.L., Briandet,P.A., Kriss,J.P.:
'Decomposition of the Information Content of First Harmonic Phase Images'
Proc. 3. Worldcongress in Nuclear Medicine and Biology, Paris, (1982) 46-49

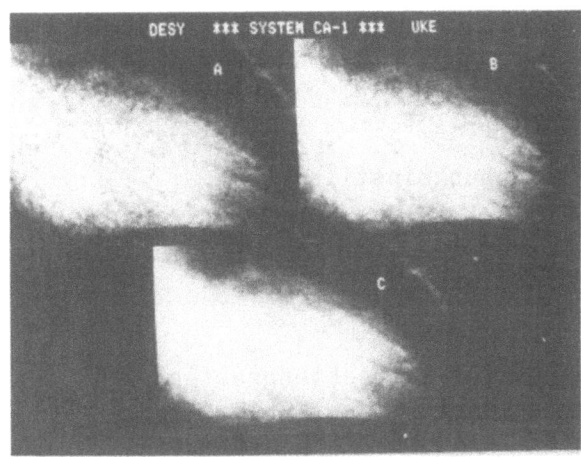
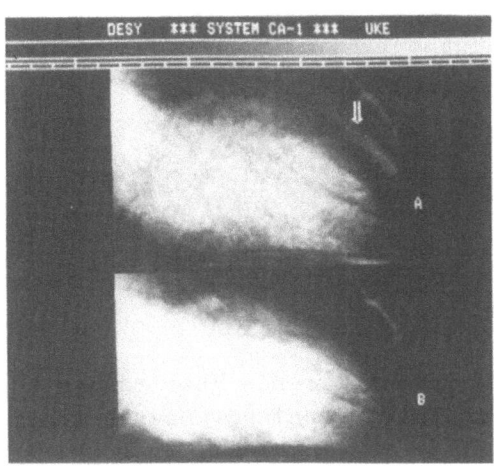

Abb.3: Unbearbeitetes Subtraktionsbild (A), Rauschunterdrückung durch: Integration von 3 Zyklen (B) und Tiefpaßfilterung (Rekonstruktion aus 10 Frequenzen) (C).

Abb.4: Bilder nach statischer (A) und dynamischer (B) Hintergrundssubtraktion. Artefakt durch äußere Herzwand in A (Pfeil).

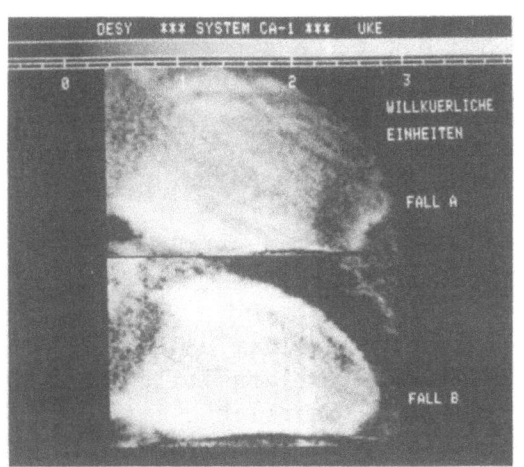
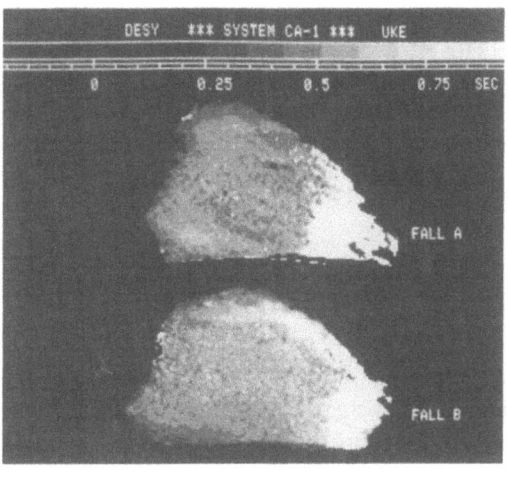

Abb.5: Bild vom Parameter A_H (Amplitude der Herzfrequenz), nach Stimulation (A) und Gabe von Nitroglycerin (B).

Abb.6: Bild vom Parameter 'Ankunftszeit der Herzwand bei Kontraktion'.

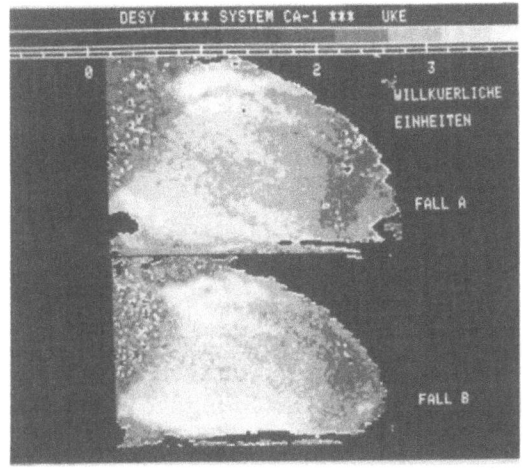
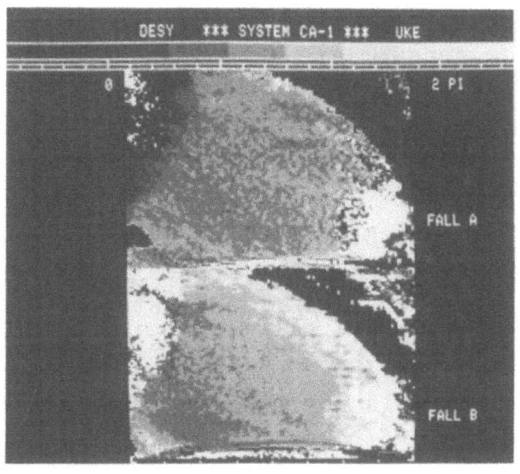

Abb.7: Bild vom Parameter 'Kontraktionsgeschwindigkeit'.

Abb.8: Bild vom Parameter φ_H (Phase der Herzfrequenz).

TRENNUNG BEWEGTER OBJEKTE IM BEWEGTEN UMFELD EINER BILDSZENE DURCH
MEHRSTUFIGE BEWEGUNGSKOMPENSATION

Franz May, Winfrid Wolf, AEG-TELEFUNKEN Forschungsinstitut Ulm

1. Zusammenfassung

Die datensparende Übertragung von Bildszenen für Beobachtungsaufgaben ist Gegenstand unserer Arbeiten. Eine bekannte Technik hierfür ist die Prädiktionscodierung. Sie nutzt Vorwissen des Empfängers aufgrund der bereits übertragenen Nachricht, um das aktuelle Bild möglichst informationsarm zu beschreiben. Eine weitere Reduktion der Übertragungsrate kann mit Mitteln der S z e n e n a n a l y s e erreicht werden:

- Separation der Bild-zu-Bild-Änderungsbereiche,
- Messung der Kamera- und Objektbewegungen sowie
- Schätzbildberechnung mit mehrstufiger Bewegungskompensation

sind die kennzeichnenden Merkmale eines o b j e k t b e z o g e n arbeitenden Prädiktionscodierers, dessen Aufbau und Wirkungsweise vorgestellt wird. Seine Anwendung auf typische Beispiele realer Beobachtungsszenen zeigt die erzielte Datenreduktion um etwa den Faktor 3,5 gegenüber einer Codierung ohne Bewegungskompensation.

2. Mehrstufige bewegungskompensierte Prädiktionscodierung

Ein einfacher Bild-zu-Bild-DPCM-Codierer berechnet mit einem ungesteuerten Prädiktor ein Schätzbild, das dem aktuellen Originalbild in Bildbereichen ohne Bewegung sehr nahekommt. In Bildbereichen mit Bewegung kann das Prädiktionsergebnis verbessert werden, indem die bewegten Objekte vom unbewegten Hintergrund separiert (siehe 3.1), ihre Bewegungen gemessen (3.2) und kompensiert werden. Das heißt, ein Prädiktor, der mit den Orts- und Bewegungsparametern der Objekte g e s t e u e r t wird, liefert aufgrund eines mathematischen Modells (3.3) ein bewegungskompensiertes Schätzbild. Dessen Abweichung vom aktuellen Originalbild, das Fehlersignal, ist umso geringer, je genauer die aktuellen Parameter gemessen werden und je besser die tatsächliche Objektbewegung mit der Modellbewegung übereinstimmt.
Das ist der Grundgedanke der b e w e g u n g s k o m p e n s i e r t e n P r ä d i k t i o n s c o d i e r u n g (motion compensated prediction) /1/.

Ist eine Szene gekennzeichnet durch ruhenden Hintergrund und bewegte Objekte, die ihre Spuren nicht kreuzen und sich daher nicht teilweise verdecken, ist eine einstufige Realisierung der bewegungskompensierten Prädiktionscodierung ausreichend, um die Bewegungsredundanz zu minimieren /2/. Sobald Kamerabewegungen hinzukommen /3/ oder innerhalb eines Bildänderungsbereiches durch Spurkreuzung mehrerer Bewegungsvorgänge auftreten /4/, können sie auf die geschilderte einfache Weise nicht getrennt werden, eine Bewegungskompensation ist nicht mehr möglich.

Hier setzt folgende Überlegung an: Das Histogramm der in einem Bildänderungsbereich gemessenen Verschiebungsvektoren weist bei unter-

schiedlich bewegten, sich teilweise verdeckenden Objekten prinzipiell
einen mehrgipfligen Verlauf auf. Reine Translationen parallel zur
Bildebene ergäben scharfe Spitzen, eine Verschiebungskomponente senkrecht zur Bildebene (Größenänderung), Rotation und Gestaltänderung
führen aber zur Aufweitung der Gipfel (Streuung).

Bei sich überlagernden Bewegungen ermitteln wir im ersten Schritt
nur die dominante Bewegung, repräsentiert durch den Hauptgipfel im
Histogramm der Verschiebungsvektoren, und kompensieren nur diese
(erste Stufe der bewegungskompensierten Prädiktion). Jetzt tritt
in den Bereichen der nachrangigen Objektbewegungen ein erhebliches
Prädiktionsfehlersignal auf. Dies ist nur scheinbar ein Nachteil,
vielmehr wird dadurch die Separation der nachgeordneten Bewegungsanteile in einem Bildänderungsbereich vereinfacht und schafft die
Voraussetzung für nachfolgende Stufen korrigierender bewegungskompensierter Prädiktion.

Der klarste Anwendungsfall für eine zweistufige bewegungskompensierte Prädiktion sind bewegte Objekte (ohne Spurkreuzungen) im bewegten Umfeld einer Bildszene, hervorgerufen z.B. durch Schwenk
und/oder Zoom der Kamera. Schwenk oder Zoom werden als dominante
Bewegung erkannt und in der ersten Stufe der Prädiktion kompensiert.
In den Bereichen der bewegten Objekte weicht das errechnete Schätzbild erheblich vom aktuellen Originalbild ab; in der zweiten Stufe
werden diese Fehlerbereiche separiert, die Objektbewegungen einzeln
gemessen, kompensiert, und für die Fehlerbereiche ein verbessertes
Schätzbild ermittelt.

Übrig bleiben im wesentlichen prinzipiell nicht prädizierbare Bildänderungsbereiche wie freiwerdender Hintergrund, neu ins Blickfeld
kommende Objekte oder Objektansichten, unregelmäßige oder nichtkompensierbare Bewegungspartien, z.B. Gestaltänderungen. Außerdem entstehen wegen nicht exakter Separation (3.1) durch die zweite (oder
eine weitere) Stufe der Prädiktion wieder Fehler dort, wo die erste
Stufe bereits korrekte Werte ermittelt hatte.

Ein Klassifikator steuert für diese verbleibenden Bildänderungsbereiche die Übertragung des zur Bildaktualisierung unerläßlichen Fehlersignals (Fehlersignalklassifikator zur **g e s t e u e r t e n R e -
k o n s t r u k t i o n**). Dazu vergleicht er bereichsweise alle zur
Verfügung stehenden Schätzbilder (der ersten, zweiten und ggf. weiterer Stufen), einschließlich des letzten rekonstruierten Bildes, mit
dem aktuellen Originalbild und wählt dasjenige mit der geringsten
Leistung der Abweichung aus. In seltenen Fällen ist sogar die Übertragung des Originalsignals am günstigsten. Eine Irrelevanzklassifikation schließlich führt ggf. zur Unterdrückung des Fehlersignals für
entsprechende Bildänderungsbereiche (3.4).

3. Algorithmen der Szenenanalyse

3.1 Separation von Bildänderungsbereichen

Die Separation der durch Objektbewegungen verursachten Bildänderungsbereiche ist kein triviales Problem /1/,/5/, da die umschreibende
Kontur bewegter Objekte (Objekt-Maske) nicht bekannt ist. Zudem widerspräche ihre Übertragung als Steuerinformation dem Ziel der datensparenden Übertragung. Bei mehrstufiger Separation und Schätzbildberechnung sind die engstumschreibenden Rechteck-Fenster der Bildänderungsbereiche (erste Näherung an die Maske), ausreichend und erfordern
minimalen Steuerdatenaufwand. Bildänderungsbereiche werden aus der

Differenz zweier aufeinanderfolgender Bilder mithilfe einer lokalen Schwellwertoperation vom unveränderten Bildinhalt isoliert /2/.

Ihre Separation durch engstumschreibende Rechteckfenster wird nach einem einfachen Prinzip gewonnen: wenn die isolierten Änderungsbereiche durch mindestens einen freien Streifen, welcher das Bild horizontal oder vertikal überspannt, getrennt sind, und sich die entstandenen Teilbildstreifen senkrecht dazu wieder durch freie Streifen überspannen lassen, gewinnt man bei Fortsetzung dieser Vorgehensweise die feinste mögliche Rechteckfensterung /2/. Wird durch Kamera-Zoom die gesamte Szene vergrößert, ist das ganze Bild verändert. Erst nach Bewegungskompensation der ersten Stufe können für die zweite Stufe Bildänderungsbereiche bewegter Objekte durch Rechteckfenster separiert werden.

3.2 Zur Bewegungsanalyse

Die Ermittlung meßgenauer Verschiebungsvektoren zwischen aufeinanderfolgenden Bildern ist nur für Bildbereiche möglich, deren zweidimensionale Autokorrelationsfunktion ein ausgeprägtes Maximum und geringe Nebenzipfel hat. So wird z.B. die Messung der Verschiebung einer Kante mehrdeutig, sobald Komponenten parallel zu ihr auftreten. Ecken des Objektes, gekennzeichnet durch Richtungsänderungen ihres Grauwertgradienten, besitzen die geforderte Autokorrelationsfunktion bis auf seltene Fälle von periodischen Strukturen, welche feiner sind als die Verschiebungskomponenten /2/,/7/.

Mithilfe eines lokalen 3x3-Bildpunkte-Operators sind ohne großen Rechenaufwand die Richtungsänderungen des Grauwertgradienten zu ermitteln und damit Ecken auf bewegten Objekten zu bestimmen. Ihre Verschiebungsvektoren werden bestimmt, indem z.B. ihre Korrelate im Vergleichsbild (Nachbarbild) gesucht und die Abstände gemessen werden /6/. Aus dem Ensemble der gemessenen Verschiebungsvektoren kann dann der für das Objekt repräsentative Bewegungsvektor unter zu Grunde Legung eines Bewegungsmodells bestimmt werden.

3.3 Mathematisches Modell der Bewegungskompensation /2/

Real-Welt-Szenen, die mit 25 Hz Bildfolgefrequenz von einer Fernsehkamera mit Schwenk und Zoom aufgenommen werden, lassen bezüglich der Änderungen von Bild zu Bild folgende Einschränkungen zu:

- die Verschiebung und Größenänderung von bewegten Objekten ist klein gegenüber der Objektgröße,
- für kleine Bildausschnitte ("Geopixels") sind Abbildungsänderungen infolge Rotation der Objekte oder Größenänderung so klein, daß sie im benachbarten Bild wiedergefunden werden können,
- vorherrschende Bewegungsform ist die 3-dimensionale Translation (Rotationen von Objekten sind selten).

Die Abbildung einer räumlichen Szene auf die Bildebene einer Kamera folgt den Gesetzen der Zentralprojektion. Bei Beschränkung des Bewegungsmodells auf reine 3D-Translation gilt:

- die Verschiebungskomponenten eines Objektes in Spaltenrichtung sind längs jeder Zeile, die Verschiebungskomponenten in Zeilenrichtung längs jeder Spalte konstant, und
- die Verschiebungskomponenten in Zeilenrichtung nehmen längs der Zeile, die in Spaltenrichtung längs der Spalte linear zu oder ab.

Nach diesem Modell wäre aus den exakten Verschiebungsvektoren für mindestens zwei verschiedene Bildpunkte theoretisch der 3-dimensionale Bewegungsvektor der Translation des Objektes im Szenenraum zu bestimmen. Die praktische Bestimmung des Bewegungsvektors muß sowohl die Meßungenauigkeit berücksichtigen als auch die Tatsache, daß die Modellbewegung niemals rein auftritt. Dazu wird aus dem Histogramm der gemessenen Verschiebungsvektoren nur die Umgebung des Hauptgipfels (siehe 2.) genommen und aus diesem Ensemble von Verschiebungsvektoren werden anschließend durch lineare Regression die auf die Koordinaten des umschreibenden Rechtecks normierten Verschiebungskomponenten des repräsentativen Bewegungsvektors gewonnen. Mit diesem ist nun das Scätzbild mit kompensierter Objektbewegung berechenbar.

3.4 Unterdrückung irrelevanter Bewegungen

Die Ausführungen in den vorangehenden Kapiteln machen deutlich, daß der größte Teil des verbleibenden Fehlersignales durch neue Bildinhalte und unregelmäßige, nicht durch ein Modell beschreibbare Bewegungsformen verursacht wird. Bei den betrachteten Realweltszenen gilt letzteres besonders für Äste und Blätter von Bäumen, die im Wind bewegt werden. Für übliche Beobachtungsaufgaben sind derartige Bewegungsvorgänge irrelevant. Ihre Übertragung kann unterdrückt werden, denn es hat sich gezeigt, daß eine ruckhafte, nicht natürliche Wiedergabe von Bewegungen nur bei starren Körpern und gehenden Menschen als störend empfunden wird, nicht jedoch bei unregelmäßig bewegtem Laubwerk.

Die Untersuchungen ergaben, daß Bewegungsdaten allein zur halbwegs sicheren Irrelevanz-Klassifizierung nicht ausreichen. Die Einbeziehung von T e x t u r merkmalen erlaubt eine erheblich bessere Trennung relevanter von irrelevanten Bewegungstypen, gerade für den kritischen Fall der Gestaltänderung von Menschen beim Gehen.

4. Beispiele codierter Realwelt-Szenen

Bild 1 zeigt den prinzipiellen Aufbau des Codierers/Decodierers, dessen Software-Realisierung auf verschiedene reale Beobachtungsszenen angewandt wurde. Die Blöcke MA1 und E1 realisieren die Bewegungsanalyse und Schätzbildberechnung der ersten Stufe, MA2 und E2 in der zweiten Stufe. Die gewonnenen Steuerinformationen werden im Codierer C in den Datenfluß eingefügt. Der Block KL trifft (fensterweise) die Auswahl über das beste Schätzsignal und steuert den Quantisierer Q zur Unterdrückung irrelevanter Bewegungsformen.

Bild 2 zeigt Beispiele für die Leistungsfähigkeit der Codieranordnung. Für die zwei aneinandergeschnittenen Szenen "Verkehr" und "Werksfeuerwehr" (Szenenwechsel bei Bildnummer 400) ist jeweils die bedingte Entropie 1. Ordnung des Prädiktionsfehlersignals berechnet worden. Bild 2a zeigt die Werte für einfache Bild-zu-Bild DPCM, Bild 2b für zweistufige Bewegungsschätzung und Steuerung der Fehlersignalübertragung mit Irrelevanzunterdrückung, unter Einbeziehung der Steuerdaten.

Der Kurvenverlauf in Bild 2a zeigt das hauptsächliche Bewegungsverhalten in den beiden Szenen: Der Anstieg zwischen Bildnr. 120 und 270 ist durch das stark beschleunigende Auto in der Verkehrsszene verursacht, ein großflächiges, formstabiles Objekt, bei dem jedoch Verdeckungsprobleme auftreten. Die Bild-zu-Bild-Veränderungen in der Feuerwehrszene beruhen hauptsächlich auf unregelmäßigen Bewegungen von Laubwerk im Wind und gehenden Feuerwehrleuten.

Die Datenreduktion in Bild 2b gegenüber Bild 2a ist zum Teil reiner Codiergewinn durch eine effektivere Adressierung der in Rechtecke eingegrenzten Bildänderungsbereiche. Die Bewegungskompensation reduziert jedoch den Entropie-Anstieg ab Bildnummer 120 erheblich, vor allem konnte dort ein Verdeckungsproblem gelöst werden. Die Reduktion in der Feuerwehrszene beruht hauptsächlich auf der Irrelevanzunterdrückung und der durch Fehlersignalklassifikation gesteuerten Rekonstruktion.

Die Übertragung von Bildern mit je 100.000 Bildpunkten, 7 bit Amplitudenauflösung und 25 Hz Bildfolgefrequenz, erfordert eine Datenrate von 17,5 Mbit/s, bei reiner Bild-zu-Bild-DPCM in der Spitze (ohne Szenenwechsel) von 1,9 Mbit/s; die niedrigen Werte der Kurve 2a entsprechen 375 kbit/s. Die entsprechenden Werte für die Kurve 2b lauten 500 kbit/s und 125 kbit/s. Im Mittel ergibt sich durch das erläuterte Codierverfahren ein Datenreduktionsgewinn gegenüber reiner DPCM um den Faktor 3,5. Es sei erwähnt, daß das Verfahren bei diesen Raten keinerlei Bewegungsunschärfe oder -verschleppung (außer in Bereichen mit bewußt unterdrückter irrelevanter Bewegung) verursacht. Die hier nicht dokumentierbare rekonstruierte Bildfolge zeigt immer noch einen flüssigen Bewegungsverlauf.

Zur Anschauung zeigt Bild 3a ein rekonstruiertes Bild aus der Verkehrsszene, Bild 3b dazu das Fehlersignal einer einfachen Bild-zu-Bild-DPCM (Bed. Entropie 1.Ordnung 0,75 Bit/Bildpunkt), 3c dasselbe mit eingeblendeten Rechteckfenstern der 1. Stufe der Bewegungsanalyse und 3d das Fehlersignal des hier beschriebenen Codierers (Bed. Entropie 1.Ordnung einschließlich Steuerinformation 0,15 Bit/Bildpunkt).

Literatur:

/1/ F.Dubois, B.Prasada, M.S.Sabri
Image Sequence Coding. in /8/

/2/ F.May, W.Wolf
Picture Coding with Motion Analysis for Low Rate Transmission
Int. Conf. on Communications (ICC'82), Philadelphia, USA, 1982
Conference Record Paper No. 2G7

/3/ J.Z. Butnicka, P.C. Monds
Automatic Movement Analysis for Classification of Moving Objects
Intl. Joint Conf. on Pattern Recognition, 1978, pp. 750-750B

/4/ J.K. Aggarwal, W.N. Martin
Analyzing Dynamic Scenes Containing Multiple Moving Objects
in /8/

/5/ J.L. Potter
Scene Segmentation Using Motion Information
Computer Graphics and Image Processing 6 (1977), pp. 558-581

/6/ H. Gerlach
Digitale Bildfolgenauswertung zum Wiederfinden
von Objekten in natürlicher Umgebung
DAGM-Symposium "Angewandte Szenenanalyse" 10/79
Springer Verlag Berlin, Heidelberg, New York 1979

/7/ L.S. Dreschler, H.-H. Nagel
On the Selection of Critical Points and Local Curvature
Extrema of Region Boundaries for Interframe Matching
Proc. 6th Intl. Conf. Pattern Recognition (1982), pp. 542-544

/8/ Image Sequence Analysis, edt: T.S. Huang
Springer Verlag Berlin, Heidelberg, New York 1981

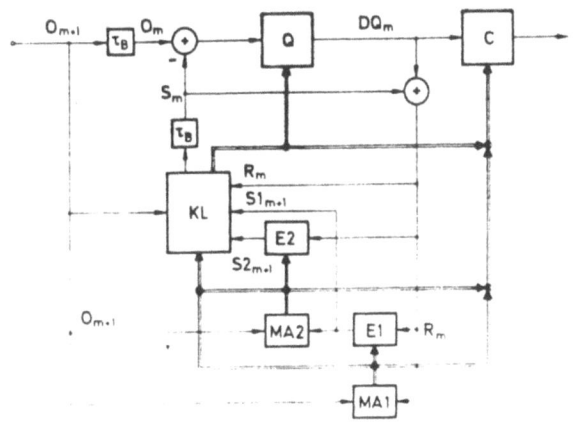

Bild 3a: Rekonstruiertes Bild (Verkehrsszene)

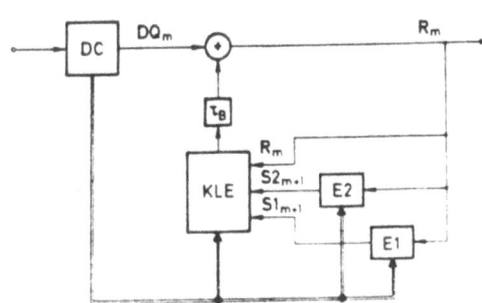

Bild 1: DPCM-Codierer und Decodierer mit 2-stufiger Bewegungskompensation und gesteuerter Rekonstruktion

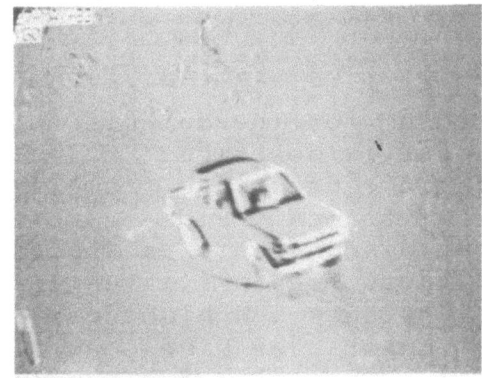

Bild 3b: Fehlersignal bei reiner Bild-zu-Bild-DPCM

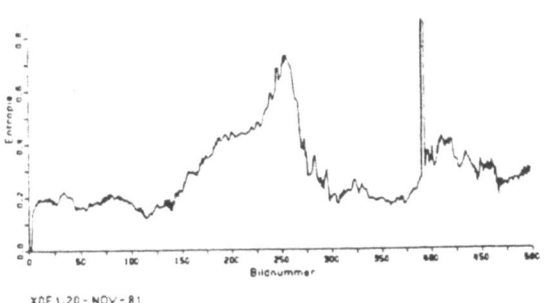

Bild 2a: Red. Entropie 1. O. bei reiner Bild-zu-Bild-DPCM

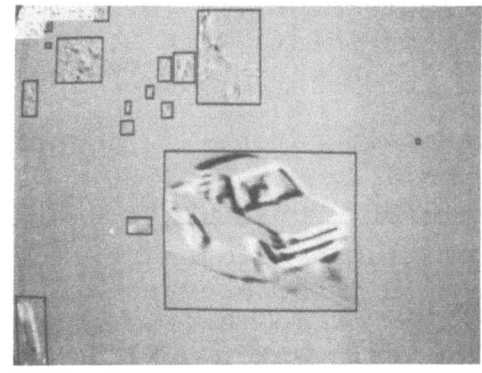

Bild 3c: DPCM-Fehlersignal mit eingeblendeten Rechteckfenstern der 1. Stufe der Bewegungskompensation

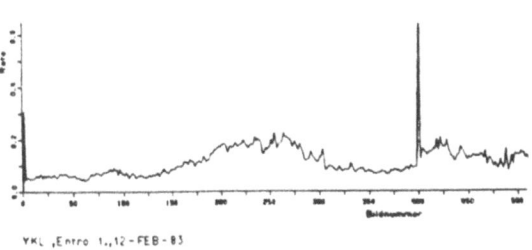

Bild 2b: Red. Entropie 1. O. bei Bewegungskompensation, gesteuerter Rekonstruktion und Irrelevanzunterdrückung

Bild 3d: Fehlersignal bei DPCM mit Bewegungskompensation, gesteuerter Rekonstruktion und Irrelevanzunterdrückung

DIE EIGNUNG SPEZIFISCHER BILDSTRUKTUREN FÜR DIE BEWEGUNGS-BESTIMMUNG IN BILDFOLGEN

An Evaluation of Image Features for Motion Determination in Image Sequences

Georg Zimmermann und Ralf Kories
Fraunhofer-Institut für Informations- und Datenverarbeitung (IITB)
Sebastian- Kneipp-Str. 12-14, 7500 Karlsruhe 1

Summary

An algorithm for the detection of moving objects in a natural environment is described. It is based on the extraction of features in consecutive frames. Tracking feature positions in several frames yields a motion vector field that is analyzed for discontinuities indicating a moving object. Four feature detectors are investigated. Two of them mark points of high variance and high gray value curvature /4/,/5/. One detects points of high contrast and merges them to straight lines /6/. The last one, developed especially for low contrast regions, depends only on the monotonicity of gray values, but not on the value itself. The performance of each feature extractor is evaluated based on the detection results. Experiments with a sequence of 120 pictures of a moving car scene show that the combination of the straight line detector with the monotonicity operator performs better than each single operator.

1. Zielsetzung und Ergebnisse

Die automatische Bildverarbeitung hat zum Ziel, die für die gestellte Aufgabe relevanten Informationen aus Bildern zu extrahieren. Häufig ist zur Lösung der gestellten Aufgabe die Erkennung relevanter Teile oder Objekte nötig. Für industrielle Anwendungen werden bereits technische Realisierungen angeboten /1/. Erkennungsaufgaben in natürlichen Szenen, also solchen, in denen Beleuchtung und Hintergrund nicht gestaltet werden können, sind dagegen aktueller Forschungsgegenstand.
Sind die interessierenden Objekte in Bewegung, so kann diese Eigenschaft zur Objektdetektion ausgenutzt werden. Im Falle eines stationären Bildgebers kann ein unmittelbarer Bildvergleich die Silhouette des Fahrzeugs liefern /2/. Schwieriger werden die Verhältnisse, wenn der Bildgeber sich selbst bewegt. Im folgendem Beitrag wird eine Methode der Bildfolgenverarbeitung vorgestellt, die es ermöglicht, auch bei bewegter Kamera relativ bewegte Objekte zu detektieren.

2. Verfahren

Ist die Bewegung eines jeden Bildpunktes bekannt, so läßt sich ein relativ bewegtes Objekt dadurch detektieren, daß es eine signifikant verschiedene Geschwindigkeit gegenüber seiner Umgebung aufweist. Einen Überblick über Verfahren zur Bewegungsbestimmung gibt Nagel /3/. Das Problem wird vereinfacht, wenn man nicht die Bewegung jedes Bildpunktes bestimmt, sondern sich auf ausgeprägte Strukturen des Bildes beschränkt. Diese Strukturen, im weiteren Merkmale genannt, können Eckpunkte, Geraden oder ähnliches sein. Merkmale sind dann für die Bewegungsbestimmung in Bildfolgen geeignet, wenn sie im Bildmaterial mit ausreichender Häufigkeit auftreten, wenn sie etwa gleichmäßig über das Bild verteilt zu finden sind, und wenn sie zeitlich stabil sind, d.h. sich von Bild zu Bild wiederfinden lassen. In einer experimentellen Untersuchung wurde die Eignung verschiedener Merkmale für die Detektion relativ bewegter Objekte verglichen.

Der Vergleich wurde an einer Testszene durchgeführt, die ein von rechts nach links fahrendes Fahrzeug auf einem Parkplatz zeigt. Die Szene wurde von einer handgeführten Video-Kamera aufgezeichnet, so daß das Fahrzeug etwa in Bildmitte verbleibt, sich der Hintergrund also insgesamt bewegt.

3. Merkmalsfinder

Folgende Merkmalsoperatoren wurden in den Vergleich einbezogen:

- der Punktefinder nach Moravec /4/. Er berechnet für jeden Bildpunkt die Varianzen der Bildfunktion in den vier Hauptrichtungen. Solche Punkte, die in diesen vier Richtungen eine hohe Varianz aufweisen, werden als charakteristische Punkte ermittelt. Bild 1B zeigt, auf welche Strukturen der Moravec-Operator anspricht. Zur besseren Sichtbarkeit sind die Punkte um ein Pixel nach links oben versetzt.
- der Punktefinder nach Dreschler /5/, der Ecken großer Krümmung der Grauwertfunktion in einem 3x3-Fenster detektiert (Bild 1A).
- ein im IITB entwickelter Operator /6/, der Punkte hohen Kontrastes zu Geraden verschmilzt und damit häufig die Begrenzungen von Objekten approximiert (Bild 1C).
- der für diese Untersuchung entwickelte Monotonie-Operator. Der Operator wurde mit dem Ziel geschaffen, auch in Bereichen geringer Grauwertänderung Merkmale zu erhalten. Nach einer Tiefpassfilterung untersucht er die 3x3-Umgebung jedes Pixels und ordnet ihm eine der Klassen m0 bis m8 zu, je nachdem, wieviele (0 bis 8) Nachbarn einen kleineren Grauwert besitzen. Durch geeignete Binärbildoperationen werden Löcher aus den Gruppierungen entfernt bzw. Einzelpunkte eliminiert. Schwerpunkt und Fläche dieser Flecken werden weiter verwendet.

Die Klassenzugehörigkeit gibt Auskunft über lokale Monotonie-Eigenschaften der Grauwertfunktion. Dies wird an dem aus zwei interferierenden Sinuswellen entstandenen Testbild (Bild 1G) veranschaulicht. Jeder m-Klasse wurde in dieser Darstellung ein eigener Grauwert zugewiesen. Die so entstandene m-Transformierte läßt die Struktur des Eingangsbildes deutlich erkennen (Bild 1H). Bild 1I stellt die Pixel der

Klassen m0 (schwarz) und m4 (grau) dar. Erstere liegen auf einem Grauwertplateau oder sind lokale Minima, da kein Pixel der Umgebung einen kleineren Grauwert hat. Dementsprechend besteht die m0-Klasse des Testbildes aus isolierten Punkten in der Mitte der Rechteckstrukturen.

Zur Klasse m4 gehören Punkte, die vier Nachbarn mit kleinerem Grauwert haben. Dies ist u.a. gegeben, wenn schräg geneigte oder monoton steigende gekrümmte Flächen im Grauwertgebirge vorliegen. Dies ist im Testbild an den meisten Stellen der Fall. Bild 1F zeigt die m-Transformierte der Parkplatzszene, daneben sind die Flecken der m0- und m4-Klasse dargestellt(Bild 1D und 1E).

4. Bewegungsbestimmung

Mit dem Ziel, die Bewegung einzelner Bildstrukturen zu bestimmen, werden die Positionen der Merkmale von Bild zu Bild verfolgt. Die Verfolgung geschieht über mehrere Bilder hinweg und glättet damit zufällige Schwankungen der Merkmalspositionen. Die Verfolgung der Geraden über 5 aufeinanderfolgende Bilder führt zu Bewegungsvektorfeldern wie sie in Bild 2A dargestellt sind. Die Bewegung des Hintergrundes wird durch die Vektoren nach rechts dargestellt, im Bereich des relativ bewegten Fahrzeuges sind die Bewegungsvektoren deutlich von denen des Hintergrundes verschieden. Diese Eigenschaft wird zur Detektion relativ bewegter Objekte ausgenutzt.

Die lokale Zusammenfassung gleichartiger Vektoren und eine darauf basierende Trennung in eine bewegte und eine unbewegte Klasse erlaubt die automatische Detektion des Fahrzeugs. Sie wird durch den Rahmen um die signifikante Vektorgruppierung im Vektorfeld und im Originalbild dargestellt.(Bild 2A und 2B)

Der Vergleich der vorgestellten Merkmalsoperatoren geschieht nun in der Weise, daß für 120 Bilder (Abstand 80 ms) der Testszene die Ergebnisse des Detektionsverfahrens verglichen werden. Die Markierung eines als relativ bewegt erkannten Bildbereichs wird als korrekt akzeptiert, wenn das Fahrzeug von dem Markierungsrahmen überdeckt wird. Markierungen, die das Fahrzeug nicht überdecken, werden als fehlerhafte Detektion gewertet. Außerdem besteht die Möglichkeit, daß keine Relativbewegung detektiert wird, weil keine signifikant verschiedenen Bewegungsvektoren bestimmt werden konnten.

Die relative Häufigkeit, mit der korrekte Detektionen auftreten, ist in dem Diagramm (Bild 2D) bei der Wartezeit 400 ms aufgetragen. Die Wartezeit von 400 ms muß mindestens verstreichen, bis 5 Bilder geliefert werden. Erst dann kann ein Detektionsergebnis vorliegen. Liegt nach dieser Zeit noch keine Detektionsentscheidung vor, so besteht die Möglichkeit, ein weiteres Bild abzuwarten und so fort, bis eine Markierung erfolgt. Die Detektionshäufigkeiten werden also mit zunehmender zulässiger Wartezeit monoton steigen bis zu dem Verhältnis der korrekten Entscheidungen zur Gesamtzahl aller abgegebenen Entscheidungen.

Der Vergleich der Daten weist den Moravec-Operator in dieser Anwendung als vergleichsweise unzuverlässig aus. Die anderen Operatoren zeigen deutlich bessere Ergebnisse. Die weitere

Untersuchung zeigte, daß sich durch Kombination der Detektionsergebnisse von Geraden- und m4-Operator (Bild 2C, schwarzer bzw. weißer Rahmen) eine deutliche Leistungssteigerung erzielen läßt. Solange der Geradenoperator eine Markierung abgibt, wird diese akzeptiert. Im andern Fall wird die Markierung des m4-Operators übernommen. Die beiden Operatoren extrahieren ganz verschiedene Strukturen, der Geradenoperator ist auf Linien hohen Kontrastes, der m4-Operator auf monotone Grauwertflächen spezialisiert. Dies erklärt das "auf Lücke stehen" der beiden Operatoren.

Für die Detektion der Relativbewegung werden die Geschwindigkeiten verschiedener Bildbereiche berechnet. In Bild 2E ist der Geschwindigkeitsverlauf des Hintergrundes als durchgezogene Linie dargestellt. Es wird deutlich, wie unregelmäßig die handgeführte Kamera bewegt wurde. Die Meßpunkte geben die Geschwindigkeit des Fahrzeuges an. Die sich aus beiden Messungen ergebende Relativgeschwindigkeit des Autos zeigt Bild 2F. Trotz unruhiger Kamerabewegung konnte die zunehmende Geschwindigkeit des Fahrzeugs (gegen die Zählrichtung, daher negatives Vorzeichen) erfaßt werden. Die geringste Geschwindigkeit des Fahrzeuges betrug dabei etwa 5 km/h.

Diesem Beitrag liegen Arbeiten zugrunde, die im Rahmen eines Forschungsvorhabens vom Bundesminister der Verteidigung gefördert wurden.

5. Literatur

/1/ Foith, J.P., Eisenbarth, C., Enderle, E., Geisselmann, H., Ringshauser, H., Zimmermann, G.: Real-time Processing of Binary Images for Industrial Applications. In Bolc, L., Kulpa, Z.(Hrsg.): Digital Image Processing Systems, Lecture Notes in Computer Science Bd. 109, Springer-Verlag, Berlin,Heidelberg,New York 1981,S. 61-168

/2/ Rehfeld, N.: An Optical Sensor for Speed Estimation and Vehicle Recognition. 6th Int. Conf. on Pattern Recognition; Munich, Germany, Oct. 1982.

/3/ Nagel, H.-H.: Image Sequence Analysis: What Can We Learn from Applications? In: Image Sequence Analysis T.S. Huang, (Ed.), pp. 19-228, Springer Verlag, Berlin-Heidelberg-New York, 1981.

/4/ Moravec, H.P.: Towards Automatic Visual Obstacle Avoidance. IJCAI-77, p. 584.

/5/ Dreschler, L. and Nagel, H.-H.: Volumetric Model and 3D Trajectory of a Moving Car Derived from Monocular TV Frame Sequences of a Street Scene. Computer Graphics and Image Processing, Vol 20, pp. 199-228 (1982).

/6/ Korn, A.: Segmentierung und Erkennung eines Objektes in natürlicher Umgebung. In: E. Triendl (ed.), Informatik-Fachbericht Nr. 17 "Bildverarbeitung und Mustererkennung" pp. 265-274, Springer-Verlag 1978.

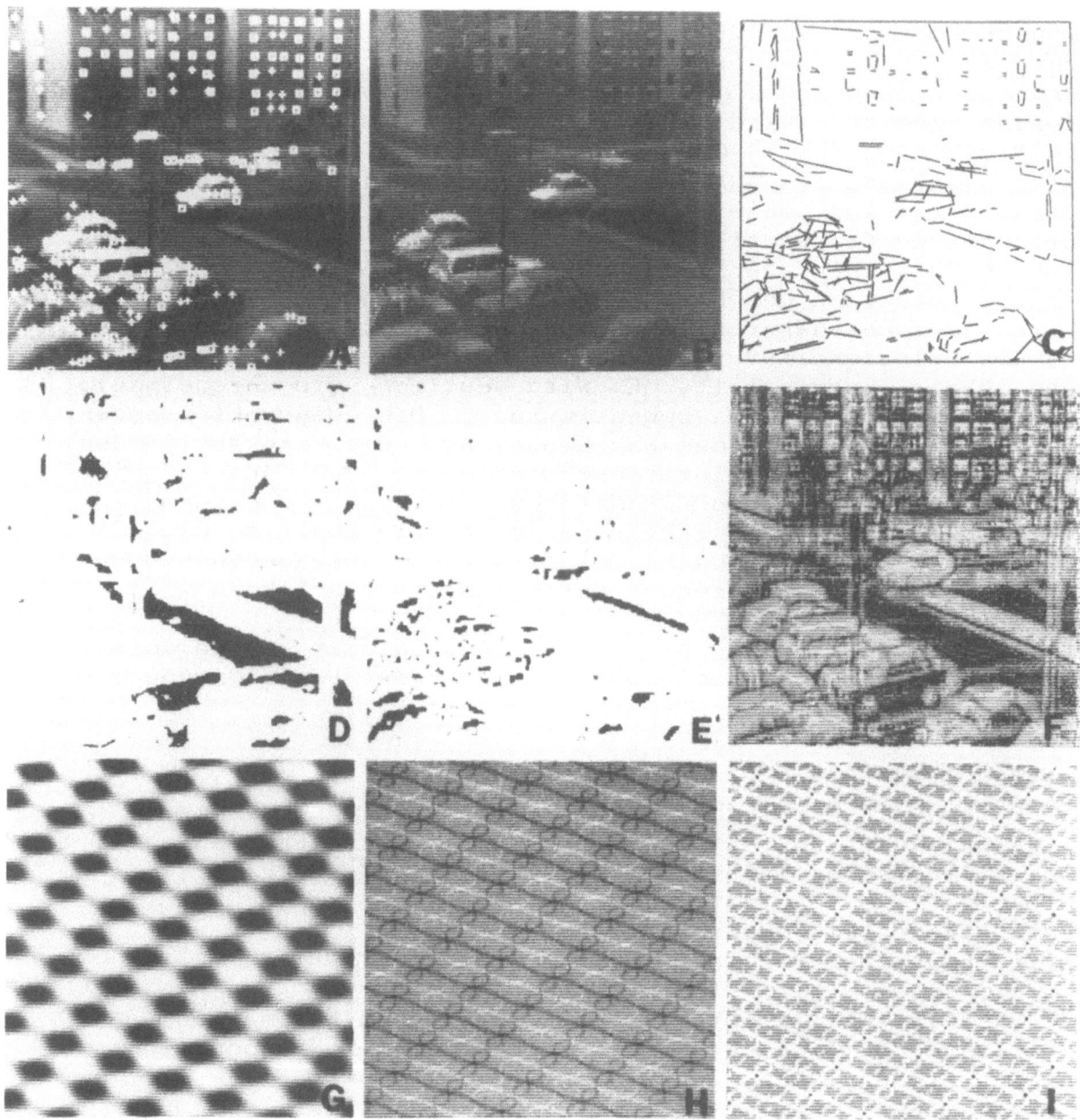

Bild 1: Merkmalsdetektoren
A-C: Merkmalsfinder nach Dreschler, Moravec und Korn.
D-F: Monotonie-Operator; Ebene m0, m4, m-Transformierte
G-I: Testbild und Ergebnisse des Monotonie-Operators.

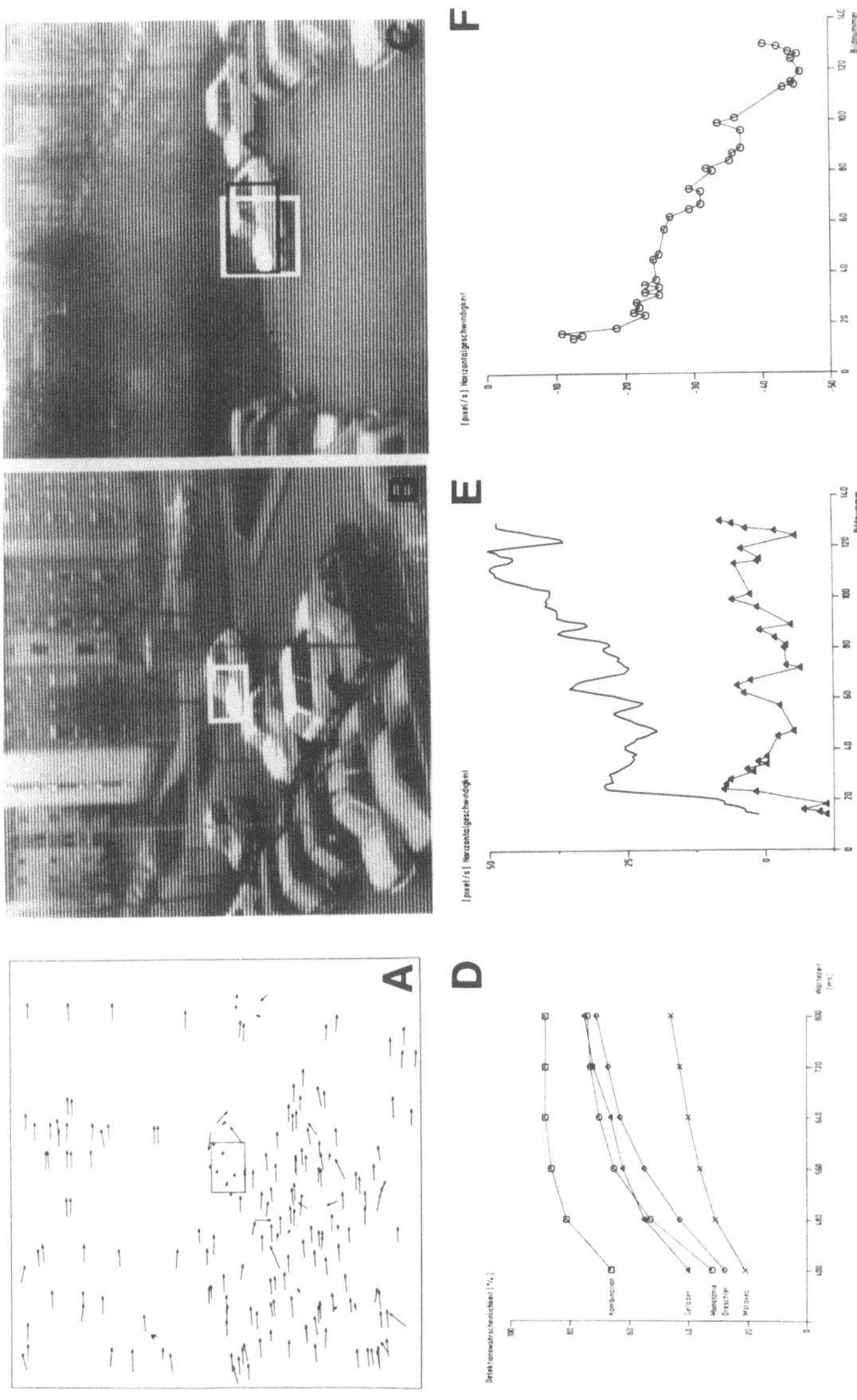

Bild 2: A: Bewegungsvektorfeld. B: Detektionsergebnis des Geraden-Operators, C: des Geraden-(schwarz) und Monotonie-Operators (weiß). D: Detektionshäufigkeiten der Operatoren. E: Geschwindigkeit des Hintergrundes (oben), des Fahrzeuges (unten). F: Relativgeschwindigkeit des Fahrzeuges.

OBJEKTDETEKTION UND KLASSIFIKATION IN BILDFOLGEN

B. Bargel, A. Ebert, D. Ernst

Forschungsinstitut für Informationsverarbeitung und Mustererkennung, Karlsruhe

Zusammenfassung

Für die Verfolgung von Objekten in natürlicher Umgebung wurde beim FIM ein System zur Objektverfolgung auf der Basis der Korrelation entwickelt. Die wesentlichen Probleme eines derartigen Verfolgungssystems (z.B. Störungen durch Vorder- und Hintergrund) konnten durch die Kombination von Korrelations- und Detektionsverfahren überwunden werden. Durch zusätzliche Module erfüllt das Verfolgungssystem die Anforderungen für einen Korrelationsvergleich bei sich ändernden Entfernungen zwischen Objekt und Sensor. Für Situationen (z.B. Entdeckung neuer oder zeitweise verschwundener Objekte), die eine Unterstützung durch komplexere Bildverarbeitungsverfahren erfordern, werden vom FIM Methoden der Objektdetektion und Klassifikation eingesetzt. Anwendung finden dabei Verfahren der Flächenextraktion und der Gestaltsbewertung extrahierter Flächen, die zusammen mit Methoden der statistischen Texturanalyse eine Segmentation und symbolische Beschreibung der Einzelbilder liefern. Der Vergleich dieser Szenenbeschreibung führt zur Objektdetektion und Klassifikation innerhalb der Bildfolge.

1. Objektdetektion durch Korrelation

Abb. 1 zeigt das Blockschaltbild des Systems zur Objektdetektion für eine Objektverfolgung, das beim FIM entwickelt wurde. Die Basis dieses Systems bilden der Hauptreferenzspeicher, in dem die Ansicht des Objektes als Referenz abgespeichert ist, der Bildspeicher, der die Daten der aktuellen Szene enthält, und der Korrelator, der die Korrelationsfunktion zwischen der aktuellen Szene und der gespeicherten Referenz berechnet. Durch die Verschiebung des Referenzbildes innerhalb eines Suchbereiches entsteht bei dieser Berechnung ein zweidimensionales Feld von Korrelationskoeffizienten. Diese Korrelationswerte dienen dazu, über ein Entscheidungskriterium das Objekt zu detektieren (z.B. der maximale Korrelationswert) sowie einen Hinweis zu geben auf einen notwendigen Austausch der Referenz. Verschiedene Entscheidungs- und Austauschkriterien wurden getestet und dabei die optimale Einstellung des Systems erarbeitet.

Simulationsläufe und Tests mit einer Hardwarerealisierung zeigten die Anfälligkeit eines derartigen Basissystems gegenüber Vordergrundstörungen und starken Kontraständerungen im Hintergrund des zu verfolgenden Objektes. Zur Reduzierung dieser Anfälligkeit wurden am Basissystem folgende Modifikationen durchgeführt:

- Die neue Referenz besteht zum Teil aus alter und zum Teil aus neuer Bildinformation (angedeutet durch ⊕ in Abb. 1). Durch die Relativbewegung zwischen bewegtem Objekt und stationärem Hintergrund wird dadurch nur das Objekt scharf dargestellt.

- Mit Methoden der Objektdetektion werden Teile des Objektes und vornehmlich Störungen im Vorder- und Hintergrund erkannt und zugeordnet. Die Detektion und Zuordnung von Objekten oder Teilen davon basiert auf Merkmalen wie z.B.: Helligkeit und Kontrast, Bilddifferenzen in "benachbarten" Bildern einer Folge, Anordnung und Konturlinien, Gestalt der Flächen in der Nähe des bewegten Objektes, Bewegung der Objekte zueinander.

- Eine zusätzliche Erweiterung sorgt dafür, daß bei Entfernungsänderungen die aktuelle Abbildung des Objektes auf die Größe der gespeicherten Referenz angepaßt wird. Dazu wird die Hauptreferenz, die ein gesamtes Abbild des Objektes enthält, systematisch in Teilreferenzen (sogenannte Driftreferenzen) unter-

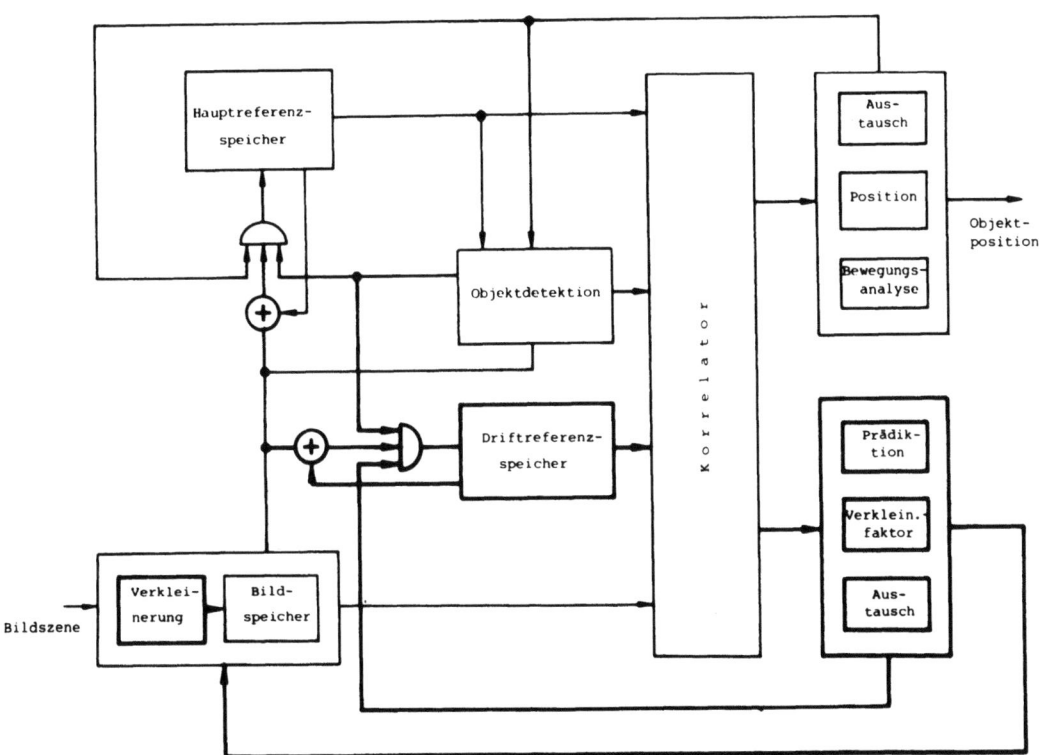

Abb. 1: System zur Objektdetektion und Objektverfolgung

teilt. Der Unterschied zwischen den Positionen der Driftreferenzen und Hauptreferenz ist ein Maß für die Größenänderung. Der Größenänderungsfaktor wird errechnet durch die Auswertung dieser geometrischen Beziehungen und der Korrelationsergebnisse der Hauptreferenz und Driftreferenzen.

Durch die Erweiterung des Basissystems um die oben angegebenen Module ist eine Objektdetektion und Objektverfolgung mittels der Korrelation auch dann möglich, wenn die Objektwiedergabe durch Hintergrundstörungen, Vordergrundverdeckungen und Objektannäherung wesentlich verändert wird.

2. Detektion und Klassifikation von Objekten durch Szenenbeschreibung

Im Hinblick auf eine weitere Automatisierung der Objektverfolgung in Bildfolgen werden beim FIM Verfahren entwickelt, die Lösungen für folgende Probleme bereitstellen:

- die Verfolgung mehrerer Objekte
- die automatische Erfassung von Objekten, die in der beobachteten Szene neu auftreten
- die Wiederentdeckung verlorengegangener Objekte
- das Erkennen von Objektverdeckungen oder Objektverschmelzungen
- die Vorhersage von möglichen Objektverdeckungen und Objektverschmelzungen.

Zur Bewältigung derartiger Aufgabenstellungen ist innerhalb der Bildfolge für die Einzelbilder eine umfassende Szenenbeschreibung durchzuführen. Diese erfordert die Aufteilung der betreffenden Einzelbildern in Hintergrunds-, Vordergrunds- und Objektflächen. Aufgrund der jeweiligen Intensitäts- und Texturinformation teilen sich dabei diese Flächen häufig in einzelne Segmente auf. Die entsprechenden Segmente besitzen bei unveränderter Objektwiedergabe innerhalb der Bildfolge vergleichbare Eigenschaften (ähnliche Merkmale) und erlauben damit die Zuordnung von Objekten in aufeinanderfolgenden Einzelbildern. Veränderungen bei der Objektwiedergabe führen in der Bildfolge zu unterschiedlichen Segmentationen und Segmentbeschreibungen. Aus deren Analyse können Objektverhalten und Objektveränderungen selbst erfaßt werden.

2.1 Einzelbildsegmentation in der Bildfolge

Zur Einzelbildsegmentation werden Verfahren des Flächenwachstums durch lokale Grauwertanalyse und der Flächenermittlung durch Gestaltbewertung eingesetzt. Bei diesen Verfahren handelt es sich um Weiterentwicklungen der in /1/ beschriebenen Methode des "Flächenwachstums unter Verwendung von Ähnlichkeitstests für Grauwertverteilungen" und des in /2/ beschriebenen Verfahrens zur "flächenhaften Kontrastauswertung (Level Slicing)". Mit beiden Verfahren können vollständige Segmentationen der Einzelbilder erzielt werden. Da in Abhängigkeit von der Größe der in den Bilddaten wiedergegebenen homogenen Flächen die Verfahren unterschiedliche Eignung aufweisen, läßt sich durch eine Verfahrenskombination die Segmentation des Einzelbildes in vielen Fällen deutlich verbessern.

Als Entscheidungshilfe für die Verfahrenskombination und als Unterstützung beider Flächenselektionsverfahren dienen Ergebnisse von Konturlinienermittlungen und Abstandstransformationen nach /1/. Die lokalen Maxima der Abstandswerte liefern eine Bewertung konturfreier Gebiete und damit Hinweise auf die Größe homogener Flächen. Sie erlauben daher eine von der Bildinformation abhängige Steuerung der beiden Flächenselektionsverfahren. Die Abstandswerte definieren ferner die Startflächen für die lokale Grauwertanalyse und erlauben eine Vorgabe von Startpunkten und Start-Grauwertintervallen für die Flächenselektion durch Gestaltbewertung.

2.2 Bildvergleich auf Segmentbasis

Bei der Zuordnung von Segmenten wird von der Tatsache Gebrauch gemacht, daß die beiden zu vergleichenden Bilder innerhalb der Bildfolge relativ kurzzeitig aufeinanderfolgen. Es wird deshalb davon ausgegangen, daß sich in einigen Bildbereichen die Information kaum verändert hat und daher in den Einzelbildern auch ähnliche Segmente gebildet wurden. In anderen Bildbereichen können jedoch verschiedene Objekte miteinander verschmelzen bzw. einander teilweise oder vollständig verdecken. Außerdem können stark strukturierte Objekte in den beiden Bildern durch unterschiedliche Segmentgruppen beschrieben werden.

Somit müssen für die Zuordnung folgende Situationen berücksichtigt werden:

- Das Objekt wird in beiden Bildern durch ein eindeutiges Segment beschrieben (Objekt A in Abb. 2).

- Das Objekt wird in jedem der Einzelbilder durch eine Gruppe von Segmenten beschrieben, die einzeln einander nicht zugeordnet werden können, die aber in ihrer Gesamtheit vergleichbare Gestaltsmerkmale aufweisen (Objekt B in Abb. 2).

- Das Objekt wird durch ein Segment beschrieben, das auf Grund von Verdeckung oder Verschmelzung in den Einzelbildern unterschiedliche Gestaltsmerkmale aufweist, aber eindeutig zuzuordnende Segmentteile enthält (Objekt C in Abb. 2).

- Das Objekt wird in jedem der Einzelbilder durch eine Gruppe von Segmenten beschrieben, die einzeln einander nicht zugeordnet werden können, und die auf Grund von Verdeckung oder Verschmelzung auch in ihrer Gesamtheit unterschiedliche Gestaltsmerkmale aufweisen. Ungestörte Teile dieser Segmentgruppen sind jedoch eindeutig zuzuordnen (Objekt E in Abb. 2).

Die Bearbeitung dieser Situation erfolgt innerhalb mehrerer Verarbeitungszyklen. Dabei wird in jedem Verarbeitungszyklus eine größere Bewegung der Objekte zugelassen. Durch diese Vorgehensweise läßt sich erreichen, daß die großflächigen und eindeutigen Segmente, bei denen sich auftretende Bewegungen nur geringfügig der Objektwiedergabe führen in der Bildfolge zu unterschiedlichen Segmentationen und Segmentbeschreibungen. Aus deren Analyse können Objektverhalten und Objektveränderungen selbst erfaßt werden.

2.1 Einzelbildsegmentation in der Bildfolge

Zur Einzelbildsegmentation werden Verfahren des Flächenwachstums durch lokale Grauwertanalyse und der Flächenermittlung durch Gestaltbewertung eingesetzt. Bei diesen Verfahren handelt es sich um Weiterentwicklungen der in /1/ beschriebenen Methode des "Flächenwachstums unter Verwendung von Ähnlichkeitstests für Grauwertverteilungen" und des in /2/ beschriebenen Verfahrens zur "flächenhaften Kontrastauswertung (Level Slicing)". Mit beiden Verfahren können vollständige Segmentationen der Einzelbilder erzielt werden. Da in Abhängigkeit von der Größe der in den Bilddaten wiedergegebenen homogenen Flächen die Verfahren unterschiedliche Eignung aufweisen, läßt sich durch eine Verfahrenskombination die Segmentation des Einzelbildes in vielen Fällen deutlich verbessern.

Als Entscheidungshilfe für die Verfahrenskombination und als Unterstützung beider Flächenselektionsverfahren dienen Ergebnisse von Konturlinienermittlungen und Abstandstransformationen nach /1/. Die lokalen Maxima der Abstandswerte liefern eine Bewertung konturfreier Gebiete und damit Hinweise auf die Größe homogener Flächen. Sie erlauben daher eine von der Bildinformation abhängige Steuerung der beiden Flächenselektionsverfahren. Die Abstandswerte definieren ferner die Startflächen für die lokale Grauwertanalyse und erlauben eine Vorgabe von Startpunkten und Start-Grauwertintervallen für die Flächenselektion durch Gestaltbewertung.

2.2 Bildvergleich auf Segmentbasis

Bei der Zuordnung von Segmenten wird von der Tatsache Gebrauch gemacht, daß die beiden zu vergleichenden Bilder innerhalb der Bildfolge relativ kurzzeitig aufeinanderfolgen. Es wird deshalb davon ausgegangen, daß sich in einigen Bildbereichen die Information kaum verändert hat und daher in den Einzelbildern auch ähnliche Segmente gebildet wurden. In anderen Bildbereichen können jedoch verschiedene Objekte miteinander verschmolzen bzw. einander teilweise oder vollständig verdecken. Außerdem können stark strukturierte Objekte in den beiden Bildern durch unterschiedliche Segmentgruppen beschrieben werden.

Somit müssen für die Zuordnung folgende Situationen berücksichtigt werden:

- Das Objekt wird in beiden Bildern durch ein eindeutiges Segment beschrieben (Objekt A in Abb. 2).
- Das Objekt wird in jedem der Einzelbilder durch eine Gruppe von Segmenten beschrieben, die einzeln einander nicht zugeordnet werden können, die aber in ihrer Gesamtheit vergleichbare Gestaltsmerkmale aufweisen (Objekt B in Abb. 2).
- Das Objekt wird durch ein Segment beschrieben, das auf Grund von Verdeckung oder Verschmelzung in den Einzelbildern unterschiedliche Gestaltsmerkmale aufweist, aber eindeutig zuzuordnende Segmentteile enthält (Objekt C in Abb. 2).
- Das Objekt wird in jedem der Einzelbilder durch eine Gruppe von Segmenten beschrieben, die einzeln einander nicht zugeordnet werden können, und die auf Grund von Verdeckung oder Verschmelzung auch in ihrer Gesamtheit unterschiedliche Gestaltsmerkmale aufweisen. Ungestörte Teile dieser Segmentgruppen sind jedoch eindeutig zuzuordnen (Objekt E in Abb. 2).

Die Bearbeitung dieser Situation erfolgt innerhalb mehrerer Verarbeitungszyklen. Dabei wird in jedem Verarbeitungszyklus eine größere Bewegung der Objekte zugelassen. Durch diese Vorgehensweise läßt sich erreichen, daß die großflächigen und eindeutigen Segmente, bei denen sich auftretende Bewegungen nur geringfügig

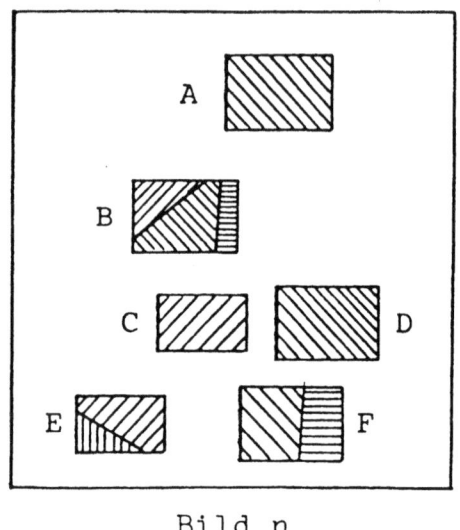 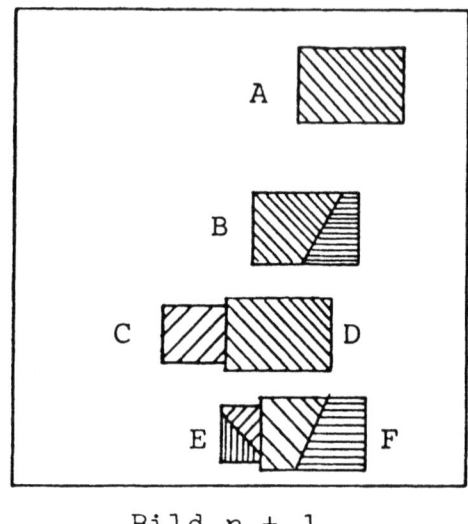

Abb. 2: Segmentzuordnung bei fehlenden (Objekt A), scheinbaren (Objekte B, F) und tatsächlichen (Objekte C, E) Objektveränderungen

auswirken, vorrangig behandelt werden. Für die restlichen Objekte, die auf Grund von Eigenbewegung unterschiedliche Segmentbeschreibungen in den Einzelbildern besitzen, verbleiben somit weniger Segmente, die miteinander verglichen werden müssen. Damit wird einerseits die Anzahl der notwendigen Überprüfungen reduziert und andererseits die Gefahr von Fehlzuweisungen verringert. In jedem Verarbeitungszyklus wird dabei die Überprüfung in der oben angegebenen Reihenfolge sequentiell durchgeführt.

Im ersten Schritt erfolgt die Überprüfung der Hypothese, daß ein Objekt in beiden Einzelbildern durch jeweils ein eindeutiges Segment beschrieben wird (Objekt A in Abb. 2). Hierzu werden in einem durch das zulässige Bewegungsverhalten definierten Erwartungsbereich beider Einzelbilder die Segmente mit einer hohen Ähnlichkeit einander zugeordnet, wobei eine vergleichbar hohe Ähnlichkeit zu einem weiteren Segment innerhalb des Erwartungsbereiches nicht auftreten darf. Als Kriterium für die Ähnlichkeit dienen Abstandsbewertungen der segmentbeschreibenden Gestaltsmerkmale.

Im weiteren Schritt wird die Hypothese überprüft, daß ein in beiden Einzelbildern vorhandenes unverändertes Objekt durch unterschiedliche Segmentgruppen beschrieben wird (Objekt B ind Abb. 2). Für den Segmentvergleich wird vom jeweils größten, noch nicht bearbeiteten Segment in einem der Einzelbilder (Ausgangsbild), ausgegangen. Dieses definiert den Bereich im anderen Einzelbild (Nachbarbild), in dem alle Segmente zusammengefaßt werden, die diesen definierten Bereich ausreichend überlappen und untereinander sowie zum Bezugssegment ähnliche Texturmerkmale besitzen. Die so entstandene Segmentkombination definiert nun ihrerseits einen neuen Bildbereich, wobei Ausgangsbild und Nachbarbild vertauscht werden. Die Gruppierung endet, sobald aufgrund von Texturunterschieden oder fehlender Überlappung keine weiteren Segmente eingegliedert werden können. Anschließend werden die Gestaltsmerkmale beider Segmentgruppen verglichen und diese entweder einander zugeordnet oder verworfen.

Nach der Zuordnung von Segmenten unveränderter oder scheinbar veränderter Objekte wird die Möglichkeit tatsächlicher Objektveränderungen überprüft (Objekte C, D in Abb. 2). Hierzu wird versucht, ob bei der angenommenen Objektverschmelzung oder Verdeckung nicht beeinflußte Segmentteile anhand typischer Konturverläufe wiedergefunden werden können. Zur Beschreibung der betreffenden Segmentkonturen wird ein Verfahren der Polygonzugapproximation angewandt. Diese Polygonzugapproximation liefert für die Kontur signifikante Eckpunkte, deren Lage und

Relation für den Vergleich herangezogen werden. Für diesen Vergleich werden zwei Verfahren erprobt. Zunächst wird eine Anpassung von Konturteilen durch den Vergleich signifikanter Konturpunkte versucht. Schlägt dieser fehl, so wird ein weiterer Versuch durch Formvergleiche unternommen. Ist auch damit eine Anpassung von Abschnitten der Segmentkonturen mit ausreichender Genauigkeit nicht möglich, so wird eine Zuordnung dieser Segmente als nicht zulässig angesehen.

Im letzten Schritt wird das gemeinsame Auftreten von scheinbaren und tatsächlichen Objektveränderungen angenommen (Objekte E, F ind Abb. 2). Hierzu werden aus den verbliebenen Segmenten unter Berücksichtigung des zulässigen Bewegungsverhaltens alle denkbaren zusammenhängenden Segmentgruppen gebildet und deren gemeinsame Außenkontur durch die beiden Konturvergleichverfahren bewertet. Segmente, die sich auch nach diesem letzten Schritt nicht einem Objekt zuordnen lassen, verbleiben für den nächsten Verarbeitungszyklus, in dem wieder mit dem ersten Schritt begonnen wird. Falls nach Ablauf aller Verarbeitungszyklen Segmente in den Einzelbildern nicht zugeordnet werden konnten, wird daraus gefolgert, daß diese neu aufgetretene, verschwundene oder signifikant veränderte Objekte beschreiben.

2.3 Objektverfolgung durch Szenenanalyse

Für die Objektdetektion und Klassifikation werden Verfahren der symbolisierten Szenenanalyse angewendet, bei der die Ergebnisse der Einzelbildsegmentation und der Segmentzuordnungen über die Bildfolge ausgewertet werden. Eigenschaften, welche die zu verfolgenden Objekte sowie Vorder- und Hintergrundsobjekte charakterisieren, sind hierbei u.a.:

- das Spektralverhalten (Mittelwert und Varianz von Grauwertverteilungen)
- die Textur (lokale Grauwertabhängigkeiten, Strukturen)
- die Form (Größe und Gestaltsmerkmale der Segmente)
- die Position (x-, y-Koordinaten von Segmentschwerpunkten)
- die geometrischen Beziehungen (Abstände zwischen Segmentschwerpunkten, Aneinandergrenzen von Segmenten)
- die Ähnlichkeit von Segmenten (Abstände zwischen Merkmalsvektoren im Merkmalsraum)
- die Bewegung (stationäre, bewegliche Objekte bzw. Segmente)
- die Stabilität (zeitliche Veränderung einzelner Merkmale der Segmente).

Aufbauend auf diesen Eigenschaften müssen die Verfahren der Szenenanalyse interessierende Objekte neu- oder wiederentdecken, sowie deren Verhalten innerhalb der Bildfolge beschreiben. Hierbei ist es im allgemeinen notwendig, in bestimmten Situationen die bisherigen Segmentationsergebnisse einzelner Szenen zu revidieren. Die Verfahren zur Postsegmentation, sowie mögliche Verfahren der Bildregistrierung können hierbei auf die Positionsänderungen sicher erkannter Objekte zurückgreifen.

Referenzen:

/1/ R. Schärf: "Untersuchungen zur bildgesteuerten Separierung von Objekten in multispektralen Bilddaten". Dissertation, Universität Karlsruhe, Februar 1981 .

/2/ A. Ebert, M. Bohner: "Discrimination and Classification of Operating Military Targets in Natural Scenes from Thermal Imaginary". FIM-Bericht Nr. 77, Mai 1980.

FORDERUNGEN AN DIE BILDVERARBEITUNG
IN DER INDUSTRIELLEN FERTIGUNG

Heribert Geißelmann

Fraunhofer-Institut für Informations- und Datenverarbeitung
Sebastian-Kneipp-Str. 12-14
7500 Karlsruhe 1

1. Einleitung

Dieser Beitrag wird unter dem Eindruck geschrieben, daß der Einsatz der Bildverarbeitung in der industriellen Fertigung hinter den Erwartungen zurückgeblieben ist. Dieser Eindruck gilt insbesondere für die Situation in der Bundesrepublik und hat sich anläßlich einer Aussprache /1/ namhafter Hersteller industriell einsetzbarer Bildverarbeitungssysteme bestätigt. Die Situation läßt sich wie folgt charakterisieren: Durch zahlreiche Veröffentlichungen über den erfolgreichen Einsatz der Bildverarbeitung ist der Appetit der potentiellen Anwender geweckt, allerdings fehlt im allgemeinen die Bereitschaft, den derzeitig mit Entwicklungsaufwand und Risiko behafteten Weg bis zum Einsatz zu gehen. Das hat zur Folge, daß bei den Herstellern von Bildverarbeitungssystemen einer großen Zahl bearbeiteter Anfragen eine bescheidene Zahl von Einsatzfällen gegenübersteht, die zusätzlich noch ein Zuschußgeschäft sind, da bei dem großen Anteil problemorientierter Ingenieurarbeit eine Kostendeckung nicht erzielt wird. Die Situation im Ausland dürfte ziemlich ähnlich sein, wie aus einem kritischen Bericht von B. Batchelor /2/ hervorgeht oder aus einer anderen Veröffentlichung /3/ zu entnehmen ist, bei der von einem Hersteller berichtet wird, der für ein bis zwei Anwendungen ca. 250 Anfragen zu bearbeiten hatte.

Dieser Beitrag wird auch in der Überzeugung geschrieben, daß bei einer geeigneten Gestaltung des Werkzeuges "Bildverarbeitung" dessen breiter Einsatz in der Fertigung zu erwarten ist. Denn die Bildverarbeitung ist in vielen Bereichen der Industrie die Voraussetzung für weitere Rationalisierungserfolge.

In einem ersten Teil werden die Aufgabengebiete der Bildverarbeitung in der Industrie aufgezeigt und die Argumente dargestellt, die für einen Einsatz der Bildverarbeitung zur Lösung der anstehenden Aufgaben sprechen. In einem zweiten Teil werden, ausgehend von dem derzeitigen Entwicklungsstand, die Forderungen herausgearbeitet, die an ein industriell einsetzbares Bildverarbeitungssystem gestellt werden.

Die Bildverarbeitung in der Industrie unterscheidet sich von der Bildverarbeitung in anderen Bereichen (Medizin, Kartographie, Militär, Meteorologie u.a.) dadurch, daß die Aufgabe, bedingt durch großes a priori Wissen sowie durch die Möglichkeiten zur Gestaltung der Szene und des Meßaufbaus, vereinfacht ist. Dem stehen allerdings die höheren Anforderungen bezüglich Verarbeitungsgeschwindigkeit, Umrüstbarkeit und Meßgenauigkeit gegenüber. Zusätzlich ist der Kostenrahmen zumeist wesentlich stärker eingeengt.

Zur Diskussion stehen hier schwerpunktmäßig Vielzwecksysteme, die nicht für einen speziellen Einsatz entwickelt wurden. Spezialsysteme, wie sie für die Positionsmessung bei der Halbleiterfertigung oder für die Prüfung von integrierten Schaltungen und gedruckten Platinen eingesetzt werden, werden nur am Rande erwähnt. Nicht berücksichtigt werden Systeme, die einfache geometrische Größen erfassen (z.B. Überwachung der Breite von Bahnen) oder anspruchslose Detektionsaufgaben ausführen (Anwesenheitskontrolle, Entscheidung auf Fehler nach Schwellwertbildung).

2. Aufgabengebiete

Der Zwang zur Erhöhung der Produktivität und zur Verbesserung der Qualität bei der Herstellung industriell gefertigter Güter hat zu großen Anstrengungen geführt, die Produktion diesen Erfordernissen anzupassen. Während in einer ersten Phase vor allem die Materialbearbeitung rationalisiert wurde, betreffen die gegenwärtigen Anstrengungen hauptsächlich folgende Gebiete:

- Sichtprüfung
- Prozeßsteuerung und -überwachung
- Handhabung und Montage.

Innerhalb dieser Gebiete eröffnen sich vielfältige Einsatzmöglichkeiten für Bildsensoren. Die Sensoraufgaben streuen über einen weiten Bereich, wobei innerhalb unterschiedlicher Einsatzgebiete durchaus ähnliche oder gleiche Aufgaben auftreten können. Abb. 1 gibt den Zusammenhang zwischen derzeitigen Rationalisierungsschwerpunkten und Bildsensoraufgaben.

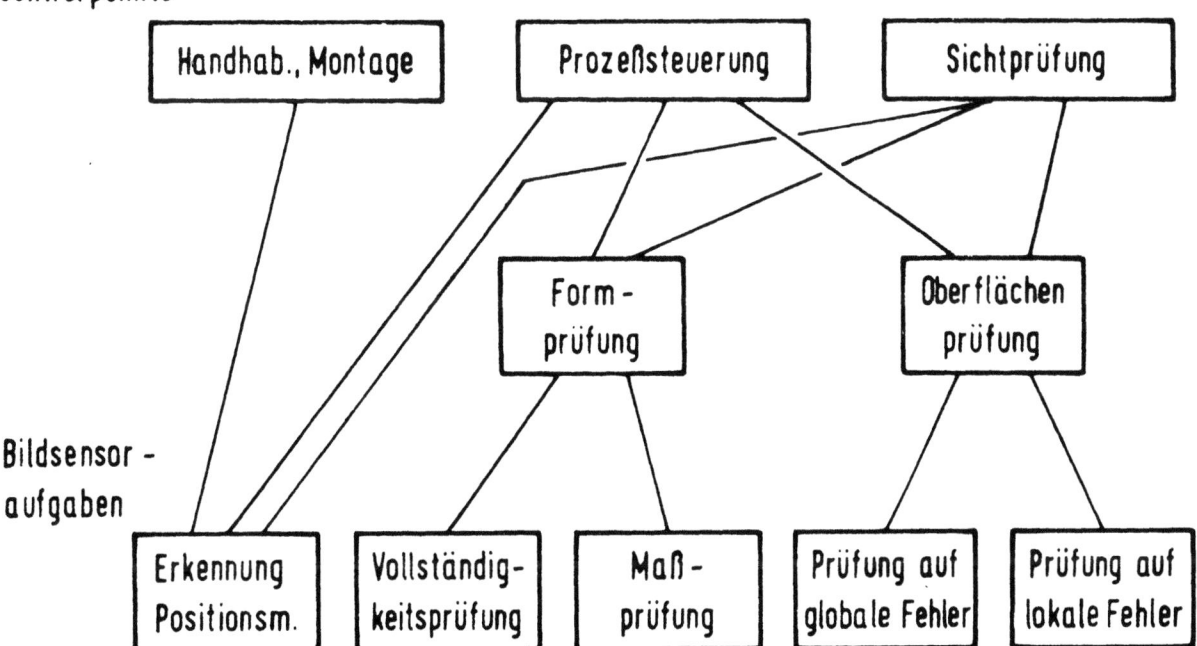

Abb. 1: Bildsensoraufgaben bei den derzeitigen Rationalisierungsschwerpunkten

Die Chancen für den Einsatz der Bildverarbeitung sind vor allem bei den Prozessen gegeben, bei denen die Leistungsfähigkeit des Menschen bezüglich Geschwindigkeit, Zuverlässigkeit, Objektivität und Genauigkeit überfordert ist und technische oder organisatorische Alternativen zu wesentlich höherem Aufwand führen.

Bei der S i c h t p r ü f u n g ist dieser Aspekt wegen der Unzuverlässigkeit und mangelnder Objektivität des menschlichen Prüfers gegeben, ein Umstand, der insbesondere bei der Prüfung von Sicherheitsteilen (z.B. in der Autoindustrie) zu hohen Risiken führt.

Nach Schätzungen einer amerikanischen Studie /4/ entfallen bei Stückgütern ca. 10% der Bearbeitungskosten auf das Prüfen. Dieser Anteil wird sich in der Zukunft vergrößern, denn die Qualitätsanforderungen an die Produkte steigen, und durch den Übergang zu einem höheren Automatisierungsgrad fallen zusätzliche Prüfaufgaben an, die bei manueller Arbeit implizit durchgeführt werden. Ein Arbeiter wird bei der Montage eine defekte Schraube aussortieren und das Endprodukt überprüfen. Bei einer Automatisierung führt eine defekte Schraube zu einer Störung des Produktionsablaufes, zu einem beschädigten Produkt oder gar einer Beschädigung der Produktionseinrichtungen. Die Automatisierung des Arbeitsvorganges 'Schraubeneindrehen' hat zwei Prüfaufgaben zur Folge, nämlich die 100%-Prüfung der Schrauben und die an den Montagevorgang anschließende Vollständigkeitsprüfung.

Bei der Planung des Einsatzes eines Bildverarbeitungssystems ist von großer Wichtigkeit, den Blick für die Alternativen nicht zu verlieren. So ist insbesondere bei Prüfaufgaben abzuklären, ob durch Änderung des Produktionsprozesses oder des Produktes die Prüfarbeit entfällt. Eine Vernachlässigung dieser Abklärung kann leicht dazu führen, daß das Projekt auf halber Strecke abgebrochen werden muß.

Beispiele für Prüfaufgaben gibt es in vielfältiger Art /5/. Typisch sind Prüfungen von

- Sicherheitsteilen (z.B. Rißprüfung nach Fluxen)
- Pillen (Größe, Farbe, Bruch)
- Flaschen (Einschlüsse, Verunreinigungen, Welligkeit)
- Flachglas (Welligkeit, Einschlüsse, Kratzer)
- gedruckten Schaltungen (Risse, Einbrüche, Brücken)
- Halbleitermasken
- Dichtringen (Risse, Einbrüche)
- Kabeln (Risse, Poren, Einschlüsse)
- Schrauben (Untermischungen, Gewindefehler, Kopffehler)
- Aufklebern (Position, Risse am Rand, schlechte Verklebung)
  usw.

Bei der P r o z e ß s t e u e r u n g und Ü b e r w a c h u n g ist die Relevanz für einen Sensoreinsatz oft aus ähnlichen Gründen wie bei reinen Sichtprüfaufgaben gegeben. Ein zusätzlicher wichtiger Faktor, der den Einsatz von Sichtsystemen fast unumgänglich macht, ist zum Teil die hohe Produktionsgeschwindigkeit, die eine prozeßfolgende Prüfung durch den Menschen nicht zuläßt. Störungen im Prozeß werden zu spät erkannt, und die gewünschte Qualität läßt sich in solchen Fällen nur unter Erhöhung des Ausschusses sicherstellen. Bei kontinuierlichen Prozessen (z.B. Flachglasherstellung) kann ein Sichtsystem bei systematischen Fehlern (z.B. Welligkeit) durch Eingriff in den Prozess Abhilfe schaffen, andererseits kann bei stochastischen Fehlern (Einschlüsse, Kratzer) die Kenntnis der Fehlerposition zur Ansteuerung einer am Ende der Produktionsstraße installierten Zuschneideeinrichtung und zur Einteilung in verschiedene Qualitätsstufen genutzt werden. Anwendungsgebiete für bildverarbeitende Systeme im Bereich der Prozeßsteuerung sind

- Oberflächenprüfung von Bahnen (Walzen von Stahl, Glas, Kunststoff, Vliese, Teppichboden, Stoffe)
- Nahtverfolgung (Schweißen, Kleben, Schleifen)
- Messung der Größenverteilung bei Schüttgütern
- Werkzeugüberwachung
- Arbeitsraumüberwachung.

Die Erkennung von Kodierungen oder Produktvarianten gewinnt im Bereich der Stückgüterfertigung zunehmend an Bedeutung. Die wachsenden Ansprüche der Verbraucher nach individueller Gestaltung der Produkte führen zu einer Vielzahl von Produktvarianten, die aus Wirtschaftlichkeitsgründen an einer Produktlinie gefertigt werden. Für eine Bearbeitung der Produkte mit Automaten sind die Produktvarianten zu unterscheiden. Aufgaben für Bildverarbeitungssysteme sind dabei die Erkennung von Strichcodes, Schriften oder Formmerkmalen unter den Randbedingungen einer Fertigungsstraße.

Im Bereich der H a n d h a b u n g und M o n t a g e zeichnet sich ein breites Aufgabengebiet ab /6/. Es lassen sich zwei Gruppen von Bildverarbeitungsaufgaben unterscheiden:

- die Versatzmessung (Werkzeug-Werkstück, Werkstück-Werkstück) bei ungenau positionierten oder toleranzbehafteten Werkstücken,
- das Erkennen und Lagevermessen von undefiniert liegenden Werkstücken.

Die Versatzmessung wird für den Bereich der automatischen Montage unerläßlich sein, denn insbesondere bei der Bearbeitung von großen oder zusammengesetzten Teilen (z.B. Autos) ist der alternative Weg der Verbesserung der Zuhaltungen und Reduktion der Toleranzen wirtschaftlich nicht vertretbar. Beispiele aus diesem Bereich sind die Nahtanfangssuche beim Schweißen und die Radmontage.

Sehr umstritten ist inzwischen der Einsatz der Bildverarbeitung beim Ordnen mit Industrierobotern, dem sog. "Griff in die Kiste". Diese Aufgabe, die wohl bei der Entwicklung der meisten heute erhältlichen Vielzweckbildverarbeitungssysteme Pate stand, ist bis heute nicht zufriedenstellend gelöst, und es wird vielfach bezweifelt, ob sich derartige Systeme jemals durchsetzen werden /2/. Neben den technischen Bedenken wird die Aufgabe in Frage gestellt, da in der zukünftigen automatischen Fabrik die Ordnung während des Produktionsprozesses aufrechterhalten werden wird.

Ein allgemeingültiger Lösungsansatz wird jedoch nach meiner Meinung die Beibehaltung der Ordnung nicht sein, da wegen der erforderlichen werkstückspezifischen Magazine, Zuführ- und Haltevorrichtungen eine Wirtschaftlichkeit nur bei der Massenfertigung zu erwarten ist. Aber auch bei der Massenfertigung ist zumeist eine Zwischenlagerung der Werkstücke unumgänglich (Transport, Pufferung bei unterschiedlicher Taktzeit aufeinanderfolgender Produktionseinrichtungen). Die geordnete Ablagerung in werkstückspezifischen Magazinen führt dann insbesondere bei sperrigen Werkstücken zu größerem Platzbedarf und damit zu erhöhten Lager- und Transportkosten. Die Wiederherstellung der Ordnung wird also nach wie vor eine wichtige Aufgabe in der Fertigung sein. Lösungsmöglichkeiten sind:

- der Einsatz des Menschen,
- konventionelle Ordnungssysteme (z.B. Vibrationswendelförderer mit Schikanen),
- Sensor-Roboter-Systeme.

Für die vergleichsweise aufwendigen Sensor-Robotersysteme werden zwei Einsatznischen beim Ordnen gesehen:

- Konventionelle Ordnungssysteme versagen wegen Gewicht, Größe oder Verhaken der Werkstücke, und der Mensch ist bei der Durchführung der Aufgabe überlastet, wie z.B. bei der Handhabung von schweren Teilen (typisch: Palettenentladung) oder bei Arbeiten in menschenfeindlicher Umgebung (typisch: Hitze und Lärm in der Glasindustrie).

- Das Ordnen ist nur eine Teilaufgabe des Roboters; für die Lösung der Ordnungsaufgabe fallen dann nur die zusätzlichen Kosten für die Bildverarbeitung an.

Typisch für Ordnungsarbeiten innerhalb dieser Einsatznischen ist die Teilordnung, die zumeist in Form von Stapelmustern vorhanden ist; schwere Teile, z.B. Motorblöcke, werden nicht in eine Kiste geschüttet. Wichtig für Sensor-Roboter-Systeme wird sein, daß dieses a priori Wissen über die Vorordnung den Systemen mit wenig Aufwand vermittelt werden kann.

Für einen umfassenden Einsatz von Sensor-Roboter-Systemen zum Ordnen ist noch viel Entwicklungsarbeit erforderlich. Auch bei ausreichender Leistungsfähigkeit der Bildverarbeitung ist die Aufgabe nicht gelöst, denn andere am Prozeß beteiligte Komponenten (Roboter, Sensor, Greifer, Peripherie) sind noch nicht ausgereift. Der Aufwand diesbezüglich ist zu senken, die roboterbedingten großen Taktzeiten (>4s) sind zu verkürzen, und die Umrüstbarkeit (Sensor, Greifer, Programmierung) ist zu verbessern.

3. Anforderungen

Bei dem aufgezeigten breiten Aufgabengebiet drängt sich die Frage auf: Warum erfolgt die Einführung der Bildverarbeitung derartig zögernd? In diesem Abschnitt wird versucht, darauf eine Antwort zu geben: Neben den für einen breiteren Einsatz erforderlichen Weiterentwicklungen ist die Kluft zwischen Entwickler und Anwender zu verkleinern, d.h. der Entwickler muß sich noch mehr mit den in der industriellen Fertigung gegebenen Anforderungen vertraut machen und der Anwender die Möglichkeiten und Grenzen der Bildverarbeitung besser kennenlernen.

3.1 Anforderungen an ein industriell einsetzbares Bildverarbeitungssystem

Bei der Untersuchung von Bildverarbeitungsaufgaben aus der Industrie stellt man mit Erstaunen fest, daß, abgesehen von den wenigen in der Einleitung erwähnten Aufgabengebieten, nur in seltenen Fällen ein Lösungsansatz direkt übertragbar ist. Unterschiedliche Anforderungen ergeben sich durch

- Art der Aufgabenstellung (siehe Abb. 1)
- Objekteigenschaften (Oberfläche, Form, Ordnungsgrad, Bewegungszustand)
- Randbedingungen (Meßgenauigkeit, Taktzeit, Fremdlicht)
- Verarbeitung des Ergebnisses (Ansteuerung peripherer Einrichtungen).

Aus dieser Tatsache resultiert die Forderung nach einem **Vielzwecksystem**, das mit wenig Aufwand an die unterschiedlichen Aufgabenstellungen angepaßt werden kann. Diese Erkenntnis ist nicht neu, sie kann fast in jeder Veröffentlichung gelesen werden. Bis jetzt konnte diese Forderung aber nicht auf zufriedenstellende Weise erfüllt werden. Der Blick der Entwickler war zu sehr auf das Problem des Erkennens von Werkstücken gerichtet. Die in diesem Sinne implementierten Verfahren sind zumeist bei den vielfältigen Aufgaben aus dem Bereich der Sichtprüfung nicht wirkungsvoll einsetzbar. Insbesondere ist die bis jetzt schwerpunktmäßig eingesetzte Binärbildverarbeitung oft nicht geeignet, die Objekte und deren Fehler ausreichend zu beschreiben.

Die Erhöhung der Leistungsfähigkeit der Vielzwecksysteme führt selbstverständlich auch zu höheren Gerätekosten, die dann i.a. von den Entwicklern mit einem Blick auf die VLSI-Technik wegdiskutiert werden. Diese Kostensenkung ist allerdings nur langfristig zu sehen. Kurzfristig wird man mit erhöhten Systemkosten leben müssen und sie bestimmt auch in Kauf nehmen, denn hohe Kosten eines überzeugenden und kalkulierbaren Grundsystems werden eher akzeptiert als die bei Systemen geringerer Leistungskraft erforderlichen Nachentwicklungszeiten und die Unsicherheit über den Erfolg dieser Entwicklungsanstrengungen. Kommt es dann zum Einsatz eines derartigen Systems, sind die Leistungsreserven sehr wohltuend, wenn Probleme zu meistern sind, die sich bei einem langfristigen Einsatz in der Produktion ergeben (z.B. unvorhergesehene Produktschwankungen, neue Fehlerarten, Taktzeiterhöhung, Driften).

Damit sind zwei wichtige Eigenschaften angesprochen, die ein Bildverarbeitungssystem haben sollte:

Umrüstfreundlichkeit zur schnellen und einfachen Umstellung des Systems auf andere Produkte oder Fehlerarten und **Adaptivität**, die das System unempfindlich gegen Streuungen der Produkteigenschaften und Umgebungseinflüsse macht. Die geforderte Umrüstbarkeit stellt dabei hohe Ansprüche an die Bedienbarkeit und Lernfähigkeit des Systems. Für die anzustrebende Adaptivität sind geeignete Verfahren zu implementieren.

Bezüglich der **Auflösung**, die bei derzeitigen Systemen zumeist an die Zeilenauflösung der Fernsehkamera angepaßt ist, stößt man bei Meß- und Oberflächenprüfaufgaben fast ausnahmslos an die Grenze. Die Systemstruktur sollte ein Anschalten von hochauflösenden Diodenzeilen und Laserscannern ermöglichen.

Die V e r a r b e i t u n g s g e s c h w i n d i g k e i t e n der verfügbaren Systeme (typ.: 10^6 pixel/s) ist im allgemeinen bei Aufgaben der Vollständigkeitsprüfung und Erkennung ausreichend. Für Aufgaben der Oberflächenprüfung sollte eine Verarbeitungsgeschwindigkeit von $5 \cdot 10^7$ pixel/s angestrebt werden /7,8/. Insgesamt sind allerdings Anstrengungen zur Verkürzung der Rechenzeiten erforderlich, um die Verbesserungen sonstiger Systemeigenschaften sicherstellen zu können.

Weitere Leistungsmerkmale, die nicht bildverarbeitungsspezifisch sind, sollen hier der Vollständigkeit halber erwähnt werden, insbesondere, weil sie bei Neuentwicklungen, wie sie die Bildverarbeitungssysteme darstellen, oft nicht gewährleistet sind:

- elektromagnetische Störsicherheit
- Unempfindlichkeit gegen Schwankungen der Versorgungsspannung
- Unempfindlichkeit gegen Staub, Feuchtigkeit und Temperaturschwankungen
- Selbsttest und Fehlerdiagnose.

Im folgenden werden die Forschungs- und Entwicklungsarbeiten dargestellt, welche bei zukünftigen Systemen zu einer verbesserten Einsatzfähigkeit führen sollen.

Meßwertaufnahme

Bei einem Bildverarbeitungssystem steht die Meßwertaufnahme in enger Wechselwirkung mit der Signalverarbeitung. Eine sorgfältige Abstimmung dieser beiden Komponenten ist die Voraussetzung für einen erfolgreichen Einsatz.

Das Ziel der Meßwertaufnahme ist, durch geeignete Wahl von Beleuchtung, Aufnehmer und Werkstückanordnung die relevanten Merkmale herauszuarbeiten. Für die Aufgabenstellung unwichtige Änderungen von Objekt und Hintergrund sollen das Bild, wenn möglich, nicht verändern. Nachlässigkeiten bei der Meßwertaufnahme lassen sich zumeist auch mit hohem Aufwand an Signalverarbeitung nicht wettmachen.

Für eine Optimierung der Meßanordnung sind Kenntnisse über Beleuchtungstechnik, physikalische Eigenschaften der Aufnehmer und die Möglichkeiten der Signalverarbeitung Voraussetzung. Wie anspruchsvoll die Aufgabe ist, soll anhand der vielen Parameter verdeutlicht werden, die bei einer Beleuchtung zu berücksichtigen sind:

Objekteigenschaften:	Remissionsvermögen
	Farbe
	Abstrahlcharakteristik, Glanz
	Feinstruktur, Textur
	Form
	Ordnungsgrad
	Bewegungszustand
Beleuchtungsgeometrie:	Winkelbeziehung: Lichtquelle-Objekt-Aufnehmer
	Winkelbeziehung: Lichtquelle-Hintergrund-Aufnehmer
	Abstand, Größe, Form und Abstrahlcharakteristik der Lichtquelle

physikalische Eigenschaf-
ten des Lichtes: Farbe
                      Polarisation
                      Kohärenz

Als eine Unterstützung zur Optimierung des Meßaufbaus sind Anleitungen zu erstellen, nach denen auch Personen diese Arbeiten durchführen können, die nicht das gesamte Feld dieser Technologie überblicken. Insbesondere für den Anwender dürften derartige Anleitungen sehr hilfreich sein.

Eine Vereinfachung bei der Gestaltung der Meßwertaufnahme wird durch den Übergang zu 3-D Bildern erwartet. 3-D Bilder sind weniger gestört durch Oberflächenmodifikationen (z.B. Verschmutzung), Schattenbildungen und Reflexionen. Dies wird zu einer wesentlichen Verbesserung der Überschaubarkeit von Meßwertaufnahme und -verarbeitung führen. Aufnahmetechniken, die zur Erfassung von 3-D Bildern in Frage kommen, sind

- Laserlaufzeitmessungen
- Ultraschallmessungen
- Triangulation (Lichtschnitt, Stereobilder, Bildfolgen).

An der Entwicklung dieser Technologien wird intensiv gearbeitet. Während Laserlaufzeitmessungen noch zu langsam und aufwendig sind und Ultraschallmessungen zu geringe Ortsauflösung haben, können bei der Triangulationsmessung Anfangserfolge beim Einsatz verzeichnet werden. Erste Anwendungen haben sich bei der Erkennung von Werkstücken /9/ und bei der Vermessung und Verfolgung von Schweißnähten /10/ ergeben.

Die Erfassung von Oberflächendefekten mittels Lichtschnittechniken verspricht gute Ergebnisse zu bringen. Vertiefungen und Erhebungen lassen sich weitgehend unabhängig von ihrem Grauwertverhalten erfassen. Damit können diese Defekte auch bei nur geringen Grauwertänderungen (siehe Abb. 2) erkannt und von sonstigen Grauwertänderungen (Schmutz, Materialinhomogenitäten) unterschieden werden.

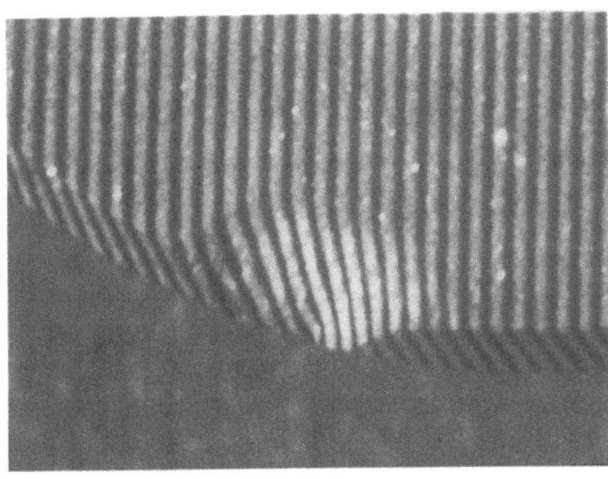

Abb. 2
Lichtschnittverfahren als Hilfsmittel zur Detektion eines Kantenausbruches. Unabhängig vom Grauwert können Größe und Tiefe des Defektes erfaßt werden.

Zur Aufnahme von Lichtschnittbildern sind Diodenzeilen höherer Auflösung und Empfindlichkeit sowie Beleuchtungsquellen größerer Helligkeit erforderlich.

Zur Auswertung von Lichtschnittbildern sind Verfahren zu entwickeln, die sicherstellen, daß bei starken Höhenänderungen keine Übergänge verloren gehen und Helligkeitssprünge, die durch Grauwertänderungen der Oberfläche und durch Lichtschnitt verursacht sind, unterschieden werden können. /11/.

Signalverarbeitung

Bei der Signalverarbeitung lassen sich im wesentlichen drei Verarbeitungsebenen unterscheiden:

o Bildvergleich
o angepaßte Filter
o Bildbeschreibung.

Ein B i l d v e r g l e i c h wird dann mit Erfolg eingesetzt, wenn beim Vergleich einer Referenz mit einem aktuellen Bild hohes a-priori Wissen bezüglich Bildinhalt und der Lage der zu vergleichenden Bilder vorhanden ist; eine Bedingung, die oft bei Sichtprüfaufgaben (z.B. Prüfung von Leiterplatten, IC-Masken, Vollständigkeitsprüfung bei der Montage) und bei Versatzmessung erfüllt ist. Die Auswertung erfolgt durch paarweisen Bildpunktevergleich oder durch Korrelation, ein Verfahren, das sich durch Störsicherheit (Unempfindlichkeit gegen Beleuchtungsschwankungen und Oberflächenveränderungen), hohe Positions-Meßgenauigkeit und geringen Umrüstaufwand auszeichnet. Der Bildvergleich wird i.a. zwischen einem in einem Lernvorgang aufgenommenen Bild und dem aktuell vorliegenden Bild durchgeführt. Ein Bildvergleich kann jedoch auch sehr wirkungsvoll zum Vergleich des aktuellen Bildes mit einem weiterverarbeiteten Bild eingesetzt werden. Bild 3 zeigt ein Verfahren, das zur Abstandsmessung der Anschlußdrähte von Elektronikbauteilen entwickelt wurde. Mittels Konturabtragung (Shrink) und Konturanlagerung (Expand) wird aus dem aktuellen Bild eine Maske erzeugt, die durch logische Verknüpfung mit dem aktuellen Bild die Anschlußdrähte vom Bauteilekörper trennt. Von diesen abgetrennten Anschlußdrähten kann über eine Flächenschwerpunktsberechnung der Abstand der Anschlußdrähte mit geringem Aufwand und sehr schnell berechnet werden.

Bei geringerem a-priori Wissen sind die Methoden des direkten Bildvergleichs nicht einsetzbar. Eine Erfassung und Bewertung charakteristischer Merkmale innerhalb eines lokal mehr oder weniger begrenzten Bereiches kann in solchen Fällen zur Lösung der Aufgabe führen. Diese charakteristischen Merkmale in Form von Kantenelementen, Ecken, Krümmungen, Texturen usw. werden mittels a n g e p a ß t e r   F i l t e r aus dem Bild extrahiert. Vielfach kann in einer sich daran anschließenden Klassifikationsstufe die für die Aufgabe wichtige Entscheidung gefällt werden. Eine typische Aufgabe, bei der diese Verfahren angewandt werden, ist die Prüfung von Leiterplatten. Die Vorkenntnisse über den geometrischen Aufbau (Mindestabstand von Leiterbahnen, Mindestgröße von Krümmungsradien) werden als Prüfkriterien herangezogen.

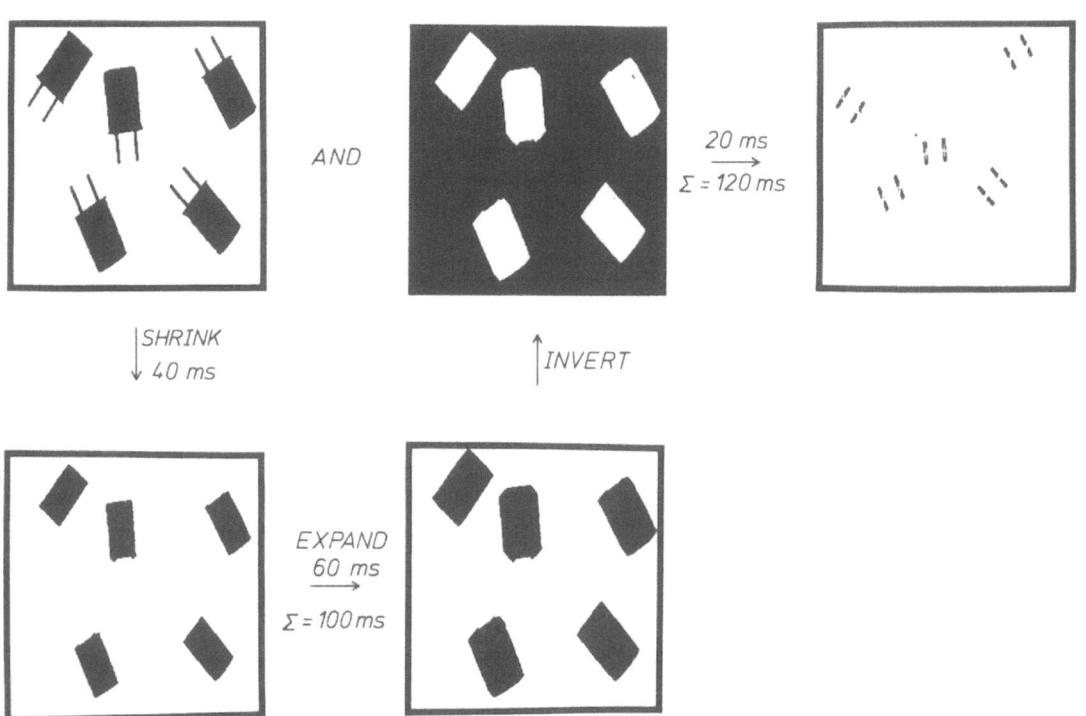

Abb. 3: Beispiel für den Einsatz eines Bildvergleichs zur Vereinfachung der Sichtprüfaufgabe: "Abstandsmessung der Anschlußdrähte von Elektronikbauteilen"

Bei Erkennungsaufgaben und z.T. auch bei Prüfaufgaben führt eine Klassifikation direkt nach einer Filterstufe nicht zum Erfolg. Im Rahmen von B i l d b e s c h r e i b u n g e n sind Nachbarschaften zu betrachten, Bildbereiche ähnlichen Informationsgehaltes zusammenzufassen und durch Merkmale zu beschreiben. In dieser Weise werden bei industriell einsetzbaren Binärbildverarbeitungssystemen Bildpunkte ähnlicher Grauwerte zusammengefaßt und die so entstandenen Flächenbereiche durch geometrische Merkmale beschrieben. Die Merkmale eines aktuellen Bildes werden dann mit den Merkmalen eines Referenzbildes verglichen und davon ausgehend die Entscheidung gefällt. Dieses Verfahren, bei dem von Regionen ähnlichen Grauwertes ausgegangen wird, ist angewiesen auf geringe Grauwertänderungen von Objekt und Hintergrund sowie gleichbleibende Ausleuchtung, die nur bei definierter Objektlage zu gewährleisten ist. Geringere Einschränkungen diesbezüglich erwartet man von Verfahren, bei denen das Bild durch Kanten beschrieben wird /12, 13, 14/. Die Leistungsfähigkeit dieser Verfahren konnte bis jetzt allerdings im praktischen Einsatz nicht nachgewiesen werden.

Für einen breiten Einsatz der Bildverarbeitung in der Industrie ist auf der Verfahrensseite viel Entwicklungsarbeit erforderlich. Es müssen Verfahren entwickelt werden, die eine genauere Beschreibung der Objekte und ihrer Fehler erlauben. Diese Beschreibung muß in einem automatischen Einlernvorgang erstellt werden. Für eine Verbesserung der Beschreibung sind möglichst viele Bilddaten zu berücksichtigen (3-D, Farbe, Stereo, Bildfolgen).

Systemstruktur

Für die Systemstruktur gibt es kein Patentrezept, da bei der derzeitigen Leistungsfähigkeit der Elektronik eine Anpassung an die Aufgabe erforderlich ist. Beim Systementwurf ist von Wichtigkeit, die anstehenden Aufgaben in Gruppen einzuteilen und die Modularität der einzelnen Baugruppen so weit zu entwickeln, daß diese Aufgabengruppen mit akzeptablem Aufwand bearbeitet werden können. In einem modular aufgebauten Vielzwecksystem sollte vorgesehen werden:

- Interfaceschaltungen zu unterschiedlichen Meßwertaufnehmern (Fernsehkamera, Diodenzeilen, Laserscanner)
- Mindestens drei Bildspeicher für direkten Bildvergleich (siehe auch Abb. 3)
- Die Anschaltung unterschiedlicher angepaßter Filter und deren beliebige Konfigurierbarkeit
- Komponentenmarkierungen zur Bildbeschreibung. Für die Beschreibung eines Bildes, das unterschiedlichen Filteroperationen unterworfen wurde, sind mehrere Komponentenmarkierungen vorzusehen.
- Spezialprozessoren zur Berechnung der Komponentenmerkmale
- Leistungsfähiger Zentral-Prozessor (großer Adreßraum, kurze Zykluszeiten, breites Angebot an Schnittstellen und Peripherie).

3.2 Verbesserte Verständigung zwischen Entwickler und Anwender

Ein wesentliches Hemmnis beim Einsatz der Bildverarbeitung sind die falschen Vorstellungen, die auf Entwickler- und Anwenderseite über die Bildverarbeitung in der Industrie bestehen:

Die Entwickler, insbesondere die forschungsorientierten Entwickler, gehen von einem unklaren Anforderungsprofil aus. Nur in seltenen Fällen besteht die Aufgabe der industriellen Bildverarbeitung in der Erkennung komplexer Szenen, vielmehr geht es darum, bei Aufgaben, die als gelöst angesehen werden, die Zuverlässigkeit, Bedienbarkeit und Meßgenauigkeit zu erhöhen sowie den Aufwand zu senken.

Auf Seiten des Anwenders herrschen oft übertriebene Erwartungen bezüglich Leistungsfähigkeit und Aufwand der Bildverarbeitung. Diese Erwartungen werden genährt durch die schon erwähnten euphorischen Erfolgsmeldungen im Rahmen von Veröffentlichungen, aber auch durch die Leistungsfähigkeit des menschlichen Auges. Die Leichtigkeit, mit der der Mensch gewisse Aufgaben meistert, läßt teilweise kein Verständnis für die Schwierigkeiten bei einer automatischen Bildauswertung aufkommen. Von Herstellerseite ist hier noch viel Aufklärungsarbeit erforderlich. Anschaulichere Darstellungen des Verarbeitungsaufwandes, anwendernahe Systembeschreibungen und vergleichende Systemübersichten sind zu erstellen. Diese Bemühungen führen allerdings nur zum Erfolg, wenn von Seiten des Anwenders die Bereitschaft zu einer engen Zusammenarbeit gegeben ist. Der Anwender muß sich längerfristig mit den Möglichkeiten dieser Technologie beschäftigen, um schon bei der Erstellung neuer Produktionslinien den Einsatz der Bildverarbeitung einplanen zu können. Für die Optimierung des Systementwurfs ist seine intensive und ausdauernde Mitarbeit zumeist unerläßlich, und schließlich muß er den Mut aufbringen, in diese neue und erfolgversprechende Technologie mit Verzicht auf derzeitig nicht nachweisbare Referenzen einzusteigen.

Referenzen

/ 1/ Arbeitstagung: "Einsatz von Bildverarbeitungssystemen in der Industrie", veranstaltet vom Projektträger des BMFT für Informationsverarbeitung, die Gesellschaft für Mathematik und Datenverarbeitung mbH zusammen mit dem Fraunhofer-Institut für Informations- und Datenverarbeitung, 25. April 1983 in Karlsruhe.

/ 2/ Batchelor, B.: "Enthusiasts debate illumination and optics at U.S. workshop", Sensor Review July 1982, Seite 157-159

/ 3/ Myers, W.: "Industry Begins to Use Visual Pattern Recognition", Computer, Vol. 13, Number 5, May 1980, Seite 21-30

/ 4/ Nerins, J.L. et al.: "Productivity, Technology and Product System Productivity Research". Report R-928, Vol. 2, prepared by Draper Laboratory under Nat. Sc. Found. Grant No. APR 75-15334, 1976

/ 5/ Chin, R.T. and Harlow, C.A.: "Automated Visual Inspection: A Survey". IEEE Transactions on Pattern Analysis and Machine Intelligence, Vol. PAMI-4, No. 6, Nov. 1982, Seite 557-573

/ 6/ Ossenberg, K.: "Stand der Sensortechnik für Industrieroboter", ETZ 11/83, Schwerpunktsheft IR

/ 7/ Ellis, T.J. et al: "Advances in Surface Inspection Using Online Image Processing", IMECO, 9th world congress, 24-28 May 1982, Berlin, 95-104

/ 8/ Purll, D.J.: "Automated Surface Inspection with Solid-State Image Sensors", SPIE Vol. 145, Seite 18-25.

/ 9/ Rossol, K.: "Computer Vision in Industry", Robot vision, Springer Verlag 1983, Seite 10-18

/10/ Clocksin, W.F. et al.: "Progress in Visual Feedback for Robot Arc-welding of Thin Sheet Steel,", Robot vision, Springer Verlag 1983, Seite 187-198

/11/ Porter III, G.B. and Mundy, J.L.: " A Non Contact Profile Sensing System for Visual Inspection", Conference of Industrial Applications of machine vision, 3-5 Mai 1982 IEEE, Seite 119-129

/12/ Hättich, W.: "Recognition of Overlapping Workpieces by Model Directed Construction of Object Contours" Digital Systems for Industrial Automation, Vol. 1, Number 2-3, 1982, Seite 224-239

/13/ Rosenfeld, A.; Kak, A.C.: "Digital picture Processing", Academic Press, New York, 1982

/14/ Stockmann, G. et al.: "Matching images to models for recognition and object detection via clustering", IEEE Trans. on Pattern Analysis on Machine Intelligence. Vol. PAMI-4, No. 3, Seite 229-241.

BILDSEGMENTATION IN REELLEN HOLOGRAMMREKONSTRUKTIONEN AUF DER GRUNDLAGE VON
SPECKLE-STATISTIKEN

Helmut Zarschizky und Werner Lauterborn

Drittes Physikalisches Institut, Universität Göttingen

Zusammenfassung

Räumliche Partikelverteilungen können holographisch aufgezeichnet und mit einer 3-D-Bildverarbeitungsanlage ausgewertet werden [1]. Dem rekonstruierten reellen Hologrammbild ist, bedingt durch die Aufnahmetechnik mit diffuser Objektausleuchtung, ein ebenfalls räumliches Specklefeld überlagert. Dessen Korngröße beeinträchtigt insbesondere die Extraktion sehr kleiner Partikel. Ein erster Schritt in der digitalen Auswertung dieser Bilder ist die Bildsegmentation. Dazu ist ein zuverlässiger Segmentationsschwellwert erforderlich. Es wird eine Methode zur Auffindung dieses Schwellwertes angegeben, die auf Hologrammbilder mit stark unterschiedlichem Eigenrauschen angewendet werden kann. Der Schwellwert kann als fundamentaler Parameter zur weiteren Bildvorverarbeitung benutzt werden.

1. Einleitung

Bei der holographischen Abbildung kann ein Wellenfeld nach Amplitude und Phase rekonstruiert werden. D.h., es können räumliche Objekte gespeichert und wiedergegeben werden. Zu Aufnahme und Rekonstruktion wird dabei die hohe Interferenzfähigkeit des kohärenten Laserlichtes genutzt. Besitzen die aufgenommenen Objekte Rauhigkeiten in der Größe der benutzten Lichtwellenlänge, führt dieses zu einem räumlichen Stehwellenfeld, das mit aufgezeichnet wird. Betrachtet man das rekonstruierte Hologrammbild, so ist das räumliche Bild von einer typischen Körnung, dem Granulations- oder Specklefeld, überzogen.

Die Größe des mittleren Specklekorns des rekonstruierten Bildes ist abhängig von der Granulation im aufgenommenen Objektwellenfeld, von der Größe der ausgeleuchteten Hologrammapertur sowie von der Wellenlänge des zur Rekonstruktion benutzten Lichtes und der Entfernung Hologramm-Bildpunkt. Sei d_t der mittlere Durchmesser eines Specklekorns im rekonstruierten Bild, L die Entfernung Hologramm-Bildpunkt, D der Durchmesser des Hologramms und λ_c die Wiedergabewellenlänge, so gilt, wenn die Granulationskorngröße des Objektwellenfeldes klein gegen die Hologrammgröße D ist:

$$d_t \approx \frac{\lambda_c \cdot L}{D} \qquad (1)$$

Auf eingehendere Betrachtungen soll verzichtet werden. Die Abbildung kohärenter diffuser Objekte wird in [2] behandelt.
Abb. 8a zeigt eine Tiefenebene eines rekonstruierten Hologrammbildes, Objekte sind Luftblasen in Wasser. Es ist eine ausgeprägte Granulation sichtbar. Das zentrale Problem in unseren Untersuchungen ist die Extraktion von kleinen Objekten (hier Blasen) aus dem grobkörnigen Bildhintergrund. Dazu werden Bildstatistiken erster Ordnung benutzt.

2. Lokal integrierte Specklefelder

Ausgangspunkt ist die Statistik der Bildpunktintensitäten innerhalb einer Tiefenebene des abgebildeten Specklefeldes. Für die Häufigkeitsverteilung von Bildpunkten verschiedener Intensität, ihre Wahrscheinlichkeitsdichtefunktion, gilt unabhängig von der mittleren Specklekorngröße, (1):

$$p(I) = 1/<I> \cdot \exp(-I/<I>) \quad , \tag{2}$$

wenn das Bild punktförmig abgetastet wird. Dabei ist $<I>$ die mittlere Bildpunktintensität. Glg. (2) ist in Abb. 1 als gestrichelte Kurve dargestellt.

Abb. 2 zeigt das Bildausschnittshistogramm einer Tiefenebene gemäß Abb. 8a. Die Häufigkeitsverteilung gehorcht nicht dem in (2) angegebenen exponentiellen Verlauf sondern weist zwei Moden auf. Wie in Abschnitt 3 erläutert wird, ist die Mode bei den niedrigen Intensitäten als Einfluß der beiden dunklen Objekte in Abb. 8a zu interpretieren. Die breite Mode des Histogramms entspricht dem Speckle-Hintergrund. Der von Gleichung (2) abweichende Verlauf ist auf die nicht punktförmige Abtastung der Tiefenebene des reellen Hologrammbildes zurückzuführen, d.h. die Abtastapertur des Bildaufnehmers integriert das Specklefeld lokal. Die Verteilungsfunktionen von so abgetasteten Bildebenen sind daher abhängig von der Größe der Abtastapertur - in unserem Fall ist ihr Durchmesser 19 µm - und von der mittleren Größe des Speckle-Korns (Korrelationszelle des Speckle-Feldes).

Eine approximative Verteilungsfunktion (Gamma-Verteilung) wurde von COODMAN [3] angegeben:

$$p(I) \approx \left(\Gamma(M)\right)^{-1} \cdot \left(\frac{M}{<I>}\right)^M \cdot I^{M-1} \cdot \exp\left(-M \cdot \frac{I}{<I>}\right) \tag{3}$$

M ist hierbei ein fundamentaler Parameter, der im Grenzfall sehr großer Abtastaperturen im Verhältnis zu viel kleineren Specklekorngrößen als Zahl der Korrelationszellen innerhalb der Apertur interpretiert werden kann. $\Gamma(M)$ bezeichnet die Gamma-Funktion zum Argument M.

Eine geeignete Berechnung von M liefert die folgende Gleichung [3]

$$M = \left\{ \sqrt{\frac{S_c}{S_m}} \cdot \mathrm{erf}\left(\sqrt{\frac{\pi \cdot S_m}{S_c}}\right) - \left(\frac{S_c}{\pi S_m}\right) \cdot \left[1 - \exp\left(-\frac{\pi \cdot S_m}{S_c}\right)\right] \right\}^{-2} , \tag{4}$$

wobei $\mathrm{erf}(x) = \frac{2}{\sqrt{\pi}} \cdot \int_0^x e^{-z^2} \cdot dz$ ist. S_c ist das Korrelationsgebiet des Specklemusters. Es kann über Gleichung (1) abgeschätzt werden ($S_c \approx \pi(d_t/2)^2$). S_m ist die effektive Meßfläche. Sie ergibt sich aus dem Durchmesser unserer Abtastapertur von 19 µm zu 284 µm².

Abb. 1 zeigt den Verlauf der nach Gleichung (3) und (4) berechneten Wahrscheinlichkeitsdichtefunktionen für verschiedene Parameter M.

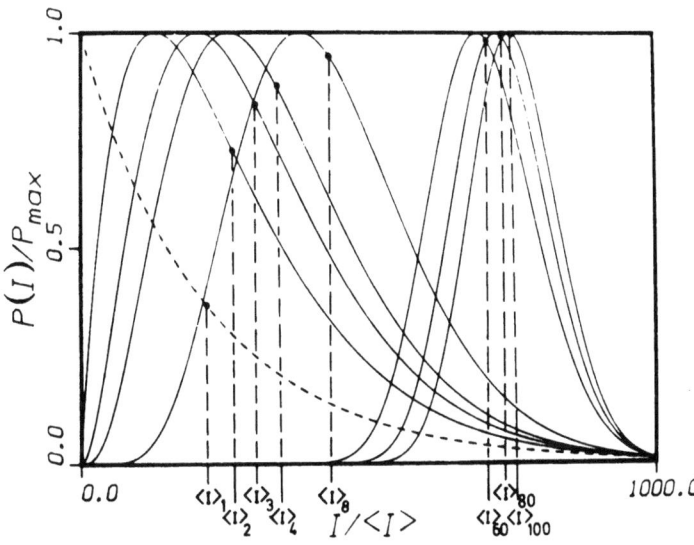

Abb. 1: Approximierte Wahrscheinlichkeitsdichtefunktionen

Die gestrichelte Linie gibt den Verlauf für punktförmige Bildabtastung gemäß
Gl. (2) an. Die Kurven für M = 2,3,4 (gekennzeichnet durch ihre mittlere Intensität $<I>_M$) gelten für Hologramme von 2 mm bis 1 mm Durchmesser bei der Wellenlänge von 530.9 nm. Für M = 8 ist der Hologrammdurchmesser ≈ 13 mm, für M = 60 gleich 60 mm. Für sehr große M kann p(I) durch eine GAUSS-Funktion genähert werden.

3. Bestimmung der Segmentationsschwelle

Weist das Histogramm eines abgetasteten Bildausschnittes signifikante Abweichungen von der zugehörigen Verteilungsfunktion nach Glgn. (3) und (4) auf, wird dieses als Einfluß eines objektverdächtigen Bildinhaltes interpretiert. Da durch Störungen bei Bildrekonstruktion und -digitalisierung starke Einbrüche im Histogramm auftreten können (Abb. 2), wird dieses zunächst geglättet und dann mit der berechneten Verteilung verglichen (Abb. 3).

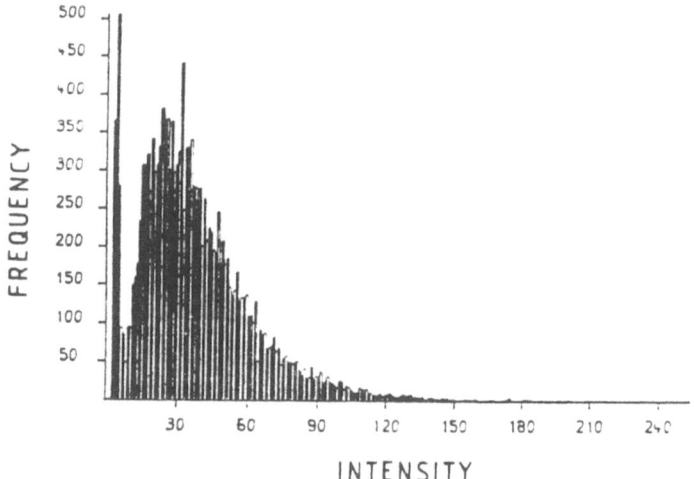

Abb. 2: Bildausschnittshistogramm der Abb. 8a

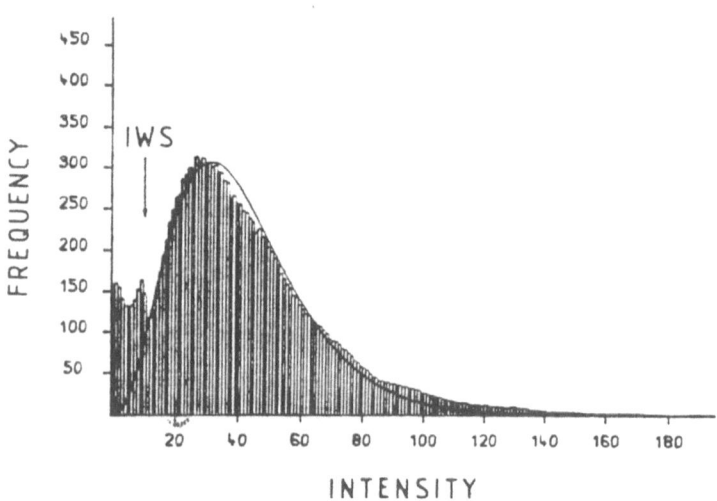

Abb. 3: Geglättetes Histogramm der Abb. 2 mit berechneter Verteilungsfunktion und Segmentationsschwellwert IWS.

Eine signifikante Abweichung heißt, daß die gemessene Häufigkeitsverteilung deutlich über den im geglätteten Histogramm möglichen Fluktuationen liegt. Zur Zeit sind als Toleranz der Fluktuationen weniger als 50 % des Häufigkeitswertes über der Intensität zugelassen. In Abb. 3 markiert der Wert "IWS" den Segmentationsschwellwert, ab dem signifikante Abweichungen zu kleineren Intensitäten hin auftreten.

4. Beispiele

Die Abbildungen 6a,b,c und d zeigen holographische Rekonstruktionen eines Testobjektes (Siemensstern). Die Größe des mittleren Speckle-Korns entspricht Hologrammdurchmessern von 60 mm (a), 13 mm (b), 7 mm (c) bzw. 2 mm (d).

Die Bildqualität in Abb. 6a ist im wesentlichen durch Abbildungsunschärfen, zu sehen an den Kanten der schwarzen Balken, gegeben. Die Korngröße für 6a ist ≈ 2 µm. Sie steigt in den Bildern 6b und 6c auf 10 µm bzw. 20 µm an. In Abb. 6d sind bei einer Korngröße von ≈ 70 µm die Balken bereits stark zerfranst und selbst von der Körnung durchgesetzt.

Die zu Abb. 6a - 6d gehörenden gemessenen und berechneten Verteilungsfunktionen sind in Abb. 4a - d angegeben.

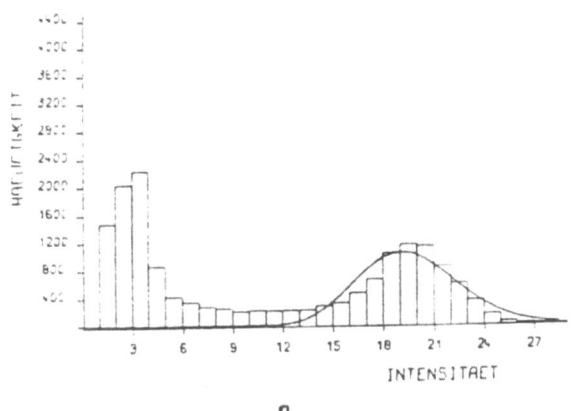

a

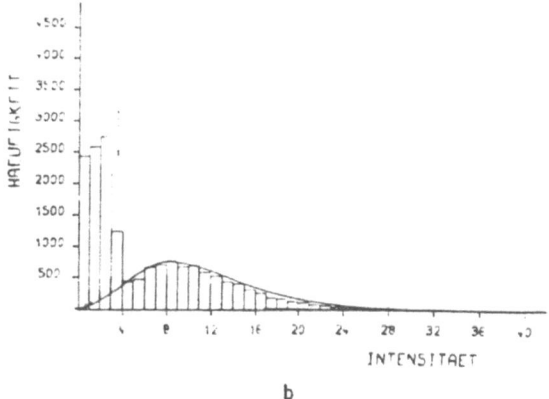

b

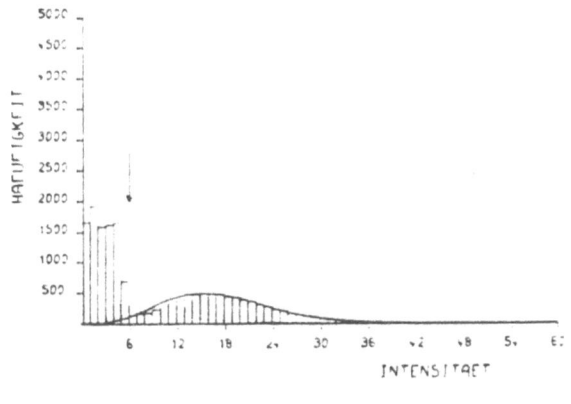

c

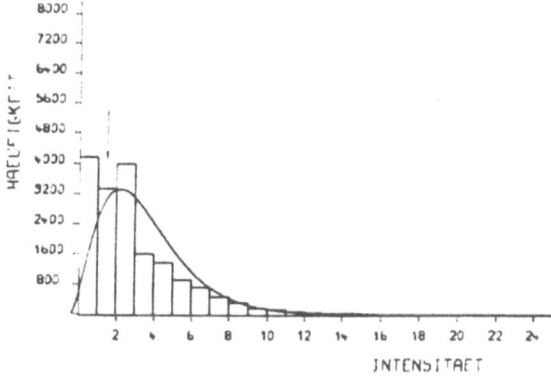

d

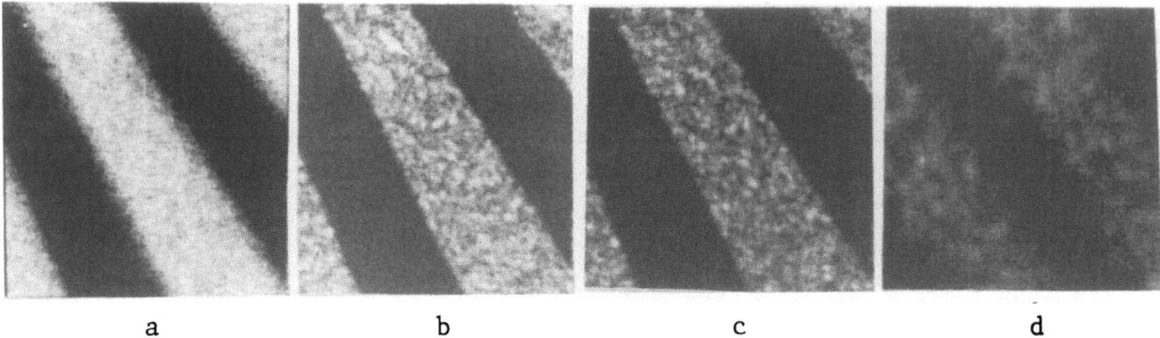

Abb. 6: Holographische Rekonstruktionen mit stark unterschiedlichem Specklerauschen. Korngröße in a ≈ 2 µm, in b ≈ 10 µm, in c ≈ 20 µm und in d ≈ 70 µm.

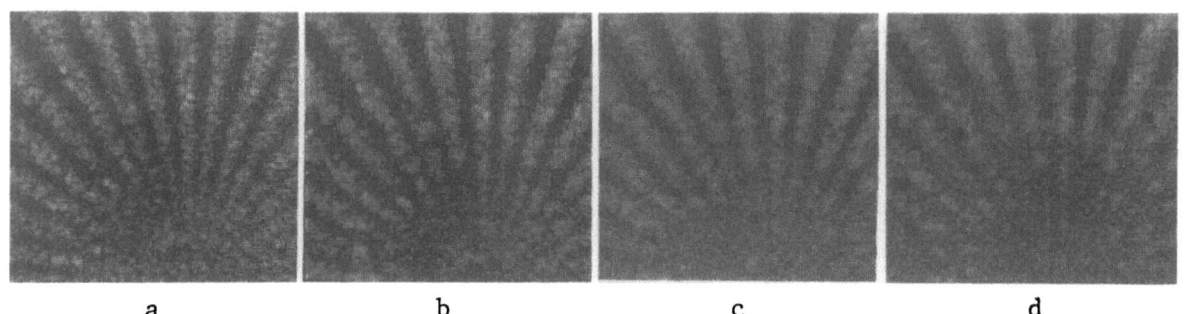

Abb. 7a: Testobjekt mit Specklerauschen von ≈ 20 µm Korngröße, unverarbeitet.
  b: Lokale Bildmittelung mit Vorsegmentation,
  c: einfacher shrink-and-blow Prozess,
  d: zweifacher shrink-and-blow Prozess.

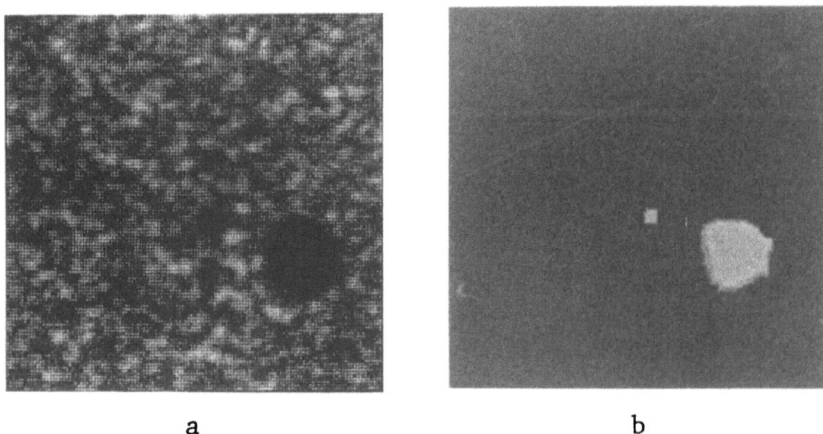

Abb. 8a: Holographische Rekonstruktion von Gasblasen in Wasser, unverarbeitet. Teilchendurchmesser sind 50 µm und 150 µm. Specklekorn ≥ 20 µm.
  b: Binärbild von Abb. 8a. Auswerteergebnis.

Die in Abb. 4a noch ausgeprägte Bimodalität nimmt in 4b und 4c deutlich ab, in 4d liegt eine nahezu unimodale Verteilung vor.

Den tatsächlichen Verhältnissen in den Rekonstruktionen von Partikelfeldern entspricht das Bild 7a. Das Testobjekt weist hier feine Strukturen auf, die vom Bildverarbeitungsrechner nur mit Mühe vom Bildhintergrund getrennt werden können (Abb. 7b, 7c, 7d, Erläuterung s.u.).

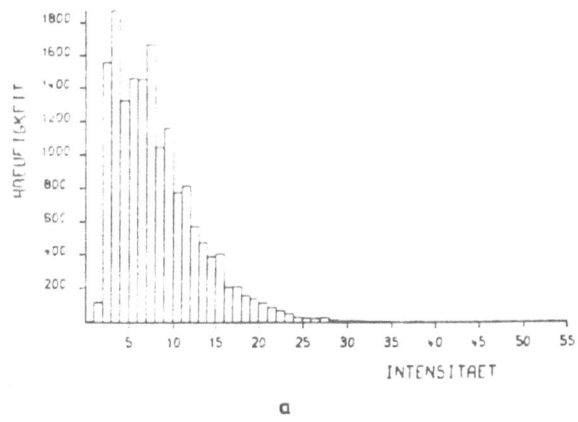
a

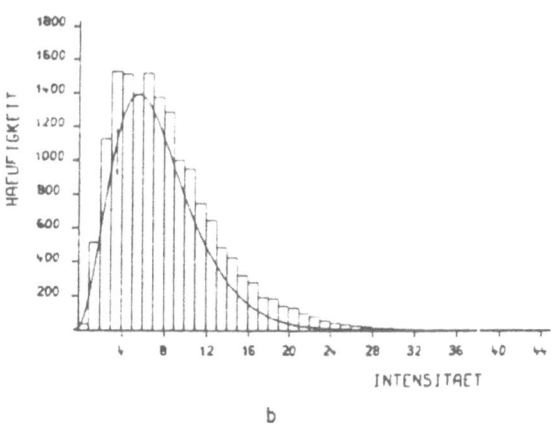
b

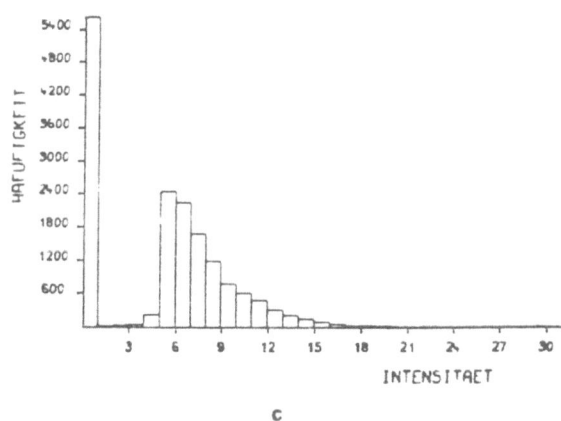
c

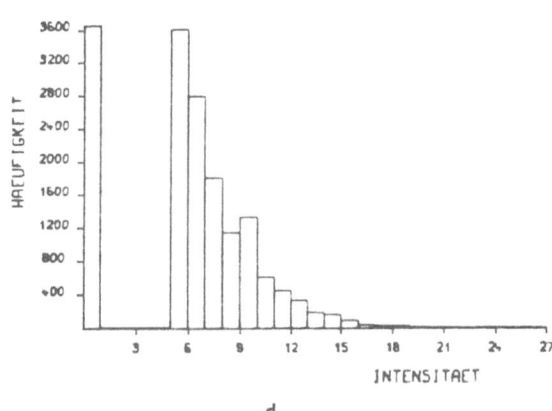
d

Abb. 5: Histogramme zu Abbildungen 7a - d.
  a: Bildausschnittshistogramm zu Abb. 7a.
  b: geglättetes Histogramm mit berechneter Verteilungsfunktion und Segmentationsschwelle IWS (Pfeil).
  c: nach Bildmittelung
  d: nach einfachem shrink-and-blow Prozeß.

Abb. 7a zeigt das unverarbeitete Bild, dessen Histogramm in Abb. 5a dargestellt ist. Trotz augenscheinlich deutlicher dunkler Bildstrukturen ist dem Histogramm keine Segmentationsschwelle auf Grund bimodaler Eigenschaften zu entnehmen.
Abb. 5b zeigt das geglättete Histogramm mit berechneter Verteilungsfunktion und Schwellwert (Pfeil).
Auf das Bild 7a wurden zunächst ein spezieller Glättungsoperator angewandt, der eine Vorsegmentation bewirkt (Abb. 7b), weiter wurden durch zwei shrink-and-blow Prozesse Restkörner beseitigt (Abb. 7c und 7d). Abb. 5c zeigt das Histogramm nach Bildmittelung (Abb. 7b), Abb. 5d das Histogramm nach dem einfachen shrink-and-blow Verfahren (Abb. 7c).

Abb. 8b zeigt als Anwendungsbeispiel das nach den gleichen Auswerteprozeduren erhaltene Binärbild des Bildausschnittes von Abb. 8a. Nach geeigneter Segmentation und anschließender Vorverarbeitung wie in Abb. 7b-d konnte der Rauschhintergrund völlig unterdrückt werden. Die Teilchendurchmesser betragen etwa 50 µm bzw. 150 µm, bei einer mittleren Korngröße von etwa 20 µm. Dies zeigt die praktische Verwertbarkeit der hier entwickelten Bildsegmentation auf der Grundlage der Speckle-Statistik in Hologrammbildern. Damit wird die Auswertung von holographisch rekonstruierten Objekten bis herab in die Nähe der Speckle-Korngröße möglich.

Diese Arbeit wird durch die Deutsche Forschungsgemeinschaft unterstützt.

Literatur:

[1] Haussmann/Lauterborn: Determination of size and position of fast moving gas bubbles in liquids by 3-D image processing of hologram reconstructions, Appl. Opt., 19 (1980), S. 3529-3535.

[2] Lowenthal/Arsenault: Image Formation for Coherent Diffuse Objects: Statistical Properties, J.O.S.A. 60 (1970), S. 1478-1483.

[3] J.W. Goodman, in Dainty (ed.): Laser Speckles and Related Phenomena, Springer, Berlin 1975.

ELASTISCHER BILDVERGLEICH AM BEISPIEL DER AUTOMATISCHEN PRÜFUNG
VON ALUMINIUMTEILEN

Hans Decker

Philips GmbH Forschungslaboratorium Hamburg

Zusammenfassung

Es wird eine Bildverarbeitungsprozedur für die automatische Röntgenprüfung von Aluminiumteilen beschrieben. Der Algorithmus gliedert sich in zwei Verarbeitungsstufen. Eine spezielle Hochpassfilterung wird angewandt, um Instabilitäten des Messensors (Röntgenbildverstärker, TV-Kamera) zu kompensieren. Um Positionierungenauigkeiten und Geometrietoleranzen auszugleichen wird ein elastischer Bildvergleich mit einer Referenz (Gutteil) vorgenommen.

1. Einleitung

Es besteht ein starkes Interesse, die Prüfung von Aluminiumgußteilen zu automatisieren. Die Gründe dafür sind Rationalisierung, Humanisierung von Arbeitsplätzen sowie Optimierung und Verbesserung der Prüfqualität, da die zu prüfenden Teile meist in die Kategorie "Sicherheitsteile" einzuordnen sind, für die eine 100%ige Prüfung (also keine Stichproben) vorgeschrieben ist.

Die Prüflinge werden mit Röntgenstrahlen durchleuchtet. Das sich so ergebende Röntgenschwächungsbild wird mit Röntgenbildverstärker und Videokamera abgebildet und schließlich digitalisiert, um eine automatische Auswertung des Videobildes mit Hilfe eines Rechners zu ermöglichen.

Fehler in den Gußteilen (Lunker) zeichnen sich im Videobild als helle Flecken bezüglich ihrer Umgebung ab. Sie müssen als solche von der Maschine erkannt und bezüglich der Brauchbarkeit des jeweiligen Gußteils bewertet werden. Die Bewertung der vom Rechner im Bild markierten Fehler ist Standardbildverarbeitung und soll daher hier nicht weiter besprochen werden.

Mittels der automatischen Bildverarbeitung müssen Gußteilfehler einerseits sicher erkannt werden, andererseits muß vermieden werden, daß reguläre Strukturen fälschlicherweise als Fehler detektiert werden. Als Bildverarbeitungsverfahren bieten sich Vergleichstechniken zwischen dem Bild eines fehlerfreien Referenzteils und dem Bild eines Prüfteils an, doch scheiden einfache Techniken wie z.B. eine einfache Subtraktion aus: die digitalisierten Grauwerte unterliegen zeitabhängigen Toleranzen, die Gußteile sind ungenau positioniert und weisen Geometrieschwankungen auf. Außerdem können infolge des Herstellungsprozesses Gießgrate an der Oberfäche auftreten, die nicht irrtümlich als Fehler erkannt werden dürfen.

Unter diesen Randbedingungen hat sich folgende Verarbeitungsprozedur als geeignet erwiesen. Zunächst wird eine spezielle Hochpaßfilterung - Subtraktion des lokalen Mittelwertes - angewandt, um das Driften des Videosignals zu kompensieren. Dann wird ein elastischer Bildvergleich zwischen dem so gefilterten Bild des Prüfteils (Prüfbild) und dem gefilterten Bild des Gutteils (Referenzbild) vorgenommen, indem das Referenzbild im Hinblick auf möglichst exakte Übereinstimmung mit dem Prüfbild geometrisch verzerrt wird. Anschließend wird das verzerrte Referenzbild vom Prüfbild subtrahiert und durch Schwellenbildung ein Binärbild erzeugt, welches Fehlerstellen im Prüfteil anzeigt.

2. Hochpaßfilterung

Als Hochpaßfilterung wird die Subtraktion von lokalen Mittelwerten angewandt. Dabei wird jeder Pixelwert des Eingangsbildes (Originalpixel) durch einen neuen Pixelwert ersetzt, der sich aus der Differenz zwischen dem Originalpixel und dem lokalen Mittelwert bestimmt. Der lokale Mittelwert ist der Mittelwert aller Pixel innerhalb eines einstellbaren Fensters mit dem Originalpixel als Zentrum.

Die Filterwerte können positiv, null oder auch negativ sein. Da sich Gußteilfehler bezüglich ihrer Umgebung im Originalbild als helle Flecken abbilden, liegen die Filterwerte an solchen Stellen im positiven Bereich. Negative Werte sind somit uninteressant und werden auf null gesetzt.

Das Ergebnis einer solchen Hochpaßfilterung ist am Beispiel einer durchleuchteten Motorhalterung im Bild 2 dargestellt. Bild 1 zeigt das abgetastete Videobild.

3. Elastischer Bildvergleich

Die weitere Verarbeitung im Hinblick auf die Fehlererkennung erfolgt anhand der hochpaßgefilterten Bilder. Das Referenzbild soll derart verformt werden, daß es möglichst exakt - vor allem in Kantenbereichen - mit dem Prüfbild übereinstimmt. Dabei darf jedoch nicht jede Verzerrung zugelassen werden, damit nicht möglicherweise Fehler von regulären Strukturen verdeckt werden.

In der Literatur sind für andere Anwendungen ähnliche Verfahren zu finden, wie z.B. Dynamische Programmierung [1] oder Ordered Search Techniken [2,3]. Allen gemein ist ein hoher Rechenaufwand (Rechenzeit, Speicherplatzbedarf), was insbesondere im Hinblick auf eine Automatisierung besonders schwer wiegt. Diesbezüglich vorteilhafter erscheint ein Verfahren von Burr [4], das allerdings voraussetzt, daß die Abweichungen zwischen Prüf- und Referenzbild nur gering sind. Auf dieses Verfahren basierend wurde folgende Verarbeitungsprozedur für einen elastischen Bildvergleich entwickelt:

Für jeden Pixel des Referenzbildes wird ein Verschiebungsvektor berechnet, der die zweidimensionale Verschiebung eines Pixels angibt. Die Menge aller Verschiebungsvektoren beschreibt die Verzerrung des Referenzbildes. Anschließend wird das verzerrte Referenzbild vom Prüfbild subtrahiert. Das so entstandene Differenzbild wird zu einem Binärbild mittels Schwellenbildung weiterverarbeitet, das schließlich die Fehler im Gußteil markiert.

3.1 Bestimmung der lokalen Verschiebungen

Die Bestimmung eines Verschiebungsvektors erfolgt aufgrund eines Vergleichs lokaler Charakeristiken. Der Ablauf ist wie folgt (Eingangsbilder sind die gefilterten Bilder, die Berechnung des Mittelwertes ist wie bei der Hochpaßfilterung):

1. Berechne den Mittelwert $\bar{a}$ für einen Pixel a im Referenzbild.
2. Suche ausgehend von den Koordinaten von a innerhalb eines Fensters im Prüfbild den Mittelwert $\bar{b}_0$ (für einen Pixel b im Prüfbild), für den der Absolutbetrag der Mittelwertdifferenz $|\bar{a} - \bar{b}|$ minimal ist.
3. Berechne den Verschiebungsvektor aus den Koordinaten von a,b.

Für die Beschreibung lokaler Charakteristiken können prinzipiell auch andere, aufwendigere Methoden verwendet werden, wie z.B. lokale Abstandsmaße oder Korrelationen. Jedoch ist für die spezielle Anwendung abzuwägen zwischen Qualität der Ergebnisse einerseits und Rechenaufwand andererseits. Für den hier beschriebenen Anwendungsfall brachte die Verwendung von lokalen Mittelwerten das angestrebte Ergebnis.

Die Wahl der Fenstergrößen für die Berechnung der Mittelwerte ist von entscheidender Bedeutung im Hinblick auf die Rechenzeit und Qualität der Ergebnisse. Einerseits sollen auch kleine Objektdetails angeglichen werden, was kleine Mittelwertfenster verlangt, andererseits sollen fehlerhafte Verzerrungen vermieden werden, was große Mittelwertfenster erfordert. Aus dem letztgenannten Grund darf die Fenstergröße für die Minimierung der Mittelwertdifferenzen nicht zu groß sein.

3.2 Ergebnisse des elastischen Bildvergleichs

Die binarisierten Differenzbilder als Resultat des elastischen Bildvergleichs sind in Bild 3 dargestellt. Die gefilterten Originalbilder sind als Hintergrund überlagert, um die weißen Pixel auch lagemäßig beurteilen zu können. Zur Demonstration der Wirkungsweise des elastischen Bildvergleichs zeigt Bild 3b das Ergebnis für den Fall, daß die Referenz nicht verzerrt worden ist.

Literatur

[1] R.K. Moore: A Dynamic Programming Algorithm for the Distance between Two Finite Areas, IEEE Trans. on Pattern Analysis and Machine Intelligence, Vol. PAMI-1, No. 1, 1979.

[2] N.J. Nilsson: Problem-Solving Methods in Artificial Intelligence, McGraw-Hill Book Company, 1971.

[3] P.H. Winston: Artificial Intelligence, Addison-Wesley Publishing Company, 1977.

[4] D.J. Burr: A Dynamic Model for Image Registration, Computer Graphics and Image Processing, Vol. 15, 1981.

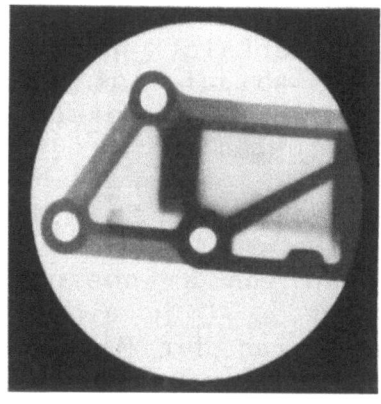 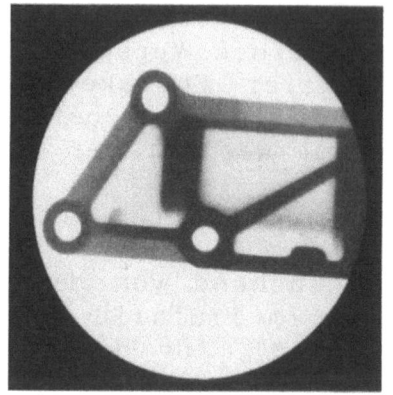

Bild 1: Originale, abgetastete Videobilder, 512x512x8 Bit

    a) Prüfteil   b) Referenzteil

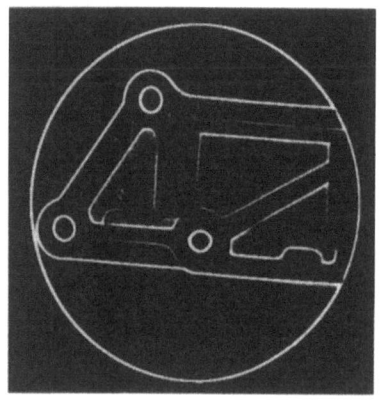 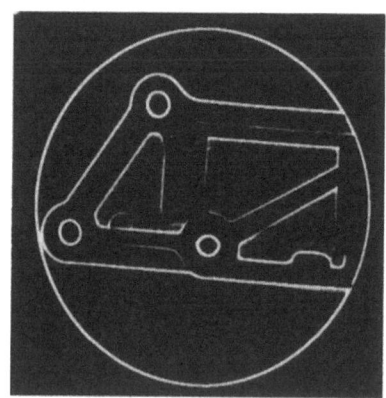

Bild 2: Hochpaßgefilterte Originale,

    a) Prüfteil   b) Referenzteil

 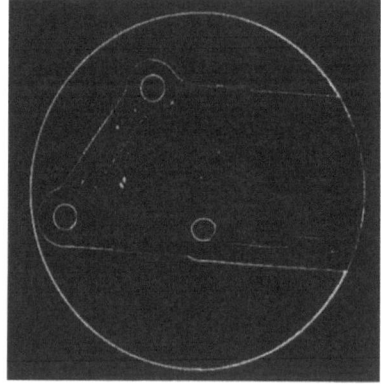

Bild 3: Ergebnis des elastischen Bildvergleichs (Bild 2a als Hintergrund überlagert)

    a) mit elastischen Bildvergleich
    b) ohne elastischen Bildvergleich

DAS REFLEXIONS-RASTER-VERFAHREN UND SEINE ANWENDUNG BEI DER
AUTOMATISCHEN BESTIMMUNG VON OBERFLÄCHENVERFORMUNGEN

Klaus Andresen, Bernd Morche und Reinhold Ritter

Mechanik-Zentrum der Technischen Universität Braunschweig

1. Einleitung

Das Prinzip der optischen Verfahren zur Spannungs- und Verformungsanalyse besteht im allgemeinen in der Aufzeichnung von Mustern, die ein Maß für die gesuchten geometrischen und mechanischen Größen des betrachteten Gegenstandes sind. Diese Muster lassen sich mit Hilfe der digitalen Bildverarbeitung auswerten, die man vor allem dann zweckmäßigerweise einsetzt, wenn eine große Zahl von Bildern vorliegt. Zum Beispiel kann es in der Qualitätskontrolle erforderlich sein, laufend die Konturen von Flächen miteinander zu vergleichen. Aber auch zur Bestimmung der Beanspruchungen dynamisch belasteter Bauteile haben sich optische Verfahren in Verbindung mit der digitalen Bildverarbeitung als vorteilhaft erwiesen. Dabei ist man an solchen Meßmethoden interessiert, die auf möglichst einfache Muster führen, weil dann die Zahl der Bildverarbeitungsschritte klein gehalten werden kann. Zu den optischen Methoden mit dieser Eigenschaft gehört das Reflexions-Raster-Prinzip [1], [2].

2. Optisches System

Das optische System besteht aus einem Linienraster R, der über die reflektierende Oberfläche des Objektes O beobachtet wird, Bild 1. Aus dem mit der Kamera K aufgezeichneten Rasterspiegelbild lassen sich die Oberflächenneigungen und -abstände relativ zu einem Bezugs-

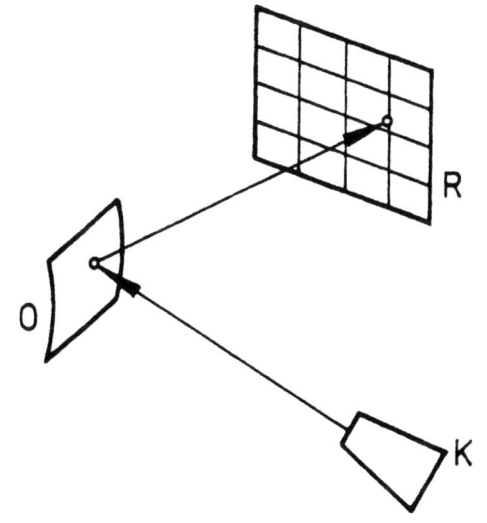
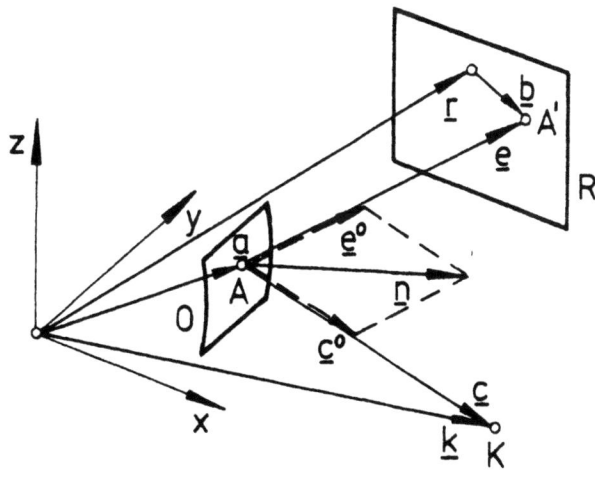

Bild 1. Reflexions-Prinzip.   Bild 2. Zur Bestimmung der Verformungsgrößen.

koordinatensystem und in Abhängigkeit von den gegebenen Daten des Aufbaus ermitteln.

Die Bestimmungsgleichung für diese Verformungsgrößen lautet

mit
$$\underline{n} = \underline{e}^o + \underline{c}^o \qquad (1)$$

und
$$\underline{e} = \underline{r} + \underline{b} - \underline{a} \qquad (2)$$

$$\underline{c} = \underline{k} - \underline{a} \qquad (3).$$

Der Normalenvektor $\underline{n}$ auf der Objektoberfläche im betrachteten Punkt A nach Gl.(1) setzt sich aus den dort gesuchten Neigungskomponenten zusammen. $\underline{e}^o$ und $\underline{c}^o$ sind die Einheitsvektoren der Vektoren $\underline{e}$ und $\underline{c}$ von A zu dem von K aus beobachteten Punkt A' des Rasters R, Bild 2, sowie zum Objektivmittelpunkt K der registrierenden Kamera. A' und K können andererseits durch die Ortsvektoren $\underline{r}$, $\underline{b}$ und $\underline{k}$ beschrieben werden, wobei $\underline{b}$ direkt aus dem Rasterbild ablesbar ist. Der Vektor $\underline{a}$ in den beiden Gln.(2) und (3) enthält die unbekannten Koordinaten von A. Die Lösung des Gleichungssystems erfolgt iterativ.

3. Musteraufzeichnung

Für die praktische Anwendung des Reflexions-Raster-Prinzips ist es zweckmäßig, den Raster aus einfachen Strukturen und ebenen Bereichen zusammenzusetzen. Ferner wird die Justierung des Aufbaus erleichtert, wenn diese Bereiche parallel zu den von den Achsen eines kartesischen x-y-z-Referenzkoordinatensystems aufgespannten Ebenen verlaufen. Aus gleichem Grunde sollte auch die optische Achse der Kamera K mit einer dieser Koordinatenachsen zusammenfallen.

Im vorliegenden Fall bestand der Raster aus zwei rechtwinklig zueinander angeordneten ebenen Flächen mit einem aufgeklebten Kreuzgitter. Als Objekt diente ein doppelt gekrümmter und schwarz lackierter Ausschnitt aus der Karosserie eines Automobils. Die Rasterspiegelbilder wurden mit einer handelsüblichen Kleinbildkamera photographiert. Bild 3 zeigt solch ein Rasterspiegelbild bei einem gegebenen Verformungszustand des Objektes. Die Aufgabe bestand

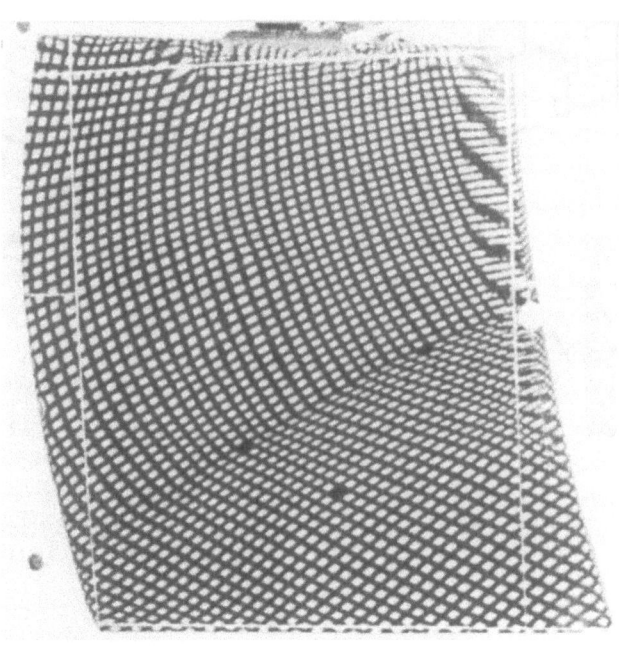

Bild 3. Rasterspiegelbild.

nun darin, die Verformungsgrößen desselben mit Hilfe der digitalen
Bildverarbeitung zu ermitteln.

4. Bildverarbeitung

Die Digitalisierung der Rasterspiegelbilder erfolgte mit einer
Videokamera und nachgeschaltetem Analog-Digital-Umsetzer. Es wurden
512 x 512 Bildpunkte mit 256 Graustufen (8 Bit) je Punkt abgespeichert.

In Bild 4 ist die Intensitätsverteilung der Grauwerte für einen
Bildausschnitt dargestellt. Die annähernd periodische Struktur dieser Verteilung läßt sowohl den Verlauf der Rasterlinien als auch
die Bereiche der weißen Innenflächen zwischen denselben erkennen.
Dabei fallen die Ortskoordinaten der Maxima nahezu mit deren Mittelpunkten zusammen.

Auf Grund dieser Eigenschaft wurde ein Suchalgorithmus entwickelt,
der in Richtung einer Kreuzrasterlinienschar jeweils die Intensitätsmaxima solcher weißen Innenflächen einer Rasterzeile ermitteln
kann. Er gliedert sich in folgende Schritte:

- Bestimmen eines Startwertes und einer Suchrichtung.
- Suche des lokal hellsten Punktes in dieser Richtung.
- Verschieben eines 3 x 3 Summenfilters in der Umgebung des gefundenen Punktes bis zum Erreichen eines maximalen Filterwertes.
- Berechnen des Intensitätsmaximums innerhalb der gefundenen 3 x 3 Pixelumgebung durch Parabelinterpolation entsprechend Bild 5 in zwei Stufen:
  - Bestimmen der drei Parabelmaxima P_i in einer Pixelkoordinatenrichtung.
  - Berechnen des gesuchten Maximums P aus einer vierten Interpolationsparabel durch die drei zuvor gefundenen lokalen Maxima.
- Umrechnen der Pixelkoordinaten in Objektkoordinaten und Abspeichern in einer Koordinatenmatrix.
- Festlegen einer Richtung für den nächsten Suchschritt.

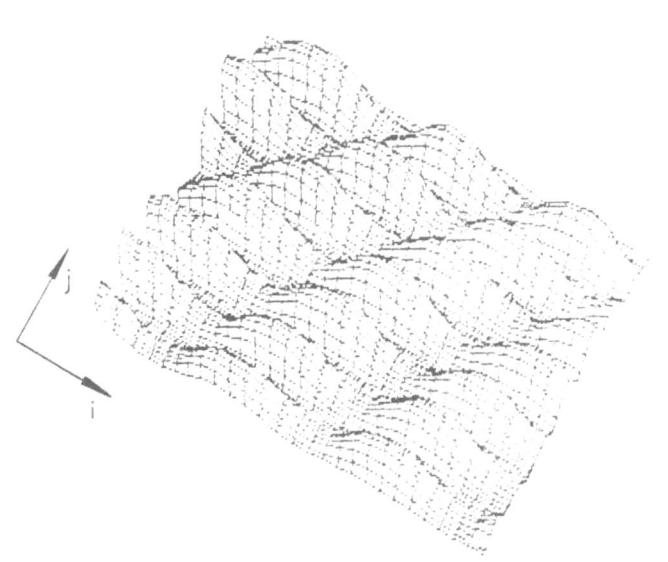 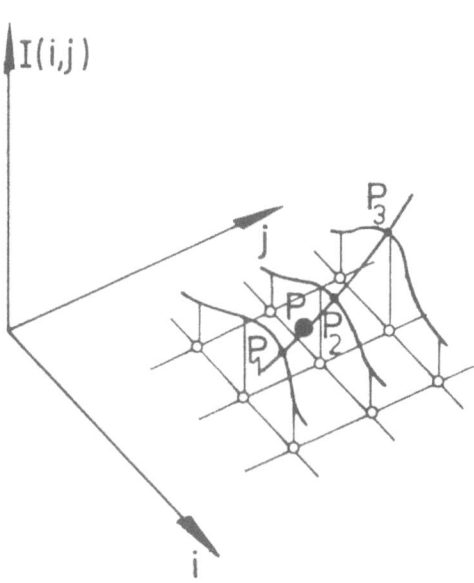

Bild 4. Intensitätsverteilung der Grauwerte (Bildausschnitt).

Bild 5. Berechnung eines Intensitätsmaximums.

Die Bestimmung der lokalen Intensitätsmaxima ist unempfindlich gegenüber Helligkeitsschwankungen. Deshalb entfällt deren Korrektur durch Filtern.

Weitere Programm-Module wurden für den Zeilensprung sowie die Durchführung von Fehler- und Plausibilitätstests entwickelt.

Die Genauigkeit dieses Bildverarbeitungsverfahrens hängt vornehmlich von der Zahl der Mittelpunkte der weißen Felder oder umgekehrt der Kreuzungspunkte der Rasterlinien ab. Da zu deren Bestimmung jeweils und in jeder Richtung mindestens 8 Pixel erforderlich sind, erhält man aus dem vorher erwähnten 512 x 512 Pixelbild lediglich 64 x 64 solcher Mittel- beziehungsweise Kreuzungspunkte. Falls eine größere Genauigkeit benötigt wird, empfiehlt sich eine Unterteilung des Rasterspiegelbildes in mehrere Bereiche, sofern die optische Auflösung desselben möglich ist.

Bislang wurden auf diese Weise Konturänderungen im Bereich von 0,1 mm bis 100 mm berechnet.

5. Bildauswertung

Das in Bild 3 dargestellte Anwendungsbeispiel wurde mit dem beschriebenen Bildverarbeitungsverfahren ausgewertet. Bild 6 zeigt die so bestimmten Mittelpunkte der weißen Innenflächen des verzerrten Kreuzrasters. Sehr deutlich ist darin auch die Trennlinie der beiden senkrecht zueinander angeordneten Teilrasterflächen zu erkennen. Durch den in dieser Form zusammengesetzten Raster konnten dessen Linien am Rande der Objektfläche besser aufgelöst werden.

Die in einer Datei abgespeicherten Koordinaten der Mittelpunkte dienten im folgenden zur iterativen Berechnung der Neigungen und der Kontur [3]. Bild 7 enthält die Höhenlinien der Kontur und so-

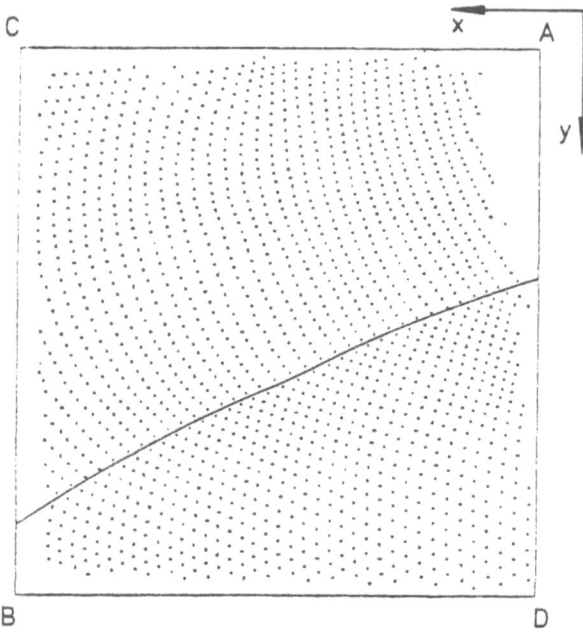

Bild 6. Intensitätsmaxima des Rasterspiegelbildes.

mit alle Daten über die Objektoberfläche. Betrachtet man die Höhendifferenz zwischen den Punkten A und B, die etwa 80 mm beträgt, und bezieht diese auf die Anzahl der Rasterlinien im gleichen Schnitt nach Bild 6, so ergibt sich bei dort rund 40 Linien zwischen zwei benachbarten ein Höhenunterschied von ungefähr 2 mm. Um das Ergeb-

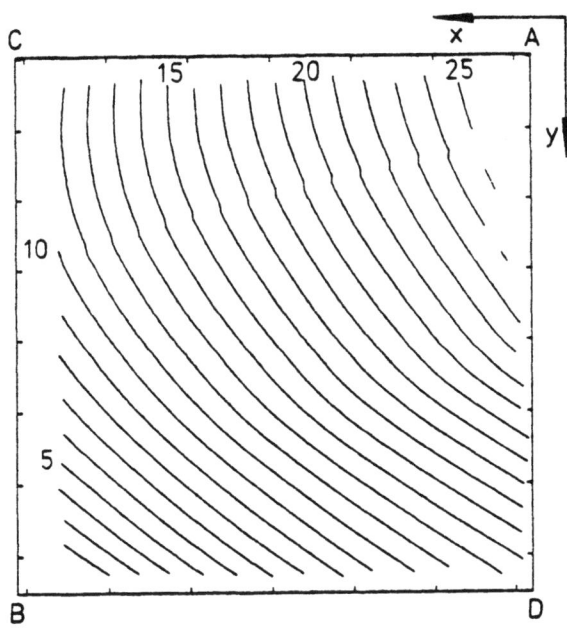

Bild 7. Höhenschichtlinien parallel zur x-y-Ebene.
  5: -15 mm; 10: 1.7 mm; 15: 18.3 mm; 20: 35 mm; 25: 51.7 mm

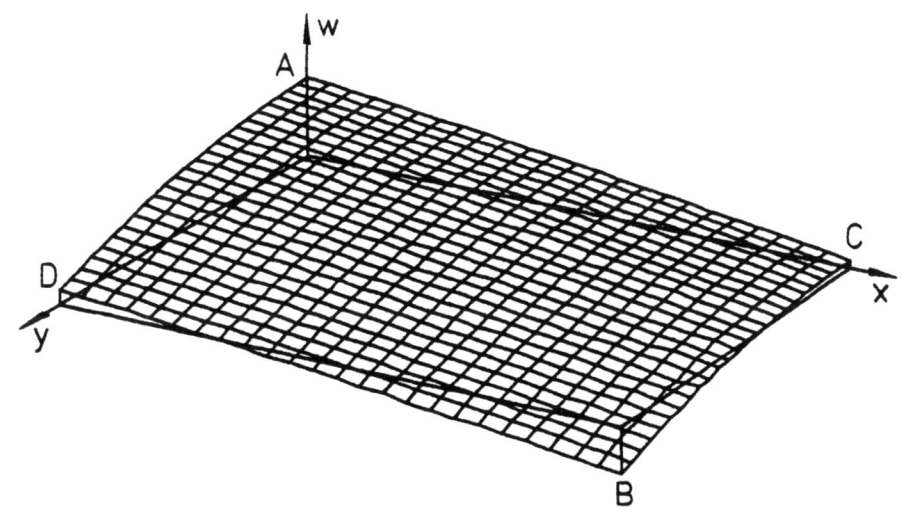

Bild 8. Kontur der Objektoberfläche.

nis der Bildverarbeitung anschaulicher darzustellen, wurde die Kontur in Bild 8 für ein 25 x 25 Punktraster gespiegelt und perspektivisch dargestellt.

Das beschriebene Verfahren eignet sich aber auch zur Bestimmung der Verformung eines gekrümmten Bauteils infolge einer Last. In diesem

Fall ist die Differenz der verformten gegenüber der unverformten Kontur dafür ein Maß, Bild 9.

Möglicherweise kann die Differenz der Neigungen größer sein als die der Konturen, zum Beispiel bei Beulen oder Unstetigkeiten in der

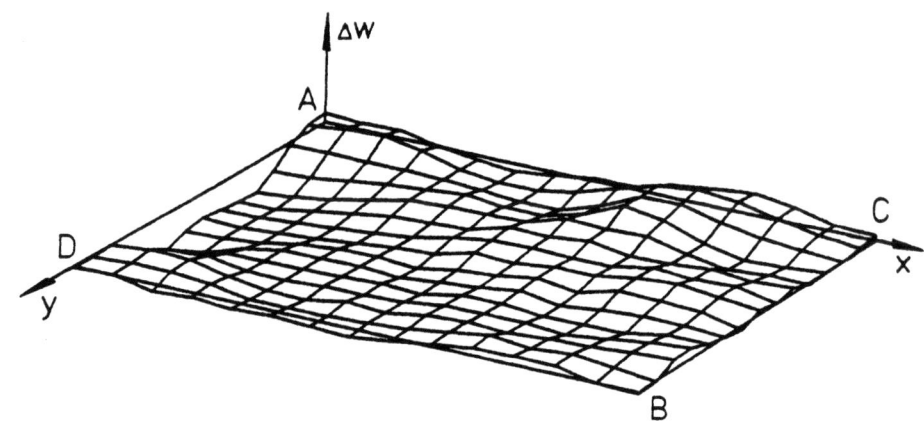

Bild 9. Konturdifferenz zweier Objektoberflächen.

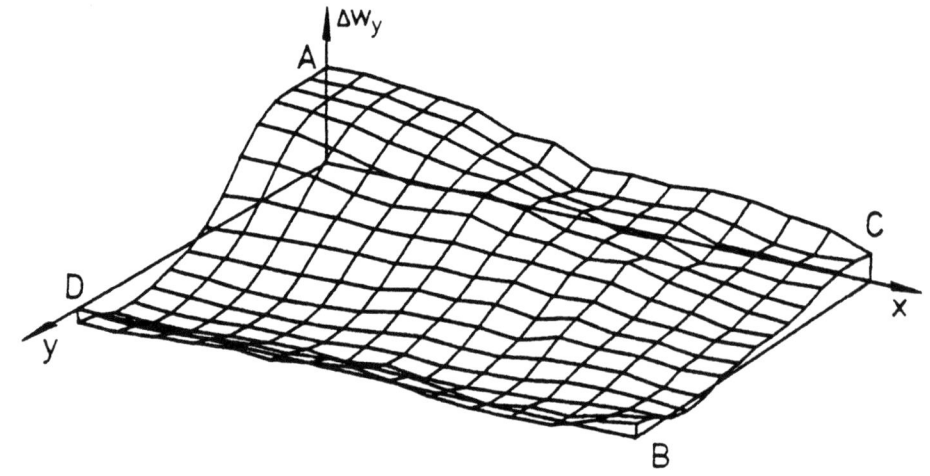

Bild 10. Neigungsdifferenz zweier Objektoberflächen.

Oberfläche. Bild 10 zeigt solch eine Neigungsdifferenz für den in Bild 9 erwähnten Unterschied.

7. Schrifttum

[1] Amiri, H., R. Hahn u. R. Ritter: Neigungs- und Krümmungsmessung nach dem Reflexions-Raster-Prinzip einschließlich digitaler Bildverarbeitung. VDI-Berichte Nr. 439. Düsseldorf: VDI-Verlag 1982; S. 209/213.
[2] Ritter, R., u. R. Hahn: Contribution to Analysis of the Reflection Grating Method. Optics and Lasers in Engineering Bd. 4 (1983) Nr. 1, S. 13/24.
[3] Andresen, K., u. B. Morche: Digitale Verarbeitung von Kreuzrasterstrukturen zur Verformungsmessung von Flächen. VDI-Berichte Nr. 480. Düsseldorf: VDI-Verlag 1983; S. 19/22.

LASER-GESTÜTZTE QUALITÄTSKONTROLLE MIT SYNTHETISCHEN BILDERN

P. Levi, E. Weirich

Universität Karlsruhe, Institut für Informatik 3
Postfach 6380, 7500 Karlsruhe 1

Zusammenfassung

Dieser Beitrag beschreibt einen Ansatz, Oberflächen-Qualitätskontrolle kombiniert mit Abstands- und Intensitätsdaten durchzuführen. Differentielle Reflexionsfunktionen ändern sich in ganz charakteristischer Weise für bestimmte Defektarten und werden daher benutzt, um synthetische Bilder zu generieren. Die hierfür notwendige Kenntnis der Oberflächennormalen wird mit Hilfe eines Laser-Scanners (Abstandsdaten) gewonnen. Durch den direkten Vergleich zwischen dem realen und dem synthetischem Bild (Defektbild) lassen sich bestimmte Fehlerklassen wie Rostflecke, Kratzer und Risse auf Oberflächen feststellen. Dieser Ansatz besitzt die zwei wesentlichen Vorteile, daß zum einen die zu inspizierenden Teile nicht fest eingespannt werden müssen, und daß zum anderen das reale und das synthetische Bild deckungsgleich sind (keine Korrespondenzprobleme).

1. Einleitung

Visuelle Inspektionen an veredelten Oberflächen sind bislang nur zu einem geringen Grad automatisiert worden. Die meisten Sichtinspektionen werden nach wie vor durch Menschen vorgenommen. Aus diesem Grunde wurde von uns ein Verfahren entwickelt, das zum Ziel hat, radiometrische Gesetze als Hintergrundwissen einzusetzen, um die Qualitätskontrolle so weit wie möglich zu automatisieren. Zur Beschreibung des Reflexionsverhaltens der Prüfobjekte werden differentielle Reflexionsfunktionen [3] verwendet. Sie unterscheiden sich der Form und dem Betrag nach ganz wesentlich für verschiedene Objekte und ermöglichen es somit, Prüfkandidaten nach Materialart und Oberflächenbeschaffenheit zu unterscheiden. Dieses charakteristische Verhalten der Reflexion kommt z.B. bei den Defekten dadurch zustande, daß bestimmte Defektarten das einfallende Licht in ganz bestimmter Weise absorbieren, beugen und streuen.

Laserlicht eignet sich vorzüglich dazu, Objekte punktförmig in leicht steuerbarer Weise abzutasten. Ist sowohl die räumliche Orientierung des Objekts als auch seine Reflexionsfunktion bekannt, so kann aus diesen beiden Datenarten ein synthetisches Bild erzeugt werden. Vergleicht man das synthetische Bild mit dem realen Bild, so lassen sich Defekte durch Differenzbildung leicht lokalisieren. Diese Differenzbildungen sind leicht durchzuführen, da bezüglich der beiden Aufnahmen keine Korrespondenzprobleme existieren.

Zur Realisierung dieses Ansatzes benötigt man daher Abstands- und Intensitätsdaten. Beide Datenarten wurden mit Hilfe eines kombinierten Laser- Kamera- Systems [5] aufgenommen. Die experimentelle

Bestimmung der differentiellen Reflexionsfunktionen der einzelnen
Prüfobjekte wurde mit einem Goniophotometers durchgeführt. Der
Strahl eines He- Ne- Lasers (5 mW) trifft auf eine in vier Winkel
(vgl. Bild 1) justierbare Materialprobe, wird reflektiert und danach wird seine Restintensität mit einem Photomultiplier gemessen.

2. Differentielle Reflexionsfunktionen

Zur Beschreibung des Reflexionsverhaltens einer Oberfläche werden
differentielle Reflexionsfunktionen verwendet. Die von einem Ober-
flächenpunkt reflektierte Intensität hängt von einer Reihe von
Faktoren ab:
- Reflexionseigenschaften der Oberfläche (Material, Mikro-
  struktur)
- Orientierung von Laser und Sensor relativ zur Oberfläche
- Strahlintensität.

Die Beleuchtungs- und Beobachtungsgeometrie ist in Bild 1 dargestellt. Typische Reflexionsfunktionen, die mit dem eingangs erwähnten Goniophotometer gemessen wurden, sind in der Ref. [3] zu
finden.

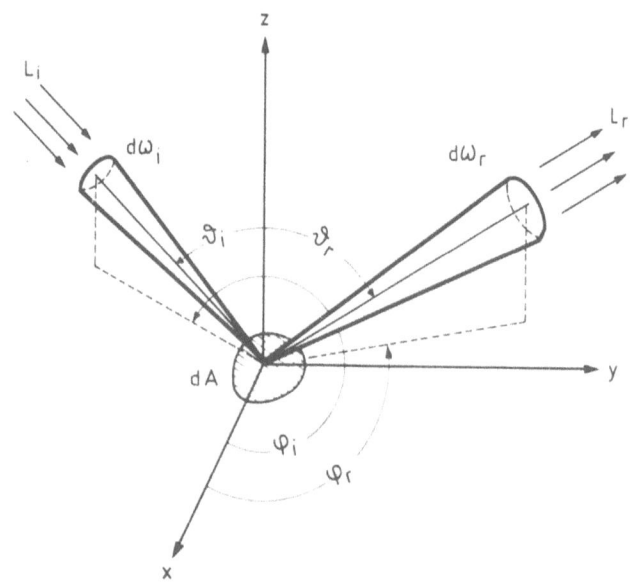

Bild 1. Geometrie der Reflexion

Die Auswertung von Reflexionsfunktionen kann auf drei Arten erfolgen. Im ersten Ansatz wird ein möglichst großer Teil der Streukeule z.B. durch mehrere Photodioden ausgemessen [4]. Dies kann
direkt zur Messung der Oberflächenrauheit benutzt werden, oder es
ist möglich, auf indirekte Weise z.B. Aufschluß über den Werkzeugverschleiß zu gewinnen [2].

Das zweite Verfahren zur Behandlung von Reflexionsfunktionen,
welches ebenfalls nur zweidimensionale Daten verwendet, erzeugt
synthetische Bilder mit Hilfe dreidimensionaler Modelle. Hierbei
ist man allerdings darauf angewiesen, daß das zu untersuchende
Objekt fest und reproduzierbar genau eingespannt ist. Dieser
Ansatz wird häufig bei der Untersuchung von Flachmaterialien ein-

gesetzt. Das synthetische Bild entartet in diesem Fall zu einer
gleichmäßig hellen Ebene. Ein einfacher, linearer Laser-Scanner,
der fest verdrahtet ist, genügt, um die Meßwerte mit einer
Konstanten zu vergleichen. Texturanalysen sind mit dieser Art von
Scannern nicht möglich.

In vielen Fällen, wie etwa bei der Produktion von Massengütern
(Kühlschränke, Waschmaschinen, etc.), die frei aufgehängt bearbeitet werden, sind die Einsatzbedingungen wesentlich schwieriger.
Der zweite Ansatz, Reflexionsfunktionen zu verarbeiten muß daher
verallgemeinert werden und es muß zugelassen werden, daß 3-D Modelle frei beweglich sein dürfen. Diese dritte, verallgemeinerte
Methode, Qualitätskontrolle durchzuführen wird von uns verwendet.

3. Synthetische Bilder

Kennt man die räumliche Anordnung des Objekts, der Beleuchtung und
des Sensors, so kann unter Zuhilfenahme einer Reflexionsfunktion
ein synthetisches Bild generiert werden. Bild 2 verdeutlicht diesen Vorgang.

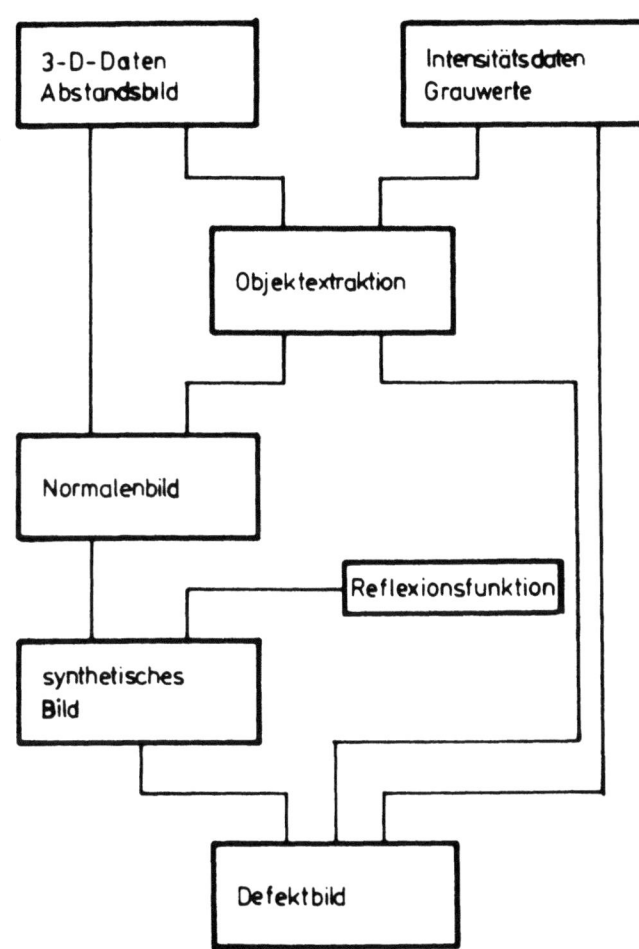

Bild 2. Erzeugung synthetischer Bilder

Eingangsdaten für diesen Algorithmus sind ein Abstandsbild, ein
Intensitätsbild sowie die Reflexionsfunktion(en). Beide Bilder
werden in einem ersten Schritt dazu benutzt, das Objekt vom Hin-

tergrund abzutrennen. Danach werden die Oberflächennormalen des Objektes eingesetzt, um mittels der Reflexionsfunktion(en) das synthetische Bild zu erzeugen. Die daran anschließende Auswertung beschränkt sich häufig auf eine Differenzbildung zwischen dem synthetischen und dem realen Bild (Defektbild).

Ein synthetisches Bild stellt ein Referenzbild der zu inspizierenden Oberfläche dar, da es keine Defekte enthält. Die Genauigkeit und damit die Aussagekraft eines solchen Bildes hängt vor allen Dingen von der Genauigkeit der Abstandsdaten ab. Ein synthetisches und ein reales Bild sind Punkt für Punkt deckungsgleich. Somit sind keine affinen Transformationen notwendig, wie es bei den üblichen, rein Intensitäts-orientierten Verfahren notwendig ist, um die Deckungsgleichheit der beiden Bilder herbeizuführen.

Der Vergleich beider Bilder läßt daher direkt Aussagen über Fehler zu, ohne daß der Intensitätsverlauf bezüglich der Korrespondenz genauer analysiert werden muß. Diese Eigenschaft macht das synthetische Bild zu einem adaptiven Schwellwert, der sich bei der Auswertung ohne größeren Zusatzaufwand wie etwa Hoch-/Tiefpass Filterung dem auszuwertenden Bild anpaßt. Damit ergibt sich die Möglichkeit, Produkte zu inspizieren, die nicht eigens für die Qualitätskontrolle in eine definierte Lage gebracht werden müssen und die auch gekrümmt sein dürfen.

4. Resultate und Ausblick

Die Reflexionsfunktionen einer Reihe von Proben lackierter Blechstücke von Haushaltsgeräten wurden von uns mit dem Goniophotometer ausgemessen. Die häufigsten Fehler waren linienförmige Strukturen: etwa Kratzer im Lack und vom Lack verdeckte Schleifspuren. Ist der Durchmesser eines solchen Fehlers wesentlich kleiner als der Laserstrahldurchmesser (in unserem Fall 1,5 mm), so nimmt die Streuwirkung des Defekts derart stark ab, daß eine einwandfreie Detektion nicht mehr gewährleistet ist. Derartige Fehler werden aber vom menschlichen Auge auch nur unter besonderen Beleuchtungsbedingungen wahrgenommen.

Größere linienartige Strukturen zeichnen sich demgegenüber durch eine deutliche Verbreiterung der Reflexionskeule aus und sind daher leicht detektierbar. Besonders auffällig, d.h. durch eine besonders große Verbreiterung der Streukeule machen sich flächenhafte Defekte bemerkbar. Korrosionsschäden an Lack und Blech, Absplitterungen des Lacks bewirken immer eine erhebliche Zunahme des diffusen Anteils im reflektierten Licht. Ebenso sind Korrosionsschäden auf blanken Metalloberflächen gut detektierbar. Gegenüber dem Metall, das immer eine recht schmale Streukeule besitzt, ist die Reflexionsfunktion an korrodierten Stellen wesentlich verbreitert.

Einen besonderen Effekt stellten wir bei lokalen Oberflächenverformungen fest, wie sie etwa bei Dellen in Blech vorliegen. Hier wird lokal die Oberflächennormale von ihrem bisherigen Verlauf weggedreht. Damit ändert sich an dieser Stelle der Einfallswinkel und bewirkt, daß das Maximum der Reflexion verschoben wird. Es wurden bislang Auslenkungen des Maximums bis etwa 5° beobachtet.

Betrachtet man die mit dem Goniophotometer gewonnenen Ergebnisse
in Hinblick auf die synthetischen Bilder, so läßt sich feststellen, daß mit dem bestehenden Laser-Scanner flächenhafte Fehler bis
etwa zu einer Größe von 1,5 mm im Durchmesser erkannt werden konnten, wenn die Objekte vom Scanner etwa 1 m entfernt waren. Der
Hauptgrund hierfür ist der relativ goße Strahldurchmesser von etwa
1,5 mm. Erheblich mehr Schwierigkeiten bereiten zur Zeit noch
linienartige Defekte. Die Größe der detektierbaren Fehler hängt
wesentlich von den Eigenschaften des Laser-Scanners ab. Derzeit
sind Abstandsmessungen mit einer Genauigkeit von 3 mm möglich. Mit
den geplanten Verbesserungen (CCD-Zeilensensor, hysteresefreie
Kippspiegel) kann eine Genauigkeit von etwa 1 mm erwartet werden.

Dort, wo es gilt, auch kleinste Defekte (0.1 mm) an beliebig geformten Objekten zu erkennen, ist an einen Einsatz von Laser-
Scannern unserer Art zur Zeit noch nicht zu denken. Hier müssen
autofokussierende, mikroskopisch arbeitende Scanner eingesetzt
werden [5]. Dennoch bieten sich einem solchen Ansatz eine Fülle
von Anwendungen. Eine kleine Fallstudie weniger, ausgewählter
Beispiele verdeutlicht die Einsatzmöglichkeiten unseres Ansatzes.

Metalloberflächen, poliert oder strukturiert

Häufige Fehler, die hierbei auftreten sind: Korrosion, Rauheit,
Kratzer, Löcher, Unebenheiten und Verschmutzungen.Der Problemkreis kann folgendermaßen umrissen werden: Aufgrund des hohen
Reflexionsvermögens muß der Sensor einen extrem hohen Dynamikbereich verkraften. Dies kann durch Schrägbeleuchtung weitgehend
vermieden werden. Bei dieser Beleuchtung werden viele Defekte jedoch besonders gut sichtbar, da man hier im allgemeinen einen
starken diffusen Anteil zu erwarten hat. Bei Dreh- und Frästeilen
kann man aus der Breite der Reflexionskeule auf die Oberflächenrauheit und indirekt auf den Werkzeugverschleiß schließen.

Lackierte / beschichtete Oberflächen

Als Fehler treten häufig auf: Korrosion, Blasenbildung, Ablösung
der Beschichtung, Kratzer, Unebenheiten und Verschmutzungen.Die
Probleme sind ähnlich gelagert, wie bei polierten Metalloberflächen, wegen des hohen spiegelnden Anteils in der Reflexionskeule.
Gerade in diesem Bereich sind die Einsatzbedingungen eines Scanners recht gut.

Flachmaterialien

Fehler sind oft: Löcher, Risse, Verschmutzungen und Unebenheiten.
In diesem Bereich existieren bereits eine Reihe von Scannern, die
mit Erfolg eingesetzt werden. Hier wird auf Abstandsmessungen verzichtet. Mit Mehrfachsensorik ist es möglich auch kleinste Fehler
zu erkennen.

Gläser, durchsichtige Kunststoffe

Häufig tauchen folgende Fehler auf: Schlieren, Trübungen, Einschlüsse, Risse, Absplitterungen und Kratzer. Gerade in diesem
Bereich scheint der Einsatz von Laser- Scannern erfolgversprechend
zu sein. Man kann unter Umständen sogar auf Abstandsmessungen ver-

zichten. Die günstigste Betrachtungsweise ist die Durchlichtbetrachtung, wobei die Beleuchtung seitlich hinter dem Objekt angebracht werden sollte. Ein solches System könnte, wegen der günstigen Eigenschaften des Laserstrahls, auch zu Füllstandsmessungen verwendet werden.

Organische Materialien

Häufig wurden folgende Fehler beobachtet: Risse und Verfärbungen. Derartige Materialien sind in der Regel stark strukturiert (Maserung in Holz). Ein Einsatz von Scannern und synthetischen Bildern ist hier nur sinnvoll, wenn diese Strukturen mit zusätzlichen, etwa statistischen Methoden ausgewertet werden.

Danksagung

Die Ergebnisse, die in diesem Beitrag dargestellt wurden, stammen zum grossen Teil aus einem Projekt, das mit Mitteln des BMFT gefördert wurde. Den Herren Graf und Link von der Firma Bosch-Siemens Haushaltsgeräte GmbH danken wir für die freundliche Überlassung von Materialproben. Die Arbeiten wurden am Institut für Informatik 3 (Forschungsgruppe: Prof. Dr.-Ing. U. Rembold) der Universität Karlsruhe durchgeführt.

5. Schrifttum

[1] Batchelor, B.G., et al.: A Research Laboratory for Automatic Visual Inspection, Proc. of the 5th Int. Conf. on Automated Inspection and Product Control, Stuttgart, 1980

[2] Ehlers, D. et al.: Überwachen und Prüfen im maschinennahen Bereich, ZwF 77, No. 1, 10 - 15, 1982

[3] Levi, P., Weirich, E.: Differential Reflectance Functions and their Use for Surface Identification, ISIR 13, Chicago, 17.61 - 17.77, 1983

[4] Norton-Wayne, L., Watts, C., Hill, W., J.: The automated Inspection of Steel Strip, Proc. of the 5th Int. Conf. on Automated Inspection and Product Control, Stuttgart, 1980

[5] Spengler, H., J., Banhold, G.: Elektronik- und Programmentwicklung für den Einsatz von Laser-Scannern als optische Sensoren bei der Prüfung von Oberflächen und Geweben, BMFT Abschlussbericht, Förderkennzeichen, 13 N 5136, August 1980

[6] Stiefvater, H., Vajta, L. und Levi, P.: Triangulations-Laser-Scanner: Dreidimensionales Sehen für Industrieroboter, wird veröffentlicht in Elektronik, Herbst 1983

MULTIDIMENSIONALE SKALIERUNG: GEWINNUNG METRISCHER INFORMATIONEN
AUS NICHT-METRISCHEN DATEN AM BEISPIEL VON EEG-SPEKTRALMUSTERN

H.H. Stassen, R. Günter, G. Bomben
Psychiatrische Universitätsklinik Zürich, Forschungsabteilung,
Postfach 68, CH-8029 Zürich

1. Zusammenfassung

Für viele Anwendungen steht nicht die abstrakte Klassifikation
von Merkmalsvektoren, sondern deren exakte Lokalisation in einem
geeigneten Bezugssystem im Mittelpunkt des Interesses. Damit kommt
den Algorithmen zur Bestimmung solcher Bezugssysteme besondere
Bedeutung zu. Das Verfahren der Multidimensionalen Skalierung
erlaubt neben der Gewinnung metrischer Informationen aus nicht-
metrischen Daten auch eine Dimensionsreduktion bei kontrolliertem
Informationsverlust.

2. Einführung

Die intra-individuelle Stabilität von EEG-Zeitreihen ist ein
bekanntes Phänomen der EEG-Forschung (EEG: Elektroenzephalogramm),
und es bereitet erfahrenen EEGisten kaum Mühe wiederholte Messungen
an verschiedenen Individuen visuell richtig zuzuordnen [2]. Eigene
Untersuchungen zeigten, dass die auf den Kurzzeit-Fluktuationen der
EEG-Zeitreihen basierende Variabilität der spektralen Verteilung
eine intra-individuell charakterisierende und inter-individuell
diskriminierende Grösse darstellt [6].
Beide Grössen, spektrale Verteilung und "charakteristische"

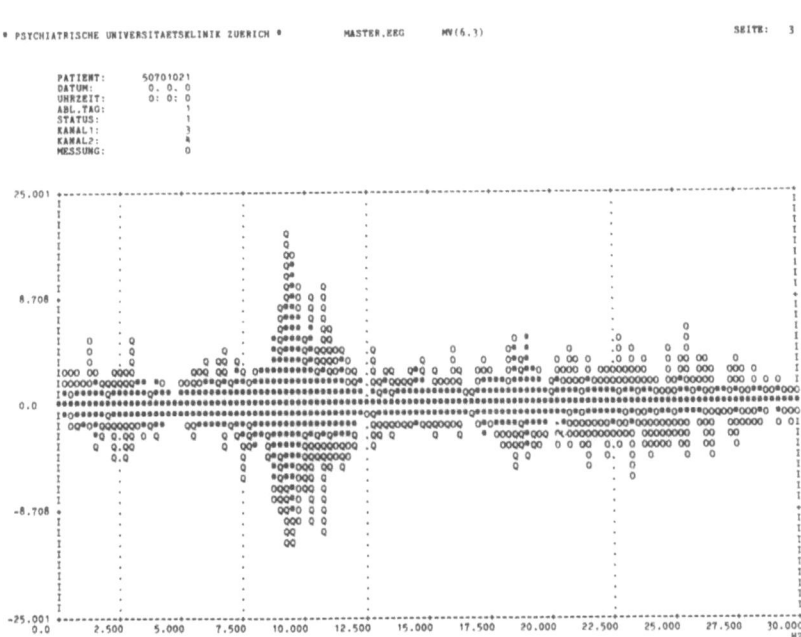

Abb. 1: Variabilität der spektralen Verteilung geschätzt aus den
Kurzzeit-Fluktuationen konsekutiver EEG-Zeitreihen

Variabilität werden durch die experimentelle Situation auf typische
Weise verändert. Reaktive Veränderungen hängen dabei von der
jeweiligen EEG-Variante ab. Die Operationalisierung der Problem-
stellung führte zur Definition von EEG-Spektralmustern als
(c+1)-dimensionale Volumina, wo c die Anzahl paralleler EEG-Kanäle
ist. In der Folge zeigte es sich, dass Individuen anhand ihres
EEG-Spektralmusters mit einer statistischen Sicherheit von besser
als 90% durch den Computer wiedererkannt werden können. Als
Vergleichsoperator wurde ein mengentheoretisches Ähnlichkeitsmass
verwendet, dessen freie Parameter iterativ an einer Eichstichprobe
bestimmt und an einer Teststichprobe verifiziert wurden. Als
Zielfunktion der Optimierung diente dabei die "Trennschärfe"
zwischen den Verteilungen der inter-individuellen und der intra-
individuellen Ähnlichkeitskoeffizienten. Die Eichstichprobe
umfasste 81 gesunde Versuchspersonen im Alter von 20-35 Jahren,
die im Abstand von 14 Tagen ein zweites Mal abgeleitet wurden. Die
zweite Messung diente der Überprüfung der aus der ersten Messung
geschätzten Eichparameter [7].
Die gute Stabilität der Einfachstruktur (ein Spektralmuster erfasst
die ausgeprägte Individualität des EEG mit hoher Reliabilität
und ist vom Zeitpunkt der Messung weitgehend unabhängig) liess auf
eine ähnliche Stabilität der übergeordneten Strukturen schliessen,
sodass eine Analyse der inter-individuellen Ähnlichkeiten von
EEG-Spektralmustern zur Bestimmung einer Typologie nahe lag. Ziel
war aber nicht die Einteilung der Muster in abstrakte Klassen,
sondern die Konstruktion eines metrischen Raumes in welchem die
Anordnung der Gruppierungen zueinander, deren Übergangsbereiche,
die Positionen einzelner Muster, oder auch Verschiebungen aufgrund
reaktiver Veränderungen untersucht werden konnten.

3. Strukturuntersuchungen auf der Basis relationaler Daten

Ein wesentliches Ziel von Strukturuntersuchungen an empirischen
Daten ist das Auffinden von natürlichen Gruppierungen und der
daraus ableitbaren Gesetzmässigkeiten. Solche Untersuchungen
gehen zumeist von N Realisationen eines Merkmalsvektors aus und
analysieren die zugehörige symmetrische Ähnlichkeits- oder
Distanzmatrix, deren Elemente auch nicht-metrisch sein können.
Bei komplizierteren Modellen und den daraus resultierenden hoch-
dimensionalen Merkmalsvektoren sind gewisse Redundanzen innerhalb
der Vektoren entweder systembedingt oder aus technischen Gründen
kaum vermeidbar. Im metrischen Fall bietet sich zur Redundanz-
reduktion das Verfahren der Hauptkomponentenanalyse an, das den
Merkmalsraum so konstruiert, dass die Achsen in die Richtungen
zu liegen kommen, in denen die betrachteten Realisationen des
Merkmalsvektors die grössten Streuungen zeigen. Durch die Auswahl
geeigneter "Hauptachsen" erlaubt dieser Ansatz auch eine gezielte
Dimensionsreduktion. Hierbei gehen aber alle in dem Unterraum
orthogonal zu den "Hauptachsen" enthaltenen Strukturinformationen
verloren, sodass etwaige "natürliche" Gruppierungen beträchtlich
verzerrt werden können oder sogar unentdeckt bleiben.
Das Verfahren der Multidimensionalen Skalierung (MDS) leistet
ebenfalls die gewünschte Dimensionsreduktion, vermeidet dabei
aber im Gegensatz zur Hauptkomponentenanalyse den Nachteil einer
Strukturverzerrung weitgehend. Darüberhinaus führt dieser Ansatz
zu einer geometrischen Darstellung der Informationen auch dann,
wenn die Beziehungen zwischen den zugrunde liegenden Merkmals-

vektoren nicht-metrisch sind. Diese spezifische Eigenschaft
lässt grosse Freiheiten bei der Modellbildung und insbesondere
bei der Wahl einer passenden Ähnlichkeits- oder Distanzfunktion.
Für die MDS sind die numerischen Werte der Ähnlichkeitskoeffizienten von sekundärer Bedeutung. Der Algorithmus geht von der
Ähnlichkeitsmatrix der N Realisationen eines Merkmalsvektors
aus und konstruiert einen metrischen Raum, in welchem N Bildpunkte so angeordnet werden, dass die N(N-1)/2 Abstände zwischen
den Punkten möglichst gut mit den ursprünglichen Ähnlichkeiten
oder Abständen übereinstimmen. Im nicht-metrischen Fall wird bei
der Konstruktion des Bildraumes lediglich die ordinale Information
über die Rangreihen der Ähnlichkeitskoeffizienten und der geschätzten Abstände ausgewertet.
Das ursprünglich von Shepard vorgeschlagene und von Kruskal
weiter verbesserte Verfahren löst das Konstruktionsproblem als
Approximationsaufgabe mit einer passend gewählten Zielfunktion,
die ein Mass für die Monotonie darstellt [3],[5]. Das Problem
lässt sich dann auf das bekannte Verfahren der Regressionsanalyse
zurückführen: gesucht ist für eine Konfiguration von Punkten
die monotone Regression der Abstände bezüglich der Ähnlichkeitskoeffizienten, die die geeignet normierte Restvarianz minimiert.
Als Optimierungsverfahren kommen zumeist die Gradientenmethode
oder randomisierte Suchstrategien zur Anwendung. Die erreichbare
Güte der Darstellung hängt im wesentlichen von der Dimension des
Bildraumes ab.

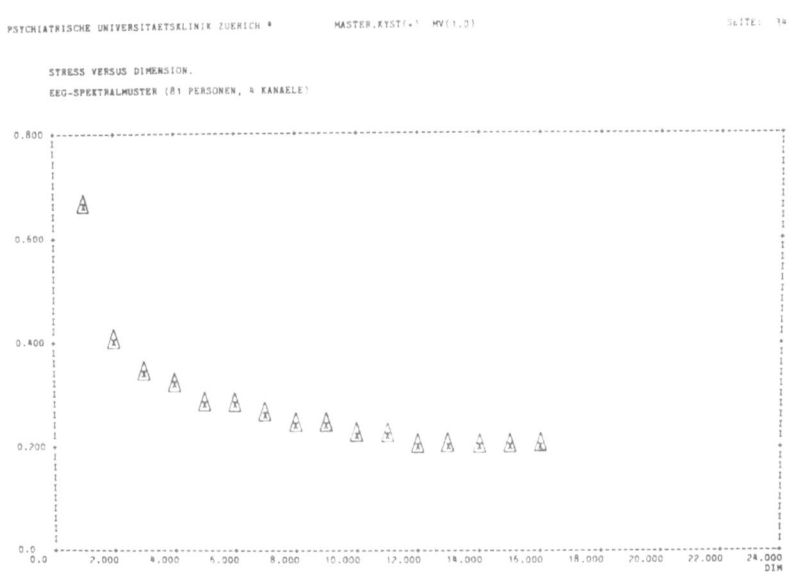

Abb. 2: Anpassungsgüte "Stress" einer MDS als Funktion der
Dimension des Bildraumes, basierend auf einer Stichprobe
von 81 Personen.

Bemerkenswerterweise sind keine speziellen Voraussetzungen
bezüglich Wahrscheinlichkeitsverteilungen oder Ähnlichkeitskoeffizienten erforderlich. Es konnte vielmehr gezeigt werden,
dass mit der Monotoniebedingung allein eine Lösung des Problemes
erreicht wird. Danach ist es "fast immer" möglich aus der Rangreihe
der N(N-1)/2 Abstände einer Konfiguration von N Punkten die zugehörigen Abstände zu schätzen, sodass sich die gesuchte Lösung dann
durch ein metrisches Iterationsverfahren bestimmen lässt [1].

Dieser Sachverhalt erscheint durchaus plausibel, da die Zahl der
Nebenbedingungen angenähert quadratisch mit N wächst.
Das hier verwendete Computerprogramm KYSTPLUS ist eine Weiter-
entwicklung eines Programmes der Bell Laboratories [4], das eine
ganze Reihe von Modifikationen und Erweiterungen erfahren hat.
Ausgesprochen nützlich hat sich hierbei der Algorithmus zur
Bestimmung von Schwerpunkten innerhalb einer Konfiguration
erwiesen, der die visuelle Überprüfung von Gruppierungen durch
systematische Projektionen auf die Ebene durch jeweils drei
Schwerpunkte erlaubt.

4. Ein Beispiel

Die Bestimmung der Ähnlichkeit zwischen zwei Merkmalsvektoren
erfordert immer die Verknüpfung ihrer Komponenten. Damit stellt
sich ein besonderes Problem, wenn die Komponenten eines Merkmalsvektors auf unterschiedlichen Skalen basieren und nicht direkt
vergleichbare Grössen beinhalten. Diese Schwierigkeit liess sich
bei dem hier verfolgten Ansatz dadurch umgehen, dass nicht einzelne
EEG-Parameter extrahiert und dann zu einem Merkmalsvektor zusammen-
gefasst wurden, sondern dass die Gesamtinformation (spektrale
Verteilung, charakteristische Variabilität) in unreduzierter Form
als Spektralmuster weiterverarbeitet wurde. "Klassifikation" von
Spektralmustern bedeutet daher eine Systematisierung bezüglich
der spezifischen Formen: der frequenzabhängigen charakteristischen
Variabilität, der Verteilung der Amplituden sowie der Lage der
relativen Amplitudenmaxima.
Da die zum Vergleich der Spektralmuster verwendete Ähnlichkeits-
funktion nicht-metrisch ist, wurde die Ähnlichkeitsmatrix mit
Hilfe der MDS metrisiert und die resultierende Konfiguration in
einem metrischen Raum der Dimension 10 weiter untersucht.
Aus Abbildung 4 wird deutlich, dass anhand dieses Ansatzes sowohl
eine Typ-Bestimmung für einzelne Spektralmuster innerhalb der
Konfiguration als auch eine Beurteilung der Homogenität von

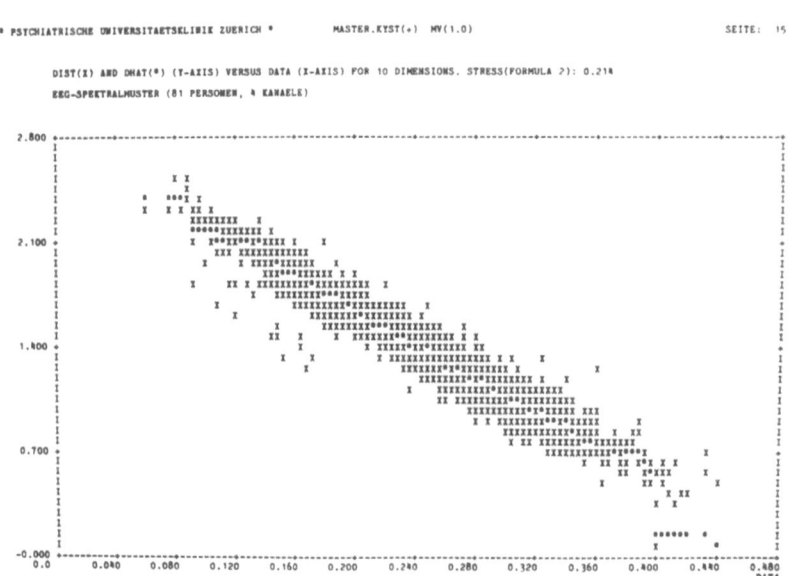

Abb. 3: Histogramm "Geschätzte Abstände gegen empirische
  Ähnlichkeiten" (Shepard-Diagramm)

Gruppierungen auf einfache Weise möglich ist. Das Verfahren der MDS stellt eine sehr wirksame Methode dar, um Einblick in die Struktur empirischer Daten zu erhalten und kann überall dort mit Erfolg eingesetzt werden, wo eine strukturerhaltende Dimensionsreduktion von besonderem Interesse ist. Der im Vergleich zu konkurrierenden methodischen Ansätzen wesentlich grössere Aufwand erscheint aufgrund bisheriger Erfahrungen in solchen Fällen durchaus lohnenswert.

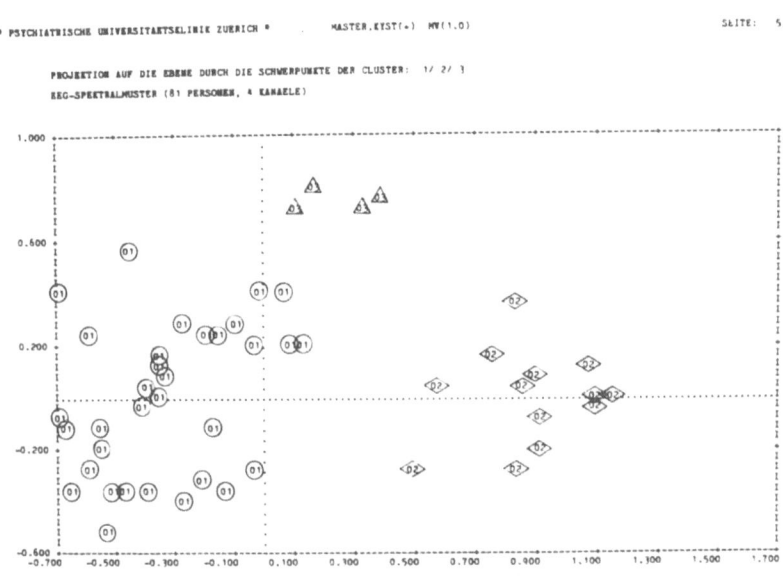

Abb. 4: Projektion einer Konfiguration von 81 Punkten auf die Ebene durch drei ihrer Schwerpunkte.

5. Literatur

[1] BENZECRI, J.P. Sur l'analyse factorielle des proximités. Publication de l'Institut de Statistique de l'Université de Paris. Paris, 1964(13): 235-282 und 1965(14): 65-80
[2] GROSVELD, F.M., JANSEN, B.H., HASMAN, A., VISSER, S.L. La reconnaissance des individus a l'intérieur d'un groupe de 16 sujets normaux. Rev. d'Electroencephalographie et de Neurophysiologie clinique 6, 1976: 295-297
[3] KRUSKAL, J.B. Multidimensional scaling by optimizing goodness of fit to a nonmetric hypothesis. Psychometrika, 1964(29): 1-27 and 1964(29): 115-129
[4] KRUSKAL, J.B., YOUNG, F.W., SEERY, J.B. How to use KYST-2A, A very flexible program to do multidimensional scaling and Unfolding (extensions by H.H.Stassen). Bell Laboratories, Murray Hills, 1978
[5] SHEPARD, R.N., ROMNEY, A.K., NERLOVE, S.B. Multidimensional Scaling. Vol. 1+2, Academic Press, New York, 1972
[6] STASSEN, H.H. Computerized recognition of persons by EEG spectral patterns. Electroenceph. clin. Neurophysiol. 49, 1980: 190-194
[7] STASSEN, H.H., GUENTER, R., BOMBEN, G. Longterm stability of EEG: Computerized recognition of person by EEG spectral patterns. Proceedings 6th ICPR, IEEE Computer Society, Silver Spring, 1982: 619-622

MESSTECHNISCHE AUSWERTUNG VON GEWEBESCHNITTEN

Dieter Jäpel

Lehrstuhl für Informatik 5 (Mustererkennung), Universität Erlangen-Nürnberg, Martensstr. 3, 8520 Erlangen

Kurzfassung

Ein Teilproblem bei der automatischen Auswertung von histologischen Präparaten ist die Trennung von Tumorgewebe und Nichttumorgewebe. Im vorliegenden Beitrag werden zwei Methoden zur Bestimmung des Tumorgebietes vorgestellt: ein Clusteringverfahren und die Auswertung von Texturmerkmalen

Stichworte

histologische Präparate, Clustering, Textur

1. Medizinischer Hintergrund

In der Tumorbehandlung stellt sich das Problem, die Wachstumsgeschwindigkeit von Tumoren zu bestimmen. Als Maßzahl wird die Tumorverdoppelungszeit verwendet, also die Zeit, die ein Tumor zur Verdoppelung seiner Masse benötigt. Dabei ist zur Zeit noch nicht endgültig entschieden, ob sich das Tumorwachstum nach einer linearen Funktion oder nach der sog. Gomperzt'schen Funktion vollzieht. Nach der Gomperzt'schen Funktion wächst ein kleiner Tumor(bis 1 mm Durchmesser, Umfang ca. 1 Million Zellen) schneller als ein größerer Tumor; die Wachstumsgeschwindigkeit wird mit zunehmender Tumorgröße geringer und das Wachstum kommt schließlich zum Stillstand.

Das Wachstum eines Tumors hängt von verschiedenen Faktoren ab:

- der Zellteilungszeit
- der Zahl der zur Teilung befähigten Zellen
- dem Zellverlust durch Zelltod
- der Art und der Masse der am Tumor beteiligten Gewebearten
- dem Masseverhältnis zwischen den Gewebearten.

Die Bestimmung der Masseverhältnisse ist in der Klinik derzeit nur sehr schwer, wenn gar überhaupt nicht möglich. Sie wird näherungsweise anhand histologischer Präparate unter dem Mikroskop vorgenommen. Dabei schätzt ein Arzt die Masseverhältnisse aufgrund der Flächenverhältnisse im vorliegenden Präparat. Hierbei ergeben sich Ungenauigkeiten, wie sie für solche Schätzungen durch einen Menschen typisch sind. Die Aufgabenstellung ist deshalb eine automatisierte, meßtechnische Auswertung von histologischen Präparaten, hier durchgeführt am Beispiel von Rezidiven, die nach der operativen Entfernung von Dickdarmkarzinomen entstanden. Die Proben wurden von der Chirurgischen Universitätsklinik bereit gestellt. Ärzte dieser Klinik waren auch die Ansprechpartner für medizinische Fragen.

Ziel der Auswertung ist die Bestimmung des Flächenverhältnisses von Stammzellen (noch teilungsfähiges Gewebe) zur restlichen Tumormasse. Umliegendes Gewebe, wie es auf den Präparaten stets vorhanden ist, wird nicht berücksichtigt. Damit treten als Detailprobleme auf:

- Isolierung des Tumors innerhalb des Gewebeschnittes
- Charakterisierung der Stammzellen
- Auszählung der Stammzellen innerhalb des Tumors.

Die Auszählung der Stammzellen wird über ein Grauwerthistogramm realisiert, da davon ausgegangen werden kann, daß bei der verwendeten Färbetechnik Stammzellen dunkler einfärben als andere Gewebearten und, wie eben angedeutet, der Flächenanteil (gemessen als Anzahl Bildpunkte) als genügend genaue Maßzahl angesehen wird. Dabei wird eine einfache Grauwertschwelle als Kriterium zur Unterscheidung Stammzelle gegenüber restlichem Gewebe herangezogen.

Das Problem der Trennung von Tumor und Hintergrund bzw. umgebenden Gewebe ist bisher nicht befriedigend gelöst. Zwei Verfahren wurden bisher untersucht: ein einfaches Clusteringverfahren [1] und die Auswertung von Texturmerkmalen [2]. Die beiden Verfahren werden im folgenden dargestellt.

2. Aufnahme des Datenmaterials

Die Originalglasträger dienten als Vorlage für die Abtastung der Präparate mit Hilfe einer Image-Dissector-Kamera. Die ca. 2 cm x 2 cm großen Präparate wurden mit 512 x 512 Bildpunkten aufgelöst. Die Aufnahmebedingungen wurden so standardisiert und festgelegt, daß die Grauwerte für alle Schnitte von ca. 100 bis ca. 180 reichten [1]. Voraussetzung für diese Vorgehensweise ist die Aussage des medizinischen Partners, daß die Einfärbung eines Präparates sehr stabil ist, d.h., es treten keine störenden Schwankungen durch die Färbemethode selbst auf. Insbesondere erleichtert diese Vorgehensweise die Charakterisierung der Stammzellen. Es wurde in Übereinstimmung mit dem medizinischen Partner festgestellt, daß im Tumorgebiet alle Grauwerte unter 128 sehr gut die Struktur der Stammzellen charakterisieren. Es ist bisher nicht gelungen, diesen Schwellwert automatisch aus dem Grauwerthistogramm zu gewinnen, da das Histogramm keine erkennbare Struktur zur Unterscheidung von Stammzellen vom restlichen Gewebe enthält.

3. Ein einfaches Clusteringverfahren

Im so aufgenommenen Grauwertbild muß nun das Tumorgebiet eingegrenzt werden. Das dazu verwendete Clusteringverfahren lehnt sich an ein Verfahren von Rosenfeld [3] an. Es beruht auf der Durchführung der Schritte Dilatation und Erosion mit Hilfe eines Binärbildes, in welchem nur Stammzellen markiert sind. Das Verfahren verläuft nach folgenden Schritten:

a) Binärisierung des Grauwertbildes mittels einer Schwelle Θ_1. Durch diese Operation werden die Stammzellen markiert. Θ_1 ist eine Schwelle, die gemäß Abschnitt 2 möglichst unter dem Wert 128 zu wählen ist. Damit wird erreicht, daß innerhalb des Tumorgewebes nur Stammzellen markiert werden. Die Stammzellen werden mit Null markiert, alle anderen Punkte des Bildes mit Eins.

b) Berechnung der Matrix der äußeren Distanzen.
Es wird zu jedem Bildpunkt der Abstand zur nächstgelegenen Stammzelle berechnet.

c) Binärisierung der Matrix der äußeren Distanzen mit einer Schwelle r. Markiert werden alle Bildpunkte mit einem Abstand kleiner als r. Zusammen mit der vorangegangenen Operation entspricht die einer Expansion des in Schritt a) berechneten Binärbildes. Als Ergebnis entstehen in Bereichen hoher Konzentrationen von Stammzellen zusammenhängende Flächen, die das Tumorgebiet charakterisieren, jedoch zu große Ausdehnung besitzen.

d) Berechnung der Matrix der inneren Distanzen.
   Es wird zu jedem markierten Bildpunkt der Abstand vom Rand der zugehörigen markierten Fläche berechnet.

e) Erzeugung der Maske für das Tumorgebiet durch Binärisierung der Matrix der inneren Distanzen mit Schwelle s.
   Dies entspricht einer Erosion des in Schritt c) erzeugten Binärbildes. Die so erzeugte Maske dient als Markierung des Tumorgebietes im Gewebeschnitt.

f) Berechnung des Histogramms unter der Maske.
   In einem letzten Schritt wird das Grauwerthistogramm unter der in Schritt e) ermittelten Maske berechnet. Eine Schwelle Θ_2 wird benutzt, um das Verhältnis von Stammzellen zu sonstigem Tumorgewebe zu ermitteln.

Die Zahlen Θ_1, r, s und Θ_2 sind Parameter des Verfahrens. Zur Eichung des Verfahrens wurden für eine Reihe von Präparaten Meßkurven berechnet, die den geschätzten Anteil von Stammzellen in Abhängigkeit von diesen Parametern darstellen [1]. Als ein günstiger Satz von Parametern stellte sich heraus:

Θ_1 = 128
r = 15
s = 20
Θ_2 = 140

Bei diesen Werten blieben die Meßwerte für ein Präparat bei geringfügig geänderten Aufnahmebedingungen stabil, unterschiedliche Präparate konnten gut unterschieden werden.

Obwohl das Verfahren in den meisten Fällen zufriedenstellende Masken lieferte, ergaben sich doch zwei prinzipielle Schwierigkeiten:

a) Die Abgrenzung gegenüber Schleimhaut im umgebenden Gewebe gelang nicht, da Schleimhaut nahezu genauso einfärbt wie die Stammzellen.

b) Der Vergleich der ermittelten Schätzwerte für den Anteil von Stammzellen differierte oft erheblich mit den Schätzwerten, die von einem Arzt ermittelt wurden.

Schwierigkeit a) läßt sich nur durch den Einsatz besserer Methoden begegnen. Einen Eindruck vom Vergleich Mensch - Maschine erhält man aus Bild 1. Dort sind die Schätzwerte von Mensch und Maschine für Vergleichszwecke einander gegenübergestellt. Bei ca. einem Drittel der Präparate kommen Mensch und Maschine zu vergleichbaren Ergebnissen. In diesem Bild sind auch Fehlschätzungen aufgrund von Schwierigkeit a) enthalten. Zu bemerken ist auch, daß bei einer Gegenkontrolle durch einen weiteren Arzt zum Teil erhebliche Abweichungen von den Schätzungen des ersten Schätzers auftraten. In einem konkreten Fall schätzten drei Ärzte den Anteil von Stammzellen im gleichen Präparat mit 30 %, 50 % und 70 %.

4. Auswertung von Texturmerkmalen

Um eine bessere Abgrenzung des Tumors gegenüber seiner Umgebung zu erreichen, werden in den Bildern Texturmerkmale berechnet [2]. Dabei steht wiederum im Vordergrund die Trennung von Tumor und Nichttumor, obwohl eine Anwendung der Texturanalyse zur Isolierung bestimmter Gewebearten (Schleimhaut, Muskelfaser) möglicherweise günstiger ist.

Zur Anwendung kommt die Methode der Raumabhängigkeitsmatrizen (RAM, cooccurrences-matrices [4]). Eine RAM gibt an, wie häufig im Bild zwei bestimmte Grauwerte in einer festgelegten geometrischen Beziehung zueinander stehen. Die RAM sind deshalb von der Ordnung 'Anzahl Grauwerte'. Für jede geometrische

Konstellation von Bildpunkten, gekennzeichnet durch ein Paar von Koordinatendifferenzen, gibt es eine eigene RAM.

Aus dem RAM können nun Texturmerkmale berechnet werden. In [2] werden 13 Texturmerkmale untersucht, die drei nach den Untersuchungen besten Merkmale werden im folgenden angegeben.

Sei N_g die Anzahl der vorkommenden Graustufen,
$p(i,j)$ für $i,j \in \{1,\ldots,N_g\}$ die Elemente der RAM.
Sei weiterhin

$$P_{x+y}(k) = \sum_{i+j=k} \sum P(i,j) \quad , \quad k = 2,\ldots,2N_g$$

Dann ergeben folgende Berechnungsvorschriften Texturmerkmale:

a) Zweites Winkelmoment

$$f = \sum_i \sum_j (P(i,j))^2$$

b) Summenmittelwert

$$f = \sum_{i=2}^{2N_g} i P_{x+y}(i)$$

c) Summenvarianz

$$f = \sum_{i=2}^{2N_g} (i-e)^2 P_{x+y}(i)$$

mit

$$e = \sum_{i=2}^{2N_g} P_{x+y}(i) \log P_{x+y}(i)$$

Die Berechnung der RAM erfolgt für 4 x 4 Punkte große Bildausschnitte. Bei einer festen Zerlegung des 512 x 512-Bildes liefert somit jedes Texturmerkmal ein 128 x 128-Texturbild. Bei dieser Bildeinteilung erscheint das resultierende Texturbild, also die Falschfarbendarstellung der Texturwerte in jedem Block, noch genügend fein aufgelöst und der erforderliche Berechnungsaufwand für ein Bild ist vertretbar. Ein interessantes Resultat ist, daß über die Hälfte der betrachteten Texturmerkmale in der Lage ist, Tumorgebiet von Nichttumorgebiet exakt zu trennen, solange man nur die Auswertung nur eines Präparates betrachtet. Bild 2 zeigt die Wertebereiche der Texturmerkmale aus einem Präparat, wobei die Wertebereiche für Tumor und Nichttumor getrennt dargestellt werden. Es ist bisher jedoch nicht möglich, einen Klassifikator zu dimensionieren, der zwischen Tumor und Nichttumor unterscheiden kann. Dies liegt daran, daß die Wertebereiche der Texturmerkmale von Bild zu Bild erheblich schwanken. Als Problem bleibt hier die Auswertung des Texturbildes.

5. Zusammenfassung und Gegenüberstellung

Es wurden zwei Verfahren zur Trennung eines Tumors vom umgebenden Gewebe vorgestellt, ein Clusteringverfahren und die Analyse von Texturmerkmalen. Das Clusteringverfahren hat gegenüber der Auswertung der Textrumerkmale den Vorteil, daß es nach entsprechender Eichung und Einstellung der Aufnahmeapparatur schnell und problemlos eine Maske für das Tumorgebiet berechnet, man muß jedoch damit rechnen, daß fremde Gewebearten, insbesondere Schleimhaut, zu gravierenden Fehlern bei der Gestalt der Masken führen können. Die Texturmerkmale sind zwar prinzipiell in der Lage, besser zwischen Tumor und Hintergrund zu trennen als dies das Clusteringverfahren kann. Hier ergibt sich jedoch die Schwierigkeit, daß die Zahlenwerte von Präparat zu Präparat so stark schwanken, daß bisher an die Dimensionierung eines Klassifikators nicht gedacht werden kann. Man muß vielmehr individuell für jedes Präparat eine Schwelle im Histogramm der Texturwerte suchen. Hierüber liegen zur Zeit noch keine Ergebnisse vor.

Literatur

[1] Imiola,D; Leuschner, R.: Eine Messmethode zur Bestimmung des Anteils vitaler Tumorzellen in Gewebeschnitten. Studienarbeit am Lehrstuhl für Informatik 5 der Universität Erlangen, Februar 1982

[2] Offenmüller, W.: Texturmerkmale für die Auswertung von Gewebeschnitten. Studienarbeit am Lehrstuhl für Informatik 5 der Universität Erlangen, Juni 1983

[3] Rosenfeld, A.; Pfaltz, J.L.: Sequential Operations in Digital Picture Processing. JACM, Vol.13/4, Oct. 1966, pp. 471-494

[4] Haralick, R.M. et al.: Textural Features for Image Classification. IEEE Trans. Systems, Man and Cybernetics, Vol. SMC-3/6, Nov. 1973, pp. 610-621.

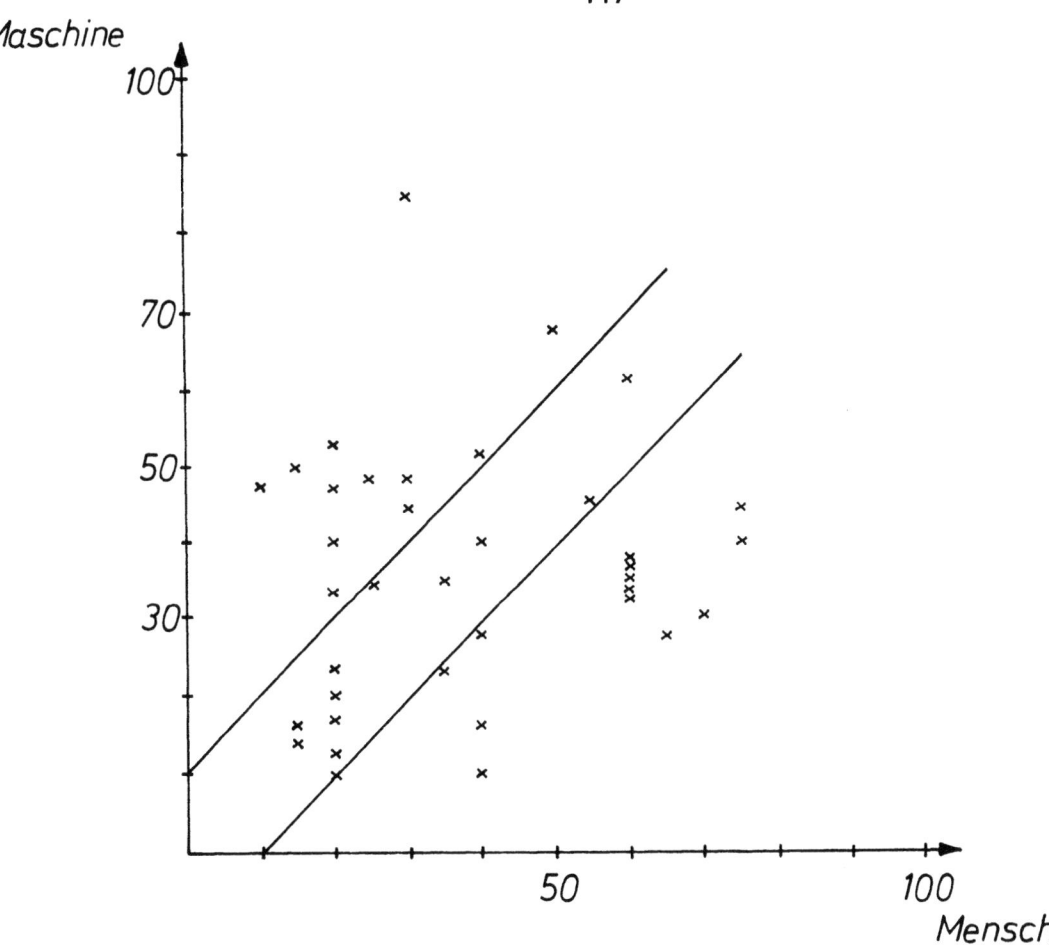

Bild 1:
Vergleich der Schätzungen von Mensch und Maschine

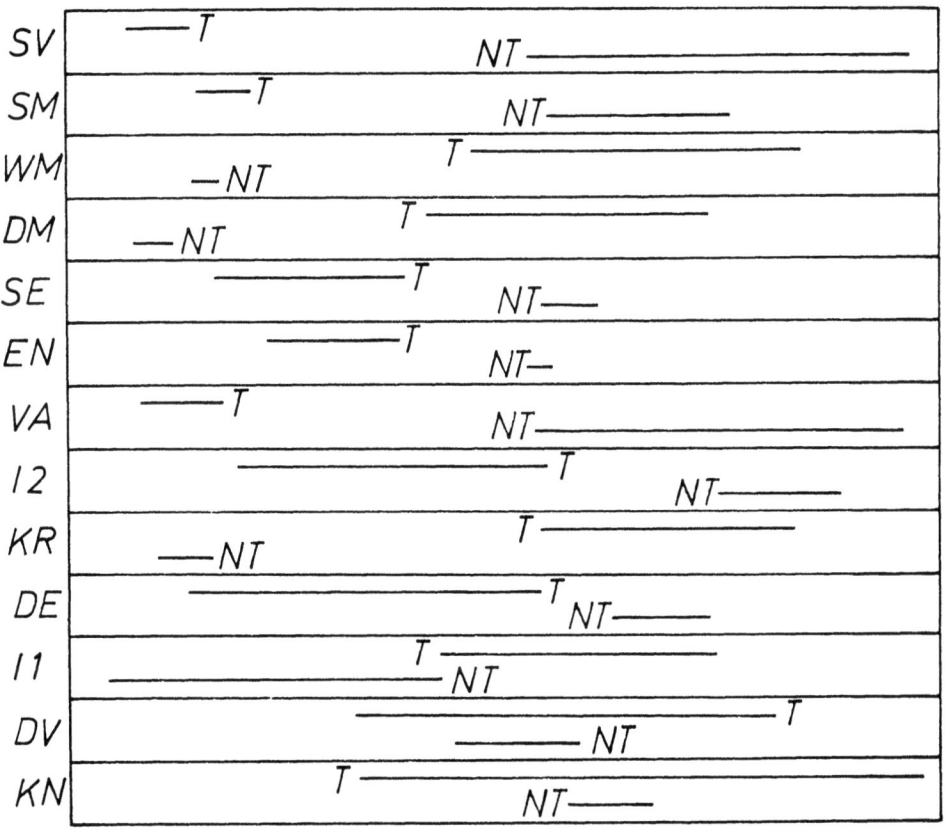

Bild 2:
Wertebereiche von Texturmerkmalen für Tumor- und Nichttumorgebiete

SEGMENTIEREN VON ZELLEN IN GEWEBESCHNITTEN

W. Abmayr, W. Rappl und E. Mannweiler

Gesellschaft für Strahlen- und Umweltforschung
m.b.H, München, Institut für Strahlenschutz,
8042 Neuherberg, Ingolstädter Landstrasse 1, BRD

ZUSAMMENFASSUNG

Die Segmentierung von Zellen in Gewebeschnitten ist ein kritischer Schritt in der digitalen Bildanalyse, da weitere Ergebnisse stark davon beeinflusst werden. In dieser Arbeit werden Hemalaun- gefärbte Leberschnittpräparate zum Vergleich verschiedener Segmentierungsmethoden verwendet. Durch Einbringen von apriori Information gelingt es, vernünftige Segmentierungsergebnisse zu erzielen.

1. EINLEITUNG

Die Segmentierungsaufgaben in Gewebeschnitten lassen sich in die Segmentierung der Kerne, die Segmentierung der Nucleoli und die Segmentierung von Zytoplasmabereichen unterteilen. Die Schwierigkeit bei der Segmentierung und die Wahl der geeigneten Methode wird dabei beeinflusst von der verwendeten Präparations- und Färbetechnik.

Ausgehend von Leberschnittpräparaten, die in Methacrylat eingebettet und mit Hemalaun gefärbt sind, werden verschiedene Segmentiermethoden für die Kerne, die Nucleoli und die ganzen Zellen untersucht. Leberzellkerne sind rund und durch eine Membrane scharf begrenzt. Die Nucleoli heben sich durch ihre Rundheit vom übrigen Kernchromatin ab.

Bildanalytische Untersuchung von Leberschnittpräparaten sind bei diagnostischen Fragestellungen, bei der Auswertung von Karzinogeneseuntersuchungen und bei toxischen Experimenten von Interesse, wenn morphologische Veränderung im Vordergrund stehen /4,6/. Quantitative Studien wurden an Einzelzellen aus Leberschnitten /3,10,13/ und an komplexen Schnittszenen /5,9/ durchgeführt.

2. MATERIAL UND METHODE

Es wurden 2 Mikrometer dicke, in Methacrylat eingebettete und Hemalaun gefärbte Schnitte einer Rattenleber für diese Untersuchungen verwendet /3/. Die Schnittszenen wurden mit einem Mikroskop AXIOMAT abgebildet /2/ und mittels einer TV- Plumbicon Röhre bei einem Raster 512 x 512 Bildpunkten in 256 Graustufen digitalisiert. In Abb. 1 ist ein digitalisiertes Szenenschnittbild dargestellt.

Um eine Shadingkorrektur durchführen zu können, wurde für jede Mikroskopeinstellung ein leeres Bild als Shadingmatrix erfasst, daraus Korrekturwerte errechnet und damit die einzelnen Bildpunkte multiplikativ verknüpft. Damit konnten sowohl Ausleuchtungsfehler des Mikroskops, als auch lokale Empfindlichkeitsunterschiede der TV- Röhre ausgeglichen werden.

Die Verarbeitung der Bilder wurde mittels des bei der GSF entwickelten interaktiven Bildverarbeitungssystems BIP auf einer VAX 780 duchgeführt /7/.

3. SEGMENTIERUNG

3.1 Segmentieren von Kernen

Zum Auffinden von Kernen in Gewebeschnitten wurden verschiedene Methoden untersucht:

a) Segmentierung der Kerne mittels einer Grauschwelle:

Die Auswahl einer geeigneten Schwelle zur Segmentierung einer Schnittbildszene (512 x 512 Bildpunkte) ist in vielen Fällen nicht möglich. Deshalb muss vor der Segmentierung eine Kontrastverstärkung durchgeführt werden, um die Flankensteilheit der Kernränder zu erhöhen. Zur Kontrastverstärkung wird ein 5 x 5 Laplacefilter verwendet und das Laplacebild von dem geglätteten Originalbild subtrahiert. Eine geeignete Schwelle lässt sich nun in einem grösseren Grauwertintervall finden und beeinflusst das Segmentierergebnis gering. Nach der Schwellwertbildung müssen Binärbildreinigungsoperationen wie Dilatation und Erosion /11/ durchgeführt werden, um Kerne von detektierten Bereichen des Zytoplasmas zu trennen (Abb. 2C). Das Ergebnis dieser Methode ist in Abb. 5 dargestellt.

b) Kontrastverstärkung nach Polarkoordinatentransformation:

In der Schnittszene werden die Koordinaten der Objektschwerpunkte (dunkelsten Grauwerte) ermittelt und um diese Koordinaten eine Polarkoordinatentransformation eines Bildausschnittes 64 x 64 durchgeführt. Da die gesuchten Zellen kreisförmig sind, liegen die Konturpunkte nach dieser Transformation auf einer Geraden. Filteroperationen im polartransformierten Bild sind weit weniger aufwendig als solche Filteroperationen im Originalbild, da nur eine Richtung gefiltert werden muss. Insbesondere lassen sich richtungsabhängige glättende Filter anwenden, die eine effektive Kontrastverstärkung bewirken (Abb. 2). Nach der Kontrastverstärkung werden die Bilder in das kartesische Koordinatensystem zurücktransformiert (Abb. 3) und eine Schwellwertoperation zur Erzeugung eines Binärbildes durchgeführt.

3.2 Segmentierung von Nucleoli

Die Nucleoli sind runde Kernkörperchen im Kern mit Protein (intracelluläres Protein). Im Mittel sind mehrere Nucleoli in einem Kern enthalten. Die Segmentierung der Nucleoli

Schnittpräparaten ist insoweit problematisch, als nur ein kleiner Teil der vorkommenden Nucleoli überhaupt geschnitten ist /12/. Der Durchmmesser der Nucleoli beträgt ca 1-3 Mikrometer. Zur Nucleolussegmentierung wurden folgende Verfahren untersucht:

a) Kompaktheitsmass zur Nucleolusbestimmung

Vom maximalen Grauwert eines Zellbildes aus wird in jeder Grauwertebene die Kompaktheit nach folgender Beziehung berechnet: Objektfläche/(Umfang)**2. Schneidet die Grauwertebene das gesuchte Objekt, so ergibt sich ein kompaktes Binärbild. Ist das Objekt im geschnittenen Binärbild nicht eindeutig zu erkennen, so führt das zu einem hohen Kompaktheitswert. Unterschreitet die Kompaktheit während ihres Verlaufs eine bestimmte Schwelle, so wird aus dem Binärbild der letzten Grauwertebene die Maske des Nucleolus berechnet. Ergebnisse der Nucleolussegmentierung sind in Abb. 5 dargestellt.

b) Klassifizierung mittels 2 D - Histogramm /8/

Mittels 2-D Histogramm werden verschiedene Eigenschaften einzelner Bildpunkte betrachtet. Um Histogrammpunkte, die zu einem Nucleolus gehören, im 2-D Histogramm lokalisieren zu können, werden zum Training interaktiv segmentierte Nucleoluspunkte in den Merkmalsraum transformiert, um daraus die Lage von Nucleoluspunkten im Merkmalsraum zu bestimmen. Als Eingabebilder für 2-D Histogramme werden geglättete Bilder und gradienten - gefilterte Bilder verwendet. In Abb. 4A ist ein 2-D Histogramm mit dem Mittelwert und dem Gradient dargestellt. In Abb. 4B ist der Anteil des Bildes dargestellt, der Gradientenwerte > 50 enthält. Weiter sind Bildbereiche dargestellt, die einen Gradientenanteil > 50 und einen Grauwert > 160 (Abb. 5C) und > 200 (Abb. 5D) enthalten.

3.3 Segmentierung der Zellen

Mit mehr Aufwand ist die Segmentierung der Zellen im Schnittbild verbunden, da klare Zellmembranen im allgemeinen nicht zu sehen sind und die Zytoplasmabereiche benachbarter Zellen ineinander übergehen. Bei der Segmentierung geht man von der Annahme aus, dass die Kerne in der Mitte der Zellen liegen. Nun kann man Skelettierverfahren (Exoskeleton) verwenden, um damit eine grobe Abschätzung für die Zellgrenzen zu bekommen /9,11/.

Zur Skelettierung geht man vom invertierten Binärbild der Kernmasken aus. Die Skelettpunkte werden in einer 3 x 3 - Umgebung gesucht. Der zentrale Punkt wird 0 gesetzt, wenn die Bedingung der angegebenen Ringlogik nicht erfüllt ist /1/. In dem verwendeten Verfahren werden 8 verschiedene Ringelemente sequentiell aufgerufen. Die Reihenfolge der Ringelemente beeinflusst das Ergebnis. Man erodiert mit dem Skelettieralgorithmus solange, bis nur noch Skelettpunkte übrig bleiben.

In Abb. 5 sind die Segmentierungsergebnisse für die Kerne, die Nucleoli und die Zellen dargestellt. Für die weitere Zellklassifizierung wurde ein paralleles Zeilenkoinzidenzverfahren verwendet bei dem jeder erkannten Zelle ein unterschiedlicher

Grauwert zugewiesen wurde (Abb. 6) (Diplomarbeit R. Marx, Fachhochschule München, 1983).

4. DISKUSSION

Die Segmentierung von Gewebeschnitten lässt sich in drei Teilaufgaben gliedern: Segmentierung der Kerne, Segmentierung der Kerninnenbereiche (Nulceoli) und Segmentierung der Zellen. Die Art der Segmentierungsmethode hängt sehr stark von der Art der Färbung und der verwendeten Fixierung ab.

Das Schwellwertverfahren in Verbindung mit einer Kontrastverstärkung und einer nachfolgenden Binärbildreinigung ist verglichen mit den anderen Verfahren sehr leistungsfähig und geeignet zur Kernsegmentierung. Dieses Verfahren setzt aber eine Shadingkorrektur voraus. Zur Nucleolussegmentierung eignet sich besonders das Kompaktheitsmass. Die Segmentierung der Zellen, mit dem Ziel einer weiteren stereologischen Auswertung kann mit dem Exoskeleton durchgeführt werden. Zur Beurteilung des Gewebes bezüglich Grösse und Orientierung sowie für topologische Aussagen eignet sich dieses Verfahren.

ANMERKUNG

Die Präparate wurden uns freundlicherweise von Dr. Deml und Dr. Oesterle (Abteilung für Toxikologie der GSF) zur Verfügung gestellt.

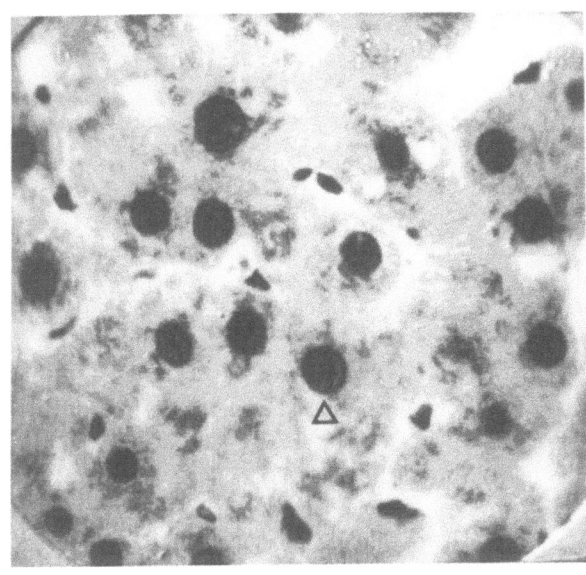

Abb. 1: Leberschnittbild mit 100 x Objektivvergrösserung.

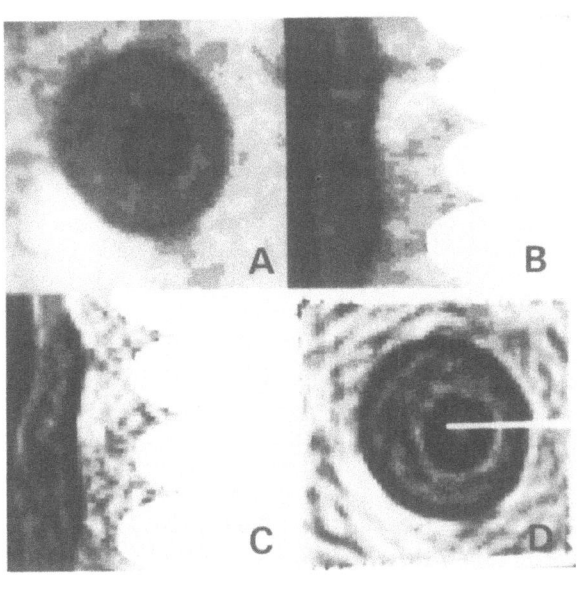

Abb. 2: Kontrastverstärkung der markierten Zelle:
A) Originalbild
B) Polarkoordinaten von A
C) Kontrastverstärkung
D) Rücktransformation.

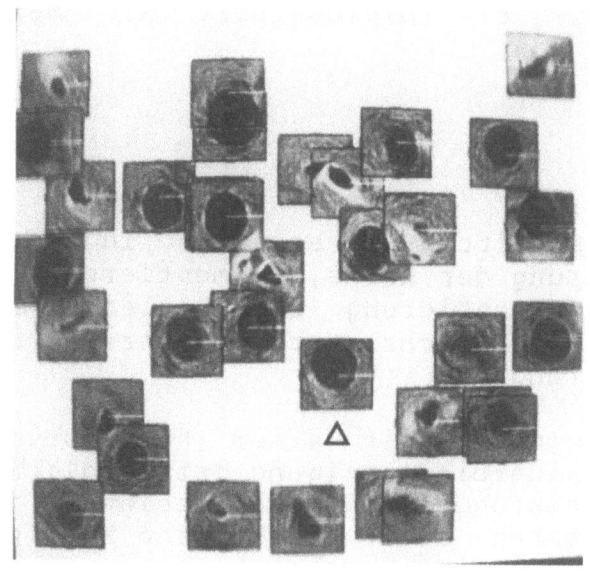

Abb. 3: Schnittszene nach Rücktransformation der kontrastverstärkten Polarbilder.

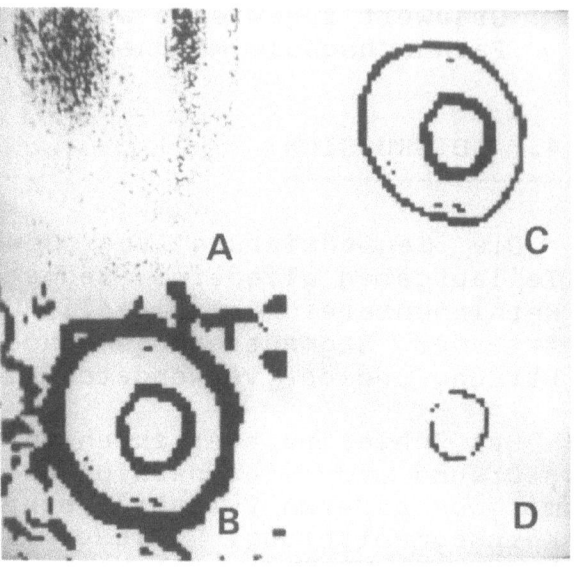

Abb. 4: Segmentierung mittels 2-D Histogramm:
A) Grauwert gegen Gradient
B) bis D) siehe Text.

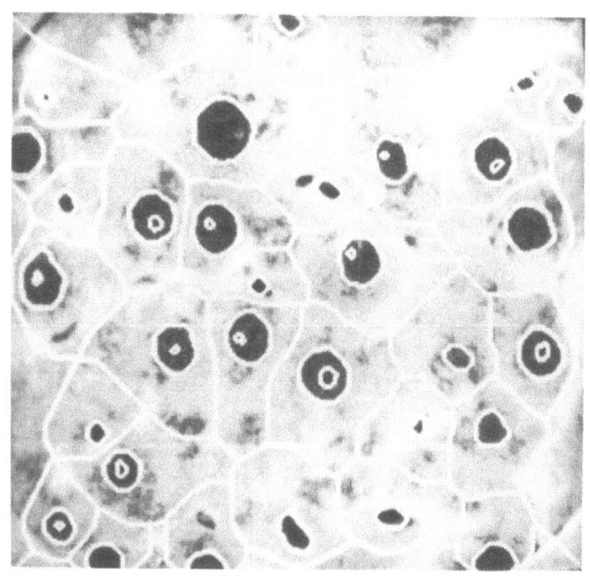

Abb. 5: Segmentierergebnis für Nucleus, Nucleolus und Zellen.

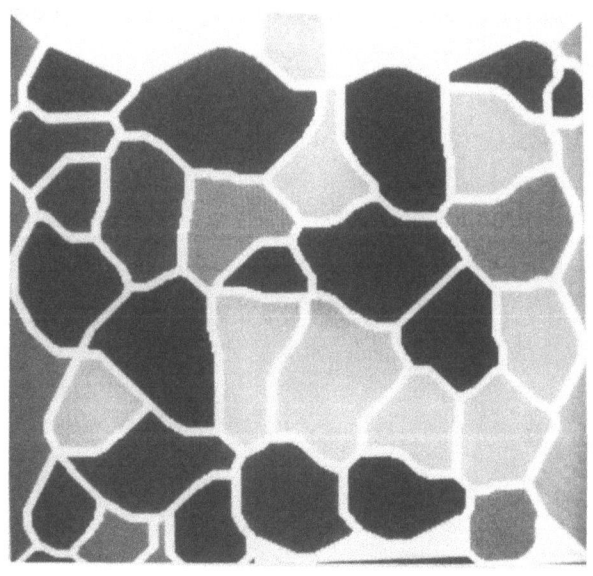

Abb. 6: Klassifizierung in verschiedene Zellen durch Grauwerte.

LITERATUR

/1/ Arcelli C, Cordolla L, Levialdi S: Parallel thinning of binary pictures. Electronic Letters 11: 148 - 149, 1975

/2/ Abmayr W, Burger G, Soost HJ: Progress report of the TUDAB project for automated cancer cell detection. The Journal of Histochemistry and Cytochemistry 27: 604 - 612, 1979

/3/ Abmayr W, Deml E, Oesterle D, Gössner W: Nuclear morphology in preneoplastic lesion of rat liver. Analytical and Quantitative Cytology (in press)

/4/ Bannasch P: Die Cytologie der Hepatocarcinogenese. Handbuch der allg. Pathologie. Vi/28 Tumors III. Models of experimental carcinogenesis. ed by E. Grundmann, Springer-Verlag, Berlin, Heidelberg, New York: 123 - 276, 1975

/5/ Brenner JF, Lester JM, Selles WD: Scene segmentation in automated histopathology: Techniques evolved from cytology automation. Pattern Recognition 13: 65 - 77, 1981

/6/ Grundmann E, Fechler W: RNS- Gehalt und Volumen der Nucleolen in der Rattenleber während der Experimentellen Carcinogenese durch Diäthylnitrosamin. Z. Krebsforschung 67: 80 - 92, 1965

/7/ Mannweiler E, Rappl W, Abmayr W: Software for Interactive Biomedical Image Processing - BIP. Proceedings 6th International Conference on Pattern Recognition, IEEE Computer Society Press: 1213, 1982

/8/ Panda DP, Rosenfeld A: Image segmentation by pixel classification in (gray level, edge value) space. IEEE Trans. on Comp. 27, 875 - 879, 1978

/9/ Preston K: Tissue section analysis: Feature selection and image processing. Pattern Recognition vol. 13: 17 - 36, 1981

/10/ Romen W, Rüter A, Aus HM: Computer aided cytophotometric analysis of cell transformations induced by carcinogens and tumor viruses. The Automation of Cancer Cytology and Cell Image Analysis. Eds. NJ Pressman and GL Wied. Tutorials of Cytology, Chicago: 47 - 51, 1979

/11/ Serra J: Image Analysis and Mathematical Morphology. Academic press, London: 1982

/12/ Williams MA: Quantitative Methods in Biology. Practical Methods in Electron Microscopy ed. A. . Glauert, North-Holland Publishing Company 6: 5 - 80, 1977

/13/ Zinser G, Komitowski D: Segmentation of cell nuclei in tissue section analysis. J. Histochem. Cytochem 31, 94 - 100, 1983

AUTOMATISIERTE CHROMOSOMENANALYSE MITTELS EINES HOCHAUFLÖSENDEN TV-MIKROSKOPS

B. Gerlach, M. Haucke, H.M. Aus, H. Harms, V. ter Meulen

Zytophotometrische Einheit des SFB 105 im Institut für
Virologie der Universität Würzburg
Versbacher Str 7, D - 8700 Würzburg

1. Einleitung

Seit Jahren bemühen sich verschiedene Arbeitsgruppen, die Arbeit im genetischen Labor durch eine zytophotometrische Erfassung der Metaphasen und ihre anschließende Auswertung durch den Rechner zu unterstützen. In dieser Arbeit wird nun ein Bildverarbeitungssystem beschrieben, das mit Hilfe der beiden Parameter "Chromosomengröße" und "Zentromerindex" ungebänderte Chromosomen einer Metaphase automatisch zu einem Karyotyp anordnet. Es dient im Moment als Basis für ein Programmsystem, das die Sequenz der Zentromerteilung bei den Chromosomen von Muntjak Zellen bestimmt /3/.

Außer den Algorithmen selbst gibt es wichtige Bedingungen an das Meßsystem die Voraussetzungen für diese Arbeit sind und daher zusätzlich zur Darstellung der Algorithmen kurz erläutert werden sollen.

2. Farbmessung

Die Datenerfassung für diese Arbeit erfolgte mit Hilfe einer 3 Röhren-Farbfernsehkamera die bei den Wellenlängen 450 nm 520 nm und 600 nm (RGB) ihre maximalen Empfindlichkeiten hat. Untersuchungen ergaben, daß die Qualität der Datenerfassung mit dieser Farbfernsehkamera zumindest bei den gefärbten Präparaten vergleichbar ist mit der des Verfahrens der Spektralmessung nach der DIN-CIE-Norm. Während das Spektralverfahren sehr aufwendig und rechenzeitintensiv ist führt der Wechsel von einzelnen Farbfiltern am Mikroskop zu mechanischen Erschütterungen. Diese können zu Pixelverschiebungen, besonders bei der benötigten hohen Auflösung, in der Bilderfassung führen, so daß die erfaßten Meßpunkte der verschiedenen gemessenen Wellenlängen häufig nicht deckungsgleich sind. Die Farbfernsehkamera stellt eine einfache Methode dar, die Farbwerte reproduzierbar und deckungsgleich zu erfassen. Die Kamerasteuereinheit stabilisiert die drei Signale elektronisch und kalibriert auf den Weißpunkt, so daß selbst über einen längeren Zeitraum die Meßempfindlichkeit konstant bleibt.

Die Anordnung der Chromosomen einer Metaphase zu einem Karyotyp wird an dem Bild aus dem grünen Kanal der Farbfernsehkamera durchgeführt, da die Einzelobjekte sich dort am kontrastreichsten zeigen. Gleichzeitig erscheint deckungsgleich im roten Kanal ein Bild, in dem die Strukturen innerhalb der Chromosomen kontrastreicher dargestellt sind Dieses Bild wurde z.B. bei der Untersuchung der Sequenz der Zentromerteilung beim Muntjak /3/ dazu verwendet den Abstand der geteilten Zentromere zu bestimmen.

3. Automatische Fokussierung

Eine automatische Fokussierung des Mikroskops erleichtert die Erfassung der Metaphasen. Es wurde ein System zur maschinellen Fokussierung, bestehend aus einem Mikroskop mit Z-Achsenantrieb, dem Bilderfassungssystem Eyecom III sowie einer PDP-11/23, entwickelt und aufgebaut, das die optimale Fokusstellung über einen Fokusbereich von +/- 300 µm selbst findet /6/. Der Ablauf der Fokussierung wird analog dem menschlichen Vorgehen in Objektsuche, Grob- und Feinfokussierung eingeteilt. Als bestes und einfachstes Kriterium für die Objektsuche hat sich die Standardabweichung der Grauwerte herausgestellt, die aber im Bereich des Feinfokus nicht immer auswertbare Extremwerte liefert. Deshalb wird im Bereich des Feinfokus auf das Kriterium der modifizierten lateralen Hemmung umgeschaltet. Mit dem System ist es möglich, die optimale Fokusstellung reproduzierbar auf +/- 0,1 µm sowohl im Hellfeld, im Dunkelfeld als auch bei ungefärbten Präparaten im Phasenkontrast einzustellen.

4. Abtastrate

Aus den Überlegungen über die optimale Abtastrate wurde für die Erfassung der Metaphasen eine Abtastrate von 20 Pixel/µm gewählt /2/. Die notwendige Abtastrate in der automatisierten Zellbilderfassung wurde bisher in der Literatur mit maximal 4-8 Pixel/µm angegeben. Bei diesen Abtastraten können jedoch feinste für die Diagnose wichtige intrazelluläre Strukturen von 0,2-0,5 µm Durchmesser, die an der Auflösungsgrenze des Lichtmikroskops liegen nicht erfaßt werden. Einer der wichtigsten Gründe hierfür sind die bei der Erfassung und Übertragung der mikroskopischen Zellabbildung in den Rechner auftretenden Fehler. Sie sind von der mikroskopischen Beleuchtung und Optik, von der Größe des elektronischen Abtastpunktes der TV-Kamera, von der Abtastrate sowie von der Anzahl der Bildpunkte in einem TV-Bild abhängig. Diese Fehler führen zu Verlusten im Informationsgehalt der im Rechner gespeicherten Bilder und sind nachträglich mit Bildrestorations- oder Rekonstruktionsverfahren nicht vollständig zu beheben.

Das Nyquist-Kriterium schreibt vor, daß im idealen Fall doppelt soviele Bildpunkte gemessen werden müssen, wie die kleinste Struktur im lichtmikroskopischen Zellbild aufweist. In einem realen TV-Mikroskopsystem treten jedoch störende Effekte in der Optik, der Beleuchtung, sowie der TV-Elektronik und AD-Wandlerelektronik auf die die verlangte Bandbegrenzung aufheben. Um eine realistische Abtastrate angeben zu können, wurde die Modulation Transfer Function des Gesamt-TV-Mikroskopsystems in Abhängigkeit von der Abtastrate betrachtet /4/. Die Ergebnisse zeigen daß die bisher als ausreichend angenommene Abtastrate nicht zu einem ausreichenden Informationsgehalt im digitalisierten Bild führt Vielmehr ergibt sich, daß eine von der Aufgabenstellung abhängige Abtastrate von 15 - 30 Pixel/µm als optimal anzusehen ist.

5. Verwendete Algorithmen

Mit Hilfe des TV-Mikroskopsystems wurden Metaphasen von Muntjak-Zellen erfaßt und automatisch nach den Merkmalen "Größe" und "Zentromerindex" zu einem Karyotyp geordnet. Die automatische Verarbeitung besteht im wesentlichen aus den vier Phasen Segmentieren, automatische Orientierung der Chromosomen in die horizontale Lage, Bestimmung der Zentromerposition und Erstellen des Karyotyps /3/.

Abb.1 zeigt eine Metaphase eines männlichen Muntiacus muntjak vaginalis, eines indischen Hirsches, die das Eingangsbild für das Programmsystem darstellt. Es handelt sich um die Daten aus dem Grünkanal der Farbfernsehkamera, die sich für die Erstellung eines Karyotyps am besten eignen, da sich die Einzelobjekte in ihm am kontrastreichsten darstellen. Sollen feine Strukturen innerhalb der Chromosomen betrachtet werden können die gefundenen Chromosomen aus dem "grünen" Bild den Bildern aus dem Rotkanal der Farbfernsehkamera als Masken überlagert werden.

Die Segmentierung der digitalisierten Bilder erfolgte nach einer Methode, die in der Lage ist durch Betrachtung von einzelnen Bildausschnitten Schwellwerte optimal anzupassen. Verfahren, die auf der Bestimmung eines einzigen Schwellwertes für die Gesamtmetaphase beruhen, liefern oft unzureichende Ergebnisse, da die Anfärbung der Chromosomen sehr unterschiedlich sein kann. Wird die Gesamtszene einfach in starre, vorgegebene Bereiche eingeteilt ergeben sich an den Bereichsgrenzen Segmentationsartefakte, die die weitere Verarbeitung stören. Daher wurde in Anlehnung an ein Verfahren in /8/ eine Methode entwickelt, die sich die Einzelausschnitte aus dem Gesamtbild mit Hilfe einer "Skelettierung" des Hintergrunds selbst berechnet. Im ersten Schritt dient das Histogramm des Gesamtbildes als Hilfsmittel für die Bestimmung einer vorläufigen Schwelle zur Bildung eines Binärbildes. Für jeden Punkt des Hintergrunds wird der

Abstand zum nächsten Objektpunkt oder Randpunkt des Bildes nach einem modifizierten Algorithmus von Rosenfeld /9/ berechnet, der in /5/ beschrieben ist. Es entsteht ein "Isodistanzenbild" (Abb 2). Geschlossene Linien die sich nach dem Auffinden der lokalen Maxima in diesem Bild ergeben, sind die Begrenzungen für Unterbereiche die anschließend einzeln weiterverarbeitet werden (Abb.3). Für jeden so erhaltenen Bildausschnitt wird das Histogramm erstellt Falls dieses zwei Maxima aufweist, wird ein Schwellwert berechnet und eine Schwellwert- sowie eine Labellingoperation durchgeführt.

Die gefundenen Chromosomen werden für die weitere Verarbeitung vorbereitet indem sie automatisch in die horizontale Lage gedreht und einzeln abgespeichert werden. Die Bestimmung des Winkels um den das Chromosom gedreht werden muß, erfolgt nach einem Verfahren, das auf einer Erweiterung des Algorithmus in /1/ beruht. Dieser liefert als Ergebnis einen Näherungswinkel von 0°, +/- 45° und +/- 90°. Im Bereich von +/- 20° des berechneten Winkels wird in Schritten von 5° anschließend eine Optimierung durchgeführt, indem die Länge der horizontalen Projektion des gedrehten Chromosoms als Optimierungskriterium dient.

Die Lokalisation des Zentromers wird mit Hilfe des integrierten Dichteprofils durchgeführt /7/. Aus der Zentromerposition ergibt sich der Zentromerindex als Verhältnis des kürzeren Arms des Chromosoms zu seiner Gesamtlänge. Die Parameter "Chromosomengröße" und "Zentromerindex" identifizieren dann die Autosomenpaare 1 und 2 sowie die Geschlechtschromosomen X, Y_1 und Y_2 eindeutig, so daß ein Karyotyp erstellt werden kann (Abb.4).

Mit Hilfe des Programmsystems wurde eine Untersuchung der Zentromerteilung des Muntjaks durchgeführt /3/. Die Abstände zwischen den geteilten Zentromeren konnten quantitativ erfaßt werden; auf diese Weise war es möglich, die Zentromerteilungsindizes der Chromosomen des Muntjaks zu bestimmen Die Ergebnisse zeigen deutlich, daß die Chromosomen der untersuchten Zellen sich asynchron und nicht in einer zufälligen Reihenfolge trennen.

6. Kommentar

Die hier beschriebenen Computeranalyseprogramme sowie das Meßsystem werden zur Zeit für einige Untersuchungen mit dem humangenetischen Institut der Universität Würzburg durchgeführt. Unter anderem wird untersucht inwieweit die Zentromertrennung von Chromosomen nur genetisch gesteuert wird oder biochemisch beeinflußt werden kann. Die Programme erlauben eine systematische Aufstellung der Zentromertrennung, wie erste Ergebnisse zeigen.

Anmerkung

Wir danken Herrn Privatdozent Dr. Schmid, Humangenetisches Institut der Universität Würzburg für seine Unterstützung Diese Arbeit wurde teilweise vom Bundesministerium für Forschung und Technologie, sowie von der Deutschen Forschungsgemeinschaft unterstützt.

Literatur:

/1/ Aggarwal R.K., Fu K.S.:
"Automatic Recogniton of Irradiated Chromosomes"
Journal of Histochemistry and Cytochemistry 22, 1974

/2/ Gerlach B.:
"Reproduzierbare Erfassung und Auswertung von Chromosomenbildern"
Diplomarbeit Heidelberg, 1982

/3/ Gerlach B Solleder E , Haucke M Harms H.. Schmid M , Aus H.M.:
"Application of a High Resolution TV-Microscope-System to Estimate the Sequence Of Centromere Separation In Muntjak Chromosomes"
Cytometry zur Veröffentlichung eingereicht

/4/ Harms H., Aus H.M.:
"Computer Vision And Sampling Considerations In TV-Microscopy"
IEEE Computer Society Press, Los Angeles, 1982

/5/ Harms H.:
"Neue Verfahren in der Bildverarbeitung, insbesondere in der lichtmikroskopischen Zellbildklassifizierung"
Dissertation Bremen, 1982

/6/ Harms H , Aus H.M.:
"A New Focussing Method For Light Microscopes"
Cytometry zur Veröffentlichung eingereicht

/7/ Oosterlinck A., Vlietinck R.:
"Characteristics Of An Automated Clinical Cytogenetics System"
in: Automation Of Cytogenetics
Edited By L Mendelsohn Pacific Grove 1975

/8/ Preston K. Jr.:
"Interactive System For Medical Image Processing"
in· Real-Time Medical Image Processing
Edited By Onoe M., Preston K. Jr., Rosenfeld A.
Plenum Press, New York 1980

/9/ Rosenfeld A., Kak A. C.:
'Digital Picture Processing"
Academic Press 1976

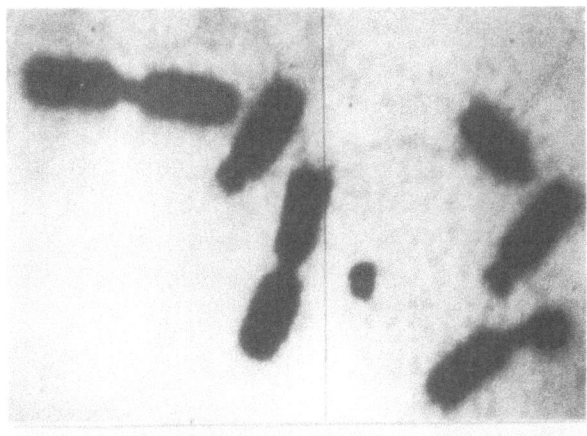

Abb.1: Metaphase eines männnlichen Muntiacus muntjak vaginalis.

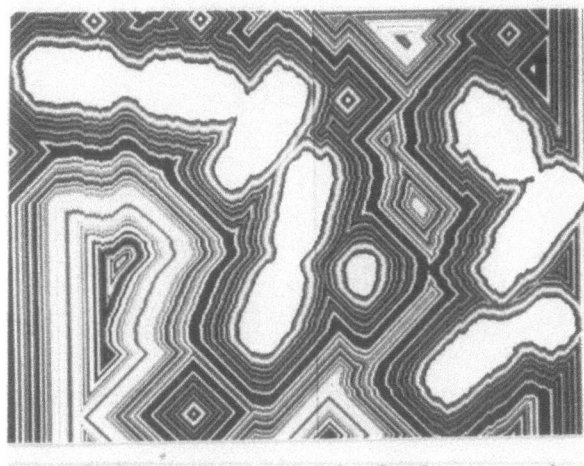

Abb.2: "Isodistanzenbild" der Abb.1.

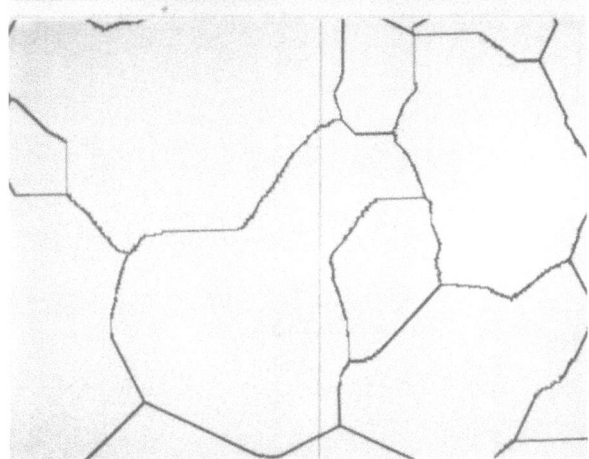

Abb.3: Aufteilung der Szene in Abb.1 in Unterbereiche.

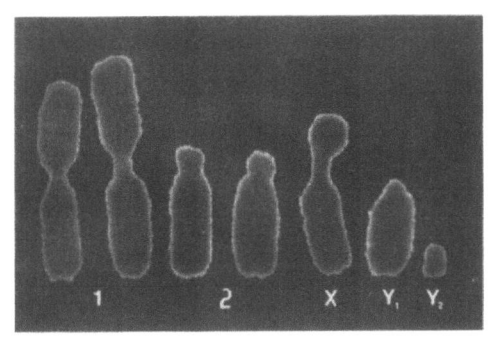

Abb.4: Erstellter Karyotyp der Metaphase in Abb.1.

TEXTURANALYSE AN NATIVEM ZELLMATERIAL MIT HILFE DER

ULTRAVIOLETTMIKROSKOPIE

G. Strässle (1), E. R. Reinhardt (1), S. Witte (2)

(1) Institut für Physikalische Elektronik der
    Universität Stuttgart
(2) Diakonissenkrankenhaus Karlsruhe

1. Zusammenfassung

Mit Hilfe der Ultraviolettmikroskopie und den Methoden der digitalen Bildverarbeitung werden aus verschiedenen monochromatischen Transmissionsbildern einer nativen Zellbildszene die örtlichen Verteilungen der Zellkernproteine und der Nukleinsäuren (DNS, RNS), frei von Fixierungsartefakten, nach dem Schichtenmodell als Lösung eines linearen (überbestimmten) Gleichungssystems berechnet.

2. Grundlagen

Die praktische Krebsdiagnose gründet sich bis heute auf mikroskopische Methoden. In der Zytodiagnostik ist die Chromatinstruktur des Zellkerns ein wichtiger Parameter. Man versteht darunter die im Mikroskop nach Fixierung und Färbung sichtbare Struktur der Zellkerne. Sie steht in Beziehung zur örtlichen Verteilung der zellularen Stoffklassen, Nukleinsäuren und Proteine. Es kann jedoch nicht davon ausgegangen werden, dass die sichtbare Chromatinstruktur der räumlichen Zuordnung der zellularen Stoffklassen vor Fixierung und Färbung entspricht.

Nukleinsäuren und Proteine zeigen im ultravioletten Wellenlängenbereich von ca. 250 - 310nm eine spezifische, jedoch sich überlagernde Absorptionscharakteristik mit einem ausgeprägten Maximum bei 263nm für Nukleinsäuren und einem sehr viel weniger ausgeprägten Maximum im Bereich um 280nm für die Proteine. Aufgrund dieses physikalischen Verhaltens bietet hier die UV-Mikroskopie die Möglichkeit die Morphologie nativen Zellmaterials durch monochromatische Beleuchtung frei von Texturartefakten, bedingt durch Fixierung und Färbung, zu beschreiben.

T. Casperson und W. Sandritter /1/ haben auf dem Gebiet der Ultraviolettmikroskopie und der Bestimmung der Extinktionskoeffizienten der Nukleinsäuren ε_n und der Proteine ε_p Pionierarbeiten geleistet. Diese Koeffizienten sind in Abbildung 1 als Funktion der Wellenlänge qualitativ dargestellt. Danach ist der Extinktionskoeffizient der Proteine viel kleiner als der der Nukleinäuren. Zudem ist aus Untersuchungen mit dem Elektronenmikroskop /2/ bebekannt, dass Nukleinsäuren und Proteine im Zellkern örtlich eng miteinander verknüpft auftreten. Diese physikalischen und biolo-

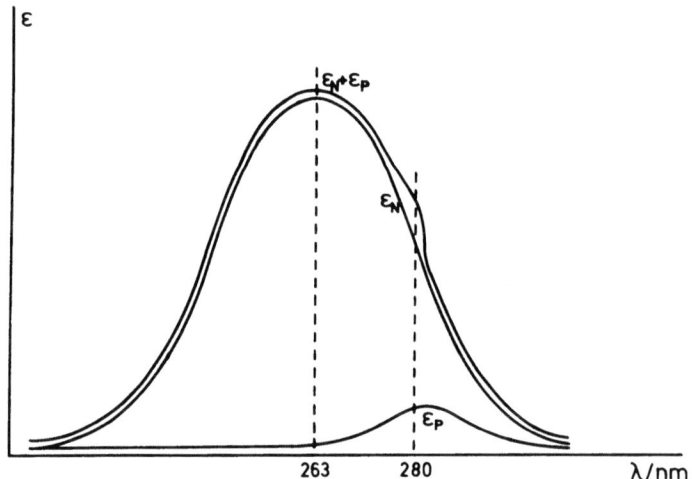

Abb.1: Qualitativer Verlauf der Extinktionskoeffizienten
der DNS ε_n und der Proteine ε_p über der Wellenlänge

gischen Gegebenheiten lassen nicht erwarten, dass selbst bei der
für die Proteine spezifischen monochromatischen Beleuchtung eine
proteinspezifische Textur im Zellkern visuell erkennbar ist
(siehe Abb. 4).
Von grossem zytologischen Interesse ist daher eine separierte
Darstellung der örtlichen Verteilungen dieser zellularen Stoffklassen. Dieses Ziel soll durch den Einsatz eines digitalen TV-
Bildaufnahme und -Verarbeitungssystems /3/ erreicht werden.

3. Digitale Zellbildaufnahme

Mit Hilfe einer UV-empfindlichen TV-Kamera werden native Präparate unter einem mit Quarzoptiken ausgerüsteten Mikroskop bei monochromatischer Beleuchtung abgetastet. Dieser Vorgang wird für jede Zellbildszene bei den verschiedenen stoffspezifischen Wellen-
längenlängen im Bereich von 260 nm bis 313 nm wiederholt. Die von
der TV-Kamera gelieferten Bildsignale der spektralen Transmissionsbilder werden über ein digitales Bildaufnahmesystem auf Magnet-
band gespeichert und stehen deckungsgleich zur Verarbeitung zur
Verfügung.

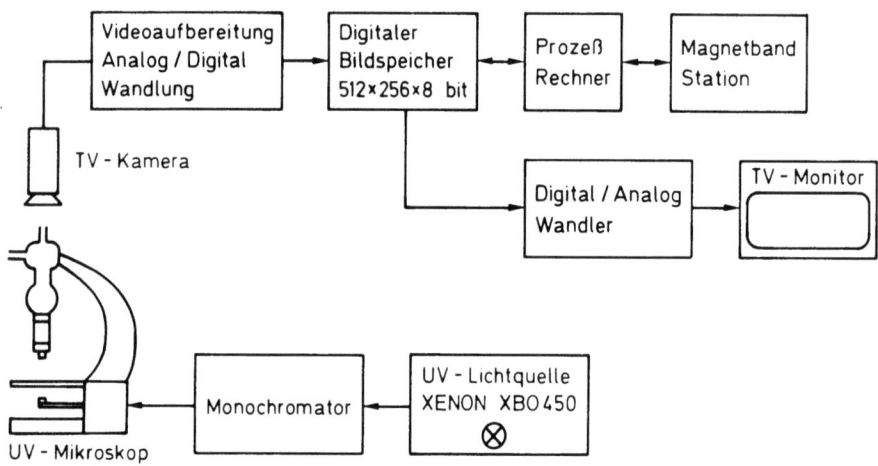

Abb.2: Digitales UV-Zellbildaufnahmesystem

4. Schichtenmodell

Mit dem S c h i c h t e n m o d e l l (Abb.3) wird ein V e r e i n f a c h t e r Ansatz zur Berechnung der DNS- und Proteintextur aus mehreren spektralen Messungen (Transmissionsbilder) einer Zellbildszene gemacht.

Folgende Vereinfachungen wurden gemacht:

- Kegelförmiger Strahlengang durch das Objekt wird durch einen parallelen Strahlengang angenähert.

- Einflüsse der Tiefenschärfe des Objektivs, d.h. Anteile im fokussierten Bild, die von Objektinformationen ausserhalb der Fokussierungsebene stammen, werden nicht berücksichtigt.

- Streueffekte an den Grenzschichten zellularer Materie führen zu erhöhten Absorptionsmesswerten. Dieser Anteil wird zusammen mit unspezifisch absorbierenden zellularen Stoffen in 1.Näherung durch eine Messung bei 313nm erfasst und wellenlängenunabhängig angesetzt. Ob eine eine genauere Bewertung der Streulichtanteile durch eine von G. Thiessen aufgestellte Korrekturformel /4/ für die Separierung der zellularen Stoffklassen von Bedeutung ist, wird durch z.Z. laufende Experimente untersucht.

Die Absorption in jedem einzelnen Bildpunkt wird dann bestimmt durch folgende Grössen: DNS-Anteil $\alpha_n(\lambda) \cdot d_n$, Proteinanteil $\alpha_p(\lambda) \cdot d_p$ und durch den Anteil unspezifisch absorbierender Stoffklassen mit Streulichtanteil $\alpha_u \cdot d_u$.

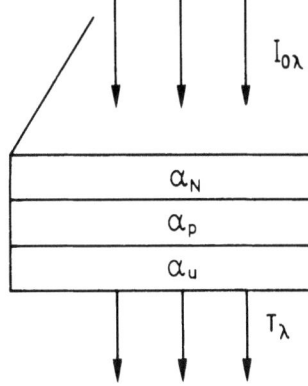

α - Absorptionskoeffizient
d - Schichtdicke
$I_{0\lambda}$ - Intensität vor der Objektebene
T_λ - Transmission

n - Nukleinsäure
p - Proteine
u - unspezifische Anteile

Abb.3: Schichtenmodell zur Berechnung stoffspezifischer Absorptionen

Die Absorption in jedem einzelnen Bildpunkt wird nach dem Schichtenmodell mit den beschriebenen Vereinfachungen und Näherungen durch die nachfolgende Gleichung beschrieben. Danach kann die Reihenfolge der Schichten, aufgrund des Ansatzes einer linearen Überlagerung der Komponenten, willkürlich gewählt werden.

Transmission:

$$T(\lambda) = I_0(\lambda) \cdot \exp(-(\alpha_n(\lambda) \cdot d_n + \alpha_p(\lambda) \cdot d_p + \alpha_u \cdot d_u))$$

Absorption:

$$A(\lambda) = 1 - T(\lambda)$$

Sind die Parameter $Io(\lambda)$, $\alpha n(\lambda)$, $\alpha p(\lambda)$ und αu bekannt, so lassen sich die interessierenden Grössen dn und dp durch drei Messungen vorzugsweise bei $\lambda 1=263nm$ (nukleinspezifisch), $\lambda 2=280nm$ (proteinspezifisch) und $\lambda 3=313nm$ (unspezifisch) bestimmen. Die örtlichen Verteilungen der Stoffklassen ergeben sich dann als Lösung eines linearen Gleichungssystems der Form:

$$\underline{A} \cdot \underline{x} = \underline{b} ,$$
mit $\underline{x} = \underline{A}^{-1} \cdot \underline{b}$

$\underline{A}$ - Absorptionskoeffizientenmatrix
$\underline{x}$ - stoffspezifischer Dickenvektor
$\underline{b}$ - spektraler Messvektor

5. Experimente

Mit dem in Abschnitt 3. dargestellten digitalen Bildaufnahmesystem wurden mehrere native Zellbildszenen bei monochromatischer Beleuchtung mit unterschiedlicher Vergrösserung aufgenommen (Objektiv 32x, Objektiv 100x).

In Abbildung 4 ist ein Zellkern mit umgebendem Zytoplasma als Ausschnitt aus einer Tumorzelle aus dem Colon dargestellt, aufgenommen bei den Wellenlängen 263nm, 280nm und 313nm.

Aufnahmeparameter:

- Objektiv 32x

- Monochromatorspaltbreite für 263nm: 1.80
  280nm: 0.67
  313nm: 0.28

- Bildfeldgrösse 128 x 128 Bildpunkte

- Graustufenauflösung bei Vollaussteuerung: 255
  mit folgender Zuordnung: 0 = dunkelster Grauwert,
  Transmission = 0
  255 = hellster Grauwert,
  Transmission = Tmax

Eine Separierung der nukleinspezifischen und proteinspezifischen Textur nach dem Schichtenmodell erfordert neben der Kenntnis der Intensitätsverteilung $Io(\lambda)$ vor der Objektebene, auch die Kenntnis der stoffspezifischen Extinktions-, bzw. Absorbtionskoeffizienten als Funktion der Wellenlänge an den Messtützstellen.

Die Referenzintensitäten $Io(\lambda)$ wurden interaktiv aus den abgespeicherten TV-Zellbildszenen 512 x 256 Bildpunkte an den Stellen integral entnommen, die von keiner Zelle belegt waren. Diese Methode kann jedoch fehlerbehaftet sein und soll in Zukunft durch integrale Messung vor der Objektebene, mit Photomultiplier und Messverstärker, durchgeführt werden.

Die Extinktionskoeffizienten ε_n und ε_p wurden aus den in /1/ abgebildeten $\varepsilon(\lambda)$-Diagrammen entnommen. Je nach Zusammensetzung der Nukleinsäuren (Adenin, Guanin, Cytosin, Tymin) und der Proteine (Tyrosin, Tryptophan), sowie des pH-Wertes des sie umgebenden Mediums, können diese Werte geringfügig variieren.

Lässt sich diese Variation als statistischer Rauschprozess beschreiben, so können durch zusätzliche Messungen, z.B. bei 270nm und 290nm, die Unsicherheiten bei der Rekonstruktion der stoffspezifischen Verteilungen verkleinert werden. Dies führt zu einer Erweiterung des Gleichungssystems. Für die Minimierung des Fehlers wurde folgender Ansatz gewählt:

$$\text{grad}_x \left((\underline{b} - \underline{A} \cdot \underline{x})^2 \right) = 0$$

daraus folgt durch Umformung die Lösung:

$$\underline{x} = (\underline{A}^T \cdot \underline{A})^{-1} \cdot \underline{A}^T \cdot \underline{b}$$

In Abbildung 5 sind nun die aus den Transmissionsbildern (Abb.4) berechneten nukleinspezifischen und proteinspezifischen Verteilungen, sowie die Unspezifische, im Grauwert normiert dargestellt (min-max Normierung).

Die berechneten örtlichen Verteilungen der Nukleinsäuren und der Proteine weisen nun deutlich signifikante Texturunterschiede auf. Wie erwartet sind im Zytoplasma im Vergleich zum Zellkern nur wenig Nukleinsäureanteile dargestellt (Abb. 5a); umgekehrt ist der Proteinanteil (Abb. 5b) im Zytoplasma und Zellkern ähnlich hoch. Diese Ergebnisse stimmen mit den biologischen Gegebenheiten überein und weisen auf die Gültigkeit der Modellierung hin.

6. Anwendungen

Von besonderem zytologischen Interesse ist das Verhalten der Nicht-Histon-Proteinen im Zellkern bei der Entstehung von Tumorzellen.

Das vorgestellte Verfahren zur separierten Darstellung von Nukleinsäure- und Proteinanteile soll einen Beitrag zur quantitativen Erfassung von Proteintexturen in Zellkernen nativer Zellen liefern. Die Separierung der Nukleinsäure- und Proteinanteile ist ebenso ein wichtiger Schritt bei der Gewinnung signifikanter Texturmerkmale aus nativem Zellmaterial für die Berechnung eines Zellklassifikators zur Früherkennung von Tumorzellen.

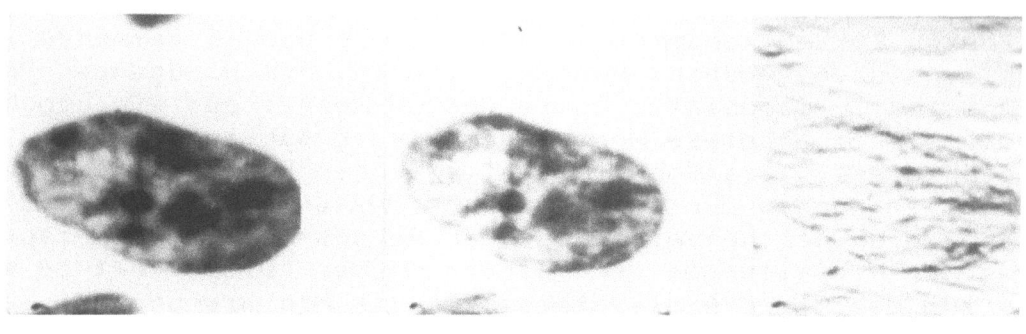

a) 263nm   b) 280nm   c) 313nm

Abb.4: Monochromatische Transmissionsbilder eines nativen Tumorzellkerns aus dem Colon

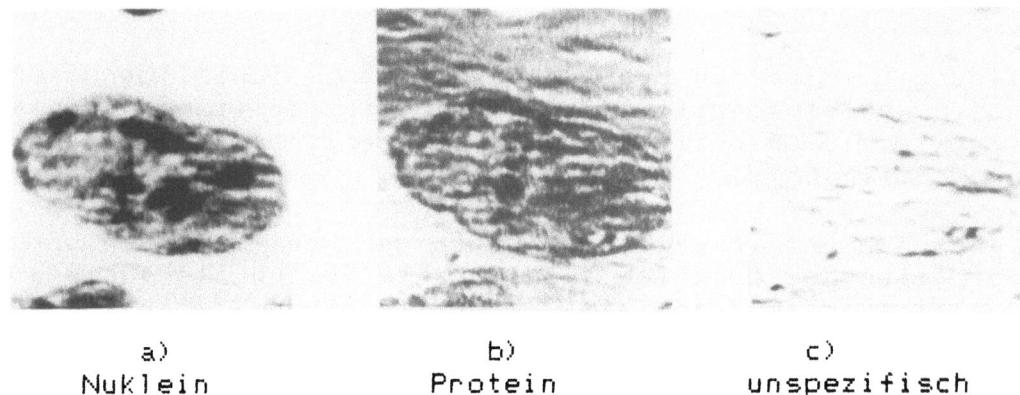

a) Nuklein   b) Protein   c) unspezifisch

Abb.5: Berechnete stoffspezifische Verteilungen aus den Transmissionsbildern in Abb.4

7. Literaturverzeichnis

/1/ Sandritter, W., Frankfurt a. M., "Ultraviolettmikrospektrophotometrie", Handbuch Histochemie, Fischer Verlag, Frankfurt a. M., 1958.

/2/ Gersh, I., "Proteins and Nucleic Acids", Submicroscopic Cytochemistry, Vol. 1, Academic Press, New York and London, 1979

/3/ Erhardt, R., Reinhardt, E. R., "FAZYTAN, A System for Fast Automated Cell Segmentation, Cell Image Analyses and Feature Extraction Based on TV-Image Pickup and Parallel Processing", Analytical and Quantitativ Cytology Journal, Vol.2, No.1, March-April 1980

/4/ Thiessen, G., Thiessen, H., "Microspectrophotometric Cell Analyses", Progress in Histochemistry and Cytochemistry, Vol.9, No.4, 1977

ANALYSE VON OBJEKTAGGLOMERATEN IN BILDERN

U. Jütting, P. Gais, K. Rodenacker, U. Schenck*), G. Burger

Gesellschaft für Strahlen- und Umweltforschung mbH München
Institut für Strahlenschutz
D-8042 Neuherberg bei München

*) Institut für Klinische Zytologie
Technische Universität
D-8000 München

Zusammenfassung

Zur analytischen Zytologie von Schilddrüsenaspiraten wurde an einem Bildanalysesystem ein Programm zur vollautomatischen Vermessung von Einzelzellen und Zellverbänden entwickelt und eingesetzt.

Bilder von Giemsa-gefärbten Schilddrüsenpräparaten werden in einem TV-Mikroskop automatisch erfaßt und digitalisiert. Ein Autofokus und ein schneller Tisch übernehmen Scharfstellen und Bildfeldwechsel. Die Bildinhalte werden grob segmentiert in Einzelzellkerne und Kernagglomerate sowie den verbleibenden Untergrund und mittels spezieller Prozeduren gereinigt. Auf das resultierende Binärbild wird ein Zerlegungsalgorithmus angewandt, der zufällige Kernverbände, ebenso wie follikuläre Anordnungen, in Einzelzellen trennt. Jedes so gewonnene Objekt wird erneut gereinigt und die Größe, der Umfang und die mittlere optische Dichte gemessen. Mittels geeigneter Algorithmen werden sodann Nachbarschaftsbeziehungen zwischen den isolierten Zellkernen zur Erkennung der Follikel untersucht. Die verwendeten Algorithmen werden beschrieben.

1. Einleitung

Die analytische Zytopathologie stellt heute eines der wichtigsten Anwendungsgebiete der quantitativen Bildverarbeitung in der Medizin dar. Die vorliegenden Zell- und Gewebepräparate werden dabei nicht oder nicht nur einer visuellen mikroskopischen Beobachtung und Beurteilung unterzogen, sondern sie werden von einer okularseitig an das Mikroskop angeschlossenen Fernsehkamera erfaßt und mittels geeigneter Algorithmen vermessen. Die wichtigste zytopathologische Information befindet sich in den einzelnen Zellkernen, bzw. den ganzen Zellen sowie im Falle histologischer Schnitte zusätzlich im Aufbau und der Strukturierung des Gewebeverbandes. An den einzelnen Zellen interessieren morphologische Merkmale, wie Größe und Form von Zellkern und Zytoplasma, zytochemische Merkmale, wie Farbstoffanlagerungen an den Zellbausteinen sowie strukturelle Merkmale, wie z.B. besonders die Chromatinstruktur des Kerns. Solche Merkmale sind leicht zu bestimmen, wenn die Zellen in den Präparaten vereinzelt vorliegen und sich durch geeignete Färbung ausreichend kontrastreich darstellen. Man versucht dies in einigen Anwendungsgebieten durch Herstellung von Glasträgerpräparaten aus monodispersen Zellsuspensionen zu erreichen. Hierbei geht jedoch immer begleitende Zellbildinformation verloren. Dies gilt sowohl für die exfoliative Ausstrichzytologie, wie besonders für die Feinnadelpunktionszytologie. Will man hier mit Originalpräparaten arbeiten, muß man nicht nur vorhandene Einzelzellen entdecken, sondern ebenso Anlagerungen und Zellhaufen untersuchen und mittels geeigneter Trennverfahren möglichst viele brauchbare Einzelzellen daraus herstellen. Schließlich interessieren in allen Fällen, in denen Zellhäufungen nicht nur rein statistisch begründet sind, auch noch Merkmale der Zellagglomerate. Hierüber soll am Beispiel der Bildanalyse konventioneller Schilddrüsenpunktate berichtet werden.

2. Aufgabenstellung

Am IfZ der TU München (Prof. Dr. H.-J. Soost) wurden in den vergangenen 10 Jahren 21000 Schilddrüsenpunktate aus kalten Knoten untersucht. Darunter waren 954 verdächtige und positive Fälle. Es handelte sich dabei zum größten Teil um Präparate, die das Zellbild der follikulären Proliferation zeigten. Dieses Zellbild ist ebenso typisch für follikuläre Adenome wie für hochdifferenzierte follikuläre Karzinome. Eine eindeutige visuelle Klassifizierung in diese beiden Tumorarten ist nicht möglich. An eine vollautomatische Präparatediagnose werden daher folgende Anforderungen zu stellen sein:

- Untersuchung der Populationen aller Einzelzellen im Präparat

- Erkennung des Vorkommens von follikulären Strukturen und Vermessung

  - der Einzelzellen in diesen Strukturen

  - der Strukturen selbst.

3. Durchführung

Untersuchung an Einzelzellen

Da sich bei den Giemsa-gefärbten Präparaten die Zellkerne meist ausreichend kontrastreich darstellen (Abb. 1, Bild OR), geschieht die Grobsegmentierung aller Objekte mittels eines einfachen Schwellwertalgorithmus. Dazu wird zuerst eine Graubildouverture /4/ durchgeführt. Dadurch verschwinden kleinere Artefakte und Untergrundobjekte. Sodann werden von diesem Bildfeld das Grauwerthistogramm aller Pixel erzeugt, der den Kernen zuzuordnende Peak mit den höchsten Grauwerten bestimmt und anhand von Mittelwert und Streumaß dieses Peaks die Schwelle festgelegt. Das damit erhaltene Binärbild (Abb. 1, Bild BB) wird sodann weiter verarbeitet. Dies geschieht in folgenden zwei Schritten:

- Die Szene wird sukzessive erodiert mit dem kleinsten möglichen Radius von einem Bildpunkt. Dabei wird ständig abgefragt ob sich das Bild des vorhergehenden Erosionsschrittes noch rekonstruieren läßt. Ist das nicht mehr der Fall, werden die Restobjekte vor dem Verschwinden abgetrennt und festgestellt, ob es Einzelobjekte oder Agglomerate sind. Im Falle von Zusammenlagerungen (Konnexitätszahl $\neq$ 0), wird durch schrittweise Exoskelettierung /3/ die Trennung der Einzelkerne durchgeführt, wie in Abb. 2 schematisch dargestellt.

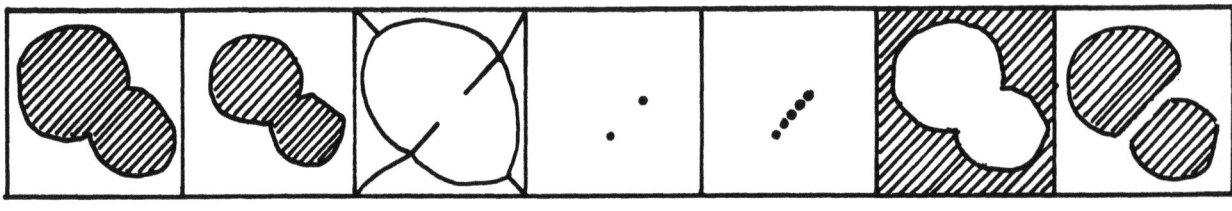

Abb. 2:   A   B=DIL(A)   C=EXSK(B)   D=AND(A,C) ... D   E=NOT(A)   F=NOR(D,E)

- Alle Einzelobjekte werden von links oben im Bildfeld beginnend erfaßt und durch eine geeignete Fermeture vorverarbeitet. Sodann werden die mittlere Kernextinktion (KEM 1), die Fläche (KEFL) und der Objektumfang (KERD) bestimmt, daraus kombinierte Merkmale, wie Formmerkmal (KEP2A) oder die totale Kernextinktion (KETOTE) errechnet und abgespeichert. Objekte, deren Fläche oder Formmerkmal bestimmte visuell abgeschätzte Grenzwerte überschreiten, werden verworfen.

Die beschriebene Routine läuft vollautomatisch und verarbeitet ein Punktionspräparat mit rund 10000 Einzelzellen in ca. 14 Stunden, wobei die Bildfeldgröße 256 x 256 Pixel beträgt und der Pixelabstand 0.5 um ist . Das Ergebnis sind Verteilungen, wie sie in Abb. 3 für KEFL, KETOTE und KEM1 für ein Präparat beispielhaft dargestellt sind. Da die Trennung von Agglomeraten zu Fehlern in der Flächenbestimmung und in den daraus abgeleiteten Merkmalen führt, werden bei den gezeigten Verteilungen die Anteile für echte Einzelzellen und für Zellen aus Zusammenlagerungen getrennt bestimmt. Wären die Zusammenlagerungen nur statistisch bedingt, könnten letztere Verteilungen durch Vergleich mit denen der Einzelzellen korrigiert werden.

Da dies zumindest für alle follikulären Zellverbände (Abb. 4) nicht gilt, sind diese in jedem Fall getrennt zu erkennen und zu behandeln.

Erkennung follikulärer Zellverbände:

Für die Erkennung follikulärer Zellverbände wurden zwei Algorithmen entwickelt, die im Folgenden schematisch dargestellt sind.

Verfahren 1:

```
A = gereinigtes und zerlegtes
    Binärbild
B = FERMETURE(A,radius)
C = NOT(B)
D = ELRA(C) Rand löschen
    Inneres der Follikel
E = OR(B,D)
F = EROSION(E,radius/2)
G = EXOR(E,F)
    äußerer Rand
H = GRASSF(A,G)
    mögliche äußere Follikelzellen

SL: if (D = 0) goto end
    I = EOB(D)
        erstes Objekt von oben
    J = EXOR(I,D)
    K = DILATATION(I,radius/2)
    L = EXOR(K,I)
        innerer Rand
    M = GRASSF(L,A)
        mögl. innere Follikelzellen
    N = AND(M,H)
        mögliche Follikelzellen
    P = FERMETURE(N,radius)
        Merkmalsextraktion
    if (CONNEX(P) = 0) goto SL
end: Bildfeld abgearbeitet
```

Verfahren 2:

```
A = gereinigtes und zerlegtes
    Binärbild
B = FERMETURE(A,radius)
C = SKELETT(B)
D = OR(A,C)
    Einzelzellen und Skelettlinien
E = NOT(D)
F = ELRA(E) Rand löschen
    Inneres von Follikeln

SL: if (F = 0) goto end
    G = EOB(F)
        erstes Objekt von oben
    H = EXOR(F,G)
    I = DILATATION(G,radius/2)
    J = GRASSF(I,A)
        mögliche Follikelzellen
    K = FERMETURE(J,radius)
        Maske von Follikel



    Merkmalsextraktion
    goto SL
end: Bildfeld abgearbeitet
```

Dabei sind hier Erosion, Dilatation, Fermeture und Ouverture sowie Skelett, Operationen der mathematischen Morphologie, angewandt auf Binärbilder, wie sie von Serrat /2/ entwickelt wurden. Diese Operationen sowie GRASSF (= Grassfire) sind in /1/ beschrieben. Die weiteren verwendeten Operationen sind Grundoperationen oder selbsterklärend.

Die Ergebnisse der wichtigsten Verarbeitungsschritte der beiden Verfahren werden anhand einer ausgewählten Szene (Abb. 1) schematisch dargestellt.

Man erkennt, daß in beiden Fällen die notwendige Bedingung für die Existenz eines Follikels, das Auftreten von Innenbereichen im Verarbeitungsschritt D bzw. F ist. Als nächstes werden im Verfahren 1 Zellkerne gefunden in H und M, die zu einem 'äußeren und einem inneren Rand' des Follikels gehören. Schließlich ist noch die Bedingung zu erfüllen, daß die Objekte einen Mindestabstand zueinander nicht überschreiten. Dazu muß die Operation P wieder zu einer geschlossenen Fläche mit Innenbereich führen. Im gezeigten Beispiel verschwindet das rechtsliegende mögliche Follikel. Das Endergebnis ist in Abb.1 im Bild FOLL wiedergegeben.

Im Verfahren 2 müssen die Objekte nur zu einem inneren Rand gehören, der in diesem Fall definiert ist durch die Skelettlinien und die innere Berandung von Follikelzellen.

Beide Verfahren wurden anhand visuell ausgesuchter Zellverbände mit unterschiedlich stark erkennbaren follikulärem Charakter erprobt und miteinander verglichen. Es zeigt sich, daß beim Verfahren 2 mehr Follikelzellen akzeptiert und damit mehr Follikel gefunden werden. Beide Verfahren werden z.Z. in die automatische Bildverarbeitungsroutine eingebaut.

Von den gefundenen Follikeln werden sodann die Merkmalsverteilungen der Einzelzellen erstellt, als auch folgende Follikelmerkmale wahlweise bestimmt:

Fläche des Follikels
Fläche der Follikelzellen
Anzahl der Follikelzellen
Fläche des Follikelinneren ⎫
Randlänge des Follikelinneren ⎬ Formparameter
Randlänge des Follikeläußeren ⎭

Ergebnis:

Bisher wurden 21 Punktionspräparate vollautomatisch abgetastet und die Einzelzellmerkmale bestimmt. Pro Präparat wurden zwischen 5000 und 30000 Zellkerne vermessen. Anhand der Einzelzellmerkmale scheint eine überzeugende Klassifikation von Adenomen und Karzinomen nicht möglich. In der Literatur finden sich darüber unterschiedliche Auffassungen, die meist aus Ergebnissen anhand weniger, interaktiv ausgesuchter Zellen resultieren. Es ist zu erwarten, daß die Einbeziehung der follikulären Strukturen in die Maschinendiagnose eine eindeutige Stellungnahme gestatten.

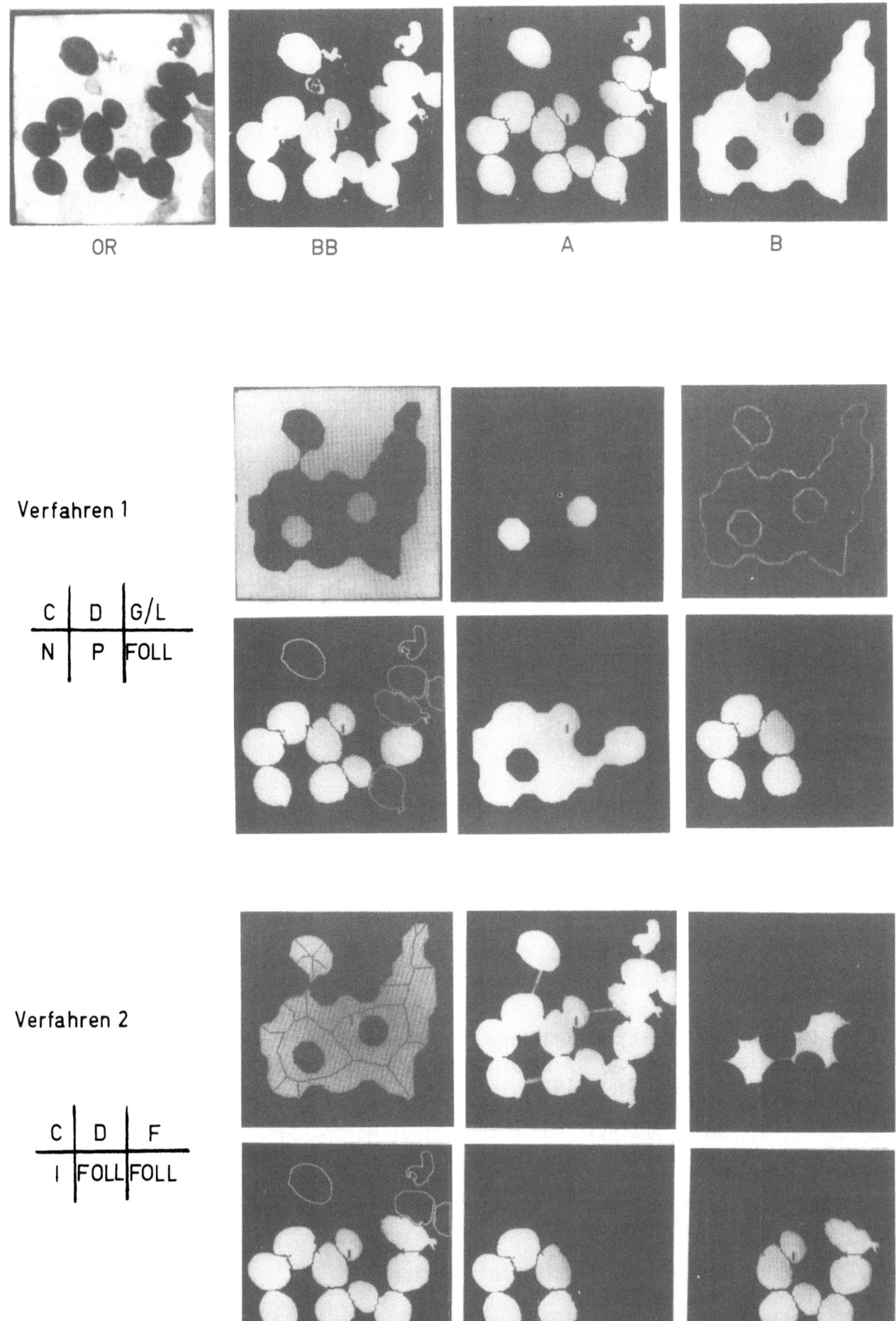

Abb. 1

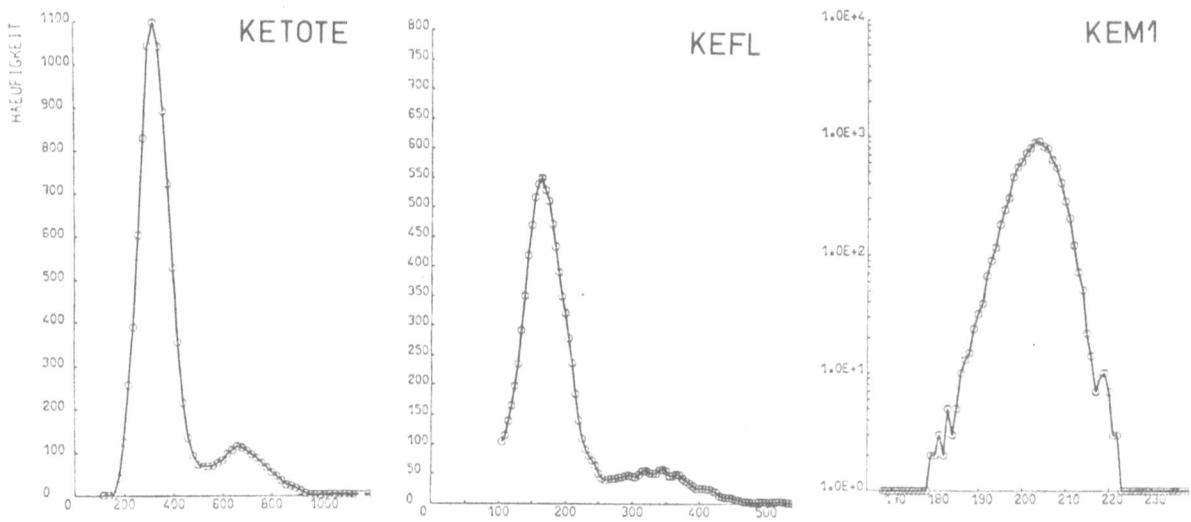

Abb. 3: Häufigkeitsverteilungen der Merkmale KETOTE, KEFL und KEM1

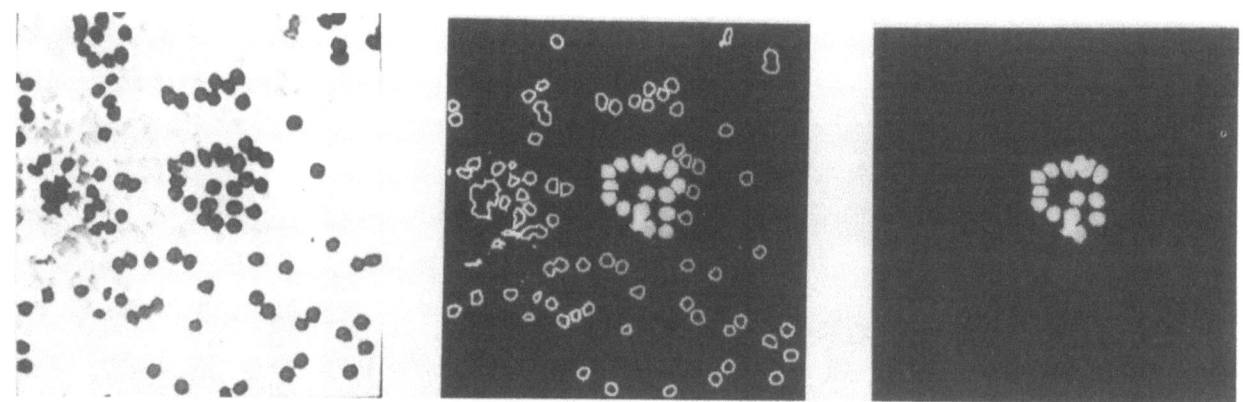

Abb. 4: Beispiel einer Follikelbestimmung in einem Punktionspräparat

Referenzen:

/1/ Rodenacker, K., Gais, P., Jütting, U., Burger, G.
    Mathematical Morphology in Grey-Images
    EUSIPCO, Erlangen, Sept. 1983, in Druck

/2/ Serra, J.: Image Analysis and Mathematical Morphology,
    Academic Press, London, 1982

/3/ Meyer, F.: Cytologie Quantitative et Morphologie Mathématique,
    Thèse, Ecole des Mines de Paris, 1979

/4/ Guedj, M.: Rapport sur le stage d'ingénieur,
    Ecole des Mines de Paris,
    Fontainebleau, 1982

EIN MUSTERERKENNUNGSSYSTEM ZUR WIEDERERKENNUNG VON KRAFTFAHRZEUGEN

Dipl.-Ing. Elmar Pfannerstill

Institut für Nachrichtengeräte und Datenverarbeitung, RWTH Aachen

1. Einführung

Ebenso wie in anderen Verkehrssystemen werden auch im Straßenverkehr zur effektiveren Nutzung des vorhandenen Netzes zunehmend Nachrichtensysteme zum Einsatz gelangen, die eine gezielte Lenkung und Beeinflussung von Verkehrsströmen sowie eine genauere und aktuellere Information des Fahrers gestatten.

Voraussetzung für die Funktionsfähigkeit derartiger Systeme ist eine automatische Erfassung der aktuellen Verkehrszustände in den einzelnen Streckenabschnitten des Straßennetzes. Derzeitiger Stand der Technik sind Zählstellen, die l o k a l e Verkehrsgrößen wie die lokale Geschwindigkeit, lokale Verkehrsstärke (Fahrzeuge/Zeit) usw. a m einzelnen Meßquerschnitt messen. Basierend auf diesen Daten wird mit Hilfe interpolativer Verfahren versucht, auf den Verkehrszustand zwischen den Meßquerschnitten zu schließen.
Zur Messung s t r e c k e n b e z o g e n e r Verkehrsgrößen wie z.B. der Reisezeit T_ρ, die zum Durchfahren der Strecke benötigt wird, sowie der Verkehrsdichte D (Anzahl der Fahrzeuge/Streckenlänge) ist es jedoch erforderlich, Fahrzeuge nach Passieren eines Streckenabschnitts wiederzuerkennen.

2. Zielsetzung

Nachfolgend wird ein Mustererkennungssystem vorgestellt, das die vom vorgegebenen Meßaufnehmer abgegebene Information über die einzelnen Objekte (hier: Fahrzeuge) optimal auf wenige Merkmalswerte komprimiert und damit eine Zuordnung derselben mit relativ geringen Anforderungen an Rechnerleistung und Übertragungskapazität ermöglicht. Die Übertragung der angewendeten Vorgehensweise auf entsprechende Probleme (z.B. Zuordnung von Werkstücken in einem Produktionsprozeß) ist möglich.

3. Vorgehensweise

Zur Gewinnung fahrzeugspezifischer Muster wird im vorliegenden Fall der Induktionsschleifendetektor benutzt:
Fahrzeuge ändern beim Überfahren einer in die Fahrbahn eingelassenen Spule deren Impedanz, was im angeschlossenen Detektor in ein Spannungssignal umgesetzt wird. Dessen Verlauf hängt im wesentlichen von der Metallmassenverteilung am Unterboden des Fahrzeugs ab und beschreibt dieses somit in charakteristischer Weise (Beispiele siehe Bild 1).
Den auf diese Weise erhaltenen Mustern sollen nun einige wenige Merkmalswerte extrahiert werden, die besonders viel relevante Information zur Unterscheidung der Fahrzeuge enthalten.

Um zunächst einmal alle nicht fahrzeugspezifischen, parasitären Einflüsse (z.B. momentane Geschwindigkeit, Detektorempfindlichkeit) zu eliminieren, werden die Detektorsignale in Amplituden-und Zeitrichtung normiert. Die Abtastwerte eines derartigen, vollnormierten Signals können als Komponenten eines N-dimensionalen Merkmalvektors $\vec{x}$ (hier N $\approx$ 40)

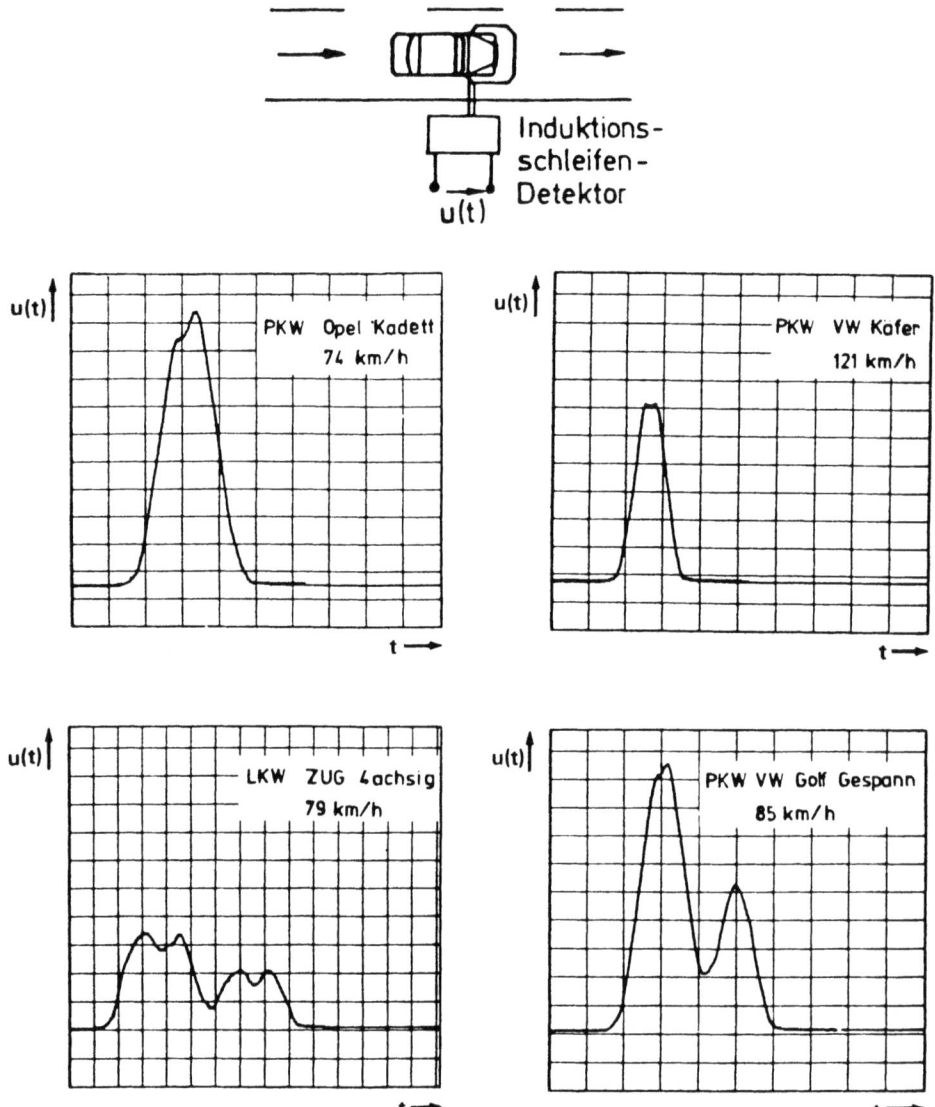

Bild 1: Fahrzeugmuster aus dem Induktionsschleifendetektor (Beispiele)

aufgefaßt werden. Um die Dimensionalität dieses Merkmalvektors zu verringern und dabei gleichzeitig eine K o m p r i m i e r u n g der spezifischen Information auf wenige Komponenten zu erzielen, wird die K a r h u n e n - L o è v e - E n t w i c k l u n g /1, 2/ benutzt:

Zu einem repräsentativen Kollektiv von Merkmalvektoren $\{\vec{x}\}$ wird ein System orthonormaler Eigenvektoren $\{\vec{\psi}_\nu\}$ bestimmt. Mit dessen Hilfe werden Merkmalvektoren $\vec{x}$ der Dimension N in Merkmalvektoren $\vec{x}_T$ der Dimension $M \ll N$ transformiert. Die Transformationsvorschrift zur Berechnung der Komponenten $x_{T\nu}|_{\nu=1\ldots M}$ von $\vec{x}_T$ lautet:

$$x_{T\nu} = \vec{x} \cdot \vec{\psi}_\nu \qquad \vec{x}_T = \begin{pmatrix} x_{T1} \\ x_{T2} \\ \vdots \\ x_{T\nu} \\ \vdots \\ x_{TM} \end{pmatrix}$$

Wie sich u.a. aus der Größe der den Eigenvektoren zugeordneten Eigenwerte ergibt, ist die wesentliche fahrzeugspezifische Information in den ersten M ≈ 3...5 Komponenten der transformierten Merkmalvektoren enthalten, was eine erhebliche Reduktion gegenüber ursprünglich N ≈ 40 bedeutet.

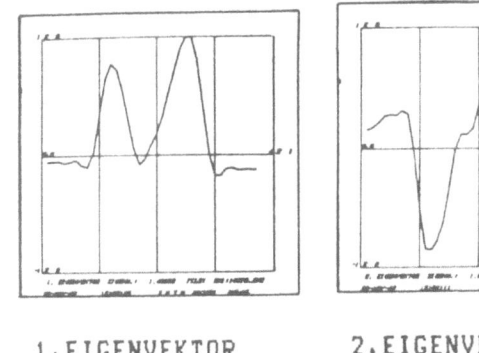
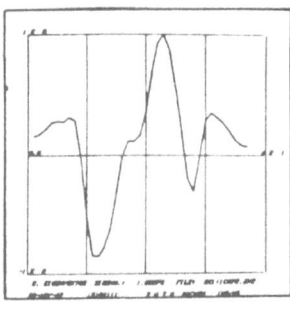
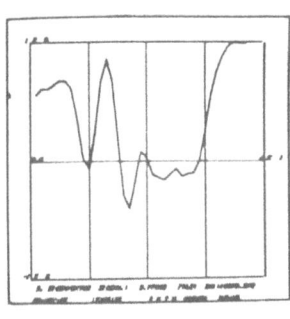
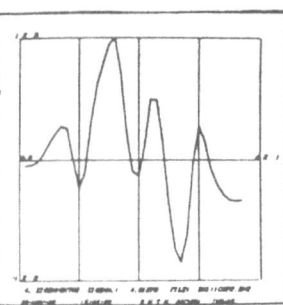

1. EIGENVEKTOR   2. EIGENVEKTOR   3. EIGENVEKTOR   4. EIGENVEKTOR

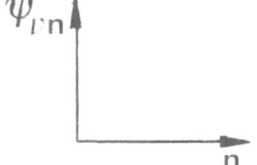

Bild 2: Eigenvektoren $\vec{\psi}_\nu / \nu = 1...4$ für Pkw-Muster
(n: Laufindex der Vektorkomponente $\psi_{\nu n}$)

Bild 2 zeigt die Eigenvektoren $\vec{\psi}_\nu$ für $\nu = 1...4$ als Basisfunktionen ("Basismuster") für die Karhunen-Loève-Entwicklung.

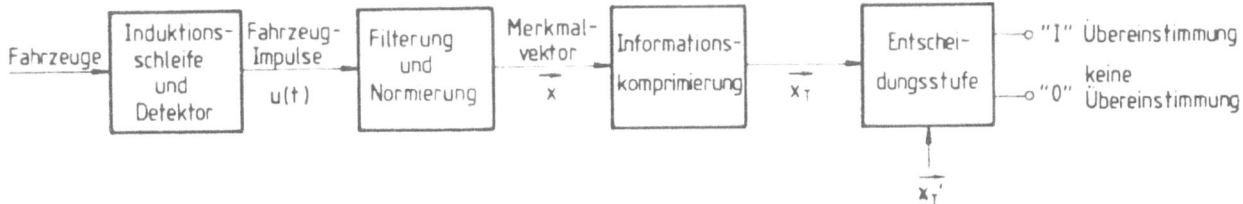

Bild 3: Mustererkennungssystem für Fahrzeuge

In einer Entscheidungsstufe (s. Bild 3) wird der Merkmalvektor $\vec{x}_T$ mit anderen Merkmalvektoren $\vec{x}_T'$, die Fahrzeuge vom benachbarten Meßquerschnitt repräsentieren, verglichen und entschieden, ob Übereinstimmung oder keine Übereinstimmung besteht.

Als Ähnlichkeitsmaß d wird dazu die sog. "City-Block-Metrik" /4/ benutzt:

$$d = \sum_{\nu=1}^{M} |x_{T\nu} - x'_{T\nu}|$$

mit $x_{T\nu}$, $x'_{T\nu}$: ν-te Komponenten der Merkmalvektoren $\vec{x}_T$, $\vec{x}_T'$.

d muß nun mit einer vorher festgelegten Entscheidungsschwelle d_{opt} verglichen werden, bei der für

$d \leq d_{opt}$ Fahrzeug identisch
$d > d_{opt}$ Fahrzeug nicht identisch

entschieden wird. d_{opt} ist die optimale Entscheidungsschwelle, bei der die bei einer solchen Zuordnung auftretenden Fehler (identische Fahrzeuge nicht wiedererkannt bzw. nicht identische Fahrzeuge als wiedererkannt eingestuft) minimal werden. Sie kann durch statistische Auswertung einer Vielzahl von Merkmalvektoren $\vec{x}_m$ von identischen/nicht identischen Fahrzeugen an unterschiedlichen Meßquerschnitten gewonnen werden.

Zur Bestimmung der anfangs genannten Verkehrsgrößen ist es nun nicht erforderlich, E i n z e l f a h r z e u g e mit entsprechend hoher Sicherheit eindeutig wiederzuerkennen, was mit der in den Induktionsschleifensignalen (gleiche Fahrzeugtypen!) enthaltenen Information auch nur schwierig möglich wäre. Um verkehrstechnisch relevante Größen wie mittlere Reisezeit, mittlere Verkehrsdichte u.a. zu gewinnen, ist es vielmehr hinreichend, K o l l e k t i v e von Fahrzeugen genügend genau zuzuordnen.

Dazu wird ein korrelatives Verfahren /3/ benutzt, bei dem Gruppen der Länge L aus der Fahrzeugfolge vom Eingang einer Meßstrecke fortlaufend mit solchen aus der Fahrzeugfolge vom Ausgang verglichen und die Zahl der Übereinstimmungen innerhalb der jeweils betrachteten Gruppen ausgezählt wird (Abschnittskorrelation).

Es wird berechnet:

$$\phi(m) = \left[\frac{1}{L} \sum^{L} \gamma(m)\right] * h_G(m)$$

mit $\gamma(m) = 1$ für $d \leq d_{opt}$ Übereinstimmung

$\gamma(m) = 0$ für $d > d_{opt}$ keine Übereinstimmung

m : Verschiebungsindex

$h_G(m)$: Gewichtsfunktion zur Tiefpaßfilterung

4. Ergebnisse

Greift man fortlaufend im Abstand Δt Fahrzeuggruppen aus der Folge heraus, erhält man Korrelationsfunktionen $\phi(m,t)$ nach Bild 4, bei denen das Maximum die "Wiederentdeckung" der einzelnen Fahrzeuggruppen bezeichnet. Aus dem Zeitpunkt der Wiederentdeckung läßt sich z.B. die Reisezeit und damit die mittlere Geschwindigkeit v_ϕ, die zum Durchfahren der Meßstrecke benötigt wurde, berechnen (s. Bild 4). Die Ermittlung der Verkehrsgrößen kann (über eine entsprechende Vorklassifizierung) für Pkw/Lkw oder getrennt nach Fahrspuren noch weiter differenziert werden, so daß man ein recht genaues Bild über den Verkehrszustand (z.B. hinsichtlich Überholvorgängen) erhält.

5. Zusammenfassung

Durch das vorgestellte Merkmalsextraktionsverfahren ist die Wiedererkennung der hier betrachteten Objekte (Fahrzeuge) mit vertretbarem Aufwand an Rechnerleistung und Übertragungskapazität möglich. Die vorgenommene Informationskomprimierung erlaubt eine Beschreibung der Fahrzeuge durch nur ca. 3 - 5 Merkmalwerte, die gewählte Entscheidungsregel gestattet wegen ihrer Einfachheit einen hohen Durchsatz an Objektvergleichen. Die erforderliche Übertragungsrate von einem Meßquerschnitt zum nächsten beträgt bei maximaler Verkehrsstärke ca. 40 bit/s.

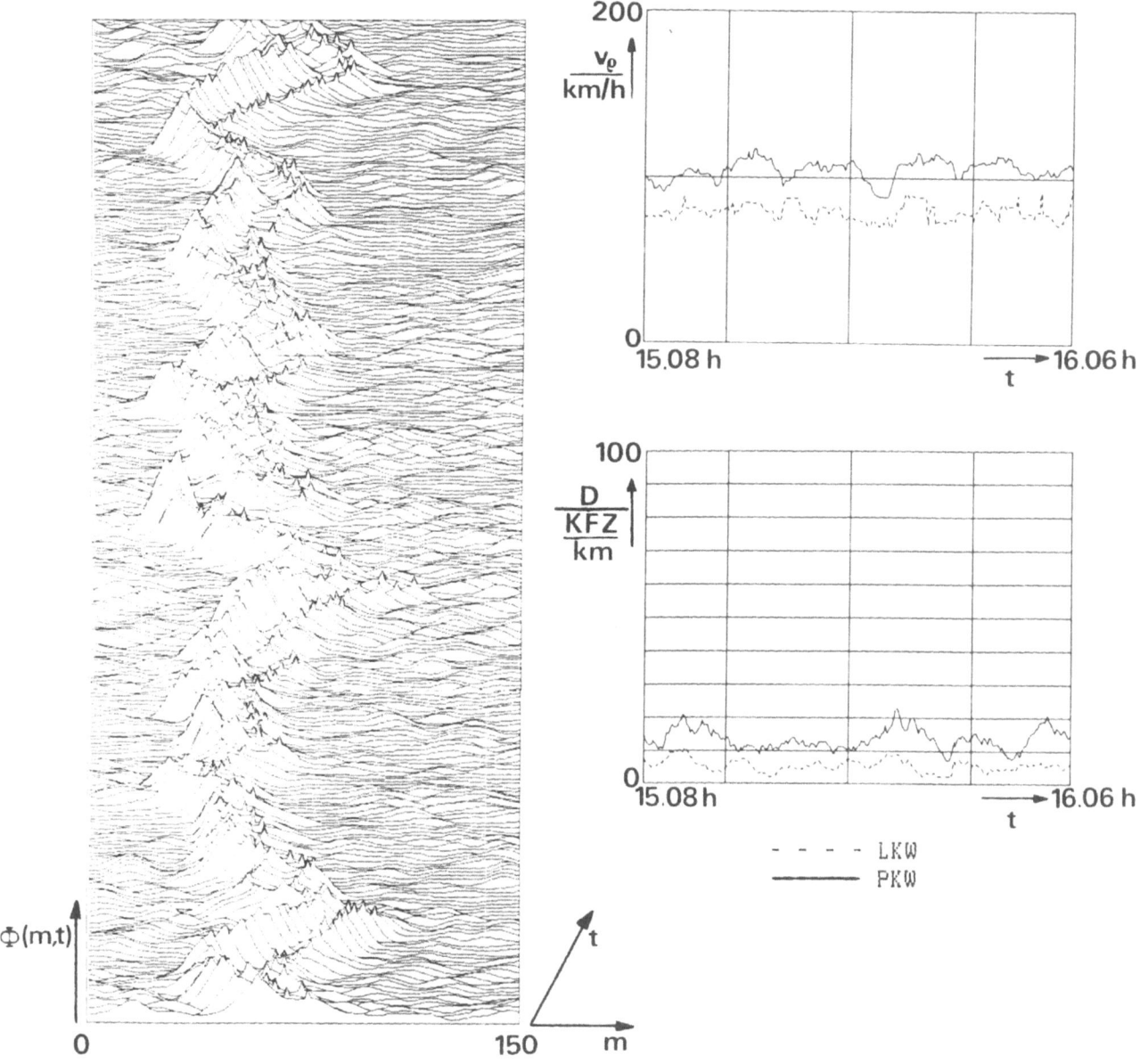

Bild 4: Fahrzeugfolgenkorrelation $\Phi(m,t)$ und daraus gewonnene mittlere Geschwindigkeit v_ϱ und Verkehrsdichte D in der Meßstrecke
Anzahl der Merkmalswerte pro Fahrzeug: M = 5
Länge der Meßstrecke: 2,85 km
Gruppenlänge der Fahrzeugkollektive: L = 50
Die Wiedererkennung der Fahrzeugkollektive wurde in $\Phi(m,t)$ markiert:
"⋀" = Korrelationsmaximum für Lkw
"⊓" = Korrelationsmaximum für Pkw

Literatur

/1/ Steinhagen, H.-E., Fuchs, S.: "Objekterkennung"
VEB-Verlag Technik Berlin 1976

/2/ Niemann, H.: "Methoden der Mustererkennung",
Akademische Verlagsgesellschaft,
Frankfurt/M., 1974

/3/ Böhnke, P.: "Beitrag zu einer Systemtheorie von Objektfunktionen"
Dissertation RWTH Aachen, 1980

/4/ Fu, K.S.: "Digital Pattern Recognition"
Springer-Verlag Berlin, Heidelberg, New York 1980

UNSCHARFE MENGEN UND INVERTIERTE SUCHE - ZWEI KONZEPTE ZUR

IDENTIFIZIERUNG CHEMISCHER VERBINDUNGEN IN SPEKTREN

Thomas Blaffert
Philips GmbH Forschungslaboratorium Hamburg

Bei der Auswertung von Spektren zur chemischen Analyse wird ein Vergleich mit Referenzspektren durchgeführt. Mit dem Ansatz der unscharfen Mengen wird der Vergleich gut beschrieben. In Kombination mit der invertierten Suche ergibt sich ein schneller Suchalgorithmus.

unscharfe Mengen - invertierte Suche - Spektrenauswertung

1. Problemstellung

Die Identifizierung von Verbindungen und die Angabe ihrer Konzentration in einer aus mehreren Komponenten bestehenden Mixtur ist die grundlegende Fragestellung bei einer chemischen Analyse. Man bedient sich u.a. verschiedener spektroskopischer Verfahren, um aus diesen Messungen eine Antwort zu erhalten. Viel Erfahrung ist notwendig, um Meßdaten und chemische Struktur miteinander in Beziehung zu setzen. Unterstützung findet der Analytiker häufig schon durch Computer, die viel schneller als der Mensch ein gemessenes Spektrum mit Referenzspektren vergleichen und Hypothesen über die Zusammensetzung der Probe aufstellen und bewerten können.

Meist ist es unmöglich, aufgrund von physikalischen Gesetzmäßigkeiten von einem Spektrum auf eine chemische Struktur zurückzurechnen. Einfacher ist es dagegen, das Spektrum als Muster aufzufassen, signifikante Merkmale daraus zu extrahieren und mit Referenzmerkmalen zu vergleichen.

Signifikante Merkmale sind Lage und Höhe von Spektrallinien, sie werden im Verarbeitungsschritt der Merkmalsextraktion aus den Rohdaten ermittelt. Als Beispiel ist in Bild 1 das Diffraktogramm von Quartz gezeigt, in dem die von einem Liniensuchprogramm gefundenen Linien durch senkrechte Striche markiert sind. Die Skaleneinheiten der Spektren sind von der jeweiligen Analysemethode abhängig, für das Folgende jedoch belanglos.

2. Spektrenvergleich formuliert in konventioneller Mengenlehre

Die gefundenen Linien bilden mit ihren Parametern einen Satz von Merkmalen, wobei zunächst ausschließlich das bedeutsamste Merkmal, die Linienposition, betrachtet werden soll. Es ist nun wichtig, diesen Satz von Merkmalen nicht als Merkmalsvektor, sondern als Menge von Merkmalselementen aufzufassen, da sich einzelne Spektrallinien nicht einer bestimmten Dimension zuordnen lassen. In Bild 2 sind die Elemente einer Menge durch senkrechte Linien angedeutet.

Der Vergleich einer gemessenen Menge von Linien (Bild 2a) mit einer Referenzmenge (Bild 2b) wird nun mit Mengenoperatoren durchgeführt. So ergibt deren Durchschnitt Mengen die Menge der gemeinsam vorhandenen Spektrallinien, und die Zahl der in der Menge enthaltenen Elemente ist ein Maß für die Übereinstimmung. Faßt man eine Mixtur von Verbindungen z.B. als ihre mengentheoretische Vereinigung auf, so filtert die Durchschnittsbildung mit einer der Konstituenten wieder die zugehörigen Referenzlinien heraus.

Bei einer realen Messung wird allerdings der Durchschnitt immer leer bleiben, wie in Bild 2c angedeutet, da die gemessenen Linienpositionen wegen der unvermeidlichen Meßfehler stets von den Referenzpositionen abweichen.

3. Spektrenvergleich mit unscharfen Mengen

Diese zufälligen Meßfehler können berücksichtigt werden, wenn man, wie in der Theorie der unscharfen Mengen (fuzzy sets) [1], auch kontinuierliche Zugehörigkeitswerte zwischen 0 und 1 zuläßt. Ein Element ist hierbei nicht nur in einer Menge entweder "enthalten" oder "nicht enthalten", ein Element kann auch "mit einer bestimmten Möglichkeit" zu einer Menge gehören. Eine visuelle Illustration der unscharfen Durchschnittsbildung ist in Bild 3a-c gegeben, eine exaktere Darstellung soll im folgenden gebracht werden, allerdings nur soweit sie für das Vergleichen von Spektren notwendig sind.

Sei X die Menge aller möglichen Spektralwerte (Wellenlänge etc.). Eine <u>unscharfe Menge</u> ist dann charakterisiert durch die <u>Zugehörigkeitsfunktion</u>

$$f_A : X \to [0,1] \quad . \tag{1}$$

Der Funktionswert $f_A(x)$ repräsentiert den <u>Grad der Zugehörigkeit</u> eines jeden Elements x zur unscharfen Menge A. In der Zugehörigkeitsfunktion können sowohl Wahrscheinlichkeitsaussagen als auch subjektive Erfahrung berücksichtigt werden.

Der Durchschnitt und die Vereinigung von Mengen werden mit Minimum- und Maximumoperatoren definiert.

<u>Durchschnitt</u>: $\quad f_{A \cap B}(x) = \min[f_A(x), f_B(x)] \quad . \tag{2}$

<u>Vereinigung</u>: $\quad f_{A \cup B}(x) = \max[f_A(x), f_B(x)] \quad . \tag{3}$

Die <u>Mächtigkeit</u> einer unscharfen Menge mit einer endlichen Grundmenge X ist:

$$N_A = \sum_{x \in X} f_A(x) \quad . \tag{4}$$

Alle drei Definitionen sind konsistent mit der konventionellen Mengenlehre, wenn die kontinuierlichen Zugehörigkeitswerte durch die Menge $\{0;1\}$ ersetzt werden.

Nach der Liniensuche wird ein gemessenes Spektrum als Menge S von Linienpositionen repräsentiert. Jede Linie besitzt aber eine Meßunsicherheit, die durch eine Verschmierung der einzelnen Linien S_j, z.B. gemäß

$$f_{S^j}(x) = e^{-\frac{(x^j - x)^2}{2\delta^2}} \quad , \quad x^j \text{ ist die Position von Linie } j \tag{5}$$

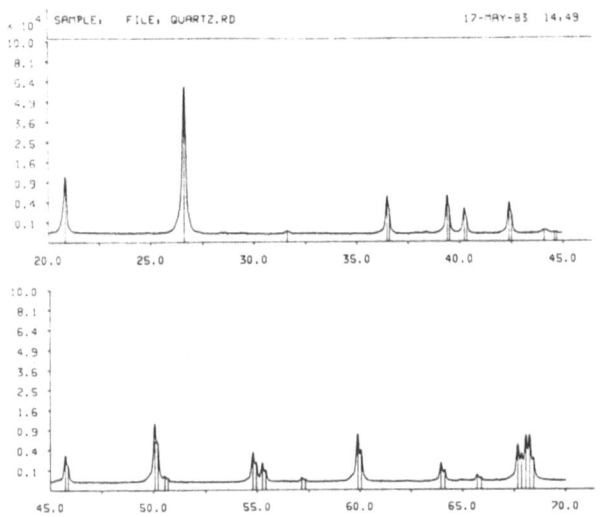

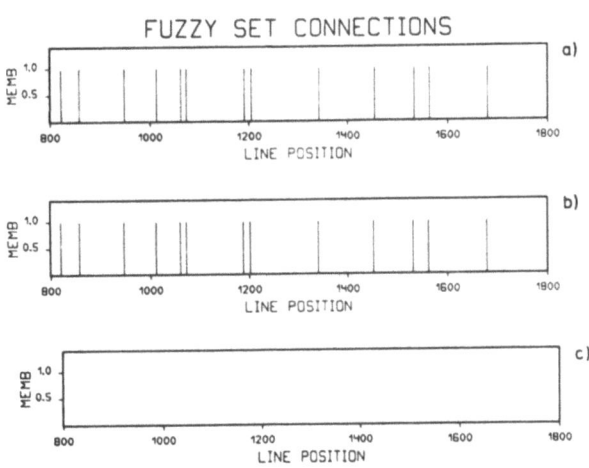

Bild 1: Diffraktogramm von Quartz. Die von einem Programm in den Rohdaten gefundenen Linien sind mit senkrechten Strichen markiert.

Bild 2: Vergleich von einer gemessenen Menge von Linien (a) und einer Referenzmenge von Linien (b) unter Anwendung der konventionellen Mengenlehre. Die Durchschnittsmenge (c) enthält keine Linien.

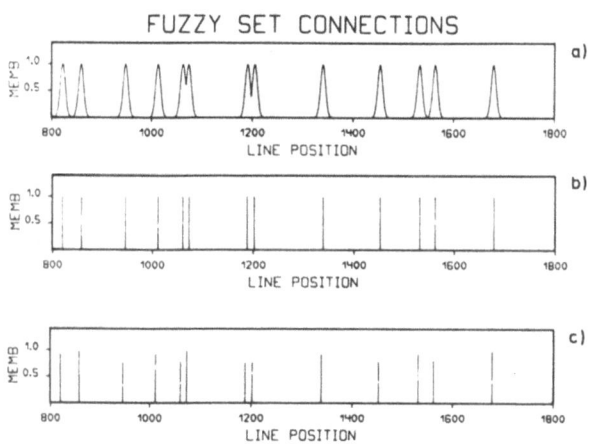

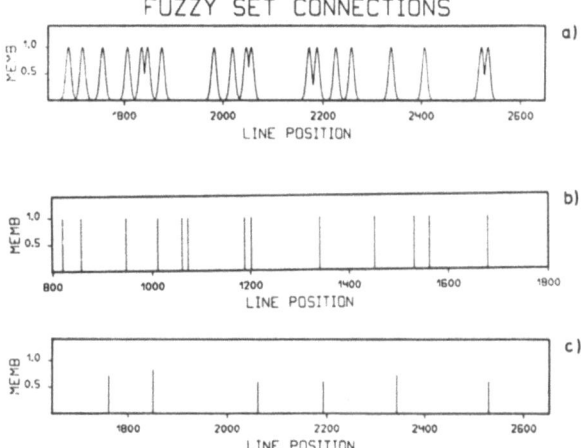

Bild 3: Vergleich von einer gemessenen Menge von Linien (a) und einer Referenzmenge von Linien (b) unter Anwendung der Theorie der unscharfen Mengen. Die Durchschnittsmenge (c) gibt alle Linien wieder, einige allerdings mit einer Zugehörigkeit kleiner als 1.

Bild 4: Vergleich von Referenzen mit einer Probe zwei Komponenten. (a) repräsentiert das gemessene Spektrum, (b) und (c) sind die Referenzmengen nach dem unscharfen Durchschnitt.

dargestellt werden kann. Das gesamte Spektrum ist nun die Unscharfe Vereinigung aller unscharfen Linien, also:

$$f_S(x) = \max_j [e^{\frac{-(x^j-x)^2}{2\delta^2}}] \quad . \tag{6}$$

Bild 3a gibt ein unscharfes Linienspektrum wieder, man beachte dabei, daß die Höhe der Funktionswerte die Zugehörigkeit beschreibt und nicht die Intensität einer Spektrallinie.

Der unscharfe Durchschnitt (2) einer scharfen Referenz (Bild 3b) mit einem unscharfen Spektrum (Bild 3a) ergibt nun eine unscharfe Menge von Linien, deren Zugehörigkeitswerte das Maß des Enthaltenseins wiedergeben (Bild 3c). Die Mächtigkeit (4) des Durchschnitts, normiert auf die Zahl der Referenzlinien, kann jetzt als Übereinstimmungsmaß von Referenz und Messung herangezogen werden.

Der Ansatz einer Durchschnittsbildung beim Vergleich von gemessenen Spektren mit Referenzspektren ist besonders bei Proben mit mehreren Verbindungen hilfreich (Bild 4). Die Zuordnung von Meß- und Referenzlinien wird durch diese Methode automatisch gegeben, eine Zuordnung muß in einem Algorithmus nicht erst gesucht werden.

4. Invertierte Suche

Bei der Interpretation eines Spektrums werden nun alle Referenzen aus einer Bibliothek gemäß dem eben erläuterten Verfahren mit dem gemessenen Spektrum verglichen. Im wesentlichen bedeutet dies, daß die Mächtigkeit (power) des Durchschnitts aller nref Referenzmengen $f_{Rk}(x)$ mit der unscharfen Spektrenmenge $f_S(x)$ berechnet werden muß.

In einem sequentiellen Algorithmus werden immer alle Referenzen durchsucht, auch solche, die keine Linien in der Umgebung der gemessenen Linien besitzen. Eine entscheidende Verbesserung erzielt man, wenn zunächst die Durchschnittsbildung nicht getrennt für jede Referenz vorgenommen wird, sondern simultan für alle Referenzen in aufeinanderfolgenden Positionen x:

```
for  k  from  1  to  nref  do
     power [k] := 0 ;
end do
for  x  from  xstart  to  xend  do                          (7)
     for  k  from  1  to  nref  do
          power [k] := power [k] + min[f_S(x),f_Rk(x)]
     end do
end do  .
```

Man kann nun diejenigen Bereiche x überspringen, in denen die Zugehörigkeitsfunktion $f_S(x)$ keinen signifikanten Beitrag leistet. Die Referenzen k, die an einer bestimmten Position x eine Linie besitzen, sind in der sortierten Liste klist[1] in Gruppen zusammengefaßt (Bild 5). Eine Einsprungtabelle entry[x] zeigt auf die erste Referenz einer Gruppe. Berücksichtigt man noch, daß die Referenzmenge scharf ist, dann wird Algorithmus (7):

```
for k from 1 to nref do
    power [k] := 0 ;
end do
for x from xstart to xend do
    if fS(x) > eps then
        l := entry [x] ;                                        (8)
        while klist[l] <> marker do
            power [klist[l]] := power [klist[l]] + f_S(x)
            l := l + 1 ;
        end while
    end if
end do  .
```

Die Strukturen klist[l], entry[x] werden in einer Datei gespeichert, der "invertierte Referenzdatei" (inverted reference file). Das Konzept der invertierten Suche wird auch in anderen Programmen zur Spektrenauswertung verwendet [2],[3], allerdings ohne den Ansatz der unscharfen Mengen.

5. Erweiterung auf Intensitätsinformation

Bisher war der Spektrenvergleich mittels unscharfer Mengen auf das Merkmal der Linienposition beschränkt. Eine Erweiterung des Konzepts auf Linienintensitäten oder auch andere Merkmale läßt sich einfach durchführen, indem der Skalar x durch den Vektor $\vec{x}$ ersetzt wird. Aus der eindimensionalen Grundmenge aller Linienpositionen wird nun eine zweidimensionale Ebene, in der jeder Punkt eine Spektrallinie mit einer bestimmten Position und einer bestimmten Intensität bedeutet.

In Bild 6 ist der zweidimensionale Vergleichsprozeß verdeutlicht. Das in Positions- und Intensitätsrichtung verschmierte gemessene Spektrum (Bild 6a) wird mit der scharfen Referenz (Bild 6b) durchschnitten, und man erhält eine unscharfe Menge (Bild 6c). Dort ist der Grad des Enthaltenseins von Linien durch den Wert der Zugehörigkeitsfunktion gegeben, im Bild markiert mittels der Strichhöhe.

6. Zusammenfassung

Bei der Auswertung von Spektren wird ein Chemiker durch Computerprogramme unterstützt, die ein gemessenes Spektrum mit Referenzspektren aus einer Referenzbibliothek vergleichen. Als mathematisches Modell erwies sich die Beschreibung von Spektren als unscharfe Menge und ihr Vergleich mit der unscharfen Durchschnittsbildung als ein sehr gut angepaßter Ansatz.

Die praktische Anwendbarkeit von Vergleichsverfahren hängt aber stark von der Rechenzeit ab, die für das Durchsuchen der Referenzbibliothek benötigt wird. Ein schnelles Verfahren ist die invertierte Suche, bei der anstelle des sequentiellen Durchsuchens einer nach chemischen Verbindungen geordneten Liste von Linienpositionen eine nach Linienpositionen sortierte Liste von chemischen Verbindungen durchsucht wird.

Unter Zuhilfenahme einer Bewertungsvariablen je Referenz kann die Durchsuchung der Bibliothek und die Bewertung durch die unscharfe Durchschnittsbildung in einem Schritt durchgeführt werden. Dieses Verfahren wurde in einem Programm zur Auswertung von Röntgenbeugungsspektren, CIF (Compound identification with Inverted search and Fuzzy sets), implementiert. Bei einer Referenzbibliothek von ca. 25 000 Verbindungen mit durchschnittlich je 30 Linien beträgt auf einem VAX 11/780-Rechner die Suchzeit etwa 3 Sekunden für ein gemessenes Spektrum.

7. Referenzen

[1] L.A. Zadeh (1965), Fuzzy Sets, Inform. Control, vol. 8, pp. 338-353
[2] G.G. Johnson, V. Vand (1967), A Computerized Powder Diffraction System, Ind. Eng. Chem., vol. 59, pp. 19-31
[3] L. Tian-Hui, Z. Sai-Zhu, C. Li-Jun, C. Xin-Xing (1983), An improved program for searching and matching of X-ray powder diffraction patterns, J. Appl. Cryst., vol. 16, pp. 150-154.

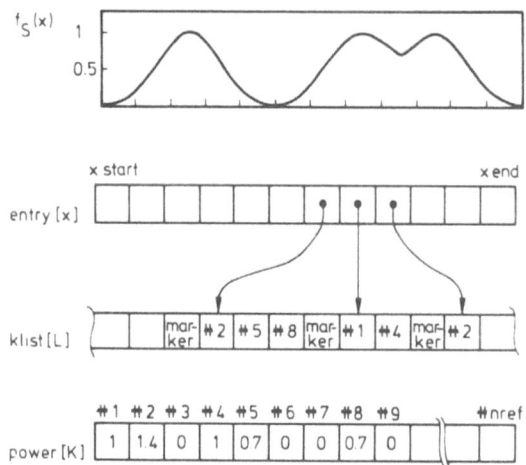

Bild 5: Zugriffsstruktur auf die invertierte Referenzdatei bei der invertierten Suche.

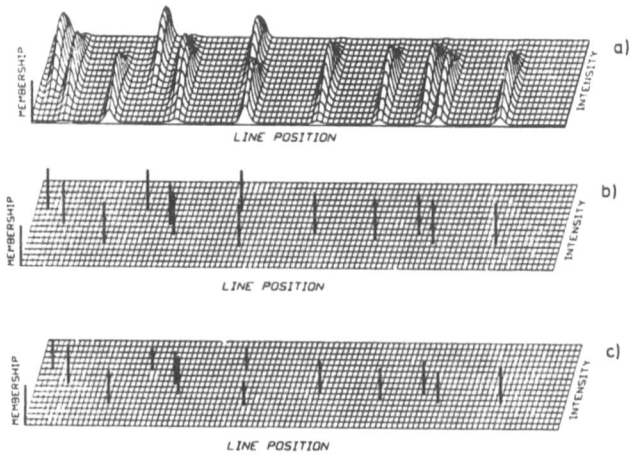

Bild 6: Vergleich von Linien bei Hinzunahme von Intensitätsinformation. Eine verschmierte Messung (a) wird mit einer scharfen Referenz (b) durchschnitten (c).

MUSTERERKENNUNG UND MUSTERBESCHREIBUNG VON LINIENGRAFIK IN ZEICHNUNGEN

G. Maderlechner, P. Kuner und E. Hundt,
Siemens AG, D-8000 München 83

1. Einleitung

Es wird ein System zur automatischen Interpretation von Liniengrafik in handgezeichneten oder gedruckten Vorlagen vorgestellt. Ziel ist die Beschreibung der Zeichnung mittels grafischen Primitiven (z.B. Gerade, Kreisbogen) und grafischen Objekten (z.B. Symbole), die aus diesen zusammengesetzt sind. Diese Beschreibung erfolgt in Form einer grafischen Datenstruktur, die von einem Computergrafik- oder CAD-System weiterverarbeitet werden kann.

Gegenüber den bisher bekannten Ansätzen zur Analyse von Linienzeichnungen /1-5/ werden in dieser Arbeit zwei Verallgemeinerungen eingeführt: (1) die Approximation von Linienelementen, d.h. grafischen Primitiven durch Splinefunktionen und (2) die Mustererkennung von grafischen Objekten, die als Teilgraph in dem bewerteten Bildgraphen nachgewiesen werden. Die Bewertung des Graphen enthält geometrische Informationen, die aus der Splinedarstellung der Linienelemente gewonnen werden.

Nach einer kurzen Beschreibung des Gesamtsystems werden die beiden erwähnten Ansätze ausführlicher dargestellt.

2. Überblick über das Gesamtsystem

Mit bekannten Vorverarbeitungsverfahren /6/ wird das digitalisierte Binärbild skelettiert und in schnittpunktfreie Linienelemente segmentiert. Die hierbei gefundenen Anfangs- und Endpunkte, sowie Schnitt- und Verzweigungspunkte werden für die weitere Verarbeitung in einer Liste abgelegt.

Danach werden die Linienelemente durch Splinefunktionen approximiert. Dabei werden gegebenenfalls Eck- und Knickpunkte sowie Wendepunkte bestimmt. An diesen Punkten werden die Linienelemente segmentiert. Die verbleibenden glatten Linienelemente werden - unabhängig von ihrer Drehlage - über ihre Splinedarstellung als eines von drei Primitiven erkannt: gerade Strecke, Kreisbogen oder allgemeiner Kurvenbogen. Mit den geglätteten Linienelementen können durch Extrapolation und Interpolation die Koordinaten der Schnitt- und Verzweigungspunkte korrigiert werden.

Nach der Zerlegung erfolgt nun die Beschreibung des Linienbildes als ungerichteter Graph, wobei die Linienelemente die bewerteten Kanten des Graphen sind und die charakteristischen Punkte (Anfangs- und Endpunkte, Schnitt- und Verzweigungspunkte, Eck-, Knick- und Wendepunkte) die bewerteten Knoten darstellen. Dieser Bildgraph ist eine relationale Beschreibung des Bildes, die als Bewertung des Graphen auch die geometrische Information

des Bildes enthält. Zu dieser geometrischen Information gehören
z.B. die Richtungs- und Krümmungsverläufe der Linienelemente
und die Winkel zwischen Linienelementen, die von einem Knoten
ausgehen.

Auf dieser Datenstruktur setzt die eigentliche Mustererkennung
und -Beschreibung auf. Hierzu werden Referenzmuster, wie z.B.
Schaltungssymbole, entsprechend der Art der Zeichnung ausgewählt. Die Referenzmuster werden in einer Bibliothek (Symbolbibliothek) zusammengefaßt. Jedes Referenzmuster ist als bewerteter Graph aus den Primitiven zusammengesetzt. Zur Konstruktion der Referenzmuster gibt es zwei Möglichkeiten:
(1) Eine saubere Zeichnung des Referenzsymbols wird digitalisiert und - wie oben beschrieben - durch das System selbst
    in einen Referenzgraphen umgeformt.
(2) Der Graph des Referenzmusters wird direkt als Datenstruktur
    eingegeben.
Die zweite Möglichkeit ist eleganter, besonders mit Unterstützung
durch interaktive Computergrafik.

Der Bildgraph der Zeichnung wird nun systematisch für jeden
Referenzgraphen durchsucht. Die Mustererkennung erfolgt durch
Nachweis eines Teilgraphenisomorphismus /7/: Es wird ein Teilgraph des Bildgraphen gesucht, der zu dem Referenzgraphen isomorph ist. Die bei der Isomorphie aufeinander abgebildeten Knoten müssen die gleichen Bewertungen haben. Entsprechende Bedingungen werden auch für die Kanten abgefragt. Durch die Bewertungen des Graphen wird das Verfahren gegenüber dem Algorithmus
von Ullmann /7/ wesentlich effizienter.

Wenn alle Referenzmuster im Bildgraph abgesucht wurden, bleiben
noch die Verbindungslinien, soweit sie nicht schon in die Definition der Symbole eingegangen sind, zu bestimmen. Abschließend
liegt eine Beschreibung des Bildes aus Referenzmustern (Symbolen)
und Verbindungslinien vor. Diese Darstellung ermöglicht eine
Weiterverarbeitung des Bildes als grafische Datenstruktur im
Sinne der Computergrafik.

3. Musterbeschreibung von Linienelementen mit Splinefunktionen

Ausgleichs- oder Glättungssplines wurden zu Restauration von
verrauschten und gestörten Linien erfolgreich von Dierckx /8/
eingesetzt. Die Algorithmen beruhen auf Arbeiten von Reinsch
/9/ und Späth /10/, auf die auch wir uns stützen.

Ausgleichssplines stellen einen Kompromiß dar zwischen der Glattheit der Kurve und den Abweichungen von den Stützstellen. Wir
verwenden im allgemeinen kubische Splines, weil sie eine gute
Genauigkeit bei hinreichender Glattheit und erträglichem Rechenaufwand ergeben. Für die Anwendung auf die Glättung von skelettierten Linienelementen sind folgende Probleme zu klären:
(1) Art der Parameterdarstellung für die Kurve, (2) Verteilung
und Anzahl der Stützstellen, (3) Abschlußbedingungen an den
Kurvenenden. Dabei haben wir folgende Lösungsansätze untersucht:

(1) Für die x- und y-Komponenten als Funktion des Parameters
    ist jeweils ein Ausgleichspline zu bestimmen. Als Länge
    der Parameterintervalle wird der euklidische Abstand zwischen
    den Stützstellen gewählt.
(2) Als Stützstellen werden die Pixel der Linienelemente selbst
    gewählt. Daraus ergibt sich auch, daß der Parameter von (1)
    eine gute Näherung an die Bogenlänge der Kurve ist.
(3) Die Standardalgorithmen gehen von "natürlichen" Splines
    aus (zweite Ableitung der x- und y-Komponenten in den End-
    punkten verschwindet) oder schreiben für die Ableitungen
    feste Werte vor. Das kann bei der Bestimmung der Krümmung
    an den Kurvenenden zu Fehlern führen.

In Abb. 1 ist das Beispiel eines Linienelementes gezeigt, das
aus 2 Geradenstücken und 2 Kreisbögen (r_1 = 300, r_2 = 150,
Pixelgröße = 20) besteht. Der Ausgleichsspline gleicht die Dis-
kretisierungsfehler aus, so daß die Abweichung des Splines von
der exakten Kurve weniger als ein Pixel bleibt. Andererseits
ist der Krümmungsverlauf k(s) als Funktion der Bogenlänge s
(Parameter) eine relativ glatte Funktion. Die Krümmung k erreicht
den korrekten Wert der reziproken Radien von $1/r_1$ bzw. $1/r_2$
im Bereich der Kreise. Der Wendepunkt läßt sich gut segmentieren.
Die Anschlußpunkte der Geraden an den Kreisbogen können nur
bei hinreichend feiner Auflösung segmentiert werden.

Zur geometrischen Beschreibung des approximierten Linienelementes eignet sich besser ein Interpolationsspline, dessen Stütz-
punkte gleichmäßig über die Bogenlänge verteilt sind. Damit
ergibt sich eine drehlagenunabhängige und in gewissen Grenzen
auch größenunabhängige Primitivbeschreibung /11/.

Die Primitiverkennung (Gerade, Kreisbogen, allgemeine Kurve)
erfolgt über den Krümmungsverlauf k(s) als Funktion des Parameters s (Bogenlänge). Wenn die Krümmung k nahezu konstant bleibt,
wird eine gerade Strecke (für k≈0) oder ein Kreisbogen vom Radius
1/k für k ≠ 0 angenommen. In den anderen Fällen liegt ein allgemeiner Kurvenbogen vor.

4. Mustererkennung durch Teilgraphenisomorphie

Nach der Primitiverkennung läßt sich das Bild als bewerteter
ungerichteter Graph darstellen. Die Knoten sind die segmentierten charakteristischen Punkte, nämlich Anfangs- und Endpunkte,
Schnitt- und Verzweigungspunkte, sowie gegebenenfalls auch Eck-
und Wendepunkte der Linienprimitive. Die Bewertung der Knoten
erfolgt durch ihren Grad (Anzahl der verbundenen Kanten), Typ
(z.B. Verbindungspunkte, Kreuzungspunkte) und die Attribute
Koordinaten und Winkel zwischen den einmündenden Linienelementen.
Die Kanten des Graphen werden dargestellt durch die Linienelemente und deren Bewertungen. Die Kantenbewertungen enthalten
einen Typdeskriptor (Gerade, Kreis, Spline), Richtungs- und
Krümmungsinformation sowie die Länge. Die Angaben in den Attributen können durchaus redundant sein. Die tatsächliche Abfrage
von Bewertungen hängt von der Definition der Referenzgraphen
(Symbole) ab.

Die Erkennung des Referenzgraphen (siehe Abschnitt 2) im Bildgraphen erfolgt durch Nachweis der Isomorphie mit einem Teilgraphen des Bildgraphen unter Beachtung der Bewertungen von Kanten und Knoten. Das Verfahren ist eine Verallgemeinerung und Anpassung des Algorithmus von Ullmann /7/ auf die Anforderungen der Liniengrafik.

Die Bedeutung der Bewertungen wird am Beispiel in Abb. 2 deutlich. Das Referenzmuster ist ein Diodensymbol, das in einem einfachen Schaltbild (NAND Gatter) erkannt werden soll. Da das Symbol einen Knoten (6) vom Grad fünf hat, und die Isomorphie grundsätzlich umso einfacher und schneller gefunden wird, je höher die Knotengrade im Referenzmuster sind, vermutet man eine korrekte Lösung ohne zusätzliche Attribute. Trotzdem findet der Algorithmus von /7/ ohne Bewertungen neben den beiden Dioden einen Teilgraphen des Transistors auch noch als Diode, was anschaulich nicht gleich evident ist. Man beachte allerdings, daß wir im Unterschied zu Ullmann /7/ - mit Ausnahme der Anschlußknoten (1,8) - zur Isomorphie stets fordern, daß der Grad der Referenzknoten exakt gleich dem Grad des entsprechenden Bildknotens ist, während Ullmann nur verlangt, daß die Knotengrade des Referenzgraphen die Grade der entsprechenden Bildknoten nicht übersteigen. Dann tritt der Fehler in Abb. 2 nicht mehr auf. Diese Fehlerkennung wird darüber hinaus auch durch eine einfache Kantenbewertung (Gerade, Kreisbogen) oder Knotenbewertung (Winkelvergleich) vermieden.

Der in den Linienzeichnungen vorkommende Text wird vor dem Aufbau des Bildgraphen segmentiert (ähnlich wie in /2/) und kann einem Texterkennungssystem zugeführt werden. Der Aufbau einer eigenen Graphenstruktur für die Textanteile und eine darauf aufbauende Schriftzeichenerkennung erscheint ebenfalls erfolgversprechend /12/.

5. Zusammenfassung

Es wird ein System zur Mustererkennung und -Beschreibung von Linienzeichnungen beschrieben. Dabei wird die Zeichnung in Linienelemente zerlegt (grafische Primitive), die auf flexible Weise durch Splinefunktionen beschrieben werden. Anschließend wird aus den Liniensegmenten ein bewerteter Graph aufgebaut, der eine leistungsfähige geometrische und relationale Beschreibung verschiedenartiger Linienzeichnungen liefert. Zur Mustererkennung von grafischen Symbolen wird ein verallgemeinerter Teilgraphenisomorphiealgorithmus verwendet.

6. Literatur

/1/ H. Bunke, "Analyse elektrischer Schaltpläne mit einfachen Schaltungssymbolen", in E. Triendl (Hrsg.), Informatik Fachberichte 17, Springer, Berlin 1978, S. 126-132

/2/ H. Bley, "Bildgraphen für die Segmentierung von Stromlaufplänen", in S.J. Pöppl und H. Platzer (Hrsg.), Informatik Fachberichte 29, Springer, Berlin 1980, S. 81-88

/3/ S. Shimizu, S. Nagata, A. Inove and M. Yoshida, "Logic circiut diagram processing system", Proc. of 6th. Int. Conf. on Pattern Recognition, Munich 1982, IEEE Cat. No. 82 CH 1801-0, pp. 717-719

/4/ Y. Shirai, "Image Processing for Data Capture", IEEE Computer, November 1982, pp. 21-34

/5/ D.S. Tudhope and J.V. Oldfield, "A High-Level Recognizer for Schematic Diagrams", IEEE Computer Graphics and Appl., May/June 1983, pp. 33-40

/6/ T. Pavlidis, "Algorithms for Graphics and Image Processing", Springer, New York 1982

/7/ J.R. Ullmann, "An Algorithm for Subgraph Isomorphism", J. of ACM, $\underline{23}$, 1976, pp. 31-42

/8/ P. Dierckx, "Algorithms for Smoothing Data with Periodic and Parametric Splines", Computer Graphics and Image Proc., $\underline{20}$, 1982, pp. 171-184

/9/ C.H. Reinsch, "Smoothing by Spline Functions", Num. Math., $\underline{10}$, 1967, pp. 177-183

/10/ H. Späth, "Spline Algorithmen zur Konstruktion glatter Kurven und Flächen", 3. Aufl. Oldenbourg, München 1983

/11/ P. Kuner, "Geometrical and Relational Description of Line Images Using Analytical Features of their Representing Spline Curves", Proc. 3rd Scand. Conf. on Image Analysis, Copenhagen 1983

/12/ W. Scherl, "Document Analysis Based on a Document Description", ibid.

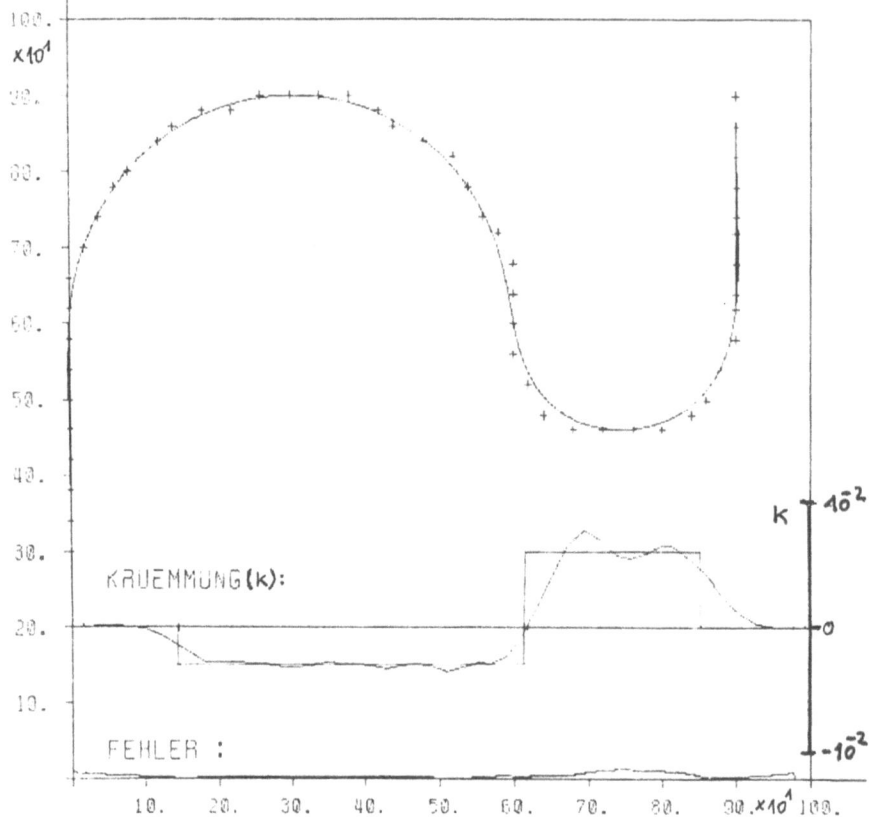

Abb. 1: Ausgleichspline durch die Abtastwerte (Kreuze) einer digitalisierten Kurve, nach Reinsch mit $S=63$ und $\delta x = \delta y = 4$. Der Fehler gegenüber Originalkurve bleibt unter 0.6 Pixel. Die Krümmung wird gut approximiert, Fehler $\leq 10\ \%$.

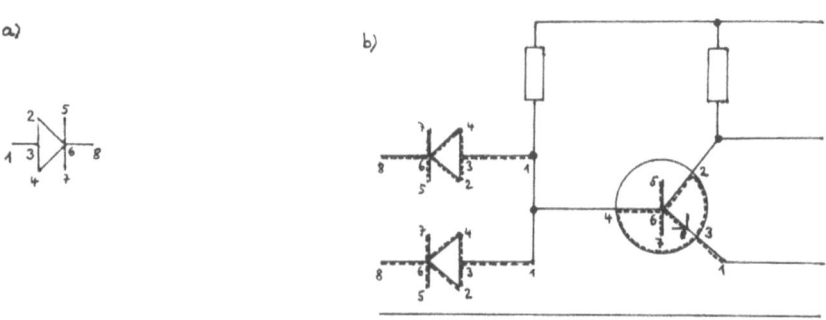

Abb. 2: a) Referenzgraph eines Diodensymbols mit 8 markierten Knoten. Die Knoten 1 und 8 sind Anschlußpunkte und dürfen im Bildgraph jedem Knoten zugeordnet werden. Die Knoten 2 bis 7 haben jeweils den Grad 2,3,2,1,5,1.
b) Wenn keine Bewertungen eingeführt werden, dann sind die gestrichelt markierten Teilgraphen des Bildes isomorph zum Referenzgraph.

ZUR BILDANALYSE BEI DER HANDSCHRIFTLICHEN DIREKTEINGABE

Wolfgang Doster, Richard Oed

AEG-TELEFUNKEN, Forschungsinstitut, Ulm

0. Kurzfassung

Es werden in diesem Beitrag verschiedene Segmentierverfahren betrachtet und diskutiert, die im Rahmen der Bildanalyse bei der on-line Erkennung von auf einem graphischen Tablett geschriebenen Schriftzeichen angewendet werden.

Schlüsselworte: Handschriftliche Direkteingabe - Bildanalyse - Segmentierung - Tabletteingabe

1. Einführung

Für die meisten Menschen ist das Schreiben mit einem Stift auf Papier die vertrauteste Art, Schriftzeichen zu erzeugen. Deshalb stellt eine Vorrichtung zur direkten Erkennung der Schriftzeichen während des Schreibvorganges für ungeübte (d.h. tastaturungewohnte) Benutzer einen idealen Zugang zum Rechner dar.

Zu diesem Zwecke ist es notwendig, die Spur des Schreibwerkzeuges auf dem Papier zu erfassen und im Rechner weiterzuverarbeiten. Am geeignetsten ist dazu ein drucksensitives Tablett mit genügend feiner Auflösung. Da es diese Tabletts noch nicht gibt, verwenden wir ein übliches Graphiktablett, bei dem Schreibwerkzeug und sensitive Tablettfläche eine Sender-Empfänger-Kombination darstellen. Diese Kombinationen werden in unterschiedlicher Technologie /1/ angeboten. Im vorliegenden Fall wird ein Tablett benutzt, das magnetostriktiv arbeitet, die aktuellen Koordinaten des Stiftes auf dem Tablett mißt und an den Rechner weitergibt. Je nach Betriebsart ist das schon beim Annähern des Stiftes an die Tablettfläche oder erst beim Aufsetzen und Auslösen des im Stift eingebauten Schalters der Fall; in einer weiteren Betriebsart werden in beiden Fällen Koordinaten und eine Zustandsanzeige (Flag) an den Rechner weitergegeben. Am Tablett kann die Abtastgeschwindigkeit (Koordinatenpaare pro sec) variiert werden. Während der Übertragung von Meßwerten läuft im Rechner intern die Zeit mit, außerdem wird jedes neue Aufsetzen vermerkt. Bild 1 zeigt als Beispiel die auf dem Tablett geschriebene Ziffer 2 und die vom Tablett erfaßten und weitergeleiteten Meßdaten.

Bild 1: Originalzeichen und über das Tablett weitergegebene Meßpunkte.

Bild 2: Ein Zeichen mit mehreren Linienabschnitten.

Der Abstand der Meßpunkte ist zum einen durch die Tablettauflösung bestimmt - hier 0,1 mm - und zum andern von der eingestellten Abtastrate - hier 46 Koordinatenpaare pro sec - sowie der Schreibgeschwindigkeit abhängig. Den Kurvenzug bzw. die dazugehörende Folge von Meßpunkten vom Aufsetzen bis zum Abheben des Stiftes nennen wir einen Linienabschnitt. Es gibt Zeichen mit einem Linienabschnitt, wie die 2 in Bild 1, und auch Zeichen mit mehreren Linienabschnitten, wie z.B. der Buchstabe H in Bild 2. Aufgabe der Bildanalyse ist nun vor allem die Entscheidung zu treffen, welche Linienabschnitte zu einem Zeichen gehören. Die zu Zeichen zusammengefaßten Linienabschnitte können dann nach unterschiedlichen Kriterien weiterverarbeitet und Prozeduren unterworfen werden, die letztendlich Merkmalsvektoren für die Klassifizierung erzeugen, die unabhängig von der Schreibgeschwindigkeit und von der Größe der Zeichen sind.

In diesem Beitrag werden unterschiedliche Segmentierverfahren betrachtet und diskutiert.

2. Bildanalyse mit Segmentierung nach zeitlichen Kriterien

Es ist prinzipiell zu unterscheiden, ob nur einzelne Zeichen geschrieben und erkannt werden sollen oder ob das Schreiben von Zeichenfolgen - die aus isolierten Einzelzeichen bestehen - erlaubt ist. Der erste Fall, nur einzelne Zeichen, stellt kein Segmentierproblem dar; alles was geschrieben wurde gehört zu einem Zeichen.

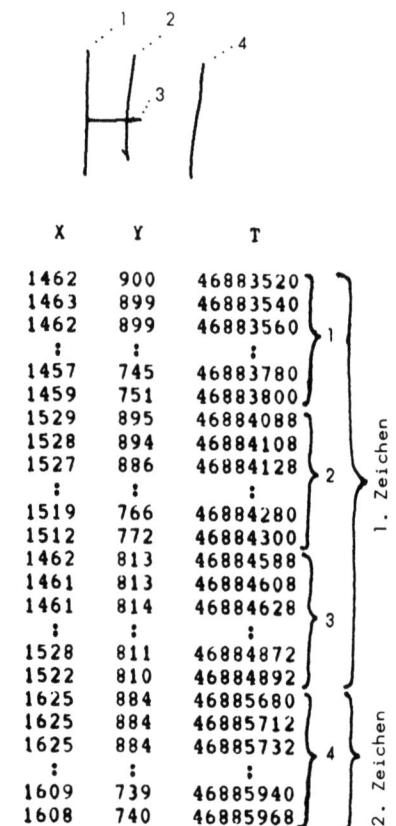

Beim Erkennen von Zeichenfolgen sind im Rahmen der Bildanalyse zu bestimmen
- das Ende der Zeichenfolge
- die einzelnen Linienabschnitte
- die Teilmengen der zu einem Zeichen gehörenden Linienabschnitte.

Bei der Bildanalyse mit Segmentierung nach zeitlichen Kriterien wird für die Segmentierung nur die mitlaufende Zeit verwendet.
Daraus folgt zwingend, daß die zu einem Wort gehörenden Zeichen nacheinander und vollständig geschrieben werden.

Als Meßdaten :fallen die Koordinaten der Meßpunkte und die mitlaufende Zeit an. Bild 3 zeigt ein Beispiel.

Aus den Zeitabständen zwischen den einzelnen Meßpunkten ist zu entnehmen, daß ein größerer zeitlicher Abstand zwischen dem letzten Punkt eines Linienabschnittes und dem ersten Punkt des darauf folgenden Linienabschnittes vorliegt. Zwischen einzelnen Zeichen ist dieser zeitliche Abstand noch größer, etwa Faktor 2.

Bild 3: Zwei Zeichen und die anfallenden Meßdaten.

Der Verarbeitungsalgorithmus startet erst am Ende einer Zeichenfolge. Auslösekriterium ist, wenn über eine vorgegebene Zeit hinweg keine weiteren Meßdaten anfallen.

Diese Segmentierung ist einfach zu realisieren.

Nachteilig wirkt sich aus, daß die mittleren Pausezeiten zwischen Linienabschnitten und zwischen Einzelzeichen sehr vom einzelnen Benutzer abhängen. Für einen Benutzer sind sie jedoch relativ gleichbleibend und durchaus als Segmentierkriterium geeignet. Es würde demnach eine benutzerabhängige Pausenlängenbestimmung notwendig sein, und damit ist das Verfahren für ein System mit nicht beschränkter Benutzeranzahl ziemlich ungeeignet.

Dieses Verfahren versagt auch bei besonders schnellschreibenden Benutzern, weil bei ihnen die Unterschiede in den Pausezeiten kleiner sind. Die Anfälligkeit des Verfahrens gegenüber Schwankungen in den Pausezeiten zeigt sich dadurch, daß falsche Linienabschnitte zu einem Zeichen verbunden werden.

3. Bildanalyse mit Segmentierung nach geometrischen Kriterien

Um diese zeitliche Abhängigkeit zu eliminieren wird eine Segmentierung nach geometrischen Kriterien durchgeführt.

Zur Bestimmung der einzelnen Linienabschnitte wird ausgenutzt, daß das Tablett den Zustand "fast aufgesetzt" und den Zustand "aufgesetzt" unterscheidet. Damit kann man einfach den Anfang und das Ende eines Linienabschnittes erkennen.

Um das Ende einer Folge von (größer oder gleich einem) Zeichen zu bestimmen, muß jedoch weiterhin die Zeit berücksichtigt werden. Ein Startzeitpunkt für den Verarbeitungsalgorithmus ist zwingend notwendig. Will man völlig zeitunabhängig werden, dann muß ein anderes Kriterium, wie z.B. das Antippen einer bestimmten Zone auf dem Tablett, verwendet werden.

3.1 Schreiben in Kästchen

Der einfachste Fall ist das Schreiben in vorgegebene Kästchen. Vom Verarbeitungsprogramm ist nur abzufragen, ob die angefallenen Linienabschnitte innerhalb eines Kästchens liegen. Alle Linienabschnitte innerhalb eines Kästchens gehören zu einem Zeichen.

Die Segmentierung ist in diesem Fall problemlos.

Sehr nachteilig ist jedoch, daß die Kästchen vorgegeben, d.h. auf dem Papier vorgedruckt, und eingehalten werden müssen.

3.2 Schreiben in virtuellen Kästchen unterschiedlicher Größe

Bei dieser Art der Segmentierung geht man von dem Gedanken aus, daß Linienabschnitte, bzw. deren umschreibende Rechtecke, die sich berühren oder überlappen, zu ein- und demselben Zeichen gehören. Das umschreibende Rechteck eines vollständigen Zeichens bezeichnen wir als virtuelles Kästchen.

Der erste Schritt ist also nach der Bestimmung der einzelnen Linienabschnitte die Bildung der umschreibenden Rechtecke der einzelnen Linienabschnitte. Oft kommt es jedoch vor, daß sich die umschreibenden Rechtecke von zusammengehörenden Linienabschnitten gerade nicht berühren. Sie werden deshalb vor der Prüfung auf Zusammengehörigkeit vergrößert.

Es zeigt sich, daß unterschiedliche Vergrößerungsfaktoren in horizontaler und vertikaler Richtung notwendig sind, damit auch zum selben Zeichen gehörende Zeichenbestandteile, die immer abgesetzt geschrieben werden, wie i-Punkt und Umlautpunkte, mit dem Rumpfzeichen verbunden werden.

Der Prozeß der Zusammenfassung der Linienabschnitte läuft rekursiv ab. Sind zwei Linienabschnitte als zusammengehörig gefunden, dann bilden ihre umschreibenden Rechtecke ein gemeinsames umschreibendes Rechteck und der nächste Linienabschnitt wird daraufhin untersucht, ob er mit diesem neuen umschreibenden Rechteck Berührung hat. Bild 4 zeigt ein Beispiel.

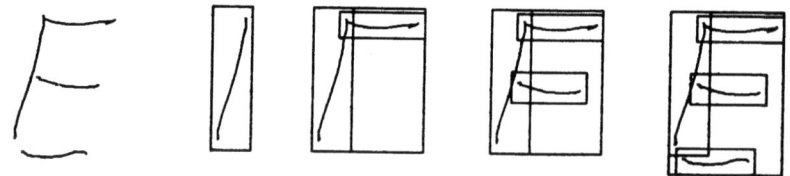

Bild 4: Zusammenfassung der umschreibenden Rechtecke der einzelnen Linenabschnitte.

Vorteil dieser Segmentierung ist, daß die Prüfung mit den umschreibenden Rechtecken einfach und einigermaßen schnell durchzuführen ist. Es ist auch möglich, Zeichenfolgen derart zu schreiben, daß z.B. ein t-Querstrich in der Mitte einer Zeichenfolge erst nachträglich angebracht wird. Nachträglich bedeutet hier nach Schreiben der ganzen Zeichenfolge, aber noch vor Anlaufen des Verarbeitungsalgorithmus.

Nachteilig ist, daß sich die umschreibenden Rechtecke der Zeichen - die virtuellen Kästchen - nicht überlappen dürfen.

3.3 Zulassen des Schreibens in überlappenden virtuellen Kästchen unterschiedlicher Größe

Das Schreiben in sich auch überlappende, umschreibende Rechtecke kann durch eine Änderung der in 3.2 beschriebenen Zusammenfassungsregeln (für umschreibende Rechtecke) zugelassen werden: Aus sich berührenden, umschreibenden Rechtecken werden keine neuen umschreibenden Rechtecke gebildet. Bild 5 zeigt ein Beispiel.

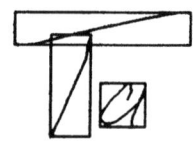

Bild 5: Segmentierung mit Verfahren nach 3.3.

Diese Änderung hat jedoch zur Folge, daß nach der ersten Zusammmenfassung von Linienabschnitten in einem zweiten Durchlauf geprüft werden muß, ob sich neue Verbindungen durch gemeinsame Linienabschnitte ergeben haben.

Mit dieser Erweiterung sind dann auch Zeichenfolgen, wie in Bild 5 gezeigt, richtig segmentierbar.

Noch nicht segmentiert werden können z.B. kursiv geschriebene Zeichen. Hierbei würden sich die umschreibenden Rechtecke von Linienabschnitten, die zu unterschiedlichen Zeichen gehören, überlappen.

3.4 Segmentierung durch zusätzliche Abstandsmessung

Die bei 3.3 noch vorhandenen Nachteile lassen sich beseitigen, wenn zur Segmentierung eine direkte Abstandsmessung zwischen den Linienabschnitten durchgeführt wird. Um den Aufwand jedoch nicht übermäßig in die Höhe zu treiben, erfolgt zunächst eine Vorauswahl durch das in 3.3 beschriebene Segmentierverfahren und eine Abstandsmessung zwischen den Linienabschnitten selbst nur für die sich aus 3.3 ergebenden Teilmengen. Bild 6 zeigt ein Beispiel.

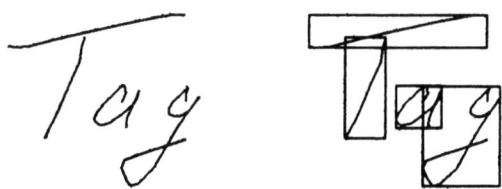

Bild 6: Segmentierung durch zusätzliche Abstandsmessung möglich.

Bei der Abstandsmessung tritt das Problem der Festlegung von Mindestabständen auf. Man kann mit festen Schwellwerten arbeiten, es empfiehlt sich jedoch, die Schwellen abhängig von der Schriftgröße dynamisch festzulegen.

3.5 Verarbeitung als binäre Rasterbilder

Aus den Meßpunkten der einzelnen Linienabschnitte, die zu einem Zeichen gehören, können durch Weglängen- und Winkelbetrachtungen der Verbindungslinien einzelner Meßpunkte größen- und schreibgeschwindigkeitsunabhängige Winkelwerte als Merkmale für die Klassifikation gewonnen und verwendet werden. Klassifikatoren beliebigen Typs sind auf der Basis dieser Merkmale und der relativen Lage der Linienabschnitte eines Zeichens zueinander realisierbar.

Es ist auch denkbar, daß unmittelbar nach der Erfassung der Punktkoordinaten - noch vor der Festlegung der Linienabschnitte - eine Wandlung der Listenrasterbilder in eine binäre Rasterbildform erfolgt. Durch Verbindung der einzelnen Meßpunkte und anschließender Dilatation erhält man Rasterbilder, die denen entsprechen, wie sie bei der Eingabe über einen Scanner anfallen. Sie können dann in dieser Form weiterverarbeitet werden /2/. Der Unterschied zwischen dem on-line Lesen und dem off-line Lesen (Lesen von fertigen Papierdokumenten) ist damit vollständig verschwunden.

4. Zusammenfassung

Es wurden in diesem Beitrag verschiedene Segmentieralgorithmen für die Bearbeitung von handschriftlich direkt auf dem Tablett eingegebenen und verarbeiteten Schriftzeichen beschrieben.

Diese Segmentierverfahren wurden unabhängig von der sich anschließenden Erkennung betrachtet.

Der Vergleich der Algorithmen und die Bewertung derselben erfolgte anhand relativ kleiner Stichproben und mit wenigen Schreibern, die Verifizierung mit größerer Schreiberanzahl wird noch erfolgen. Die Anschaulichkeit des Problems läßt trotzdem eine Bewertung der unterschiedlichen Verfahren zu.

Der unter 3.4 beschriebene Segmentieralgorithmus ist unter den betrachteten Alternativen die beste Lösung. Damit ist jedoch die Segmentierung von Zeichen aus einer Folge keinesfalls völlig gelöst. Der Benutzer muß weiterhin darauf achten, daß sich nicht zusammengehörende Linienabschnitte nicht "zu nahe" kommen oder sogar berühren und umgekehrt zusammengehörende Linienabschnitte "genügend Nähe" aufweisen. Abhilfe würde hier ein Ansatz schaffen, der mit Zwangsschnitten (das bedeutet Segmentieralternativen) arbeitet und die Erkennung in die Segmentierung einbezieht.

Bei praktischen Realisierungen ist jedoch immer der Aufwandsgesichtspunkt zu betrachten, es gibt immer eine Skala von Möglichkeiten für sinnvolle, sich in der Leistung unterscheidende Produkte. Für ein einfaches System kann man sich vorstellen, daß die Forderung nach Nichtberühren der umschreibenden Rechtecke eingehalten und auch dem Benutzer plausibel gemacht werden kann.

Wesentlich bei den vorgestellten Algorithmen - und zwar bei allen von 3.2 bis 3.5 - ist jedoch, daß der Schreibvorgang möglichst unbehindert von einschränkenden Zeitbedingungen bleibt und so der Benutzer Schreibrhythmus und Schreibgewohnheiten weitgehend beibehalten kann.

Literatur

/1/ H.J. Tafel, A. Kohl
    Ein- und Ausgabegeräte der Datentechnik, Kapitel 2.2
    München, Wien 1982

/2/ W. Doster, J. Schürmann
    A Step Towards Intelligent Document Input to Computers
    CVPR 1983, Arlington, Virginia, USA, June 19-23, 1983

Anmerkung

Die diesem Bericht zugrunde liegenden Arbeiten wurden mit Mitteln des Bundesministeriums für Forschung und Technologie gefördert. Die Verantwortung für den Inhalt liegt jedoch allein bei den Autoren.

MODELLGESTÜTZTE BILDDEFORMATION UND IHRE ANWENDUNG IN DER TEXTBEZOGENEN SCHREIBERERKENNUNG

Rolf-Dieter Naske
Technische Forschungsgruppe im Bundeskriminalamt, Wiesbaden

Zusammenfassung

Es wird ein neues Merkmalextraktionsverfahren zur Schreibererkennung aus dem Handschriftenbild von Einzelbuchstaben vorgestellt. Dieses beruht auf einem Modell, bei dem der Schreibvorgang als Übertragung eines gelernten Prototypen von der Quelle zur Senke betrachtet wird. Das Binärbild des Prototypen wird modellgestützt in Teilbilder zerlegt und an den geschriebenen Buchstaben optimal angepaßt. Die Beschreibung der Deformation dient als primärer Merkmalvektor. Das Verfahren wird an einer Datensammlung von 100 Schreibern mit jeweils 20 Realisierungen des Wortes "Dreihundert" getestet. Die Erkennungsraten liegen zwischen 14 und 49%. Sie lassen sich jedoch bei Buchstabenkombinationen auf über 90% steigern.

Schreibererkennung, textbezogen, Bildverarbeitung, Bilddeformation, modellgestützt, Einzelbuchstaben

1. Einführung

Schon immer haben Menschen versucht, aus einem handgeschriebenen Text mehr Information zu entnehmen als nur den Inhalt. So ist zum Beispiel die Graphologie seit dem 17. Jahrhundert als eigenständiges Gebiet in der Literatur bekannt.

Anders als der Graphologe möchte der Kriminalist für einen kriminaltechnischen Handschriftenvergleich aus einer Schriftprobe Rückschlüsse auf die Identität des Schreibers ziehen. Er ist nicht an der Persönlichkeitsstruktur oder an den psychologischen Einflüssen interessiert, denen der Schreiber ausgesetzt war. Dieses Gebiet ist der Gerichtsspsychologie überlassen.

In den letzten Jahren hat man im Bundeskriminalamt begonnen, den Handschriftenerkennungsdienst durch Verfahren der Bildverarbeitung und der Mustererkennung zu objektivieren und zu automatisieren /1,2,3,4/. Diese Verfahren der rechnergestützten Schreibererkennung lassen sich nach unterschiedlichen Gesichtspunkten ordnen. Man kann sie zum Beispiel unterteilen nach

- Identifikation / Verifikation,
- textbezogen / textunabhängig,
- Merkmale aus einem Bild / Merkmale aus einer Zeitfunktion,
- interaktive Verfahren / automatische Verfahren.

Hier soll ein Verfahren vorgestellt werden, das es gestattet, den Schreiber eines Textes aus dem Handschriftenbild von Einzelbuchstaben zu erkennen. Es soll an den Buchstaben des Wortes "Dreihundert" getestet werden.

2. Modell des Schreibvorganges

Jeder Mensch hat eine prototypische Vorstellung von den Zeichen seines Schriftsystems, die er während des Schreibvorganges mehr oder weniger genau zu reproduzieren versucht.

Im nachrichtentechnischen Sinne kann man den Schreibvorgang als die Übertragung einer Information von der Quelle zur Senke interpretieren. Von der Quelle wird das Bild eines Prototypen gesendet. In der Senke wird dann das Bild des geschriebenen Buchstaben empfangen. Der Kanal ist der Schreibvorgang selbst. Ebenso wie auf einen Kanal Störungen wirken können, wird der Schreibvorgang durch verschiedene Umstände beeinflußt. Diese Randbedingungen werden als Störungen der Übertragung betrachtet.

Zum Zwecke der Zeichenerkennung müßte man die Störungen eliminieren, um den Prototypen leichter erkennen zu können. Für die Schreibererkennung sollen eben diese jedoch genauer analysiert werden. Dabei lassen sich 2 Störungsquellen unterscheiden. Die eine Art von Störungen wird durch die Umwelt verursacht (Schreibgerät, Schreibunterlage, Schreibposition...). Die andere Störungsquelle ist der Schreiber selbst. Die Anatomie und Physiologie des Armes und der Hand beeinflussen den Schreibvorgang ebenso wie psychologische Umstände /5/.

Will man also eine Schreibererkennung aus dem Handschriftenbild nach diesem Modell durchführen, so muß man die Störungen durch

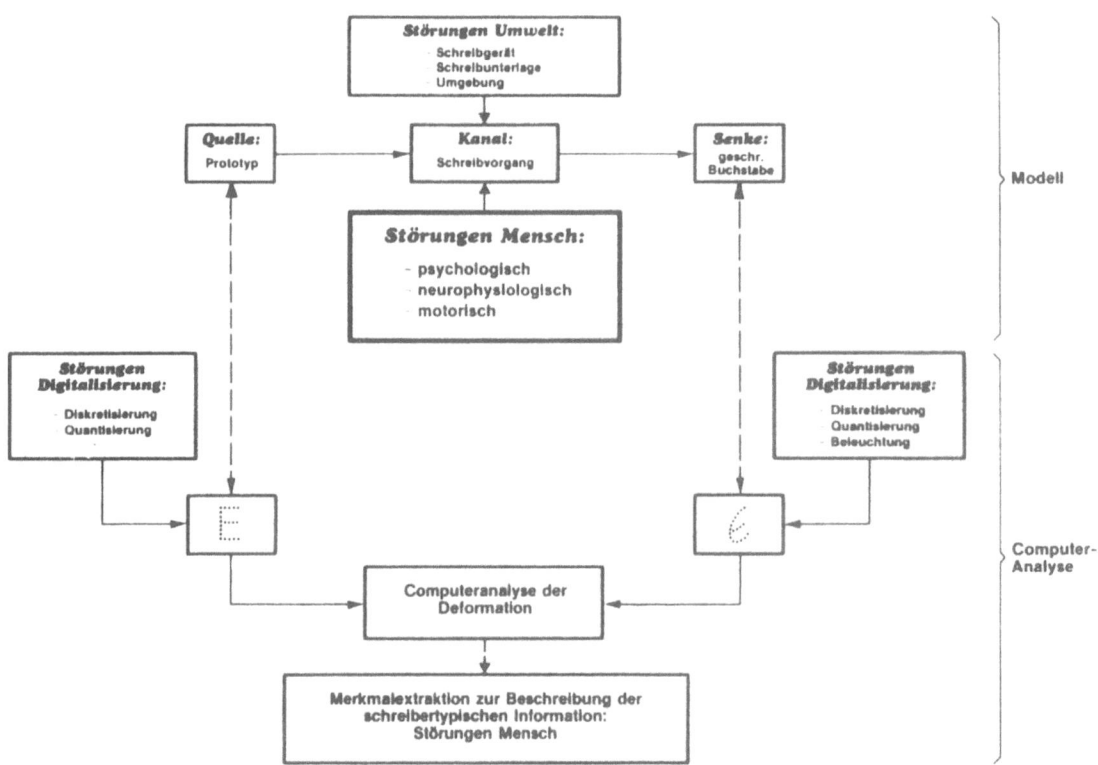

Abb. 1 Modell des Schreibvorganges von Einzelbuchstaben und seine Computeranalyse

den Schreiber analysieren und die Störungen durch die Umwelt
eliminieren. Dabei gilt es solche schreibertypischen "Störungen"
zu finden, die einerseits geeignet sind, möglichst viele Schreiber zu unterscheiden, und die andererseits über lange Zeit bei
jedem einzelnen Schreiber möglichst konstant bleiben. Eine graphische Darstellung dieses Modelles ist in Abb.1 gegeben. Ein
ähnliches Modell wird auch in /6/ verwendet.

3. Modellgestützte Bilddeformation

Für die Analyse der Deformation von Einzelbuchstaben entsprechend
dieser Interpretation des Schreibvorganges wird vorausgesetzt,
daß von jedem Druckbuchstaben ein prototypisches Binärbild als
Modell im Rechner vorhanden ist. In diesem Bild ist die Form des
Buchstaben durch die Lage der Kanten festgelegt. Deshalb werden
an den Kanten interaktiv Spezialpunkte markiert und im Modellbild
gespeichert (Abb.2). Sie stellen die Mittelpunkte von Teilbildern dar, die später im realen Bild gesucht werden. Das Bild des
Buchstaben wird zunächst digitalisiert und mit einer Schwelle
binarisiert. Die Spezialpunkte werden linear in das Binärbild
projiziert, indem die beiden Zeichen auf die gleiche Größe normiert werden (Abb.3). Die sich so für jeden projizierten Punkt

Abb.2 gespeichertes Modell der Einzelbuchstaben "D","R" und "E"

Abb.3 Projektion der Prototypen in die geschriebenen Buchstaben

Prototyp   geschr. Buchstabe   deformierter Prototyp

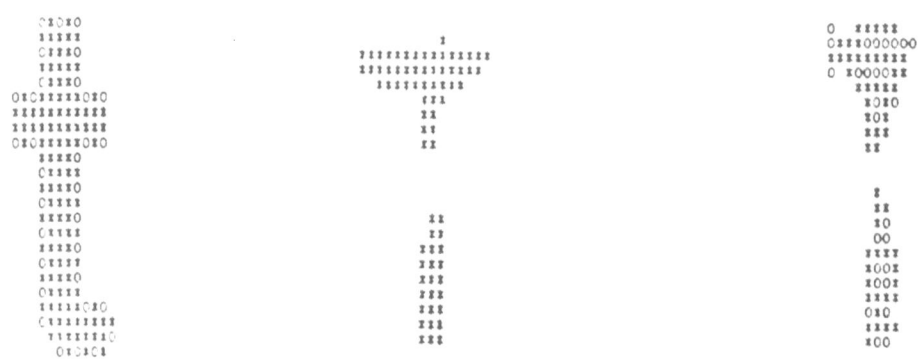

Prototyp   geschr. Buchstabe   deformierter Prototyp

Abb.4 Modellgestützte Deformation der Prototypen "E" und "t" zur Analyse der schreibertypischen Eigenschaften

ergebende Lage ist die Anfangsposition einer Verschiebung dieses Spezialpunktes. Variiert man seine Lage, so läßt sich für jede Position der Wert eines Gütekriteriums bestimmen. Dieses Kriterium kann z.B. der Abstand bzw. die Korrelation zwischen dem zugehörigen Teilbild im Modell und einem von der Position abhängigen Fenster im Bild des geschriebenen Buchstaben sein. Die optimale Lage innerhalb eines Variationsbereiches dient als Endpunkt der gesuchten Verschiebung.

Wenn für jeden Spezialpunkt die optimale Lage bestimmt ist, so kann man die Menge der Verschiebungsvektoren als primären Merkmalvektor für eine Klassifikation verwenden. Im Gegensatz zum Problemkreis der Erdfernerkundung /7/ ist hier jedoch das deformierte Bild von geringer Bedeutung. Es dient nur der Kontrolle, während die Berechnung der Vektoren das eigentliche Ziel ist. Beispiele für die Deformation der Prototypen sind in Abb.4 angegeben.

4. Experimentelle Ergebnisse

Mit diesem Deformationsverfahren und den daraus abgeleiteten Merkmalen wurden an einer Datensammlung, die die Druckbuchstaben des Wortes "DREIHUNDERT" enthielt, Erkennungsexperimente durchgeführt. Dazu wurden die primären Merkmale mittels einer Hauptachsentransformation dekorreliert und die 75 signifikantesten nach dem FISHER-Kriterium selektiert. Für 100 Schreiber mit 20 Mustern je Schreiber und Buchstabe sind die Ergebnisse des Minimum-Distance-Klassifikators in Tab.1 dargestellt.

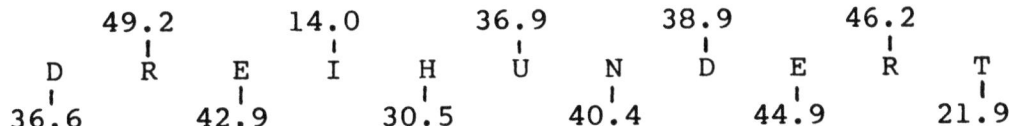

Tab. 1 Erkennungsraten (in %) der Großbuchstaben (nach der Leaving-1-out-methode berechnet).

In Tab.2 sind einige Ergebnisse von Buchstabenkombinationen aus dem Wort "Dreihundert" angegeben. Von jedem Buchstaben wurden die 20 signifikantesten Merkmale entsprechend dem FISHER-Kriterium ausgewählt und eine Klassifikation innerhalb des gleichen Kontextes durchgeführt.

Buchstabenkombination	Erkennungsrate
DRE	76.7
Dre	62.2
dre	61.2
DRE.HUN.	92.4
Dre.hun.	89.0
dre.hun.	86.6
dre.hun...t	90.1

Tab. 2 Erkennungsraten (in %) von Buchstabenkombinationen (nach der Leaving-1-out-Methode berechnet).

An einer aus Aufwandsgründen reduzierten Datensammlung von 10 Schreibern mit 44 Mustern pro Schreiber wurden das hier entwickelte Verfahren und ein Verfahren zur interaktiven Bestimmung der Verschiebung einander gegenübergestellt (Tab.3).

Verfahren Buchstabe	automatisch	interaktiv
D	72.5	50.0
R	65.0	72.5
E	70.0	60.0
Mittelwert	69.2	60.8

Tab. 3 Erkennungsraten (in %) zum Vergleich des automatischen mit einem interaktiven Verfahren.
(Lernphase : 40 Merkmalvektoren pro Schreiber,
Testphase : 4 Merkmalvektoren pro Schreiber)

5. Diskussion

Die Ergebnisse zeigen eine beachtliche Verbesserung der Erkennungsraten, wenn man die Merkmale aus mehreren Buchstaben kombiniert. Es besteht also die Aussicht, daß durch die Kombination ein Gesamtvektor entsteht, der für die textbezogene Schreibererkennung akzeptable Ergebnisse liefert.

Dabei muß jedoch berücksichtigt werden, daß die berechneten Merkmale von verschiedenen Einflußgrößen wie z.B. Binarisierungsschwelle, Schreibgerät und Kontext abhängen. Bei der Integration des Verfahrens in das forensische Informationssystem zur Handschriftenerkennung (FISH) /9/ müssen deshalb Vorkehrungen getroffen werden, die z.B. sicherstellen, daß alle Bilder mit einer optimalen Schwelle binarisiert werden. Ferner sollte eine Mittelung der Merkmalvektoren über mehrere Realisierungen eines Buchstaben innerhalb eines Schriftstückes vorgenommen werden (Condensed Nearest-Neighbour), wodurch kleine Schwankungen innerhalb eines Schreibers eliminiert und der Einfluß des Kontextes reduziert wird.

6. Literatur

/1/ KLEMENT, V., W. KUCKUCK, H.-J. LEIMKÜLLER, R.D. NASKE, H. OFFERMANN, K. STEINKE :
Objektivierung und Automatisierung des Handschriftenvergleiches. BMFT-Bericht, DV 5.800, 1981.

/2/ KLEMENT, V., R.-D. NASKE :
Forensische Schreibererkennung mit Merkmalen aus einem regionalen Texturmodell. In "Modelle und Strukturen", Hrsg. B. Radig, Springer, Berlin 1981, 357-363.

/3/ NASKE, R.D.:
Writer recognition by prototype related deformation of handprinted charcaters. Proc. 6ICPR, München 1982, 819-822.

/4/ STEINKE, K.:
Writer recognition by special characters.
Proc. 2. Conf. on Image Analysis and Processing, Brindisi 1982.

/5/ MICHEL, L.:
Schriftvergleichung im Dienste der Verbrechensaufklärung. In "Stand der wissenschaftlichen Kriminaltechnik", Arbeitstagung bei der Polizei-Führungsakademie Münster, Münster 1981.

/6/ DUVERNOY, J., D. CHARRANT :
Stability and stationarity of cursive handwriting.
Pattern Recognition, 11, 1979, 145-154.

/7/ GÖPFERT, W.:
Integration von multi-sensor Bilddaten und kartographischen Datenbanken. In "Modelle und Strukturen", Hrsg. B. Radig, Springer, Berlin 1981, 160-166.

/8/ BAJCSY, R., C. BROIT :
Matching deformed images. Proc. 6ICPR, München 1982, 351-353.

/9/ KLEMENT, V.:
An application system for the computer-assisted identification of handwritings. Proc. Canahan Conf., (in Vorbereitung)

ZUR VERARBEITUNG VON DIGITALISIERTEN GESICHTSBILDERN

Rainer Buhr [*]

Bundeskriminalamt, Technische Forschung,
Thaerstraße 11, 6200 Wiesbaden

Abstract

Das vorzustellende System bestimmt zu einem vorgegebenen Gesichtsbild bzw. Teilbild die in einer Datensammlung enthaltenen ähnlichsten Gesichtsbilder.
Ein modular strukturiertes Computer-Programm segmentiert die digitalisierten Gesichtsbilder automatisch in die Gesichtspartien Augen, Nase, Mund, Brauen. Zur Steigerung der dafür erforderlichen Flexibilität werden adaptiv arbeitende Algorithmen eingesetzt. Treten bei der Lokalisierung einer Gesichtspartie Fehler auf, so werden vorangegangene Teilschritte wiederholt. Nach der Vorverarbeitung der Gesichtsbilder werden Merkmale extrahiert, die eine Separierung verschiedener Gesichtsbilder erlauben.

1. Zielsetzung

Das System vergleicht ein Gesichtsbild (Referenz) oder einen Teilbereich dieses Bildes mit in einer Datensammlung abgelegten Gesichtsbildern. Die Bilder werden durch Extraktion geeigneter Merkmale in den Merkmalsraum transformiert. Die Musterklassen, zu denen das Referenz- bzw. das Teilbild im Merkmalsraum die kleinsten Abstände aufweisen, legen die zum Referenzbild ähnlichsten Gesichtsbilder fest. Das Referenzbild gilt als erkannt, wenn sich genau eine Musterklasse ergibt und zugleich das Referenzbild ein Repräsentant dieser Klasse ist.

2. Das Muster 'Gesicht'

Gesichtsbilder sind natürliche, komplexe Muster. In gewisser Weise sind alle Gesichter ähnlich, denn in der Regel besteht jedes Gesicht aus Augen-, Nasen-, Mundpartien. Die geometrischen Relationen der Partien zueinander variieren von Gesicht zu Gesicht. Die einzelnen Gesichtspartien sind in ihrer Feinstruktur verschieden. Die Anzahl unterscheidbarer Gesichtsbilder ist sehr groß, sie entspricht praktisch der Zahl der menschlichen Individuen.
Jede Musterklasse enthält einen Repräsentanten.
Es werden Frontalaufnahmen von Personen ohne Bart und ohne Brille mit befriedigender Bildqualität verarbeitet.

3. Bildvorverarbeitung

Für die Merkmalsextraktion werden die Gesichtsbilder mit einer Auflösung von 512x512x4 Pixeln (Bild 5) zunächst in die einzelnen Gesichtspartien (Teilmuster) segmentiert. Innerhalb der Gesichtspartien werden die Bildpunkte bestimmt, aus denen sich zusammen mit den Lageparametern der Teilmuster die eigentlichen Merkmale errechnen. Die Bildanalyse ist modular strukturiert. Jedes Modul verarbeitet eine spezielle Bildregion. Zur Bewältigung der Variationsvielfalt hinsichtlich der Lage der einzelnen Teilmuster werden mehrstufig adaptive Verfahren eingesetzt. Lokalisierungsfehler führen zur Wiederholung vorangegangener Teilschritte mit geänderten Eingangsparametern. Die so gewonnene Lageinformation dient zur Definition von Bildbereichen, in denen geeignete Merkmale für die einzelnen Teilmuster abzuleiten sind.

[*] Die vorliegende Arbeit wurde im Rahmen eines vom BMFT geförderten Forschungsprojekts durchgeführt. (KZ: 411-5839-IT 1011 8)

3.1. Automatische Segmentierung

Für eine automatisch ablaufende Segmentierung ist die Bestimmung des ersten Teilmusters entscheidend. Hierbei auftretende Fehler führen zwangsweise in den weiteren Segmentierungsschritten zu Folgefehlern. Das zuerst zu lokalisierende Teilmuster muß in jedem Gesichtsbild enthalten und mit relativ geringem Aufwand sicher zu positionieren sein. Hierzu eignen sich die Augen besonders gut. Die Augenregionen zeichnen sich durch eine große Anzahl von Grauwertänderungen (Übergang Augenweiß-Iris, Übergang Augapfel-Lider) aus. In der Binärdarstellung eines Gradientenbildes ist folglich die Ansammlung von (Kontur-)Punkten in diesen Bereichen im Vergleich zu anderen Bildregionen wesentlich höher.

Die Position der Augen legt ein neues gesichtsbezogenes Koordinatensystem fest. In diesem Koordinatensystem wird die Lage der übrigen Teilmuster mit Hilfe ihrer a priori zu erwartenden Position und spezifischer Formparameter bestimmt. Die Lokalisierung erfolgt in abgegrenzten kleineren Bildregionen, die durch die Metrik des Gesichts festgelegt sind. Diese Regionen werden so dimensioniert, daß das gesuchte Teilmuster darin mit Sicherheit aufzufinden ist. Für die Festlegung der Bildbereiche wird deshalb die gewonnene Information vorangegangener Segmentierungsschritte verwendet.

Die Segmentierung des Gesichtsbildes läuft demnach wie folgt ab: Positionierung des Kopfes und der Augen, Einführung des neuen Koordinatensystems, Positionierung der Nase, des Mundes, der Kinnspitze und der Brauen.

Bild 6 zeigt ein Gesichtsbild mit eingezeichnetem Koordinatensystem und den markierten Bildbereichen für Nase und Mund, in denen dann die Merkmale dieser Teilmuster zu extrahieren sind.

Die Vorverarbeitung der Bildregionen für die Lokalisierung der verschiedenen Teilmuster ist vom Verfahren her ähnlich. Auf die jeweiligen Bildausschnitte wird ein Gradientenoperator /1/ (bei Auge, Nase) oder ein Hochpaßfilter (bei Mund, Kinn, Braue) angewendet. Aus dem Gradiententeilbild bzw. dem gefilterten Ausgangsteilbild ergibt sich durch Setzen eines geeigneten Schwellwerts in der Grauwert-Verteilung ein Binärbild. Diese 2-dimensionale Bildinformation wird dann je nach Fragestellung zu einem Histogramm bezüglich der x- oder der y-Achse zusammengefaßt. Die Operation 'gleitender Mittelwert' sorgt für die Glättung des Histogrammverlaufs. Alle aufeinanderfolgenden Histogrammwerte, die einen vom absoluten Histogramm-Maximalwert abgeleiteten Schwellwert überschreiten, werden anschließend zu neuen kummulierten Werten aufsummiert. Der kummulierte Wert, dessen Betrag am größten (Betragskriterium) und der aus den meisten über dem Schwellwert liegenden Histogrammwerten besteht (Breitenkriterium), setzt die gesuchte Koordinate fest. Erfüllt kein kummulierter Histogrammwert die beiden geforderten Kriterien, so wird der Schwellwert herabgesetzt und die Histogrammwerte werden erneut aufsummiert (Adaptation).

Ist auch nach mehrmaliger Wiederholung keine eindeutige Identifizierung möglich, dann wird der betreffende Segmentierungsschritt unter geänderten Konditionen (kleinerer Schwellwert, andere Koordinaten) beginnend mit der Erzeugung des Binärbildes wieder aufgenommen (Feedback).

Um nach Abschluß der Segmentierung eine Aussage darüber treffen zu können, inwieweit die Augen korrekt lokalisiert und die Segmentierung erfolgreich durchgeführt wurden, werden nach jedem Teilschritt die ermittelten Koordinaten ausgewertet. Liegen die Werte innerhalb der durch die Gesichtsmetrik definierten Toleranzen, so steigt die Wahrscheinlichkeit einer korrekten Segmentierung.

3.1.1. Kopfposition

Für die Bestimmung der Augenlage ist es wichtig, die Position des Kopfes innerhalb des Gesamtbildes grob zu ermitteln. Dazu wird ein mit Hilfe des Sobeloperators erzeugtes Gradientenbild in ein Binärbild umgewandelt. Anhand des ausgeprägten Kopf-Hintergrund-Übergangs läßt sich die x-Koordinate der Kopfmittenlage abschätzen.

3.1.2. Augenlage

Die Bestimmung der Augenlage gliedert sich in die folgenden Teilschritte:
- Grobe Lagebestimmung in x- und y-Richtung
- Bestimmung der Augenlage in y-Richtung für linkes/rechtes Auge
- Bestimmung des Irismittelpunkts und der Augenmittenlage

Auf die für die Augenpositionierung vorgesehene Bildregion wird ein 5*5 Gradientenoperator angewendet. Der Operator detektiert Grauwertänderungen in den 16 möglichen Richtungen. Seine Sensibilität gegenüber Änderungen in dunkleren Bildabschnitten wird durch Division mit dem mittleren Grauwert der 5*5-Umgebung erhöht /2/. Danach wird das zur weiteren Auswertung benötigte Histogramm abgeleitet. Der kummulierte Wert, dessen Betrag am größten und der eine bestimmte Mindestbreite aufweist, liefert ungefähr die horizontale Augenlage. Das Breitenkriterium differenziert dabei zwischen Augen- und Brauenposition.

Zwei ähnlich ausgeprägte kummulierte Maximalwerte in einem bezüglich der x-Achse gebildeten Histogramm legen die Augenpositionen in x-Richtung fest.

Die y-Koordinaten der Augen sind bei einem geneigten Gesichtsbild verschieden. Deshalb wird für linkes und rechtes Auge getrennt in einem kleineren Teilbereich erneut die Augenlage in y-Richtung abgeleitet.

Durch dynamisches Schwellwertsetzen im Grauwertbild werden Binärbilder erzeugt, in denen sich dann der Irismittelpunkt bestimmen

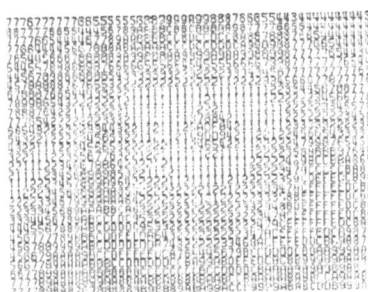
BILD 1: BILDREGION IM GRAUWERTBILD

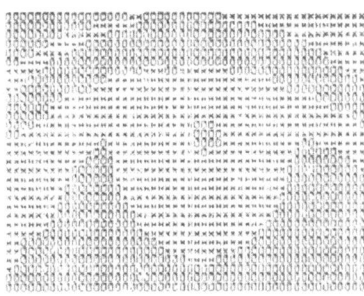
BILD 2: BILDREGION NACH DYNAM. SCHWELLENSETZEN

läßt (Bild 2).

Anschließend wird ein Bildausschnitt um den Irismittelpunkt mit einem Hochpaß (11*11 Wichtungsmaske) gefiltert. Darin werden die Irisbreite (halber Abstand zwischen linkem und rechtem Irisrand) sowie der Augenoberlidrandpunkt senkrecht über dem Augenmittelpunkt und der untere Irisrandpunkt ermittelt. Die gewonnenen Daten ermöglichen die Berechnung des Augenmittelpunkts.

3.1.3 Gesichtsbezogenes Koordinatensystem

Durch die Position der Augen ist die x-Achse des neuen gesichtsbezogenen Koordinatensystems definiert (Bild 6). Die y-Achse verläuft durch den Mittelpunkt des Auge-Auge-Abstands senkrecht zur x-Achse. Der Schnittpunkt der beiden Achsen legt den Gesichtsursprung fest. Eine eventuelle Neigung des Kopfes wird erkannt.

3.1.4 Nase

Die vertikale Länge und der Abstand der beiden Nasenflügel (Nasenbreite) legen den Bildbereich für die Extraktion der Nasenmerkmale fest (Bild 6).
Nach der Vorverarbeitung eines für die Nasenlänge-Bestimmung vorgesehenen Bildbereichs wird ein Histogramm bezüglich der y-Achse gebildet und interpretiert. Das lokale Minimum, das dem ersten ausgeprägten kummulierten Maximalwert im Histogrammverlauf folgt, definiert das Nasenende.
Eine ähnliche Auswertung eines Histogramms bezüglich der x-Achse in Höhe des Nasenendes liefert die Koordinaten der Nasenflügel.

3.1.5. Mund

Für das Auffinden der Mundposition wird zuerst die Lage der Mundspalte lokalisiert. Anhand des dafür dimensionierten, hochpaß-gefilterten Bildbereichs wird ein Histogramm abgeleitet. Die Position des ausgeprägten kummulierten Maximalwertes entspricht ungefähr der Horizontallage der Mundspalte.
Mit Hilfe dieser Information läßt sich eine Bildregion neu dimensionieren, in der die Mundhöhe zu ermitteln ist. Die notwendige Histogramminterpretation basiert auf einem Mundmodell. Drei benachbarte kummulierte Maximalwerte, entsprechend dem Ober- und Unterlippenrand und der Mundspalte, sind aufzufinden.
Die Bestimmung der Mundbreite läuft im Grauwertbild ab. Entlang der Mundspalte nach links/rechts gehend werden Grauwertverteilungen von vertikal verlaufenden Streifen (+/-10 Pixel um den vorausgegangenen Mundspaltenpunkt) errechnet. Das Auftreten einer annähernd homogenen Grauwertverteilung beendet die Breitenbestimmung; die Mundwinkel sind gefunden.

3.1.6 Kinn

Unterhalb der Unterlippe beginnt der Bildausschnitt, in dem die ungefähre Kinnlage ermittelt wird. Eine weitere lokale Filteroperation +/-12 Pixel um diese Kinnlage detektiert die Kinnspitze.

3.1.7 Braue

Durch die mehrfach beschriebene Vorgehensweise ist die Brauenlage unter Verwendung der Augenkoordinaten bestimmbar.

4. Merkmalsextraktion

Aus der Lageinformation der Teilmuster lassen sich Merkmale ableiten, die die geometrischen Relationen der Teilmuster zueinander erfassen. Die Extraktion weiterer Merkmale zur Beschreibung der einzelnen Teilmuster ergänzt den für das Gesichtsbild charakteristischen Merkmalsvektor. Für die Teilmuster Auge und Braue wird die Merkmalsextraktion kurz dargestellt.
Geeignete Größen zur Beschreibung der Augen sind intuitiv die Augenwinkel, der Verlauf des Oberlidrands, der Abstand Auge - obere Augenfalte und daraus abgeleitete Merkmale. Die Segmentierung liefert bereits die Irisbreite und die Koordinaten für den Augenmittelpunkt sowie für den senkrecht darüber liegenden Oberlidrandpunkt. Mit dieser Information wird ein kleiner Bildbereich festgelegt, auf den ein Hochpaßfilter angewendet wird. Die zeilen- und spaltenweise Bestimmung der lokalen Maxima im gefilterten Teilbild ergibt ein Konturbild, aus dem sich die restlichen Merkmale für die Augen ableiten lassen.
Zur Beschreibung des Teilmusters Braue sind der Verlauf der Brauenmittellinie, der äußere und innere Brauenendpunkt sowie der Brauen-

punkt senkrecht über dem Augenmittelpunkt von Interesse. Die Brauenlage ist bereits durch die Segmentierung bekannt und wird für die Dimensionierung des Bildbereichs Braue verwendet. Dieser Bildausschnitt wird im Verhältnis 2:1 verkleinert, mit einem Hochpaß gefiltert und in ein Binärbild umgewandelt (Bild 3). Durch eine spaltenweise Abtastung werden oberer und unterer Brauenrand und damit

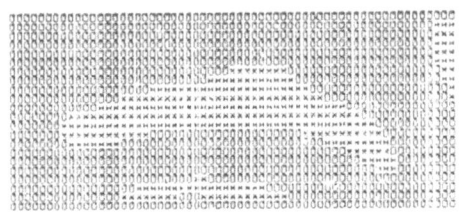
BILD 3: BILDAUSSCHNITT, IN DEM BRAUE VOLL ENTHALTEN IST

BILD 4: GLEICHES BILD, BRAUENMITTELLINIE EINGETRAGEN

der Verlauf der gesamtem Brauenmittellinie bestimmt (Bild 4). Erster und letzter Punkt der Mittellinie entsprechen den beiden Brauenendpunkten. Der Brauenpunkt über dem Auge ist der Mittellinienpunkt mit der x-Koordinate des Augenmittelpunkts.
Mit Hilfe der nun vorliegenden Bildinformation werden Abstandsmaße, Abszissen-/Ordinatenänderungen, Verhältniszahlen, Flächeninhalte, Winkel und Krümmungsmaße errechnet und in einem Merkmalsvektor zusammengefaßt. Die Merkmale sind dimensionslos und ausschließlich relative Größen.
Beispiele für Abstandsmaße sind der Abstand zwischen beiden äußeren Augenwinkeln oder der Abstand zwischen Augenoberlid und oberer Augenfalte. Ein Beispiel für Verhältniszahlen ist das Verhältnis Ordinatendifferenz Augenhorizontale und Mundspalte zur Ordinatendifferenz Kinnspitze und Mundspalte. Durch die Koordinaten der ermittelten Linienzüge sind die Koeffizienten von Polynomen 4. Grades eindeutig definiert (Polynom-Fit). Für 250 verschiedene x-Werte werden die Krümmungen berechnet und in einer Häufigkeitsverteilung aufgetragen, aus der sich eine Summenhäufigkeit ableiten läßt. Die betragsmäßige Differenz und die Lage der Summenhäufigkeit zu einer vorgegebenen Referenzsummenhäufigkeit ergeben das Krümmungsmerkmal des betreffenden Linienzuges.
Der Merkmalsvektor umfaßt derzeit 93 Merkmale.

5. Auswertung

Die Aufbereitung der Merkmale für die weitere Verarbeitung erfolgt mit üblichen Verfahren der Mustererkennung /3/. Ein 'trainable-categorizer' /4/ ermittelt das Gewicht der einzelnen varianznormalisierten Merkmale für die Separierbarkeit der Gesichtsbilder innerhalb des Merkmalsraums /5/. Es wird ein geometrischer Klassifikator (linear bzw. stückweise linear) verwendet.
Als Resultat der nichtparametrischen Lernphase ergibt sich ein Wichtungsvektor, dessen Komponenten den Beitrag der einzelnen Merkmale zur Trennung der Gesichtsbildklassen voneinander beschreiben. Merkmale mit nur kleinem Komponentenwert bleiben bei der weiteren Verarbeitung unberücksichtigt (Reduzierung der Dimension des Merkmalraums). Der Wichtungsvektor liefert zusätzlich die Rangfolge der Merkmale für eine datenbank-unterstützte sequentielle Klassifikation. Die Klassifizierung der Gesichtsbilder erfolgt mit Hilfe des 'nearest-neighbor' Klassifikators.
Das beschriebene System wird derzeit an etwa 100 Gesichtsbildern erprobt. Erste Ergebnisse liegen vor.

6. Literatur

/1/ Davis, L.S.: A Survey of Edge Detection Techniques, CGIP, 1975, No. 4, pp 248
/2/ Levialdi, S.: Finding the Edge, NATO Advanced Study Institute, Bonas (France), 1980, pp 167
/3/ Niemann, H.: Methoden der Mustererkennung, Akad. Verlagsgesellschaft, Frankfurt, 1974
/4/ Nagy, G.: State of the Art in Pattern Recognition, Proceedings IEEE, 1968, Vol. 56, No. 5, pp 836
/5/ Nilsson, N.J.: Learning Machines, McGraw-Hill Books, 1965

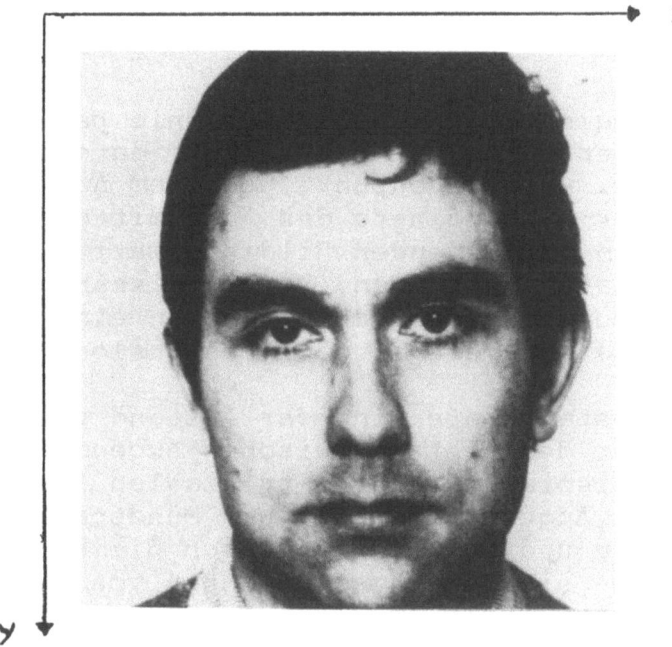

Bild 5: Ausgangsbild

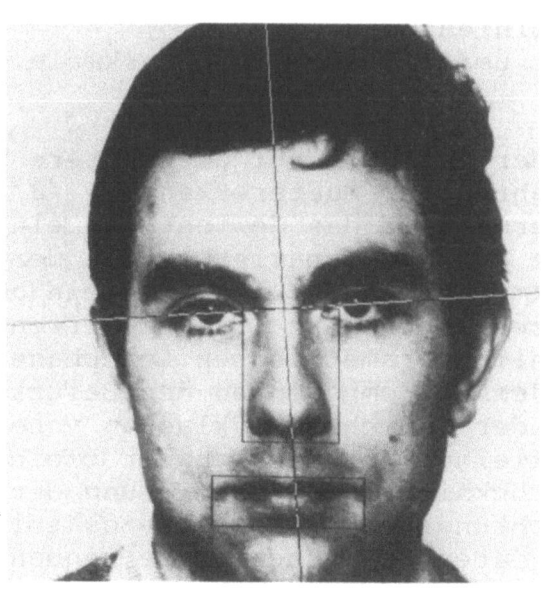

Bild 6: Bild nach der Segmentierung (siehe Text)

PROZESSOREN UND SYSTEME FÜR DIE BILDVERARBEITUNG

P. Gemmar

Forschungsinstitut für Informationsverarbeitung
und Mustererkennung, Karlsruhe

Der Einsatz der automatischen Bildverarbeitung in Forschung und Technik verlangt hohe Rechenleistungen und Übertragungskapazitäten in den Verarbeitungseinheiten. Es werden hier verschiedene Möglichkeiten der Parallelarbeit zur Beschleunigung der Bildverarbeitung aufgezeigt und dafür geeignete Verarbeitungsstrukturen beschrieben. Eine Reihe von existierenden Prozessoren und Systemen für die Bildverarbeitung werden dargestellt und ihre besonderen Eigenschaften für bestimmte Bildoperationen erläutert.

Schlagworte: Feldrechner, Fließbandverarbeitung, Mehrprozessorsystem, Parallelverarbeitung, zellulare Logik

1. Einleitung

Bilder als Mittel zur Darstellung und Weitergabe von Information gehören zu den wichtigsten Informationsträgern. In Erkenntnis ihrer Bedeutung wurden in den letzten Jahren große Anstrengungen in Forschung und Entwicklung für eine maschinelle Verarbeitung, Analyse und Interpretation von Bildern mit Hilfe von Rechenanlagen unternommen. Dies hat neben der Entwicklung von umfangreichen Bildverarbeitungsalgorithmen zu einigen erfolgreichen praktischen Anwendungen der automatischen oder halbautomatischen Bildverarbeitung in verschiedenen Bereichen wie z.B. medizinische Diagnose, optische Zeichenerkennung, Materialprüfung, Landschaftsplanung und Wehrtechnik geführt. Doch recht früh schon mußte man erkennen, daß mit herkömmlichen und universellen Rechenanlagen die praktischen Probleme der Bildverarbeitung nur unzureichend gelöst werden können. Bilder repräsentieren im allgemeinen riesige Datenmengen (Bildpunkte), die schon bei einfachen Bildauswertefunktionen extreme Anforderungen an die Speicherkapazität (einige MB) und Rechenleistung (>>10 MIPS) eines Rechners stellen. Daneben werden für die Bildeinausgabe spezielle Einheiten und Verbindungen benötigt, die in üblichen Rechenanlagen nicht vorhanden sind. Somit ist es Bedingung und Ziel zugleich, parallel zu den Verfahren Geräte und Systeme für die maschinelle Bildverarbeitung zu entwickeln.

Rückblickend waren die ersten Entwicklungen spezielle Geräte für die Bildeinausgabe (z.B. Filmscanner) und Sondersysteme für spezielle biomedizinische Auswertungen mit Binärbildern (z.B. (Cellscan /1/, GRAFIX). Neben der Verbesserung und Erweiterung von Spezialsystemen begann man dann im letzten Jahrzehnt mit der Entwicklung von flexibleren und mehr allgemein einsetzbaren Bildverarbeitungssystemen. Neben den vielfältigen Anforderungen ständig neuer Anwendungen und immer komplexer werdenden Bildverarbeitungsverfahren hat natürlich der rasche technologische Fortschritt einen wesentlichen Einfluß auf die Entwicklung neuer

Bildverarbeitungssysteme. Durch die enorme Integrationsdichte moderner Bauelemente (Speicher, Prozessoren, etc.) ist es möglich, die hohen Anforderungen an die Verarbeitungsleistung z.B. durch den massiven Einsatz von Parallelarbeit in den Bildverarbeitungssystemen zu befriedigen. Dies führt zu hochparallelen und völlig neuen Rechnerarchitekturen für die Bildverarbeitung.

Im folgenden wird nun versucht, eine Übersicht über Prozessoren und Systeme für die Bildverarbeitung zu geben. Aufgrund der Vielfalt und -zahl der Prozessoren und Systeme kann eine Übersicht in diesem Rahmen natürlich nicht erschöpfend sein. Einzelheiten über die Mehrzahl der Anlagen sind in der Literatur (/1/,/2/,/3/,/4/) zu finden. Hier sollen deshalb besonders die strukturellen Merkmale, die speziellen Eigenschaften und die daraus abzuleitenden Fähigkeiten (z.B. Leistung, Einsatz) von existierenden bzw. sich in der Fertigstellung befindenden Systemen für die Bildverarbeitung dargestellt werden. Ein leistungsmäßiger Vergleich - andernorts schon oft versucht - wurde nicht durchgeführt. Dazu fehlen zum einen die anerkannten Kriterien (z.B. Bildgröße, Operationen) und zum anderen sind die betreffenden Systeme zu unterschiedlich bezüglich Preis, Aufbau und Einsatzmöglichkeiten.

2. Merkmale und Anforderungen der digitalen Bildverarbeitung

Für die Bildverarbeitung (Bildcodierung und Bilddatenmanagement werden hier nicht betrachtet) können verschiedene Verarbeitungsmodelle angegeben werden. Eine der meist verwendeten Einteilungen zeigt Bild 1a.

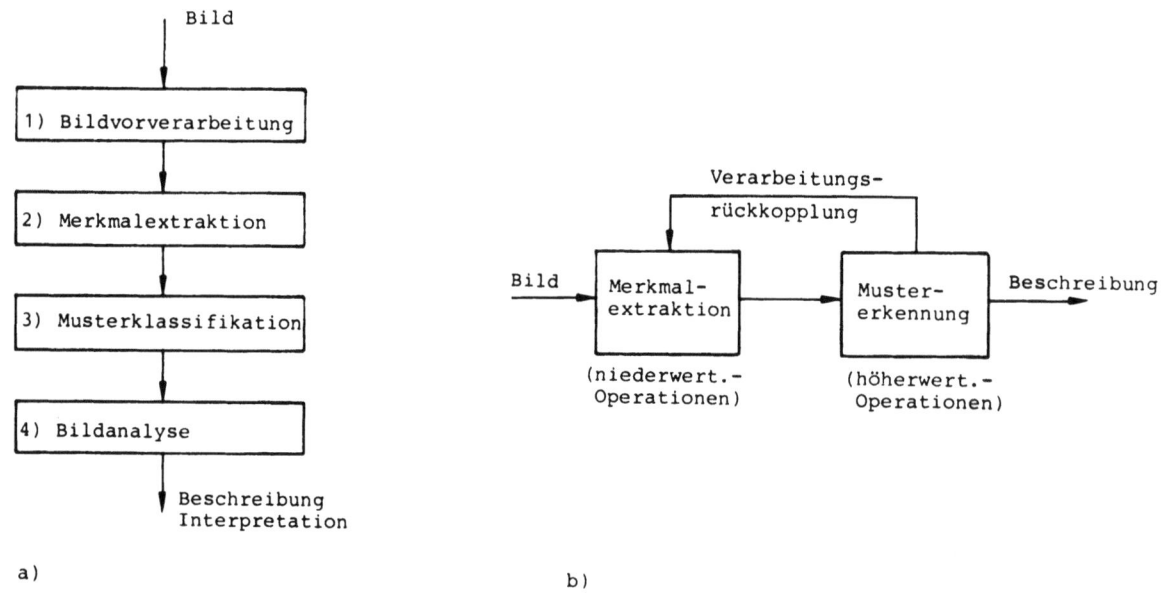

Bild 1: Verarbeitungsstufen der Bildverarbeitung

Bei dieser Einteilung geht man von einer klaren Gliederung der Bildverarbeitungsstufen aus und erwartet, daß hiermit auch eine Standardisierung der notwendigen (hier digitalen) Hard- und Software möglich ist. Aufgrund vieler Überschneidungen ist dies jedoch nur für die ersten beiden Stufen und für bestimmte Anwendungen möglich. Bild 1b zeigt ein den Realitäten besser entsprechendes Verarbeitungsmodell. Zu den niederwertigen Operationen zählen hier z.B. Verfahren zur Bildaufbereitung (Filter), Bildkorrelation und Merkmalextraktion (z.B. Kantendetektion, Histogramm, Flächenmerkmale). Die so bestimmten Merkmale (Datenreduktion) werden den höherwertigen Operationen (z.B. Objektklassifikation) zur Bildanalyse übergeben.

In beiden Stufen werden sowohl einfache als auch komplexe Bildverarbeitungsoperationen mit unterschiedlichen Anforderungen an die Verarbeitungseinheiten eingesetzt. Betrachtet man die realisierten Systeme, so wurden diese bisher fast ausschließlich für Probleme der ersten Stufe entwickelt und gebaut. Dies liegt zum einen daran, daß die Verfahren hier meist regulär und einfacher zu beschreiben sind (z.B. Bildfaltung, Korrelation, Liniendetektion) und zum anderen daran, daß hier vorwiegend die ursprünglichen Bildmatrizen verarbeitet werden, d.h. regelmäßige und sehr umfachreiche Datenstrukturen (z.B. 512x512, 1024x1024, ... Bildpunkte). Die Verfahren bearbeiten überwiegend eine lokal begrenzte Umgebung (Punktnachbarschaft) und die Auswertung ist dabei datenunabhängig, d.h. sie ist identisch für alle Punkte des gesamten Bildes. Diese explizite oder a priori Parallelität war der Schlüssel zur Entwicklung von schnellen parallelen Verarbeitungseinheiten zur Beschleunigung dieser sehr rechenintensiven (Datenmenge) und damit zeitaufwendigen Bildoperationen.

Im Gegensatz dazu werden in der zweiten Stufe nach Bild 1b mehr Verfahren mit regionaler und datenabhängiger Auswertung eingesetzt. Die Datenmengen sind meist nicht mehr so umfangreich, da weniger die ursprünglichen Bildmatrizen als Merkmalvektoren oder objektbezogene Daten (Listen) verarbeitet werden. Ein hoher Rechen- und Zeitaufwand ergibt sich hier aus der Verwaltung von komplexen Datenstrukturen, vielen Fallunterscheidungen und größeren Auswerteregionen mit komplexen Funktionen. Zur Beschleunigung dieser Operationen muß hier vorwiegend implizite - im Verarbeitungsprogramm enthaltene - und dynamische - während der Ausführung auftretende - Parallelität ausgenutzt werden. Dadurch ergeben sich natürlich höhere Anforderungen an die Hardwarestruktur und das Organisationsprinzip bei der Entwicklung von schnellen (parallelen) Verarbeitungseinheiten. Eine wachsende Bedeutung gewinnt die Rückkopplung oder Beeinflussung von der höherwertigen auf die niederwertige Verarbeitungsstufe. Damit entsteht eine Verkopplung zwischen den o.a. Verarbeitungsprozessoren und ihren unterschiedlichen Anforderungen.

Die erforderliche Verarbeitungsleistung läßt sich am besten für die lokalen Bildoperationen abschätzen. Hier sind allgemein kxm^2xn^2 Operationen auszuführen. Mit $n^2=128^2,... 512^2,...,8192^2$ Bildpunkten, $m^2=1,3^2,...15^2$ Punkten als Auswertebereich und $k = 1...100$ als operationsbezogenem Faktor werden so bei angenommener Echtzeitverarbeitung (z.B. Videorate) einige 10 bis über 100 MIPS (Mega Instructions Per Second) als Rechenleistung und entsprechende Datenübertragungsraten gefordert. Die Instruktionen beschreiben vorwiegend einfache logische und arithmetische Operationen mit Binär- und Grauwertdaten. Für die höherwertigen Operationen werden wegen der im interaktiven Betrieb geforderten Antwortzeiten von einigen Sekunden vergleichbare Verarbeitungsleistungen gefordert. Es werden aber komplexere Operationen mit verschiedenen Operandentypen (Real, Integer, Logical) benötigt, und der Verwaltungsaufwand (overhead) für Prozeßkontrolle und Datenverwaltung nimmt stark zu.

Der Einsatz von Parallelarbeit ist die wichtigste strukturelle Maßnahme neben den technologischen Verbesserungen (Schaltgeschwindigkeiten) von Bauelementen zur Beschleunigung von Bildoperationen. In der Bildverarbeitung kann Parallelarbeit auf vier verschiedenen Ebenen ausgenutzt werden (Bild 2).

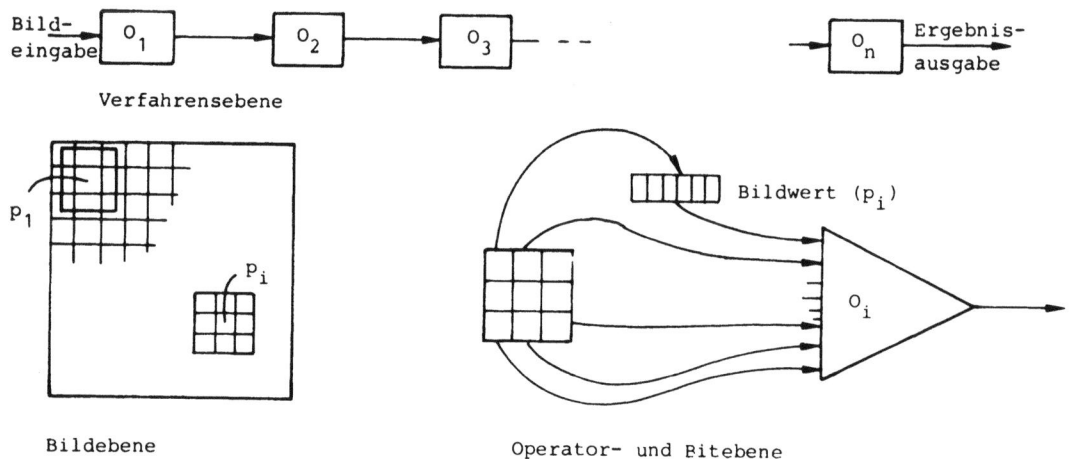

Bild 2: Parallelarbeit in der Bildverarbeitung

Auf VERFAHRENSEBENE ist die gleichzeitige Ausführung von gleichen (Iteration) oder unterschiedlichen (zusammengesetzte Auswertung) Bildoperationen möglich. Dabei dient das Ergebnis einer Operation als Eingabe für die nächste Operation. Diese fließbandähnliche Anordnung von Operationen wird auch als 'Macro-Pipelining' bezeichnet. In der BILDEBENE kann eine Operation gleichzeitig an mehreren Stellen im Bild durchgeführt werden. Dies ist explizit bei den sogenannten lokalen parallelen Operationen /5/ für alle Bildpunkte möglich. Teilweise können bei geeigneter Einteilung der Bilddaten (z.B. Rasterung) auch sequentielle Operationen parallelisiert werden. Die OPERATOREBENE beschreibt die eigentliche Auswertung eines Bildpunktes unter Berücksichtigung einer lokalen Umgebung (auch mehrdimensional). Zur Ausführung kann die Nachbarschaftsoperation in unabhängige Teilfunktionen aufgeteilt und in bekannten Verarbeitungsstrukturen wie Kaskade oder Fließband (Pipeline) parallel durchgeführt werden. Zum Schluß besteht noch die BILDPUNKTEBENE, wo die Verarbeitung eines Bildpunktwertes nach Bedarf in bit, byte- oder wortserieller (=bitparallel) Form durchzuführen ist.

3. Parallele Verarbeitungsstrukturen für die Bildverarbeitung

In diesem Abschnitt werden in allgemeiner Form die verschiedenen Verarbeitungsstrukturen vorgestellt, die ausgehend von den beschriebenen Parallelisierungsebenen für die Bildverarbeitung entwickelt wurden. Eine spezielle Beschreibung realisierter Maschinen, auf die zum Teil hier schon verwiesen wird, folgt dann im nächsten Abschnitt. Ein wichtiger Punkt bei der Entwicklung von neuen Verarbeitungsstrukturen ist die Überwindung des oft zitierten 'von Neumann Flaschenhalses' /8/ konventioneller Rechenanlagen. Über eine 'eingeengte' Verbindung zwischen Zentraleinheit und Arbeitsspeicher werden Daten, Adressen und Befehle wortweise hin und her übertragen. Der intellektuelle Flaschenhals durch das 'ein Wort zu einer Zeit' bestimmte Denken behindert zudem neue

Entwicklungen.

Bereits 1958 erkannte Unger /6/, daß herkömmliche, sequentielle Rechner sehr ineffizient bei der Lösung von Problemen mit örtlichen Datenbeziehungen sind und schlug deshalb einen FELDRECHNER (Bild 3a) vor. Dieses Feld von vielen identischen und gegenseitig verbundenen Verarbeitungsmoduln (PE) wird von einer zentralen Kontrolleinheit (ZS) gesteuert und war Vorbild zu vielen Feldrechnern für die Bildverarbeitung (z.B. ILLIAC III, CLIP IV, MPP). Da man die örtliche Nachbarschaftskonfiguration bei der Auswertung der Bildpunkte auch Zellen nennt, spricht man auch von der ZELLULAREN LOGIK /7/. Zellulare Logikoperationen (lokale, parallele Bildoperation) transformieren eine Datenmatrix in eine neue, meist gleich große Datenmatrix. Führt man Bildpunktspeicher und Verarbeitungslogik in einem Verarbeitungselement (PE) zusammen, so spricht man von einem ZELLULAREN AUTOMATEN. Dadurch entfällt auch der umständliche Datenzugriff (Flaschenhals), da ja eigene Daten und Nachbardaten über die Verbindung der Verarbeitungselemente direkt der Verarbeitungslogik zur Verfügung stehen. Es kann somit die gesamte Bildmatrix (=Rechnerfeld) in einem einzigen Verarbeitungsschritt (-zyklus) verarbeitet werden. Da aber schon für kleine Felder (z.B. 64x64) über 4000 Verarbeitungselemente benötigt werden, können bis heute nur einfache Bitprozessoren mit Verbindungen zu den nächsten (4, 6, 8) Nachbarprozessoren zusammengestellt werden.

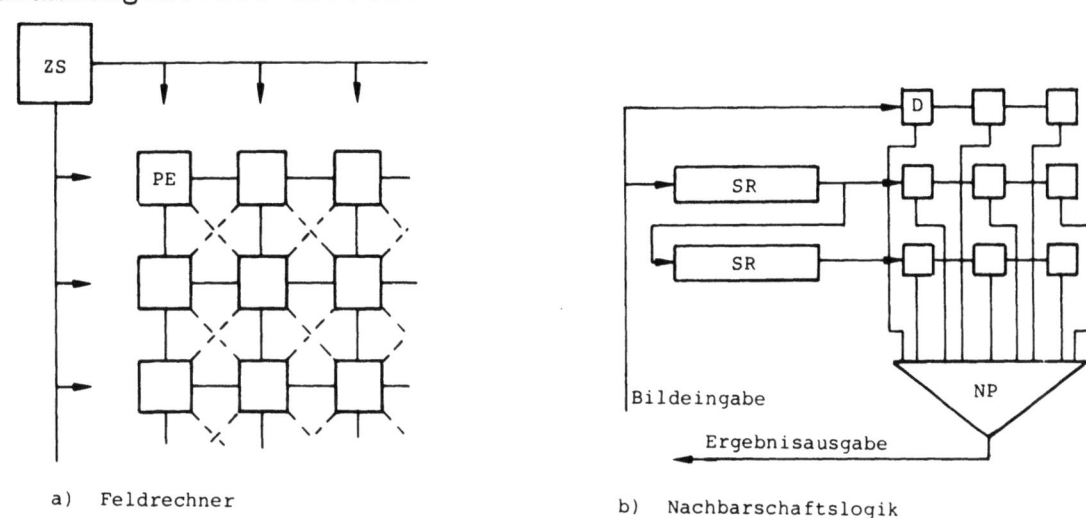

a) Feldrechner   b) Nachbarschaftslogik

Bild 3: Zellulare Automaten

Aus Realisierungsgründen wurden deshalb - als eine der ersten parallelen Bildverarbeitungssysteme überhaupt - zellulare Prozessoren mit Parallelität auf Operatorebene gebaut (GLOPR, DIFF3, /2/). Diese Systeme bestehen aus einem logischen Prozessor (NP) für die parallele Ausführung der Nachbarschaftsoperation sowie Verzögerungselementen (D) und Schieberegistern (SR) für einen adressfreien und direkten Zugriff auf die aktuellen Bildelemente einer Zelle (Bild 3b). Die Verarbeitung kann so beschrieben werden, daß die Bilddaten zeilenweise in das System einlaufen und durch die Schieberegister (Zeilenzwischenspeicher) und Verzögerungselemente unter einer 'Zelle' durchlaufen, wo sie gleichzeitig verarbeitet werden. Mit der gleichen Geschwindigkeit wie die Bilddaten ankommen, werden die Ergebnisdaten erzeugt und zurückübertragen. Der Logikprozessor kann zur Berechnung unterschiedlicher Nachbarschaftsfunktionen (Zelloperationen) eingestellt werden. Für die Verarbeitung eines Bildes müssen soviele Verarbeitungsschritte ausgeführt werden, wie Bilddaten vorhanden sind. Dafür können beliebig große Bilder ('angezapfte' Schieberegister) direkt verarbeitet werden, was beim Feldrechner nur durch umständliches Laden des Feldes unter Beachtung besonderer Überlappungsprobleme geschehen kann. Bildoperationen mit größeren Nachbarzellen werden durch Zusammensetzung von Operationen mit der Basiszelle realisiert. Durch serielle Wiederholung der Zellen entsteht ein PIPELINE-Rechner. Damit lassen sich die 'Macro-Pipeline' - Operationen besonders effektiv ausführen. Ein Prototyp für diese Verarbeitungsweise ist der Cytocomputer /9/. Zellulare Logik wird sehr erfolgreich in biomedizinischen Anwendungen und bei der Verarbeitung morphologischer Daten eingesetzt. Dazu gibt es einen vollständigen Satz von binären Standardfunktionen, wie z.B. Erosion, Dilatation, Objektmarkierung, Verdünnung, usw.

Für andere Anwendungen wie z.B. Luftbildauswertung oder Szenenanalyse konnten ähnliche Standardfunktionen mit zellularen Automaten bisher nicht angegeben werden. Hier werden vielmehr datenabhängige, sequentielle und regionale Operationen (z.B. Texturanalyse) mit größeren Anforderungen an Speicher- und Verarbeitungskapazität der Verarbeitungselemente eingesetzt. Für diese Operationen ist Parallelarbeit in Bild- und Verfahrensebene in variabler Form möglich und aus Effektivitätsgründen nicht in tieferen Ebenen (Operator) zu suchen. Zur Ausführung werden MEHRPROZESSOR - SYSTEME durch parallele Anordnung von gleichartigen Verarbeitungseinheiten eingesetzt (Bild 4).

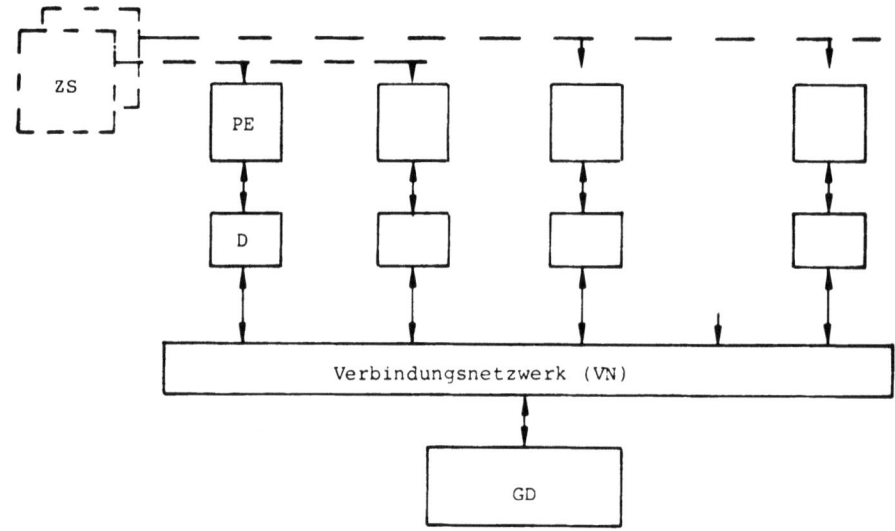

Bild 4: Mehrprozessorsystem

Als Verarbeitungseinheiten (PE) werden Mikroprozessoren mit eigenem Datenspeicher (D) verwendet. Aus Aufwandsgründen können keine sehr großen Felder wie bei den zellularen Automaten und auch nicht alle Nachbarschaftsverbindungen zwischen den Prozessoren (Datenbusse) aufgebaut werden. Praktische Entwicklungen besitzen zwischen 16 und 100 Prozessoren. Da zwischen Nachbarprozessoren und auch weiter entfernten Prozessoren Daten ausgetauscht werden müssen (z.B. bei Histogrammberechnung, Bildsegmentierung), ist eine effiziente Verbindung zwischen den Prozessoren notwendig. Dazu werden sehr aufwendige Bussysteme oder Netzwerke (VN, z.B. Cube-network /10/) verwendet. Bei Systemen mit nur einem Verbindungsbus (Common Bus) wird dieser zum leistungsbegrenzenden Element. Neben den privaten Datenspeichern (D) der Prozessoren existiert noch ein großer globaler Datenspeicher (GD) mit Raum für mehrere Bilder. Da die Prozessoren auch einen eigenen Befehlsspeicher haben können, müssen nicht alle den gleichen Befehl (über eine oder mehrere Steuereinheiten (ZS)) ausführen, sondern sie können unterschiedliche Operationen an unterschiedlichen Daten ausführen. Dabei ergeben sich aber äußerst schwierige Probleme mit der Aufgabenverteilung und Verarbeitungskoordination. Allgemeine und realisierte Lösungen für die Bildverarbeitung sind nicht bekannt. Es besteht hier eine große 'Software-Lücke' und auch 'semantische Lücke', da es ja nicht nur um die schnelle Ausführung von bestimmten Operationen geht, sondern auch um eine effizientere Problemlösung. Eine Leistungssteigerung mit Mehrprozessorsystemen aus n Prozessoren ist theoretisch um den Faktor n denkbar, systemtechnische Abschätzungen geben aber nur einen Faktor von $\ln(n)$ bis $n/\ln(n)$ an. Um eine möglichst große Leistungssteigerung bei vielen ($n > 100$) Prozessoren zu erzielen, werden spezielle Systemarchitekturen für die Bildverarbeitung verwendet (s. 4. Abschn.).

Einige Bildverarbeitungssysteme sind BUSORIENTIERT, indem die Verarbeitungselemente, Datenspeicher und Dateneinausgabeeinheiten über ein flexibles Bussystem kommunizieren. Wegen der unterschiedlichen Busstrukturen (Ring, Party-Line, hierarchisch) gibt es auch sehr unterschiedliche Verarbeitungsstrukturen. Es werden mehrere Verarbeitungseinheiten von oft unterschiedlicher Art und Form der Parallelarbeit für verschiedene Operationen verwendet. Insgesamt sind diese Systeme aber für bestimmte Bildoperationen optimiert und nicht so flexibel und allgmein einsetzbar wie ein Mehrprozessorsystem.

Die meisten kommerziellen Bildverarbeitungssysteme sind für ECHTZEIT-Bildverarbeitung ausgelegt. Sie besitzen meist TV-Kamera und -Monitor für die Bildeinausgabe und spezielle Funktionsmodule an einem Hochgeschwindigkeitsbus für Bilddatenaufbereitung und spezielle Objektbestimmungen und -messungen (Fläche, Durchmesser, etc.) in erzeugten Binärbildern (S.A.M., T.A.S., /4/). Die Systeme sind für spezielle Aufgabenstellungen bestimmt und können begrenzt für verwandte Aufgaben durch Einsatz anderer Module oder Modifikation vorhandener Module (Firmware) umgestellt werden.

Bei der Diskussion von unterschiedlichen Verarbeitungs- und Maschinenstrukturen sollte eigentlich ein einheitliches Beschreibungsverfahren oder Klassifikationsmodell zugrunde gelegt werden. Dazu bieten sich verschiedene Methoden an. Die meist benutzte Beschreibungsform ist die Einteilung von Rechnerorganisationen nach Flynn /11/. Sie unterscheidet Systeme nach deren Verarbeitungskontrolle und Datenfluß in vier Kategorien:

- SISD (= Single Instruction Single Data)
- SIMD (= Single Instruction Multiple Data)
- MISD (= Multiple Instruction Single Data)
- MIMD (= Multiple Instruction Multiple Data).

Damit ist eine recht globale aber sehr einprägsame Klassifikation von Systemen möglich. Andere in /12/ diskutierte Verfahren verwenden eine genauere (numerische) Aufschlüsselung der vorhandenen Systemeinheiten. Es ist aber kaum möglich, damit die Einsatzmöglichkeiten eines Systems vor dem Hintergrund praktischer Anwendungen abzuschätzen. Aus praktischen Gründen soll an dieser Stelle die Feststellung genügen, daß die o.a. Feldrechner zu der Kategorie SIMD zählen, die hier beschriebenen Mehrprozessorsysteme MIMD Strukturen sind und die Pipelinestrukturen sowohl zur SIMD als auch MISD Klasse gehören können. Bei den Mehrprozessorsystemen ist die Beschreibung sehr unbefriedigend, da wegen der genannten Probleme dort eine die Rechnerarchitektur (Hard- und Software) umfassende und prägnante Beschreibung sehr viel mehr helfen könnte.

4. Verarbeitungssysteme für die Bildverarbeitung

Die hier erfaßten Prozessoren und Systeme für die Bildverarbeitung unterlagen unterschiedlichen Einsatz- und Entwicklungszielen: wissenschaftliche Forschung, neue Rechnerarchitekturen für reguläre Datenfelder, Hilfsmittel für die Bildverarbeitung und kommerzielle Systeme für bestimmte Anwendungen. Dementsprechend hatten die Spezifikationsgrößen Preis, Leistung, Effektivität, Flexibilität, Bedienbarkeit usw. unterschiedliches Gewicht und sind jetzt auch nicht mehr einheitlich zu bewerten. Hier werden deshalb realisierte Systeme strukturell geordnet und mit ihren Stärken und Schwächen gegenübergestellt. Die Strukturen der Prozessoren (-systeme) stehen zwar im Vordergrund, da aber praktisch alle einen Wirtrechner zur Programmentwicklung und Bedienung benützen, wird im folgenden vorzugsweise 'System' als Sammelbegriff verwendet. Vorab ist zu bemerken, daß es 'das' Bildverarbeitungssystem noch nicht gibt.

Wie bereits erwähnt, zählen ZELLULARE AUTOMATEN zu den ersten realisierten Bildverarbeitungssystemen. In Tabelle 1 sind die Systeme aufgelistet, in denen Nachbarschafts- oder Operatorparallelität nach Bild 3b verwirklicht ist. Die Systeme unterscheiden sich in der geometrischen Form ihrer Zelle (hexagonal, kartesisch), den Funktionen der Logikprozessoren und dem Registeraufbau für die Bildspeicherung.

System	Firma/Institut	Jahr	Kennzeichen
Cellscan	Perkin Elmer Corp.	1960	60 x 60 Bildregister, hex.-Zelle, Golay-Transformationsprozessor (GTP)
GLOPR	Perkin Elmer Corp.	1968	128 x 128 Bildregister, programmierbarer GTP, 48 ms/ Bildtransformation
Diff 3	Perkin Elmer Corp.	1976	64 x 64 Bildregister, 8 GT-Prozessoren parallel, 100 µs/Bildoperation
PICAP I	Univ. of Linkoeping	1974	64 x 64 Bildregister, 3 x 3 Zelle, 2 Prozessoren (Logik und Faltung), 4 ms/Bildoperation
CYTO	Env. Res. Inst. of Michigan	1978/ 1982	1024 x 1024, Pipeline mit 115 Stufen, 512 x 512: 164 ms/Bild mit 115 Operationen max.

Tabelle 1: Zellulare Bildverarbeitungssysteme

GLOPR verwendet eine hexagonale Zelle und verarbeitet nur Binärbilder mit bis zu 128x128 Bildpunkten. Wie sein Vorgänger Cellscan und kommerzieller Nachfolger Diff 3 besteht der Logikprozessor aus einem sogenannten 'GOLAY-Transform Prozessor (GTP)' /7/. Dieser bestimmt eine aus maximal 14 Nachbarschaftskonfigurationen von '0' und '1', die in der Zelle auftreten können (durch Drehung erzeugte identische Muster sind gleichwertig). Es können gleichzeitig zwei Bilder in ihrer GOLAY-Nachbarschaft verglichen werden. In Diff 3 sind 8 GTP's vorhanden (Bildparallelität). Bei einer Taktrate von 5 MHz ergibt sich für ein Bild mit 64x64 Punkten eine Zykluszeit von 64x64/(8x5)=102,4 µs. Als Transformationen werden Erosion von Bildpunkten, Zählen von isolierten Bildpunkten und Bildinversion zur automatischen Erkennung von weißen Blutzellen eingesetzt. Da der GTP ein binärer Funktionsprozessor (Tabellenspeicher) ist, können Grauwertbildverarbeitung und lineare Bildoperationen (z.B. Filter) praktisch nicht realisiert werden. PICAP I /13/ verwendet eine 3x3 Zelle (Bildspeicher 9x64x64x4 Bit) und besitzt zwei Prozessoren (1 MHz Taktrate). Der logische Prozessor vergleicht die 9x4 Bit punktweise (<, =, >, don't care) mit einer 9x6 Bit Maske. Falls alle Bedingungen erfüllt sind, wird ein vom Programmierer spezifizierter Wert, andernfalls das Zentralelement der Zelle ausgegeben. Der Faltungsprozessor berechnet die 3x3 Produktsumme. Daneben gibt es noch spezielle Zähler und Register für die simultane Berechnung von Histogrammen und Maskenübereinstimmungen.

Die bisher beschriebenen zellularen Systeme sind wegen ihrer begrenzten Nachbarschaftlogik (3x3 Zelle, 1-4 Bit Daten, nur einfache logische Operationen) und der kleinen Bildgröße sehr starre und nur für spezielle Anwendungen geeignete Systeme. Dagegen ist der Cytocomputer /9/ bei gleichem Verarbeitungsprinzip ein weit flexibleres und leistungsfähigeres Bildverarbeitungssystem. Mit ihm können Binärbilder (2-D Transformationen = Silhouette) und Grauwertbilder (3-D Transformation = Umbra) mit variabler Zeilenlänge n bei fester Zellengröße (3x3) verarbeitet werden. Der Cytocomputer ist ein hochparalleler Pipelinerechner (Verfahrensparallelität) mit 113 in Serie geschalteten Verarbeitungsstufen (Transformationsstufen: 88xSilhouette + 25xUmbra, Bild 5).

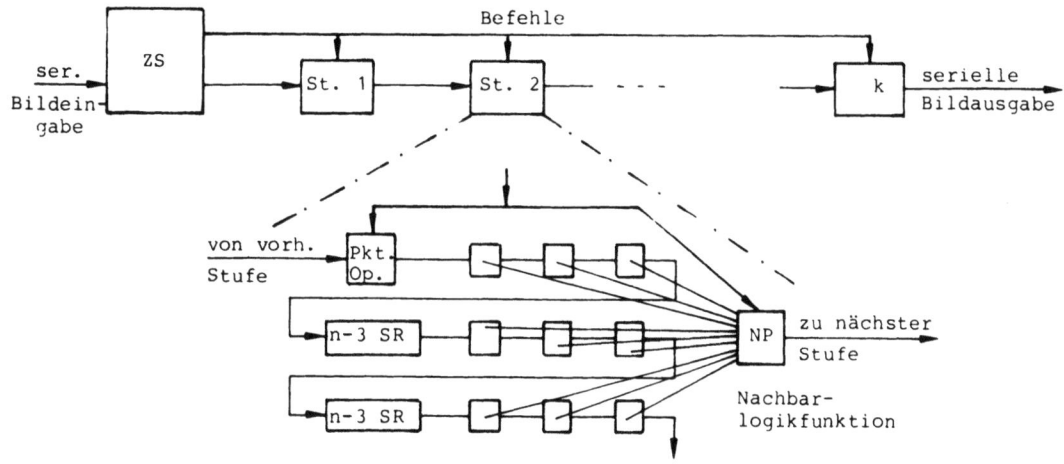

Bild 5: Cytocomputer

In den Silhouette-Verarbeitungsstufen werden die neun 8-Bit Bildpunkte mit individuellen Konstanten verglichen. Das Ergebnis (9-Bit Vektor) dient als Eingabe für einen 512x8 Tabellenspeicher (RAM), womit alle Nachbarschaftsfunktionen realisiert werden können. Das 8-Bit Zwischenergebnis wird in einem weiteren 256x8 RAM modifiziert und als Ergebnis der nächsten Stufe übergeben. In den Umbra-Verarbeitungsstufen wird der gleiche Satz von Bildverarbeitungsoperationen (4 Stufen: Skalierung, Zellmaximum, -minimum, Ergebnismodifikation) auf Grauwertbilder angewendet. Die für das System entwickelte formale Bildalgebra basiert auf den Verfahren der mathematischen Morphologie von Matheron und Serra /14/. Sie verwendet Sequenzen (Verarbeitungspipeline) von Strukturierungselementen (z.B. Binärbildoperationen: Erosion und Dilatation, Graubildop.: Maximum- und Minimumfunktion) zur Generierung von neuen Strukturierungselementen. Die Verarbeitungspipeline des Cytocomputer besitzt eine Taktrate von 1,6 MHz, sodaß z.B. ein 512x512 Bild mit bis zu 113 unterschiedlichen Bildoperationen gleichzeitig in ca. 162 ms (Programminitiierung ca. 113x1 ms) verarbeitet werden kann. Bei dieser immensen Verarbeitungsleistung stellt sich aber die Frage, für welche Anwendungen alle Stufen verwendet und damit das System effektiv genutzt werden kann. Viele Bildoperationen kommen mit sehr viel weniger Stufen aus und bei aufwendigeren Verfahren folgt nach einer Operation meist ein Entscheidungsschritt, der nicht in die Pipeline eingebaut werden kann. Außerdem läßt die auf 3x3 Punkte begrenzte Nachbarschaft und das auf 8-Bit festgelegte Zahlenformat praktisch nur Anwendungen zu, die mit der o.a. Bildalgebra zu realisieren sind. Für die Programmierung der Systeme sind jeweils eigene Sprachen vorhanden (Diff 3: GLOL, PICAP I: PPL, Cyto: C3PL). PPL und C3PL sind interaktive Sprachen mit der Zielsetzung, Prozeduren sehr schnell beschreiben und ausführen zu können. In C3PL ist ein kompletter Satz von Operationen implementiert, um dem Benutzer die Realisierung seines Bildverarbeitungsalgorithmus auf einem hohen Sprachniveau zu ermöglichen.

Die bisher vorgestellten zellularen Systeme berücksichtigen in ihrer Struktur den sequentiellen Datenstrom von Bildein- und -ausgabe. Sie benötigen typischerweise soviele Verarbeitungsschritte für eine Operation wie das Bild Punkte hat. Dies erledigen die FELDRECHNER (Tab. 2) normalerweise in einem Verarbeitungsschritt für das gesamte überdeckte Bildfeld (Bildparallelität).

System	Firma/Institut	Jahr	Kennzeichen
ILLIAC III	Univ. of Illinois	-	32 x 32 Prozessoren, zusätzliche Logik für Blasenkammerauswertung
CLIP IV	Univ. Coll. London	1980	96 x 96 Bit-Prozessoren, 8-Nachb. und Propagationslogik, 30 µs/Feldinstruktion
DAP	ICL, Stevenage	1976/80	64 x 64 Bit-Prozessoren, Daten-"Highway", 200 ns/Basisoperation
STARAN	Goodyear Aerospace	1974	max. 32 x 256 Logikprozessoren, assoziativer Speicher, Permut.-Netzwerk
MPP	Goodyear Aerospace	1982 (gepl.)	128 x 128 Bit-Prozessoren, 2,5 MB Staging-Memory, 320 MB/s Datenbus, 100 ns/Basisoperation

<u>Tabelle 2:</u> Feldrechner für die Bildverarbeitung

In CLIP IV /15/ besitzt dazu jeder Prozessor alle acht Verbindungen zu den Nachbarn (3x3 Zelle, Bild 3a). Im DAP /16/ und MPP /17/ haben die Prozessoren nur eine Verbindung zu den vertikal und horizontal nächsten Nachbarprozessoren. Die Daten der diagonalen Zellenelementen (Prozessoren) müssen über zwei zusätzliche Schiebeoperationen herangeschafft werden. Im STARAN /18/, der nicht speziell für die Bildverarbeitung entwickelt wurde, ist nur ein lineares Feld mit 256 Prozessoren (maximal 32 Felder) vorhanden. Der Austausch von Daten zwischen Prozessoren wird hier über ein spezielles Koppelnetzwerk (FLIP-network) realisiert. ILLIAC III wurde zwar nicht fertiggestellt, muß aber wegen seines Einflusses auf alle späteren Entwicklungen erwähnt werden. Seine

Prozessoren hatten Verbindungen zu den nächsten acht Nachbarn und
spezielle Eigenschaften zur automatischen Auswertung von Blasenkammerspuren.

Ein Vorteil dieser SIMD-Feldprozessoren ist, daß mit ihnen die in
sequentiellen Verarbeitungsschleifen (über alle Punkte eines Bildes oder Bildbereichs) inhärent vorhandene Parallelität direkt
und ohne Programmieraufwand ausgenutzt wird. Zusätzlicher Aufwand
entsteht nur, wenn das zu verarbeitende Bild größer als das Rechnerfeld ist (CLIP IV: 96x96, DAP: 64x64, MPP: 128x128). Die Eingabe und Abspeicherung von Teilbildern wird in den genannten Systemen nur teilweise unterstützt. Im CLIP ist dies eigentlich nur
durch Verschieben des Auswerteausschnitts im TV-Bild bei der Eingabe möglich. Das Feld wird zeilenparallel geladen, indem die Daten durch alle Spalten geschoben werden (ca. 10 ms/Bitebene). Da
die Prozessoren nur einen sehr kleinen Arbeitsspeicher haben (32
Bit), können hier auch nur begrenzt Teilbilder (max. 4x8 Bitebenen) gehalten werden. Die Arbeitsspeicher des DAP und MPP (4096
bzw. 1024 Bit) bieten dagegen sehr viel mehr Gestaltungsmöglichkeiten an. Im DAP sind daneben sogenannte Zeilen- und Spalten-
'Highways' (5 MHz Taktrate) vorhanden, womit Daten von und zu beliebigen Spalten- und Zeilenprozessoren übertragen werden können.
Damit ist es auch möglich, ganz gezielt Daten aus dem Rechnerfeld
zu lesen, was im CLIP durch Schieben über den Feldrand hinaus geschehen muß. Im MPP (Bild 6) wurde für eine effektivere Einausgabe das Rechnerfeld mit einem vorläufig 2,5 MB großen 'Staging Memory' über eine sehr schnelle Datenverbindung (320 MB/s) gekoppelt. Dieser Speicher ist in Feldeinheiten adressierbar, die dann
zeilenparallel (128, in beiden Richtungen) übertragen werden.

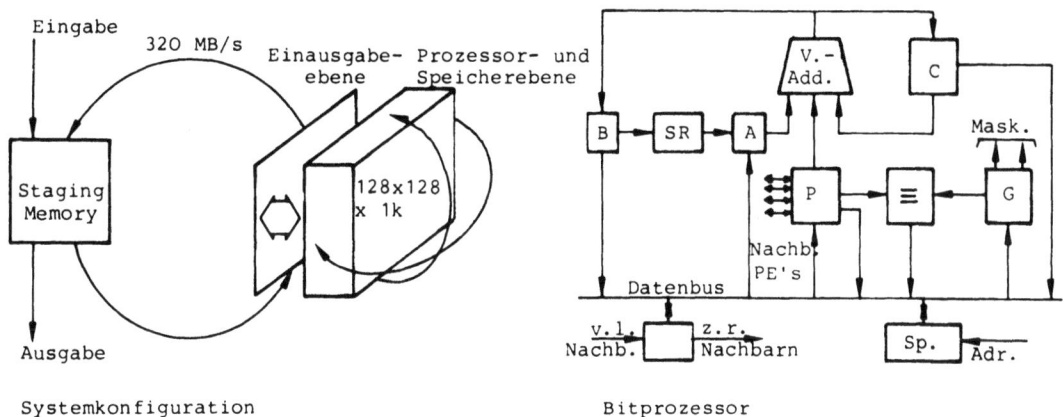

Bild 6: MPP - Systemkonfiguration und Einzelprozessor

Während CLIP IV ein spezielles Bildverarbeitungssytem ist, sind
DAP und MPP allgemein einsetzbar. Alle drei Systeme besitzen Einbitprozessoren mit einem Volladdierer sowie zusätzliche Einheiten
(Register, Schieberegister, Multiplexer, Markierungslogik, etc.)
zur Unterstützung von Subtraktion, Multiplikation, Division und
zur Aktivierung-Desaktivierung einzelner Prozessoren. Mehrbitoperationen können entweder bitseriell in jedem Prozessor oder parallel durch Bitzuordnung zu Zeilen- oder Spaltenprozessoren ausgeführt werden. Im ersten Fall werden für die Multiplikation von
q-Bitoperanden ca. qxq Verarbeitungsschritte benötigt, im zweiten
Fall kxq Schritte für q Prozessoren (k>1, wegen ripple carry,
etc.) bei evtl. schlechter Ausnutzung des Rechnerfeldes. DAP und
MPP besitzen bei einer Taktrate von 5 bzw. 10 MHz hier dennoch

eine sehr hohe Verarbeitungsleistung (8-Bit MUL: DAP=ca. 116 M/s, MPP=1861 M/s), wogegen CLIP (0,1 M/s) bei diesen in der Bildverarbeitung sehr häufig auftretenden Operationen (Faltung, Korrelation) stark abfällt. Dagegen besitzt CLIP herausragende Strukturmerkmale für zellulare Binäroperationen. Neben einer wählbaren Verkopplung der acht Nachbareingänge enthält jeder Prozessor Logik zur lokalen Funktionsbestimmung und einen Funktionsausgang zu den Nachbarprozessoren. Damit kann ein daten- (Bild) und funktionsabhängiger (Operation und Nachbarschaft) Signalfluß ('Propagation') durch das Feld in einem Verarbeitungsschritt realisiert werden. Ein Verarbeitungsschritt besteht im wesentlichen aus drei Feldinstruktionen: 1. Laden des A- oder B- Arbeitsregisters (LDA(B)). 2. Definition (SET) der logischen Operation der lokalen (Bildpunkt) und ausgewählten Nachbardaten, sowie einer logischen Operation für die Signalweitergabe an die Nachbarprozessoren. Beide Operationen können (bei gleicher Nachbarauswahl) unterschiedlich sein. 3. Ausführung des Verarbeitungsschrittes und Ergebnisabspeicherung im lokalen Speicher (PST). Für einen Verarbeitungsschritt benötigt CLIP IV ca. 30 μs. Damit können z.B. Objektkanten oder Skelettlinien in einem Binärbild sehr schnell bestimmt werden. Vielseitiger und leistungsfähiger für die allgemeine Bildverarbeitung sind DAP und MPP einzusetzen. Spezielle Hardwareeigenschaften (DAP: spaltenweise 'AND'-Verdrahtung der Prozessorausgänge für Maximumdetektion, MPP: Verbindung der Prozessoren an den Feldkanten zu einem horizontalen oder vertikalen Zylinder, offener oder geschlossener Spirale) unterstützen bestimmte Bildoperationen, gehören aber nicht zu den wichtigsten Systemmerkmalen. Für CLIP, DAP un MPP ist eine höhere Programmiersprache auf dem jeweiligen Wirtrechner vorhanden. Während für CLIP eine an C angelehnte Sprache für Bildoperationen entwickelt wurde, wurden parallele FORTRAN Spracherweiterungen für DAP (DAP-FORTRAN) und MPP (SPFOR = Structured Parallel FORTRAN) gewählt. Ein wesentliches Sprachkonzept ist die Verwendung von Matrix-, Vektor- und Skalartypen. Nach wie vor wird aber eine erheblich bessere Systemleistung bei der Verwendung der jeweiligen Assemblersprachen erzielt.

Zu den komplexeren Bildverarbeitungssystemen gehören die MEHRPROZESSORSYSTEME. Mit ihnen sollen SIMD und MIMD - Verarbeitungsstrukturen je nach Bedarf für eine effektive Lösung der vielseitigen Anforderungen von Bildverarbeitungsproblemen realisiert werden. Die in diesem Sinne umfangreichsten (M(SIMD)) Systeme PASM /19/ und PUMPS /20/ wurden bisher nicht realisiert. Realisierte Systeme zeigen unterschiedliche SIMD- und MIMD- Eigenschaften. Sie besitzen aber viele strukturelle Merkmale wie sie auch in BUSORIENTIERTEN SYSTEMEN zu finden sind, weswegen sie hier zusammen beschrieben werden (Tab. 3).

Bei der Entwicklung von POLYP /21/ wurden Geschwindigkeit, Flexibilität und Fehlertoleranz als wünschenswerte Systemeigenschaften gleichrangig berücksichtigt. Die Geschwindigkeit soll durch viele (z.B. 100) leistungsstarke Prozessormodule (16/32 bit Mikroprozessoren, FP) erzielt werden, die Flexibilität und Fehlertoleranz durch eine 'Pool'-Strukturierung mit außerordentlicher Hardwareunterstützung (Bussysteme) für das Betriebssystem. POLYP ist ein reines MIMD-System mit einem Multibussystem (POLYBUS) für die Datenkommunikation zwischen den Systemmoduln (Prozessoren, etc.) und einem speziellen Steuerbus (SYNCBUS) zur Synchronisation der

Prozessoren.

System	Firma/Institut	Jahr	Kennzeichen
DIP-1	Univers. Delft	1979	µ-programmierbare Multi-Pipeline (ALU, Multiplizierer, Tabellenspeicher I/O u.
FLIP	FIM, Karlsruhe	1981	Flexibles Mehrprozessorensystem (16 Prozessoren), Einausgabeproz., I/O und Verarbeitung gleichzeitig
GOP	Univ. Linkoeping	1982	Variable Multipipeline und sequentieller Prozessor, bilddatenabhängige Verarbeitung
MOBIP	Univ. Karlsruhe I3	1982	Rechnerfeld (64) mit Feldkontrolleinheit, Bildspeicher und Adreßgenerator für SIMD-Operationen
PICAP II	Univ. Linkoeping	1980	Spezielle Bildprozessoren und großer Bildspeicher an schnellen Datenbus
POLYP	Univ. Heidelberg	1982 (Teils.)	Flexibles und modulares Mehrprozessorsystem mit speziellem Daten- und Kontrollbussystem
TOSPICS	Toshiba	1978	Bildspeicher mit Spezialprozessoren (Faltung, Histogramm) und Tabellenoperation an gem. Systembus

Tabelle 3: Mehrprozessorsysteme für die Bildverarbeitung

Der POLYBUS besteht aus einem Zuteilungs- und mehreren Datenbussen (32 Bit) für gleichzeitige Übertragungen zwischen verschiedenen Systemmoduln. Die Übertragungsrate liegt zwischen 6-13 MB/s pro Datenbus und kann durch modulare Erweiterung je nach Bedarf und Aufwand vervielfacht werden. Der SYNCBUS besitzt für jeden Modultyp im System einen Bus für eine schnelle und nach Priorität geregelte Aufgabenverteilung. Für SIMD-Bildverarbeitungsverfahren kann man eine n-fache Verteilung des vollständigen Verfahrens auf alle Prozessoren bei Abspeicherung der Bilddaten in den globalen Speichermoduln wählen. Bei 100 Prozessoren mit je ca. 0,6 MIPS entstehen dabei große Anforderungen an Speicher- und Busübertragungsrate. Zur Lösung von MIMD- Bildverarbeitungsproblemen ist eine weitreichende Software-Unterstützung durch das Betriebssystem vorauszusetzen.

MOBIP /22/ ist ein für die Bildverarbeitung entwickeltes SI/MIMD-System mit 64 Verarbeitungsprozessoren (8-Bit, 0,5 MIPS), einem Arraykontrollprozessor, einem Bildspeicher und einem speziellen Adreßgenerator für SIMD-Bildoperationen. Bei diesen parallelen Bildoperationen steuert der Kontrollprozessor alle Verarbeitungsprozessoren über einen gemeinsamen Befehlsbus, was eine streng sequentielle Programmierung bedingt. Die Daten werden vom Adreßgenerator aus dem Bildspeicher über einen Bilddatenbus (5 MB/s) mit Videoeinausgabe sequentiell in die Prozessoren geladen. Für den Datenaustausch zwischen Prozessoren ist ein einseitig gerichteter Interprozessorbus vorhanden. Damit können z.B. Nachbarbilddaten von Prozessor zu Prozessor gleichzeitig für alle Prozessoren übergeben werden. Für MIMD-Anwendungen werden Programme und Daten lokal in den Mikroprozessoren gehalten und verarbeitet. Der Arraykontrollprozessor ist zuständig für alle angeschlossenen Einheiten und wartet bis alle Prozessoren ihre Aufträge beendet haben. Der mikroprogrammierte Adreßgenerator ist für die Adressierung zweidimensionaler Datenstrukturen ausgelegt und begünstigt den Einsatz von MOBIP für SIMD-Operationen (max. 30 MIPS). Für die Realisierung von Verfahren müssen drei Systemteile (Service- Routinen, Adreßgenerator und Prozessorarray) programmiert werden (teilweise in Mikroassembler). Um die Programmieranforderungen etwas zu vereinfachen, wurden Funktionseinheiten realisiert, die zu Bildverarbeitungsalgorithmen (u.U. mit Effektivitätsverlust) zusammengesetzt werden können.

FLIP /23/ ist ein flexibles MIMD-Prozessorensystem, das vorwiegend für die schnelle Ausführung von parallelen Bildoperationen realisiert wurde. Es besteht aus einem Prozessorenensemble (FIP) von 16 Einzelprozessoren (zus. 64 MIPS) und einem Eingabeprozessor (PEP) für eine uneingeschränkte Datenbereitstellung (45 MB/s) bei SIMD-Operationen (Bild 7). Die Prozessoren sind über ein komplexes Bussystem miteinander verbunden, womit alle gleichzeitig Daten austauschen können (48 MB/s). Da die Prozessoren immer im MIMD-Mode arbeiten, tritt praktisch keine gegenseitige Beeinflussung - auch bei datenabhängigen Programmverzweigungen - und damit immer eine volle Leistungsausnutzung bei parallelen Bildoperationen auf.

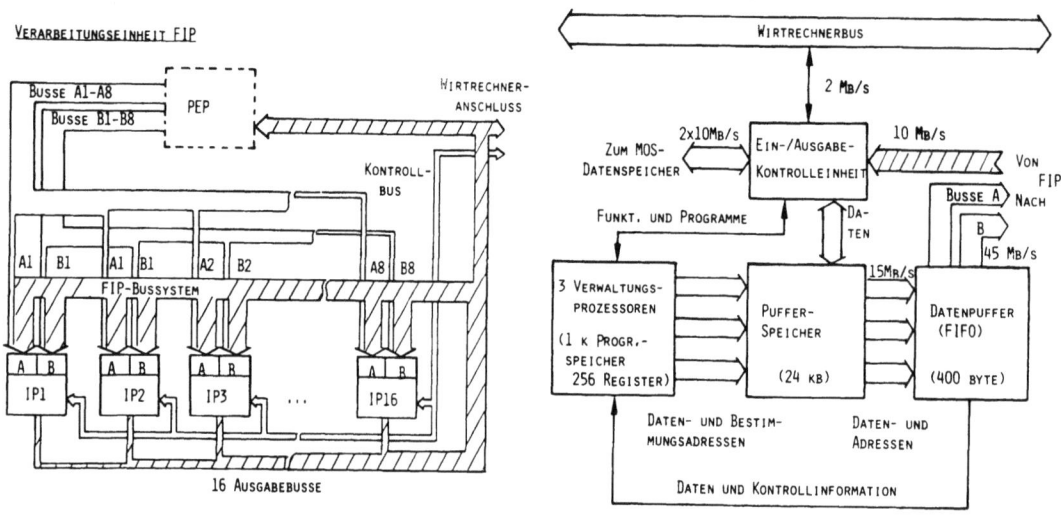

Bild 7: FLIP - Systemeinheiten FIP, PEP

Aufgrund der flexiblen Busverbindungen und der Synchronisation über den Datenfluß können mit den Prozessoren je nach Bedarf unterschiedliche Verarbeitungsstrukturen wie Pipeline, Kaskade, usw. programmiert werden. Der Eingabeprozessor ist frei programmierbar und besitzt einen Pufferspeicher von 24 kB. Damit sind beliebige Untermatrizen (Zellen) mit unterschiedlicher Datenauswahl und beliebige Bewertungsmatrizen zu verwenden. Bildformate bis zu 8192x8192 (bei 3x3 Zelle) sind möglich. Die Bilder werden beim Fluß durch das 'System' (ähnlich Cytocomputer) verarbeitet. Die Systemkontrolle durch den Wirtrechner reduziert sich nach dem Laden der Verarbeitungsprogramme in FIP und PEP auf die Übertragung des Eingabebildes zum und des Ergebnisbildes vom FLIP. Als leistungsbeschränkende Merkmale sind die 8-Bit-Arithmetik (kein FP) und die nicht realisierte Rückkopplung von FIP nach PEP für sequentielle Operationen zu nennen. Zur Programmierung werden Assemblersprachen verwendet, was wie bei anderen Systemen eingehende Systemkenntnisse voraussetzt.

PICAP II /24/ ist ein modulares, erweiterbares und um einen schnellen Datenbus (40 MB/s) gruppiertes Bildverarbeitungssystem. An diesem Bus sind spezielle Einheiten wie Videoeinausgabe, schnelle Bildprozessoren und ein großer Bildspeicher angeschlossen. Alle Prozessoren können gleichzeitig arbeiten. Obwohl das Gesamtsystem als MIMD-Struktur einzustufen ist, haben alle Prozessoren SIMD-Charakter. Tospics /25/ besitzt ähnlich wie PICAP II verschiedene Prozessoren für Bildfilterung, Bereichsmarkierung in Binärbildern, Histogrammberechnung und Bildfaltung. Eine Mikroprogrammkontrolleinheit steuert die Einheiten. Einzelpunktoperationen werden im Adreßgenerator ausgeführt, den die Bilddaten auf ihrem Weg (Systembus 1MB/s) von und zum Bildspeicher (4x512x512x8 Bit) durchlaufen. Die Grundoperationszeit beträgt 1 µs/Bildpunkt. GOP /26/ ist ein flexibles Bildverarbeitungssystem bestehend aus einem modifizierbaren Multi-Pipelineprozessor für SIMD-Faltungsoperationen (bis 64x64) und einem Prozessor (bit-slice) für sequentielle Operationen. Ein wesentliches Merkmal von GOP ist die lokale Rückkopplung bei SIMD-Operationen zur Steuerung der Auswertung durch vorherige Verarbeitungsergebnisse (Iteration, bildinhaltabhängige Filterung). DIP-1 /27/ ist ein schneller und dynamisch mikroprogrammierbarer Bildverarbeitungsprozessor. Er besteht im wesentlichen aus einer Verarbeitungslogik (data loop), einer Adreßlogik (address loop) und einer Mikroprogrammsteuereinheit. Für Nachbarschaftsoperationen sind spezielle Datenpuffer vorhanden. Je nach Operation werden unterschiedliche Verarbeitungspipelines aus zwei ALU's (Arithmetic Logic Unit), einem Multiplizierer und zwei Konvertierungstabellen aufgebaut. Für eine 3x3 Bildfaltung mit 512x512 Bildpunkten benötigt DIP-1 ca. 0,8 s.

Die ECHTZEITSYSTEME in Tabelle 4 sind für besondere Aufgabenstellungen bestimmt. Sie sind relativ starr und nur begrenzt für andere Aufgabenstellungen umzustellen. Für zusätzliche schnelle Operationen sind entweder neue Hardwaremodule, Firmwareroutinen oder eigene Mikroroutinen zu implementieren. Eine größere Flexibilität (aber langsamer) ist bei Verwendung der sequentiellen Systemprozessoren (Mikroprozessor) gegeben.

CA/1 /28/ ist ein in seiner Struktur mit PICAP II vergleichbares Mehrprozessorsystem zur Auswertung von Röntgenbildfolgen (Videobildfolgen). Es erlaubt Videobildfolgen in Echtzeit zu digitalisieren und zur Anzeige auf dem Bildschirm zu transformieren (z.B. Grauwertmanipulation, Farbcodierung, etc.). Zur Verarbeitung werden mikroprogrammierbare Spezialprozessoren verwendet, die über einen gemeinsamen asynchronen Hochgeschwindigkeitsbus (15 MB/s) kommunizieren. Zur Systemkontrolle wird ein Kleinrechner verwendet, der zur Ausführung von Prozessen die Mikroanweisungen an die Hardwarefunktionseinheiten überträgt. S.A.M. /29/ ist ein modulares System für bestimmte automatisierungs und meßtechnische Aufgabenstellungen. Es umfaßt Kamera und Monitor für die Datenein- ausgabe und Prozessoreinheiten für Echtzeitbildverarbeitung.

System	Firma/Institut	Kennzeichen/Anwendung
IBAS	Zeiss	interakt. Bildanalyse-System, Bildspeicher mit System- und Spezialprozessor
INCOS	PCS	Echtzeitbildauswertung, Spezialprozessoren für Bildvorverarbeitung, Anschluß für Minirechner
S.A.M	Bosch	Echtzeitverarbeitung, Dialogprozessor und Spezialprozessor für Bildvorverarbeitung und Merkmalextraktion (Binärbild)
SysScan	MBB	automatisches Digitisier- und Verarbeitungssystem für graphische Daten, Scanner und Bildschirmsystem
T.A.S	Leitz	halbautomatische Bildanalyse mit Spezialprozessor für morphologische Verfahren

<u>Tabelle 4:</u> Echtzeitbildverarbeitungssysteme

Die Prozessoren sind spezielle Funktionseinheiten für Bildvorverarbeitung und Merkmalextraktion mit Binärbildern. Der Systemprozessor übernimmt Dialog- und Kontrollfunktionen. Das INCOS-System /30/ besitzt ebenfalls TV-Einausgabeeinheiten und Spezialprozessoren für die Bildvorverarbeitung. Zur Realisierung zusätzlicher Funktionen kann der mikroprogrammierbare Kommunikationsprozessor verwendet werden. Die Systemeinheiten sind außerdem mit dem Systembus eines Kleinrechners verbunden. Das Textur-Analyse-System T.A.S. /31/ wird zur halbautomatischen Bildanalyse eingesetzt. Die über unterschiedliche Sensoren (Kamera, Mikroskop, Scanning-Tisch) erfaßten Bilddaten werden nach mathematisch morphologischen Verfahren /14/ in speziellen Funktionseinheiten ausgewertet (Fläche, Anzahl, Umfang, usw. von Bildkomponenten). Mit dem interaktiven Bildanalysesystem IBAS /32/ können z.B. geometrische und densitometrische Strukturdaten in Bildern schnell erfaßt werden. Um einen großen Bildspeicher (max. 16 MB) sind der Systemmikroprozessor für freie Programmierung und mit Massenspeicheranschluß, ein Spezialprozessor für die schnelle Ausführung von Standardoperationen, die Videoeinausgabe und eine allgemeine Rechnerschnittstelle angeordnet. Das Softwaresystem enthält eine Reihe von Bildoperationen und Hilfsmitteln (z.B. Menue) für eine einfache Bedienung. Das Digitalisier- und Verarbeitungssystem SysScan /33/ dient zur automatischen Verarbeitung von graphischen Vorlagen wie z.B. Karten, Zeichnungen, usw. Durch die Verbindung des automatisierten Digitalisiersystems CartoScan mit dem graphisch-interaktiven Bildschirmsystem Graphic 7 und einem Rechner mit entsprechender Peripherie ergibt sich ein umfangreiches Verarbeitungssystem für graphische Daten.

5. Zusammenfassung und Ausblick

Es wurden die wichtigsten Methoden und Systemstrukturen aufgezeigt, die zur Lösung der anspruchsvollen Verarbeitungsprobleme in der Bildverarbeitung entwickelt wurden. Beschleunigung durch Parallelverarbeitung ist das herausragende Entwurfsziel bei allen für die Bildverarbeitung entwickelten Systemen. Die Frage, ob die reguläre und massive Anordnung von Primitivprozessoren (Feldrechner) oder hochkomplexe Mehrprozessorsysteme besser für die Bildverarbeitung geeignet sind, läßt sich unter dem Eindruck der wachsenden Komplexität von Bildverarbeitungsverfahren nur schwer beantworten. Die technologischen Fortschritte im VLSI - Bereich (VLSI: Very Large Scale Integration, z.B. 8 MPP-Prozessoren auf einem Chip) werden weiterhin beide Entwicklungsrichtungen unterstützen. Neue Lösungsansätze mit anderen Feldstrukturen (Systolic Arrays, iterative Operationsausführung) und 3-D Verarbeitungsstrukturen (Pyramide) werden realisierbar. Unbefriedigend ist nach wie vor der hohe Verlust und das Verbergen von Parallelität durch die sequentielle Formulierung (z.B. FORTRAN) von (inherent parallelen) Algorithmen. Die große Softwarelücke gerade bei den Mehrprozessorsystemen erfordert zusätzliche Anstrengungen in diesem Bereich. Der begrenzte Erfolg realisierter Bildverarbeitungssysteme läßt sich zum einen durch das Fehlen geschlossener Problemlösungen für viele Anwendungsfälle der automatischen Bildverarbeitung und zum anderen durch ihre bisher beschränkten wirtschaftlichen Einsatzmöglichkeiten erklären.

Trotz der Verwendung moderner Technologie sind die Systemkosten (Hard- und Software) z.B. der hier beschriebenen Feldrechner und

Mehrprozessorsysteme nicht gering. Aber nicht nur aus Kostengründen werden in Zukunft verstärkt kleinere Spezialsysteme (z.B. Wiedergabesysteme mit spez. Bildoperationen) als Hilfsmittel für die Bildverarbeitung eingesetzt werden sondern auch wegen ihrer wachsenden Funktionalität durch zusätzlich eingebaute Spezialprozessoren. In dieser noch-konventionellen Umgebung können auch die sogenannten Arrayprozessoren vorteilhaft eingesetzt werden. Diese Spezialprozessoren sind für die systematische Verarbeitung von regelmäßigen Datenfeldern (Vektoren, Matrizen) optimiert und bieten z.Z. Verarbeitungsleistungen von bis zu 100 MFLOPS (Mega Floating Point Operation/Second) an. Abschließend ist aber zu bemerken, daß es unabdingbar ist, leistungsfähigere Systeme für die Bildverarbeitung zu entwickeln und zu realisieren. Damit wird die Lösung anspruchsvoller Bildverarbeitungsprobleme unterstützt und der erfolgreiche Einsatz der automatischen Bildverarbeitung ermöglicht.

6. Literaturverzeichnis

/1/ Duff, M.J.B. and Levialdi, S. Editors: 'Languages and Architectures for Image Processing', Academic Press, London, 1982

/2/ Danielsson, P.E., Levialdi, S.: 'Computer Archtectures for Pictorial Information Systems', in Computer Magazin, IEEE, Nov. 1982

/3/ Duff, M.J.B.: 'Special Hardware for Pattern Processing', in Proc. 6th International Conference on Pattern Recognition, München, 1982

/4/ Kulpa, Z.: 'Universal Digital Image Processing Systems in Europe - a Comparative Survey', in Digital Image Processing Systems, Springer Verlag, Berlin, 1981

/5/ Kazmierczak, H. Hrsgb.: 'Erfassung und maschinelle Verarbeitung von Bilddaten', Springer Verlag, Wien, 1980

/6/ Unger, S.H.: 'A Computer Oriented Toward Spatial Problems', in Proc. IRE, Vol. 47, 1959

/7/ Preston, K.j. et.al.: 'Basics of Cellular Logik with some Applications in Medical Image Processing', in Proc. of the IEEE, Vol. 67, No. 5, 1979

/8/ Backus, J.: 'Can programming be liberated from the Von Neumann style? A functional style and its algebra of programs', in Comm. of ACM, Vol. 21, No. 8, 1978

/9/ Sternberg, S.R.: 'Biomedical Image Processing', in Computer Magazin, IEEE, Vol. 16, No. 1, 1983

/10/ Siegel, H.J.: 'Partitioning Permutation Networks: The underlying Theory', in Proc. of the Intern. Conference on Parallel Processing, 1979

/11/ Flynn, M.J.: 'Some Computer Organization and their Effectiveness', in IEEE Trans. on Comp., Vol. C27, No. 9, 1972

/12/ Cantoni, V.: 'Classification Schemes for Image Processing Architectures', in Proc. NATO ASI on Comp. Archit. for Spat. Distr. Data, Italien, 1983

/13/ Kruse, B.: 'A Parallel Picture Processing Machine', IEEE Trans. on Computers, Vol. C-22, No. 12, 1973

/14/ Serra, J.P.: 'Mathematical Morphology and Image Analysis', Academic Press, London, 1981

/15/ Duff, M.J.B.: 'CLIP IV: A large scale integrated circuit array parallel processor', in Proc. 3rd IJPR, 1976

/16/ Hunt, D.J.: 'The ICL DAP and its Application to Image Processing', in /1/

/17/ Batcher, K.E.: 'Design of a massively parallel processor', in IEEE Trans. on Computer, Vol. C-29, No 9, 1980

/18/ Batcher, K.E.: 'The FLIP Network in STARAN', in Proc. Int. Conf. Parallel Processing, 1976

/19/ Siegel, H.J.: 'PASM: A reconfigurable multi-microcomputer system for image processing', in /1/

/20/ Briggs, F.A. et al.: 'PUMPS Architecture for Pattern Analysis and Image Database Management', in IEEE Trans. in Computers, Vol. C-31, No. 10, 1982

/21/ Männer, R. et al.: 'Entwurf und Realisation des schnellen, flexiblen und fehlertoleranten Polyprozessors 'Heidelberger Polyp'', in Elektr. Rechenanlagen, Heft 4, 1982

/22/ Martini, P., Nehr, G.: 'MOBIP: Ein modulares Bildverarbeitungssystem mit Parallelrechner', in Elektr. Rechenanlagen, Heft 2, 1983

/23/ Gemmar, P. et al.: 'FLIP: A multiprocessor system for image processing', in /1/

/24/ Danielsson, P.E. et al.: 'Memory Hierachies in PICAP II', in Proc. Workshop Picture Data Descr. and Management, Pacific Grove, Calif. Aug. 1980

/25/ Kidode, M. Et al.: 'Design of Local Parallel Pattern Processor for Image Processing', in AFIPS Conf. Proc., Vol. 47, No. 17, 1978

/26/ Granlund, G.: 'GOP: A fast and flexible processor for image analysis', in /1/

/27/ Gerritsen, F.A., Monhemius, R.D.: 'Evaluation of the Delft image processor DIP-1', in /1/

/28/ Nicolae, G.C., Höhne, K.H.: 'Multiprocessorsystem for the real-time processing of video image series', in Elektr. Rechenanlagen, Heft 4, 1979

/29/ IITB: 'S.A.M-Kurzinformation', Fhg-Institut für Informations- und Datenverarbeitung, IITB-Bericht 9522, 1980

/30/ PCS: 'INCOS-Bildverarbeitung', Produktinformation Fa. Periphere Computer Systeme GmbH, München, 1980

/31/ Leitz: 'Leitz-T.A.S. Textur Analyse System', Produktinformation Fa. E. Leitz GmbH, Wetzlar, 1980

/32/ Zeiss: 'IBAS-Interaktives Bildanalysesystem', Produktinformation Fa. Carl Zeiss, Oberkochem, 1981

/33/ MBB: 'SysScan - Automatisches Digitalisier- und Verarbeitungssystem', Produktinformation Fa. Messerschmitt-Bölkow-Blohm GmbH, München, 1980

HYPOTHESENGESTEUERTE BILDDATENERFASSUNG ÜBER EINEN DMA - GEKOPPELTEN PERIPHERIEBUS

Dipl. Phys. Joachim Beushausen, Dipl. Ing. Eberhard Fries

Institut für elektrische Informationstechnik
Technische Universität Clausthal

1. Zusammenfassung

Ausgehend vom Prinzip einer optischen Vorverarbeitung wird die Grundlage für eine formvariable Abtastung von Szenen vorgestellt. Sie arbeitet mit einer hypothesengesteuerten Auswahl von Bilddaten bei gleichzeitiger Anpassung der Form der Abtastfläche an den Konturverlauf im Sinne eines angepaßten Filters im Ortsbereich. Weiter wird ein schnelles Bussystem beschrieben, das bei der Entwicklung des Vorprozessors entstand und zur allgemeinen Übertragung schneller Prozeßdaten geeignet ist.

2. Bilddatenerfassung durch einen Kontursensor

Herkömmliche Verfahren der Bildverarbeitung tasten zunächst das gesamte Bild in einem festen Raster ab und übertragen die Informationen in einen Rechner. Dabei entstehen zwei Probleme:
- Eine große Datenmenge muß übertragen, gespeichert und verarbeitet werden.
- Durch das feste Abtastraster entsteht ein Abtastrauschen und eigentlich glatte Konturen (Bild 1) werden in Treppenkurven verwandelt.

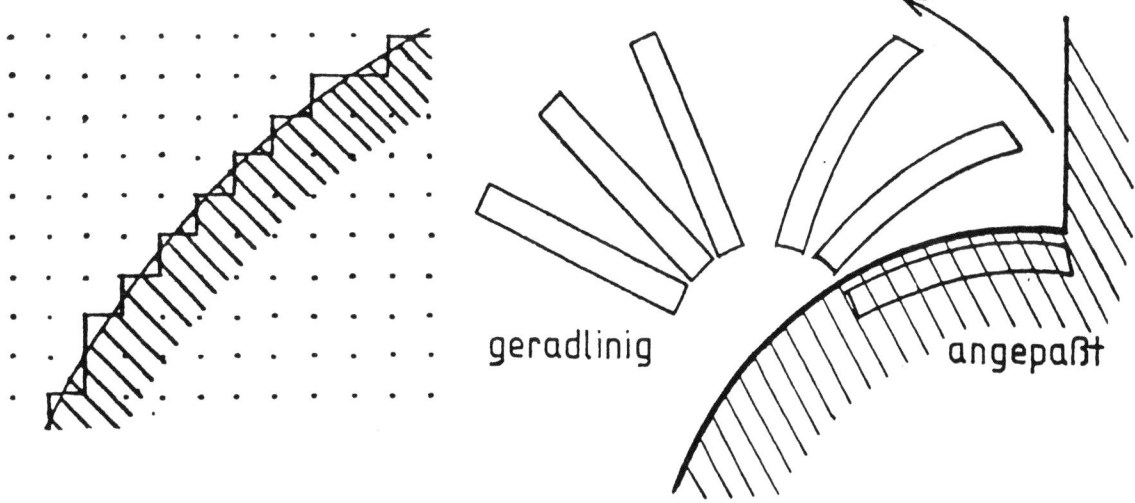

Bild 1:
Ortsquantisierung durch ein festes Abtastraster

Bild 2:
Abtastung mit einer rotierenden Integrationsfläche

Ein feineres Abtastraster reduziert zwar das Abtastrauschen, steigert aber die Rechnerbelastung. Grundsätzlich können nach diesem Verfahren alle Operationen wie Filterung, Detektion und Konturvermessung nur noch im Rechner vorgenommen werden. An der TU-Clausthal wurde ein Verfahren für eine richtungs- und ortsselektive Vorverarbeitung des Bildinhalts entwickelt und erprobt /1/.

Da die relevante Bildinformation vor allem in den Bildkonturen enthalten ist, soll die Vorverarbeitung diese möglichst gut auch aus gestörten Bildern extrahieren. Grundlage des im Folgenden 'Kontursensor' genannten Vorprozessors ist die Definition einer Kontur:

- Bildkonturen sind die Grenzen zwischen Bildbereichen, in denen der Grauwert konstant ist oder statistisch homogen schwankt. Sie werden damit von den Maxima des Gradienten der mittleren Helligkeit gebildet.

Zur Bestimmung der mittleren Helligkeit beiderseits der Kontur soll ein möglichst weiter Bereich berücksichtigt werden, um Fehlstellen und andere lokale Störungen zu unterdrücken. Andererseits darf die Mittelung nicht über den homogenen Bereich hinausgehen, der beispielsweise durch die senkrechte Kontur in Bild 2 begrenzt sein könnte.

3. Hypothesengesteuerte Bildatenaufnahme

Eine Kontur bzw. ein Konturausschnitt ist durch die Parameter
- Richtung (Tangentenrichtung)
- Lage im Bild und
- Krümmung

beschrieben. Aufgabe des Kontursensors muß es nun sein diese Parameter, die in der Grauwertverteilung des Bildausschnitts enthalten sind, in ein möglichst wenig gestörtes, in aller Regel elektrisches Signal zu überführen.

In seiner ersten mechanischen Ausführung ist der Kontursensor als inkohärenter optischer Korrelator mit einer rotierenden Spaltblende realisiert. Ein alternative Lösung ist in letzter Zeit mit einer zirkular organisierten CCD-Kamera möglich, bei der die Wandlerelemente in radialer Richtung längs eines Kreisumfangs angeordnet sind. Bei beiden Ausführungen liefern geometrische Grundelemente wie Halbebene und Linie als charakteristische Signalformen einen Sprung bzw. eine Spitze. Die Phasenlage des Signals in Bezug auf eine festgehaltene Nullgradrichtung ist ein Maß für die Konturrichtung. Die kürzeste Anstiegszeit ergibt sich, wenn das Rotationszentrum auf der Kontur liegt.

In der mechanischen Version des Kontursensors wurde die Form der Abtastfläche aus Aufwandsgründen zunächst fest gewählt /2/. Das Signal $s(t,x_o,y_o)$ bei einer Abtastung mit der Lage des Rotationszentrums bei x_o,y_o ist beschreibbar als

$$s(t,x_o,y_o) = \int_{B(t,x_o,y_o)} h(x,y) \, dx \, dy \qquad (1)$$

Mit:
h(x,y)   Helligkeitsveteilung
$B(t,x_o,y_o)$ Integrationsfläche

Mit einer zu $B(t,x_o,y_o)$ formgleichen binärwertigen Maske b läßt sich die Integration als zweidimensionale Korrelation schreiben.

$$s(t,x_o,y_o) = \int_{-\infty}^{+\infty} h(x,y) \, b(t,x-x_o,y-y_o) \, dx \, dy \qquad (2)$$

Zwar kann diese Methode der Datenaufnahme nicht unmittelbar mit herkömmlichen Verfahren verglichen werden, aber die Reduktion der Datenmenge läßt sich an folgendem Beispiel verdeutlichen. Bei einer mäßig hohen Punktauflösung von 256 x 256 Punkten pro Bild und einer Grauwertquantisierung in 8 Bit wird allein für die Bilddaten soviel Kernspeicher (64 K Byte) benötigt, wie für viele der Anwenderprogramme des beschriebenen Verfahrens. Die eigentliche Datenaufnahme erfolgt nur an ausgewählten Stellen des Bildes. Ist nach einem einleitenden Suchvorgang erstmals eine Kontur gefunden, bilden die folgenden Messungen die Eingangsgrößen für ein Kalman-Bucy-Filter /3/, das neben der Filterung auch eine Ein-Schritt-Prädiktion liefert, und so den neuen Meßort im Bild festlegt.
Die Vorhersagegenauigkeit des Filters steuert nun die Größe des Winkelbereichs, den der Sensor auf Konturen hin untersucht. Die Mitte des Suchbereichs ist die vorhergesagte Richtung. Liegen Messungen an mehreren Punkten vor, kann auch die Krümmung der Kontur bestimmt werden. Zur Erkennung z.B. von Werkstücken wird in einem Lernvorgang ein Musterstück vollständig umfahren und die Konturparameter gespeichert. Im Betrieb findet ein laufender Vergleich der aktuellen Parameter mit den gespeicherten Daten statt und es werden Hypothesen über die Lage noch nicht vermessener Ecken gebildet. Diese werden dann ohne weitere Konturfolge

direkt angefahren und überprüft. Stimmen Vorhersage und
Messung überein, wird die Hypothese gestärkt ansonsten
geschwächt. Beim Erreichen eines Schwellwertes wird das
Werkstück als erkannt gemeldet /4/.

4. Realisierung einer formvariablen Abtastung

Bei der mechanischen Ausführung des Kontursensors konnte
keine Änderungsmöglichkeit für die Form der Abtastfläche
vorgesehen werden. Gekrümmte Konturen liefern nun aber bei
der Abtastung mit einer durch gerade Kanten begrenzten
Maske kein optimales Signal. Die Adaption der Abtastfläche
an die Konturkrümmung kann mit den elektronenoptischen
Mitteln einer Random-Access-Kamera realisiert werden.
Der Auslesepunkt einer solchen Kamera kann durch zwei
Spannungen, die proportional den Koordinaten sind, beliebig
positioniert werden. Durch die Generierung geeigneter
Spannungsverläufe lassen sich beliebige Muster erzeugen.
Die Abtastung bleibt innerhalb eines Segments ungerastert
und kann an die Krümmung angepaßt werden. Die Grundform
der Abtastfigur wird in Form einer Befehlsliste für den
Abtastrechner im Steuerrechner generiert und anschließend
übertragen. Der realisierte mikroprogrammgesteuerte Abtastrechner bewältigt rund $4 \cdot 10^5$ Koordinatentransformationen
pro Sekunde und gestattet so die Erzeugung, Drehung, Maßstabsänderung und Verschiebung des Abtastmuster in Echtzeit.
Die entsprechenden Rechnungen im Steuerrechner benötigten
bei einer Simulation die 150-fache Ausführungszeit.

5. Der DMA gekoppelte Peripheriebus

Im Gegensatz zu Bildverarbeitungsgeräten die mit Videobilddigitalisierern arbeiten, tritt bei dem vorgestellten Vorprozessor nicht nur eine Dateneingabe an den Rechner auf,
sondern es werden auch Ausgaben zur Steuerung der Vorverarbeitung benötigt.
Standartschnittstellen wie V24, IEC-bus oder Analogausgabe
konnten Anforderungen wie
- parallele 16 Bit Übertragung
- Adressierbarkeit mehrerer Teilnehmer
- geringe Belastung des Steuerrechners
- minimaler Hardwareaufwand zur Abwicklung des Übertragungsprotokolls und
- Aufruf in einer höheren Programmsprache

nicht gerecht werden.
Unter den oben angeführten Gesichtspunkten wurde ein nicht
nur für die Bilddatenverarbeitung geeigneter Peripherie-

bus entwickelt. Durch den Einsatz einer DMA (Direct Memory Access) Schnittstelle zum Q-Bus der PDP 11 Rechnerfamilie konnte sowohl eine hohe Übertragungsrate als auch eine geringe Prozessorbelastung erreicht werden /5/.
Die Hauptmerkmale des Bussystems sind
- äußerst geringe Prozessorbelastung durch Datenübertragung im DMA-Betrieb
- bis zu 15 adressierbare Teilnehmer
- Übertragungsrate von 12 M-Bit pro Sekunde bei 16 Bit Wortbreite
- Prioritätsgesteuerte Interruptmöglichkeit
- Realisierung des Bushandshakes auf der Größe einer viertel Europakarte
- Aufruf über einfache Fortran Befehle

Der so realisierte Bus vereinfacht die Entwicklung komplexer Geräte, die unter Rechnerkontrolle sowohl Daten aufnehmen wie auch abgeben sollen. Bild 3 zeigt die Kopplung des Rechners mit dem Peripheriebus.

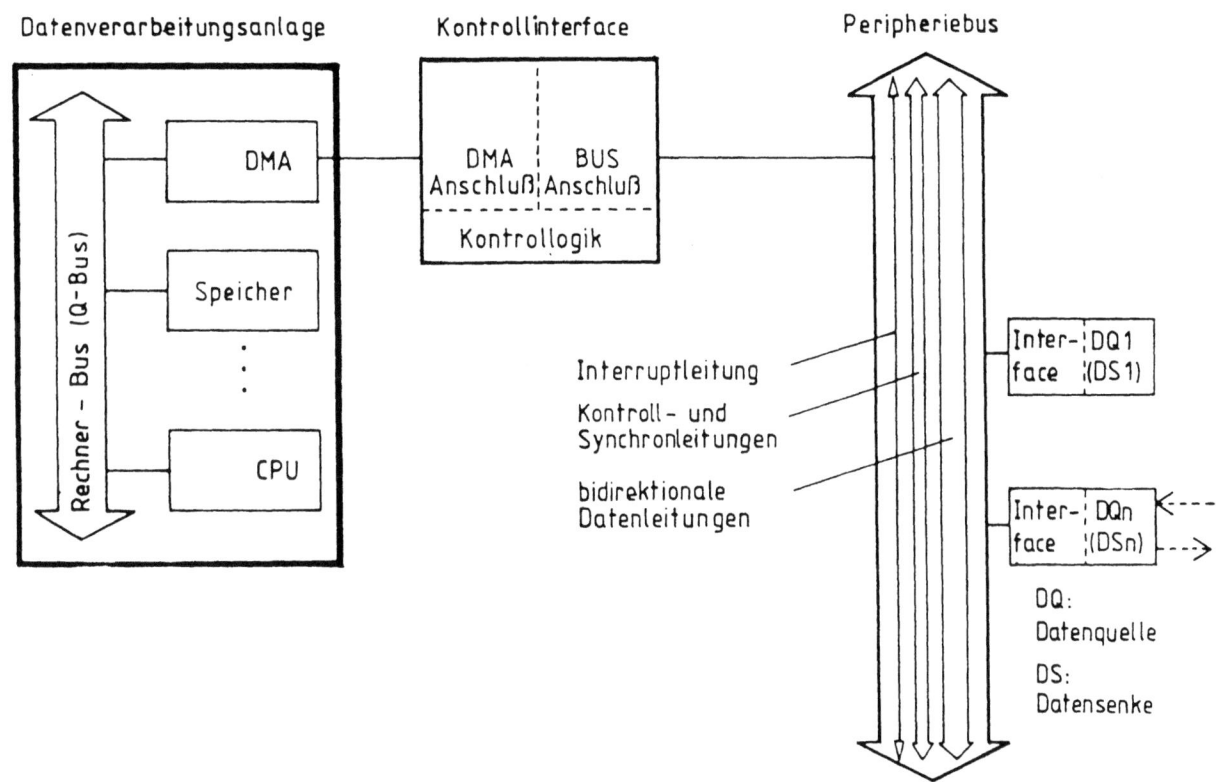

Bild 3:
Systemkonfiguration mit dem DMA gekoppelten Peripheriebus.

Vom Q-Bus des PDP 11 Rechners erfolgt die Übertragung über die DMA-Schnittstelle auf eine Anpaßkarte und von dort auf den Peripheriebus. Der Aufbau eines Geräts erfolgt dabei in Einschubtechnik und wird sich meist auf die Größe eines Standartrahmens beschränken

6. Literatur

1 MÜHLENFELD, E.; THERBURG, R.D.
Erkennung und Vermessung stark gestörter linienhafter Bildstrukturen
Technisches Messen 48, Heft 5, (1981)

2 BEUSHAUSEN, J.
Bericht Automation 83/2
Dokumentation des opto-mechanischen Kontursensors
für Piloterprobungen
Zwischenbericht zum BMFT Vorhaben o8 IT 15o79

3 RAUBENHEIMER, H.R.
Bericht Automation 82/2
Zwischenbericht zum DFG-Vorhaben Mu/426/5
Kennwort: Konturreduktion

4 MÜHLENFELD, E.
Pattern recognition by hypothesis-guides analysis of a contour-graph-structure
Vortrag 6. Konf. Pattern recognition
München 19.-22.1o 1982

5 BEUSHAUSEN, J. FRIES, E.
Bericht Automation 83/1
Dokumentation der elektronischen Baugruppen zur DV-Kopplung konturverarbeitender Bildsensoren
Zwischenbericht zum BMFT Vorhaben o8 IT 15o79

Ein Bildvorverarbeitungsrechner für die Bewegungssteuerung durch Rechnersehen

Volker Graefe

Institut für Meßtechnik der Hochschule der Bundeswehr München,
8014 Neubiberg

Kurzfassung

Ein Multiprozessorsystem, das speziell im Hinblick auf die Anforderungen bei der maschinellen Interpretation von bewegten Bildern in Echtzeit entwickelt wurde, wird vorgestellt. Die einzelnen Prozessoren des Systems arbeiten simultan und unabhängig voneinander. Frei verschiebliche Bildfenster ermöglichen es, die gesamte Verarbeitungsleistung auf die aufgabenrelevanten Teile der Bilder zu konzentrieren.

Schlagwörter: Echtzeit-Bildverarbeitung, Fenster, Multiprozessorsystem, Parallelverarbeitung, Rechnersehen

1. Einführung

In der Natur hat sich offensichtlich die Fähigkeit des Sehens in engem Zusammenhang mit der Fähigkeit zur Bewegungssteuerung entwickelt. Dies legt es nahe, auch bei Forschungsarbeiten, die letztlich zur Entwicklung sehender Maschinen führen sollen, einen Zusammenhang zwischen dem Sehen und der Bewegungssteuerung herzustellen. Will man in dieser Richtung experimentell arbeiten, so benötigt man eine Maschine, die Bildfolgen in Echtzeit, das heißt schritthaltend mit dem Ablauf der Bewegung, interpretieren kann.

Herkömmliche, seriell arbeitende Rechner sind für eine derartige Aufgabe zu langsam, und zwar sowohl für die Eingabe der Videodaten als auch hinsichtlich der eigentlichen Verarbeitung. Wir haben deshalb spezielle Bildvorverarbeitungsrechner (BVV) entwickelt, die aufgrund ihrer Architektur weit besser für die Bildinterpretation geeignet sind. Das erste derartige Gerät (BVV 1) wurde von Haas (1982) und von Graefe (1983) beschrieben; ein leistungsfähigerer Nachfolger (BVV 2) wird hier erstmals vorgestellt.

Beide Geräte arbeiten normalerweise mit einem Hauptrechner zusammen; dabei übernimmt das BVV diejenigen Teile der Gesamtaufgabe, die unmittelbar auf der Verarbeitung von Bildpunktdaten beruhen. Ergebnis dieser Vorverarbeitung ist eine abstrakte Beschreibung der für die jeweils vorliegende Steuerungsaufgabe wichtigen Merkmale des Bildes. Der nachgeschaltete Hauptrechner verarbeitet nur die abstrakte Beschreibung unter Verwendung von Modellwissen und formt so ein inneres Bild der Umgebung. Wichtig ist dabei, daß die Menge der vom BVV zum Hauptrechner übertragenen Daten gegenüber dem Videosignal um etwa drei Größenordnungen reduziert ist, so daß der Hauptrechner durch die Übernahme der Daten nicht besonders stark belastet wird.

2. Grundgedanken der Bildvorverarbeitungsrechner BVV

Drei Grundgedanken wurden schon im BVV 1 realisiert und im wesentlichen unverändert für das Nachfolgegerät BVV 2 übernommen:

- Für die Steuerung von Bewegungen genügt es, in jedem Moment nur diejenigen Teile des Bildes zu interpretieren, in denen relevante Objekte abgebildet sind; andere Teile des Bildes (z.B. der Hintergrund) brauchen nicht analysiert zu werden. Da typischerweise die relevanten Merkmale nur einen kleinen Teil der Bildfläche ausfüllen, läßt sich durch die Konzentration der stets begrenzten Verarbeitungskapazität auf die aufgabenrelevanten Bildteile ein beträchtlicher Effizienzgewinn erzielen.

- Im Interesse einer hohen Verarbeitungsgeschwindigkeit, wie sie die Bewegungssteuerung in Echtzeit erfordert, wird die Aufgabe der Bildinterpretation auf mehrere gleichzeitig und weitgehend unabhängig voneinander arbeitende Einzelprozessoren verteilt.

- Die interne Struktur des Multiprozessorsystems ist nicht festgelegt, sondern wird erst durch die Anwenderprogramme definiert. So ist es möglich, parallele, hierarchische oder gemischte Konfigurationen der Einzelprozessoren allein durch entsprechende Ausgestaltung der Anwenderprogramme zu realisieren.

2.1 Fenster

Die Konzentration der Verarbeitungskapazität auf die aufgabenrelevanten Bildteile erfolgt im BVV 1 dadurch, daß im Bild mehrere frei bewegliche Fenster realisiert werden, von denen jedes ein relevantes Merkmal abdeckt. (Auf die Zweckmäßigkeit frei beweglicher Fenster hat mich E.D. Dickmanns aufmerksam gemacht.) Bild 1 veranschaulicht dieses Konzept. Nur die Bildteile innerhalb der Fenster werden verarbeitet, die übrigen Bildteile werden vollständig ignoriert.

Die Beschränkung der Verarbeitung auf einzelne Fenster setzt voraus, daß vor Beginn der eigentlichen Bewegungssteuerung in einer Initialisierungsphase die wesentlichen Merkmale im Bild gefunden werden, und daß jedem dieser Merkmale ein Fenster zugewiesen wird. Die Wiedererkennung und Verfolgung der einmal gefundenen Merkmale ist eine weniger anspruchsvolle Aufgabe, nur deshalb ist es möglich, sie schritthaltend mit der Bildfolge zu bewältigen.

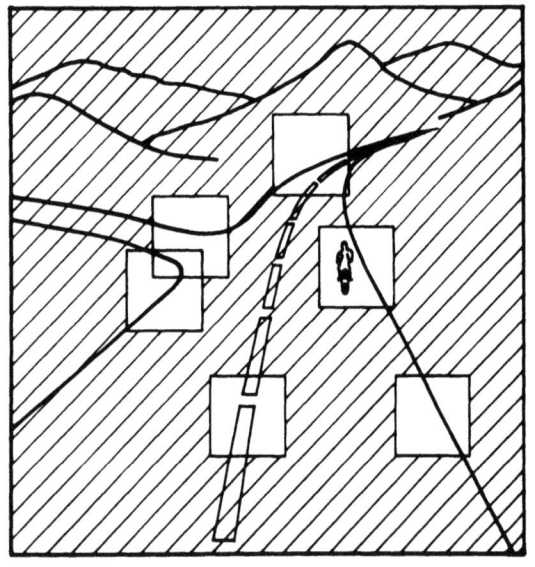

Bild 1 Beispiel für das Fensterkonzept

Zur Steuerung eines Straßenfahrzeugs werden vor allem Informationen über den Straßenverlauf, über Hindernisse und über andere Fahrzeuge benötigt. Die zur Gewinnung dieser Information dienenden Merkmale im Bild lassen sich von wenigen kleinen Fenstern abdecken, der Rest des Bildes kann ignoriert werden.

2.2 Parallelprozessoren

Es ist offenkundig, daß die Bildinterpretation sich relativ gut für eine Aufteilung in parallel zueinander zu bearbeitende Teilaufgaben eignet. Deshalb liegt es nahe, hierfür ein System von parallel arbeitenden Prozessoren einzusetzen. In der Praxis stößt das jedoch auf Schwierigkeiten: Es ist vorerst unmöglich, jedem Pixel einen eigenen Rechner zuzuordnen, und eine Aufteilung des Bildes in feste Regionen, wobei dann jeder Region ein Rechner zugeordnet wird, schafft immer dann Probleme, wenn ein Merkmal vom Rand einer Region durchschnitten wird.

Wählt man dagegen anstelle fest vorgegebener Regionen bewegliche Fenster, so läßt sich ein Parallelrechnersystem zweckmäßig realisieren. Zum einen lassen sich die Fenster immer so legen, daß sie die jeweils interessierenden Merkmale vollständig enthalten, zum anderen kann man mit einer relativ kleinen Anzahl von Fenstern auskommen, da Fenster nur in den Teilen des Bildes benötigt werden, in denen sich interessante Merkmale befinden. Weil die Anzahl der benötigten Fenster relativ klein ist, kann jedem Fenster ein eigener Rechner zugeordnet werden, und genau das geschieht im BVV.

2. Das Bildvorverarbeitungsgerät BVV 1

Ein Problem, das die Anwendung von Parallelrechnersystemen gewöhnlich erschwert, ist die Programmierung. Die Verwaltung eines derartigen Systems ist meistens sehr aufwendig, sowohl was die Programmierung als auch was den Laufzeitbedarf der Verwaltungsprogramme betrifft. Beim BVV 1 wurden diese Schwierigkeiten durch zwei Maßnahmen sehr wirksam reduziert: Jeder Parallelprozessor hat eine klar abgegrenzte Aufgabe, die er praktisch ohne Kommunikation mit den anderen Prozessoren bearbeitet, nämlich die Wiedererkennung, Interpretation und Verfolgung des ihm zugewiesenen Merkmals. Ein spezieller Prozessor (Systemprozessor) steuert die gesamte Kommunikation im System, wobei er Nachrichten mit den Parallelprozessoren über FIFO-Puffer austauscht, so daß das Senden einer Nachricht nicht mit ihrem Empfang synchronisiert werden muß (vgl. Bild 2).

Die Rechner im BVV 1 sind mit 8-Bit Mikroprozessoren des Typs 8085A aufgebaut, sie haben Arbeitsspeicher von je 16 K Byte. Jedem Fenster ist ein eigener Bildspeicher zugeordnet, der im BVV 1 einen Umfang von 1024 Pixel hat; dies begrenzt die Größe jedes Fensters auf z.B. 32 · 32 Pixel.

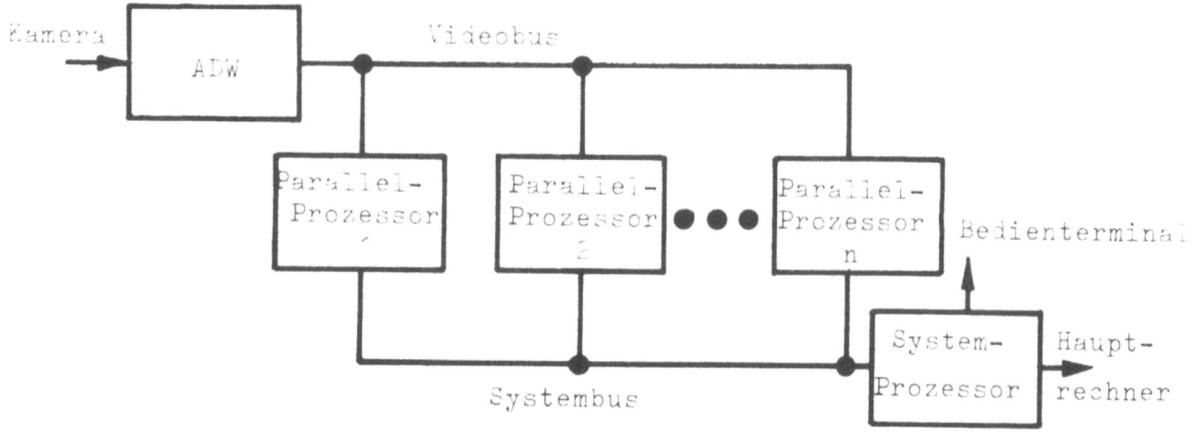

Bild 2   Blockdiagramm des Bildvorverarbeitungsgeräts BVV1

Das BVV 1 wurde experimentell erprobt. In Verbindung mit einem von
Meißner (1982) entwickelten Regelungs-Algorithmus konnte z.B. nachgewiesen werden, daß das Gerät durch visuelle Beobachtung eines
senkrecht stehenden instabilen Stabes ("invertiertes Pendel") die
zur Stabilisierung des Stabes erforderlichen Meßdaten liefern kann,
und zwar selbst bei solchen Systemen, die wegen ihrer Dynamik vom
Menschen nicht mehr beherrscht werden, z.B. Stäbe von nur 30 cm
Länge.

Allerdings hat sich auch gezeigt, daß die Rechenleistung des verwendeten Mikroprozessors nur für die Echtzeitinterpretation von
visuell einfachen Szenen ausreicht. Wir haben uns deshalb entschlossen, ein neues, leistungsfähigeres Gerät zu entwickeln, das
BVV 2.

3. Das Bildvorverarbeitungsgerät BVV 2

Das Übersichtsbild (Bild 3) zeigt deutlich die Verwandtschaft des
BVV 2 mit seinem Vorgänger BVV 1. Unterschiede bestehen vor allem
in der Leistungsfähigkeit der Prozessoren, im Vorhandensein eines
zweiten Videobusses und in der Ausstattung des Systemprozessors
mit einem Massenspeicher und einem wesentlich größeren Arbeitsspeicher.

Die Parallelprozessoren und der Systemprozessor verwenden den 16
Bit Mikroprozessor 8086 von Intel. Die Parallelprozessoren sind jeweils mit Arbeitsspeichern zwischen 40 K Byte und 148 K Byte ausgestattet. Während die Anwenderprogramme für das BVV 1 meistens in
programmierbaren Festwertspeichern abgelegt waren, die extern programmiert und dann in die entsprechenden Sockel der Prozessorplatinen gesteckt wurden, sollen die Programme für das BVV 2 auf dem
Systemprozessor entwickelt und bei Bedarf in die Aktivspeicher der
Parallelprozessoren geladen werden. Im Interesse einer effizienten
Programmentwicklung ist der Systemprozessor mit einem Arbeitsspeicher von ca. 650 K Byte und mit einem Massenspeicher versehen. Dies
ermöglicht es, für die Programmentwicklung Betriebssysteme wie
RMX86 oder XENIX und die von ihnen unterstützten höheren Sprachen
einzusetzen.

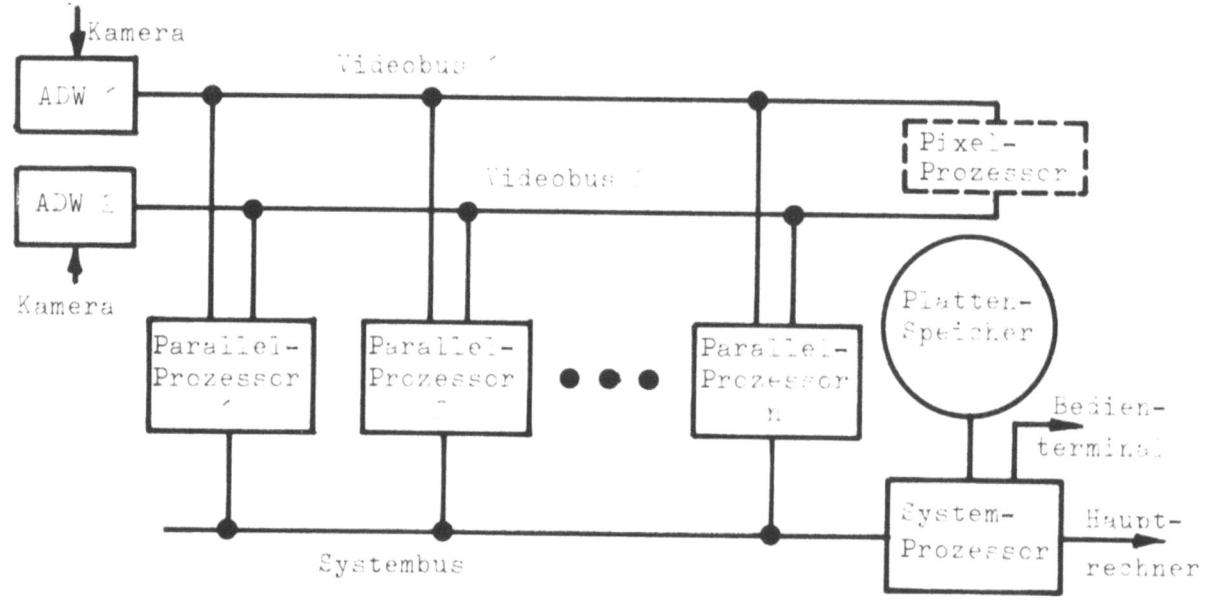

Bild 3   Blockdiagramm des Bildvorverarbeitungsgeräts BVV 2

Die interne Kommunikation über den Systembus erfolgt ähnlich wie
im BVV 1. Allerdings ist im BVV 2 ein Teil des Arbeitsspeichers
eines jeden Parallelprozessors zugleich vom Systemprozessor aus
unmittelbar zugänglich, deshalb kann die Kommunikation durch das
Hinterlegen von Nachrichten in den gemeinsamen Speicherbereichen
erfolgen. Dabei bilden Programme das Verhalten der im BVV 1 noch
physisch vorhandenen FIFO-Puffer nach.

Der für die eigentliche Bildverarbeitung wesentlichste Unterschied
zwischen dem BVV 1 und dem BVV 2 ist, neben der höheren Leistungsfähigkeit der Parallelprozessoren, das Vorhandensein eines zweiten
Videobusses. Er soll uns interessante Experimente ermöglichen, z.B.
der folgenden Arten:

- gleichzeitige Verwendung zweier gleichartiger Kameras und Ausnutzung der Parallaxe zur Entfernungsschätzung

- gleichzeitige Verwendung einer Kamera mit Teleobjektiv und mit
  Normalobjektiv auf einer gemeinsamen schwenkbaren Plattform als
  grobe Nachbildung der Verhältnisse im Auge

- gleichzeitige Verwendung zweier gleicher, aber mit unterschiedlichen Farbfiltern versehenen Kameras als Vorstufe eines Farben-
  sehens

- Verwendung nur einer Kamera und zusätzlich eines extrem schnellen Spezialprozessors, der schritthaltend mit dem Pixeltakt arbeitet und aus dem ursprünglichen Bild ein modifiziertes Bild erzeugt, das z.B. nur Kanten oder nur markante Punkte enthält.

Zu jedem Parallelprozessor gehört eine Videobusanschaltung. Sie hat
die Aufgabe, die Grauwerte der ausgewählten, zum Bildfenster gehörenden Bildpunkte dem Parallelprozessor zugänglich zu machen. Weil
die Datenrate auf dem Videobus wesentlich höher ist als auf dem lokalen Rechnerbus, müssen die Videodaten zwischengespeichert werden, bevor sie dem Prozessor übergeben werden können. Im BVV 1 er-

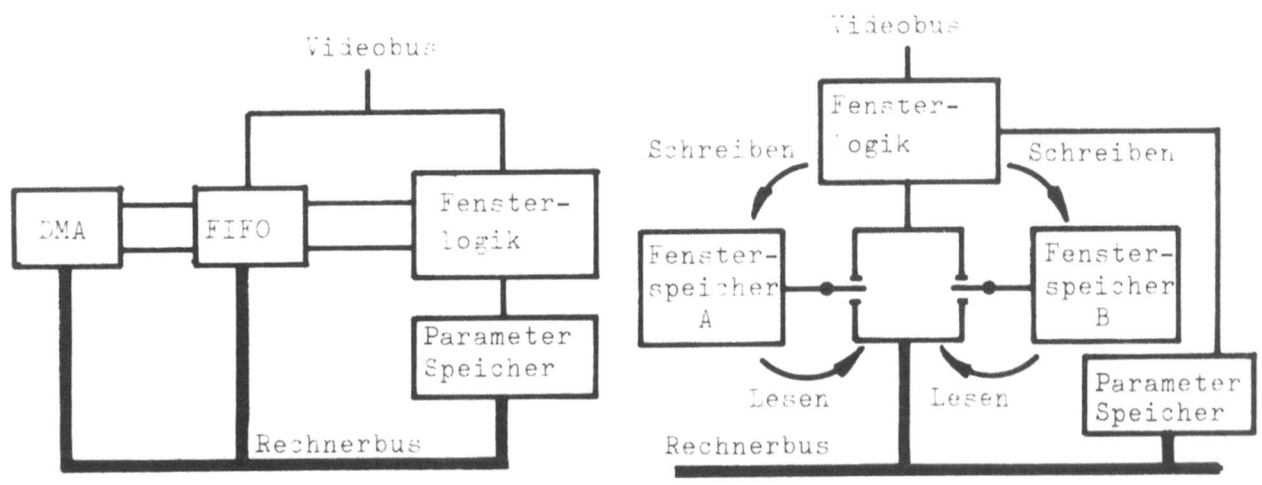

Bild 4 Videobusanschaltung des BVV 1 (links) und des BVV 2 (rechts)

folgte die Zwischenspeicherung in einem FIFO-Speicher, der eine Kapazität von 32 Byte hatte; dadurch war die Anzahl der Bildpunkte in einer Fensterzeile auf 32 begrenzt. Diese Einschränkung erwies sich als unzweckmäßig, so daß für das BVV 2 nach einer besseren Lösung gesucht wurde. Eine weitere Einschränkung beim BVV 1 bestand darin, daß Änderungen der Fensterparameter, also z.B. Verschiebungen des Fensters, nur während der Bildaustastlücke des Videosignals möglich waren. Dies konnte dazu führen, daß die Totzeit des Gesamtsystems um eine Bildperiode (20 ms) größer war als nötig.

Die Videobusanschaltung des BVV 2 vermeidet die genannten Einschränkungen, Bild 4 zeigt den Aufbau dieser Funktionsgruppe. Zur Videobusanschaltung gehören zwei Fensterspeicher mit einer Kapazität von vorerst je 4 K Byte; eine Erweiterung bis auf 64 K Byte ist ohne Schwierigkeiten und ohne größere Kosten möglich, wenn sie nötig werden sollte. Ein Bus-Umschalter stellt sicher, daß von den beiden Speichern immer einer mit dem lokalen Rechnerbus verbunden ist und der jeweils andere mit der Fensterlogik. Der Schalter kann vom Prozessor betätigt werden. Die Fensterlogik wählt entsprechend den vom Prozessor gesetzten Fensterparametern die zum Fenster gehörenden Bildpunkte aus und schreibt die zugehörigen Grauwerte der Reihe nach in den ihr zugeschalteten Fensterspeicher. Sobald die Fensterdaten vollständig im Speicher stehen, kann der Prozessor die Zuordnung der Speicher durch Betätigung des Umschalters vertauschen. Damit ist der frisch geladene Fensterspeicher nun dem Prozessor zugeordnet, und er kann mit der Auswertung der Fensterdaten beginnen. Parallel dazu kann die Fensterlogik den zweiten Speicher mit neuen Daten füllen. Dieses Verfahren der Datenübertragung durch Speicherumschaltung hat den großen Vorteil, daß der Prozessor praktisch keine Zeit durch die Dateneingabe verliert.

In jedem Parallelprozessor befindet sich ein kleines Betriebssystem, das im wesentlichen aus Dienstprogrammen besteht, die vom Anwenderprogramm aus aufrufbar sind; sie ermöglichen u.a. die Eingabe von Bilddaten und die Kommunikation mit dem Systemprozessor sowie die Analyse der Ursachen etwa aufgetretener Programmfehler.

4. Literaturverzeichnis

V. Graefe (1983)
A Pre-Processor for the Real-Time Interpretation of Dynamic Scenes
In: T.S. Huang (Ed.): **Image Sequence Processing and Dynamic Scene** Analysis, Springer Verlag, pp 519-531

G. Haas (1982)
Meßwertgewinnung durch Echtzeitauswertung von Bildfolgen (Dissertation) Fachbereich Luft- und Raumfahrttechnik der HSBw M, Neubiberg

H.-G. Meißner (1982)
Steuerung Dynamischer Systeme aufgrund bildhafter Informationen (Dissertation) Fachbereich Luft- und Raumfahrttechnik der HSBw M, Neubiberg

INTEGRATION EINES DATENBANKSYSTEMS IN EIN RECHNERNETZ ZUR BILDFOLGENAUSWERTUNG

Wolfgang Benn und Bernd Radig

Fachbereich Informatik der Universität Hamburg

Schlüterstraße 70, 2000 Hamburg 13

1. Zusammenfassung

Die automatische Interpretation von Bildern und Bildfolgen setzt voraus, daß aus den Grauton- oder Farbbildern eine symbolische Beschreibung gewonnen wird, die Grundlage des folgenden Abstraktionsprozesses ist. Symbolische Beschreibungen können durch Relationen formalisiert werden, die Bildsymbolen Eigenschaften zuweisen oder Beziehungen zwischen Bildsymbolen darstellen. Zwei Prozesse sind wesentlich bei der Interpretation von Bildfolgen: Die Gruppierung von Bildsymbolen zur Beschreibung von Objekten und die Herstellung von Korrespondenzbeziehungen zwischen den symbolischen Beschreibungen verschiedener Bilder einer Folge.

Die bei der Auswertung von Bildfolgen anfallende Datenmenge ist so groß, daß sie systematisch auf einem Hintergrundspeicher verwaltet werden muß. Hier wird die erste Realisierungsstufe eines Datenbanksystems beschrieben, das speziell Funktionen zum Umgang mit bildbeschreibenden Relationengebilden den Anwenderprogrammen zur Verfügung stellen soll. Es ist auf einem dedizierten Prozeßrechner innerhalb eines Rechnernetzwerkes implementiert.

Dieses Projekt wird von der Deutschen Forschungsgemeinschaft gefördert.

2. Bilddatenbanken

Bilddatenbanken sind Systeme, in denen eine große Zahl von Bildern zusammen mit bildbezogener Information integral gespeichert sind /1/. Konventionelle Datenbankkonzepte genügen, um auf Bilder mit Hilfe der in der Datenbank gespeicherten Merkmale zuzugreifen (siehe etwa /2/). Um jedoch ausgehend von Bildern deren Beschreibung aufzusuchen, muß die Zugriffssprache um grafische Elemente erweitert werden, wie zum Beispiel von Chang und Fu /3/ vorgeschlagen. Darüberhinaus können für spezielle Anforderungen Operationen auf Bildern in das Datenbanksystem integriert werden, etwa das Berechnen geometrischer Beziehungen zwischen Bildelementen bei kartografischen Anwendungen /4/.

Eine wesentlich verschiedene Fragestellung ergibt sich bei dem Problem, Datenbanken unterstützend in Systeme zum Bildverstehen zu integrieren. Besonders bei der Analyse von Bildfolgen kann der Einsatz einer Datenbank helfen, ein großes Volumen an Datenstrukturen zu organisieren und zu verwalten. Dadurch wird nicht nur das Wiederfinden von Bildern über eingegebene oder berechnete Merkmale, sondern schon der Analysevorgang selbst unterstützt, indem etwa Objekthypothesen oder Korrespondenzbeziehungen zwischen Strukturen aus aufeinanderfolgenden Bildern gespeichert werden können. Die Verwendung einer Datenbank kommt der Modularisierung experimenteller Systeme zur Analyse von Bildfolgen entgegen. Sie erleichtert die Standardisierung von Datenstrukturen und den überprüfbaren Zugriff auf gespeicherte Daten auch jenseits der Lebensdauer von Modulen oder Programmen.

3. Relationengebilde

Typische Datenstrukturen, die bei der Analyse von Bildern und Bildfolgen entstehen, lassen sich formal als Relationen definieren /5/. Relationen beschreiben Bildsymbole, die zum Beispiel als markante Punkte in /6/ durch einen Punktefinder erzeugt werden. Den Punkten werden Eigenschaften wie Koordinaten und Verschiebungsvektoren zugeordnet. Ebenfalls mit Hilfe von Relationen werden Beziehungen zwischen markanten Punkten ausgedrückt, nämlich die Korrespondenz von Paaren aus aufeinanderfolgenden Bildern.

Typisch ist auch das Erzeugen von Bildsymbolen durch ein Segmentationsverfahren, durch das Primitive wie Bereiche, Randkurven und Punkte entstehen. Solche Primitive besitzen Eigenschaften und haben Beziehungen untereinander. Sie können hierarchisch zu komplexen Objekten gruppiert werden. Zusammengehörige Relationen, etwa solche, die ein Objekt beschreiben, werden zu Relationengebilden zusammengefaßt /7/. Beziehungen zwischen Objekten, unter anderem auch die Korrespondenz zwischen Objekten in verschiedenen Bildern einer Folge, lassen sich dann durch Morphismen zwischen Relationengebilden ausdrücken /8/.

Ziel des laufenden Projektes ist es, ein Datenbanksystem zu entwickeln, das Relationengebilde speichert und die Suche nach ihnen aufgrund von Vorgaben ihrer Struktur und den Eigenschaften von Komponenten unterstützt.

Teilaufgaben des Datenbanksystems lassen sich an einem Beispiel erläutern. Eine Strichzeichnung (Abb. 1a) wird nach Umwandlung in ein Binärbild und geradliniger Konturapproximation durch zwei Arten von Bildsymbolen beschrieben. Ein ORT ist der Schnittpunkt zweier Geraden und trägt Zeilen- und Spaltennummer als Eigenschaftspaar. Eine LINIE besitzt zwei Endpunkte. Durch einen Gruppierungsvorgang werden drei Linien, die drei Endpunkte gemeinsam haben, zu einem DREIECK zusammengefaßt. Der Graph des Relationengebildes mit den Relationen SEITE ⊆ DREIECK X LINIE und ENDPUNKT ⊆ LINIE X ORT ist in Abbildung 1b dargestellt.

4. Anforderungen an die Datenbank

Ebenso, wie sich im Bildbereich komplexere Objekte aus primitiven Strukturen aufbauen lassen, ist das Datenbanksystem so konzipiert, daß sich komplexere Transaktionen durch einfachere Operationen inkrementell realisieren lassen. Die Grundfunktionen sind implementiert.

4.1 Grundfunktionen

Unbedingt notwendig, um Bildsymbole - in unserem Beispiel Örter, Linien und das Objekt Dreieck - in der Datenbank aufbewahren zu können, ist der Austausch von Relationselementen und der Eintrag von Relationen /9/. Die Namen der Relationen und die Beschreibung der Relationselemente werden innerhalb der Datenbank in einem Datenverzeichnis geführt, das ebenfalls als Relationengebilde aufgebaut ist. Als minimale Information ist im Datenverzeichnis der Name einer Relation und der Speicherbedarf eines Elementes eingetragen. Weiterhin werden die Zahl der Elemente und ein Verweis auf das erste sowie das letzte Element laufend aktualisiert. Als Operationen stehen bisher zur Verfügung:
- das Eintragen und Löschen von Relationen,
- das Einfügen von Relationselementen,
- das Modifizieren eines schon vorhandenen Elementes,
- das Lesen eines Elementes.

Jedes Element wird eindeutig durch einen Identifikationsschlüssel (die Komponente SCHLÜSSEL im Verbund des Beispiels 3a) identifiziert. Der Schlüsselwert wird von dem Datenbanksystem vergeben, sobald ein Element in die Datenbank eingetragen wird. Bei allen Operationen, die vorhandene Elemente betreffen, muß dieser Schlüsselwert angegeben werden. Eine Ausnahme ist nur bei der Leseoperation erlaubt. Hier kann die Funktion so modifiziert werden, daß das erste, das nächste oder das letzte Element einer Relation zurückgeliefert wird. Die Reihenfolge ist systemintern definiert.

4.2 Arbeitsspeicher- und Datenbank-Referenzen

In Programmiersprachen, die keine Standard-Datentypen zur Repräsentation von Listen oder Graphen anbieten - so auch Pascal und Ada - ist es üblich, Relationengebilde wie das von Abbildung 1b durch verzeigerte Verbunde im Arbeitsspeicher aufzubauen. Wenn nun ein solches Gebilde in die Datenbank ausgelagert wird, verlieren die Arbeitsspeicher-Verweise ihren Sinn und müssen durch Datenbank-Referenzen ersetzt werden. Ein Grund für die Einführung eines einheitlichen Primärschlüssels lag darin, innerhalb der Datenbank die Verweise in einem Element auf andere dadurch vorzunehmen, daß für die Arbeitsspeicher-Referenzen die in der ganzen Datenbank und nicht nur in einer Relation eindeutigen Schlüsselwerte der referenzierten Elemente eingesetzt werden. In den Beispielsstrukturen für Linie und Dreieck (Abb. 2b) sind die Komponenten ANF. und ENDE beziehungsweise SEITE1 bis SEITE3 im Arbeitsspeicher Zeiger, in der Datenbank Primärschlüssel der Bezugselemente. Im jetzigen Stand der Implementation muß die Ersetzung noch explizit durch das Anwenderprogramm vorgenommen werden. In unserem Beispiel werden die fünf Elemente in die Datenbank eingetragen, die daraufhin jedem in der ersten Komponente des Verbundes einen Schlüsselwert zugewiesen hat. Anschließend werden die Zeiger im Arbeitsspeicher durch die Schlüsselwerte der Bezugsverbunde überschrieben und dann in der Datenbank modifiziert. Beim Einlesen eines Relationengebildes erfolgt eine inverse Ersetzung. Um diesen Substitutionsvorgang automatisch von dem Datenbanksystem durchführen zu lassen, ist eine detailliertere Beschreibung der Relationselemente notwendig.

4.3 Datenverzeichnis

Die Beschreibung einer Relation im Datenverzeichnis enthält einen (noch nicht besetzten) Hinweis auf einen Attributgraphen (das Feld DB-ATTRIBUT in Abb. 3b). Die Knoten des Graphen und dessen Kanten enthalten die Strukturbeschreibung eines Verbundes, der als Element einer Relation deklariert ist. In Abbildung 3a ist die Ada-Deklaration für den in Abbildung 3b auszugsweise dargestellten Beschreibungsgraphen angegeben. Der Graph ist nach den Spezifikationen der Sprache DIANA /10/ aufgebaut. Diana wird als Zwischensprache von dem Ada-Compiler erzeugt, der unter der Leitung von G. Goos an der Universität Karlsruhe entwickelt wurde. Aufbauend auf diesem Compiler wird unter der Leitung von H.-H. Nagel an der Universität Hamburg ein Codegenerator für die Prozeßrechner Dietz MINCAL621 entwickelt. Diese Prozeßrechner werden im Arbeitsbereich "Kognitive Systeme", dem die Autoren angehören, für Bildverarbeitungsaufgaben eingesetzt. Wird die hier vorgestellte Bildfolgenbank von Ada-Programmen angesprochen, so steht die während der Compilation erzeugte Diana-Beschreibung unmittelbar zur Verfügung. Aus ihr können die für das Datenverzeichnis wesentlichen Teilgraphen übernommen werden.

Ist das Datenverzeichnis so erweitert, kann das Datenbanksystem aus der Beschreibung der Komponenten eines Verbundes entnehmen, wo Bezug auf andere Relationselemente genommen wird, und den geschilderten Ersetzungsprozeß automatisch vornehmen. Die Grundfunktionen des Datenbanksystems werden um Operationen zur Ein- und Auslagerung von Relationengebilden erweitert.

Die Strukturbeschreibung im Datenverzeichnis bietet weiterhin die Möglichkeit, die Deklarationen der Relationselemente im Anwenderprogramm mit den im Datenverzeichnis gespeicherten Angaben über schon vorhandene Relationen zu vergleichen. Die Abbildung 3b läßt erkennen, daß ein solcher Vergleich Prüfung auf Namensgleichheit und strukturelle Übereinstimmung umfassen kann. Außerdem lassen sich dann Funktionen implementieren - Zugriff über Sekundärschlüssel, Projektionen, etc. - die bei relationalen Datenbanksystemen gebräuchlich und in der vorliegenden Anwendung sinnvoll sind.

5. Systemeinbettung

Der Arbeitsbereich "Kognitive Systeme" betreibt zur Auswertung von Bildfolgen ein Netzwerk von vier Prozeßrechnern, die über einen schnellen, 16Bit-parallelen Datenbus gekoppelt sind. Anwenderprogramme im Netz werden in Pascal formuliert, der Übergang auf die Programmiersprache Ada steht bevor. In der Laufzeitunterstützung des Pascal-Systems stehen Prozeduren zur Verfügung, die die Kommunikation zwischen den Rechnern realisieren. Neben Standardgeräten ist eine umfangreiche Peripherie zur Speicherung, Digitisierung und Wiederdarstellung von Farbbildern und Schwarzweiß-Bildfolgen angeschlossen.

Einer der Prozessoren ist als Datenbankrechner eingesetzt; ihm steht als Hintergrundspeicher eine Magnetplatte mit 60MByte Kapazität zur Verfügung. Somit sind die Anwenderprogramme relativ lose über einen schnellen Kommunikationspfad mit wohldefinierter Schnittstelle an das Datenbanksystem gekoppelt. Diese Konzeption hat folgende Vorteile:

- Weiterentwicklung und Modifikation des Datenbanksystems sind ohne Beeinträchtigung der Anwenderprogramme möglich, solange sich das Außenverhalten des Datenbanksystems nicht ändert.
- Datenbanksystem und Anwenderprogramme greifen auf keine gemeinsamen Betriebsmittel zu. Datenbankoperationen können parallel mit den übrigen Aktivitäten im Netz ablaufen.
- Der Übergang zu anderen Programmiersprachen sowohl zur Implementation des Datenbanksystems als auch für die Bildverarbeitung kann unabhängig voneinander geschehen, solange nur das Kommunikationsprotokoll eingehalten wird.
- Die Erweiterung und Erneuerung des Prozeßrechnernetzes einschließlich des Überganges auf einen anderen Rechnertyp erfordert gegebenenfalls höchstens eine Anpassung des Kommunikationsprozesses in der Datenbank an veränderte Geräteschnittstellen.
- Das Datenbanksystem ist in einem Pascal-Dialekt formuliert. Damit wird eine Portierung auf andere Anlagen erleichtert.

Das Datenbanksystem ist in Form von unabhängigen, aber miteinander kommunizierenden und sich synchronisierenden Prozessen realisiert. Der erste Prozeß von augenblicklich vieren ist für die Kommunikation mit den Anwenderprozessen in den übrigen Rechnern zuständig. Der zweite Prozeß realisiert die im Abschnitt 4.1 beschriebenen Grundfunktionen. Der dritte Prozeß übernimmt Aktivitäten, die vor Beginn oder nach Beendigung eines Anwenderprogramms durchzuführen sind. Der vierte Prozeß dient als Monitor, der über ein Sichtgerät Information über datenbankinterne Vorgänge bereitstellt. Die Erweiterung der Datenbankfunktionen, wie etwa das Auswechseln von Referenzen, wird dadurch realisiert, daß neue Prozesse diesem Kern hinzugefügt werden. Damit ist ein inkrementeller Ausbau der Fähigkeiten des Datenbanksystems möglich.

6. Weiterentwicklung

Die Erweiterung des Datenbankverzeichnisses wird vorgenommen. Dazu ist zu untersuchen, wie in Pascal- und Ada-Programmen die für das Datenbanksystem relevante Information markiert oder erschlossen werden kann. Weiterhin ist ein Weg zu finden, auf dem aus einem Pascal-Text die Diana-Beschreibung gewonnen werden kann. Ein aussichtsreiches Verfahren scheint zur Zeit die automatische Umformulierung der interessierenden Deklarationen in die Ada-Syntax und die Benutzung des Ada-Compilers zu sein. Für das Ein- und Auslagern von Relationengebilden sind Operationen zu definieren und zu realisieren. Die Suche nach Relationengebilden in der Datenbank, die zu einem vorgegebenen Referenzgebilde in ihren Strukturen und Eigenschaften möglichst ähnlich sind, ist prinzipiell möglich, theoretisch in /7,8/ vorbereitet und als Funktion in das Datenbanksystem integrierbar. Eine solche Funktion würde die Anwenderprogramme zur Analyse von Bildern und Bildfolgen ganz erheblich entlasten, wenn Objekte aus Bildsymbolen zusammengesetzt werden oder Korrespondenzbeziehungen zwischen Beschreibungen verschiedener Bilder einer Folge gesucht werden.

Literaturhinweise

/1/ H. Tamura, N. Yokoya: Image Database Systems, Übersichtsvortrag Intern. Conference on Pattern Recognition, München 19.-22. Okt.1982

/2/ Y.E. Lien, D.F. Utter jr.: Design of an Image Database, Proc. IEEE Workshop on Picture Data Description and Mangement, pp. 131-136, 1977

/3/ N.S. Chang, K.S. Fu: Query-By-Pictorical-Example, IEEE Trans. SE-6 (1980) 519-524

/4/ M.I. Chock: A Data Base Management System for Image Processing, Dissertation University of California, 1982

/5/ D. H. Ballard, C. M. Brown: Computer Vision, Prentice-Hall, Englewood Cliffs, NJ, 1982

/6/ L. Dreschler-Fischer, W. Enkelmann, H.-H. Nagel: Lernen durch Beobachtung von Szenen mit bewegten Objekten: Phasen einer Systementwicklung, 5.DAGM-Symposium, dieser Band

/7/ B. Radig: Symbolische Beschreibung von Bildfolgen I: Relationengebilde und Morphismen, Bericht IFI-HH-B 90/82 des Fachbereiches Informatik der Universität Hamburg

/8/ B. Radig: Image Sequence Analysis Using Relational Structures, Pattern Recognition, im Druck, sowie Mitteilung IfI-HH-M-106 des Fachbereichs für Informatik der Universität Hamburg, 1983

/9/ W. Benn: Bildfolgenbank, Projetkberichte 1 bis 7, Fachbereich Informatik der Universität Hamburg, Januar 1982 bis April 1983

/10/ G. Goos, W. A. Wulf (Hrg): Diana Reference Manual, Bericht 1/81 der Fakultät für Informatik der Universität Karlsruhe, 1981

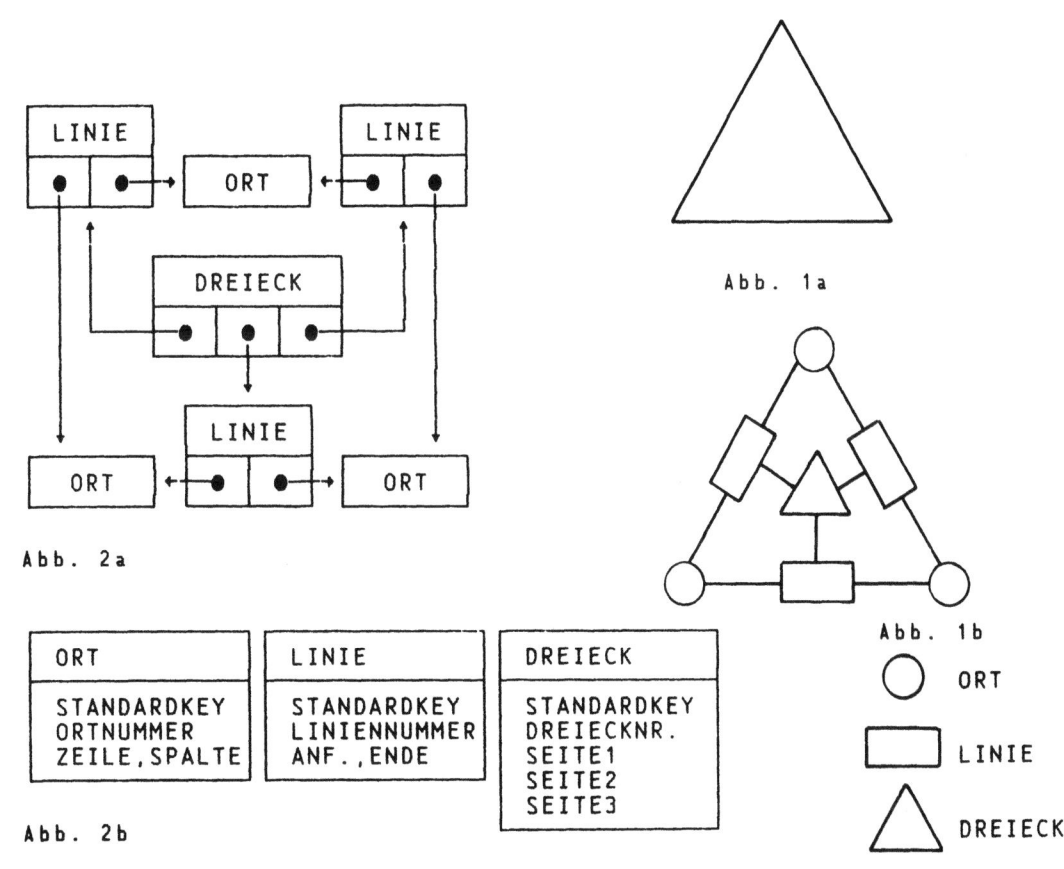

```
type STANDARDKEY is new INTEGER;

type ORT is record
     SCHLUESSEL : STANDARDKEY;
     ORTNUMMER  : INTEGER;
     ZEILE,
     SPALTE     : INTEGER range 0..511;
end record;
```

Abb. 3a - Beispieldeklaration in ADA

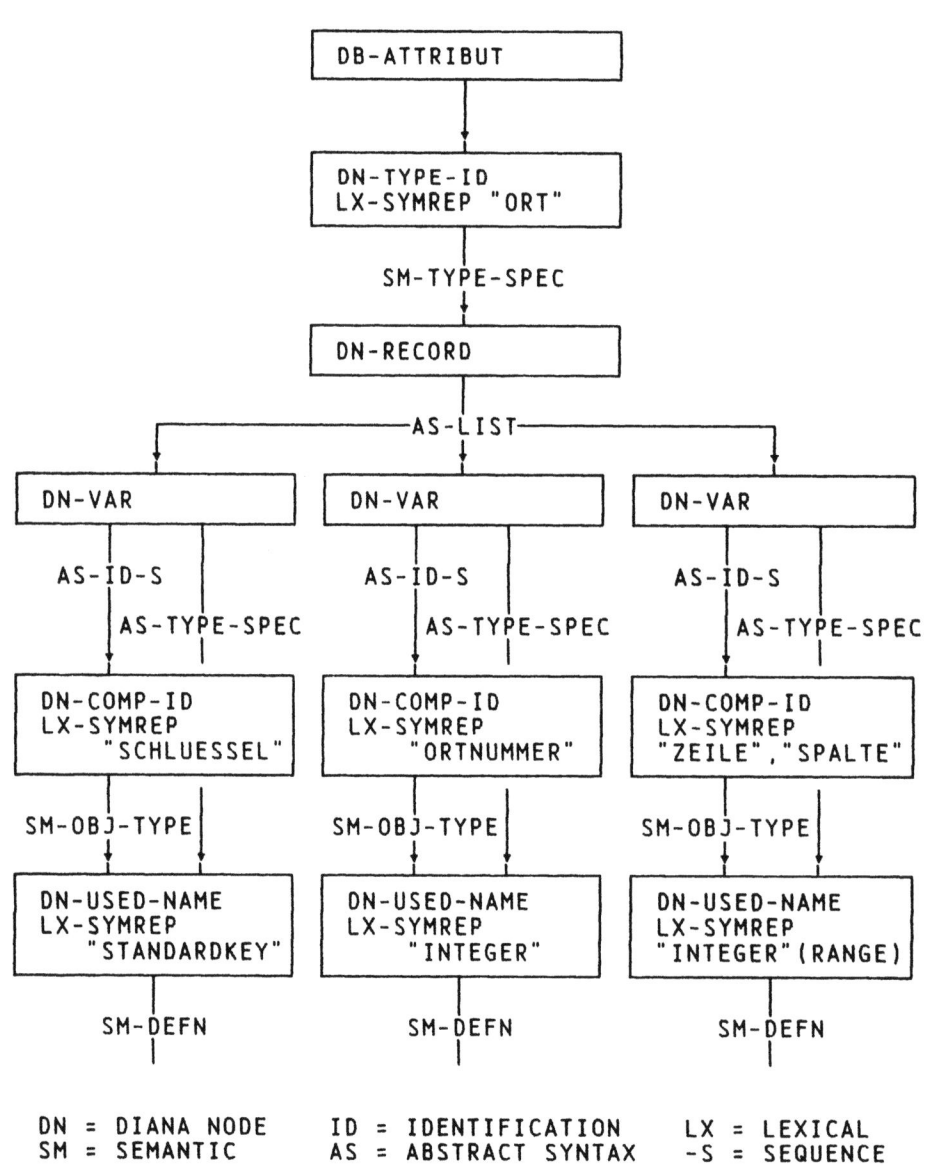

Abb. 3b - Vereinfachte DIANA-Darstellung der Beispieldeklaration

3-D ERMITTLUNG AUS RASTERBILDERN DURCH STEREOKORRELATIONSRECHNUNG

M. Claus
Institut für Photogrammetrie und Topographie (IPT)
Universität (T.H.) Karlsruhe

Kurzfassung

Die Kenntnis der Koordinaten (x,y) eines homologen Rasterpunkts PB in einem Stereobildpaar ist eine der Voraussetzungen für die Rekonstruktion der 3-D Koordinaten dieses Punktes PO im Objektkoordinatensystem (X,Y,Z). Die automatische Identifizierung solcher homologen Punkte in Rasterbildern ermöglicht u.a. der Kreuzkorrelationskoeffizient. Nach erfolgter Identifizierung aller homologen Punkte und ihrer Übertragung mit hoher Genauigkeit in das Objektkoordinatensystem steht ein digitales Oberflächenmodell zur Verfügung, das die Form des betreffenden Objektes über ausgewählte Raumpunkte PO beschreibt. Aus diesem Modell lassen sich Folgeprodukte, wie Orthophotos und Isolinien ableiten.

1. Einführung

Die Voraussetzung für die digitale Korrelationsrechnung zur präzisen 3-D-Koordinatenermittlung ist wenigstens ein digital vorliegendes Stereobildpaar. Dieses kann entweder primär oder sekundär aufgezeichnet sein. Bei der primären Aufzeichnung werden die Daten digital, bei der sekundären analog bspw. auf Film, aufgezeichnet. Die hier vorgestellten Ergebnisse wurden aus einem sekundär aufgezeichneten, stereoskopischen Luftbildpaar mit dem am IPT entwickelten Programmsystem DISC ermittelt.

Zur automatischen Identifizierung wird im linken Stereopartner A ein Punktgitter vorgegeben, dessen zugehörige (homologen) Gitterpunkte im rechten Stereopartner B selbstständig gefunden werden sollen. Um die 3-D-Koordinaten dieser Punkte zu ermitteln, werden die Grauwertmatrizen, welche das zu untersuchende homologe Punktepaar umgeben, auf ihre Ähnlichkeit mit Hilfe des Kreuzkorrelationskoeffizienten untersucht. Nach erfolgter Identifizierung aller Gitterpunkte im Bild B können über Paßpunkte die 3-D-Koordinaten (X,Y,Z) der Gitterpunkte im Objektkoordinatensystem berechnet werden. Die transformierten Gitterpunkte bilden im Objektraum ein Oberflächenmodell, welches die Objektform umso genauer beschreibt, je kleiner die gewählte Gitterweite (Punktdichte) und je höher die Korrelationsgenauigkeit ist.

Die hier vorgestellte Anwendung ist topographischer Natur. Jedoch läßt sich das Verfahren auch in die industrielle Anwendung überführen, bspw. zur Fertigungs- und Robotersteuerung oder zur Oberflächenermittlung von Werkstücken.

Die Analog-Digital-Wandlung der in einem Format von 23*23 cm^2 auf Film vorliegenden Halbtonbilder wird mit einem Optronics-Abtaster vorgenommen. Jedes Bild wird mit 50 µm gerastert und mit 8 bit quantisiert. Die daraus resultierenden erheblichen Datenmengen von ca. 42 MB werden auf die institutseigene Bildverarbeitungsanlage (PRIME 500 mit 1.7 MB Hauptspeicher, 460 MB Massenspeicher und dazugehörigem Rasterfarbdisplaysystem GRINNELL) übertragen dort gespeichert und weiter verarbeitet.

2. Bestimmung der homologen Punkte durch Korrelationsrechnung

Zur Ermittlung der Oberflächenform des im Luftbildpaar (80% Längsüberdeckung) abgebildeten Geländes wird im Bild A ein Gitter mit einer Maschenweite von 31

Pixeln (ergibt ca. 15000 Punkte) automatisch vorgegeben. Die dazu homologen Gitterpunkte im Bild B sollen automatisch gefunden werden. Aus der Fülle der möglichen Ähnlichkeitsmaße /1/,/2/ mit denen sich die Grauwertmatrizen um die homologen Punkte untersuchen lassen, wurde der Kreuzkorrelationskoeffizient gewählt. Zur Koordinatenermittlung der homologen Punkte wird sowohl flächenhaft als auch eindimensional korreliert /3/. Die beiden alternativen Korrelationen ergeben sich aus dem wie unten beschriebenen Verfahren.

In einem ersten Schritt müssen Orientierungsparameter berechnet werden, welche die Lage des Bildpaars im Raum bezüglich des Objektkoordinatensystems (X,Y,Z) beschreiben. Diese Orientierungsparameter lassen sich aus Punkten berechnen, deren Koordinaten sowohl im Raster- als auch im Objektsystem bekannt sind. Um den Aufwand für die Identifizierung und Markierung dieser Punkte mit dem rollkugelgesteuerten Cursor zu halbieren, werden die Punkte im Bild A markiert und im Bild B über flächenhafte Korrelation gesucht. Dazu wird im Bild A eine Mustermatrix mit einer Größe von 7*7 Pixeln mit dem zugehörigen Punkt im Zentrum vorgegeben. Im Bild B wird in einer Suchmatrix von 15*15 Pixeln diejenige Grauwertverteilung von 7*7 Pixeln gesucht, die der Grauwertverteilung aus der Mustermatrix am ähnlichsten ist. Die Mustermatrix wird Bildelement für Bildelement über die Suchmatrix geschoben und dabei jeweils der Kreuzkorrelationskoeffizient ermittelt. Überschreitet der maximale Koeffizient einen vorgegebenen Schwellwert, dann gilt der homologe Punkt als gefunden. Nach der Identifizierung aller für die Orientierung benötigten Punkte im Bild B durch Korrelationsrechnung werden die Orientierungsparameter i. d. R. über eine Ausgleichung berechnet /4/.

In einem zweiten Schritt werden die für die Beschreibung der Objektoberfläche benötigten Gitterpunkte über eindimensionale Korrelation ermittelt. Für diesen Fall degenerieren sowohl die Muster- als auch die Suchmatrix zu einem Vektor, wodurch sich der Rechenaufwand erheblich reduziert. Die Zahl der benötigten Rechenoperationen sinkt dann nämlich ungefähr auf die Quadratwurzel der bei der flächenhaften Korrelation erforderlichen Operationen ab /5/.

3. Probleme und geschätzte Genauigkeiten

Der Rechenaufwand - er soll so gering wie möglich gehalten werden- ist außer von der Zahl der zu korrelierenden Punkte auch von den Größen der verwendeten Muster- und Suchmatrizen (Vektoren beim eindimensionalen Fall) abhängig. Die Größe der Suchmatrix (Vektor) muß auf die Genauigkeit abgestimmt sein, mit der die Näherungskoordinaten im Bild B bestimmt werden können. Die x-Koordinate eines homologen Punkts im Bild B unterscheidet sich von derjenigen im Bild A um die Länge der Basis(Abstand der photographischen Aufnahmezentren)sowie einen Betrag dx. Dieser Betrag ist eine Funktion der Punktlage im Bild und seines Höhenunterschiedes dz zu einem Bezugsniveau Z_o.

Bei der flächenhaften Korrelation können die Näherungskoordinaten x,y des homologen Punkts im Bild B, um den die Suchmatrix(Vektor) aufgebaut wird bspw. mit einem Lineal aus dem Luftbild ermittelt werden.

Bei der eindimensionalen Korrelation werden die Näherungskoordinaten aller homologen Punkte automatisch ermittelt. Die y- Koordinate liegt mit einer Unsicherheit von ± 1 Pixel fest. Die x-Koordinate des homologen Gitterpunkts ergibt sich aus der Summe der x-Koordinate des vorherigen Gitterpunkts und dem unbekannten, vom dZ-Höhenunterschied der beiden Punkte abhängigen Betrag dx.

Der Rechenaufwand bei der flächenhaften Korrelation für die Bestimmung der Orientierungsparameter ist auf Grund der geringeren Punktanzahl(max. 20) vernachlässigbar klein(max. 120 CPU-sec.) Dies gilt für die eindimensionale Korrelation wegen der großen Punktmengen nicht mehr. Hier gilt, daß die Rechenzeit bei vorgegebener Gitterpunktzahl umso geringer ist, je kleiner die Muster- bezw. Suchvektoren sind.

Um sicherzustellen, daß sich der gesuchte homologe Punkt auch tatsächlich innerhalb des Suchvektors befindet, muß letzterer genügend groß gewählt werden. Seine notwendige Größe ergibt sich aus der Summe des doppelten Betrages dxm und der Größe des Mustervektors. Der Betrag dxm entspricht dem Maximalwert von dx und läßt sich aus der vorgegebenen Gitterweite und der maximalen natürlichen Geländeneigung berechnen(hier dxm 5 Pixel).

In den Bereichen des Rasterbildes in denen die Grauwerte eine zu geringe Varianz besitzen ereignen sich Korrelationsausfälle. Der Korrelationskoeffizient liegt dann unterhalb der Akzeptanzschwelle für eine erfolgreiche Korrelation. Um in einem solchen Fall trozdem die Korrelation zu ermöglichen, wird die Mustermatrix -ausgehend von hier 13 Pixeln- mehrfach vergrößert(max. 32-fach). Um auch die Unsicherheit der y- Koordinate von ± 1 Pixel zu berücksichtigen, wird auf 3 nebeneinanderliegenden Grauwertprofilen korreliert /3/. Beide Maßnahmen zusammen verringern die Zahl der Korrelationsausfälle von ca. 60 auf 8 Prozent aller Gitterpunkte. Bei einer Bildelementgröße von 50 μm korreliert DISC auf der PRIME auf 3 Grauwertprofilen ca. 1.3 Punkte/sec CPU-Zeit. Es ist aber davon auszugehen, daß durch die Umstellung von DISC auf die CYBER 205 des Uni- RZ's die Korrelationsgeschwindigkeit mindestens um den Faktor 10 erhöht wird.

Die fest vorgegebene natürliche Geländeneigung berührt das Problem der Zuverlässigkeit der korrelierten x- Koordinaten. Bei Sprungstellen (Bauwerke, Waldränder) wird die vorgegebene Neigung zum Teil erheblich überschritten. deshalb befindet sich der zu identifizierende Punkt nicht innerhalb, sondern außerhalb des Suchvektors. Die Folge sind Korrelationsausfälle oder schlimmer noch Fehlkorrelationen. Die daraus resultierenden Schwierigkeiten sollen durch ein dynamisches dxm minimiert werden. Die Berücksichtigung von eventuell auftretenden projektiven Verzerrungen, zwischen den Grauwertprofilen in Bild A und B ist vorgesehen sie bedarf aber noch weiterer Untersuchungen.

Die oben aufgeführten Probleme beeinflussen die Höhengenauigkeit der korrelierten Objektkoordinaten. Bei Luftaufnahmen ist i.d.R. die Z- Koordinate von allen 3 Koordinaten mit dem größten Fehler behaftet. Deshalb genügt es für die Abschätzung der Koordinatengenauigkeit die Z- Koordinate zu betrachten. Die Höhengenauigkeit ist von der Basislänge, der Flughöhe, und der Brennweite der verwendeten Aufnahmekammer(650m, 2400m, 0.153 m) abhängig. Die erzielte Höhengenauigkeit wurde über 100 Kontrollpunkte abgeschätzt. Von diesen Punkten wurden vorab die SOLL-Koordinaten im Objektsystem mit übergeordneter Genauigkeit ermittelt. Anschließend wurden die IST-Koordinaten über eindimensionale Korrelationsrechnung bestimmt. Die Standardabweichung der Höhendifferenzen dZ, beträgt, nachdem sie ins Bild zurückgerechnet wurde, ca. $\pm$ 1.4 Pixel. Sie entspricht der absoluten Genauigkeit mit der für diese Konfiguration Punkte aus dem Raster- in das Objektkoordinatensystem zu übertragen sind.

Für die Zukunft ist geplant, primär aufgezeichnete Daten von CCD- Kameras zu verarbeiten. Für Ingenieuranwendungen soll die Windkanalform eines PKW- Modells vollautomatisch mit extremer Genauigkeit von ± 0.2 mm ermittelt werden.

4. Schluß

Es wurde ein Programmsystem vorgestellt, welches die automatische Berechnung von Oberflächenmodellen aus Stereorasterbildern gestattet. Insbesondere wurde auf die Genauigkeitsprobleme der korrelierten Koordinaten eingegangen. Die für die topographische Anwendung ermittelte Höhengenauigkeit beträgt ca. $\pm$ 1.4 Pixel und wird noch weiter gesteigert werden.

Literatur

/1/ Dreschler, L.: Ermittlung markanter Punkte auf den Bildern bewegter Objekte und Berechnung einer 3D-Beschreibung auf dieser Grundlage. Dissertation am Fachbereich Informatik der Universität Hamburg 1981. 176 S.

/2/ Ehlers, M.: Digital Image Processing of remote Sensing Imagery: a Comparativ Study on Different Objektive Functions in Correlation Process. Actes du Symposium International de la Commission VII de la Societe Internationale de Photogrammetrie et Teledection. Toulouse, 13-17 Septembre 1982. S.71-77.

/3/ Claus, M.: Korrelationsrechnung in Stereobildern zur automatischen Gewinnung von digitalen Geländemodellen, Orthophotos und Höhenlinienplänen. Diss. am Inst. für Photogrammetrie an der Universität Karlsruhe 1983.

/4/ Schwidefsky, K., Ackermann, F.: Photogrammetrie. 7. Auflage 1976, Teubner-Verlag, Stuttgart. 384 S.

/5/ Barnea, D.F., Silverman, H.P.: A class of algorithms for fast digital image registration. IEEE Trans. on Computers, Vol. C-21, (1972). S. 179-186.

UNTERSUCHUNG VON TEXTURMERKMALEN AUS VERSCHIEDENEN FARBVIDEOAUSZÜGEN ZUR KLASSIFIKATION FARBIGER LUFTBILDAUFNAHMEN

WOLFGANG JOURDAN
HOCHSCHULE DER BUNDESWEHR HAMBURG
ALLGEMEINE NACHRICHTENTECHNIK

Zusammenfassung

In der Bildverarbeitung werden Texturmerkmale sowohl zur Segmentation als auch zur Klassifikation in den meisten Fällen nur im Luminanzauszug (= Grautonbild) der Bildvorlage berechnet. Durch Einsatz von Farbbildverarbeitungssystemen kann man jedoch auch in den vom Luminanzauszug stark entkorrelierten Chrominanzauszügen Texturmerkmale berechnen und zur Klassifikation verwenden. Dadurch kann bei gleicher Merkmalsanzahl die Klassifikationsfehlerrate gesenkt werden.

1. Einleitung

Texturen sind bei der Klassifikation oder auch bei der Segmentation von Bildvorlagen ein wichtiger Faktor. Eine allgemein gültige Beschreibung wie auch eine exakte Definition des Begriffes "Textur" existieren bis heute nicht. Man versucht jedoch, die Eigenschaften der Textur, die als grob, fein, glatt, rauh, fleckig usw. bezeichnet werden können [1], durch die unterschiedlichsten Merkmale zu erfassen (z. B. [2]). Für die Klassifikation sind diese Merkmale vor allem dann gut geeignet, wenn eine Bildvorlage Flächen enthält, die stark strukturiert sind. Eine Segmentation oder Klassifikation von Farbbildvorlagen nur mit Hilfe des Merkmals "Farbe" führt bei stark strukturierten Bildvorlagen zu Ergebnissen, die mit den erwarteten nicht oder nur schlecht übereinstimmen [3, 4]. Der Grund hierfür ist, daß die betreffenden Flächen nicht mehr allein durch das Merkmal "Farbe" charakterisiert sind, sondern die Textur als weitere signifikante Eigenschaft dieser Flächen hinzukommt. Es wurde deshalb untersucht, welche Fehlerraten erzielt werden, wenn farbige Luftbildaufnahmen nur mit Texturmerkmalen klassifiziert werden. Durch einen Vergleich der Fehlerraten kann dann abgeschätzt werden, wie groß die Verbesserung des Klassifikationsergebnisses ist, wenn die Texturmerkmale nicht nur im Luminanzbereich (= Schwarzweißbild) sondern auch im Chrominanzbereich der Farbfernsehtechnik berechnet werden [5].

2. Bildvorlagen und Texturmerkmale

Die verwendeten Luftbildaufnahmen (Maßstab 1:3000) liegen als Farbdiapositive im Format 23 cm x 23 cm vor. Mit einer Farbvideokamera werden Ausschnitte von 17 cm x 12 cm aufgenommen, die als digitale Bilddateien im Format 512x512 Bildpunkte abgelegt werden. Die Auflösung beträgt demnach ca. 1 m/Bildpunkt in Zeilenrichtung und 0,7 m/Bildpunkt in Spaltenrichtung.

In den verschiedenen Farbauszügen eines Bildes (z.B. im Rot-, Grün-, Blau-, Luminanz- und Chrominanzauszug) können innerhalb eines Bildausschnittes von 32x32 Bildpunkten (vgl. Bild 2) Texturmerkmale berechnet werden, wobei als Texturparameter die Merkmale der Gray-Level-Difference-Method [6], der Spatial-Gray-Level-Dependence-Method [2, 6] und Min-Max-Merkmale [7] zur Anwendung kommen. Die Gray-Level-Difference-Method erstellt für jeden Bildausschnitt ein Histogramm, dessen i-te Komponente die Häufigkeit der Differenz i angibt, die zwischen je zwei Bildpunkten im Abstand a voneinander auftritt. In ähnlicher Weise werden bei der Gray-Level-Dependence-Method die Verbundwahrscheinlichkeitsdichten $d(i,j)$ aller möglichen Grauwerte i und j zwischen je zwei Bildpunkten im Abstand a für den Bildausschnitt geschätzt.

Aus den oben angegebenen ein- bzw. zweidimensionalen Histogrammen leitet man die eigentlichen zur Klassifizierung verwendeten Merkmale wie Entropie, Kontrast usw. ab [6]. Die Min-Max-Merkmale werden durch Auszählen lokaler Extrema längs einer Geraden nach Anwendung eines Glättungsalgorithmus für den betreffenden Bildausschnitt bestimmt.

In der vorliegenden Untersuchung werden die Merkmale der drei oben genannten Methoden zusätzlich logarithmiert, um alle Beleuchtungsunterschiede eliminieren zu können, die durch einen multiplikativen Faktor hervorgerufen werden. Die Häufungsgebiete der einzelnen Klassen erhalten dadurch im Merkmalsraum eine kompaktere Form, als dies ohne Logarithmierung der Fall wäre. Die Merkmale aller drei Methoden haben den Vorteil, daß sie schnell zu berechnen sind und somit evtl. real-time-Anwendungen erlauben.

Aus der Fülle von Merkmalen wurden mehrere Merkmalssätze mit Hilfe von Güte- bzw. Abstandmaßen, wie z. B. dem Bhattacharyya-Abstand [8], unter Einbeziehung der Korrelationen zwischen den Merkmalen bestimmt. Es bestätigte sich die Annahme, daß Texturmerkmale aus unterschiedlichen Farbauszügen (z. B. Luminanzauszug Y und Chrominanzauszug U) stark entkorreliert sind. Um den daraus resultierenden Gewinn an zusätzlicher Information durch die Verwendung von Merkmalen aus dem Chrominanzbereich zu demonstrieren, wurden sowohl reine Y-Merkmalssätze als auch kombinierte YU-Merkmalssätze mit jeweils 3, 4, 5 und 6 Merkmalen bestimmt.

3. Klassifikation

Als Klassifikator wird das aus der Clusteranalyse bekannte Austauschverfahren (z. B. [9]) unter Einbeziehung des Mahalanobis-Abstandes [10] verwendet. Der Mahalanobis-Abstand ermöglicht es, auf die Formen der Häufungsgebiete der einzelnen Klassen im Merkmalsraum einzugehen, da zur Abstandsberechnung die inversen Kovarianzmatrizen der einzelnen Klassen herangezogen werden. Das Klassifikationsproblem kann durch die Verwendung des Austauschverfahrens iterativ gestaltet werden, da nach Bearbeitung der Trainingsbildvorlagen und nach jeder weiteren Bearbeitung einer Bildvorlage die Klassencharakteristika wie Mittelwert und inverse Kovarianzmatrix geringfügig geändert und abgespeichert werden. Die Klassencharakteristika wurden für folgende Klassen berechnet: Wald, Feld/Wiese und Bebauung.

4. Ergebnisse

Die an fünf Bildvorlagen berechneten Klassencharakteristika (vgl. Abschnitt 3) wurden als Basis für die Klassifikation von 12 weiteren Bildvorlagen verwendet. Da jede Bildvorlage in 240 Ausschnitte unterteilt ist, ergeben sich daraus insgesamt 2880 Merkmalsvektoren. Diese Anzahl an klassifizierten Bildausschnitten läßt bereits Aussagen mit großer Sicherheit über die erzielten Fehlerraten zu. Die Fehlerraten F_i, die durch einen Vergleich des Klassifikationsergebnisses mit der optisch klassifizierten Bildvorlage erhalten werden, liegen im Mittel zwischen 10 % und 20 % je nach Art des Merkmalssatzes (s. Bild 1). Die Fehlerraten F_{YU} für kombinierte Merkmalssätze (Merkmale aus dem Luminanzbereich Y und aus dem Chrominanzbereich U) liegen etwa 5 % bis 3 % unter den Fehlerraten F_Y der aus dem Y-Bereich gewonnenen Merkmalssätze (vgl. Bild 1). Die Reduktion der erzielten mittleren Fehlerrate durch Verwendung von Texturmerkmalen aus unterschiedlichen Farbauszügen ist vor allem für sehr wenige Texturmerkmale auffällig. Da die Bildausschnitte noch relativ groß sind, entstehen an Texturgrenzen durch inhomogene Ausschnitte Fehler, die durch eine feinere Unterteilung der Ausschnittsgröße weiter gesenkt werden könnten.

In Bild 2 und 3 sind zwei typische Klassifizierungsergebnisse einer Bildvorlage mit einer mittelmäßigen Fehlerrate abgebildet. Der kombinierte Merkmalssatz (2 Y-Merkmale, 1 U-Merkmal, s. Bild 3) liefert in diesem Beispiel ein um 5,4 % besseres Ergebnis als der Y-Merkmalssatz (3 Y-Merkmale, s. Bild 2). Die Klassenzugehörigkeit wird in den Photographien wie folgt kenntlich gemacht:

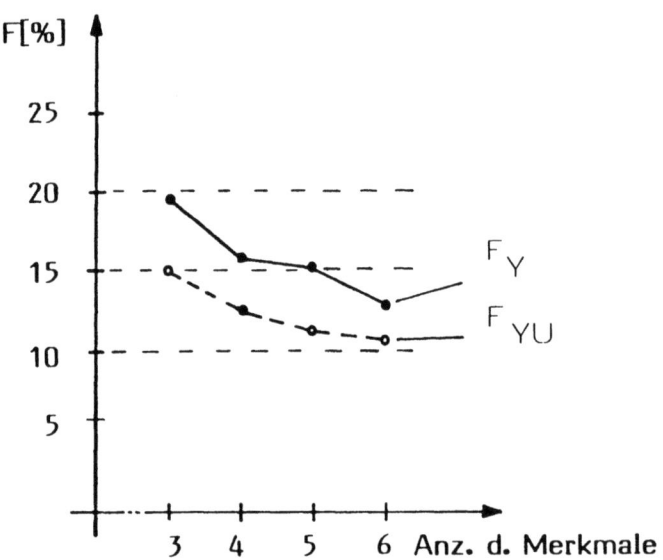

Bild 1   Mittlere Fehlerraten im Y-Bereich (F_Y) und im YU-Bereich (F_{YU}) in Abhängigkeit von der Anzahl der Merkmale

Bild 2 Klassifizierungsergebnis unter Verwendung von 3 Y-Merkmalen: $F_Y = 20,4\ \%$

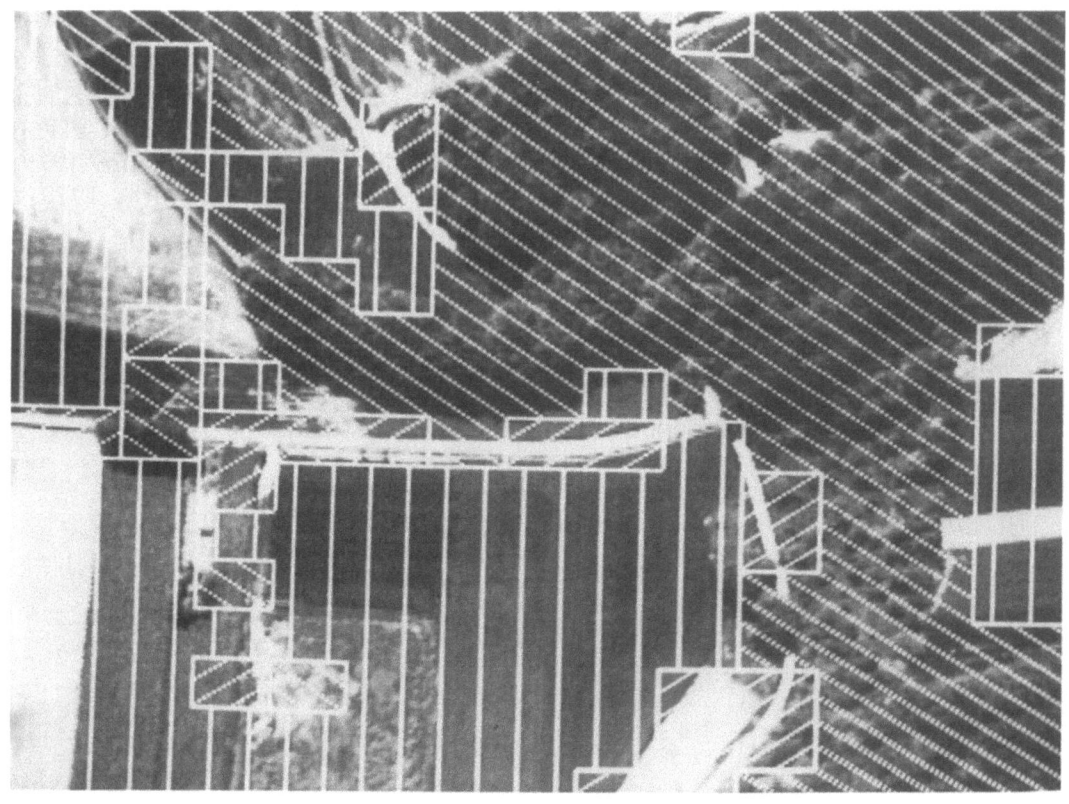

Bild 3 Klassifizierungsergebnis unter Verwendung von 2 Y-Merkmalen und einem U-Merkmal: $F_{YU} = 15,0\ \%$

Literaturverzeichnis

[1] TAMURA, H., MORI, S., YAMAWAKI, T. — TEXTURAL FEATURES CORRESPONDING TO VISUAL PERCEPTION, IEEE Trans. on Systems, Man, and Cybernetics, Vol. SMC-8, No. 6, 1978, S. 460-473

[2] HARALICK, R. M. — STATISTICAL AND STRUCTURAL APPROACHES TO TEXTURE, Proceedings IEEE, Vol. 67, No. 5, 1979, S. 786-804

[3] OHTA, Y., KANADE, T., SAKAI, T. — COLOR INFORMATION FOR REGION SEGMENTATION Computer Graphics and Image Processing 13, 1980, S. 222-241

[4] PRATT, W. — DIGITAL IMAGE PROCESSING John Wiley & Sons, N. Y., 1978

[5] JOURDAN, W. — EINBEZIEHUNG DER FARBINFORMATION ZUR TEXTURPARAMETERBERECHNUNG FÜR DIE KLASSIFIKATION VON LUFTBILDAUFNAHMEN, Dissertation, 1983, HSBw Hamburg

[6] WESZKA, J. S., DYER, C. R., ROSENFELD, A. — A COMPARATIVE STUDY OF TEXTURE MEASURES FOR TERRAIN CLASSIFICATION, IEEE Trans. on Systems, Man, and Cybernetics, Vol. SMC-6, No. 4, 1976, S. 269-285

[7] MITCHELL, O. R., MYERS, C. R., BOYNE, W. — A MAX-MIN-MEASURE FOR IMAGE TEXTURE ANALYSIS, IEEE Trans. on Computers Vol. C-25, 1977, S. 408-414

[8] PÖPPL, S. J. — AFFINITÄTEN UND ABSTANDSMASSE VON VERTEILUNGEN ZUR SCHÄTZUNG VON FEHLKLASSIFIKATIONSWAHRSCHEINLICHKEITEN, DAGM-Symposium 1979, Angewandte Szenenanalyse, Hrsg. J. P. Foith, 1979, Springer Verlag Berlin, S. 139-155

[9] STEINHAUSEN, D., LANGER, K. — CLUSTERANALYSE, Walter de Gruyter, Berlin, New York 1977

[10] BOCK, H. H. — AUTOMATISCHE KLASSIFIKATION Vandenhoeck + Ruprecht, Göttingen 1974

FREIGABENR. DER LUFTBILDAUFNAHME: Regierung von Obb. G7/89146

SZENENANALYTISCHE AUSWERTUNG VON DIGITALISIERTEN LUFTBILDERN MIT BAUMSTRUKTUREN

Peter Haberäcker
Messerschmidt-Bölkow-Blohm, Abteilung AE334, Postfach 801149
8000 München 80

Rolf Thiemann
Industrieanlagen-Betriebsgesellschaft mbH, Abteilung TDAG
Einsteinstraße 20, 8012 Ottobrunn

Kurzfassung

Im Rahmen eines Projektes, bei dem aus digitalisierten Luftbildern thematische Informationen für eine Geländedatenbank gewonnen werden sollen, wurde eine Voruntersuchung zur szenenanalytischen Auswertung dieser Bilddaten durchgeführt. Dazu wurde eine neuartige Technik entwickelt, bei der die Bildsegmentierung in einer Baumstruktur durchgeführt wird. Die verschiedenen Klassen werden durch objektspezifische Klassifikatoren segmentiert. Es zeigt sich, daß Baumstrukturen für bildpunkt-, regionen- und kantenorientierte Segmentierungsalgorithmen gut geeignet sind.

Schlagworte: Digitale Bildverarbeitung, Luftbilder, Quad-Tree, Klassifizierung, Segmentierung

1. Einleitung

Im Rahmen eines Projektes, bei dem aus digitalisierten Luftbildern thematische Informationen für eine Geländedatenbank gewonnen werden sollen, wurde eine Voruntersuchung zur szenenanalytischen Auswertung dieser Bilddaten durchgeführt. Da die Bilder, die im Maßstab 1:32000 geflogen wurden, einen detaillierten Überblick über das Gelände gestatten, sind multispektrale Klassifizierungstechniken allein nicht ausreichend. Vielmehr müssen bei der Bildsegmentierung Umgebungsinformationen der einzelnen Bildpunkte verwendet werden. Zu diesem Zweck wurde eine neuartige Technik entwickelt, bei der die Bildsegmentierung in einer Baumstruktur durchgeführt wird.

Die Originalluftbilder werden zunächst mit einem Trommelabtaster (Scanner) in drei Farbauszügen mit jeweils 2048*2048 Bildpunkten digitalisiert. Einem Bildpunkt entspricht dann im Gelände eine Fläche von etwa 4m*4m. Als nächstes müssen die digitalisierten Daten geometrisch entzerrt und dem in der Geländedatenbank gewählten Koordinatensystem zugeordnet werden. Dieser Problemkreis war jedoch nicht Bestandteil der vorliegenden Untersuchung.

Aus den digitalisierten, dreikanaligen Originaldaten werden im ersten Verarbeitungsschritt Baumstrukturen aufgebaut. Dabei wird ein Luftbild in mehrere Teilbäume zerlegt, die jeweils 512*512 Bildpunkte umfassen. Wegen der Überlappung der Luftbilder genügt es, nur einen mittleren Ausschnitt so zu verarbeiten. Die folgenden Darstellungen beziehen sich zur Vereinfachung nur auf einen Baum, der 512*512 Bildpunkte repräsentiert.

2. Baumstrukturen

2.1 Grundlagen

Die Darstellung von Bildern mit Hilfe von Baumstrukturen ist eine Technik, die zunehmend an Bedeutung gewinnt. Neben den vielseitigen Auswertungsmöglichkeiten, die die Baumstrukturen zulassen, spielen auch die in der Regel guten Verdichtungsmöglichkeiten (Datenkompression oder -reduktion) eine Rolle. Für die vorliegende Anwendung war jedoch die Möglichkeit der Bildsegmentierung mit Hilfe einer Baumstruktur wesentlich.

Als Baumstruktur wurde die Technik der "Quad-Trees" verwendet /1/, bei der das

Bild schrittweise in Quadranten aufgeteilt wird, wenn für die Bildpunkte des
jeweiligen Bildausschnittes ein vorgegebenes Homogenitätskriterium H nicht erfüllt ist. Dem gesamten quadratischen Bild mit einer Seitenlänge von 2**k Bildpunkten wird ein Knoten der Stufe k als Wurzel des Baumes zugeordnet. Wie schon
oben erwähnt wurden im vorliegenden Fall Bildausschnitte mit 512*512 Bildpunkten, also k=9, verarbeitet. Erfüllen die Bildpunkte des Gesamtbildes das Homogenitätskriterium H nicht, so wird es in seine vier Quadranten unterteilt, die
der Reihe nach mit 0 (Nordwest), 1 (Nordost) 2 (Südwest) und 3 (Südost) numeriert werden. Jedem Quadranten, der (2**(k-1))*(2**(k-1)) Bildpunkte umfaßt, wird
in der Baumstruktur ein Knoten der Stufe k-1 zugeordnet. Der Knoten der Stufe
k (die Wurzel) wird durch vier Kanten mit jedem seiner Nachfolgeknoten ("Söhne")
der Stufe k-1 und jeder Sohn wird durch eine Kante mit seinem Vorgängerknoten
("Vater") der Stufe k verbunden. Nun wird für jeden der Quadranten sinngemäß
dieselbe Untersuchung wie für das Gesamtbild durchgeführt. Nach Maßgabe von H
werden Knoten der Stufen k-2, k-3 bis 0 erzeugt und in den Baum eingebunden.
Die Unterteilung in Quadranten endet spätestens nach k Schritten, wenn die
einzelnen Bildpunkte erreicht sind, denen in der Baumstruktur Knoten der Stufe
0 zugeordnet werden. Knoten, die keine Nachfolger besitzen, werden als Blätter
des Baumes oder als homogene Knoten bezeichnet, da sie Bildausschnitte repräsentieren, die nach Maßgabe von H homogen sind.

Die Adressierung der Knoten des Baumes erfolgt mit k-stelligen Zahlen zur
Basis 4: a_{k-1}, a_{k-2}, ..., a_0. Die Ziffer a_i (0,1,2,3) steht für die Position
des zugehörigen Quadranten im Rahmen des ihn umfassenden Quadranten und der
Index i kennzeichnet die Stufe dieses Knotens. Durch die Stufennummer und die
Knotenadresse ist jeder Knoten eindeutig mit dem Bildausschnitt verbunden, den
er repräsentiert.

2.2 Implementierung

Das Homogenitätskriterium H kann auf das zu bearbeitende Bildmaterial abgestimmt werden. Sind nur Binär- oder Zweipegelbilder zu verarbeiten, so eignet
sich am besten das Kriterium

$$H_1: MIN = MAX,$$

wobei MIN und MAX der minimale und der maximale Grauwert des Bildausschnittes
sind.

Bei Grauwertbildern wird die Aufteilung in die vier Quadranten nicht durchgeführt, wenn die Grauwerte des Bildausschnittes in bestimmten Grenzen liegen.
Damit lautet das Homogenitätskriterium z.B.

$$H_2: \max\{abs(MEAN-MIN), abs(MEAN-MAX)\} < T,$$

wobei MEAN, MIN und MAX der Mittelwert, der minimale und der maximale Grauwert des Bildausschnittes sind.

Bei mehrkanaligen Bildern wird nicht aufgeteilt, wenn H_2 für alle Kanäle zutrifft, also

$$H_3: \max\{abs(MEAN_i - MIN_i), abs(MEAN_i - MAX_i)\} < T, \; i=0(1)(N-1).$$

Dabei sind $MEAN_i$, MIN_i und MAX_i wie oben die entsprechenden Werte für jeden der N
Kanäle. Die N Kanäle können dabei z.B. auch aus Farbtransformationen der Originalfarbauszüge, etwa durch Ratiobildung von Kanalpaaren, erhalten werden. Im
vorliegenden Fall wurde das Homogenitätskriterium H_3 auf die drei Originalkanäle
(Rot-, Grün- und Blauauszug) angewendet.

Die Wahl des Schwellwertes T beeinflußt den Baumaufbau wesentlich. Bei kleinem
T ergibt sich eine große Knotenzahl, wodurch der Speicherbedarf und die Rechenzeit für nachfolgende Auswertungsläufe steigt. Bei zu groß gewähltem Schwellwert T geht Bildinformation verloren, da Bildinhalte mit geringem Kontrast in
homogenen Flächen aufgehen. Hier muß somit ein Kompromiß zwischen Speicher- und
Rechenzeitaufwand und der Qualität des als Baum kodierten Bildes gefunden wer-

den. Für das bearbeitete Bildmaterial hat sich ein Schwellwert T zwischen 8 und 12 bewährt.

Für jeden Knoten müssen Informationen gespeichert werden, die die Lage des Knotens im Baum beschreiben (Verweise zum Vater und den vier Söhnen), eine Zuordnung des durch den Knoten repräsentierten Ausschnittes im Originalbild gestatten (Knotenadresse und Stufe) und eine möglichst gute Rekonstruktion der Grauwerte des Bildausschnittes erlauben (Mittelwert, Minimum, Maximum). In Tabelle 1 ist der Knotenaufbau der Implementierung zusammengestellt.

Der gesamte Algorithmus zum Aufbauen der Baumstruktur wurde nicht, wie in Abschnitt (2.1) beschrieben, von der Wurzel ausgehend (top-down), sondern von den einzelnen Bildpunkten (bottom-up) implementiert. Zu jeweils zwei Bildzeilen werden Teilbäume erzeugt, deren Wurzeln die Stufe 1 haben. Vier benachbarte Teilbäume einer Stufe l, $1 \leq l \leq k-1$ werden dann zu einem Teilbaum der Stufe l+1 zusammengefaßt, wobei durchaus der neue Teilbaum nur aus der Wurzel bestehen kann, wenn seine vier Söhne das Homogenitätskriterium erfüllen. Das Verfahren endet, wenn die letzten vier Knoten der Stufe k-1 zur Wurzel des Baumes zusammengefaßt werden. Durch diese Art der Implementierung kann der Baum während des sequentiellen Einlesens der Originalbilddaten von einem Speicher durchgeführt werden.

Zelle	Byte	Bezeichnung	Bedeutung
1	1	STUFE	Stufe l des Knotens
2	4	ADRESSE	Knotenadresse
3	4	VATER	Verweis auf den Vater
4	4	SOHN0	Verweis auf NW-Nachfolger
5	4	SOHN1	Verweis auf NO-Nachfolger
6	4	SOHN2	Verweis auf SW-Nachfolger
7	4	SOHN3	Verweis auf SO-Nachfolger
8	1	MITTEL	Mittelwert der $(2**l)*(2**l)$ Bildpunkt aus allen Kanälen
9	1	MINIMUM	Minimum der $(2**l)*(2**l)$ Bildpunkt aus allen Kanälen
10	1	MAXIMUM	Maximum der $(2**l)*(2**l)$ Bildpunkt aus allen Kanälen
11	1	MITTEL-GRÜN	Mittelwert der $(2**l)*(2**l)$ Bildpunkt im Grünkanal
12	1	MITTEL-ROT	Mittelwert der $(2**l)*(2**l)$ Bildpunkt im Rotkanal
13	1	MITTEL-BLAU	Mittelwert der $(2**l)*(2**l)$ Bildpunkt im Blaukanal
14	2	NACHFOLGER	Anzahl der Nachfolgeknoten des zugehörigen Teilbaums
15	2	KNOTENCODE	(Zwischen-)Ergebniscode der Bildsegmentierung

Tabelle 1: Aufbau der Knoten der Baumstruktur

2.3 Basisprogramme

Um die weitere Verarbeitung der Baumstrukturen zu ermöglichen, mußten eine Reihe von Basisverarbeitungsprogrammen, die auf den Baumstrukturen aufbauen, implementiert werden. Ein Beispiel dazu ist ein Programm, das ein durch einen Baum repräsentiertes Bild wieder in die Rasterbilddarstellung zurückwandelt. Dieses Programm wurde so konzipiert, daß Ausgabebilder erzeugt werden können, in denen homogene und inhomogene Bildbereiche getrennt dargestellt werden können. Bild 2a ist die bildliche Reproduktion eines als Baum kodierten Testbildes. In Bild 2b wurden alle homogenen Knoten bis zur minimalen Stufe 3 dargestellt, während Bild 2c alle inhomogenen Knoten bis zur maximalen Stufe 2 zeigt.

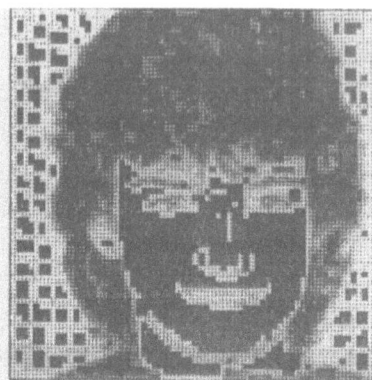

Bild 2: Segmentierung eines als Baum kodierten Grauwertbildes in homogene und inhomogene Bildbereiche

Um die Möglichkeit zu haben, im Baum Pfade zu durchlaufen, wurden Nachbarschaftsroutinen implementiert, die es erlauben, ausgehend von einem Knoten einer beliebigen Stufe, die Nachbarknoten in den acht Hauptrichtungen zu ermitteln. Das Auffinden eines Nachbarknotens basiert auf dem Auffinden eines gemeinsamen Vorgängers. Wird der Pfad zum gemeinsamen Vorgänger anschließend gespiegelt durchlaufen, so führt dieser Pfad zum Nachbarknoten /2/. Da die Stufe des Nachbarknotens höher, gleich oder niedriger sein kann, müssen hier Fallunterscheidungen berücksichtigt werden.

Schließlich wurde noch ein Dump-Programm für Baumstrukturen entwickelt, mit dem interaktiv die Information der einzelnen Knoten inspiziert werden kann. Dieses Programm war bei der Entwicklung der gesamten Software hilfreich.

3. Objektklassifikatoren

Die weitere Bildsegmentierung wurde so konzipiert, daß zu jeder Objektklasse ein Objektklassifikator bereitgestellt wird. Die einzelnen Objektklassifikatoren verwenden verschiedene Segmentierungstechniken, die an unterschiedlichen Merkmalen eingesetzt werden. So ist es möglich, daß ein Objektklassifikator optimal auf die zugehörige Objektklasse abgestimmt werden kann. Außerdem kann das Gesamtsystem jederzeit um neue Bestandteile erweitert werden.

3.1 Objektklassifikator: Gewässer

Hier werden zunächst alle homogenen Knoten des Baumes multispektral klassifiziert (Minimum-Distance oder Maximum-Likelihood). Anzumerken ist, daß für größere Wasserflächen, d.h. für Ausschnitte, die durch Knoten mit einer höheren Stufennummer repräsentiert werden, nur eine Klassifizierungsentscheidung notwendig ist. Für Gewässerknoten einer bestimmten minimalen Stufe wird anschließend im Baum eine Gewässerrandsuche durchgeführt, wodurch größere Gewässerflächen endgültig segmentiert werden. An den bei der multispektralen Klassifizierung erkannten, aber bis jetzt durch die Gewässerrandsuche noch nicht erfassten Gewässerknoten wird eine Linienverfolgung angesetzt, um so Wasserläufe zu extrahieren.

3.2 Objektklassifikator: Wald

Dieser Klassifikator ist ein Beispiel für eine Objektklasse, die sich im Bild in den inhomogenen (texturierten) Bildbereichen ausprägt. Ausgehend von dem Grundgedanken, daß Waldgebiete großflächig sind, wertet der Waldklassifikator zunächst ein beim Baumaufbau berechnetes Baumstrukturmaß "NACHFOLGER" für Knoten der Stufe 4 (16*16 Bildpunkte oder 64m*64m) aus. Inhomogene Knoten, die texturierte Gebiete repräsentieren, zeichnen sich durch eine große Anzahl von Nachfolgern aus. Damit kann mit einem Schwellwert, der von dem beim Baumaufbau verwendeten Homogenitätskriterium abhängig ist, zwischen Knoten der Stufe 4, die texturierte und untexturierte Gebiete beschreiben, unterschieden werden. Die so erkannten inhomogenen Knoten werden in der Folge einer weiteren Texturanalyse in Richtung Objektklasse "Wald" unterzogen. Sie besteht aus einem Vergleich von aus einem interaktiven Training gewonnenen Co-Occurrence-Matrizen für einzelne Waldklassen mit den für die Knoten berechneten Co-Occurrence-Matrizen. Die Textur wird als ähnlich akzeptiert, wenn ein etwas modifizierter Chi-Quadrat-Test /3/ ein entsprechendes Ergebnis liefert. Wird die Klasse "Wald" erkannt, so wird der Teilbaum der Stufe 4 einer multispektralen Klassifizierung unterworfen. Ähnlich wie beim Gewässerklassifikator wird eine Waldrandsuche angeschlossen. Den Abschluß des Waldklassifikators bildet die Elimination isolierter Bildpunkte, z.B. von vereinzelten Bildpunkten die zunächst als Gewässer erkannt wurden.

3.3 Objektklassifikator: Verkehrswege

Diejenigen Knoten der Stufe 4, die vom Baumstrukturmaß des Waldklassifikators zwar akzeptiert, durch den Vergleich mit den Co-Occurrence-Matrizen jedoch zurückgewiesen wurden, sind Hinweise für weitere strukturierte Gebiete. Die Struktur kann z.B. durch Verkehrswege erzeugt worden sein. Zur Segmentierung der Verkehrswege sind zunächst Ansatzknoten für eine Linienverfolgung zu finden. Hierzu wurden eine interaktive und eine automatische Methode vorgesehen, wobei der interaktiven Methode zunächst der Vorzug gegeben wurde. Der Benutzer gibt einen Ansatzknoten vor und und gibt weitere Hilfestellungen, falls der Linienverfolger, z.B. wegen Unterbrechungen, in Schwierigkeiten gerät. Unter günstigen Umständen kann durch die Angabe nur einer Ansatzstelle eine zusammenhängende Linienstruktur erfaßt werden. Verzweigungen werden dabei über eine Stackverarbeitung abgehandelt. Der Liniendetektor selbst arbeitet auf der Basis der Hough-Transformation /4/, die auf Knoten der Stufe 4 angewendet wird.

3.4 Weitere Objektklassifikatoren

In den Abschnitten 3.1 bis 3.3 wurden jeweils ein Objektklassifikator für homogene, texturierte und linienhafte Objekt erläutert. Die weiteren, implementierten Objektklassifikatoren werden im folgenden nur mehr kurz geschildert. Nachdem die Verkehrswege extrahiert sind, werden die homogenen Knoten der Baumstruktur, die bis dahin noch nicht erfaßt wurden, mit dem Objektlassifikator für Acker- und Grünland verarbeitet, der ähnlich konzipiert wurde wie der Gewässerklassifikator. Anschließend werden die Siedlungen segmentiert. Hier wird wieder mit inhomogenen Knoten der Stufe 4 begonnen. Als Merkmale werden hier unter anderem auch die Klassenkodes von benachbarten Knoten herangezogen /5/. Den Abschluß bildet eine Nachbearbeitung, in der bis dahin noch nicht erfaßte Knoten zugewiesen und isolierte Punkte eliminiert werden.

Aus der beschriebenen Struktur ist zu ersehen, daß das System jederzeit um neue Objektklassifikatoren erweitert werden kann, wenn das zu verarbeitende Bildmaterial dies erfordern sollte. Außerdem ist die Anwendung nicht auf digitalisiertes Farbbildmaterial begrenzt. So könnten z.B. auch die Daten von Multispektralscannern herkömmlicher Bauart oder auf CCD-Basis mit diesen Verfahren bearbeitet werden.

4. Ergebnisse und Schlußbetrachtung

Der beschränkte Umfang des vorliegenden Beitrags erlaubt eine ausführliche, bildliche Darstellung der Segmentierungsergebnisse nicht. Die Bildfolge 3 zeigt ein Beispiel einer mit dem oben geschilderten Verfahren verarbeiteten Luftaufnahme im Bereich von Bad Tölz (Blomberggebiet).

 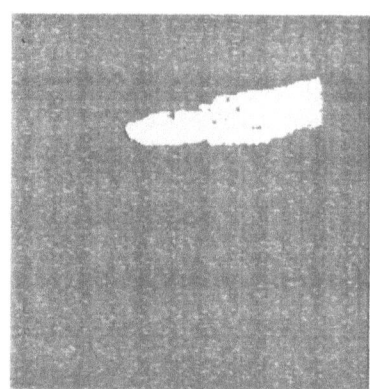
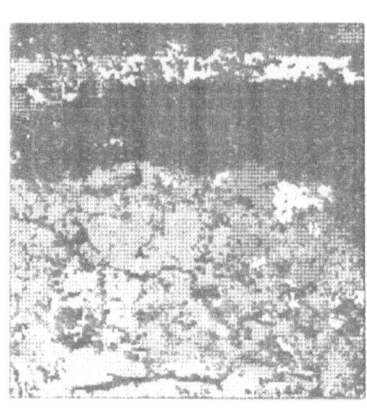 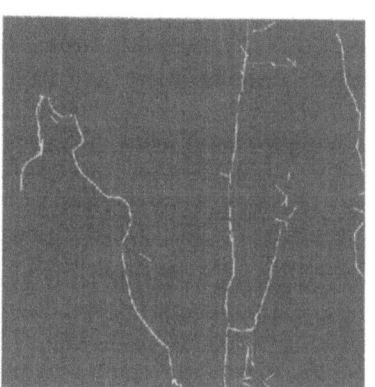

Bild 3: Beispiel einer Bildsegmentierung in der Baumstruktur (a) Original, (b) Gewässer, (c) Wald, (d) Verkehrswege

Die ersten Tests haben gezeigt, daß diese Technik, bei der bildpunktorientierte, regionenorientierte und linienorientierte Merkmale im Rahmen der Baumstruktur verwendet werden, gute Ergebnisse liefert. Um zu detaillierteren Aussagen zu kommen, müssen noch umfangreiche Tests an verschiedenem Datenmaterial durchgeführt werden.

Literatur

/1/ Algorithms for Graphics and Image Processing
 T. Pavlidis
 Springer, Berlin-Heidelberg, 1982
/2/ Neighbor Finding Techniques for Images Represented by Quad-Trees
 H. Samet
 Computer Graphics and Image Processing Vol. 18, pp 37-57, 1982
/3/ Finding Structure in Co-Occurrence Matrices for Texture Analysis
 S.W. Zucker, D. Terzopoulos
 Computer Graphics and Image Processing Vol. 12, pp 286-308, 1980
/4/ Use of the Hough Transformation to Detect Lines and Curves
 in Pictures
 R.O. Duda, P.E. Harv
 Commun. ACM, Vol. 15, pp 11-15, 1972
/5/ Region Extraction and Shape Analysis in Aerial Photographs
 M. Nagao, T. Matsuyama, Y. Ikeda
 Computer Graphics and Image Processing Vol. 10, pp 195-223, 1979

AUTOMATISCHE ADAPTIVE TEXTURANALYSE IN KOMBINATION MIT DER MULTISPEKTRALANALYSE

E. Mauer, R. Schärf

Forschungsinstitut für Informationsverarbeitung und Mustererkennung, D-7500 Karlsruhe 1, Breslauer Straße 48

Zusammenfassung:
Es wird gezeigt, wie in einem Systemkonzept zur Bildsegmentation mit adaptiver Datenflußsteuerung, unterstützt durch eine vorausgegangene automatische Multispektralanalyse, die Vorteile einer strukturellen Texturanalyse verwertet und deren Nachteile durch die statistische Texturanalyse eliminiert werden können.

Schlagworte:
Strukturelle Texturanalyse, statistische Texturanalyse, Multispektralanalyse, adaptive Datenflußsteuerung, Bildsegmentation.

Einleitung

Der getrennte Einsatz lokaler Verfahren (z.B. Multispektralanalyse, Kontrastermittlung, Matrixoperationen, statistische Texturanalyse) und regionaler Verfahren (z.B. strukturelle Texturanalyse, Flächenwachstum, Linienextraktion) liefert nur bei speziellen Aufgabenstellungen gute Ergebnisse für die Segmentation des Bildes und Klassifikation der Objekte. Unsere Untersuchungen bestätigen vielmehr, daß durch eine sinnvolle Kombination der unterschiedlichen Auswerteverfahren die Klassifikationsergebnisse für reale Bilddaten (Abb. 3) verbessert werden können.

Ziel einer solchen Kombination wird es sein, jede Methode insbesondere dort anzuwenden, wo ihre Vorteile voll zum Tragen kommen. Hierzu können die sich ergänzenden oder komplementären Eigenschaften verschiedener Methoden genutzt werden. Dabei werden die Verfahren mit geringerem Aufwand zuerst eingesetzt. Diese Vorgehensweise ist Grundlage für ein bei uns entwickeltes Systemkonzept (Abb. 1), welches datengesteuert und sequentiell den einzelnen Verfahren die für sie geeigneten Bildbereiche zuführt. Das bedingt, daß ein möglichst hoher Grad an datengesteuerter Automatisation angestrebt werden muß. Der in diesem Beitrag behandelte Aspekt zur automatischen adaptiven Texturanalyse ist in dieses System eingebettet. Dabei wird vorausgesetzt, daß alle großflächigen 'spektral homogenen Objekte' (HOSPEKOB) bereits ermittelt wurden /1/ und im weiteren Prozeßablauf nur die vermuteten texturierten Gebiete einer Texturanalyse unterzogen werden.

In diesem Restbild werden die potentiellen strukturbildenden Texturelemente durch Clusteranalyse extrahiert. Eine anschließende Form- und Größenanalyse selektiert die vorhandenen Elementtypen. Gebiete einheitlicher Struktur im Bild werden als Häufungsgebiete dieser Elemente durch Auswertung bestimmter Gruppierungseigenschaften mit Hilfe der Abstandstransformation und graphentheoretischer

Modelle detektiert. Zusätzlich können isolierte Objekte und Einzelobjekte erkannt werden. Falls sich Ergebnisse der Häufungsgebiets-Detektion überlagern, liefert die statistische Texturanalyse in den gewonnenen Bildsegmenten Kriterien zur Entscheidung, welche Segmente zu Gebieten mit einheitlicher Textur verschmolzen werden.

Systemkonzept und Randbedingungen

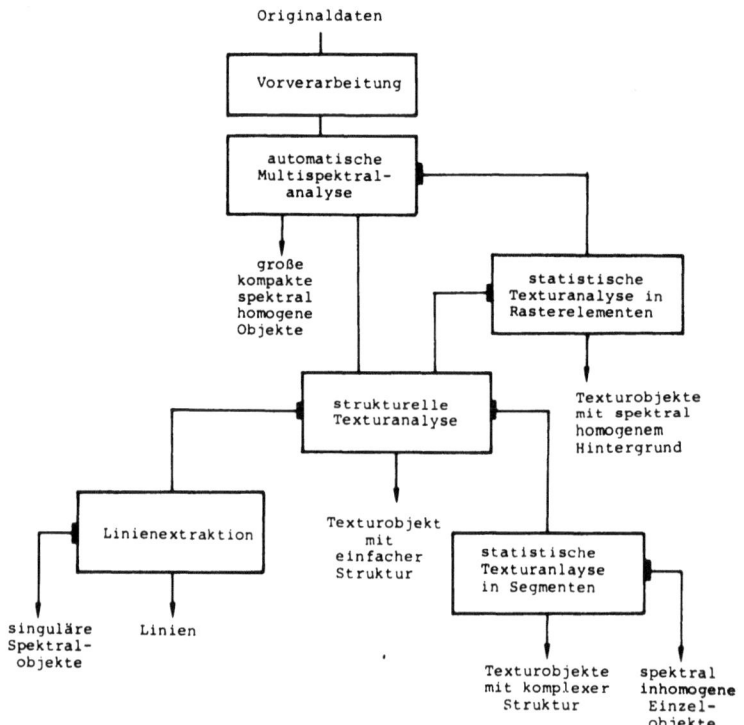

Abb. 1: Gesamtsystem

Geometrische und radiometrische Störungen müssen im Rahmen einer V o r v e r a r b e i t u n g korrigiert werden. Auch werden dort Verfahren zur Datenreduktion angewendet /2/.

Vor dem Einsatz der Texturanalyseverfahren zur Bildsegmentation ist es sinnvoll, zuerst die großflächigen kompakten HOSPEKOB mit Hilfe einer automatischen M u l t i s p e k t r a l a n a l y s e /1/ aus dem Bild zu extrahieren. Diese Gebiete kommen auf einer unteren Texturebene nicht als texturbildende Elemente in Frage. Zudem arbeitet die Multispektralanalyse schneller und mit wesentlich größerer Detektionsgenauigkeit (pixelgenau).

Das T e x t u r a n a l y s e -problem in den nachfolgenden Verarbeitungsschritten wird auf das so gewonnene Restbild (Abb. 4) beschränkt. Dieses vereinfacht das Problem durch Vermeidung von Mischtexturen zwischen großflächigen kompaktem HOSPEKOB und texturierten Gebieten.

Eine L i n i e n e x t r a k t i o n mit bekannten Verfolgungsalgorithmen /4/ oder Verfahren zur Detektion linearer Gruppierungen von Elementen /5/ nutzt die bei der strukturellen Texturanalyse gewonnenen Einzelobjekte als Startpunkte oder als Hinweise für das Vorhandensein linienhafter Objekte. Diese Verfahren werden als Bausteine im Verarbeitungssystem eingesetzt.

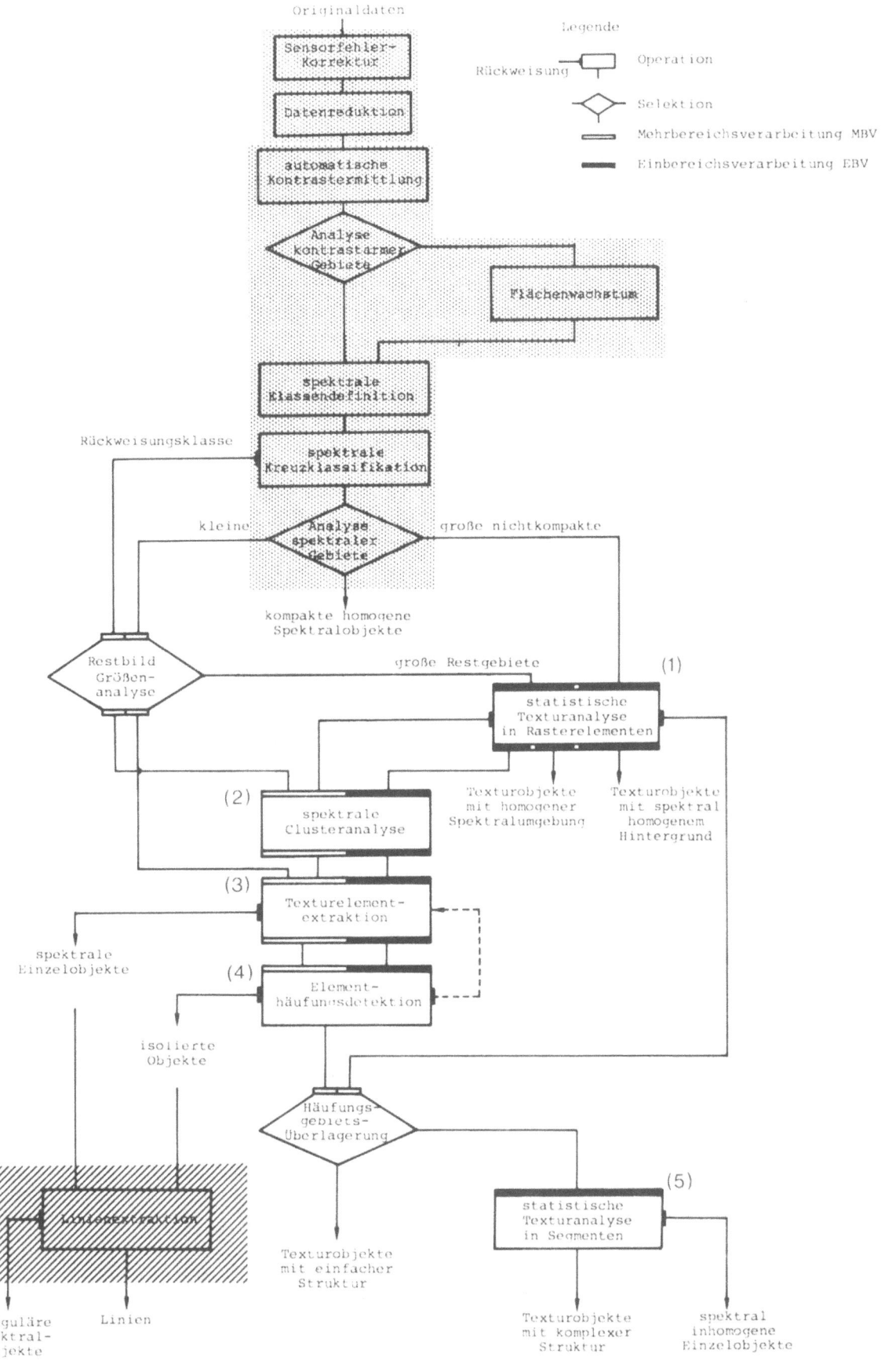

Abb. 2: Detailliertes Blockbild des Systems

Texturanalyse im Restbild

In diesem Vortrag werden die Abb. 2 nicht abgeschatteten Systemteile () angesprochen. Liegen aufgrund vorausgegangener Verarbeitungen lokale Hinweise auf 'homogen texturierte Objekte' HOTEXOB vor, so wird hier eine Einbereichverarbeitung EBV durchgeführt, welche durch Konzentration auf nur einen Bildbereich gegenüber der Mehrbereichverarbeitung MBV eine bessere Adaptivität gewährleistet.

Eine zentrale Bedeutung für die Verarbeitung des Restbildes kommt der s t r u k t u r e l l e n Texturanalyse zu. Diese basiert auf der Extraktion texturbildender Objekte. Ohne a priori Wissen ist es nicht möglich, solche Objekte zu definieren, die nicht durch spektrale Merkmale, sondern durch Form oder Größe gekennzeichnet sind. Deshalb ist eine Beschränkung auf die Extraktion spektral homogener Elemente (Abb. 5) für die Strukturanalyse notwendig. Diese können entweder selbst texturbildende Objekte oder Komponenten solcher Objekte sein.

Da durch die vorausgegangene Multispektralanalyse des Bildes bereits ein Teil der Texturelemente im Restbild detektiert worden sind, beschränkt sich eine Clusteranalyse (2) auf die Rückweisungsklasse der ersten Verarbeitung. Die hier eingesetzte spektrale Clusteranalyse /3/ berücksichtigt regionale Vorkommen von Texturelementen durch Stichprobenbildung in Histogrammen zweiter Ordnung.

Die so gewonnenen Texturelementkandidaten (Abb. 6) werden nach spektralen Klassen und nach Form- und Größenklassen unterschieden, wobei die Unterscheidungskriterien aus statistischen Analysen der Merkmale (3) gewonnen werden. Treten statistisch relevante Häufungen der Merkmale auf, so erhöhen diese das Vertrauen, daß es sich um eine Klasse texturbildender Elemente mit Gruppierungseigenschaften handelt, erheblich. Gering besetzte Form-, Größen- und Spektralklassen deuten dagegen auf Eigenschaften einzelner HOSPEKOB. Die theoretisch mögliche Zahl der Texturelementklassen ist sehr groß, jedoch sind in realen Bildern wenige dieser Klassen sinnvoll besetzt. Die Formanalyse ist unkritisch, da - bedingt durch ihre Definition - die Texturelementkandidaten kleinflächig sind und die Formparameter erst ab einer Mindestflächengröße (nicht punktförmige Elemente) eine Formunterscheidung zulassen.

Die Strukturanalyse beschränkt sich auf die Detektion der Gruppierungen von Elementen (4) jeweils nur einer Klasse. Die Analyse von Interklassengruppierungen ist ohne a priori Wissen wegen der kombinatorischen Vielfalt nicht realisierbar. Sie kann jedoch anwendungsbezogen durch entsprechendes a priori Wissen mit erheblich reduziertem Aufwand auf der Basis des segmentierten Bildes der Verarbeitung angefügt werden.

Zur Detektion der Elementgruppierungen werden nun nach dem Prinzip des steigenden Aufwandes bedarfsabhängig die Kandidaten mehrstufig den verschiedenen flächenhaften Gruppierungsdetektionsverfahren /3/ unterzogen. Die Vertrauensbildung in die erkannten Häufungsgebiete richtet sich auch nach den Auflösungsgegebenheiten der ersten Texturebene und den Ergebnissen aus den vorausgegangenen Verfahren. Widersprüchliche Ergebnisse werden eliminiert, die anderen gleichwertig behandelt. Kandidaten, welche keine ähnlichen Elemente in ihrer Nachbarschaft haben, sind isolierte HOSPEKOB. Die Detektion flächenhafter HOTEXOB basiert hier vor allem auf der Detektion typischer Abstände der Texturelemente zueinander unter Berücksichtigung von örtlichen Elementdichteänderungen. In einem ersten systematischen Verfahren werden die Äquidistanzlinien einer Abstandstransformation der Kandidaten (Abb. 7 u. 8) auf ihre Topologie hin geprüft und gegebenenfalls eine typische Texturelementdistanz abgeleitet. Bei Mißerfolg wird ein zweites, jetzt objektgesteuertes Verfahren angewendet, welches sich den lokalen Bedingungen besser anpassen kann. Hier wird mit Mitteln der Abstandstransformation ein planar gewichteter Graph erstellt. Von diesem läßt sich der minimal spannende Baum ableiten, an dem eine Analyse der gewichteten Kanten und der geometrischen Nachbarschaft erfolgt. Weitere Verfeinerungen, z.B. die Lösung von Flaschenhalsproblemen bei der Gruppierung, wurden untersucht, scheinen aber den Aufwand in diesem System nicht zu rechtfertigen.

Da das Vertrauen in alle Texturelementhäufungsgebiete gleich groß ist, kann es durch Nichtdisjunktanz zu einer Überlagerung der Regionen (Abb. 9) kommen. Dies hat eine Unterteilung der vorher detektierten Regionen in Segmente zur Folge. Durch den Erzeugungsalgorithmus weiß man jedoch, daß jedes so gewonnene Bildsegment bezüglich aller ermittelten Texturelemente homogene Eigenschaften besitzt. Eine Prüfung (5) der statistischen Texturparameter in den Bildsegmenten (Abb. 10) gibt Auskunft über ähnliche Textureigenschaften. Mischtexturen innerhalb der Segmente oder durch singuläre Objekte sind jetzt weitgehend ausgeschlossen. Segmente ähnlicher Textureigenschaften werden nun zu Texturklassen fusioniert.

Hinweise auf HOTEXOB werden im Verarbeitungssystem berücksichtigt, sowohl bei Texturgebieten mit spektral homogenem Hintergrund, als auch durch den Einsatz der statistischen Texturanalyse in Rasterelementen (1) als Orientierungshilfe /6/ für eine anschließende EBV durch die strukturelle Texturanalyse. Einzelheiten sind im Abschlußbericht zu diesem Projekt enthalten.

Systemimplementierung

Das beschriebene System liegt in modularer Form auf einer VAX 780 Rechenanlage vor und wurde im Rahmen eines Auftrages der DFVLR erstellt. Die Verfahren wurden an unterschiedlichem Bildmaterial getestet.

Literatur

/1/ Mauer E., Schärf R.; " Pattern Recognition in Photogrammetry Graz, Austria, September 1983
/2/ Mauer E., Schärf R.; " Untersuchungen zur Auswertung mehrkanaligen Information ", FIM-Bericht Nr. 84, November 1981
/3/ Mauer E., Schärf R.; " Abschlußbericht zum BMFT-Auftrag Nr. 23231233 ", FIM - September 1983
/4/ Groch W-D.; " Extraction of Line Shaped Objects from Aeria Images ", Computer Graphics and I.P. Nr. 18/1982
/5/ Gabler R., Kestner W., Nicolin B.; " Objektgruppierung in Luftbilder ", 5. DAGM-Symposium, Karlsruhe Oktober 1983
/6/ Bargel B.; " Automatische Klassifikation von Fernerkundungsdaten durch stat. und strukt. Texturanalyse ", Dissertation, Universität Karlsruhe, November 1982

Anhang: (*)

Abb. 3: Original   Abb. 4: Restbild   Abb. 5: Spektralelemente

 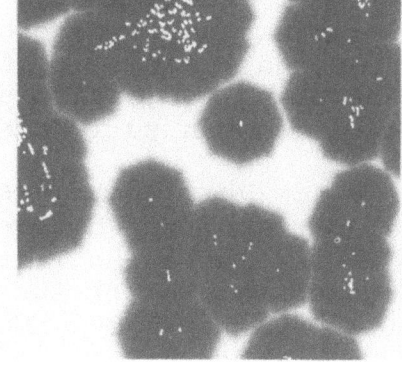 

Abb. 6: Kandidaten-klasse   Abb. 7: Abstands-transformation   Abb. 8: Gruppierung

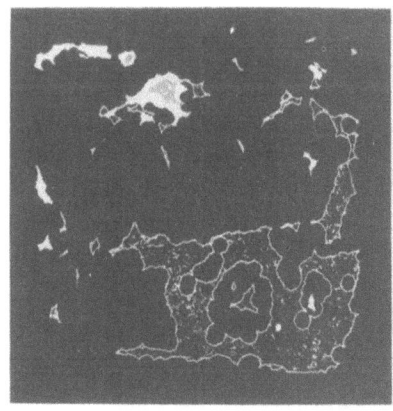 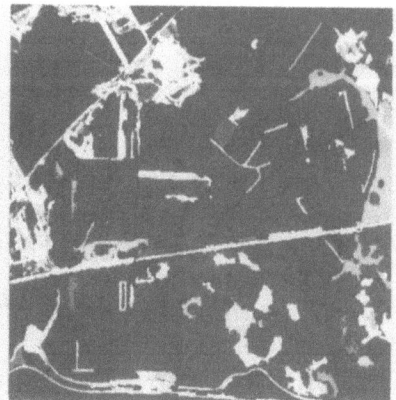 

Abb. 9: Überlagerungen   Abb. 10: Segmentbildung   Abb. 11: Gesamtergebnis

(* Qualitätsverlust beim Kopieren der Farbbilder)

FORMMERKMALE UND DEREN STATISTISCHE VERTEILUNG ZUR TEXTURBESCHREIBUNG IN VERSCHIEDENEN ORTSFREQUENZBEREICHEN

A. Korn, R. Schönbein

Fraunhofer-Institut für Informations- und Datenverarbeitung
Sebastian-Kneipp-Str. 12-14, 7500 Karlsruhe 1

ZUSAMMENFASSUNG

Die Zielsetzung innerhalb dieses Beitrages ist die Beschreibung von Texturen in Grauwertbildern, z.B. Luftbildern, um einzelne Flächen aufgrund ihrer unterschiedlichen Textur zu unterscheiden. Zum Erreichen dieses Zieles wird von dem Konzept einer statistisch-strukturellen Musterbeschreibung ausgegangen. Die Hauptschwierigkeit bei diesem Konzept besteht in der Definition geeigneter struktureller Elemente. Einen Weg zur Überwindung dieser Schwierigkeit sehen wir in der Verwendung von Primitiven, wie sie u.a. D. Marr im Rahmen eines Modells der menschlichen visuellen Informationsverarbeitung vorgeschlagen hat. Diese Primitiven sind die Nulldurchgänge, die nach Anwendung des "Mexikanischen-Hut"-Operators in unterschiedlichen Ortsfrequenzbereichen bestimmt werden mit den Attributen Ort, Amplitude und Polarität. Durch Gruppierung von Nulldurchgängen ergeben sich komplexere Primitive wie z.B. Kantensegmente. Aus deren Verteilung konnten wir einfache Grundmuster wie z.B. Karos von Gewebemustern aus dem Album von Brodatz bestimmen. In diesem Beitrag werden erste Ergebnisse zur Segmentierung zweier Texturen vorgestellt, welche in einem sehr niedrigen Ortsfrequenzbereich aus Flecken mit unterschiedlicher Orientierung bestehen. Unser modular aufgebautes Programmsystem "TEXTUR" betrachten wir als ein Experimentalsystem zur Untersuchung der Fragestellung, mit welcher Genauigkeit und welchem Aufwand Texturen ohne a priori Wissen allein aufgrund der Struktur und Verteilung bestimmter Primitiver unterschieden werden können.

1. Texturwahrnehmung

In [1] wird folgende Definition für den Begriff Textur zitiert: Something composed of closely interwoven elements. Textur ist danach ein Muster, welches in örtlich disjunkte Untermuster unterteilt werden kann. Es sollten bei einer solchen Unterteilung viele Untermuster entstehen, und die Untermuster sollten ähnlich sein [2]. Zur verbalen Beschreibung von Texturen werden häufig Begriffe benutzt wie grob/fein, kontrastreich/flau, ausgerichtet/durcheinander, linienhaft/fleckig, gleichmäßig/unregelmäßig oder rauh/glatt. Nur für einige dieser Attribute konnte bisher ein befriedigender Zusammenhang hergestellt werden mit quantitativen Texturmaßen [3]. Diese Maße waren im wesentlichen bestimmt durch Eigenschaften der Richtungshistogramme von Kantenelementen.

Ein wichtiger Schritt zum Verständnis des menschlichen Textursehens war die Einteilung der menschlichen Wahrnehmung in u n m i t t e l b a r e s Erkennen (pure perception) und K o g n i t i o n (cognition), das ist das Erkennen durch genaues Prüfen (scrutinity) [4]. Unmittelbares Erkennen ist spontan innerhalb weniger Zehntel Sekunden möglich und erfordert keine Unterstützung durch kognitive Verarbeitungsstufen des Gehirns (low level vision). Die spontane

Unterscheidung zweier verschiedener Texturen erfolgt nach [5] durch
unmittelbares Erkennen von Unterschieden in der Statistik 1.Ordnung
von Primitiven, die B. Julesz T e x t o n s genannt hat. Das sind
im einzelnen die Farbe, die Länge und Orientierung von Liniensegmenten, die Ausdehnung und Orientierung von Flecken (blobs) und die
Anzahl der Linienenden, wobei deren genaue Position keine Rolle
spielt. Dieses Konzept kann in ein allgemeineres Konzept der menschlichen visuellen Informationsverarbeitung integriert werden, das
von D. Marr vorgeschlagen wurde und in [6] ausführlich diskutiert
wird. Marr nimmt an, daß aus der Darstellung der Grauwerte eines
Bildes zunächst eine Darstellung der Grauwertänderung und deren geometrische Verteilung und Organisation berechnet wird. Diese Darstellung nennt er primäre Skizze (primal sketch). Die Primitiven
der primären Skizze sind der Ort und die Amplitude von Nulldurchgängen des "Mexikanischen Hut"-Operators in verschiedenen Ortsfrequenzbereichen, Kantensegmente, Endpunkte, Flecke etc. Durch Gruppierungen von Primitiven erhält man komplexere Elemente, die von
Marr Platzhalter (place token) genannt wurden. Das Konzept des
Platzhalters macht ein grundsätzliches Problem bei der Texturerkennung deutlich: Es gibt verschiedene Beschreibungsebenen, welche
hierarchisch aufgebaut sind, z.B. sieht man bei einer Tapete mit
einem Blumenstrauß-Muster die einzelnen Sträuße als Texturelemente
oder die einzelnen Blumen oder die Blütenblätter. Textons können
als Bestandteile der primären Skizze aufgefaßt werden, d.h. daß sie
mit Hilfe der Nulldurchgänge und deren Gruppierung dargestellt werden sollten. Ob eine Gruppierung von Textons zu Platzhaltern führt,
welche die von Julesz angegebene Klasse von Textons erweitern, kann
nur mit Hilfe von Wahrnehmungsexperimenten geklärt werden.

2. Verfahren und Ergebnisse zur Texturanalyse

Zur Berechnung der in Kapitel 1 beschriebenen Primitiven, deren
Gruppierung, örtliche Verteilung und Statistik wurde ein modular
aufgebautes Programmsystem TEXTUR implementiert, welches mit Hilfe
eines benutzerfreundlichen Menü-Dialogs das Testen von verschiedenen Analyseverfahren ermöglicht [7]. Ziel der Berechnung ist eine
möglichst vollständige strukturelle und statistische Beschreibung
von natürlichen Texturen, um ähnliche Leistungen bei der Texturunterscheidung zu erzielen wie das menschliche visuelle System. Aus
Abb.1 geht die prinzipielle Vorgehensweise hervor. Im digitalisierten Bild werden die Orte und Amplituden der Wendepunkte berechnet,
das sind die Nulldurchgänge der 2. Ableitung. Wir nennen diese Primitiven Kontraste. Die Kontrastbildung erfolgt sowohl für das ungefilterte als auch für das gefilterte Digitalbild. Die Filterung besteht in einer Faltung mit verschieden breiten Gaußfunktionen. Die
Kontraste werden zu Kantenelementen gruppiert. Man erhält ein
Strichbild, in welchem weitere strukturelle Elemente wie z.B.
Schnittpunkte oder Flecke bestimmt werden. Statistische Berechnungen (Mittelwerte, Streuungen, Histogramme) erfolgen für jede Darstellungsebene und können interaktiv auf bestimmte Parameterbereiche (Fenster) begrenzt werden. Die verschiedenen statistischen Verfahren sind in Abb.1 in dem Kästchen Statistik zusammengefaßt. Die
Orientierung von Nulldurchgangssegmenten in verschiedenen Ortsfrequenzbereichen wird auch in [8] mit Erfolg zur Texturunterscheidung
herangezogen.

Nach [9] vereinfacht sich die Bestimmung der Nulldurchgänge, wenn
die Laplace-Ableitung Δ einer Gaußfunktion G durch die Differenz
zweier Gaußfunktionen approximiert wird (DOG = Difference of Gaus-

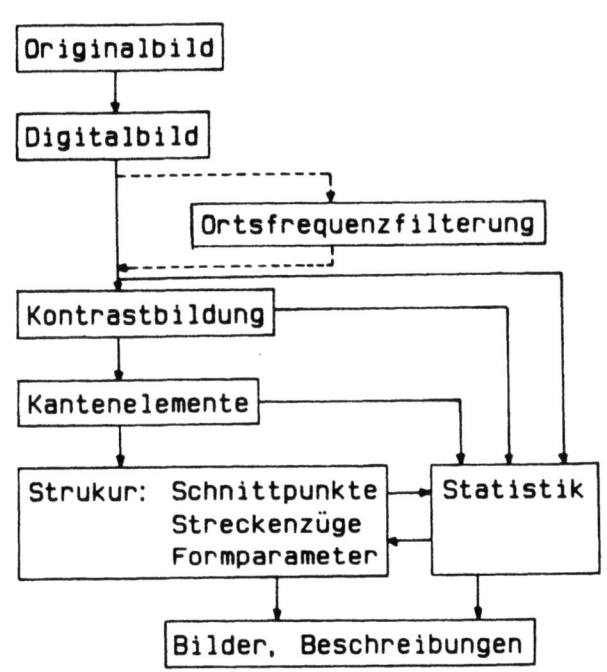

Abb.1: Prinzipielle Vorgehensweise bei der Texturbeschreibung.

sians), wobei sich die beste Approximation bei einem Verhältnis von 1.6 der Ortskonstanten der negativen und der positiven Gaußfunktion ergibt.

Einer der neuen Gesichtspunkte der Marr-Hildreth-Theorie der Kantendetektion [9] betrifft die Größe der ΔG-Operatoren. Durch eine gute Approximation dieser Filterfunktion sollen störende Artefakte vermieden werden. Diese Forderung führt zu wesentlich größeren Matrixdarstellungen der Operatoren als bei Kantenoperatoren, wie z.B. dem Sobel-Operator, bisher üblich waren. In Abhängigkeit von der Größe der Ortskonstanten σ der Gaußfunktionen, deren DOG die Filterfunktionen bilden, erhält man Matrizen mit 5x5 (σ=0.5), 11x11 (σ=2), 17x17 (σ=3), oder 51x51 (σ=10) Elementen bei Vernachlässigung von Gewichtsfaktoren kleiner als 5 % des zentralen (maximalen) Wertes. Bei unseren Untersuchungen detektieren wir die Nulldurchgänge in dem gefilterten Bild jeweils in Spalten- und Zeilenrichtung für die Polaritäten hell-dunkel (positiv-negativ) und dunkel-hell (negativ-positiv). Neben dem Ort und der Polarität wird ein Nulldurchgang noch durch eine Amplitude charakterisiert, die wir durch Anwendung des Sobel-Operators auf das Bild in dem entsprechenden Ortsfrequenzbereich bestimmen, wodurch wir die 1. Ableitung approximieren. Ein Nulldurchgang mit den angegebenen Attributen wird von uns kurz als Kontrastpunkt bezeichnet.

Im folgenden soll unsere Vorgehensweise anhand einiger Beispiele und Resultate veranschaulicht werden. In Abb.2 sind Kontrastpunkte für drei DOG's mit den Ortskonstanten 1.0/1.6, 2.0/3.2 und 4.0/6.4 dargestellt. Deutlich ist die zunehmende Verringerung von Konturelementen des Bildes erkennbar. Der Randbereich verringert sich leider jeweils um die halbe Maskenbreite, was insbesondere in dem 4. Teilbild (rechts unten) zu Linienunterbrechungen am Rande führt. In Abb.3 sind für das Grauwertbild links oben (Original) - einem gedrehten Ausschnitt aus einem FS-Testbild - einzelne Teilergebnisse dargestellt. Neben dem Ergebnis der DOG-Faltung (Differenz) sind sämtliche Kontrastpunkte abgebildet (Überlagerung) und daran anschließend die Kontrastpunkte in einzelnen Matrizen, die sich als Kombinationen der verschiedenen Polaritäten ergeben. Die Kontrastpunkte für die Übergänge hell-dunkel und dunkel-hell in Spalten- bzw. Zeilenrichtung ordnen wir den vier Bildern Bild 1 - Bild 4 zu. Bezeichnet man das Auftreten von Kontrastpunkten in einem der vier Bilder als x_i (x_i=0 oder 1, i=1,2,...,4), dann ergibt sich die Numerierung der einzelnen Matrizen als Binärzahl $x_4 x_3 x_2 x_1$. Durch diese Art der Darstellung läßt sich mit Hilfe einfacher lokaler Vergleichsoperationen Information zur Orientierung, zu Endpunkten, Schnittpunkten etc. gewinnen. Matrizen mit sehr wenigen Kontrastpunkten wurden in Abb.3 weggelassen. In Abb.4 sind 16 natürliche Texturen aus [10] zu einem Textur-Testbild zusammengestellt. Die Nulldurchgänge nach Filterung des Testbildes mit zwei verschiedenen DOG's (Ortskonstanten-Kombination 0.1/0.16 und 3.0/4.8) sind in Abb.5 und Abb.6 dargestellt. Neben Mittelwert und Streuung der Amplitude ist insbesondere die Dichte der Kontrastpunkte in den 15 oben erwähnten Matrizen eine wertvolle Hilfe bei der Unterscheidung der Texturen des Testbildes. Bei dem Aluminiumgitter in Abb.7 besteht das Problem in der Bestimmung des viereckigen Grundelements. Die Gruppierung der Nulldurchgänge (Ortskonstanten der DOG 0.1/0.16) führt zu den Kantensegmenten in Abb.8, deren Schnittpunkte mit Hilfe graphentheoretischer Methoden ("minimal spannende Bäume") zu Platzhaltern zusammengefaßt wurden. Aus der Anordnung dieser Platzhalter in Abb.9 kann ohne größere Schwierigkeiten eine mittlere Gitterkonstante bestimmt werden.

Nach dieser Beschreibung einer "linienhaften Struktur" soll im folgenden auf "flächenhafte Texturen" näher eingegangen werden. Die Nulldurchgänge nach Filterung der Texturen in Abb.10a) und Abb.11a) mit einer DOG mit den Ortskonstanten 6.0/9.6 sind in Abb.10b) bzw. Abb.11b) dargestellt. Die Flecke (geschlossene Kantenzüge) werden durch 10 Parameter beschrieben, u.a. auch durch die Trägheitsachsen. In Abb.10b) sind Rechteck-Approximationen der Trägheitsellipsen den entsprechenden Flecken überlagert. Die Auswertung des Richtungs-Histogramms der Hauptträgheitsachsen führte zu dem Segmentierungsergebnis in Abb. 11b) für die zusammengesetzte Textur in Abb.11a). Diese ersten Ergebnisse sind recht ermutigend. Die weiteren Untersuchungen konzentrieren sich auf die weitgehend automatische Auswahl trennungswirksamer Primitiver.

4. Literatur

[1] D. Ballard, Ch. Brown: "Computer Vision", S.166, Prentice-Hall, Inc.; Englewood Cliffs, New Jersey, 1982.
[2] L. Abele: "Statistische und strukturelle Texturanalyse mit Anwendungen in der Bildsegmentierung." Dissertation an der TU München, 1982.
[3] H. Tamura, S. Mori, T. Yamawaki: "Textural Features Corresponding to Visual Perception." IEEE Trans. SMC-8, S.460-473, 1978.
[4] B. Julesz: "Experiments in the Visual Perception of Texture." Scientific American 232, S.34-43, Febr. 1975.
[5] B. Julesz: "Textons, the Elements of Texture Perception, and their Interactions." Nature 290, S.91-97, 1981.
[6] D. Marr: "Vision." W.H. Freeman and Comp., San Francisco, 1982.
[7] A. Korn: "Szenenanalyse durch das menschliche visuelle System: Kanten und Texturmerkmale zur Objekt-Hintergrundtrennung." Interner Bericht.
[8] D. Wermser, C. Liedtke: "Texture Analysis Using a Model of the Visual System", Proc. 6th Int. Conf. on Pattern Recognition, S.1078-1080, München, 1982.
[9] D. Marr, E. Hildreth: "Theory of Edge Detection." Proc. R. Soc. London B 207, S.187-217, 1980.
[10] P. Brodatz: "Textures." Dover Publications, New York, 1966.

Diese Untersuchung wurde gefördert durch das Bundesministerium der Verteidigung.

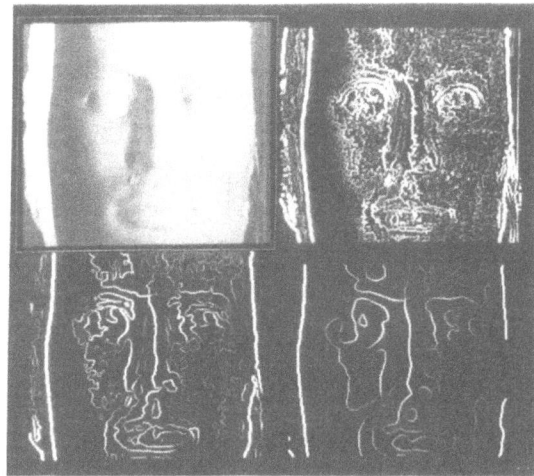

Abb.2: Nulldurchgänge nach Filterung der Maske links oben mit drei verschiedenen DOG's (s. Text).

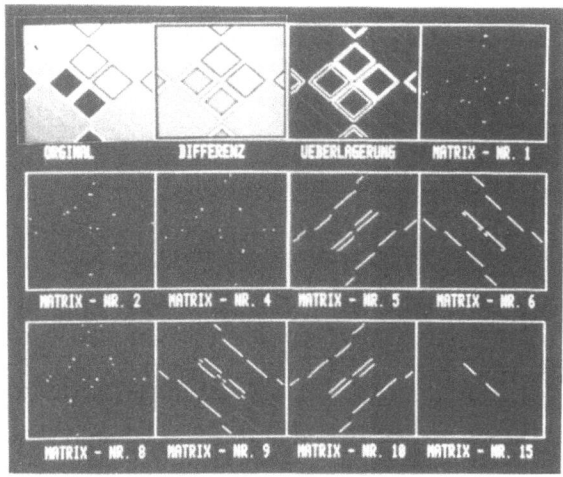

Abb.3: Darstellung von Teilergebnissen einer Filterung des Testbildes links oben mit einer DOG mit den Ortskonstanten 1.0/1.6 (s.Text).

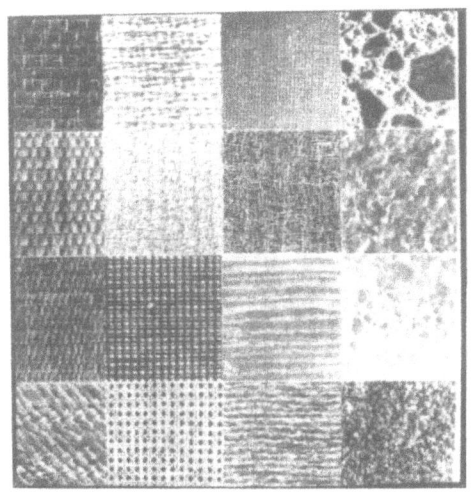

Abb.4: Textur-Testbild, zusammengestellt aus Brodatz-Bildern [10] von E. Triendl (DFVLR).

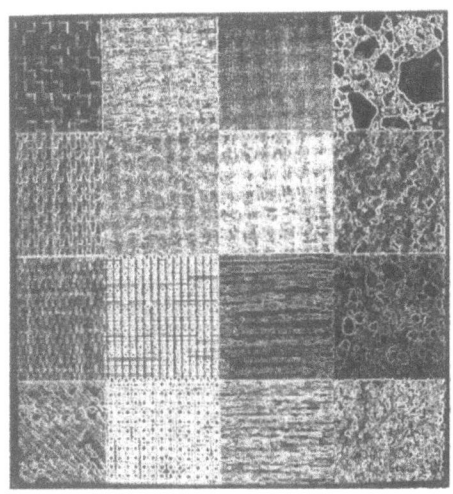

Abb.5: Nulldurchgänge des Textur-Testbildes nach Filterung mit einer DOG mit den Ortskonstanten 0.1/0.16.

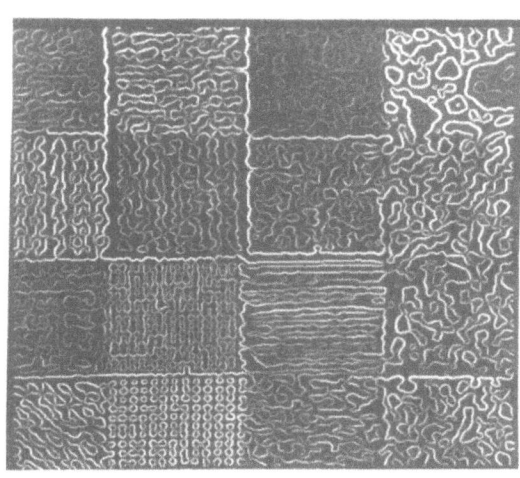

Abb.6: Nulldurchgänge des Textur-Testbildes nach Filterung mit einer DOG mit den Ortskonstanten 3.0/4.8.

Abb.7: Gitter aus Alluminiumdraht. Texturmuster D1 aus [10].

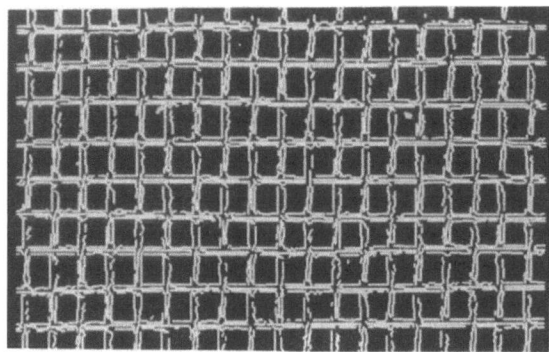
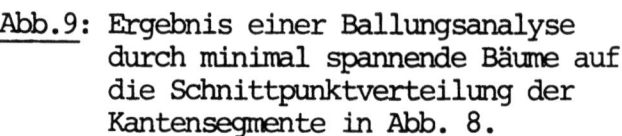

Abb.8: Gruppierung der Nulldurchgänge des Gitters in Abb.7 zu Kantensegmenten nach DOG-Filterung mit den Ortskonstanten 0.1/0.16.

Abb.9: Ergebnis einer Ballungsanalyse durch minimal spannende Bäume auf die Schnittpunktverteilung der Kantensegmente in Abb. 8.

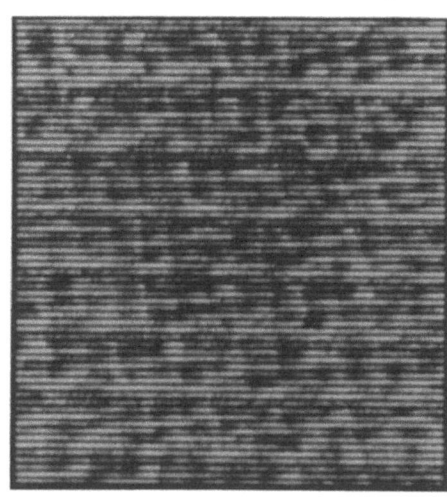
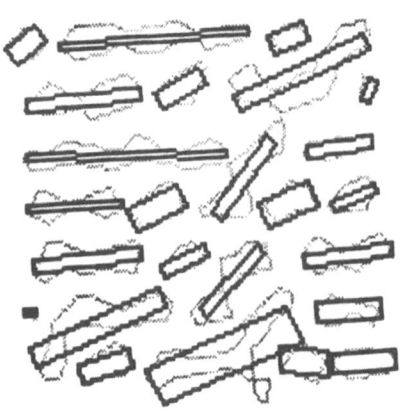

Abb.10a: Textur aus dem Textur-Testbild Abb.4 (oberste Reihe, 2.v.li).

Abb.10b: Kantensegmente der Textur in Abb.10a nach Filterung mit einer DOG(Ortskonstanten 6.0/9.6). Überlagerung von Rechteck-Appr. der Trägheitsellipsen.

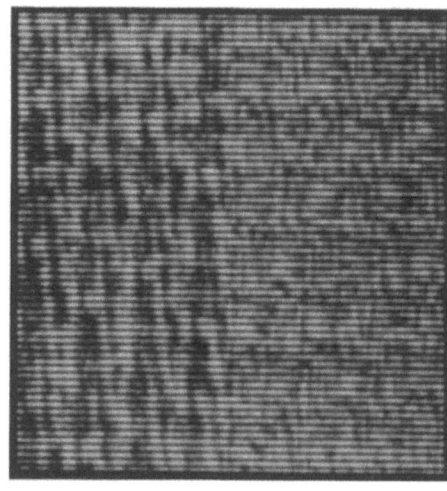
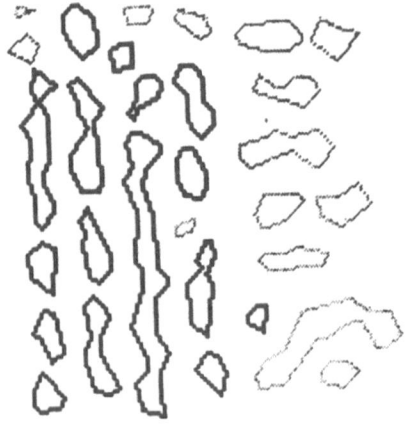

Abb.11a: Ausschnitte aus der Textur in Abb.10a und einer Textur aus d. Textur-Testbild Abb.4 (2.Reihe von oben, zweite von links).

Abb.11b: Ergebnis der Segmentierung der Texturen in Abb.11a, gekennzeichnet durch 2 Graustufen (s.Text). Dieselbe Filterung wie in Abb.10b.

BEWERTUNG VON SEGMENTIERUNGSVERFAHREN

W.Geuen*, H.G.Preuth, T.Sarfert

Lehrstuhl für Theoretische Nachrichtentechnik
und Informationsverarbeitung
Universität Hannover
Callinstrasse 32, 3000 Hannover

Zusammenfassung

Aus der Literatur sind viele unterschiedliche Segmentierungsverfahren bekannt. Um diese Verfahren hinsichtlich ihrer Segmentierungseigenschaften bewerten zu können, ist ein objektives Gütekriterium wünschenswert. Dieses ist jedoch schwierig zu definieren, da sowohl die Auswahl der Verfahren als auch die der Gütekriterien von der Zielsetzung abhängig sind.

Das hier vorgestellte Bewertungsverfahren basiert auf der Klassifizierung eines segmentierten Bildes in Linien verschiedener Typen. Diese globale Beschreibungsmöglichkeit ist sehr leistungsstark und eignet sich besonders zur Ableitung unterschiedlicher Merkmale zur Bewertung von Segmentierungsverfahren. Verschiedene Merkmale wurden extrahiert und auf ihre Bedeutung zur Bewertung der einzelnen Verfahren hin untersucht.

Einleitung

Die automatische Analyse von Szenen ist von grosser Bedeutung für die ständig wachsende Zahl von Automatisierungsprozessen. Es ist Aufgabe der Segmentierung, eine Szene in Objekte zu zerlegen, wobei jedem Objekt eine bestimmte Bedeutung zugewiesen werden kann. Eine Möglichkeit der Segmentierung einer Szene besteht in der Beschreibung der Objekte durch die sie umgebenden Konturlinien. Verschiedene Autoren haben Techniken zur Bewertung von Segmentierungsverfahren vorgestellt. Abdu und Pratt /1/1978, stellten einen experimentellen Vergleich von unterschiedlichen Konturfindungsverfahren vor. Sie benutzten einfache künstliche Testbilder (Grauwertrampen verschiedener Steigung mit überlagertem Rauschen). Sie ermittelten eine Bewertungszahl genannt "Figure of Merit", die auf der Beschreibung der Verschiebung eines detektierten Konturpunktes von seiner idealen Position im künstlichen Testbild basiert. Eine Erweiterung dieses Verfahrens von Abdu und Pratt zur Verwendung von natürlichen Testbildern ist bei Podien /2/ 1979 beschrieben worden. In diesem erweiterten Verfahren wird ein Referenzkonturbild verwendet. Die Bewertungszahl wird abgeleitet aus der Verschiebung jedes detektierten Konturpunktes vom nächstliegenden "Idealkonturpunkt" im Referenzkonturbild.

---

*Forschungsinstitut der Deutschen Bundespost beim FTZ,
Am Kavalleriesand 3, 6100 Darmstadt

Das Verfahren von Bryant und Bouldin /3/ 1979, verwendet reale
Luftbilder. Es werden zwei unterschiedliche Messmethoden angewandt. Die erste, genannt "absolute grading" basiert auf einer
Korrelation der Konturpunkte eines Konturoperators mit sogenannten "Idealwerten". Diese Idealwerte sind durch heuristische
Beschreibungen festgelegt worden. Die zweite Technik, genannt
"relative grading", basiert auf dem Vergleich von Ergebnissen
mehrerer Segmentierungsverfahren, wobei als Mass die Übereinstimmung bezüglich gemeinsam erkannter Konturpunkte herangezogen wird.

Kitchen und Rosenfelds Methode /4/ 1980 zur Bewertung von Segmentierungsverfahren verwendet eine lokale Konturkohärenz, d.h.
eine Beschreibung der Kontur hinsichtlich der "Güte der Form"
(good form criteria). Diese Methode kombiniert zwei wichtige
Eigenschaften bezüglich einer "guten" Konturform: 1. die Dicke
und 2. die Geradheit von Konturen. Diese Verfahren benötigen
keine Information der genauen lokalen Position von Konturpunkten.

Die bisher dargestellten Vergleichsverfahren beschreiben die
Güte von Segmentierungsverfahren durch eine oder zwei globale
Bewertungszahlen. Die Kriterien sind nur bedingt zur genaueren
Analyse geeignet; insbesondere ist eine Anpassung an die jewei-
lige Zielsetzung der Segmentierung nur zum Teil erreichbar.

Linienklassifizierung

Die Ergebnisse von unterschiedlichen Segmentierungsverfahren
erzeugen nicht immer Objektgrenzen die linienhaft sind. Deshalb ist es notwendig, zunächst eine Verdünnung der Objektgrenz-
segmente vorzunehmen. Zur Klassifikation verschiedener Linien-
typen können die einzelnen Linienpunkte entsprechend ihrer topologischen Bedeutung in vier Klassen eingeteilt werden (Sequenz-
punkte, Endpunkte, Knotenpunkte, benachbarte Punkte von Knoten-
punkten) /5,6/. Jede Linie ist dann als Folge dieser vier Typen
darstellbar. Mit Hilfe dieser Definition ist es möglich, jede
Linie eindeutig in eine bestimmte Klasse einzuordnen (einfache
Linie ohne Knoten, Linie mit Knoten am Ende, in sich geschlossene
Linie usw.). Diese globale Beschreibungsmöglichkeit eignet sich
besonders zur Ableitung verschiedener Merkmale zur Bewertung von
Segmentierungsverfahren.

Definition verschiedener Merkmale

Um eine Bewertung von Segmentierungsverfahren durchführen zu
können, müssen zunächst möglichst aussagekräftige Merkmale definiert werden. Folgende Merkmale wurden abgeleitet:

1. Verdünnungsfaktor (Mass für die Dünnheit der Linien) (VD)
2. Geradheit der Linien (GR)
3. durchschnittliche Streuung aller Linien (DSTL)
4. durchschnittliche Länge von einzelnen singulären Linien (DLEL)
5. Anzahl der einfach in sich geschlossenen Linien /%/ (AGL)
6. Anzahl der Knoten / pro Linienpunkt (APL)
7. durchschnittliche Ausfranzung der geschlossenen Gebiete (DAF)
8. durchschnittliche Länge aller Linien (DLL)
9. Anzahl der einfachen singulären Linien /%/ (AEL)
10. Vorzugsrichtung der Linien (VR)
11. durchschnittliche Fläche der geschlossenen Gebiete (DFG)
12. durchschnittlicher Umfang der geschlossenen Gebiete (DUG)
13. Anzahl der Punkte pro Objekt (APO)
14. Verhältnis von Fläche/Umfang^2 pro Gebiet (FLUM)

Diese Merkmale wurden für drei unterschiedliche Segmentierungsverfahren bei Anwendung auf 11 verschiedene natürliche Testbilder (Portrait, Parkplatz, verschiedene Werkstücke, Zellbilder) extrahiert. Die hier verwendeten Segmentierungsverfahren stellen nur Beispiele dar, um die prinzipielle Arbeitsweise der Bewertung auf der Basis einer Linienklassifizierung zu veranschaulichen. Folgende Verfahren wurden ausgewählt:

   * Sobel-Operator /7/
   * Robinson-Operator /8/
   * BINPIC-Operator /6,9/

Der BINPIC-Operator ist die Realisierung eines Konturfindungsverfahrens auf der Basis des visuellen Konturempfindes.

Methode zur Relevanzuntersuchung

Eine objektive Bewertung von Segmentierungsverfahren ist kaum zu erreichen, da sowohl die Auswahl der Verfahren als auch die der Gütekriterien von der jeweiligen Zielsetzung abhängig ist.

Hier wurden zunächst auf heuristischem Weg einige der definierten Merkmale ausgewählt und für eine spezielle Anwendung bewertet.

Anwendung A

Ziel ist ein Segmentierungsverfahren anzuwenden mit:

- möglichst dünnen Segmentgrenzlinien (VD klein)
- möglichst geraden Segmenten (GR klein)
- möglichst vielen einfachen, in sich geschlossenen Linien
- möglichst wenigen singulären Linien

Anwendung B

Ziel ist ein Segmentierungsverfahren anzuwenden bei dem die:

- durchschnittliche Streuung aller Linien klein ist
- durchschnittliche Länge aller Linien möglichst gross ist
- durchschnittliche Ausfranzung der geschlossenen Gebiete klein ist
- Anzahl der Punkte pro Objekt gross ist.

Die Ergebnisse dieser und andere Merkmale (Mittelwertbildung über 11 verschiedene natürliche Testbilder) sind in Tabelle 1 dargestellt. Neben der Mittelwertbildung wurde eine Standardabweichung berechnet. Mit Hilfe dieser Werte wurde eine Merkmalswichtung durchgeführt. Ziel dieser Merkmalswichtung war eine möglichst gute Zuordnung der einzelnen Merkmale zu den drei Segmentierungsverfahren, d.h. es wurde ermittelt, welche Merkmale typische Charakteristika dieser Verfahren darstellen. Dazu wurde der Interset/Intraset Abstand bestimmt. Dieses Mass ist der Quotient aus dem Abstand zwischen zwei Klassen und dem Abstand innerhalb dieser beiden Klassen. Eine gute Trennbarkeit ist dann gegeben, wenn dieser Quotient möglichst gross ist ("Gewicht" in Tabelle 1)

$$\text{Gewicht} = \frac{\text{Summe der Differenzen der Mittelwerte der einzelnen Verfahren}}{\text{Summe der Standardabweichungen}}$$

$$\text{Gewicht} = \frac{/MW1-MW2/ + /MW2-MW3/ + /MW3-MW1/}{S_1 + S_2 + S_3}$$

Schlussbetrachtung

Die untersuchten Merkmale zur Bewertung von Segmentierungsverfahren können direkt aus dem segmentierenten Bild ermittelt werden, d.h. es sind keine Kenntnisse über die wahren Segmentgrenzen (Referenzbild) notwendig. Die angeführten Beispiele demonstrieren deutlich die Unterschiede zwischen den einzelnen Verfahren. Auf eine absolute Rangfolge der angewandten Verfahren wurde verzichtet, da diese abhängig von der jeweiligen Zielsetzung ist.

Literatur

/1/ Abdou, I.E., Pratt, W,K., Quantitative design and evaluation of enhancement/thresholding edge detectors, Proc.IEEE 67, (1979)

/2/ Podien, W., Bewertung von Konturfindungsalgorithmen, Studienarbeit, Theoretische Nachrichtentechnik, Universität Hannover (1979)

/3/ Bryant, D.J., Bouldin, D.W., Evaluation of Edge Operators Using Relative and Absolute Grading, Proc. IEEE PRIP (1979)

/4/ Kitchen, L., Rosenfeld, A., Edge Evaluation using local Edge Coherence, University of Maryland, TR 881 (1980)

/5/ Geuen, W., Preuth, H.G., New Performance Criteries of Edge Detection Algorithms, Proc. IEEE ICASSP, Paris (1982)

/6/ Geuen, W., Konturfindung auf der Basis des visuellen Konturempfindens, Dissertation, Universität Hannover (1983)

/7/ Pratt, W.K. Digital Image Processing New York, (1978), Wiley & Sons

/8/ Robinson, G.S. Edge Detection by Compass Gradient Masks Comp. Graphic and Image Proc. 6 (Oct, 1977)

/9/ Geuen, W. Widzgowski, E. A Simple Edge Detection Algorithm on the Basis of Visual Contour Perception, Proc. IEEE ICPR, München, (1982)

	Mittelwert			Standardabweichung			
Merkmal *	MW1 BINPIC	MW2 SOBEL	MW3 Robin	S1 BINPIC	S2 SOBEL	S3 ROBIN	Gewicht*
VD	0,07	0,681	0,482	0,06	0,048	0,124	5,27
GR	0,08	0,31	0,19	0,026	0,067	0,059	2,26
DSTL	204,1	67,1	16,0	120,9	81,1	14,5	1,74
DLEL (Pkt)	7,0	4,2	3,34	2,78	1,37	0,54	1,57
AGL (%)	2,7	0,16	0,05	3,1	0,44	0,11	1,47
APL	0,03	0,09	0,08	0,028	0,028	0,025	1,34
DAF	0,511	0,94	2,2	0,44	0,61	1,55	1,31
DLL (Pkt)	9,2	6,9	4,3	3,57	3,45	0,65	1,27
AEL (%)	47,8	11,6	33,6	29,2	9,35	20,4	1,23
VR (west)	27,6	29,2	22,0	4,8	3,9	3,3	1,18
DFG	171,7	1827,0	460,0	189,3	2097,0	681,2	1,11
DUG	33,9	111,1	44,5	22,8	76,5	40,7	1,10
APO	27,3	89,1	16,2	28,0	96,9	10,1	1,08
FLUM	0,82	0,15	0,71	0,64	0,06	0,58	0,28

* Siehe Text

Tabelle 1: Merkmale und Wichtung für drei unterschiedliche Segmentierungsverfahren, angewandt und gemittelt für 11 verschiedene natürliche Testbilder

ZUR FEHLERRATE ALS KRITERIUM IN DER MERKMALSAUSWAHL

Dieter Jäpel

Lehrstuhl für Informatik 5 (Mustererkennung), Universität Erlangen-Nürnberg,
Martensstr. 3, 8520 Erlangen

Zusammenfassung

Ein Problem im Bereich Merkmalsauswahl ist die Festlegung eines Bewertungsmaßes
für Merkmalvektoren. Im vorliegenden Beitrag wird hierfür die Fehlerrate eines
Klassifikators eingesetzt. Es wird gezeigt, daß mit Hilfe der Fehlerrate gute
Merkmale gefunden werden können.

Schlagworte

Merkmalsauswahl, Klassifikation, Fehlerrate, Algorithmen

1. Merkmalsauswahl und Klassifikation

Die Merkmalsauswahl hat im Zusammenhang mit der Lösung von Klassifikationsproblemen die Aufgabe, solche charakteristischen Zahlen für Muster zu finden, die genügend gute Klassifikationsergebnisse liefern. Häufig wird für die Merkmalsauswahl ein Ansatz verfolgt, der als Dimensions-Reduktions-Modell bezeichnet werden kann [3,4]: Man nimmt an, daß jedes Muster mit Hilfe von n reellen Zahlen repräsentiert wird, aber aus irgendwelchen Gründen ist es nicht möglich, alle diese Zahlen in der Klassifikationsstufe des Systems zu verwenden. Man muß deshalb mit Hilfe einer Funktion A n Zahlen auf n' Zahlen abbilden, wobei in der Regel n' sehr viel kleiner als n ist. Faßt man die n bzw. n' Zahlen zu n-dimensionalen bzw. n'-dimensionalen Vektoren zusammen, so bewirkt die Funktion A eine Dimensionsreduktion. Vom Standpunkt der Mustererkennung aus gesehen muß A so konstruiert werden, daß möglichst viel Information über Klassenzugehörigkeiten von Mustern erhalten bleibt [5]. Man braucht hier eine Formel, die den Informationsverlust bei der Anwendung der Abbildung A auf n-dimensionale Vektoren beschreibt. Weiterhin wird dann ein Algorithmus benötigt, der eine optimale Abbildung A zu bestimmen gestattet.

In der Literatur sind zahlreiche Ansätze beschrieben, die geforderte Maßzahl für den Informationsverlust zu beschreiben [1,3,8]. Im vorliegenden Aufsatz wird auf eine weitere Klasse von Maßzahlen eingegangen, die bisher wenig Beachtung gefunden hat [1]: Als Gütekriterium wird die Fehlerrate des Klassifikators herangezogen. Kapitel 2 beschreibt den allgemeinen Ansatz, in Kapitel 3 wird ein Algorithmus abgeleitet. Im vierten Kapitel wird die Realisierung für den Minimum-Abstand-Klassifikator vorgestellt. Die Resultate im fünften Kapitel zeigen die Brauchbarkeit des Ansatzes.

2. Die Fehlerrate als Merkmalsauswahlkriterium

Für einen beliebigen (statistischen) Klassifikator läßt sich die Fehlerrate p_f formal folgenderweise angeben:

$$p_f = \sum_{\lambda=1}^{k} \sum_{\kappa=1}^{k} p(\Omega_\kappa) \int_{\Omega_\lambda^o} w(\underline{c}|\Omega_\kappa) \, d\underline{c} \qquad (1)$$

Dabei ist $p(\Omega_\kappa)$ die a priori Wahrscheinlichkeit der Klasse Ω_κ, $w(\underline{c}|\Omega_\kappa)$ ist die durch die Klasse Ω_κ bedingte Verteilungsdichte des Merkmalvektors $\underline{c}$. Ω_λ^o bezeichnet die Teilmenge des Merkmalraums, die durch den verwendeten Klassifikator der Klasse Ω_λ zugeordnet wird, k steht für die Anzahl zu unterscheidender Klassen.

Die Gebiete Ω_λ^o erfordern eine nähere Betrachtung. In ihnen steckt für die Zwecke dieser Arbeit die Kenntnis über den verwendeten Klassifikator. Betrachtet man einen Klassifikator als eine Entscheidungsfunktion $\delta(\Omega_\lambda|\underline{c})$ mit

$$\delta(\Omega_\lambda|\underline{c}) = \begin{cases} 1 & \text{falls } \underline{c} \text{ nach } \Omega_\lambda \text{ klassifiziert wird} \\ 0 & \text{sonst} \end{cases} \quad (2)$$

so ist

$$\Omega_\lambda^o = \{ \underline{c} \mid \delta(\Omega_\lambda \mid \underline{c}) = 1 \}. \quad (3)$$

Das heißt, die Entscheidungsfunktion $\delta(\Omega_\lambda \mid \underline{c})$ ist die Indikatorfunktion der Mengen Ω_λ^o. Es wird verlangt, daß

$$\bigcup_{\kappa=1}^{k} \Omega_\kappa^o = \mathbb{R}^n \quad \text{und} \quad (4)$$

$$\Omega_\kappa^o \cap \Omega_\lambda^o = \Phi, \text{ falls } \kappa \neq \lambda. \quad (5)$$

Die Ω_λ^o bilden also eine Zerlegung des Merkmalraumes, hier der n-dimensionale Raum $\mathbb{R}^n$. Die Schreibweise in Formel 1 betont also die Auffassung, daß durch einen Klassifikator der Merkmalsraum in Klassenbereiche partitioniert wird. Es sei darauf hingewiesen, daß diese Darstellung für alle statistischen Klassifikatoren einschließlich Bayes-Klassifikator gewählt werden kann [4,7].

Sei nun A die Merkmalsextraktionsfunktion, die ein $\underline{c}$ in ein $\underline{c}'$ überführt:

$$A : \mathbb{R}^n \rightarrow \mathbb{R}^{n'}$$

$$n' < n$$

$$\underline{c}' = A(\underline{c}) \quad (6)$$

Formal kann nun die Fehlerrate gemäß Formel 1 angeschrieben werden, die entsteht, falls man $\underline{c}'$ zur Klassifikation heranzieht. Wegen der Definition von $\underline{c}'$ gemäß (6) hängt diese Fehlerrate von A ab.

$$p_f(A) = \sum_{\lambda=1}^{k} \sum_{\kappa=1}^{k} p(\Omega_\kappa) \int_{\Omega_\lambda^{o'}} w(\underline{c}'|\Omega_\kappa) d\underline{c}' \quad (7)$$

Das Integral in (7) geht nun über Gebiete $\Omega_\lambda^{o'}$ im $\mathbb{R}^{n'}$. Auch diese Gebiete hängen von der Auswahlfunktion A ab. Ein wesentlicher Teil der Arbeit vom Übergang von (1) nach (7) steckt jedoch in der Berechnung der Dichten $w(\underline{c}' \mid \Omega_\kappa)$ aus $w(\underline{c} \mid \Omega_\kappa)$ [4].

Der Entwurf der Merkmalsauswahlstufe ist jetzt die Bestimmung der Funktion A^*, welche (7) minimiert. In gewisser Hinsicht hat man auf diese Weise wieder den Zustand erreicht, daß Merkmalsauswahl als Optimierungsaufgabe formaliert ist. Dies gilt auch für alle in der Literatur angegebenen Verfahren. Im Unterschied dazu ist das hier angegebene Gütekriterium nicht heuristisch konstruiert, sondern ist die Fehlerrate eines möglichen Gesamtsystems.

Der allgemeine Ansatz nach Formel 7 führt sehr schnell auf erhebliche Schwierigkeiten bei der analytischen Behandlung und auf unlösbare Probleme bei der praktischen Bestimmung der optimalen Auswahlfunktion A^*. Selbst stark vereinfachende Annahmen, wie normalverteilte Merkmalvektoren und lineare Auswahlfunktionen A, führen auf schwer handhabbare numerische Probleme. Aspekte dieser Art werden in [4] behandelt.

Es gibt Aussagen über die Existenz optimaler Auswahlfunktionen A^*, insbesondere wenn ein Bayesklassifikator verwandt wird [2,4]. Diese Aussagen besitzen primär theoretischen Wert. Generell wird angenommen, daß die in Betracht kommenden Funktionen A aus einer parametrischen Familie stammen, optimiert wird dann über die möglichen Parametervektoren. Für die so gestellte Optimierungsaufgabe ist nun ein Lösungsweg anzugeben.

3. Der Algorithmus zur Optimierung der Fehlerrate

Hauptschwierigkeit bei der Auswertung der Formel 7 für eine konkrete Funktion A ist die Berechnung des Integrals. Bei diesem Teilausdruck handelt es sich um den Anteil von Mustern aus Klasse Ω_κ, die durch den vorliegenden Klassifikator - fälschlicherweise - nach Klasse Ω_λ klassifiziert werden. Die einzige Methode, die hier immer durchführbar ist, ist die Schätzung dieser Zahl mit Hilfe einer klassifizierten Stichprobe. Dieses Verfahren muß auch vorläufig immer der Kern eines Algorithmus zur Optimierung von Formel 7 bleiben, gleichgültig, ob ein Koordinatenabstiegsverfahren oder ein Gradientenabstiegsverfahren zur numerischen Berechnung herangezogen wird. Unter Umständen muß ein Ausdruck der Form

$$F_{\kappa\lambda} = \int_{\Omega_\lambda^{o'}} f(\underline{c}') \, w(\underline{c}'|\Omega_\kappa) \, d\underline{c}' \tag{8}$$

ausgewertet werden [2]. Da $w(\underline{c}'|\Omega_\kappa)$ eine Verteiluntsdichte ist, hat dieses Integral die Form eines Erwartungswertes. Dieser kann mit Hilfe einer klassifizierten Stichprobe abgeschätzt werden. Formel 8 wird durch

$$\ddot{F}_{\kappa\lambda} = \sum_{{}^\rho\underline{c}' \in \Omega_\lambda^{o'}} f({}^\rho\underline{c}') \tag{9}$$

ersetzt, d. h. $F_{\kappa\lambda}$ wird durch einen Schätzwert ersetzt.

Nach dieser Bemerkung zur Berechnung des Gütemaßes "Fehlerrate" wird nun auf den eigentlichen Optimierungsalgorithmus eingegangen. Zur Anwendung kommen Abstiegsalgorithmen. Im Verlauf dieser Algorithmen fällt jeweils die Auswertung von Formel 7 an, die - wie dargelegt - mit Hilfe einer klassifizierten Stichprobe durchgeführt wird. Da es sich hier um die Schätzung einer Fehlerrate handelt, müssen die Hinweise zur Schätzung von Fehlern mit Hilfe einer Stichprobe beachtet werden [1,3,8]. Alle Algorithmen, die Fehlerraten minimieren, verlaufen nach dem gleichen Schema. Der Grund hierfür ist, daß stets eine Stichprobe in die Berechnung des Gütemaßes einbezogen werden muß. Dieses Schema läßt sich grob wie folgt angeben:

Schritt 1: Wähle Startabbildung A_0, setze i = o
Schritt 2: Transformiere die klassifizierte Stichprobe gemäß Formel 6
Schritt 3: Dimensioniere vorgegebenen Klassifikator
Schritt 4: Schätze Fehlerkriterium
Schritt 5: Wenn Abbruchkriterium erfüllt, dann Ende
Schritt 6: Berechne A_{i+1} als Modifikation von A_i
Schritt 7: Setze i = i+1, weiter mit Schritt 2.

Die Realisierung für lineare Auswahlverfahren wird in [4,5,6] beschrieben. Im folgenden wird eine Realisierung für den Minimum-Abstand-Klassifikator vorgestellt.

4. Optimale Merkmale für den Minimum-Abstand-Klassifikator

Der oben geschilderte Algorithmus erfordert die wiederholte Bearbeitung einer kompletten Stichprobe. Dies führt dazu, daß Algorithmen der vorgestellten Art erhebliche Rechenzeiten verbrauchen. Es ist deshalb wünschenswert, die Bearbeitung der Stichprobe effizient zu gestalten. Wie dies geschehen kann, wird im folgenden beispielhaft für den Fall optimaler linearer Merkmale für den Minimum-Abstand-Klassifikator (MAK) gezeigt.

Der Algorithmus folgt dem Schema aus Abschnitt 3. Im Schritt 1 muß eine Startmatrix $\underline{A}_0$ gewählt werden. Dies gelingt auf einfache Weise, wenn man die Eingangsmerkmale vorab einer Karhunen-Loève-Transformation unterzieht. Als Startabbildung kann dann eine Matrix dienen, die in der Hauptdiagonalen Einsen, sonst lauter Nullen hat; das heißt, als Ausgangspunkt für die Optimierung werden die ersten n' KL-Koeffizienten gewählt. Die lineare Transformation der Stichprobe in Schritt 2 ist keine prinzipielle Schwierigkeit. Bei der Anpassung des MAK ist zu beachten, daß die lineare Transformation der Klassenzentren genügt. Das Schätzen der Fehlerrate muß durch Durcharbeiten der Stichprobe bewerkstelligt werden. Der Abbruch der Iteration erfolgt zur Zeit nach einer fest vorgegebenen Anzahl von Durchläufen.

Der Algorithmus kann nun im vorliegenden Fall effizient gestaltet werden, wenn die Modifikation der Matrix A_i gemäß dem Gradientenverfahren erfolgt. Zu diesem Zweck muß der Gradient

$$\underline{G} = \nabla p_f(\underline{A}) \tag{10}$$

berechnet werden. Die Bestimmung der Gradientenmatrix ist auf analytischem Weg nicht möglich. Die Definition von $p_f(\underline{A})$ gestattet nur die Schätzung von Funktionswerten. Man ist somit gezwungen, den Gradienten abzuschätzen, wobei man sich nur auf die Berechnung von Funktionswerten stützen kann. Eine geeignete Formel liefert die Approximation der ersten Ableitung einer Funktion $f(x)$ durch einen Differenzenquotienten

$$\nabla f(x_0) = \frac{f(x_0+h) - f(x_0-h)}{2h} \tag{11}$$

Mit dieser Formel kann man die Berechnung der Elemente der Gradientenmatrix einzeln vornehmen. Die Übertragung von Formel 11 auf Matrizen erfordert dabei eine Anpassung in der mathematischen Notation. Sei $\underline{G}$ die Gradientenmatrix mit den Elementen g_{ij}, so erfordert die Bestimmung von $\underline{G}$ ein System von "Basismatrizen" $\underline{H}_{ij}$ der Ordnung (n'xn). Eine solche Basismatrix besitzt in der i-ten Zeile und j-ten Spalte eine positive reele Zahl h_{ij}, enthält sonst aber lauter Nullen. Als Schätzwert für die Elemente g_{ij} der Gradientenmatrix enthält man nun den Ausdruck

$$g_{ij} = \frac{\hat{p}_f(\underline{A} + \underline{H}_{ij}) - \hat{p}_f(\underline{A} - \underline{H}_{ij})}{2h_{ij}} \tag{12}$$

$\hat{p}$ bedeutet hierbei den Schätzwert von p. Man beachte, daß in Formel 12 bei der Modifikation von $\underline{A}$ jeweils nur ein Matrixelement geändert wird. In den durchgeführten Experimenten wurde ein einheitlicher Wert h = 0.1 für alle h_{ij} verwendet, ein Wert, der sich im Zusammenhang mit der speziellen Wahl der Startmatrix als günstig erwies. Eine genauere Untersuchung der Berechnung der Elemente der Gradientenmatrix zeigt nun, wie Berechnungsaufwand gespart werden kann. Zur Berechnung eines Elementes g_{ij} ist die Funktion p_f an den Stellen $(\underline{A} + \underline{H}_{ij})$ und $(\underline{A} - \underline{H}_{ij})$ auszuwerten. Die Bestimmung dieser Funktionswerte erfordert jeweils die Auswertung einer kompletten Stichprobe. Dies ist für jedes Element der Gradientenmatrix durchzuführen. Bei großem Stichprobenumfang, wie er für genaue Schätzungen unerläßlich ist, wäre dieser Aufwand kaum tragbar. Hier kann nun die Struktur des MAK genutzt werden, um den Aufwand zu reduzieren.

Zur Berechnung der benötigten Fehlerraten muß zunächst jeder Merkmalvektor $\underline{c}$ linear transformiert werden.

$$\begin{aligned}\underline{c}^+ &= (\underline{A} + \underline{H}_{ij})\underline{c} \\ \underline{c}^- &= (\underline{A} - \underline{H}_{ij})\underline{c}\end{aligned} \tag{13}$$

Für die transformierten Vektoren sind die Prüfgrößen des MAK zu berechnen, beispielsweise für $\underline{c}^+$

$$u_\kappa(\underline{c}^+) = (\underline{c}^+ - \underline{\mu}_\kappa^+)_t(\underline{c}^+ - \underline{\mu}_\kappa^+) \tag{14}$$

Dabei entstehen die Mittelvektoren $\underline{\mu}_\kappa^+$ analog zu Formel 13. Durch Einsetzen lassen sich nun die Prüfgrößen für $\underline{c}^+$ bzw. $\underline{c}^-$ auf die Prüfgrößen für $\underline{c}'$ zurückführen, wobei

$$\underline{c}' = \underline{A}\,\underline{c} \tag{15}$$

ist. Es ergibt sich nämlich

$$\begin{aligned}
u_\kappa(\underline{c}^+) &= (\underline{c}-\underline{\mu}_\kappa)_t\,(\underline{A}+\underline{H}_{ij})_t\,(\underline{A}+\underline{H}_{ij})\,(\underline{c}-\underline{\mu}_\kappa) \\
&= (\underline{c}-\underline{\mu}_\kappa)_t\,\underline{A}_t\underline{A}\,(\underline{c}-\underline{\mu}_\kappa) \\
&\quad + 2(\underline{c}-\underline{\mu}_\kappa)_t\,\underline{A}_t\underline{H}_{ij}\,(\underline{c}-\underline{\mu}_\kappa) \\
&\quad + (\underline{c}-\underline{\mu}_\kappa)_t\,\underline{H}_{ij,t}\underline{H}_{ij}(\underline{c}-\underline{\mu}_\kappa) \\
&= u_\kappa(\underline{c}') + 2(c'_i - \mu'_{i\kappa})\,h_{ij}(c_j - \mu_{j\kappa}) + h_{ij}^2\,(c_j - \mu_{j\kappa})^2
\end{aligned} \tag{16}$$

Die Prüfgrößen für $\underline{c}^-$ erhält man analog. Sie unterscheiden sich nur in einem Vorzeichen von den Prüfgrößen für $\underline{c}^+$. Es ergibt sich

$$u_\kappa(\underline{c}^{+/-}) = u_\kappa(\underline{c}') \pm 2(c'_i - \mu'_{i\kappa})h_{ij}\,(c_j - \mu_{j\kappa}) + h_{ij}^2\,(c_j - \mu_{j\kappa})^2 \tag{17}$$

Damit können nun die Prüfgrößen $u_\kappa(\underline{c}^t)$ und $u_\kappa(\underline{c}')$ ohne großen Rechenaufwand aus $u_\kappa(\underline{c}')$ bestimmt werden. Wird $u_\kappa(\underline{c}')$ vorab berechnet, so ist der Aufwand insbesondere unabhängig von den Dimensionen n und n'. Die Gradientenmatrix wird nun so berechnet, daß jeweils für ein Stichprobenelement die Modifikationen gemäß Formel 13 für alle i,j vorgenommen werden. Dies ist äquivalent damit, daß eine entsprechende Anzahl von Klasifikationsaufgaben simultan bearbeitet wird. Die so gewonnenen Fehlerraten dienen gemäß Formel 12 zum Aufbau der Gradientenmatrix G.

5. Resultate

Tabelle 1 zeigt einige typische Resultate bei Anwendung des vorgestellten Algorithmus. Experimentiert wurde mit einer Stichprobe von 22 400 handgeschriebenen Ziffern, aufgeteilt in eine Lernstichprobe mit 10 000 Mustern und eine Teststichprobe von 12 400 Mustern. Die Stichprobe wurde vorab einer Karhunen-Loève-Transformation unterworfen, die Gründe sind in [4] ausführlich erläutert. Ausgehend von 30 KL-Koeffizienten wurde dann Tabelle 1 ermittelt, wobei der Vergleich der verschiedenen Auswahl- und Klassifikationsverfahren Vorrang hatte vor der Aufgabe, Schriftzeichen optimal zu klassifizieren. Die MAK-optimalen Merkmale wurden gemäß dem Algorithmus aus Abschnitt 4 ermittelt, zur Berechnung der anderen Merkmale aus Tabelle 1 sei der Leser auf [4] verwiesen, wo die spezielle Ausführung des Algorithmus aus Abschnitt 3 für NVK bzw. MMA beschrieben wird.

Klassifikator	MAK	MAK	NVK	NVK	MMA	MMA
Merkmale	MAK-optimale	KL	NVK-optimale	KL	MMA-optimale	KL
2	21.01	40.60	36.12	39.93	36.48	41.41
5	8.75	20.66	8.73	11.60	6.66	12.30
10	3.90	9.55	-	3.00	2.19	3.28
15	3.70	7.60	-	1.91	1.82	2.00
20	3.25	6.73	-	1.62	1.60	1.73

Tabelle 1: Klassifikationsergebnisse in %-Fehlerrate
MAK: Minimum-Abstand-Klassifikator
NVK: Bayesklassifikator für normalverteilte Merkmale
MMA: modifizierter Minimum-Abstand-Klassifikator
XXX-optimale: gemäß vorgestelltem Algorithmus für Klassifikator XXX bestimmte Merkmale.

Bemerkenswert ist in Tabelle 1 zweierlei:
- Die Leistung eines Klassifikators kann in Verbindung mit geeigneten Merkmalen erheblich gesteigert werden.
- Die Verwendung geeigneter Merkmale bringt in vielen Fällen mehr als die Verwendung komplizierter Klassifikatoren (siehe MAK und MMA mit 2 und 5 Merkmalen).

5. Zusammenfassung

Es wurde gezeigt, daß es möglich ist, die Fehlerrate eines Klassifikators als Kriterium in der Merkmalsauswahl zu verwenden. Der resultierende Algorithmus kann für viele Typen von Klassifikatoren eingesetzt werden. Die Ergebnisse zeigen insbesondere, daß die Verwendung geeigneter Merkmale unter Umständen mehr bringt als der Einsatz differnzierterer Klassifikatortypen.

Literatur

[1] Divijver, P.A.; Kittler, J.: Pattern Recognition ,
Pentrice Hall, London, 1982

[2] de Figueiredo, R.J.P.: Optimal Linear and Nonlinear Feature Extraction Based on the Minimization of the Increased Risk of Misclassification
Rice University, ICSA-Report Nr. 275-025-014, Juni 1974

[3] Fukunaga, K.: Introduction to Statistical Pattern Recognition
Academic Press, New York, 1972

[4] Jäpel, D.: Klassifikatorbezogene Merkmalsauswahl
Dissertation am Lehrstuhl für Informatik 5 (Mustererkennung) der Universität Erlangen, Erlangen, 1980
Arbeitsberichte des IMMD, vol. 13/4, 1980

[5] Jäpel, D.: Classifier-Determined Feature Selection in: H. Niemann (Hrsg.), Pattern Recognition
Arbeitsberichte des IMMD, vol. 14/1, 1981

[6] Jäpel, D.: An Algorithmic Approach to Feature Extraction
Proc. 6. ICPR, München, 1982, S. 974 - 976

[7] Kirndorfer, H.: Optimale Merkmale für den Minimum-Abstand-Klassifikator
Studienarbeit am Lehrstuhl für Informatik 5 (Mustererkennung), Universität Erlangen, 1982

[8] Niemann, H.: Methoden der Mustererkennung
Akademische Verlagsgesellschaft, Frankfurt (Main), 1974

ZUR KLASSIFIZIERUNG VIELER MUSTERKLASSEN MIT WENIGEN MERKMALEN

Lutz Bernhardt

Im Auftrag der COMPUTER GESELLSCHAFT KONSTANZ MBH

1. Ein Mangel des klassischen Konzepts

Zur Lösung von Klassifizierungsaufgaben hat sich in den letzten Jahren mehr und mehr das Konzept der Bayes- oder Polynomklassifikatoren durchgesetzt (/1/, /2/).

Bei einem n-Klassen-Problem wird dabei der Merkmalsraum M in den n-dimensionalen Raum R^n abgebildet, die Elemente der i-ten Klasse mit minimalem Abstand auf den i-ten Einheitsvektor. Die zugehörige Abbildung wird als Bayes-Klassifikator bezeichnet.
Die Berechnung linearer Bayes-Klassifikatoren bereitet keine Probleme, die Berechnung nichtlinearer Bayes-Klassifikatoren läßt sich durch künstliche Erweiterung des Merkmalsraumes auf den linearen Fall zurückführen (Polynom-Klassifikatoren /1/).

Bei der Klassifizierung vieler Musterklassen mit wenigen Merkmalen bereitet dieses Vorgehen jedoch erhebliche Probleme. Betrachten wir dazu ein einfaches Beispiel:
Gegeben seien n Musterklassen M_i, $1 \leq i \leq n$ mit eindimensionalen Merkmalsvektoren $m = (i)$, wobei

$$m \in M_i \quad \longleftrightarrow \quad m = (i)$$

gelten möge, d.h. das (einzige) Merkmal der Merkmalsvektoren ist gerade gleich dem Index der zugehörigen Musterklasse.

Das Klassifizierungsproblem ist trivial, für lineare Bayes-Klassifikatoren jedoch unlösbar - es gibt keine lineare Abbildung, welche die gegebenen Elemente des R^1 auf die n Einheitsvektoren des R^n abbildet. Beim Einsatz von Polynomklassifikatoren werden wenigstens n-1 Merkmalsprodukte benötigt - in der Praxis ist dies eine erhebliche Belastung.
(Daß n-1 Merkmalsprodukte zur Lösung des im Beispiel gegebenen Klassifizierungsproblems auch hinreichend sind, folgt z.B. aus den bekannten Eigenschaften der Vandermondeschen Determinante.)

2. Basis-Klassifikatoren und Ausschlußprinzip

Basis-Entscheidungen, d.h. die Trennung von nur zwei Musterklassen M_i und M_j, lassen sich im obigen Beispiel jedoch bereits mit linearen Bayes-Klassifikatoren B_{ij} erledigen.

Wir bezeichnen diese Klassifikatoren als B a s i s - K l a s s i f i k a t o r e n . Verwendet man zusätzlich das A u s s c h l u ß - P r i n z i p , so läßt sich mit der Menge aller Basisklassifikatoren

$$\left\{ B_{ij} : 1 \leq i,j \leq n; \ i \neq j \right\}$$

auch das im Beispiel gegebene n-Klassen-Problem lösen.

Ausschluß-Prinzip:

Entscheidet der Basis-Klassifikator B_{ij} bei Vorliegen eines Merkmalsvektors m für die Klasse j, so kann gefolgert werden, daß m n i c h t zur Klasse i gehört.

Eine mögliche Klassifizierungsstrategie nach diesem Prinzip sei am Beispiel der Musterklassen 1, 2, 3, 4, 5 dargestellt:

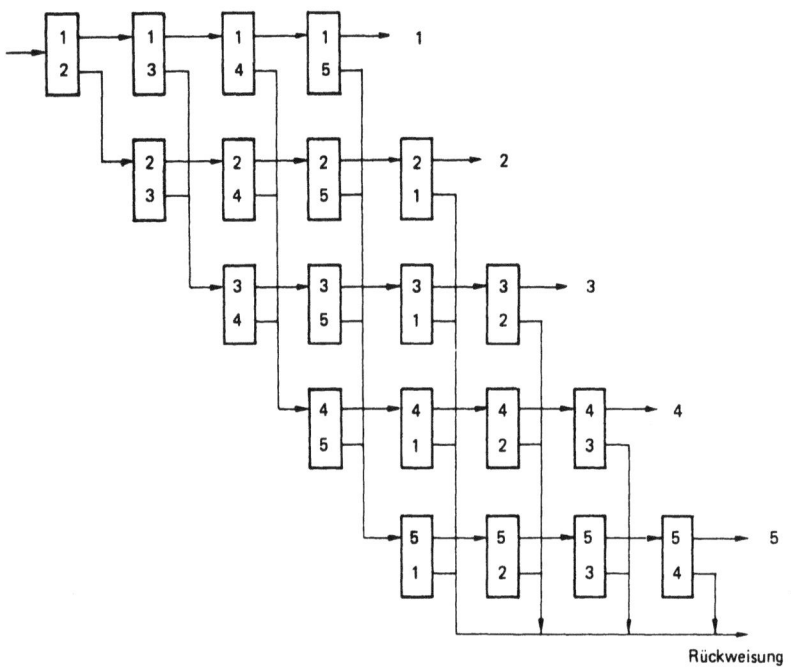

Abb. 1   Klassifizierung nach dem Ausschluß-Prinzip

3. Ein Vergleich beider Verfahren

Als Kriterium für die Sicherheit einer getroffenen Entscheidung wählt man bei der Bayes-Klassifikation den euklidischen Abstand des Resultatvektors zum nächstgelegenen Einheitsvektor.

Genauso bestimmen wir bei der vorgestellten Klassifizierungsstrategie als Sicherheits-Kriterium das Maximum dieser Werte bzgl. aller Basisklassifikatoren

$$\left\{ B_{ij} : 1 \leq j \leq n \; ; \; j \neq i \right\},$$

die zugunsten der Resultatklasse M_i entschieden haben.

Ein Vergleich der beiden Klassifizierungsverfahren wurde an einer Teststichprobe von ca. 26.000 gedruckten Großbuchstaben A-Z aus ca. 50 verschiedenen Schriftarten (Schreibmaschine, Drucker, Nadeldrucker) durchgeführt.

Die zuvor einheitlich bestimmten Merkmalssätze enthielten 110 Merkmale mit Werten zwischen -1 und +1.

Das Klassifizierungsergebnis bei Verwendung von linearen Basis-Klassifikatoren war sowohl bei der Rückweisungs- als auch bei der Substitutionsrate um den Faktor 100 besser als die Klassifizierung mit einem linearen Bayes-Klassifikator.

Abb. 2 zeigt die entsprechenden Kurvenverläufe. Bzgl. der Klassifizierung mit Basis-Klassifikatoren ist die gewählte Stichprobe von 26.000 Zeichen bereits zu klein, um eine Substitutionskurve zeichnen zu können.

Es gab nur eine einzige Substitution, ein verstümmeltes Zeichen E.

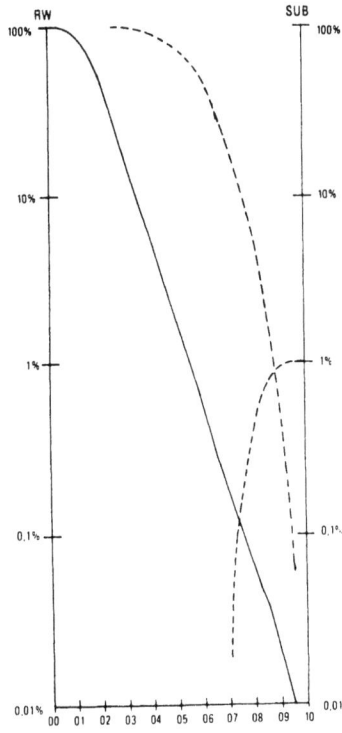

--- Bayes-Klassifikator
—— Basis-Klassifikatoren
     und Ausschluß-Prinzip

Abb. 2   Vergleich der Klassifizierungsergebnisse

4. Verbesserung von Bayes-Klassifikatoren durch ein verändertes Berechnungsverfahren

Zur Berechnung von Bayes-Klassifikatoren werden gewöhnlich die Merkmalssätze m an der ersten Position um die Konstante 1 erweitert.
Aus diesen Merkmalssätzen wird für jede Zeichenklasse M_i eine Kovarianzmatrix K_i gebildet:

$$K_i(j, k) = \sum_{m \in M_i} m(j) * m(k)$$

Aus den Kovarianzmatrizen wird ein Gleichungssystem

$$A*(x_A, x_B, \ldots x_Z) = (b_A, b_B, \ldots b_Z)$$

gebildet und gelöst.

Dabei ist die Koeffizientenmatrix A die Summe aller Kovarianzmatrizen, die Vektoren b_i sind die ersten Spalten der Kovarianzmatrizen K_i.

Die Lösungsvektoren x_i haben nun die Eigenschaft, Merkmalsvektoren m_i aus der Zeichenklasse i bei Bildung des inneren Produktes $x_i * m_i$ mit minimaler mittlerer Streuung auf den Wert +1 abzubilden, Merkmalsvektoren m_j aus den Klassen j (j ≠ i) dagegen mit minimaler mittlerer Streuung auf den Wert 0.

Ein wesentliches Kriterium für die Qualität eines Klassifikators ist sicher, wie gut die Zielwerte tatsächlich erreicht werden, d.h., wie groß die mittlere Streuung σ der tatsächlich erreichten um die gewünschten Zielwerte ist.

Kennung	Streuung σ
A	0.222
B	0.059
C	0.080
D	0.064
E	0.049
F	0.064
G	0.063
H	0.071
I	0.082
J	0.086
K	0.064
L	0.084
M	0.070
N	0.054
O	0.096
P	0.067
Q	0.074
R	0.080
S	0.085
T	0.076
U	0.090
V	0.067
W	0.062
X	0.077
Y	0.080
Z	0.071
Mittelwert	0.078

Die nebenstehende Tabelle wurde durch Vermessung des Klassifikators X_A aus Abschnitt 3 ermittelt.

Es fällt auf, daß die Zeichen der Zeichenklasse A eine viel größere Streuung um ihren Zielwert +1 aufweisen als die Zeichen der übrigen Zeichenklassen um ihre Zielwerte 0.

Tabelle 1: Streuung σ der Ist- um die Sollwerte des Klassifikators X_A

Ganz analoge Verhältnisse sind bei den restlichen 25 Koeffizientenvektoren des betrachteten Bayes-Klassifikators anzutreffen, meist sogar noch in viel ausgeprägterer Form. Bei vielen dieser Koeffizientenvektoren hat die zugehörige Zeichenklasse sogar σ-Werte größer als 0,5. Das bedeutet, daß die erreichten Zielwerte sehr stark um den gewünschten Wert 1 streuen. Nun weiß man, daß die Ergebnisse der Klassifikatorberechnung beeinflußt werden können, indem man die einzelnen Kovarianzmatrizen K_i vorher mit irgendwelchen Faktoren multipliziert ("Gewichtung"). Dies entspricht einer entsprechenden Veränderung der Anzahl der eingerechneten Stichprobenelemente für diese Zeichenklasse.

Zwei Ansätze sind naheliegend und wurden getestet:

1. Man wichtet die jeweilige Einsklasse[*] mit der Anzahl der zugehörigen Nullklassen, in unserem Fall mit der Zahl 25.

2. Man bestimmt (z.B. durch einen iterativen Algorithmus) derartige Gewichte, daß die Stichproben aller beteiligter Zeichenklassen möglichst die gleiche Streuung um den Zielwert aufweisen (Vermeidung maximaler Streuung für einzelne Zeichenklassen, "Egalisierende Gewichtung").

In Tabelle 2 sind zunächst die dabei entstehenden mittleren Streuungen der einzelnen Zeichenklassen aufgeführt, bei der egalisierenden Gewichtung zugleich die hierfür notwendigen Gewichte.

	ohne Gewichtung	GEW(A) = 25	egalisierende Gewichtung	(Gewicht)
A	0.222	0.075	0.101	(6.807)
B	0.059	0.084	0.095	(0.0)
C	0.080	0.108	0.101	(0.747)
D	0.064	0.088	0.084	(0.0)
E	0.049	0.068	0.077	(0.0)
F	0.064	0.091	0.101	(0.283)
G	0.063	0.089	0.084	(0.0)
H	0.071	0.103	0.101	(0.810)
I	0.082	0.107	0.101	(1.212)
J	0.086	0.109	0.101	(1.045)
K	0.064	0.093	0.101	(0.411)
L	0.084	0.115	0.101	(1.169)
M	0.070	0.112	0.101	(0.971)
N	0.054	0.086	0.095	(0.0)
O	0.096	0.130	0.101	(1.913)
P	0.067	0.105	0.101	(1.116)
Q	0.074	0.129	0.101	(0.839)
R	0.080	0.137	0.101	(1.584)
S	0.085	0.116	0.101	(1.458)
T	0.076	0.109	0.101	(0.924)
U	0.090	0.145	0.101	(1.587)
V	0.067	0.105	0.101	(0.423)
W	0.062	0.097	0.101	(0.748)
X	0.077	0.108	0.101	(1.096)
Y	0.080	0.105	0.101	(0.829)
Z	0.071	0.103	0.095	(0.0)
Mittelwert	0.078	0.105	0.098	(1.0)

Tabelle 2: Streuung der einzelnen Zeichenklassen um die Zielwerte +1 (Klasse A) bzw. 0 (Klassen B,C,...,Z)

---

[*] Mit Einsklasse bezeichnen wir die Zeichenklasse mit dem Zielwert 1, entsprechend mit Nullklassen die Zeichenklassen mit den Zielwerten 0.

Abb. 3 zeigt schließlich den auf diese Weise erreichten Gewinn an Erkennungsqualität.

Erstaunlich ist, daß nicht die egalisierende Gewichtung, sondern die Gewichtung nach Anzahl der Nullklassen ein deutliches Optimum darstellt.

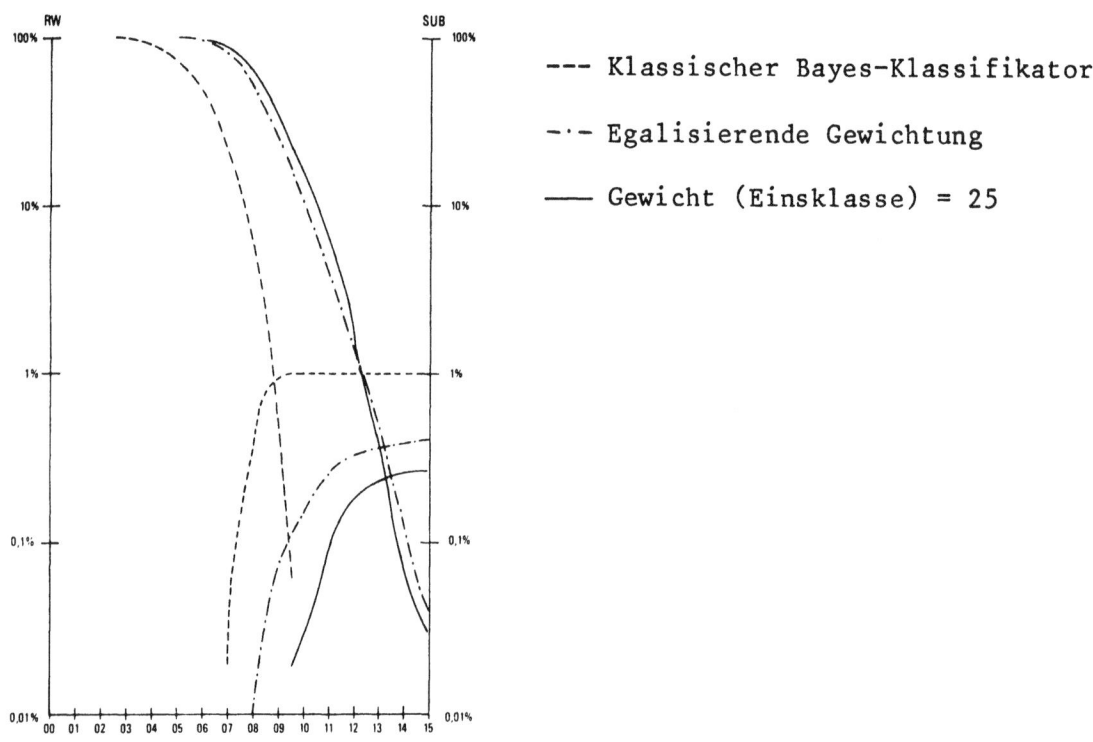

Abb. 3   Vergleich der Klassifizierungsergebnisse
         bei unterschiedlicher Gewichtung

5. Literatur

/1/ J. Schürmann: Polynomklassifikatoren für die Zeichenerkennung. Oldenburg, München, Wien 1977.

/2/ P.A. Devijver, J. Kittler: Pattern Recognition: A Statistical Approach, Prentice-Hall, London 1982.

Diese Arbeit wurde vom BMFT gefördert, Förderungskennzeichen 08IT15154.

ZUR ENTWICKLUNG HIERARCHISCHER KLASSIFIKATOREN AUS DER
ENTSCHEIDUNGSTHEORETISCHEN KONZEPTION

Jürgen Franke

AEG-TELEFUNKEN, Forschungsinstitut, Ulm

Zusammenfassung

Es werden hierarchische Klassifikatorsysteme behandelt, die das rein binäre Konzept in ein dynamisch gesteuertes erweitern (soft-decision). Außerdem wird für Erkennungssysteme, die mit den bedingten Rückschlußwahrscheinlichkeiten arbeiten, die Unabhängigkeit des Ergebnisses vom Aufbau der Rechenprozedur bewiesen.

Schlüsselworte: pattern recognition, tree classifier, soft decision, decision trees, clustering

1. Einführung

Hierarchische Klassifikatoren, zu denen auch binäre Klassifikatorbäume gehören, werden in einer Vielzahl von Arbeiten beschrieben. Dabei geht es

1. um die optimale Baumstruktur /1,2/,

2. um die Auswahl der Merkmale, die in den einzelnen Knoten zur Erkennung benutzt werden /3/ und

3. um die optimalen Entscheidungsregeln in den einzelnen Knoten /4/.

Diese Lösungsansätze beschäftigen sich mit hierarchischen Systemen, in denen nicht nur die Knotenstruktur binär ist, sondern auch die Entscheidungen in ihnen, d.h. es wird immer nur der wahrscheinlichste Weg weiter verfolgt (hard-decision, forced recognition). Dies führt bei serieller Verarbeitung zu einer wesentlichen Steigerung der Verarbeitungsgeschwindigkeit, und dies war auch einer der Gründe für die Einführung der hierarchischen Systeme.

Wenn man einen hierarchischen Klassifikator nach dem entscheidungstheoretischen Lösungsansatz betreibt, so schätzt man in jedem Knoten die a-posteriori-Wahrscheinlichkeiten. Multipliziert man die geschätzten Wahrscheinlichkeiten entlang jedes Weges durch den Baum aus, so erhält man an den Endpunkten Schätzungen für die a-posteriori-Wahrscheinlichkeiten jeder einzelnen Klasse (Gesamtschätzvektor).

Unter diesen Voraussetzungen sollen drei Ergebnisse vorgestellt werden:

1. Könnte man ein Erkennungssystem mit den bedingten Rückschlußwahrscheinlichkeiten $p(k/v)$ für die Klassen k, k=1,...,K, und die Merkmalsvektoren v betreiben, so wäre der Aufbau des Baumes ohne Einfluß auf die Erkennungsleistung.

2. Da die bedingten Rückschlußwahrscheinlichkeiten nicht bekannt sind, ist die Struktur aber ein relevanter Parameter bei der Konstruktion von Erkennungssystemen. Schätzt man die a-posteriori-Wahrscheinlichkeiten $p(k/v)$ mit

im quadratischen Mittel optimierten Polynomen, so ergibt sich, daß hierarchische Systeme, die mit ausmultiplizierten Gesamt-Schätzvektoren arbeiten, einen mächtigeren Ansatz als einstufige (nicht hierarchische) Systeme darstellen.

3. Das oben beschriebene Konzept des vollständig durchgerechneten Baumes scheint der eigentlichen Motivation, hierarchische Systeme einzuführen, gerade zuwiderzulaufen. Man kann es jedoch dahingehend abwandeln, daß in jedem Knoten die dort erzeugten Schätzungen dazu benutzt werden, um dynamisch die weitführenden Wege im Baum zu schliessen oder offen zu lassen. In jedem Knoten wird also durch einen geeigneten Algorithmus und durch Vorgabe von Schwellwerten entschieden, wieviele alternative Wege weiter verfolgt werden sollen (soft-decision).

Man schaltet nicht nur einen einzigen Weg auf, sondern alle diejenigen, für die die Schätzung eine hinreichende Wahrscheinlichkeit ergibt. Hierdurch kann der Zweck der hierarchischen Organisation -Geschwindigkeitssteigerung- wieder erfüllt werden. Da man nach den maximal geschätzten Rückschlußwahrscheinlichkeiten sucht, können die kleinen und damit uninteressanten Wahrscheinlichkeiten ohne großen Fehler gleich Null gesetzt werden. Die ihnen zugeordneten Wege brauchen nicht weiterverfolgt zu werden.

Zusätzlich sei darauf hingewiesen, daß hierarchische Systeme der beschriebenen Art nicht mehr abgespeicherte Koeffizienten für die Klassifikatoren benötigen als einstufige und auch der Adaptionsaufwand nur unbedeutend größer ist.

2. Struktur des Klassifikatorbaumes

Konstruiert man ein Erkennungssystem auf Grund des entscheidungstheoretischen Ansatzes, so muß dieses seine Entscheidungen an Hand der a-posteriori Wahrscheinlichkeiten $p(k/v)$ treffen. Bei solch einem Erkennungssystem können die Rechenoperationen beliebig gegliedert sein:

1. Es kann einstufig sein, d.h. es gibt einen Klassifizierungsmodul, der alle Werte $p(k/v)$ unabhängig voneinander berechnet und unmittelbar entscheidet, welcher Klasse k der vorgeführte Merkmalsvektor v angehört.

2. Die Rechenprozedur kann wie ein binärer Baum organisiert sein. Jede Hierarchieebene berechnet nur die Wahrscheinlichkeiten mit denen der vorliegende Merkmalsvektor in die beiden Ausgangskanäle gehört.

3. Zwischen diesen beiden Extrempunkten kann das Erkennungssystem jeden beliebigen Aufbau haben.

Bei Variante 1 ist das Ergebnis des Systems gleich dem Ergebnis des einzigen Knotens. Bei den Varianten 2 und 3 erhält man das Gesamtergebnis, indem man die Teilergebnisse ausmultipliziert. In allen drei Fällen ist das Gesamtergebnis identisch.

Satz: Für alle Erkennungssysteme mit einer beliebigen Klassenanzahl N, die auf Grund der bedingten Rückschlußwahrscheinlichkeiten arbeiten, ist ihr Ergebnis vom strukturellen Aufbau des Baumes unabhängig und für jede Klasse k gleich p(k/v).

Beweis durch vollständige Induktion:

Induktionsanfang: Klassenanzahl gleich 1

Es gibt nur eine Klasse k. Die Struktur ist trivial, da es nur einen Knoten mit einem Eingang und einem Ausgang gibt. Die Rückschlußwahrscheinlichkeit ist p(k/v) = 1 für alle v.

Induktionsvoraussetzung: Für Klassenanzahl gleich N gilt die Behauptung.

Induktionsschluß: Klassenanzahl gleich N + 1

Sei WK ein Klassifikator an der Wurzel des Baumes mit beliebigem, aber nicht trivialem Aufbau. Sei M ein beliebiger Ausgang aus WK und bezeichne MM die Menge der Klassen, die zu M gehören. Alle Klassen aus MM tragen zusätzlich zu ihrer eigentlichen Kennung noch die Sammelkennung m. WK schätzt für jeden Merkmalsvektor v den Ausgang M mit p(m/v). Der Ausgang M ist der Eingang für das Unterklassifikatorsystem US, welches die Elemente der Menge MM klassifiziert. Die Klassenanzahl dieses Systems ist kleiner als N+1, d.h. die Induktionsvoraussetzung ist anwendbar:
Für das Untersystem US ist also sein struktureller Aufbau ohne Bedeutung. Für jede Klasse k aus MM wird an ihrem Ausgang aus dem System US folgende Schätzung abgegeben:

$$p(k/(m,v))$$

Damit ergibt sich für das Gesamtsystem am Ausgang für k folgende Schätzung:

$$p(k/(m,v)) * p(m/v) = \frac{p(k,(m,v))}{p(m,v)} * \frac{p(m,v)}{p(v)} = \frac{p(k,(m,v))}{p(v)} = \frac{p(k,v)}{p(v)} = p(k/v).$$

Schätzt man die wahren, aber unbekannten, Rückschlußwahrscheinlichkeiten p(k/v) durch Polynome, die im quadratischen Mittel adaptiert sind,
$DA = A^T * x(v)$,
so ist die Systemleistung vom strukturellen Aufbau des Klassifikatorsystems aber nicht mehr unabhängig, sondern wird selber ein relevanter Parameter.

3. Erhöhung des Polynomgrades durch hierarchischen Aufbau

Durch die Einführung der hierarchischen Verarbeitung mit ausmultipliziertem Gesamtschätzvektor ergibt sich automatisch eine Erhöhung des Polynomgrades bei den Schätzfunktionen. Dies sei an dem Beispiel eines 2-stufig hierarchischen Systems (Bild 1) mit 4 Klassen gezeigt:

Sei v ein Merkmalsvektor, x = x(v) ein Polynomvektor in v und seien
K = (k(1) , k(2)), A = (a(1) , a(2)) bzw. B = (b(1) , b(2))
die Koeffizientenmatrizen für die Berechnung der Schätzungvektoren DK, DA bzw. DB für die bedingten Rückschlußwahrscheinlichkeiten. Der Schätzvektor für die erste Hierarchiestufe ist z.B.
DK = (DK(1) , DK(2)) = ($k(1)^T * x(v)$, $k(2)^T * x(v)$)

Entsprechend sind die Schätzungen DA bzw. DB für das vorliegende Zeichen v zu berechnen.

Als Gesamtschätzung ergibt sich:

$DG = (DA(1)*DK(1) , DA(2)*DK(1) , DB(1)*DK(2) , DB(2)*DK(2))^T$

$= \begin{pmatrix} DA & 0 \\ 0 & DB \end{pmatrix} * DK$

Für die erste Komponente von DG ergibt sich (die anderen Komponenten werden entsprechend berechnet):

$DG(1) = DA(1) * DK(1) = (a(1)^T * x) * (k(1)^T * x) = x^T * (a(1) * k(1)^T) * x$

Vereinbart man nun $Q1 := 1/2 * a(1) * k(1)^T + 1/2 * k(1) * a(1)^T$ so ergibt sich:

$DG(1) = x^T * Q1 * x$

Dies ist eine quadratische Form in x, die sich mit einem Polynomvektor p(x) in ein Skalarprodukt überführen läßt.

$DG(1) = q(1)^T * p(x)$.

p(x) ist vollständig quadratisch in x, d.h. wenn x linear in v ist, so ist die hierarchische Schätzgleichung vollständig quadratisch in v. Durch die hierarchische Gliederung kommt man also in den Bereich der quadratischen Ansätze, die bei einem einstufigen Ansatz - aus Rechenzeitgründen - nur bei einem sehr kurzen Merkmalsvektor realisierbar wären. Es muß aber bemerkt werden, daß diese Schätzung nicht im quadratischen Mittel optimiert ist, d.h. die Matrix Q1 ist im Raum der N*N-Matrizen nicht die beste Lösung.

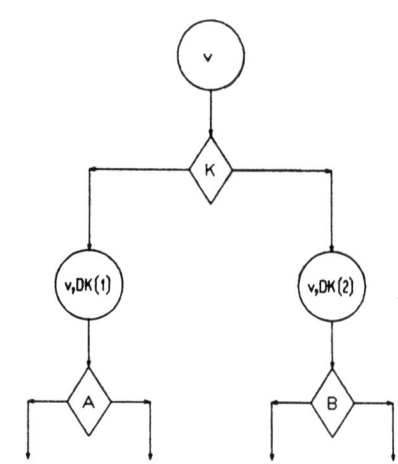

Die zweistufig hierarchischen linearen Klassifikatorsysteme kann man also als quasi-vollständig-quadratische Klassifikatoren bezeichnen. Da diese Betrachtungsweise auch in n Hierarchiestufen gültig ist, kann man die n-stufig linearen Klassifikatorsysteme als quasi-vollständig-n-gradige Klassifikatoren auffassen.

Bild 1: Vollständig berechneter binärer Baum

4. Alternativenbildung und Steigerung der Rechengeschwindigkeit

Durch geschicktes Zusammenfassen von einzelnen Klassen zu Klassengruppen kann man dem Erkennungssystem die Arbeit erleichtern. Geschickt bedeutet, das System so zu organisieren, daß der Approximationsfehler der Schätzungen klein wird. Man muß also Klassen nach ihrer Lage im Stichprobenraum zusammenfassen, d.h. benachbarte Klassen werden in einem Cluster vereinigt. Dies führt bei der Strukturierung des Erkennungsproblems auf den Einsatz von Clusterverfahren.

Folgende Vorteile ergeben sich aus einer Clusterung:
Da die Klassifikatoren zur Erkennung durch den Stichprobenraum Trennebenen legen müssen, wird dem Erkennungssystem gewissermaßen die Arbeit erleichtert, wenn die Klassenhaufen eine möglichst kleine Durchschnittsmenge besitzen, und ihre Grenzen möglichst einfach sind.

Durch die Vereinfachung der Aufgabe in den einzelnen Knoten, kann das System uninteressante Wege viel genauer schätzen (geschätzte Rückschlußwahrscheinlichkeit nahe bei 0) und braucht sie nicht weiter zu verfolgen, d.h. Wege, die nur mit sehr geringer Wahrscheinlichkeit geschätzt werden, brauchen nicht durchgerechnet zu werden. Dadurch ist eine erhebliche Steigerung der Rechengeschwindigkeit zu erreichen.

Natürlich kann man durch eine ungeschickte Baumeinteilung die durch die hierarchische Organisation gewonnenen Vorteile (Abschnitt 3) in ihr Gegenteil umkehren. Deshalb ist besonders auf eine effektive Baumstruktur zu achten.

Die Vorgehensweise, gegebenenfalls auch mehrere Wege im Baum zu verfolgen und nicht nur binär zu entscheiden, um die Rechengeschwindigkeit zu erhöhen, hat folgenden Vorteil:
Man kann einer Nachverarbeitung mehr Informationen (geschätzte Rückschlußwahrscheinlichkeiten für mehrere Klassen statt nur für eine einzige) zur Verfügung stellen. Dadurch wird die Gelegenheit geboten, zwischen den errechneten Alternativen auf Wortebene zu entscheiden.

Dies ist besonders wichtig bei Zeichen (z.B. (p,P), (O,o,Ziffer 0)), die ein Erkennungssystem auf Grund der Gestalt nicht oder nur schwer auseinanderhalten kann. Diese Konfliktfälle des Systems führen in einer harten Baumverarbeitung zu vielen Falschentscheidungen. Diese Fälle werden mit der soft-decision-Methode bewußt der Nachverarbeitung zugeführt. Dort können sie dann mit anderen Methoden aufgelöst werden.

Die soft-decision-Klassifikatorbäume bieten also nicht nur in ihrer inneren Struktur eine Vielzahl von Gestaltungsmöglichkeiten, sondern es werden auch für die Nachverarbeitung mehr Informationen bereitgestellt.

Literatur

1. H.J. Payne, W.S. Meisel, An Algorithm for Constructing Optimal Binary Trees, IEEE Trans. on Comp., Vol. C-26, No. 9, Dallas 1977

2. A.V. Kulkarni, L.N. Kanal, An Optimization Approach to Hierarchical Classifier Design, Proc. 3. Int. Joint Conf. on Pattern Recognition, Coronado 1976

3. Shi Qing-Yun, A Method For The Design of Binary Tree Classifiers, IEEE Proc. Conf. on Pattern Recognition and Image Processing 1981

4. M. W. Kurzynski, The Optimal Strategy of a Tree Classifier, Pattern Recognition Vol. 16, No.1 (1983)

Diese Arbeit wird durch das Bundesministerium für Forschung und Technologie (BMFT) gefördert. Der Autor ist für den Inhalt alleine verantwortlich.

EIN MODELL ZUM LERNEN EINES HINREICHENDEN VERFAHRENS ZUR SUCHE UND
VERFOLGUNG VON OBJEKTKONTUREN

Wolfgang Geisler

Institut für Nachrichtentechnik der TU Braunschweig

Kurzfassung

Von einem lernfähigen Objekterkennungssystem wird derjenige Teil
beschrieben, bei dem das System ein hinreichendes Verfahren zur
Suche und Verfolgung von Objektkonturen erwirbt. Das überwachte
Lernen erfolgt durch Prüfen von Hypothesen. Konturverfolgung und
Lernvorgang werden dazu im Modell eines lernfähigen Mustererkennungssystem dargestellt. Ein Metaalgorithmus, dem Verfahren zur
Konturverfolgung bekannt sind, bildet die Hypothesen. Ausgehend von
einer Merkmalhypothese werden durch Analyse der Verteilungsparameter Hypothesen über die Klassifikationsregel und die Regel zur Auswahl möglicher Konturfortsetzungspunkte gebildet.

1. Einführung

Für eine Automatisierung von Fertigprozessen mit kleinen und mittleren Losgrößen werden unter anderem "sehende" Sensoren benötigt.
Hauptsächliche Aufgaben dieser Sensoren sind die Erkennung und/oder
Überprüfung von Objekten oder Objektteilen bei den unterschiedlichsten Produktionsabläufen. Diese "sehenden" Sensoren, die auch als
Objekterkennungssysteme bezeichnet werden, sollten schnell an neue
Aufgaben angepaßt werden können, wobei die Bedienung durch einen
eingearbeiteten Nicht-Fachmann möglich sein sollte. Am IfN wird an
der Entwicklung eines solchen Sensors gearbeitet, bei dem die Adaption des Sensors an neue Aufgaben in Form eines Lernvorganges abläuft. In diesem Vortrag wird nun derjenige Teil des Lernvorganges
dargestellt, bei dem das System die Kenntnis eines hinreichenden
Verfahrens zur Suche und Verfolgung von Objektkonturen in einem
Graubild erwirbt. Dieser Lernvorgang wird zur Zeit als Software-
Paket auf einem Minirechner PDP 11/23 mit einem angeschlossenen
digitalen Bildspeicher realisiert.

Das Lernen erfolgt unter Anleitung eines Lehrers, der den Erfolg
des Sensors bei der Konturverfolgung beurteilt und vom Sensor ge-
troffene Fehlentscheidungen korrigiert. Die diesem System zugrunde-
liegende Vorstellung über den Lernvorgang lehnt sich an das allgemeine Modell des "Lernens durch Hypothesenprüfen", wie es etwa in
/1/ verwendet wird, an. Dabei wird eine Hypothese gebildet, welches
Konturfolgeverfahren erfolgreich sein könnte. Diese Hypothese wird
solange aufrecht erhalten, bis das Verfahren versagt. Nach einer
genügend großen Anzahl positiver Bekräftigungen der Hypothese
bricht der Lernvorgang ab und das erfolgreiche Verfahren wird für
diese Objektklasse und Umwelt als hinreichend akzeptiert.

Bei der Kontursuche handelt es sich um ein zeilenweises Absuchen
des Bildes nach einem Bildpunkt, der die gleichen Kriterien erfüllt, wie die während der Verfolgung erkannten Konturpunkte. Daher
wird im folgenden lediglich die Konturverfolgung behandelt. Zunächst werden Konturverfolgung und Lernvorgang mit Hilfe des Mo-

dells eines lernfähigen Mustererkennungssystem beschrieben. Anschließend wird der Algorithmus zum Hypothesenbilden näher erläutert und kurz auf die Hypothesen eingegangen. Nach /1/ wird der Algorithmus zum Hypothesenbilden als Metaalgorithmus bezeichnet. Mit Hilfe eines einfachen Beispiels wird die Arbeitsweise des Systems verdeutlicht.

2. Modell des lernfähigen Mustererkennungssystem

Konturverfolgung und Lernvorgang können in der Form eines lernfähigen Mustererkennungssystems dargestellt werden (Bild 1). Zunächst wird bei der Bildaufnahme ein Ausschnitt der realen Umwelt als zweidimensionales Grautonbild in einen digitalen Bildspeicher abgebildet. Da das Mustererkennungssystem nur auf den Bildspeicher zugreifen kann, wird dieser als 2-D Objtraum angesehen. Die Auswahlsteuerung des Analysators bestimmt, welche Bildpunkte in der Umgebung des letztgefundenen Konturpunktes mögliche Kandidaten für eine Konturfortsetzung sind. Für dieser Kandidaten berechnet der Analysator Merkmale. Die verzögerte Rückführung ermöglicht die rekursive Berechnung von Merkmalen. Der Klassifikator entscheidet dann aufgrund der Merkmalwerte über die Klassenzugehörigkeit der Kandidaten und legt den nächsten Konturpunkt fest. In der Vergleichsstufe wird die Entscheidung des Klassifikators mit der Entscheidung des Lehrers, der die Konturverfolgung auf einem Monitor beobachtet, verglichen. Stimmen die Entscheidungen überein, erfolgt eine Verlängerung der Kontur. Die Auswahlsteuerung bekommt die Koordinaten des neuen Konturpunktes mitgeteilt, und der geschilderte

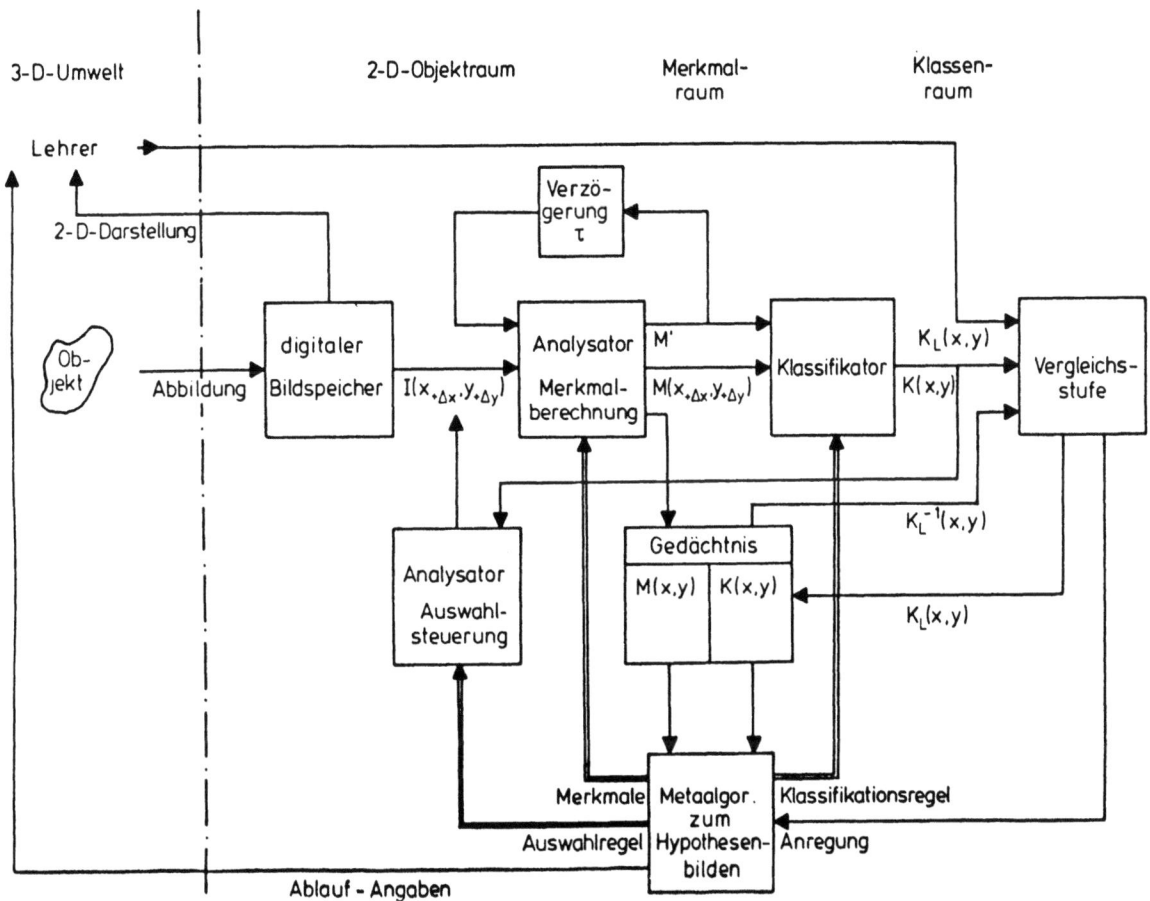

Bild 1: Lernfähiges Mustererkennungssystem

Ablauf beginnt von vorn. Findet der Klassifikator unter den Kandidaten keinen Konturpunkt, oder weicht die Entscheidung des Lehrers von der des Klassifikators ab, wird der Metaalgorithmus angeregt. Dieser bildet eine neue Hypothese. Der Metaalgorithmus teilt der Ablaufsteuerung die Regel zur Kandidatenauswahl, dem Analysator die zu berechnenden Merkmale und dem Klassifikator die neue Klassifikationsregel mit. Die Überprüfung der neuen Hypothese erfolgt zunächst mit Hilfe der bereits gefundenen Konturpunkte, deren Koordinaten in einem Gedächtnis gespeichert wurden. Erst wenn die neue Hypothese hier erfolgreich ist, wird die Belehrung durch den Lehrer wieder aufgenommen. Anderenfalls wird vom Metaalgorithmus eine neue Hypothese gebildet.

Der eben beschriebene Ablauf wiederholt sich solange, bis die Kontur des Objektes nach Maßgabe des Lehrers fehlerfrei in n Bildern klassifiziert wurde. Danach läuft die Kontursuche und -verfolgung mit der erfolgreichen Hypothese für diese Aufgabe automatisch ab. Sind alle Hypothesen erfolglos, weist das System die vorliegende Aufgabe als nicht lösbar zurück.

3. Metaalgorithmus

Aufgabe des Metaalgorithmus ist es, die Kenntnis über ein möglichst einfaches, für die vorliegende Szene jedoch hinreichendes Konturfolgeverfahren zu erwerben. Bild 2 zeigt den prinzipiellen Aufbau des Metaalgorithmus. Die Steuer- und Dialogeinheit regelt die Kommunikation mit dem Lehrer und den Ablauf des Algorithmusses. Liegt noch keine Kenntnis über die Klassenzugehörigkeit von Bildpunkten

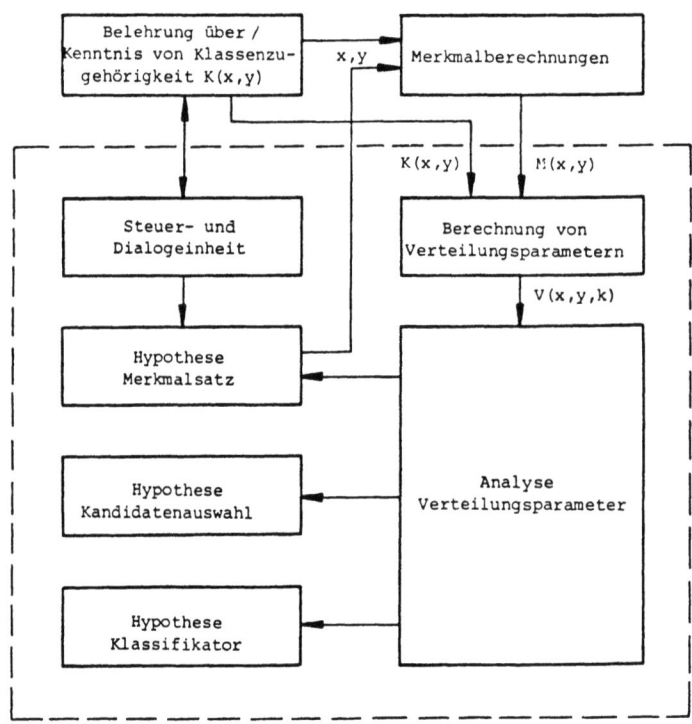

Bild 2: Metaalgorithmus zum Hypothesenbilden

vor, sorgt sie dafür, daß eine bestimmte Anzahl von Bildpunkten
klassifiziert wird. Dann wird eine Hypothese darüber aufgestellt,
welches Merkmal/welcher Merkmalsatz zur Erkennung geeignet sei.
Diese Merkmale werden für die bereits klassifizierten Bildpunkte
berechnet, und die benötigten Verteilungsparameter ermittelt. Die
Analyse der Verteilungsparameter führt dann zu Hypothesen über den
Klassifikator und die Art der Kandidatenauswahl oder aber, bei
Nichteignung der Merkmale bereits zu einer Rückweisung der Merkmalhypothese. In diesem Fall wird mit einer neuen Merkmalhypothese
das Verfahren erneut durchlaufen. Die Regeln der ausgewählten Hy-
pothesen werden dann dem System mitgeteilt und die Überprüfung der
Hypothese veranlaßt.

Zur Bildung der Hypothesen kennt der Metaalgorithmus Konturfolgeverfahren. Durch die Aufteilung der Konturverfolgung in die Einheiten Kandidatenauswahlsteuerung, Merkmalberechnung und Klassifikator ist es möglich, bereits mit wenigen Hypothesen zu jeder Einheit eine Vielzahl unterschiedlicher Konturverfolgeverfahren zu
erzeugen. Die Hypothesen liegen zunächst in einer geordneten Reihenfolge mit steigendem Kompliziertheitsgrad vor. Dabei ist die
Kompliziertheit einer Hypothese bisher nur intuitiv erfaßt worden,
orientiert sich jedoch am Berechnungsaufwand. Die Hypothesen werden
zunächst in dieser festgelegten Reihenfolge überprüft. Ist eine
Hypothese erfolgreich, wird dies in einer Erfolgsliste notiert.
Nach einer gewissen Anzahl von Lernzyklen wird jeweils die Reihenfolge der Hypothesenprüfungen der Erfolgshäufigkeit nach neu geordnet. Dadurch soll eine Beschleunigung des Lernens bei einer neuen
Objektklasse erzielt werden.

4. Hypothesen

Es existiert eine umfangreiche Literatur darüber, anhand welcher
Merkmale und mit Hilfe welcher Verfolgungsregeln Konturen erkannt
werden können, z.B. /2/, /3/, /4/. Zum Aufbau des Systems wird auf
diese Literatur zurückgegriffen und diese au gewertet. Erfolgversprechende Verfahren werden unter dem Gesichtspunkt des oben beschriebenen Modells in die Teileinheiten Kandidatenauswahlregeln,
Merkmale und Klassifikationsverfahren zerlegt. Um auf eine Vielzahl
unterschiedlicher Verfahren zurückgreifen zu können, wurde für den
Merkmalraum ein struktureller Ansatz gewählt, der die relative Anordnung der Merkmale zueinander im Objektraum berücksichtigt. Die
Struktur besteht aus Merkmalen, die durch Merkmalwerte quantifi-
ziert sind, und Relationen zwischen den Merkmalen, die sich durch
aussagenlogische Begriffe und zugeordnete Werte beschreiben lassen.
Ein Beispiel für einen möglichen Merkmalsatz: "Der Kandidat für eine Konturfortsetzung besitzt das Merkmal "Gradient" mit dem Wert
"20". Links der Richtung vom letztgefundenen Konturpunkt zum Kandidaten ist in einer Entfernung von 3 Bildpunkten der mittlere Grauwert "30", rechts der Richtung ist in einer Entfernung von 2 Bildpunkten der Wert des Laplace-Operators "10". So ist es möglich,
auch Verfahren, bei denen die Bestimmung des nächsten Konturpunktes
von einer Vorausschau über mehrere Punkte abhängig ist, wie z.B. in
/5/, und Verfahren, bei denen die Kenntnis der Objektform in das
Folgeverfahren mit eingeht, wie z.B. in /6/, mit in das System einzubeziehen.

5. Beispiel

Anhand eines einfachen Beispiels soll die Arbeitsweise des Systems verdeutlicht werden. Zu Beginn eines neuen Lernvorganges ist die Klassenzugehörigkeit der Bildpunkte einer Zeile, die das Objekt schneidet, zu bestimmen. Dabei wird der Benutzer vom System unterstützt, indem die Intensitätsverteilung der Zeile in das Monitorbild der Szene mit eingeblendet wird. Die Bildpunkte sind nun den Klassen Hintergrund (H), Objekt (O), Kontur (K) und Unbekannt (U) zuzuordnen. Die letztere Klasse dient dazu, Bildpunkte, deren Zugehörigkeit der Lehrer nicht eindeutig angeben kann, von der Auswertung auszuschließen. Die einfachste Merkmalhypothese ist sicherlich diejenige, daß die Kontur allein anhand ihres Grauwertes erkannt werden kann. Dazu werden die Verteilungsparameter der Grauwerte der klassifizierten Bildpunkte bestimmt. Ergibt die Analyse der Verteilungsparameter, daß disjunkte Klassen vorliegen, und daß die Klasse der Konturpunkte zwischen Objekt und Hintergrund liegt (Bild 3), so werden zunächst folgende Hypothesen ausgewählt: Mögliche, gleichberechtigte Kandidaten für eine Konturfortsetzung sind alle Punkte der 3x3 Umgebung des letztgefundenen Konturpunktes, die im vorhergehenden Schritt noch nicht geprüft wurden. Konturpunkt ist dann derjenige Kandidat, dessen Grauwert in der Konturklasse liegt, und der gegenüber dem mittleren Wert der Klasse die kleinste Differenz aufweist. Die Konturverfolgung nach diese Hypothese wird dann vom Lehrer auf dem Monitor mit Hilfe eines vergrößerten, kontrastangehobenen Bildausschnittes beobachtet. Jeder neu gefundene Konturpunkt wird markiert. Erhebt der Lehrer keine Einwände, wird die Konturverfolgung fortgesetzt.

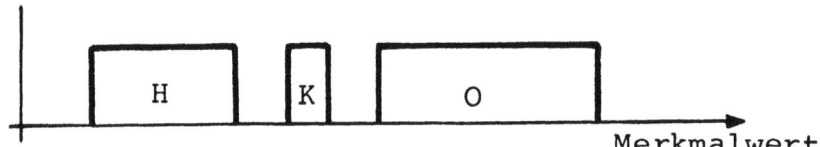

Bild 3: Disjunkte Klassen Hintergrund, Kontur, Objekt

Ergibt sich nach einem Versagen dieser Hypothesen z.B. eine Überschneidung der Klassengrenzen, wie etwa in Bild 4, so lautet die neue Hypothese: Konturfortsetzung ist derjenige Punkt in der 3x3 Umgebung des letztgefundenen Konturpunktes, der auf seiner linken Seite einen Hintergrundbildpunkt besitzt und dessen Grauwert größer ist als die Schwelle T. Dafür legt die Auswahlsteuerung die Kandidaten in einer bestimmten Reihenfolge fest. Der Klassifikator prüft die Bildpunkte in dieser Reihenfolge und der erste Kandidat mit dem Grauwert größer als T ist der nächste Konturpunkt. (Dieses

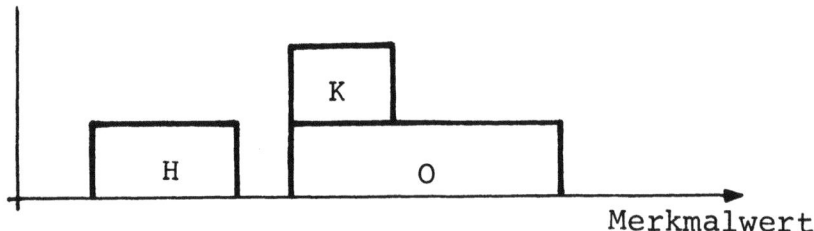

Bild 4: Überlagerung der Merkmale der Objekt- und Konturklasse

Verfahren entspricht einer Konturverfolgung im Binärbild, wobei das Objekt im Uhrzeigersinn umfahren wird.) Sind die Merkmalwerte der einzelnen Klassen so über den möglichen Wertebereich verschmiert, daß keine Hypothese über eine Klassifikation möglich ist, wird zu einer neuen Hypothese über dem Merkmalsatz übergegangen.

6. Abschließende Bemerkungen

Aufgrund des Abbildungsprozesses ist die in digitalen Bildern gefundene Kontur meist nur eine (mehr oder weniger gute) Approximation des wahren Konturverlaufs. Auch ein Nicht-Fachmann, wie der Benutzer des Systems, sollte jedoch in der Lage sein, die Rolle des Lehrers zu übernehmen und die von einer Hypothese gefundene Konturapproximation zu beurteilen. Diese Annahme beruht darauf, daß der Mensch zur Beurteilung einer Szene sowohl lokale als auch globale Informationen auswertet und à priori Wissen über das zu erkennende Objekt mit einbezieht und damit einem Konturfolgeverfahren, daß ja nur lokale Informationen in der Umgebung der Kontur auswertet, jederzeit überlegen ist.

Welches Konturfolgeverfahren für eine bestimmte Szene ausgewählt wird, hängt auch von der Reihenfolge der zu überprüfenden Hypothesen ab. Die Frage, ob eine vom Lernerfolg abhängige Neuordnung der Reihenfolge nicht zu unnötig komplizierten Verfahren führt, kann zur Zeit noch nicht beantwortet werden.

Literaturverzeichnis

/1/ S. Unger, F. Wysotzki: "Lernfähige Klassifizierungssysteme". Akademie-Verlag Berlin, 1981.

/2/ G.S. Robinson: "Edge Edection by Compass Gradient Masks". Computer Graphics and Image Processing 6, p.492-501, 1977.

/3/ B.J. Schachter, A. Rosenfeld: "Some New Methods of Detecting Step Edges in Digital Pictures". Communications of the ACM, Vol. 21, No. 2, Febr. 1978.

/4/ F. Wahl, C. Lange, J. Kretschko: "A Digital Boundary Detection Procedure Applied to Myocardial Scintigrams". Proc. of the 16th. Annual Meeting of the Society of Nuclear Medicin, Madrid 1978.

/5/ V.A. Kovalevski: "Methoden und Algorithmen zur Bildsegmentierung, Konturapproximation und Bilderkennung". Tagungsband der AUTBILD 81, veröffentlicht durch die Friedrich Schiller Universität Jena, S.47-74, 1982.

/6/ M. Yachida, M. Ikeda, S. Tsuij: "A Plan Guided Analysis of Cineangiograms for Measurement of Dynamic Behavior of Heart Wall". IEEE Trans. on Pattern Analysis and Machine Intelligence, Vol. PAMI-2, No. 6, p.537-543, Nov. 1980.

RADIX-2**k-GEWICHTSTRANSFORMATIONEN ZUR CLUSTER-ANALYSE

Ph. Besslich und J.O. Kurowski

Universität Bremen, Fachbereich 1, WE: Theoretische Elektrotechnik und digitale Systeme

1 Einführung

Die Erkennung und Klassifizierung von Bildpunktanhäufungen, die sich in irgendeiner Weise vom Hintergrund abheben (Cluster), ist für die Bildauswertung von erheblicher Bedeutung. Hierbei spielen Gewichtstransformationen eine entscheidende Rolle, bei denen jedes Element des transformierten Vektors eine lineare Kombination der Elemente des ursprünglichen Vektors ist /1/. Elementen mit niedriger Signifikanz sollen dabei geringere Gewichte zugewiesen werden. Beispielsweise sollen für die Erkennung von Clustern die Bildpunkte so gewichtet werden, daß für jedes transformierte Bildelement alle anderen umgekehrt proportional zu ihrem Abstand von ersterem beitragen. Die hier vorgestellten Verfahren benutzen lineare umkehrbare Transformationen zur Cluster-Gewichtung und Schwerpunktbestimmung, die durch schnelle "in-place"-Algorithmen realisiert werden.

2 Gewichtstransformationen mit dyadischer Indizierung

2.1 Globale Radix-2-Gewichtstransformation

In anderen Veröffentlichungen /2/, /3/ haben wir gezeigt, daß für eine Klasse von Transformationen, die als Ähnlichkeitstransformationen auf der Walsh-Hadamard-Transformation (WHT) definiert sind, zweidimensionale Transformationskoeffizienten mit einer eindimensionalen Radix-2-Transformation "in-place" erhalten werden. Hierzu sind die 2^{2n} Bildpunkte gemäß einer als dyadisch bezeichneten Indizierung in einen Bildelementevektor einzutragen (Abb. 1). Ein Signalflußdiagramm (Butterfly), dessen einfachste Form in Abb. 2 angegeben ist, erzeugt Koeffizienten, die Linearkombinationen aller Bildelemente sind. Dabei ist w eine Gewichtsbasis und $w^{(2n-H)}$ der jeweilige Gewichtsfaktor. H ist die Hamming-Distanz der Bildfeld-Indizes von transformierten und ursprünglichen Bildelementen. Eine Gewichtung entsprechend der Hamming-Distanz bedingt dyadische Nachbarschaften durch Spiegelung an den Symmetrieachsen sofern n größer 2 ist.

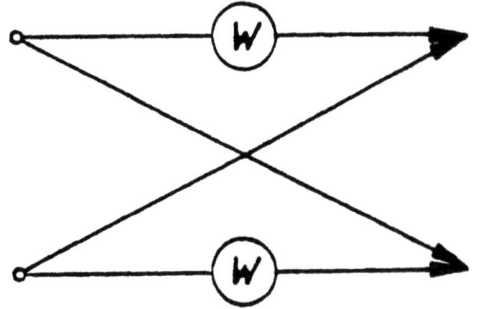

Abb.1   Abb.2

Ein weiterer Nachteil ist, daß jeweils alle Bildelemente zur Gewichtung beitragen, auch wenn ihr Abstand so groß ist, daß sie nicht demselben Cluster angehören, bzw. keinen meßbaren Einfluß ausüben können.

2.2 Lokale Radix-2-Gewichtstransformation

Neben den störenden dyadischen Nachbarschaften besitzt die globale Gewichtstransformation einen weiteren Nachteil für die Anwendung zur Cluster-Gewichtung: Es tragen nämlich alle Elemente des Vektors zu den gewichteten Werten bei, d. h. die Gewichtung relativ kleiner Objekte wird von benachbarten größeren Objekten beeinflußt. Es ist deshalb zweckmäßig, um das jeweils betrachtete Element ein Fenster zu legen, so daß entferntere Teile der Bildmatrix abgedeckt werden. Durch geeignete Modifizierung des Signalflußdiagramms läßt sich eine Fensterung einführen, derart daß nur die innerhalb des Fensters liegenden Bildpunkte in die gewichtete Linearkombination eingehen und außerdem die unerwünschten Hamming-Nachbarschaften verschwinden.

Betrachtet man die Gewichtstransformation als eine Multiplikation des Bildvektors mit einer Gewichtsmatrix, so müssen, um Fenster der Größe 4 x 4 Pixel zu erzeugen, in jeder Zeile der $2^{**}n \times 2^{**}n$ Matrix 16 von Null verschiedene Elemente auftreten. Diese liegen dabei im wesentlichen in der Nähe der Hauptdiagonalen und Parallelen zu dieser. Um eine derartige Matrix im Sinne einer Umkehrung des Kronecker-Produktes zu zerlegen, führen wir neben der Grundmatrix für die Hamming-Distanz-Gewichtung

$$M_{w1} = \begin{bmatrix} w & 1 \\ 1 & w \end{bmatrix}$$

eine Null-Grundgewichtsmatrix ein:

$$M_{w0} = \begin{bmatrix} w & 0 \\ 0 & w \end{bmatrix}$$

Durch geeignete Verwendung der beiden Grundgewichtsmatrizen in den Iterationen des Signalflußgraphen (Abb.3), also durch Weglassen einiger Verbindungen im vollständigen Radix-2-Signalflußdiagramm, erhält man die gewünschte lokale (gefensterte) Gewichtstransformation. Die Anzahl der Iterationen ist von der Größe der Bildmatrix abhängig. Sie beträgt für ein Bildfeld der Größe $2^{**}n \times 2^{**}n$ Pixel $2n$ Iterationen.

Die Gewichtung erfolgt innerhalb des Fensters mit dem Gewichtsfaktor $w^{**}(2n-D)$, wobei der Abstand D die Manhattan-Distanz zwischen den jeweiligen Bildelementen ist. Abb. 4 zeigt beispielsweise ein Fenster, das um Bildelement f gebildet wird und Abb. 3 den zugehörigen Signalflußgraphen. Die eingetragenen Werte sind die Gewichte, mit denen der Bildpunkt f in die Linearkombination eingeht, wenn man w = 2 wählt und Bildpunkt f = 1 setzt. Die Transformation erzeugt in einem Durchlauf für jedes (Bild-) Element einen Gewichtskoeffizienten. Dabei benutzen je 4 in einem 2x2-Quadrat angeordnete Bildpunkte das gleiche Fenster.

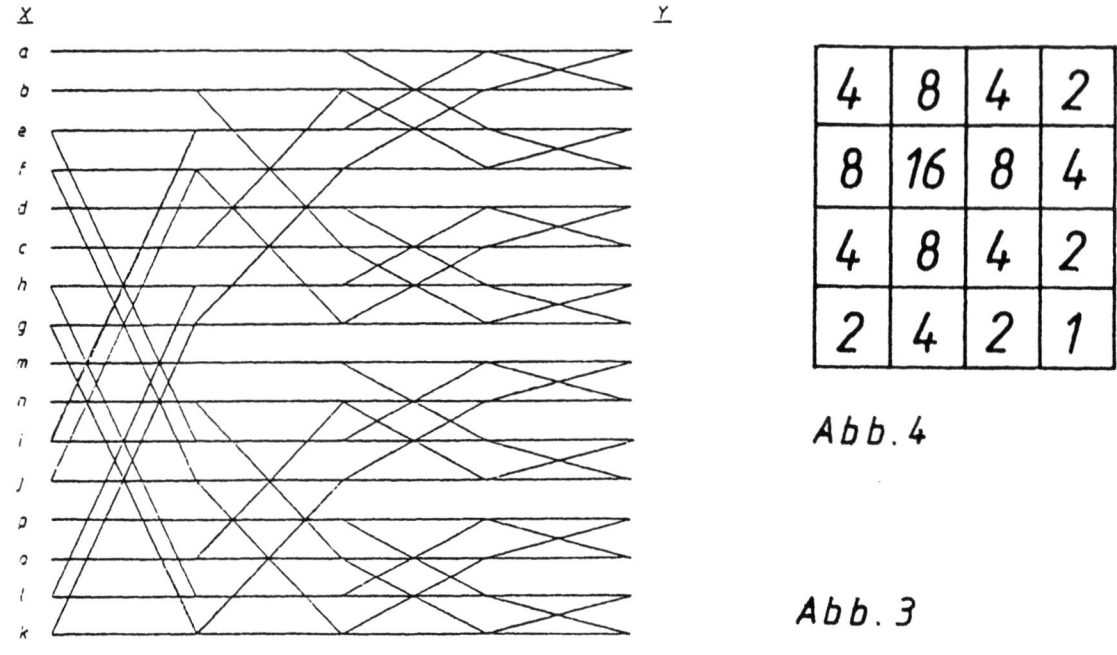

Abb. 4

Abb. 3

Durch Kronecker-Produkt-Bildung entstandene Matrizen sind invertierbar, wenn ihre Grundmatrizen invertierbar sind. Das gilt auch dann, wenn verschiedene Grundmatrizen zum iterativen Aufbau einer verallgemeinerten Kronecker-Produkt-Matrix verwendet werden.

3 Gewichtstransformationen mit natürlicher Indizierung

3.1 Globale Mixed-Radix-2**k-Gewichtstransformation

Liest man die Bilddaten zeilenweise hintereinander in den Bildvektor ein (natürliche Ordnung), so ändert sich die Struktur des Signalflußdiagramms der hier vorgestellten globalen dyadischen Gewichtstransformation. Der bekannte Radix-2-Signalflußgraph geht über in ein Mixed-Radix-2**k-Signalflußdiagramm, dessen Exponent k von der Größe des Bildvektors abhängt. Bei einem Bildfeld der Größe 2**n x 2**n erfordern je zwei Iterationen den gleichen Exponenten k, der alle Werte k = n, n-1, ..., 1 annimmt (Abb. 5). Man erhält mit genau 2i Iterationen die Koeffizienten von Unterbildern der Größe 2**i x 2**i Pixel, deren Gewichtung jedoch nicht der Manhattan-Distanz entspricht.

Wie bei den Gewichtstransformationen mit dyadischer Indizierung, erhält man die inverse Transformation durch Abarbeitung der Iterationen des Signalflußgraphen mit den inversen Elementen in umgekehrter Reihenfolge. Die Elemente der inversen Radix-2**k-Matrix sind nur an denjenigen Positionen von Null verschieden, die auch bei der Radix-2**k-Matrix ungleich Null sind /4/. Aus diesem Grund bleibt die geometrische Struktur des Signalflußdiagramms erhalten. Damit kann man die Originaldaten einfach aus den Transformationskoeffizienten zurückgewinnen, ohne daß ein erhöhter Programmieraufwand zu leisten wäre.

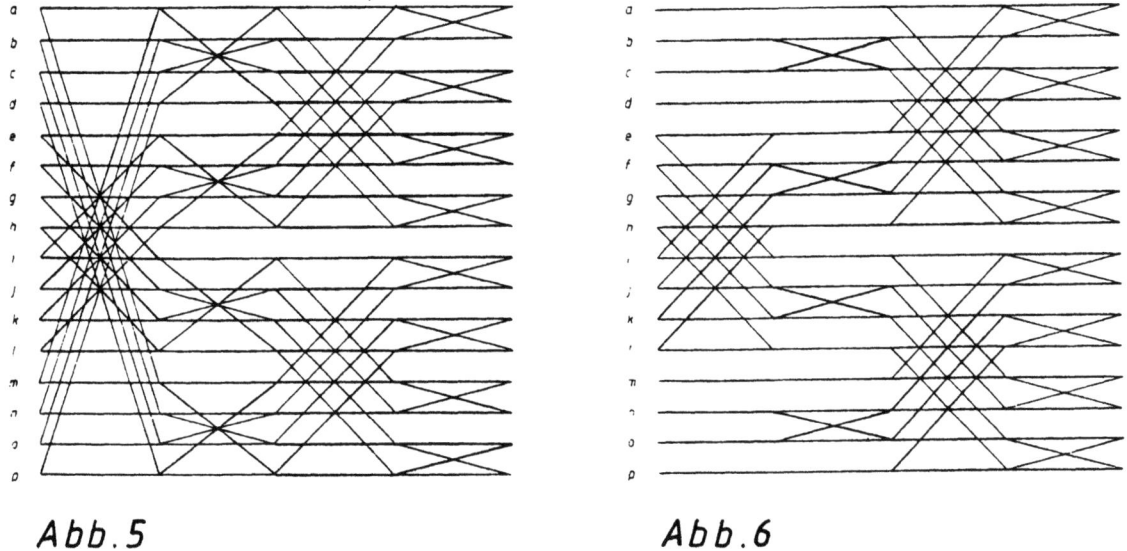

Abb.5 Abb.6

3.2 Lokale Mixed-Radix-2**k-Gewichtstransformation

Der Zusammenhang zwischen der lokalen Gewichtstransformation des zeilenweise eingelesenen und des dyadisch umsortierten Bildvektors wird offensichtlich, wenn man die Signalflußgraphen aus Abb. 3 und 6 vergleicht. In beiden Fällen werden die gleichen Bildelemente miteinander verbunden und gewichtet, so daß identische 4x4-Fenster entstehen. Die Gewichtsbeiträge der innerhalb des Fensters liegenden Bildpunkte sind umgekehrt proportional ihrer Manhattan-Distanz vom gewählten Center-Pixel. Das in Abb. 3 gezeigte Signalflußdiagramm besteht dabei ausschließlich aus Radix-2-Operationen, während Abb. 6 eine Mixed-Radix-2**k-Transformation darstellt, deren Radizes von der Bildgröße abhängen (vgl. 3.1). Die geometrische Anordnung des Signalflußgraphen für die Mixed-Radix-2**k-Transformation bleibt für unterschiedlich große Bildfelder strukturell erhalten.

Die Vorteile dieser Transformation liegen in der natürlichen Anordnung der Bildelemente im Vektor und der Begrenzung des Signalflußgraphen auf nur 4 Iterationen unabhängig von der Größe des Bildfeldes. Die Rückgewinnung der Originaldaten aus den Transformationskoeffizienten geschieht ohne erhöhten Programmieraufwand "in-place", da die inverse Transformation durch dasselbe Signalflußdiagramm in umgekehrter Reihenfolge mit den inversen Elementen realisiert wird /4/.

3.3 Lokale Radix-2**k-Gewichtstransformation

Als Nachteil erweist sich bei den bisher vorgestellten lokalen Transformationen, daß die 4x4-Fenster keinen Mittelpunkt besitzen. Durch Zusammenschieben der Iterationen 1 und 3 sowie 2 und 4 des in Abb. 6 gezeigten Signalflußgraphen erhält man eine lokale Gewichtstransformation, die um jeden Bildpunkt ein zentralsymmetrisch gewichtetes 3x3-Fenster erzeugt (Abb. 7). Dabei ist die Anzahl der Iterationen unabhängig von der Größe des Bildfeldes auf 2 Iterationen begrenzt.

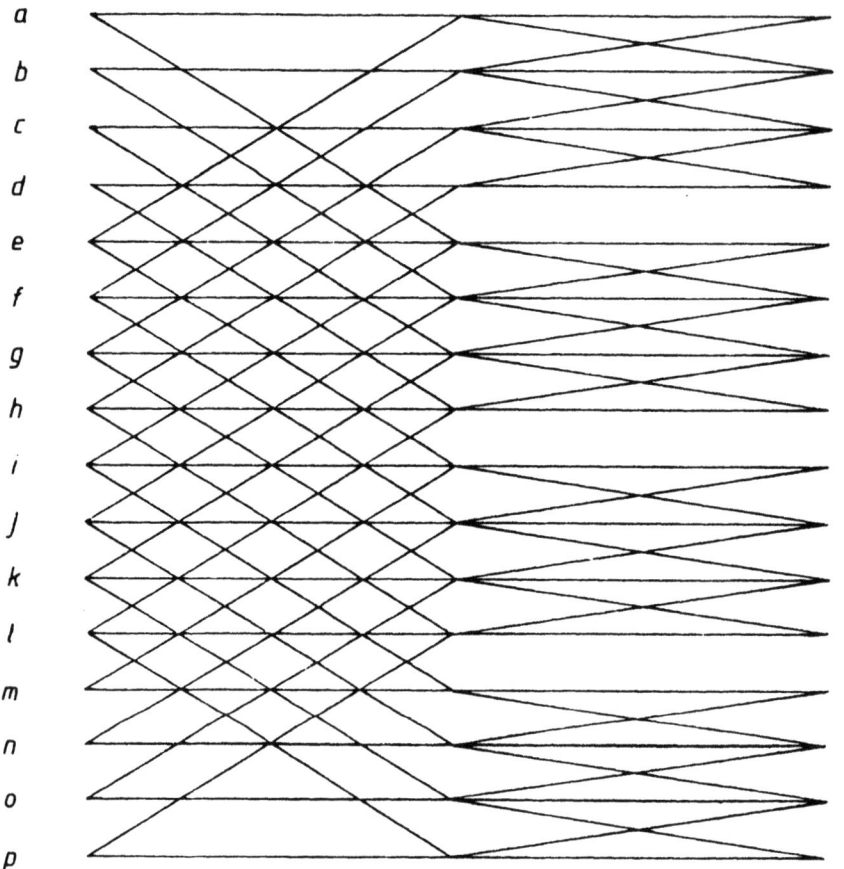

Abb. 7

Nachteilig ist der Umstand, daß der Exponent k dieser Radix-2**k-Transformation von der Größe der Bildmatrix abhängt. Allgemein gilt k = n, falls die Transformation auf einem Bildfeld der Größe 2**n x 2**n Pixel abläuft. Inverse Transformationen erhält man durch das Abarbeiten des Signalflußgraphen in umgekehrter Reihenfolge mit den inversen Elementen der Grundmatrizen. Dabei ändert sich die geometrische Struktur des Signalflußdiagramms. Ursache dafür ist die hier vollständig mit von Null verschiedenen Elementen besetzte inverse Radix-2**k-Matrix. Bei der inversen Transformation ist also der vollständige Radix-2**k-Signalflußgraph in umgekehrter Reihenfolge mit den inversen Elementen abzuarbeiten. Damit läßt sich die lokale Radix-2**k-Transformation zur Cluster-Gewichtung, nicht jedoch zur Rückgewinnung der Originaldaten aus den Koeffizienten sinnvoll einsetzen /4/.

Ein Vorteil dieser Transformation ist die Möglichkeit der Fenstervergrößerung. Durch Einfügen weiterer Verknüpfungen in den Signalflußgraphen kann man gewichtete Fenster beliebiger Größe mit zwei Iterationen erzeugen. Bezeichnet man mit p die Anzahl der Verbindungen (p ungerade) die von einem Bildpunkt ausgehen, so erhält man gewichtete Fenster der Größe p x p Pixel /4/. Durch wiederholtes Anwenden der Transformation kann das Fenster sukzessiv vergrößert werden. Sei m die Anzahl der Wiederholungen, so ändert sich die Größe des Fensters schrittweise mit wachsendem m. Nach m-facher Abarbeitung des Signalflußdiagramms erhält man gewichtete Fenster der Größe (m(p-1)+1) x (m(p-1)+1) Pixel /4/.

Abb. 8 zeigt das Ergebnis für ein 8x8-Bildfeld bei 3-facher Anwendung der Transformation.

MUSTER: KOEFFIZIENTEN:

```
0   0   0   0   0   0   0   0              0   0   0   0   0   0   0   0

0   0   0   0   0   0   0   0              0   0   0   0   0   0   0   0

0   0   0   0   0   0   0   0              0   0   0   1   2   1   0   0

0   0   0   0   1   0   0   0              0   0   0   2   4   2   0   0

0   0   0   0   0   0   0   0              0   0   0   1   2   1   0   0

0   0   0   0   0   0   0   0              0   0   0   0   0   0   0   0

0   0   0   0   0   0   0   0              0   0   0   0   0   0   0   0

0   0   0   0   0   0   0   0              0   0   0   0   0   0   0   0
```

KOEFFIZIENTEN: KOEFFIZIENTEN:

```
0   0   0   0   0   0   0   0              0   1   6   15   20   15   6   1

0   0   1   4   6   4   1   0              0   6   36  90   120  90   36  6

0   0   4   16  24  16  4   0              0   15  90  225  300  225  90  15

0   0   6   24  36  24  6   0              0   20  120 300  400  300  120 20

0   0   4   16  24  16  4   0              0   15  90  225  300  225  90  15

0   0   1   4   6   4   1   0              0   6   36  90   120  90   36  6

0   0   0   0   0   0   0   0              0   1   6   15   20   15   6   1

0   0   0   0   0   0   0   0              0   0   0   0   0   0   0   0
```

Abb.8

4 Literatur

/1/ TOU, Y.T. und GONZALES, R.C., Pattern Recognition Principles, Addsion-Wesley, Reading, Mass. 1974

/2/ BESSLICH, Ph.W., A method for the generation and processing of dyadic indexed data, IEEE Trans. on Comp., C-32, May 1983

/3/ BESSLICH, Ph.W., Fast in-place processing of pictorial data, in HARALICK, R.M. (Ed.), Pictorial Data Analysis, Springer-Verlag, Berlin-Heidelberg-New York, erscheint in Kürze

/4/ BESSLICH, Ph.W. und KUROWSKI, J., Globale und lokale Gewichtstransformationen zur Cluster-Analyse, Berichte Elektrotechnik, Nr. 1/83, Universität Bremen, Fachbereich 1, ISSN 0724-1933, Juni 1983

GRÖSSEN-, ROTATIONS- und TRANSLATIONSINVARIANTE MUSTERERKENNUNG
DURCH EINE SCHNELLE KORRELATIONSMETHODE
J. Altmann und H. Reitböck
Arbeitsgruppe Angewandte Physik und Experimentelle Biophysik,
Philipps-Universität, D-3550 Marburg/Lahn

1. <u>Größen-, rotations- und translationsinvariante Objektbeschreibung durch die kontinuierliche Fourier-Mellin-Transformation</u>

Der Betrag der Fouriertransformierten $G(f_x,f_y)$ einer kontinuierlichen Bildfunktion $g(x,y)$ auf unendlichem Bildfeld ist translationsinvariant; Maßstabsänderungen von $g(x,y)$ führen zu einer inversen Änderung von $G(f_x,f_y)$, zusammen mit einem Amplitudenfaktor. Wird der Betrag von $G(f_x,f_y)$ normiert und z.B. der obere rechte Quadrant in f_x- und f_y-Richtung logarithmisch verzerrt, werden Maßstabsänderungen in Verschiebungen umgewandelt. Eine anschließende zweite Fouriertransformation mit Betragsbildung liefert dann eine Objektbeschreibung, die unabhängig ist von der Lage des Objekts sowie von Maßstabsfaktoren in x- und y-Richtung /1-4/. Eine Variante ist, die obere f_x-f_y-Halbebene zunächst in Polarkoordinaten zu transformieren und dann in r-Richtung logarithmisch zu verzerren. Eine Maßstabsänderung führt dann zu einer Verschiebung in log r-Richtung, eine Rotation zu einer Verschiebung in Winkel-Richtung. Die nachfolgende Fourier-Transformation mit Betragsbildung gibt somit eine Objektbeschreibung unabhängig von Größe, Rotation und Lage /1,4,5/.

2. <u>Probleme bei der diskreten Fourier-Mellin-Transformation</u>

Bei diskreten Bildfunktionen auf einem endlichen Bildfeld ergeben sich verschiedene Probleme, die dazu führen, daß die Transformierten vergrößerter Objekte nicht übereinstimmen. Faustregeln für den erlaubten Größenbereich lassen sich mit dem Modellfall einer rechteckförmigen Helligkeitsfunktion gewinnen. Beim Übergang von der kontinuierlichen zur diskreten Fouriertransformation (DFT) ist durch Aliasing das Skalierungs-Theorem vor allem am Rand des Ortsfrequenzintervalls verletzt. Soll wenigsten die erste Nebenkeule des Betrags der Fourier-Transformierten im DFT-Intervall liegen, darf das Objekt nicht kleiner als 4 Bildpunkte sein. Aus der Forderung, daß der Betrag der DFT gut abgetastet werden soll, daß etwa eine spektrale Keule mindestens 4 Ortsfrequenzpunkte umfassen soll, ergibt sich, daß das Objekt nicht größer als etwa N/4 Bildpunkte sein darf (N=Anzahl der Bildpunkte in einer Dimension). Weitere Abweichungen ergeben sich aus der Notwendigkeit der Interpolation bei der logarithmischen Verzerrung. Das größte Problem ergibt sich jedoch bei

Maßstabsänderungen. Bei Vergrößerungen wird die Fourier-Transformierte komprimiert, am Rand des DFT-Gebiets tauchen neue Strukturen auf. In der logarithmisch verzerrten Version verschiebt sich die ursprüngliche Funktion zu kleineren log f_x-, log f_y-Werten. Was aber am linken oder unteren Rand nach außen verschwindet, ist nicht dasselbe wie das, was am rechten oder oberen Rand dazukommt. Somit ist die zyklische Randbedingung - Voraussetzung für die nachfolgende translationsinvariante Transformation - verletzt, die Transformierten unterscheiden sich deutlich und Musterklassifikation ist kaum mehr möglich. Verschiedene Methoden zur Lösung dieses Problems wurden vorgeschlagen, sind aber nicht befriedigend /1,6/. Um die - außerhalb der Randzonen - bestehende Ähnlichkeit der logarithmisch verzerrten Transformierten zu erkennen, schlagen wir vor, diese direkt zu vergleichen, d.h. zu korrelieren. Ohne Vorwissen müßte in allen relativen Positionen geprüft werden, ob Ähnlichkeit besteht. Diese aufwendige Rechnung kann aber vermieden werden, wenn das Größenverhältnis der Objekte und ggf. ihre relative Orientierung bekannt sind. Beim Mustervergleich werden die Transformierten dann nur in der daraus gewonnenen relativen Position auf Ähnlichkeit geprüft.

3. Beschreibung des Algorithmus

Es wird von einer Bildfunktion $g(x,y) \geq 0$ mit N*N Werten ausgegangen. Das Objekt sei vom Hintergrund ($g(x,y)=0$) separiert. In den Rechnungen wird mit Binärbildern gearbeitet. Es wird die DFT $G(f_x,f_y)$ berechnet, der Betrag gebildet und auf den Maximalwert bei (0,0) normiert:

$$H(f_x,f_y) = |G(f_x,f_y)| / G(0,0). \qquad (1)$$

3.1. Logarithmische Verzerrung in zwei Dimensionen

$H(f_x,f_y)$ wird für positive f_x, f_y an exponentiell wachsenden Werten

$$f_x(u) = \exp((u \ln N/2)/(N-1)) , \quad f_y(v) = \exp((v \ln N/2)/(N-1)) \qquad (2)$$

mit $u,v = 0,1,...,N-1$ biquadratisch interpoliert und diese logarithmisch verzerrte Funktion $I(u,v)$ abgespeichert. Beim Mustervergleich wird der normierte euklidische Abstand zwischen beiden $I(u,v)$ für verschiedene Verschiebungen (m_u, m_v) berechnet. Interessiert nur der Fall gleicher Vergrößerungsfaktoren in x und y, reicht die Verschiebung längs der Hauptdiagonale (m,m) (Abb. 1). Bei Ähnlichkeit hat die Abstandsfunktion ein deutliches Minimum, dessen Position durch den Skalierungsfaktor zwischen den Objekten gegeben ist. Die minimalen Abstände beim Vergleich ähnlicher bzw. nicht-ähnlicher Objekte liegen deutlich getrennt (Tab. 1), so daß Erkennung mittels einer Schwelle für den Minimalabstand (z.B. 0,05 bei N=64) möglich ist. Bei systematischer Variation der Objektgröße bestätigt der Verlauf des Minimalabstandes die Faustregel aus Abschnitt 2 (Abb. 2).

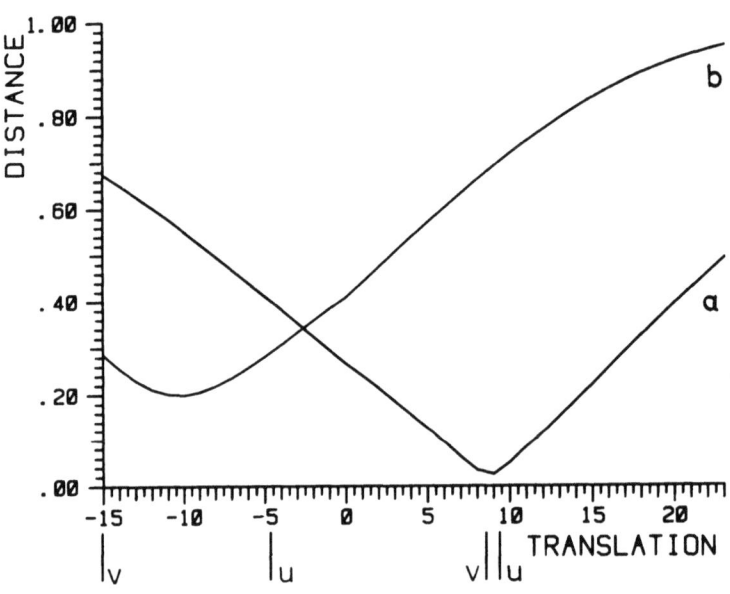

Abb. 1 Normierter euklidischer Abstand zwischen den Transformierten I(u,v) bei Verschiebung längs der Hauptdiagonalen, N=64. Die Striche geben die durch die charakteristischen Koordinaten vorhergesagte Minimumsposition an. a) volles Dreieck, Länge 10, gegen volles Dreieck, Länge 6; b) volles Dreieck, Länge 10, gegen volles Quadrat, Länge 10.

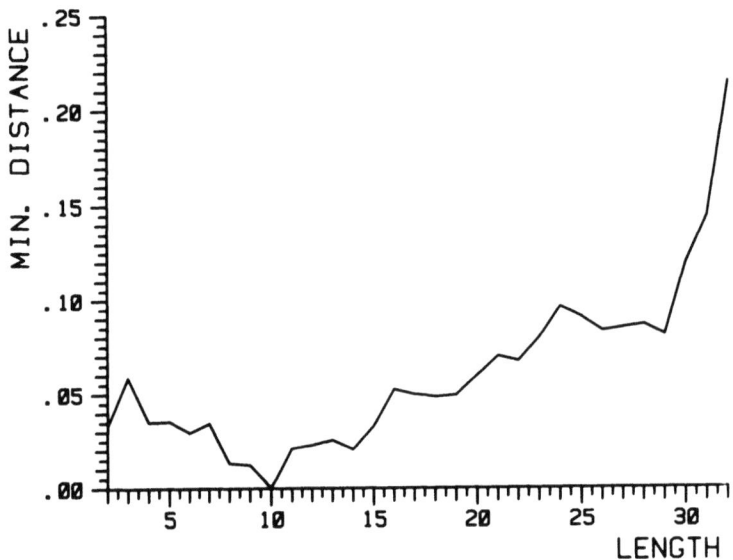

Abb. 2 Minimalwerte der Abstandsfunktion für volle Quadrate verschiedener Länge, verglichen mit Quadrat der Länge 10.

Tab. 1 Minimalwerte des normierten euklidischen Abstands zwischen den Transformierten I(u,v) der angegebenen Objekte, N=64. QV: volles Quadrat, DV: volles rechtwinkliges Dreieck, QO: offenes Quadrat, DO: offenes Dreieck; Längen in pixels.

	QV 15	QV 10	QO 10	DV 15	DV 10	DO 12
QV15	0,0	0,033	0,206	0,233	0,239	0,298
QV10	--	0,0	0,159	0,194	0,199	0,246
QO10	--	--	0,0	0,256	0,258	0,254
DV15	--	--	--	0,0	0,017	0,110
DV10	--	--	--	--	0,0	0,094
DO12	-	--	--	--	--	0,0

3.2. Rotationsinvarianter Fall

Hier wird $H(f_x, f_y)$ an den Schnittpunkten von N Strahlen durch den Nullpunkt mit Winkeln zur f_x-Achse

$$\phi(v) = \pi v/N, \quad v=0,1,\ldots,N-1 \qquad (3)$$

mit N Kreisen um den Nullpunkt mit Radius

$$r(u) = \exp((u \ln N/2)/(N-1)), \quad u=0,1,\ldots,N-1 \qquad (4)$$

biquadratisch interpoliert; dies J(u,v) wird abgespeichert. Abb. 3 zeigt den Abstand bei Verschiebung in u- bzw. v-Richtung. Auch hier ist eine Separierung mittels einer Schwelle für den Minimalabstand möglich.

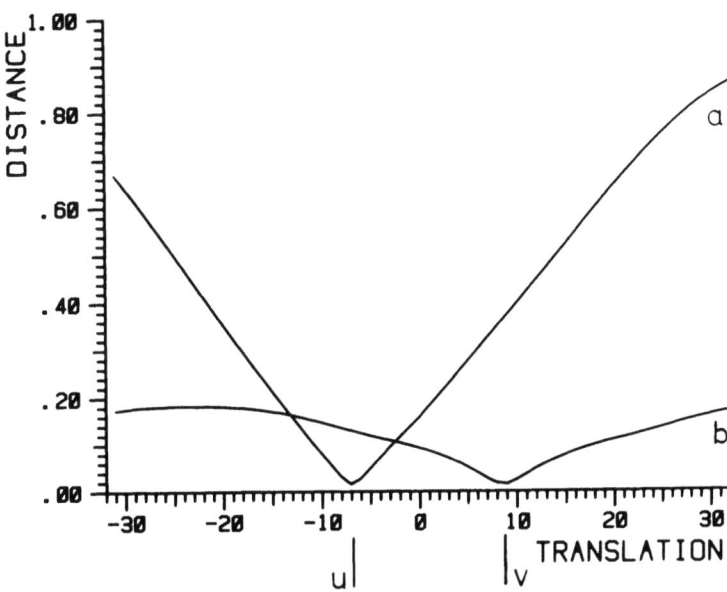

Abb. 3 Normierter euklidischer Abstand zwischen den Transformierten J(u,v) bei Verschiebung in u- bzw. v-Richtung (Schnitte durch das Abstandsminimum). Dreieck, Länge 10, gegen Dreieck, Länge 15, um 25° gedreht. a) Verschiebung in u-Richtung, $m_v=9$. b) Verschiebung in v-Richtung, $m_u=-7$. Die Striche markieren die Differenzen der charakteristischen Koordinaten.

4. Unabhängige Bestimmung von Objektgröße und -orientierung

Das Moment der Ordnung p, q von $g(x,y)$ ist

$$m_{pq} = \iint x^p y^q \, g(x,y) \, dx \, dy \, ; \tag{5}$$

der Schwerpunkt des Objekts liegt bei

$$x_0 = m_{10}/m_{00} \, , \quad y_0 = m_{01}/m_{00} \, . \tag{6}$$

Zentrale Momente sind durch

$$\mu_{pq} = \iint x^p y^q \, g(x+x_0, y+y_0) \, dx \, dy \tag{7}$$

definiert. Normiert man die zweiten zentralen Momente mit m_{00}, ergeben sich amplitudeninvariante Größenmaße in x- und y-Richtung

$$\mu_{20}^n = \mu_{20} / m_{00} \, , \quad \mu_{02}^n = \mu_{02} / m_{00} \, ; \tag{8}$$

als gemeinsames radiales Größenmaß ist

$$\rho_{20}^n = \mu_{20}^n + \mu_{02}^n \tag{10}$$

geeignet. Wird $g(x,y)$ um den Faktor c vergrößert, multiplizieren sich μ_{20}^n, μ_{02}^n und ρ_{20}^n mit c. Zusammen mit dem gemischten zweiten Moment läßt sich die Hauptachse des Objekts bestimmen; ihr Winkel mit der x-Richtung ist

$$\phi_c = \frac{1}{2} \arctan \left(\mu_{11}^n / (\mu_{20}^n - \mu_{02}^n) \right) \, . \tag{11}$$

(Falls Zähler und Nenner verschwinden, ist keine Hauptachse definiert.)

Die Momente einer Funktion $g(x,y)$ hängen mit den partiellen Ableitungen ihrer (komplexen) Fouriertransformierten $G(f_x, f_y)$ im Nullpunkt zusammen. Die normierten zentralen zweiten Momente einer Bildfunktion $g(x,y) \geq 0$ können aus den partiellen zweiten Ableitungen des normierten Betrags von $G(f_x, f_y)$ berechnet werden /6/. Sie werden hier aus den Werten von $H(f_x, f_y)$ am Nullpunkt und an seinen Nachbarpunkten durch Differenzenquotienten genähert. Als Größenmaß werden die Werte f_{xc}, f_{yc} bzw. r_c bestimmt, wo die Näherungsparabeln für $H(f_x, 0)$ und $H(0, f_y)$ bzw. ein äquivalentes Rotationsparaboloid einen kritischen Wert a_c schneiden. Diese Ortsfrequenzwerte werden der logarithmischen Verzerrung gemäß (2) bzw. (4) unterworfen und ergeben so für jedes Objekt charakteristische Koordinaten u_c, v_c bzw. u_c, die sich bei Skalierung von $g(x,y)$ zusammen mit der Transformierten $I(u,v)$ bzw. $J(u,v)$ verschieben. Die charakteristische Koordinate in Winkelrichtung v_c ergibt sich nach (3) aus ϕ_c, falls definiert.

Bringt man beim Vergleich zweier Transformierter $I(u,v)$ bzw. $J(u,v)$ diese in eine solche relative Position, daß sich die charakteristischen Koordinaten decken, sollten die Transformierten, wenn die zugrundeliegenden Objekte ähnlich sind, gut übereinstimmen. Abb. 4 zeigt die Abweichung der so aus den Momenten gewonnenen relativen Verschiebung von der wahren (interpolierten) Minimumsposition. Auch im rotations-invarianten Fall wird die Position der

Übereinstimmung gut vorhergesagt. Nur wenn beide Objekte keine deutliche Hauptachse besitzen, müssen in Winkelrichtung viele relative Positionen der J(u,v) ausprobiert werden.

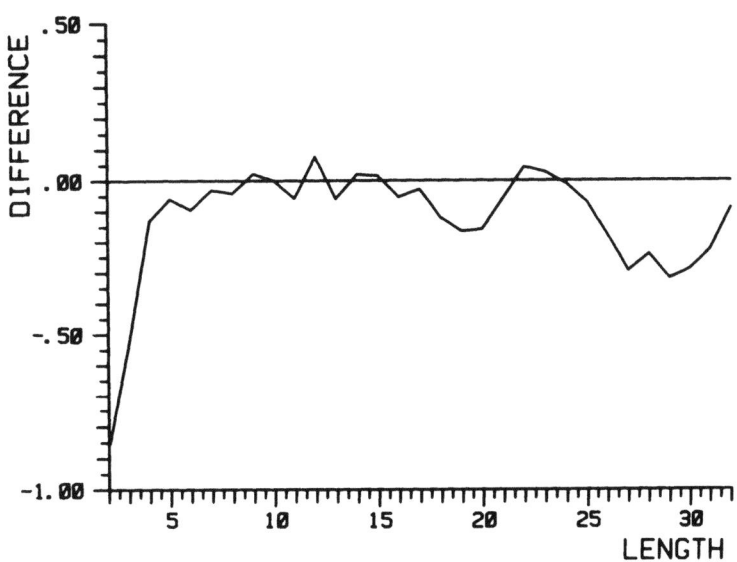

Abb. 4 Abweichung der aus den zweiten Differenzenquotienten von $H(f_x,f_y)$ bei (0,0) gewonnenen Verschiebung m_c von der realen (interpolierten) Minimumsposition m_d bei vollen Quadraten variabler Länge, verglichen mit Quadrat der Länge 10.

5. Schlußfolgerung

Die Bestimmung charakteristischer Koordinaten aus dem normierten Betrag der DFT um (0,0) liefert - für den Fall ähnlicher Objekte - die Position des Abstandsminimums recht genau. Sollte der Abstandswert an der berechneten Stelle über der Schwelle liegen, kann Ähnlichkeit sofort ausgeschlossen werden. Im Mittel muß nur etwa ein Abstandswert pro Objektklasse berechnet werden, wie es auch bei der diskreten Fourier-Mellin-Transformation der Fall wäre. Da hier aber die zweite DFT entfällt, ist der Rechenaufwand deutlich geringer.

Literatur:
1. J.K. Brousil and D.R. Smith, IEEE Trans. Electron. Computers EC-16, 818 (1967)
2. D. Casasent and D. Psaltis, Opt. Commun. 17, 59 (1976)
3. D. Casasent and D. Psaltis, Proc. IEEE 65, 77 (1977)
4. G. West und H. Reitböck, Elektron. Informationsver. Kybern. 15, 507 (1979)
5. D. Casasent and D. Psaltis, Appl. Optics 15, 1795 (1976)
6. J. Altmann and H. Reitböck, IEEE Trans. Patt. Anal. Mach. Intell. PAMI-5 (1983)

Paper Submitted to 5. DAGM-Symposium "Mustererkennung 1983" Karlsruhe

Simplified Versions of a Local Wiener Filter

P.W. Verbeek and D.J. de Jong
Pattern Recognition Group
Applied Physics Department
Delft University of Technology

Introduction

Several methods for noise reduction in digital images have been proposed. Classical (global) Wiener filtering is based on the noise power-spectrum and on the expected power spectrum of an ensemble of full images. Sometimes, when such an ensemble is not available one tries to use an ensemble of subimages to be filtered instead. In both cases the filtering cannot adequately deal with localized features. Generalized Wiener filtering has overcome this problem for the situation that such features, like object-background transitions, systematically occur at roughly the same position in all images of the ensemble (PRA). This may be true in some special applications, but even then the method is very complicated. While all these Wiener methods are based on the statistical expectation of global (full-image) parameters, recently filtering methods have been proposed and implemented (KUW, KNU, BER) that use the properties of single-realization local power spectra for space-variant steering of a convolution. These methods work if large local power values are unlikely to be largely due to noise. They can be classified by the following characteristics:
1. one or more weighting functions defining spatial windows
2. basis functions defining the power analysis (e.g. frequency cells)
3. steering functions governing the convolution; and optionally:
4. prefab filter functions from which the convolution may be constructed

In this paper we present some novel choices of these parameters.

The general formalism

For every position X,Y in the original image O(X,Y) the following can be done. At position X,Y a spatial window is created through multiplication by W(x,y)
$$W(x,y)\ O(X+x,Y+y)$$
The weighting function W(x,y) is zero outside a certain neighbourhood, on which a set of basis functions B(k;x,y) is defined. The squared modulus of
$$BWO(k;X,Y) = SUM_{xy}\ B(k;x,y)\ W(x,y)\ O(X+x,Y+y)$$
(components) gives a local generalized power-spectrum P(k;X,Y) for each X,Y, with total power P(X,Y). Let the constant function be B(0;X,Y). The power in the remainder of the spectrum equals the variance within the neighbourhood
$$VAR(X,Y) = P(X,Y) - P(0;X,Y).$$
Moreover, the scalar products with filter functions F(m;x,y) are computed
$$FWO(m;X,Y) = SUM_{xy}\ F(m;x,y)\ W(x,y)\ O(X+x,Y+y)$$
This is equivalent to convolution with point spread functions
$$F(m;-x,-y)\ W(-x,-y)$$
Given two linear filters, a fixed linear combination of their result-images has the effect of a new linear filter. However, when a position-dependent linear combination is used, space-variant filtering results, unless the combination coefficients move along with the input image at translation. It is this exception that we want to investigate further, taking certain steering functions of the local power-spectrum as combination coefficients
$$SFWO(X,Y) = SUM_m\ S(m;X,Y)\ FWO(m;X,Y)$$
with $\quad S(m;X,Y) = s(m;\ P(m;X,Y))$
or $\quad S(m;X,Y) = s(VAR(X+x_m,Y+y_m))$

or even more complicated functions of the local power spectra.

Existing methods
Kuwahara-Hachimura filtering (KUW) constitutes an early example of a filter steered by local power-spectra. Local variance is determined in NxN neighbourhoods interpretable as quadrants of larger 2N-1 x 2N-1 neighbourhoods. In each of these the quadrant with least local variance is selected to produce its average value as the filter result. Alternatively this can be described as a weighted sum of four quadrant-averaging filters, with weight 1 for the minimum variance quadrant and weight 0 for the other three.
Granlund (GOP) has eight overlapping (non-orthogonal) basis functions per frequency band, roughly corresponding to polar coordinate cells in the local Fourier-domain. For locally one-dimensional signals direction Θ and frequency band can be estimated. Knutsson (KNU) has used the power values for steering directional filters. Steering functions must be proportional
to $\cos(2\Theta-2\Theta m)$ and thus of dimension $\sqrt{P(M;X,Y)}$ in order to get rotation-invariant results.
Bernstein (BER1, BER2) uses local variance to steer the linear combination of isotropic (high and low pass) filters. One steering function can be considered as a (local) estimation of a Wiener filter: Psignal/(Psignal+Pnoise) = (Ptotal-Pnoise)/Ptotal = = (VAR(X,Y)-VARnoise)/VAR(X,Y) = Sber(1;X,Y), the other is constant Sber(0;X,Y) = 1. The unknown local Pnoise has been replaced by the estimated noise variance VARnoise. Negative Sber(1;X,Y) values are set to zero.

Some novel choices
We have tried some sets of basis functions, some steering functions and some filter functions.
1. Local Wiener filter.
   $W(x,y) = 1$ if $-2 \leq x,y \leq 2$ else = 0
   $B(k,l;x,y) = \exp(2\pi j(xk+yl))$, $-2 \leq k,l \leq 2$
   $Swie(m,n;X,Y) = (P(m,n;X,Y)-Pnoise(m,n))/P(m,n;X,Y)$
                  $= (P(m,n;X,Y)-VARnoise)/P(m,n;X,Y)$
   $F(m,n;x,y) = \cos(2\pi(xk+yl))$
   The unknown local Pnoise(m,n) has been assumed white and replaced by VARnoise.
2. On-off local Wiener filter.
   Replace $Swie(m,n;X,Y)$ in the local Wiener filter by the unit-step function
   $Soow(m,n;X,Y) = U(P(m,n;X,Y)-Toow(m,n))$
   where Toow(m,n) is a set of thresholds to be tuned for optimal result.
3. On-off Bernstein filter.
   Replace $Sber(1;X,Y)$ in the Bernstein method by the unit-step function
   $Soob(m,n;X,Y) = U(VAR(X,Y)-Toob)$
   where Toob is a threshold to be derived from noise and signal statistics.

Results
The choices mentioned above have been compared to classical Wiener filtering and to the Bernstein method. The results are as follows. An original image with signal 50 and noise standard deviation 10 was used. The Wiener filtered result still contains noise and the edges are blurred. The Bernstein method yields a sharp image but especially at the edges noise is not reduced.

Local Wiener filtering also gives a sharp image; at the edges noise reduction is better than Bernstein, but for homogeneous areas the result is slightly worse, due to poorer estimation of coefficients.

On-off Bernstein filtering with Toob = 4.5 VARnoise gives an image with minimal mean square error. Apart from the edges noise is effectively reduced. However, the lack of noise suppression at the edges results in a jagged image.

On-off local Wiener filtering with Toow(0,0) = 0 and Toow(m,n) = 9 VARnoise for all other frequencies yields effective noise-reduction both in homogeneous areas and near edges. The edges are conserved. However, some textures have disappeared and highlights are classified as noise and dimmed.

References

PRA W.K. PRATT, Generalized Wiener Filtering Computation Technique, IEEE Trans. Comp. C-21, 7, July 1972.

KUW M. KUWAHARA et al., Processing of RI-angiocardiographic Images. In "Digital Processing of Biomedical Images, K. Preston and M. Onoe eds., New York, 1976.

KNU H. KNUTSSON et al., Anisotropic Filtering Controlled by Image Content, Second Scandinavian Conference on Image Analysis, p. 146, Helsinki, June 15-17, 1981.

BER1 BERNSTEIN, A comparison of signal independent and signal dependent two-dimensional filtering, Reinhard Bernstein, 6th Summer Symposium on Circuit Theory 1982, PRAHA, Proceedings of SSCT82, pp. 21-25.

BER2 Signal adaptive two-dimensional noise filtering using local signal features, Proc. of EUSIPCO 83, Erlangen-Nürnberg, West-Germany, Sept. 12-16, 1983

GOP G.H. GRANDLUND, GOP:A Fast and Flexible Processor for Image Analysis, in "Languages and Architectures for Image Processing", M.J.B. Duff and S. Levialdi eds., Academic Press, 1981.

Figures

The results are illustrated in figs. 1,..,6

Fig. 1: Original image. The 128x128 image is seriously distorted by noise (SNR = 14 dB)

Fig. 2: Wiener filtered image. The image still contains noise and the edges are blurred.

Fig. 3: Bernstein filtered image. (H = Hw) The image remains sharp, but especially at the edges no noise reduction takes place.

Fig. 4: Local Wiener (H = Hw). The image remains sharp. At the edges the performance is betten than the Bernstein filtered image. For the homogeneous areas the result is slightly worse, due to a worse estimation of the coefficients.

Fig. 5: Bernstein filtered image (H = Ht). Thresholding at a level of $4.5\ \sigma^2$ gives an image with the minimum mean square error. apart from the edges the noise is effectively reduced. However, the lack of noise suppression at the edges results in a very jagged image.

Fig. 6: Local Wiener (H = Ht). By thresholding at a level of $9\ \sigma^2$ the noise is effectively reduced both in homogeneous areas and near edges. The edges are conserved. However some patterns still discernable in the unprocessed image have disappeared such as the texture of the hat. The eyes show less detail, because the highlights here are classified as noise.

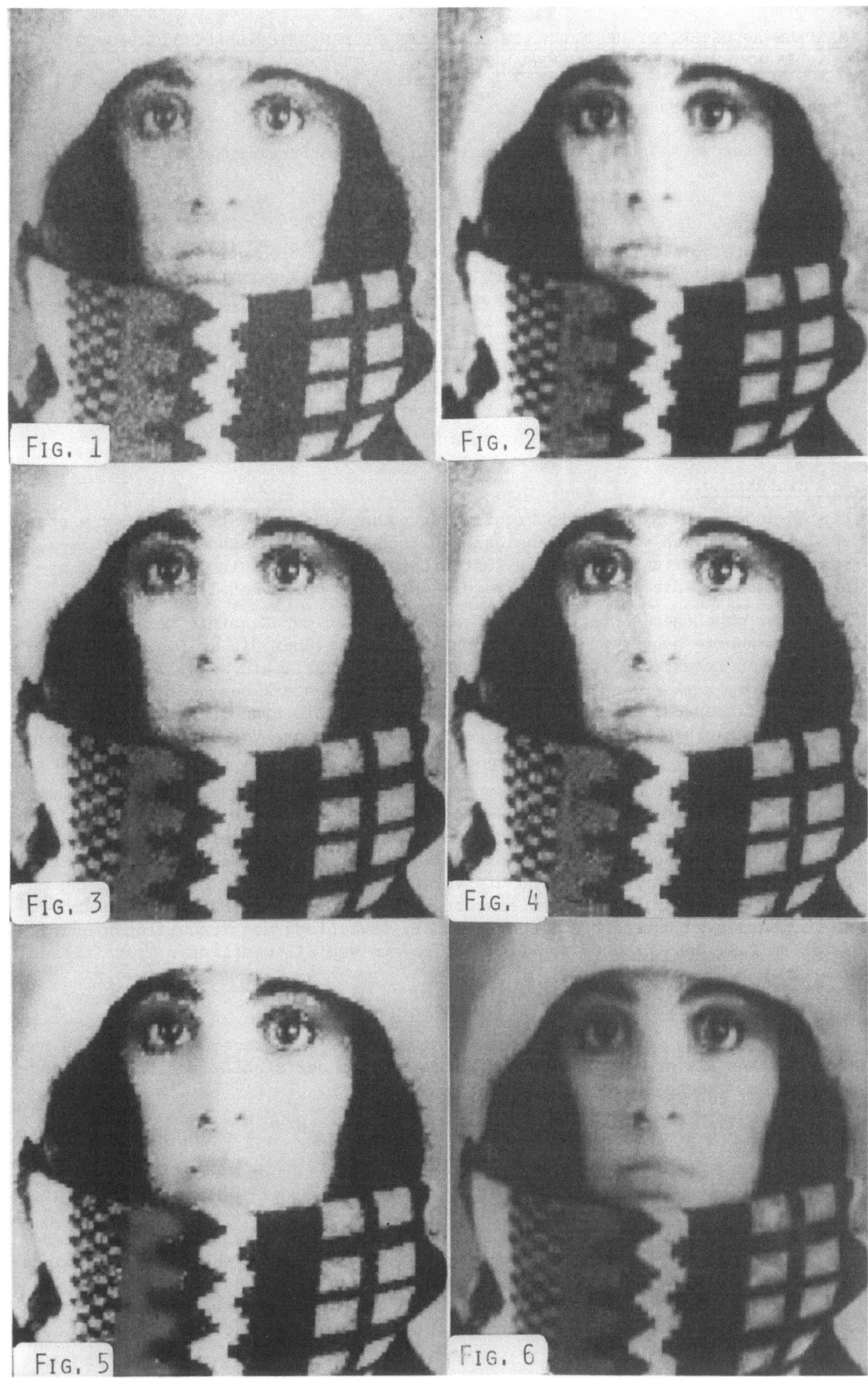

MAXIMUM-A-POSTERIORI RESTAURATION GESTÖRTER BILDER UNTER BERÜCKSICHTIGUNG VON BEKANNTEN BILDSIGNALEINSCHRÄNKUNGEN

Herbert Schorb, Hans Burkhardt

Institut für Meß- und Regelungstechnik, Universität Karlsruhe (TH)

Kurzfassung

Der Viterbialgorithmus kann zur optimalen Rekonstruktion gestörter Bilder bei bekannten Amplitudeneinschränkungen des Orginalbildes verwendet werden [1]. Sind zusätzlich Struktureinschränkungen bekannt, wie etwa Zeichen oder zusammenhängende Gebilde, so können diese im Gegensatz zur linearen Filterung unmittelbar im Algorithmus berücksichtigt werden, was i.a. zu angepassten und verbesserten Rekonstruktionsergebnissen führt. In dem vorliegenden Beitrag wird angegeben wie solche Restriktionen im Algorithmus zu realisieren sind und wie sie sich quantitativ auf die Rekonstruktionsgüte und die arithmetische Komplexität auswirken.

1. Einführung

Die Anwendung der dynamischen Programmierung erlaubt es, gestörte Bilder mit ursprünglich endlich vielen zulässigen Amplitudenpegeln im Sinne des maximum-a-posteriori Kriteriums optimal zu restaurieren. Dazu wurde in [1] der Viterbialgorithmus auf die Bearbeitung zweidimensionaler Markovmodelle erweitert.

Bei einer gegebenen Restaurationsaufgabe ist außer der Kenntnis der diskreten Amplitudenwerte häufig zusätzlich noch Information über die im Orginalbildfeld enthaltenen Strukturen vorhanden. Zum Beispiel enthält ein schwarz-weiß Schriftbild nur die zulässigen Buchstaben als zahlenmäßig stark beschränkte Auswahl aller möglichen Bildmuster. Auch das Größenverhältnis einzelner Bildobjekte zur Fläche eines einzelnen Bildpunktes kann als verwertbare Vorinformation gegeben sein.

Lineare Filter erlauben die Anpassung an spektrale Eigenschaften einer Bildvorlage, jedoch nicht die explizite Berücksichtigung von Bildsignaleinschränkungen im Ortsbereich. Durch das Prinzip der dynamischen Programmierung dagegen ist die Bildrestauration auch in dieser Hinsicht optimal im Sinne des obigen Kriteriums. Die Einschränkungen werden durch die Vorgabe einer von der Gleichverteilung abweichenden Bildsignalverteilung eingebracht. Dies führt im Zustandsdiagramm des Markovmodells zu unterschiedlicher a-priori Gewichtung von Transitionen und artet im Fall des Verbotes von Bildmustern zum Wegfall bestimmter Transitionen aus [2].

2. Die minimale Distanz im Entscheidungsraum

Basierend auf das in [1] angegebene Störmodell soll in diesem Abschnitt die minimale Distanz als ein entscheidender Parameter bei der Signalklassifikation hervorgehoben werden. Die Abbildungsvorschrift

$$\underline{Z} = \underline{Y} + \underline{R} = \underline{H}(\underline{X}) + \underline{R} \quad \text{mit} \quad \underline{H} \in \mathbb{R}^{m \times n}, \underline{X} \in \mathcal{X} := \mathbb{B}^{M \times N}, \underline{Y} \in \mathcal{Y}, \underline{Z} \in \mathcal{Z}, \quad (1)$$

$$\mathcal{Y}, \mathcal{Z} := \mathbb{R}^{(M-m+1) \times (N-n+1)}$$

ordnet jedem Orginalbild $\underline{X}$ genau ein $\underline{Y}$ zu, wobei $\mathbb{B}^{M \times N}$ einen Signalraum mit B diskreten Amplitudenpegeln repräsentiert. Dem Beobachter steht davon allerdings nur ein um die Störung $\underline{R}$ verschobenes Abbild $\underline{Z}$ zur Verfügung. Die optimale Klassifikation im Sinne maximaler a-posteriori Wahrscheinlichkeit erfolgt durch Auswahl des Signals $\underline{Y}$, welches den minimalen Abstand zur Beobachtung $\underline{Z}$ aufweist.

Für die Detektion ist demnach, neben der aktuellen Störung $\underline{R}$, die gegenseitige Anordnung der $\underline{Y}_i$ von entscheidender Bedeutung. Insbesondere wird die Klassifikationsgüte direkt beeinflußt von der minimalen Distanz d_{min} zweier $\underline{Y}_i$ in $\mathcal{Y}$.

$$d_{min} = \min \{d(\underline{Y}_i, \underline{Y}_j)\} \quad \forall \; \underline{Y}_i, \underline{Y}_j \in \mathcal{Y} \tag{2}$$

Dies wird unmittelbar deutlich am Fall zweier Orginalbilder, die aufgrund der Abbildungsvorschrift $\underline{H}$ auf denselben Punkt $\underline{Y}$ abgebildet werden. Da hier die Umkehrabbildung nicht eindeutig definiert ist, muß mit einem Restaurationsfehler gerechnet werden. Die Bedeutung der minimalen Distanz für die statistischen Eigenschaften einer Fehlklassifikation wird in [3] detailliert aufgezeigt.

Die Bestimmung von d_{min} und des zugehörigen Fehlerbildes ist ebenso wie die eigentliche Restauration eine nichtlineare Aufgabe, die sich mittels eines modifizierten Viterbialgorithmus, auch unter Beachtung von Signalrestriktionen, lösen läßt [4]. Je nach Aufgabenstellung müssen dabei unterschiedliche Vorbedingungen über die Länge der Markovsequenz und deren Anfangs- und Endzustand berücksichtigt werden (Tabelle 1).

⊢━┥	⊢━►	Anfangs- und Endzustand offen
○━┥	○━►	fester Anfangs-, offener Endzustand
○━○	○━●○	Anfangs- und Endzustand fest
endliche,	unendliche	Zustandssequenzen.

Tabelle 1: Fallunterscheidungen der minimalen Distanzen d_{min}

Für die vorliegende Bildrestaurationsaufgabe muß eine Entscheidung im endlichdimensionalen Beobachtungsraum in Anlehnung an die durch eine Aufnahme gegebene Dimension eines Bildes erfolgen. Aus diesem Grunde sind im Gegensatz zur digitalen Kommunikation [2] nicht so sehr semiinfinite, sondern endliche Fehlersequenzen von Bedeutung.

Je nach Bildtyp wird $d_{min}^{\vdash\dashv}$ oder $d_{min}^{\circ-\circ}$ relevant. $d_{min}^{\vdash\dashv}$ wenn die Bildvorlage als Ausschnitt aus einem größeren, eventuell unendlich ausgedehnten Bildfeld anzusehen ist, über das keine Information vorhanden ist. $d_{min}^{\circ-\circ}$ wenn die Umrandung der Vorlage bekannt ist, zum Beispiel bei isolierten Objekten auf einheitlichem Hintergrund.

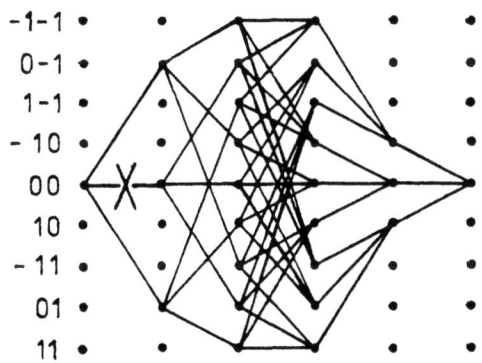

In Bild 1 ist das vollständige Zustandsdiagramm zu Bestimmung von $d_{min}^{\circ-\circ}$ für eine Sequenz der Länge 6 mit dem Nullzustand als Anfangs- und Endzustand skizziert. Während sich für $d_{min}^{\circ-\circ}$ ein in der Komplexität stark eingeschränkter Graph ergibt, muß zur Berechnung von $d_{min}^{\vdash\dashv}$ ein vollständiger Zustandsgraph verwendet werden, da jeder mögliche Pfad von der ersten zur letzten Ebene zu berücksichtigen ist. In jedem Fall muß die Triviallösung durch Verbieten der 0-0 Transition eliminiert werden.

Bild 1. Zustandsdiagramm zur Bestimmung von d_{min} einer Sequenz der Länge 6

Alle in Tabelle 1 aufgeführten Fälle können mit den in [4] angegebenen Algorithmen bearbeitet werden. Es müssen allerdings für endliche und unendliche Sequenzen unterschiedliche Abbruchkriterien verwendet werden.

Stellt sich bei der Suche nach der unendlichen Fehlersequenz beim $d_{min}^{\vdash\dashv}$ Ergebnis Stationarität ab einer bestimmten Zustandsebene ein, so kann die Berechnung an dieser Stelle abgebrochen werden. Bei der Suche von $d_{min}^{\circ-\circ}$ der endlichen Sequenz wird spätestens nach der Länge L abgebrochen, wenn das Ergebnis nicht schon vorzeitig stationär wird, wie im ersten Fall.

3. Klassifikation im eingeschränkten Signalraum

Die Abbildungsvorschrift $\underline{H}$ ordnet jedem Orginalbild $\underline{X}$ einen Bildvektor $\underline{Y}$ zu. Ist es durch a-priori Kenntnisse möglich, bestimmte $\underline{X}_i$ von vornherein als mögliche Orginale auszuschließen, so entfallen bei der Klassifikation Entscheidungen zugunsten der zugehörigen $\underline{Y}_i$. Dies entspricht einer Ausdünnung des Signalraums und führt bei der Klassifikation im Mittel zu besseren Ergebnissen.

Sofern d_{min} bekannt ist, kann in Verbindung mit dem aktuellen Störvektor $\underline{R}$ bei der konkreten Restaurationsaufgabe die eindeutige Aussage gemacht werden: Es gibt keine Fehlklassifikation, wenn

$$d(\underline{R},\underline{O}) < \frac{d_{min}}{2} \qquad (3)$$

ist. Dies schließt jedoch nicht die fehlerfreie Klassifikation im statistischen Mittel aus, da durch diese Ungleichung nur der ungünstigste Fall einer Störung in Richtung des nächsten Nachbarn erfasst wird. Außerdem müßte im einzelnen Restaurationsfall die aktuelle Distanz d_a des tatsächlich vorliegenden Bildes zu seinem direkten Nachbarn, anstelle von d_{min} berücksichtigt werden, wobei im allgemeinen $d_a \geq d_{min}$ ist (Bild 2). Die Wahrscheinlichkeit PR(E) einer Fehlklassifikation im statistischen Sinn kann im Fall von normalverteilten Störungen $\underline{R}$ mit einer euklidischen Metrik abgeschätzt werden durch

$$PR(E) \leq K \cdot Q(d_{min}/2\sigma) \qquad (4)$$

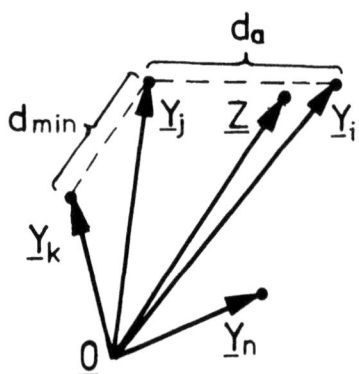

Bild 2. Für die aktuelle Beobachtung $\underline{Z}$ ist $d_a > d_{min}$

mit der Gausschen Fehlerfunktion Q und der Varianz σ von $\underline{R}$ [3].

Oft vergrößert sich d_{min} wenn Signalbeschränkungen eingeführt werden. Dann ist aus Gl. (3) sofort ersichtlich, daß die aktuelle Störung des Einzelfalles größer werden darf, ohne Klassifikationsfehler zu erzeugen. Gl. (4) zeigt die entsprechende Auswirkung im statistischen Mittel.

Signaleinschränkungen in Form des Verbotes von Mustern wirken sich bei der Restauration durch das Wegfallen bestimmter Transitionen im Zustandsdiagramm aus. Bild 3 zeigt dies für ein eindimensionales Beispiel, bei dem Wechsel im Signalpegel frühestens nach zwei 2 Abtastwerten erlaubt sind. Wenn die Mustereinschränkungen wegen ihrer lokalen Ausdehnung nicht mit den Transitionen des Markovmodells in [1] beschrieben werden können, so muß durch Erhöhung der Zustandszahl ein komplexeres Modell definiert werden [4,5].

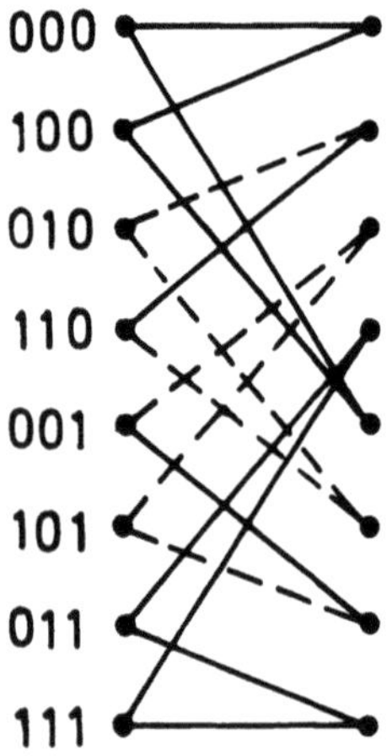

Bild 3. Zustandsübergänge für eine eingeschränkte, eindimensionale und binäre Datensequenz.
---- verbotene, ——— zulässige Übergänge.

4. Beispiele

In diesem Abschnitt sollen anhand der Restauration bewegungsunscharfer Bilder die Einflüsse von Randbedingungen und Signaleinschränkungen auf die Qualität der erzielten Ergebnisse demonstriert werden. Sowohl die Abbildungsvorschriften als auch die Signaleinschränkungen sind hierbei eindimensionaler Natur und wirken sich in Zeilenrichtung aus. Die verschiedenen Bildzeilen sind demgemäß entkoppelt zu betrachten und jeweils getrennt für sich mit einem eindimensionalen

Viterbialgorithmus zu restaurieren. Bei den Orginalbildern handelt es sich um schwarz-weiß Bilder mit B=2 Amplitudenwerten und einer als bekannt vorausgesetzten Umrandung. Die lineare Abbildungsvorschrift $\underline{H}$ beschreibt eine relative, gleichmäßige Bewegung zwischen Orginalbild und Aufnahmegerät. Additives weißes, gaußsches Rauschen wird als Störung angenommen. Die vorgegebenen Signaleinschränkungen lassen sich vollständig in dem durch die Dimension von $\underline{H}$ definierten Markovmodell berücksichtigen.

Beim ersten Bildbeispiel (Bilder 4-6) handelt es sich um ein <u>synthetisch</u> generiertes Schriftbild, welches durch die bekannte Impulsantwort

$$\underline{H} = [1,1,1,1,1,1,1] \tag{5}$$

verzerrt wurde.

In Tabelle 2 sind die zur Beurteilung der Rekonstruktionsgüte relevanten minimalen Distanzen für verschiedene Nebenbedingungen aufgeführt. Außerdem sind dazugehörige mögliche Fehler- und Datensequenzen mit angegeben, wobei zu beachten ist, daß die minimale Distanz mehrfach auftreten kann.

	ohne Signalrestriktion	mit Signalrestriktion
	$d_{min}^{\vdash\dashv} = 0$	$d_{min}^{\vdash\dashv} = 0$
$(\underline{X}_2-\underline{X}_1)$:	... 0 0 0 0 0 -1 1 $\overline{0\ 0\ 0\ 0\ 0\ \text{-}1\ 1}$ ...	... 1 0 0 -1 0 0 0 $\overline{1\ 0\ 0\ \text{-}1\ 0\ 0\ 0}$ ...
$\underline{X}_2$:	... 0 0 0 0 0 0 1 $\overline{0\ 0\ 0\ 0\ 0\ 0\ 1}$ ...	... 1 0 0 0 1 1 1 $\overline{1\ 0\ 0\ 0\ 1\ 1\ 1}$ ...
$\underline{X}_1$:	... 0 0 0 0 0 1 0 0 0 0 0 0 1 0 ...	... 0 0 0 1 1 1 1 0 0 0 1 1 1 1 ...
	$d_{min}^{\circ-\circ} = \sqrt{2}$	$d_{min}^{\circ-\circ} = 2$
$(\underline{X}_2-\underline{X}_1)$:	0 0 0 0 0 0 1 -1 0 0 0 0 0 0	0 0 0 0 0 0 1 0 -1 0 0 0 0 0 0
$\underline{X}_2$:	0 0 0 0 0 0 1 0 0 0 0 0 0 0	0 0 0 0 0 0 1 1 0 0 0 0 0 0 0
$\underline{X}_1$:	0 0 0 0 0 0 0 1 0 0 0 0 0 0	0 0 0 0 0 0 0 1 1 0 0 0 0 0 0

Tabelle 2: Verschiedene minimale Distanzen mit Beispielen von Fehlersequenzen $(\underline{X}_2-\underline{X}_1)$ und Datensequenzen $\underline{X}_2, \underline{X}_1$.

Als wichtigstes Ergebnis dieser Berechnung ist das Anwachsen von d_{min} bei Berücksichtigung von a-priori Musterkenntnissen zu nennen. Das bedeutet für das hier vorliegende Bildbeispiel eine deutliche Verbesserung in der Restaurationssicherheit oder erlaubt andererseits einen größeren Spielraum für den Störpegel. Bei einer unbekannten Umrandung des Bildes hingegen, ergibt sich keine Verbesserung der minimalen Distanz von $d_{min}^{\vdash\dashv} = 0$. Die Veränderung von d_{min} beim Übergang von der offenen zur abgeschlossenen Fehlersequenz ist zu beachten. Nur im Fall von $d_{min} \neq 0$ besteht eine eineindeutige Abbildungsvorschrift zwischen $\underline{X}$ und $\underline{y}$, die es grundsätzlich erst ermöglicht eine bestimmte Bildzeile $\underline{X}$ als das Ergebnis mit maximaler a-posteriori Wahrscheinlichkeit anzugeben.

Bei allen vier in Tabelle 2 aufgeführten minimalen Distanzen stellt sich vor dem Erreichen der Zeilendimension ein stationäres d_{min} - Ergebnis ein. Die beiden offenen Sequenzen ($d_{min}^{\vdash\dashv}$) erweisen sich als periodisch. Die mit einem Nullrand abgeschlossenen Fehlermuster werden durch ein Bit-Cluster repräsentiert, welches innerhalb der zu untersuchenden Gesamtsequenz beliebig verschoben sein darf. Im Gegensatz zum Fall der Übertragung von digitalen Datensequenzen sind die hier ermittelten Fehlerfolgen bei der Bildrestauration weniger problematisch. Eine Fehlrekonstruktion führt mit größter Wahrscheinlichkeit auf eine verschobene Orginalzeile. Dies ist aber für den Betrachter weniger von Belang, weil die Gesamtinformation des Bildes dadurch nicht wesentlich gestört wird.

Unter Beachtung des hier vorliegenden Falles einer bekannten Bildumrandung, ergibt sich eine Reduktion der Fehlklassifikationswahrscheinlichkeit um den Faktor

$$q = Q(d_{min\ res}^{\circ\!-\!\circ}/2\sigma) \Big/ Q(d_{min}^{\circ\!-\!\circ}/2\sigma) \qquad (6)$$

(Siehe dazu die Werte bei den Bilden 4 bis 6).

Beim zweiten Restaurationsbeispiel (Bilder 7-9) handelt es sich um eine reale fotografische Aufnahme eines bewegten Schriftzuges. Durch die Wahl des Abtastrasters wurde näherungsweise die Impulsantwort des synthetischen Bildes nachgebildet. Als speziell an dieses Beispiel angepasste Signaleinschränkung wurden im Gegensatz zum Vorbeispiel lediglich isolierte, weiße Bildpunkte als nicht zulässig angenommen. In den Bildern 8 und 9 sind nachträglich weiße, gaußsche Störungen hinzugefügt worden. Zum Vergleich sind die Ergebnisse eines Pseudoinversen Filters angegeben [6].

Die für das kontinuierliche Bild angegebenen Resultate sollten hier jedoch nur qualitativ interpretiert werden. Zum einen wurde der Einfluß einer ungleichmässigen Beleuchtung nicht berücksichtigt und außerdem steht die quantitative Analyse einer zur Erregung nicht synchronisierten Abtastung und von Kantenübergängen außerhalb eines Rasters noch aus. Darin ist ein erschwerender Unterschied zur datensynchronen Abtastung bei der digitalen Signalübertragung zu sehen.

5. Zusammenfassung

Die Anwendung des Viterbialgorithmus zur Bildrestauration ergibt optimale Ergebnisse auch bei Vorgabe von Mustereinschränkungen und erlaubt somit die volle Nutzung der zur Verfügung stehenden Information. In den betrachteten Beispielen wurde ohne Einschränkung der Allgemeinheit nur eine Signalrestriktion in Zeilenrichtung berücksichtigt. Die größere Komplexität bei zweidimensionalen Restriktionen und Impulsantworten erschweren die Lösung für Bilder realer Dimension. In [7] wird ein suboptimaler Algorithmus angegeben, bei dem der Rechenaufwand nur linear mit der Bilddimension wächst und der damit die Möglichkeit eröffnet, auch derartige Fälle zu bearbeiten. Bei realen Bildaufnahmen bleibt noch zu klären, wie Shadingeffekte und Abtastfehler aufgrund der ortskontinuierlichen Natur der Orginalbilder Einfluß auf die Restaurationsergebnisse nehmen bzw. welche Maßnahmen dagegen getroffen werden können.

Literatur

[1] Burkhardt, H., Schorb, H.: Maximum-a-Posteriori Restoration of Images - An Application of the Viterbi Algorithm to Two-Dimensional Filtering. Proc. of the 6th International Conf. on Pattern Recognition, Munich, Oct. 1982, pp. 98-101.

[2] Forney, G.D.: The Viterbi Algorithm. Proceedings of the IEEE, Vol. 61, No.3, pp. 268-278, March 1973.

[3] Forney, G.D.: Maximum Likelihood Sequence Estimation of Digital Sequences in the Presence of Intersymbol Interference. IEEE Trans. on Information Theory, Vol. IT-18, No. 3, pp. 363-378, May 1972.

[4] Burkhardt, H., Barbosa, L.C.: Contributions to the Application of the Viterbi Algorithm. IBM Research Report, RJ 3377(40413) 1/22/82, San José, Ca.

[5] Burkhardt, H.: An Event-Driven Maximum-Likelihood Peak Position Detector for Run-Length-Limited Codes in Magnetic Recording. IEEE Trans. on Magnetics, Vol. MAG-17, No. 6, Nov. 1981, pp. 3337-3339.

[6] Andrews, H.C., Hunt, B.R.: Digital Image Restoration. Prentice-Hall, 1977.

[7] Schorb, H., Burkhardt, H.: An Efficient Algorithm for Constrained Image Restoration with the Viterbi Algorithm. Angenommen zum SPIE/27th Annual Intern.Techn. Symposium, San Diego, August 1983.

Bilder 4-6: Synthetisches Bild

A gestörtes Bild.
   Restauration mit Viterbialgorithmus
B ohne Restriktion,
C mit Restriktion.
   SNR: bezogen auf Impulsantwortnorm.

Bilder 7-9: Reales Bild

A aufgenommenes Bild.
B Pseudoinverse Filterung
C Restauration mit Viterbialgorithmus.

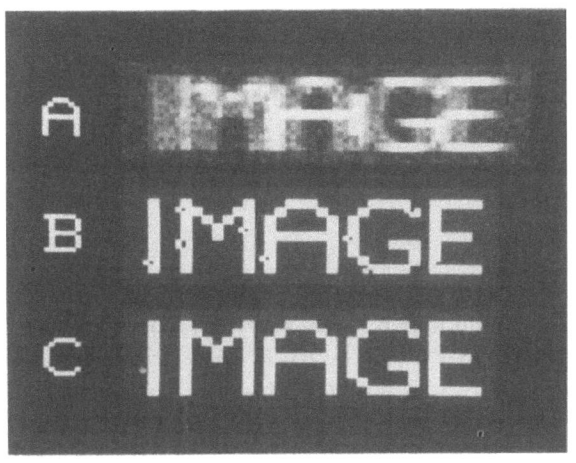

Bild 4. q = 0.127, SNR = 6.94

Bild 7

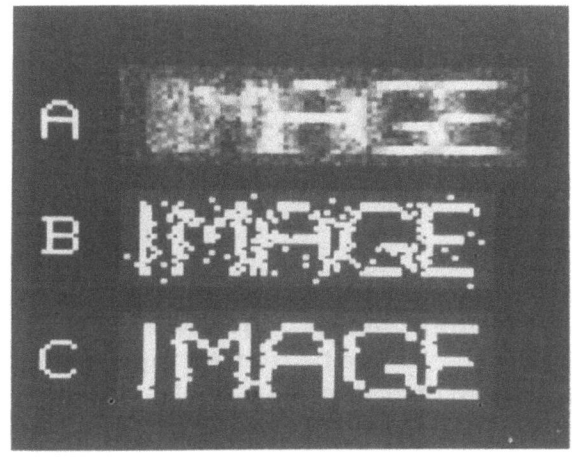

Bild 5. q = 0.488, SNR = 3.70

Bild 8

Bild 6. q = 0.633, SNR = 2.78

Bild 9

ERZEUGUNG UND REKONSTRUKTION DREIDIMENSIONALER LICHTMIKROSKOPISCHER BILDER[+]

G. Zinser, A. Erhardt, D. Komitowski, J. Bille[*]

Abteilung Histodiagnostik und Pathomorphologische Dokumentation,
Institut für Experimentelle Pathologie,
Deutsches Krebsforschungszentrum Heidelberg,
Im Neuenheimer Feld 280, 6900 Heidelberg
[*]Institut für Angewandte Physik I der Universität Heidelberg,
Albert-Überle-Straße 3-5, 6900 Heidelberg

Zusammenfassung

Ein zweidimensionales lichtmikroskopisches Bild eines dreidimensionalen Objekts hat einen geringen Informationsinhalt und ist aufgrund der defokussierten Projektion des gesamten Objekts in die Fokusebene mit systematischen Fehlern behaftet. Durch die Aufnahme von Fokusserien können dreidimensionale Bilder erzeugt werden. Mit der Kenntnis der dreidimensionalen optischen Übertragungsfunktion kann daraus innerhalb bestimmter Grenzen das dreidimensionale Objekt rekonstruiert werden, wie am Beispiel von Zellkernbildern gezeigt wird.

Schlüsselwörter: Lichtmikroskopie, digitale Bildverarbeitung, dreidimensionale Abbildung, optische Übertragungsfunktion, Rekonstruktion aus Fokusserien, Zellkerne

1. Einführung

Ein lichtmikroskopisches Bild eines dreidimensionalen Objekts, dessen Ausdehnung in Richtung der optischen Achse größer ist als die Schärfentiefe der verwendeten Optik, bildet einen optischen Schnitt durch dieses Objekt. Dieses zweidimensionale Bild
- enthält nur einen Bruchteil des Informationsinhaltes des gesamten dreidimensionalen Objekts und
- wird durch die defokussierte Projektion des gesamten Objekts in die Fokusebene verfälscht, sodaß systematische Bildfehler entstehen, die zu Fehlinterpretationen des Bildes führen können.

Durch die Aufnahmen einer Serie von zweidimensionalen Bildern bei variierender Fokuseinstellung des Mikroskops erhält man ein dreidimensionales Bild des Objekts mit entsprechend hohem Informationsinhalt. Auch dieses dreidimensionale Bild ist durch die defokussierte Projektion des gesamten Objekts in jede Bildebene verfälscht, im Gegensatz zu zweidimensionalen Bildern kann das dreidimensionale Bild jedoch durch eine Rekonstruktion verbessert werden:

Auf der Grundlage der linearen Systemtheorie (d.h. im Grenzfall nicht absorbierender Objekte) entsteht ein dreidimensionales lichtmikroskopisches Bild im Ortsraum durch eine Faltung des

---

[+]Mit Unterstützung der Deutschen Forschungsgemeinschaft

Objekts mit der dreidimensionalen Punktbildfunktion des Mikroskops. D.h. im Fourierraum gilt

$$G(u,v,w) = F(u,v,w) \cdot OTF(u,v,w)$$

wobei $G(u,v,w)$ und $F(u,v,w)$ die dreidimensionalen Fouriertransformierten von Bild und Objekt sind und $OTF(u,v,w)$ die dreidimensionale optische Übertragungsfunktion des Mikroskops. Die Division von G durch OTF und anschließende Rücktransformation in den Ortsraum sollte daher das rekonstruierte Objekt liefern.

2. Die dreidimensionale optische Übertragungsfunktion

Die zweidimensionalen optischen Übertragungsfunktionen $OTF(u,v;z)$ für feste Defokussierungen z folgen aus der skalaren Beugungstheorie und wurden von Hopkins [1] angegeben. Statt dessen wurde hier eine für fast alle Ortsfrequenzen sehr gute Näherung verwendet, die aus [2] folgt[*]:

$$OTF(u,v;z) = 2 \cdot f(q) \cdot \frac{J_1[2\pi h(q)z]}{2\pi h(q)z} \quad , \quad q \leq q_0$$

mit $\quad q = (u^2 + v^2)^{1/2}$

$\quad f(q) = 1 - 1.38 q/q_0 + 0.03 q^2/q_0^2 + 0.344 q^3/q_0^3$

$\quad h(q) = NA \; q \; (1 - q/q_0)$

$\quad q_0$ = optische Grenzfrequenz für inkohärente Abbildung

$\quad NA$ = numerische Apertur.

Durch eindimensionale Fouriertransformation dieser Funktionen in z-Richtung ergibt sich die dreidimensionale optische Übertragungsfunktion $OTF(u,v,w)$. Die Berechnung von $OTF(u,v,w)$ erfolgte numerisch. Wie auch die zweidimensionalen optischen Übertragungsfunktionen, ist die dreidimensionale optische Übertragungsfunktion rotationssymmetrisch zur w-Achse. In Abbildung 1 ist ein Schnitt von $OTF(u,v,w)$ mit der Ebene $v=0$ dargestellt. Abbildung 2 zeigt den berechneten radialen Verlauf von $OTF(u,v,w)$ in der (u,v)-Ebene, sowie den Verlauf parallel zur w-Achse an der Stelle $u=q_0/2$, $v=0$.

Die dreidimensionale optische Übertragungsfunktion $OTF(u,v,w)$ bildet einen starken Tiefpaß; insbesondere ist sie entlang der w-Achse eine δ-Funktion. Sie ist in alle Richtungen bandbegrenzt und nur in einem torusähnlichen Gebiet von Null verschieden. Ihre Grenzfrequenz in der (u,v)-Ebene ist q_0 und ihre maximale Breite senkrecht zur (u,v)-Ebene beträgt $w_0=0.33 q_0$ an der Stelle $q(w_0)=q_0/2$. Aus dem letzteren Wert ergibt sich die erforderliche minimale Abtastschrittweite entlang der optischen Achse im Ortsraum. Sie beträgt 0.31 µm für NA=1.3 (im grünen Licht). Der erhaltene Verlauf der Begrenzung von $OTF(u,v,w)$ ist in Übereinstimmung mit den Angaben in [3]. Es zeigten sich nur geringe Unterschiede zwischen den Werten der hier näherungsweise

---

[*]Der Zusammenhang zwischen der hier angegebenen Formel und der Näherung nach [2] ergibt sich aus folgender Beziehung zwischen der Defokussierung z und dem maximalen Phasenfehler s am Rand der Austrittspupille: $s=(NA)^2 z/2$.

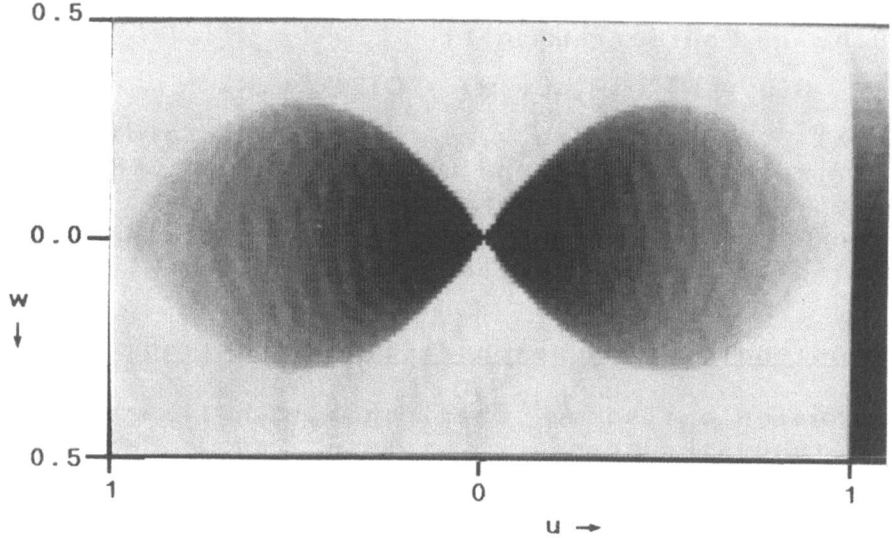

Abb. 1: Schnitt der berechneten dreidimensionalen optischen Übertragungsfunktion OTF(u,v,w) mit der Ebene v=0. Die Darstellung ist logarithmisch; schwarz=1, weiß$\leq 10^{-3}$. Die Ortsfrequenzen sind in Einheiten von q_0 angegeben.

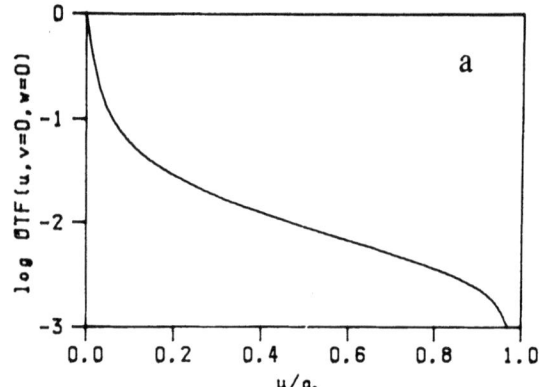

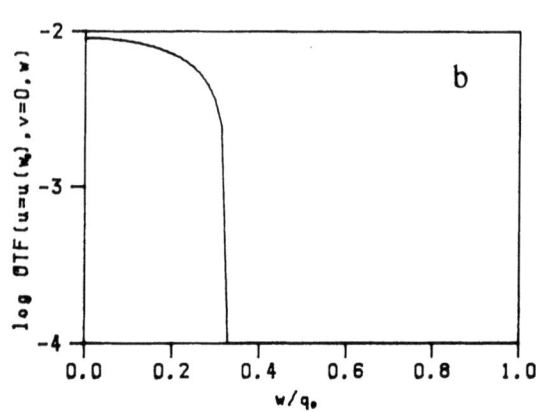

Abb. 2:

Verlauf der berechneten dreidimensionalen optischen Übertragungsfunktion OTF(u,v,w)

a) entlang der u-Achse
b) parallel zur w-Achse an der Stelle $u=u(w_0)=q_0/2$ (Stelle der maximalen Breite)

berechneten dreidimensionalen optischen Übertragungsfunktion und der mittels den exakten zweidimensionalen Übertragungsfunktionen nach [1] berechneten [4].

Aufgrund der Bandbegrenzung der optischen Übertragungsfunktion in alle Richtungen ist prinzipiell keine vollständige Rekonstruktion des dreidimensionalen Objekts aus seinem Bild möglich. Die aufgenommenen dreidimensionalen Bilder können jedoch wesentlich verbessert werden. Dies zeigen die nachfolgend beschriebenen bisherigen Ergebnisse der Rekonstruktion von lichtmikroskopischen Zellkernbildern.

3. Ergebnisse

Mit einem Mikroskop 'Axiomat' (Fa. Zeiss), Objektiv 100x, numerische Apertur 1.3, wurden Fokusserien von Zellkernen aufgenommen. Jede Serie besteht aus 64 zweidimensionalen Bildern der Größe 192x192 Bildpunkte. Die Abtastschrittweite in den zweidimensionalen Bildern beträgt 1/24 µm und der Fokusabstand zwischen je zwei aufeinanderfolgenden Bildern der Serie 1/4 µm. Die überabgetasteten zweidimensionalen Bilder wurden durch Bildung von Mittelwerten um einen Faktor 3 auf die Größe 64x64 Bildpunkte (1/8 µm pro Bildpunkt) verkleinert, was zu einem deutlich verbesserten Signal/Rausch-Verhältnis führt.

Um eine Überhöhung des trotzdem noch vorhandenen Rauschens bei der Rekonstruktion zu vermeiden, wurde $OTF^{-1}(u,v,w) = 0$ gesetzt für alle (u,v,w), für die $OTF(u,v,w) \leq 10^{-3}$ ist. Die entstehenden Kanten wurden geglättet. Das Resultat ist eine effektive inverse optische Übertragungsfunktion, mit der die Fouriertransformierten der Fokusserien multipliziert werden. Ihr Verlauf entlang der u-Achse ist in Abbildung 3 dargestellt.

Das Ergebnis der Rekonstruktion eines dreidimensionalen Zellkernbildes mit dieser effektiven Übertragungsfunktion zeigt Abbildung 4. Es sind zweidimensionale Schnitte durch das rekonstruierte Bild den entsprechenden Schnitten durch die originale Fokusserie gegenübergestellt.

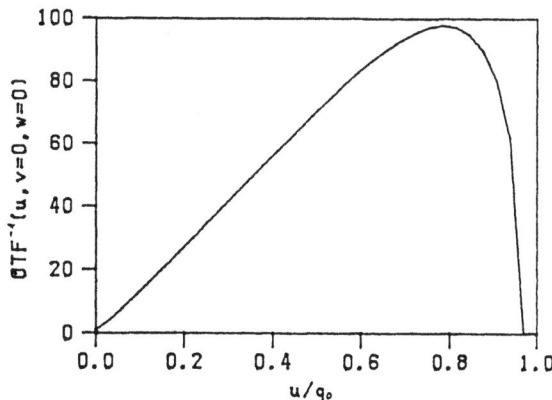

Abb. 3: Verlauf der effektiven inversen optischen Übertragungsfunktion entlang der u-Achse.

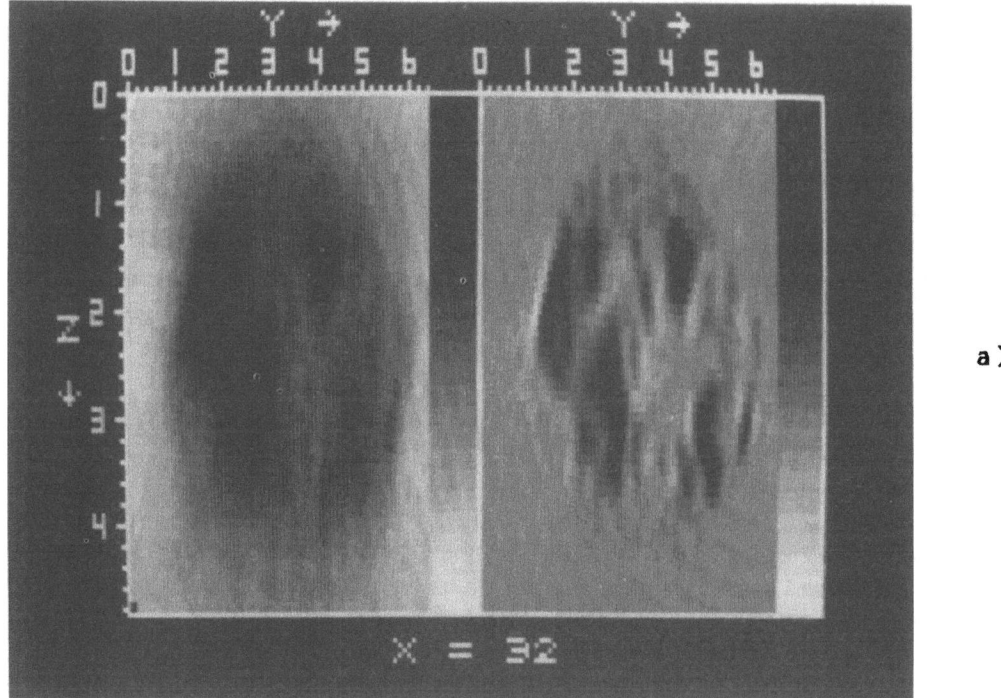

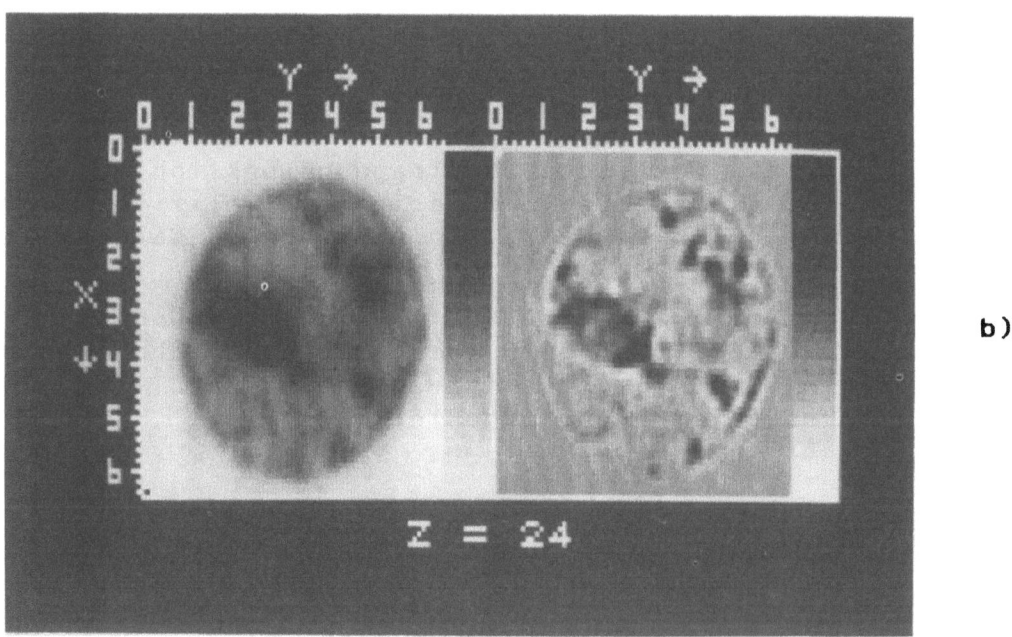

Abb. 4: Vergleich der originalen Fokusserie (links) mit dem rekonstruierten dreidimensionalen Bild (rechts) eines Zellkerns (Objektiv 100x, NA=1.3). Die optische Achse verläuft in z-Richtung. Die Achsenskalierungen sind in Einheiten von 10 Bildpunkten angegeben. Ein Bildpunkt entspricht in x- und y-Richtung 0.125 µm und in z-Richtung 0.250 µm.
a) Schnitt mit der Ebene x=32 (parallel zur opt. Achse)
b) Schnitt mit der Ebene z=24 (senkrecht zur opt. Achse)

4. Diskussion

Aus Abbildung 4 wird deutlich, daß die Ortsauflösung parallel zur optischen Achse im rekonstruierten Bild nicht signifikant besser ist als im Ausgangsbild. Dagegen konnte die Ortsauflösung in den Bildebenen senkrecht zur optischen Achse erheblich verbessert werden. Die schlechte Ortsauflösung entlang der optischen Achse in den rekonstruierten Bildern ist auf die scharfe Bandbegrenzung der optischen Übertragungsfunktion bei niedrigen Ortsfrequenzen zurückzuführen. Laufende Arbeiten befassen sich mit der Möglichkeit, hier eine Verbesserung zu erreichen durch die Anwendung einer experimentellen Übertragungsfunktion, deren Verlauf anhand von Testobjekten ermittelt wird. Die Rechtfertigung der Verwendung einer experimentellen optischen Übertragungsfunktion ergibt sich aus der Tatsache, daß eine Übertragungsfunktion im strengen Sinne nur für den Fall nicht absorbierender Objekte existiert. Tatsächlich verschwindet das Ortsfrequenzspektrum einer Fokusserie nicht in den Bereichen, in denen die aus der skalaren Beugungstheorie berechnete Übertragungsfunktion nicht definiert ist.

Literatur

[1] H. H. Hopkins, The frequency response of a defocused optical system, Proc. Roy. Soc. (London) A231 (1955) 91

[2] P. A. Stokseth, Properties of a defocused optical system, J. Opt. Soc. Am. 59 (1969) 1314

[3] B. R. Frieden, Optical transfer of the three-dimensional object, J. Opt. Soc. Am. 57 (1967) 56

[4] H. Linge, 5. DAGM-Symposium, Karlsruhe, 1983

2D- UND 3D-OBJEKTBESCHREIBUNG FÜR SICHTSYSTEME

BERND RADIG

Fachbereich Informatik der Universität Hamburg
Schlüterstraße 70, 2000 Hamburg 13

1. Phänomenologie

Die Automatisierung von Transport- und Fertigungsvorgängen wird vereinfacht und für weitere Anwendungsbereiche überhaupt erst möglich, wenn das Förder- oder Handhabungsgerät mit einem Sichtsystem gekoppelt ist. Die Aufgaben, die ein Sichtsystem innerhalb des industriellen Prozesses zu erfüllen hat, bestimmen die systeminterne Beschreibungsweise der vom visuellen Sensor erfaßten Umwelt, der zu manipulierenden Gegenstände und der Aufgabenstellung. Die zahlreichen Randbedingungen, die bei der Konzeption und Realisierung eines Sichtsystems zu beachten sind, und die Vielfalt von Lösungsansätzen zur Erzeugung von Objektbeschreibungen aus den Sensordaten, wobei die Vorzüge, Nachteile und Grenzen der Verfahren oft nur experimentell und im Nachhinein feststellbar sind, rücken eine Theorie der Sichtsysteme in weite Ferne. Zur Weiterentwicklung visuell gesteuerter Maschinen kann deshalb im Augenblick nur eine Phänomenologie der Anforderungen und Lösungsansätze beitragen.

2. Grundsätzliche Anforderungen

"The competence of any vision system is limited by the representations it uses to describe the world and the knowledge available for manipulating and transforming them" [Tenenbaum..79].

Die maschinelle Bildverarbeitung [Kazmierczak80] hat inzwischen im industriellen Bereich ein weites Spektrum von Anwendungen gefunden. Die erzielten Fortschritte auf dem Gebiet der digitalen Bildverarbeitung und der frei programmierbaren Handhabungssysteme ließen schon seit Mitte der sechziger Jahre die Vorteile einer Kombination beider Techniken erkennen [Minsky66], [McCarthy..68], [Feldmann..69], [Ambler..75]. Die erste internationale Konferenz über Künstliche Intelligenz fand 1969 statt, das erste internationale Symposium über industrielle Roboter 1970; es dauerte mehr als zehn Jahre bis zur Einrichtung der internationalen Konferenz über "Robot Vision" 1981.

Bei der Ausstattung eines Manipulators oder einer Fördereinrichtung mit einem visuellen System wird die Fähigkeit eines solchen Roboters gesteigert, auf Vorgänge in der Umwelt zu reagieren. Die Beschränkung kann damit überwunden werden, einer vorgegebenen Trajektorie folgen zu müssen, die höchstens bei der Verwendung von Kontakt- [Raibert&Tanner82a], [Raibert&Tanner82b] oder Näherungssensoren [Okada82] [Taylor..82] [Abele&Sturz82] korrigiert oder bei Ansprechen eines Störmelders verlassen wird [Salmon&d'Auria79]. Ein Sichtsystem wird benutzt, um ein Modell der Umwelt des Roboters aufzubauen, mit dessen Hilfe das Robotersystem selbständige Entscheidungen übernehmen kann, die zum erfolgreichen Abschluß einer Aufgabe beitragen. Weltmodelle müssen zur impliziten Programmierung von Robotern [Blume&Dillmann81] und zur Anwendung von Entscheidungs- und Planungstechniken [Brooks82a], [Lozano-Perez82a] aus dem Bereich der Künstlichen Intelligenz [Fikes72] aufgebaut werden. Ein

Arbeitsschritt eines Roboters muß nicht durch explizite Programmierung jeder Bewegung, sondern kann durch Vorgabe eines Zielzustandes des Modells definiert werden [Luh83], [Lozano-Perez82b]. Der Anschluß eines Sichtsystems gestattet es, Teile eines solchen Modells automatisch zu generieren und zu aktualisieren. Über visuelle Information beeinflußbare Modelldaten betreffen

- Objektposition und Orientierung,
- Form- und Oberflächenbeschreibung,
- Roboterposition und Orientierung,
- Beziehungen zwischen Objekten sowie Objekt und Roboter, beziehungsweise Effektor.

Das Modell ist nicht statisch, die Umwelt ändert sich teilweise durch Aktionen des Roboters - hier kann ein Sichtsystem überprüfen, ob die Aktion zu dem gewünschten Erfolg geführt hat - und teilweise durch von außen in das modellierte System eingebrachte Änderungen, beispielsweise:

- Transportanlagen bringen Gegenstände herbei oder räumen bearbeitete Werkstücke beiseite.
- Menschen betreten den Aktionsbereich eines Manipulatorarmes.
- Bearbeitungsmaschinen beenden einen Vorgang, brechen ihn auf Grund einer Störung ab, produzieren gute oder eventuell fehlerhafte Teile.

Der visuelle Sensor ist in solchen Fällen das geeignete Mittel, um eine unerwartete Situation zu analysieren. Sicherlich kann ein taktiler Sensor feststellen, ob eine Roboterhand ein Werkstück an der Sollposition vorgefunden und ergriffen hat. Ist das Greifen jedoch mißlungen, kann bildliche Information dazu beitragen, den Grund aufzudecken und einen alternativen Plan für erfolgversprechende Aktionen zu verfolgen.

Die Aufgabe eines Sichtsystems innerhalb eines zu automatisierenden Prozesses ist es demnach, die vom visuellen Sensor gelieferten Daten in Begriffe des Weltmodells zu übersetzen, es also teilweise zu generieren und zu aktualisieren. Neben der statischen Beschreibung von bekannten, aber auch von überraschend auftretenden Objekten müssen auch Vorgänge in der realen Welt erfaßt und im Weltmodell repräsentiert werden. Das Sichtsystem erfüllt in einem Robotersystem die klar abgrenzbare Teilaufgabe, das systeminterne Weltmodell - oft im Verbund mit anderen Sensoren - so mit Daten zu versorgen, daß vom Roboter die gestellte Aufgabe bewältigt werden kann. Das Weltmodell bildet die Schnittstelle zwischen den das Modell aktualisierenden Prozessen der Sensorsignalverarbeitung und den steuernden Prozessen des Robotsystems. Das Entstehen eines eigenen Industriezweiges zur Herstellung von Sichtsystemen [Chen&Milgram82], [Villers82], [Bitter82], [Rohde82], [Hewkin&Fuchs82], die sich für eine große Zahl von Automatisierungsaufgaben ohne wesentliche Anpassungsarbeit an das Robotsystem eignen, ist ein Indiz für den Erfolg dieser Anschauung [Kinnucan81], [Kinnucan83]. An dieser Stelle treffen zwei Ansprüche aufeinander, nämlich ein hinreichendes Weltmodell zu verwenden und dabei den Aufwand für das Sichtsystem minimal zu halten [Pugh82].

- Je präziser und vollständiger das Weltmodell die reale Welt beschreibt, um so
  - zuverlässiger kann der Roboter seine Aufgabe erfüllen,
  - autonomer kann er auf unvorhergesehene Ereignisse reagieren,
  - flexibler kann er sich an Änderungen der Aktionen anpassen.

- Präzision und Vollständigkeit des Weltmodells erfordern hohen Aufwand im Sichtsystem:
  - Punkte im Raum müssen mit hoher Auflösung lokalisierbar sein,

- die Verarbeitung großer Sensordatenmengen erfordert den Einsatz von dedizierten (Spezial-) Prozessoren [Reddy&Hon79], um mit dem Fertigungsprozess schritthalten zu können,
- Verfahren zur Erstellung von Objektbeschreibungen durch ihr Volumen, ihre Oberfläche und ihre Oberflächeneigenschaften müssen optimiert werden, um ihre Ergebnisse
  * in kurzer Zeit,
  * mit vertretbarem Hardware-Aufwand und
  * zuverlässig
  bereitzustellen.

Beide Forderungen nach hinreichendem Weltmodell und minimalem Sichtsystem im industriellen Einsatz aufeinander abzustimmen, gelingt vorerst nur bei Aufgabenstellungen, die mit einem hauptsächlich zweidimensionalen Weltmodell und der Darstellung von Oberflächeneigenschaften durch Binärbilder auskommen und die nicht wesentlich kürzere Taktzeiten als eine Sekunde erfordern. Die Fortschritte auf dem Gebiet der Sensortechnik (Halbleiter, Zeilen- und Matrix-Sensoren, Laser-Entfernungsmesser), der Prozessoren (Multi-Mikroprozessor-Systeme, sensorintegrierte Arrayprozessoren) und der Programmierung von Bildanalyseverfahren lassen eine schnelle Vergrößerung der Kompetenz von Sichtsystemen erwarten. Anforderungen von Seiten der automatischen Prüf-, Transport- und Produktionssysteme sind in genügender Breite vorhanden.

3. Aufgabengebiet der Sichtsysteme

Je nach der Aufgabenstellung, die durch den zu überwachenden Prozeß bestimmt ist, variieren die eingesetzten Sensoren, Verfahren und Weltmodelle. Einige Anwendungsgebiete sind hier exemplarisch aufgezählt, die zum Teil schon von Rosen [Rosen79] und Ossenberg [Ossenberg 80] erwähnt wurden:

- Sicherheitsüberwachung, Notabschaltung, Lenkung
  - Schutz von Geräten, Anlagen, Manipulatoren, vor Beschädigungen durch fremde Objekte oder durch den Roboter selbst;
  - Schutz vor Personen, die in den Arbeitsbereich von Manipulatoren eintreten [Haass..82];
  - Lenkung von mobilen, fliegenden, rollenden oder gehenden Robotern, um Hindernissen auszuweichen [Moravec80], [Ferrer..81].

Kameras überwachen den Arbeitsbereich, in dem eine Gefährdung durch den Roboter oder des Roboters möglich ist. Das Weltmodell beschreibt relativ grob Ort und Volumen von Gegenständen, die gefährdet sind oder gefährden können. Die Beschreibung eines realen Objektes kann häufig durch umhüllende Quader, Kugeln, konvexe Polyeder oder generalisierte Zylinder [Brooks82b], [Brooks&Lozano-Perez82], [Brooks&Lozano-Perez83], [Lozano-Perez82b] angenähert werden und schließt einen Volumenzuschlag ein, um den Bremsweg des Roboters berücksichtigen zu können. Eine genauere Analyse eines fremden Objektes, das in die Gefahrenzone eintritt, ist zeitlich oft nicht möglich und für unbekannte Objekte können im Weltmodell nur sehr allgemeine Modellierungsvorschriften gegeben werden, etwa im Sinne von Fischlers "Generischer Klassifikation" [Fischler78]. Bei stationären Robotern, wie es die meisten Handhabungsgeräte sind, genügt für Überwachungsaufgaben eine zweidimensionale Beschreibung des von der Kamera gelieferten Bildes. Da Kameraparameter und -standort bekannt und fixiert sind, kann das auf Grund der im Weltmodell vorhandenen Objektbeschreibung zu erwartende Bild antizipiert werden, wobei natürlich durch den Roboter veranlaßte

Änderungen sich im Weltmodell widerspiegeln müssen.

Bei der Lenkung mobiler Systeme mit eingebautem Sensor ist die Tiefeninformation direkt zu messen oder aus den Bildern zu erschließen. Besonders die Bewegung in unebenem, unbekanntem Gelände erfordert einen hohen Aufwand [Yakimosky&Cunningham76], der wohl zur Zeit nur im speziell eingeschränkten Bereich der Navigation militärischer Flugkörper getrieben werden kann und in Kauf genommen wird. Hierbei besteht das Weltmodell aus einem Geländemodell der geplanten Flugbahn, mit dessen Hilfe unter Auswertung von Radarmessungen der Standort bestimmt wird.

- Sichtprüfung, Qualitätskontrolle, Erfolgskontrolle
  - Vermessen von Rohmaterial, Werkstücken und Werkzeugen (Abnutzung).
  - Prüfen auf Vollständigkeit (beispielsweise einer montierten Baugruppe) [Bertelsmeier&Hille79] und Beschädigung von Werkzeugen, Werkstücken, Fertigteilen [Decker81].
  - Lesen und Identifikations- oder Positions-Markierungen an Teilen.
  - Identifizieren von Gegenständen zum Sortieren oder Palettieren [Perkins78].
  - Prüfen der Oberflächenbeschaffenheit auf Fehlstellen, Risse, Verschmutzung, Vollständigkeit und Gleichmäßigkeit der Beschichtung oder Lackierung [Levi&Weirich83], [Wahl..81], [Jentner&Schmidberger82] [Batchelor..82].

In diesem Einsatzgebiet können zeilenförmige Sensoren (Fotodioden-Zeilen mit einer typischen Ortsauflösung zwischen 64 und 4096 Punkten) eingesetzt werden, wenn die Variation in der zweiten Dimension durch die Translation (Fließband) oder Rotation (Drehtisch) [Bertelsmeier&Hille79] des Prüflings erzeugt wird. Binärbilderzeugung und -verarbeitung ist ausreichend, wenn die Silhouette des Werkstückes genügend Information liefert, oder die Fehlstellen beziehungsweise Markierungen auf der Oberfläche zuverlässig detektierbare Intensitätsvariationen erzeugen.

- Handhabung einzelner Gegenstände
  - Gegenstände werden in genügendem Abstand voneinander, in stabilen Lagen ruhend, auf einem Fließband transportiert und in Bewegung ergriffen [Foith..80], [Holland..79], [Patzelt82].
  - Gegenstände werden durch Flurförderungssysteme in einen Bereitstellungsraum gebracht, abgesetzt und ergriffen [Ahrens..82].
  - Gegenstände baumeln an Hängeförderungssystemen und müssen von dort abgenommen werden.

Im Weltmodell sind Referenzmodelle für die zu erwartenden Gegenstände enthalten. Die Modelle enthalten auch eine Beschreibung der Kontaktflächen für den Greifer. Kommen mehrere Sorten von Gegenständen vor, so sind sie vom Sichtsystem zu identifizieren. Die Lage und Orientierung der beobachteten Gegenstände ist zu bestimmen, damit die räumliche Lage der Kontaktflächen dem Manipulator mitgeteilt werden kann. Bei ruhenden Gegenständen kann die Manipulatoraktion direkt ablaufen, wobei das Sichtsystem eventuell den Bereitstellungsraum überwacht, um festzustellen, ob und wann der Gegenstand entfernt wurde. Bei der Fließbandförderung muß, nachdem das Objektmodell im Sichtsystem aufgebaut ist, aus der Position des Gegenstandes zur Zeit der Bildaufnahme und aus der Geschwindigkeit des Fließbandes der Ort für das Zugreifen extrapoliert werden. Die Erzeugung des Objektmodells muß so schnell vor sich gehen, daß der Gegenstand den Aktionsbereich des Manipulators innerhalb der benötigten Zeit noch nicht verlassen hat. Die Extrapolationsmöglichkeit fehlt bei Objekten an Hängeförderern, wenn sie typischerweise nur an einem Punkt aufgehängt sind und schwingen oder sich drehen. Da der Freiheitsgrad hängender Gegenstände größer ist als auf dem Band liegender, muß Tiefeninformation vom Sichtsystem gewonnen werden, um ein dreidimensionales Objektmodell mit den Referenzmodellen vergleichen zu können. Dieser Vorgang dauert unter Verwendung der heutigen Verfahren so lange, daß eine über das Sichtsystem rückgekoppelte Regelung des Zugreifens im allgemeinen Fall nicht möglich ist.

- Entnahme von Gegenständen aus Behältern
  - Gegenstände sind geordnet auf Paletten oder in Magazinen [Warnecke..82], [Ahrens..82].
  - Gegenstände sind ausgerichtet aber dicht, eventuell in mehreren Lagen gepackt [Hermann82].
  - Gegenstände liegen ungeordnet in Behältern [Boissant&Germain81], [Berman..82], [Bolles&Cain82a], [Bolles&Cain82b].

Im ersten Fall kann nach der Orts- und Orientierungsbestimmung des Behälters sowie einer eventuellen Überprüfung auf Vollzähligkeit blind zugegriffen werden. Im zweiten Fall genügen im allgemeinen wenige Merkmale, um mit Hilfe eines Referenzmodells (bekanntes Objekt in einer stabilen, annähernd bekannten Lage) den Zugriff zu steuern. Der dritte Fall läßt sich auf das Ergreifen aus einem Bereitstellungsraum zurückführen, wenn die Gegenstände erst einmal vereinzelt sind. Dazu aber muß das Sichtsystem nicht nur die Sorte und die Orientierung des Gegenstandes aus Ansichten beliebiger Lagen bestimmen, sondern auch die räumliche Konfiguration aller sichtbaren und verdeckten Teile, um die Auswahl des als nächsten zu ergreifenden Gegenstandes zu bestimmen. Das Weltmodell muß so präzise und vollständig aus der visuellen Information erzeugt werden, daß entschieden werden kann, welcher Gegenstand zuoberst liegt und Kontaktflächen für den Greifer bietet. Neben der Forderung nach Identifikation teilweise verdeckter Gegenstände [Hättich81] kommt erschwerend hinzu, daß die Beleuchtung praktisch nicht so eingestellt werden kann, daß Schatten, Glanzlichter oder kontrastarme Partien im Bild vollständig vermieden werden können. Die Entnahme von ungeordneten Gegenständen aus einem Behälter ist allgemein noch ein ungelöstes Problem. Vereinfacht wird die Situation, wenn es sich um identische, hochsymmetrische Gegenstände handelt (Kugeln) oder wenn sie so robust sind, daß sie durch magnetische [Geißelmann80] oder sich anschmiegende pneumatische Greifer [Bancon&Huber82] vereinzelt werden können.

- Bearbeitung
  - Polieren [Graham&Choong81], Lackieren, Dekorieren [Cronshaw82].
  - Abdichten, Versiegeln, Klebstoffbeschichtung.
  - Schleifen, Entgraten.
  - Schneiden, Stanzen, Pressen.

Zwei Betriebsarten sind zu unterscheiden, je nach dem, ob der Manipulator das Werkzeug führt (die Spritzpistole beim Lackieren, die Schleifscheibe beim Entgraten, den Laserkopf beim Schneiden) oder das Werkstück hält (etwa beim Stanzen). Die möglichen Aufgaben eines Sichtsystemes liegen hierbei in der Überwachung, ob das Werkstück korrekt ergriffen wurde oder sich in der richtigen Position befindet und ob der Bearbeitungsvorgang mit dem gewünschten Erfolg abgeschlossen wurde. Da das Weltmodell üblicherweise eine präzise Beschreibung der Bearbeitungsvorgabe enthält (etwa den Verlauf von Graten an einem Gußteil), kann die eigentliche Aktion ohne Zuhilfenahme des Sichtsystems ablaufen. Manchmal ist darüberhinaus das Identifizieren einer

Werkstücksorte notwendig - beispielsweise beim Dekorieren von verschiedenen Pralinen [Cronshaw82] - zur Auswahl der richtigen Aktionsschablone.

- Montage
  - Teileidentifikation.
  - Bewegungs- und Ablaufplanung unter Berücksichtigung von Hindernissen.
  - Kontrolle der Passung und des Fügevorganges.
  - Befestigung durch Punkt- und Lichtbogenschweißen [Niepold80], [Clocksin..82], [Niepold&Brümmer82], Nieten, Verbolzen, Verschrauben, Nageln, Klammern, Kleben, Einstecken [Asano..82], Löten.
  - Montageüberwachung auf Korrektheit, Vollständigkeit, Intaktheit.

Die Stärke von Sichtsystemen bei dieser Aufgabe liegt in der Fähigkeit, eine Unsicherheit in der Identität von Teilen oder in der relativen Lage von zu verbindenden Elementen [Uno..79] aufklären zu können. Da die Ortsauflösung von Sichtsystemen, beispielsweise zur Positionierung für Schraubvorgänge, unzureichend sein kann, übernehmen nachgiebige Handgelenks-Kupplungen [Mason82], Näherungs- oder Kraft- beziehungsweise Drehmomentsensoren die Kontrolle der Feinpositionierung [Abele&Sturz82], [Okada82], [Salmon&d'Auria79], [Schweizer&Haaf80] [Taylor..82]. Das Weltmodell enthält eine dreidimensionale Beschreibung der Szene im Handhabungsbereich, das von einem Sichtsystem aktualisiert wird, wenn es gilt, den Montagefortschritt zu überwachen oder nicht einplanbaren Situationen zu begegnen. Solche Situationen treten auf, wenn die Außenwelt in unvorhergesehener Weise in das Montagesystem einwirkt etwa dadurch, daß Teile in der falschen Reihenfolge, zu schnell, beschädigt oder verbogen zugeliefert werden.

Allen bisher aufgeführten Aufgabenbereichen für Sichtsysteme ist gemeinsam, daß aus den Sensordaten eine flächige oder räumliche Beschreibung von Objekten erzeugt werden muß. Obwohl Transformationen im Signalraum hierbei vorbereitend hilfreich sein können, liegt die eigentliche Schwierigkeit im Übergang in den Symbolraum, aus dem das Robotersystem die benötigten Informationen bezieht. Die Methoden, die bei diesem Übergang einzusetzen sind, und die Repräsentationsform der Objekte und ihrer gegenseitigen Beziehungen lassen sich bisher noch nicht systematisch aus der Aufgabenstellung und den Randbedingungen (Sensor, Prozessor, Zeittakt, Fehlertoleranz, Adaptierbarkeit, Programmierbarkeit etc.) ableiten.

4. *Objektbeschreibung*

Das Erstellen von Objektbeschreibungen und die systeminterne Repräsentation von Objektmodellen sind gekennzeichnet von Versuchen, für die Aufgabenstellung des Gesamtsystems optimale Formen zu entwickeln. Ein Beispiel ist die häufig angestrebte frühzeitige Reduzierung der Intensitätsinformation auf Binärbilder und die Verwendung von zweidimensionalen Objektmodellen mit einer minimalen Ausstattung. Die Fixierung auf spezialisierte Beschreibungsmethoden, die durch stark variierende Randbedingungen wie Aufgabenstellung und Systemleistung (Leistung=Arbeit/Zeit) geprägt sind, verstellt den Blick auf übergeordnete Prinzipien bei der Beschreibung der externen Welt durch ein internes Modell. Langfristig anzustreben ist eine allgemeine Theorie der Objektbeschreibung, aus der durch Approximation und Spezialisierung die Anpassung an Aufgabe und Randbedingung des Sichtsystems gewonnen wird. Ein für die Konstruktion und Steuerung von Robotern grundlegendes und hilfreiches Gebäude, wie die Klassische Mechanik [Goldstein50], [Hollerbach82], steht für Sichtsysteme noch nicht zur Verfügung.

4.1 Repräsentationsebenen
Der für die Sichtsysteme relevante Teil des Weltmodells in einem Robotersystem stellt den Teil der Szene dar, der sich im Blickfeld des visuellen Sensors befindet. Aus den Sensordaten werden Objektmodelle als interne Repräsentation der realen Objekte erzeugt. Die Objektmodelle enthalten alle zur Lösung der dem Sichtsystem gestellten Aufgabe erforderlichen Angaben. Eingeschlossen sind geometrische und funktionale Beziehungen zwischen Objekten [Brooks82c]. Die Beschreibung der Objekte und ihre Beziehungen können sich als Funktion der Zeit ändern und in einem dynamischen Szenenmodell zusammengefaßt werden. Folgende Repräsentationsebenen lassen sich unterscheiden [Marr78], [Tenenbaum..79]:

- Das Szenenmodell enthält die Beschreibung des Raumes, der vom Sensor erfaßt wird, einschließlich der darin befindlichen Gegenstände. Beziehungen zwischen Gegenständen werden dargestellt. Falls sich Gegenstände in der realen Welt bewegen, muß die Dynamik der Szene repräsentiert werden. Das Szenenmodell kann eine Beschreibung der Lichtquellen enthalten. Falls sich der Sensor selbst bewegt, etwa weil er auf einem mobilen Roboter angebracht ist, muß seine Trajektorie .(Position, Geschwindigkeit, Beschleunigung, etc. als Funktion der Zeit) in einem Weltkoordinatensystem darstellbar sein [Bruss&Horn83].

- Der Raum wird von dreidimensionalen Objekten bevölkert. Die mathematischen Grundlagen für ihre Beschreibung sind bekannt. Die Entwicklung von CAD-Systemen hat die Forschung auf dem Gebiet der rechnerinternen Repräsentation von Objekten gefördert [Faux&Pratt79]. Die Wahl der Darstellungsform hängt wesentlich davon ab, ob die im Sichtsystem notwendigen Berechnungen effizient durchführbar sind [Requicha80], [Faugeras..82], [Faugeras&Ponce83], [Jackins&Tanimoto80], [Srihari81], [Srihari82], [Meagher82].

- Die Bausteine, aus denen die Objektmodelle konstruiert werden, sind Linien, Oberflächen und Volumen. Typisch ist die Approximation der realen Strukturen durch Komposition von einfachen Elementen [Ballard&Brown82], [Hunter&Steiglitz79], [Lee&Fu82], [Turner74], beispielsweise Linien durch Polygone, Kreissegmente, Splinekurven, Flächen durch Ebenen und quadratische Funktionen [Bolle..82], [McPherson..82], Volumen durch Würfel, Quader, Polyeder (Oktaeder [Gibson&Lucas82]), Kugeln, Kegel, generalisierte Zylinder [Brooks83], [Brooks82c], [Brooks82b], [Brooks81].

- Voraussetzung für die Beschreibung der Objekte ist die Kenntnis folgender Größen für jeden Punkt des Bildes [Binford81], [Barrow&Tenenbaum78]:

  - Tiefe kann direkt über Laser-Entfernungsmesser gewonnen werden. Damit ist eine große Genauigkeit erreichbar, die Abtastung dauert jedoch lange. Sogenannte aktive Stereoanordnungen verwenden gesteuerte Punkt- oder Streifenbeleuchtung, die von einer Kamera beobachtet wird [Shirai79], [Kazmierczak80], [Kreis..82]. Die Genauigkeit und Aufnahmedauer hängen von der Auflösung der Kamera und der Dichte des Punkt- bzw. Streifenrasters ab [Levi..83]. Bei passiven Stereoverfahren wird die Szene von zwei oder mehr Kameras beobachtet [Neumann81]. Die Genauigkeit hängt von der Auflösung der Kamera und von dem Unterschied ihrer Blickwinkel ab [Jarvis83]. Die Bilder sind schnell verfügbar, die Berechnung der Tiefeninformation aus den projizierten Bildern ist jedoch aufwendig [Grimson81].

- Die Orientierung von Oberflächen läßt sich aus den Tiefenangaben erschließen [Ishii&Nagata76]. Bei Annahmen über die Reflektanz der Oberflächen und bei Kenntnis der Beleuchtung können Flächennormalen direkt aus Intensitätsdaten gewonnen werden [Horn75], [Ikeuchi&Horn81], [Woodham81]. Die Analyse oberflächeneigener oder durch Beleuchtung aufgeprägter Textur liefert ebenfalls Hinweise zur Oberflächenorientierung [Witkin81]. Das Konzept des Gradientenraumes [Horn75], [Mackworth73] und des stereografischen Raumes [Ikeuchi&Horn81] ist geeignet zur Beschreibung von Vektorfeldern der Normalen.

- Die Ermittlung von Bewegung wird durch ein Vektorfeld unterstützt, das durch den Vergleich von mindestens zwei Bildern gewonnen werden kann. Jedem Bildpunkt wird ein Verschiebungsvektor zugeordnet, der die Translation des projizierten Objektpunktes von einem zum nächsten Bild angibt [Nagel82], [Nagel83a], [Nagel83b]. Der optische Fluß als Vektorfeld der Punktgeschwindigkeiten enthält Information über die Tiefe und Bewegung von Oberflächen relativ zum Beobachter [Prazdny 80], [Horn&Schunk81], [Glazer81.], [Lee80], [Jain82], [Jain83].

- Die Reflektanz [Horn77] der Oberfläche ist die Eigenschaft, die besonders bei der Sichtprüfung von Werkstücken interessiert. Sie kann bei bekanntem Beleuchtungs- und Kameramodell sowie der Oberflächenorientierung aus Intensitätsdaten berechnet werden [Lee&Rosenfeld83]. Oft müssen jedoch nur relative Reflektanzänderungen erkannt werden, um Fehlstellen in Oberflächen oder Objektgrenzen zu ermitteln. Eine diffuse, Schatten vermeidende Beleuchtung wird bei dreidimensionalen Szenen verwendet. Zur Inspektion ebener Oberflächen sind auch Punktlichtquellen mit evtl. streifendem Lichteinfall gebräuchlich.

- Auf Intensitäts-, Tiefen-, Orientierungs-, Verschiebungs- und Reflektanzdaten baut die Segmentation der Bilder auf. Durch die Zerlegung des Bildes in zusammenhängende Bereiche, die Oberflächen mit Uniformität in einem oder mehreren dieser fünf Merkmale besitzen, wird das Bild vom Signal- in den Symbolraum transformiert [Hille81], [Rosenfeld&Davis79]. Relationengebilde sind ein geeigneter Formalismus, um die Eigenschaften von Symbolen, ihre Beziehungen untereinander und ihre Gruppierung zu Objekten auszudrücken [Radig82], [Radig83], [Ballard&Brown82], [Pavlidis77].

- Die Signale vom visuellen Sensor werden als Intensitätsbilder (oder Tiefenbilder bei Entfernungssensoren) durch ein- oder zweidimensionale Matrizen repräsentiert. Gebräuchliche Intensitätsquantisierungen sind 2 und 256 Stufen, die minimale Ortsauflösung liegt bei 1% des Bildfeldes (typisch 128x128 Bildpunkte) und muß für Präzisionsmessungen auf 4096x4096 Punkte gesteigert werden [Warnecke&Melchior82].

In dieser Vollständigkeit werden Szenenmodelle in industriellen Sichtsystemen praktisch nicht aufgebaut. Entweder erfordert es die Aufgabenstellung nicht oder auf Grund der vorgegebenen Randbedingungen muß die Leistungsfähigkeit des Sichtsystems und damit des Roboters eingeschränkt bleiben. Der "Griff in die Kiste" gehört eben noch nicht zum Standardrepertoir sichtgesteuerter Roboter.

In vielen industriellen Anwendungsbereichen lassen sich die Bedingungen optimieren, unter denen das Sichtsystem eingesetzt wird. Außerdem kann eine Menge von Wissen über den Aufbau der zu erwartenden Szene aus dem industriellen

Prozeß verfügbar gemacht werden.

4.2 Referenzmodell

Das visuelle System kann sich auf Aufgaben stützen, die auf andere Weise - entweder durch Einbringen von Vorwissen oder über andere Sensoren - zur Verfügung stehen. Diese Art Information ist häufig nur implizit durch Auswahl und Ausprägung der verwendeten Methoden zur Bildauswertung im System eingebettet. Zur Oberflächenprüfung beispielsweise drücken sich Annahmen und Wissen über die Reflektanz der Oberfläche, ihre Tiefe, ihre Beleuchtung und Bewegung oft nur in einem expliziten Parameter aus, nämlich dem Schwellenwert zur Umwandlung des Intensitätsbildes in ein Binärbild.

Explizit im Weltmodell angesiedelte Repräsentationen finden sich erst in Form von Referenzmodellen auf der Objekt- und Szenenebene. Die Wahl der systeminternen Darstellung von Referenzobjekten hängt ab von der Art, wie die Modelle in das System eingebracht werden (durch Zeigen [Foith..80], [Andree&Wernersson82], Übernahme aus CAD-Systemen, Auswertung technischer Zeichnungen [Idesawa73], [Bocquet&Tichkiewitch82] etc.), und von den Verfahren, die benutzt werden, um vom Sichtsystem aufgebaute Objektmodelle mit den Referenzmodellen zu vergleichen.

Die Beschreibung durch Merkmalsvektoren ermöglicht die Verwendung von Klassifikationsmethoden [Röcker75]. Eine Grammatik erlaubt den Einsatz syntaktischer Verfahren, wobei seit einigen Jahren die Forschung intensiviert wird, die das Ziel hat, auch gestörte Objektmodelle fehlertolerant analysieren zu können [Tsai&Fu83], [Walter&Tropf83], [Fu82], [Fu81]. Produktionensysteme steuern, die Gruppierung primitiver Symbole zu Objekten [Stein83]. Relationale Beschreibungsformen ermöglichen beim Vergleich zwischen Objektmodell und Referenzmodell nicht nur die Berücksichtigung von Objektmerkmalen, sondern auch ihrer inneren Struktur und ihrer Beziehung zu anderen Objekten [Haralick78], [Hwang&Hall82], [Kitchen80], [Bunke&Allermann83], [Shapiro&Haralick81], [Bolles81], [Enderle81]. Dabei müssen möglichst umfassende Zuordnungen zwischen den Konstituenten des Referenzmodells und des Objektmodells gefunden werden [Cheng&Huang82]. Die Zuordnungen lassen sich als Komorphismen [Radig83] zwischen Relationengebilden definieren, die größte gemeinsame Substrukturen zwischen Objekt und Referenz aufeinander abbilden. Die Suche nach Komorphismen läßt sich beschleunigen, wenn die Modelle hierarchisch, basierend auf primitiven Bildsymbolen, aufgebaut sind [Radig82]. Die strenge Trennung zwischen Objektbeschreibung und der Methode des Modellvergleiches gestattet den Aufbau von Sichtsystemen, die leicht an neue Aufgaben angepaßt werden können.

5. Perspektiven

Die Voraussetzungen für einen erfolgreichen Einsatz von Sichtsystemen in einer industriellen Umgebung beschreibt Pugh [Pugh82]:

- Niedriger Anschaffungspreis,
- Zuverlässigkeit
- Grundsätzliche Einfachheit
- Schnelle Bildverarbeitung
- Einfache Beleuchtung

Fortschritte in allen Komponenten von Sichtsystemen sind notwendig, um diese Bedingungen zu erfüllen:

- Sensoren müssen eng mit (integrierten) Prozessoren gekoppelt werden, um Operationen auf der Signalebene zu beschleunigen [Duff82], [Mimaroglu82].

- Spezialprozessoren für die Transformation vom Signal- in den Symbolraum sind zu entwickeln. Für Binärbildauswertung existieren schon Systeme zur schnellen Markierung und Beschreibung von Zusammenhangskomponenten.

- Verfahren zur modellgesteuerten Auswertung der Intensitäts- und Tiefeninformation sind zu standardisieren. Durch Kombination von Standardmodulen ist eine preiswerte und flexible Anpassung an die Aufgabenstellung des Sichtsystems möglich. Die Leistungsfähigkeit und Korrektheit der Module sollte durch Prüfverfahren und vergleichende Bewertung (Benchmarks) dokumentiert werden.

- Die systeminterne Objektbeschreibung muß explizit im Sichtsystem lokalisierbar sein und sich einer einheitlichen Formalisierung bedienen. Neben einer klaren Struktur des Sichtsystems ergeben sich als Vorteile, daß über die Schnittstelle "Weltmodell"

  - das Sichtsystem Information aus anderen Komponenten des Robotersystems in die Objektbeschreibung einbeziehen kann, um seine eigene Leistungsfähigkeit zu erhöhen,
  - das Sichtsystem in definierter Weise Informationen an das Robotersystem weitergeben kann und so Modifikationen in einem der beiden Systeme vom anderen isoliert werden,
  - der Bezug von Referenzmodellen aus einem CAD/CAM-System oder Simulations- und Trainingssystem sowie von Datenbanken erleichtert wird.

  Datenstrukturen, die an verschiedene Teilaufgaben

  - Klassifikation,
  - Übergang von zwei- auf dreidimensionale Objektbeschreibungen,
  - Vergleich von Objekt- und Referenzmodellen,
  - Trajektorienplanung

  angepaßt sind, sollten aus einer einheitlichen Modellrepräsentation abgeleitet werden und nicht isoliert nebeneinander bestehen.

In der aufgeführten Literatur wird leider belegt, daß sich erst kleine Schritte in Richtung der Verwirklichung dieser Ziele abzeichnen; "Robot Vision" ist eben noch ein sehr junges und anspruchsvolles Gebiet.

Literaturverzeichnis

[Abele&Sturz82]
  E. Abele, W. Sturz: "Sensoren zur adaptiven Steuerung von Industrierobotern beim Entgraten", in [IPA82], pp. 79-92

[Ahrens...82]
  U. Ahrens, W. Friedrich, S. Deliev: "Sensoreinsatz beim Be- und Entladen von Paletten mit Industrierobotern", in [IPA82], pp. 105-116

[Ambler75]
  A.P. Ambler, H.G. Barrow, C.M. Brown, R.M. Burstall, R.J. Popplestone: "A Versatile System for Computer-Controlled Assembly", Artificial Intelligence 6 (1975) 129-156

[Andree&Wernersson82]
  D. Andree, A. Wernersson: "Linear Vision for Finding the Orientation of Parts: Learning Procedures", in [RV82], pp. 147-158

[Asano...82]
> T. Asano, S. Maeda, T. Murai: "Vision System of an Automatic Inserter for Printed Circuit Board Assembly", in [RV82], pp. 63-72

[Ballard&Brown82]
> D.H. Ballard, C.M. Brown: "Computer Vision", Prentice-Hall, Englewood Cliffs/NJ USA, 1982

[Bancon&Huber82]
> G. Bancon, B. Huber: "Depression and Dual Grippers with their Possible Applications", in [ISIR82], pp. 321-325

[Barrow&Tenenbaum78]
> H.G. Barrow, J.M. Tenenbaum: "Recovering Intrinsic Scene Characteristics from Images", in [Hanson&Riseman78], pp. 3-26

[Batchelor...82]
> B.G. Batchelor, S.M. Cotter, P.W. Heywood, D.H. Mott: "Recent Advances in Automated Visual Inspection", in [RV82], pp. 307-326

[Berman...82]
> S. Berman, P. Parikl, C.S.G. Lee: "Computer Recognition of Overlapping Parts Using a Single Camera", in [PRIP82], pp. 650-655

[Bertelsmeier&Hille79]
> R. Bertelsmeier, G. Hille: "Anwendungen von Bildanalysetechniken zur automatischen Sichtkontrolle von Bauteilen in Automobilen", in [Foith79], pp. 330-340

[Binford81]
> T.O. Binford: "Inferring Surfaces from Images", in [Brady81], pp. 205-244

[Bitter82]
> K.H. Bitter: "Anwendung von optoelektronischen Bildsensoren", in [IPA82], pp. 39-62

[Blume&Dillmann81]
> C. Blume, R. Dillmann: "Frei programmierbare Manipulatoren", Vogel-Verlag, Würzburg 1981

[Bocquet&Tichkiewitch82]
> J.C. Bocquet, S. Tichkiewitch: "An 'Expert System' for Reconstruction of Mechanical Object from Projections", in [PRIP82], pp. 491-496

[Boissonnat&Germain81]
> J.D. Boissonnat, F. Germain: "A New Approach to the Problem of Acquiring Randomly Oriented Workpieces out of a Bin", in [IJCAI81], pp. 796-802

[Bolle...82]
> R.M. Bolle, D.B. Cooper, B. Cernuschi-Frias: "Three Dimensional Surface Shape Recognition by Approximating Image Intensity Function with Quadric Polynomials", in [PRIP82], pp. 611-617

[Bolles81]
> R.C. Bolles: "Robust Feature Matching Through Maximal Cliques", SPIE 182 (1980) 140-149

[Bolles&Cain82a]
> R.C. Bolles, R.A. Cain: "Recognizing and Locating Partially Visible Workpieces", in [PRIP82], pp. 498-503

[Bolles&Cain82b]
> R.C. Bolles, R.A. Cain: "Recognizing and Locating Partially Visible Objects: The Local-Feature-Focus Method", Robotics Research 1 3(1982) 57-82

[Brady81]
> J.M. Brady (Hrsg.): "Computer Vision", North-Holland, Amsterdam, 1981; siehe auch Artificial Intelligence 17, August 1981

[Brady...82]
> M. Brady, J.M. Hollerbach, T.L. Johnson, T. Lozano-Peres, M.T. Mason: "Robot Motion: Planning and Control", MIT Press, Cambridge/MA USA, 1982

[Brooks81]
R.A. Brooks: "Symbolic Reasoning Among 3-D Models and 2-D Images", in [Brady81], pp. 285-348

[Brooks82a]
R.A. Brooks: "Symbolic Error Analysis and Robot Planning", Robotics Research 1 4 (1982) 29-68

[Brooks82b]
R.A. Brooks: "Solving the Find-Path Problem by Representing Free Space as Generalized Cones", A.I. Memo No. 674, MIT Cambridge/MA USA 1982

[Brooks82c]
R.A. Brooks: "Representing Possible Realities for Vision and Manipulation", in [PRIP82], pp. 587-592

[Brooks83]
R.A. Brooks: "Solving the Find-Path Problem by Good Representation of Free Space", IEEE Trans. SMC-13 (1983) 190-196

[Brooks&Lozano-Perez82]
R.A. Brooks, T. Lozano-Perez: "A Subdivision Algorithm in Configuration Space for Findpath with Rotation", A.I. Memo No. 684, MIT, Cambridge/MA USA 1982

[Brooks&Lozano-Perez83]
R.A. Brooks, T. Lozano-Perez: "A Subdivision Algorithm in Configuration Space for Findpath with Rotation", in [IJCAI83], im Druck

[Bruss&Horn83]
A.R. Bruss, B.K.P. Horn: "Passive Navigation" Computer Vision, Graphics, and Image Processing 21 (1983) 3-20

[Bunke&Allermann83]
H. Bunke, G. Allermann: "Inexact Graph Matching for Structural Pattern Recognition", Pattern Recognition Letters 1 (1983) 245-253

[Chen76]
C.H. Chen (Hrsg.): "Pattern Recognition and Artificial Intelligence", Academic Press, New York 1976

[Cheng&Huang82]
J.K. Cheng, T.S. Huang: "Recognition of Curvilinear Objects by Matching Relational Structures", in [PRIP82], pp. 343-348

[Chen&Milgram82]
M.J. Chen, D.L. Milgram: "A Development System for Machine Vision", in [PRIP82], pp. 512-517

[Clocksin...82]
W.F. Clocksin, J.W. Barratt, P.G. Davey, C.G. Morgan, A.R. Vidler: "Visually Guided Robot Arc-Welding of Thin Sheet Steel Pressings", in [ISIR82], pp. 225-230

[Cronshaw82]
A.J. Cronshaw: "Automatic Chocolate Decoration by Robot Vision", in [ISIR82], pp. 249-257

[Decker83]
H. Decker: "Elastischer Bildvergleich am Beispiel der automatischen Prüfung von Aluminiumgußteilen", 5. DAGM-Symposium 1983, dieser Band

[Dodd&Rossol79]
G.G. Dodd, L. Rossol (Hrsg.): "Computer Vision and Sensor-Based Robots", Plenum Press New York London 1979, Proc. Symposium in Warren/MI USA, Sept. 1978

[Duff82]
M.J.B. Duff: "Special Hardware for Pattern Processing", in [ICPR82], pp. 368-379

[Enderle82]
E. Enderle: "Automatische Analyse von Binärbildern aufgrund relationaler Modelle", in [Radig81], pp. 55-60

[Faugeras...82]
O.D. Faugeras, F. Germain, G. Kryse, J.D. Boissonnat, M. Hebert, J. Ponce: "Toward a Flexible Vision System", in [ISIR82], pp. 67-78

[Faugeras&Ponce83]
O.D. Faugeras, J. Ponce: "Prism Trees: A Hierarchical Representation for 3-D Objects", in [IJCAI83], im Druck

[Faux&Pratt79]
I.D. Faux, M.J. Pratt: "Computational Geometry for Design and Manufacture", Ellis Horwood, Chichester/England, 1979

[Feldman69]
J.A. Feldman et al.: "The Stanford Hand-Eye Project", [IJCAI69] pp. 521-526

[Ferrer...81]
M. Ferrer, M. Briot, J.C. Talon: "Study of a Video Image Treatment System for the Mobile Robot HILARE", in [RV81], pp. 59-71

[Fischler78]
M.A. Fischler: "On the Representation of Natural Scenes", in [Hanson&Riseman78], pp. 47-52

[Fikes72]
R. Fikes, P. Hart, N.Nilsson: "Learning and Executing Generalised Robot Plans", Artificial Intelligence 3 (1972) 251-288

[Foith79]
J.P. Foith (Hrsg.): "Angewandte Szenenanalyse", 2. DAGM-Symposium, Karlsruhe 1979, Informatik Fachberichte 20, Springer-Verlag Berlin Heidelberg New York 1979

[Foith...80]
J.P. Foith, C. Eisenbarth, E. Enderle, H. Geißelmann, H. Ringshauser, G. Zimmermann: "Optischer Sensor für Erkennung von Werkstücken auf dem laufenden Band, realisiert mit einem modularen System", in [Steusloff80], pp. 135-155

[Fu81]
K.S. Fu: "Syntactic Models for Image Analysis", in [Radig81], pp. 271-295

[Fu82]
K.S. Fu: "Syntactic Pattern Recognition and Applications", Prentice Hall, Englewood Cliffs/NJ USA 1982

[Geißelmann80]
H.Geißelmann: "Griff in die Kiste durch Vereinzelung und optische Erkennung", in [Steusloff80], pp. 156-165

[Gibson&Lucas82]
L. Gibson, D. Lucas: "Spatial Data Processing Using Generalized Balanced Ternary", in [PRIP82], pp. 566-571

[Glazer81]
F. Glazer: "Computing Optical Flow", in [IJCAI81], pp. 644-647

[Goldstein50]
H. Goldstein: "Classical Mechanics", Addison-Wesley, Reading/MA USA, 1950

[Graham&Choong81]
D. Graham, Y.C. Choong: "Robot Vision in Automated Surface Finishing", in [RV81], pp. 113-123

[Grimson81]
W.E.L. Grimson: "From Images to Surfaces: A Computational Study of the Human Early Visual System", MIT Press Cambridge/MA USA 1981

[Haass...82]
U.L. Haass, H.-B. Kuntze, W. Schill: "Ein Überwachungssystem zur Hinderniserkennung und Kollisionsverhütung im Arbeitsraum von Industrierobotern", in [IPA82], pp. 179-189

[Hättich81]
W. Hättich: "Hierarchische Kombination eines strukturellen und numerischen Verfahrens zur Erkennung und Lagebestimmung überlappender Werkstücke", in [Radig81], pp. 61-67

[Hanson&Riseman78]
A. Hanson, E. Riseman (Hrsg.): "Computer Vision Systems", Academic Press New York 1978

[Haralick78]
R.M. Haralick: "Scene Analysis, Arrangements, and Homomorphisms", in [Hanson&Riseman78], pp. 199-212

[Hermann82]
J.-P. Hermann: "Pattern Recognition in the Factory: An Example", in [ISIR82], pp. 271-280

[Hewkin&Fuchs82]
P.F. Hewkin, H.-J. Fuchs: "Neue Fähigkeiten des OMS Sichtsystems", in [IPA82], pp. 165-178

[Hille81]
G. Hille: "Methoden und Modelle in der Bildsegmentation: Eine Übersicht", Bericht IfI-HH-B80/81 des Fachbereichs für Informatik der Universität Hamburg, 1981

[Holland...79]
S.W. Holland, L. Rossol, M. R. Ward: "CONSIGHT-I: A Vision-Controlled Robot System for Transferring Parts from Belt Conveyors", in [Dodd&Rossol79], pp. 81-97

[Hollerbach82]
J.M. Hollerbach: "Dynamics", in [Brady...82], pp. 51-71

[Horn75]
B.K.P. Horn: "Obtaining Shape from Shading Information", in [Winston75], pp. 115-155

[Horn77]
B.K.P. Horn: "Understanding Image Intensities", Artificial Intelligence 8 (1977) 201-231

[Horn&Shunck81]
B.K.P. Horn, B.G. Shunck: "Determining Optical Flow" in [Brady81], pp. 185-204

[Hunter&Steiglitz79]
G.M. Hunter, K. Steiglitz: "Operations on Images Using Quad Trees", IEEE Trans. PAMI-1 (1979) 145-153

[Hwang&Hall82]
J. J. Hwang, E. L. Hall: "Matching of Featured Objects Using Relational Tables from Stereo Images", Comp. Graphics Image Proc. 20 (1982) 22-42

[ICPR82]
6th Intern. Conference on Pattern Recognition Oct. 1982, München IEEE Computer Society Press, Silver Spring/MD, USA 1982

[Idesawa73]
M. Idesawa: "A System to Generate a Solid Figure from Three Views", Bulletin of the JSME 16 (1973) 216-225

[IJCAI69]
Proc. Intern. Joint Conference on Artificial Intelligence May 1969, Washington/DC USA, Univ. Microfilms Intern., Ann Arbor/MI USA

[IJCAI81]
Proc. 7th Intern. Joint Conference on Artificial Intelligence, August 1981, Vancouver/BC Canada, AAAI, Menlo-Park/CA USA 1981

[IJCAI83]
Proc. 8th Intern. Joint Conference on Artificial Intelligence, August 1983, Karlsruhe, im Druck

[Ikeuchi&Horn81]
K. Ikeuchi, B.K.P. Horn: "Numerical Shape from Shading and Occluding Boundaries", in [Brady81], pp. 141-184

[IPA82]
Sensorsysteme zur Automatisierung der Produktion, 15. IPA Arbeitstagung, Nov. 1982 Stuttgart, IFS Ltd. Kempston/Bedford England, 1982

[Ishii&Nagata76]
M. Ishii, T. Nagata: "Feature Extraction of Three-Dimensional Objects and Visual Processing in a Hand-Eye System Using Laser Tracker", Pattern Recognition 8 (1976) 229-237

[ISIR82]
12th International Symposium on Industrial Robots; 6th International Conference on Industrial Robot Technology, Juni 1982 Paris, IFS Ltd. Kempston/Bedford England, 1982

[Jackins&Tanimoto80]
C.L. Jackins, S.L. Tanimoto: "Oct-trees and their Use in Representing 3-D Objects", Comp. Graphics Image Proc. 14 91980) 249-270

[Jain82]
R. Jain: "Segmentation of Moving Observer Frame Sequences", Pattern Recognition Letters 1 (1982) 115-120

[Jain83]
R. Jain: "Segmentation of Frame Sequence Obtained by a Moving Observer", Bericht GMR-4247 General Motors Research Lab. Warren/MI USA 1983

[Jarvis83]
R.A. Jarvis: "A Perspective on Range Finding Techniques for Computer Vision", IEEE Trans. PAMI-5 (1983) 122-139

[Jentner&Schmidberger82]
W. Jentner, E.J. Schmidberger: "Lösung von Aufgaben industrieller Qualitätsprüfung mittels Bildverarbeitungssystemen", in [IPA82], pp. 191-202

[Johnston81]
E. Johnston: "Spray Painting Random Shapes Using CCTV Camera Control", in [RV81], pp. 187-192

[Kazmierczak80]
H. Kazmierczak (Hrsg.): "Erfassung und maschinelle Verarbeitung von Bilddaten", Springer-Verlag, Wien New York 1980

[Kinnucan81]
P. Kinnucan:"How Smart Robots becoming Smarter", High Technology, Sept./Oct. 1981, 32-40

[Kinnucan83]
P. Kinnucan: "Machines that see", High Technology, April 1983, 30-36

[Kitchen80]
L. Kitchen: "Relaxation Applied to Matching Quantitative Relational Structures", IEEE Trans. SMC-10 (1980) 96-101

[Kreis...82]
T. Kreis, H. Kreitlow, W. Jüptner: "Kantenfindung mit Hilfe eines kombinierten Lichtschnittverfahrens", in [IPA82], pp. 11-20

[Lee80]
D.T. Lee: "The Optical Flow Field: The Foundation of Vision", Phil. Trans. Royal Soc. London, B 290 (1980) 169-179

[Lee&Fu82]
H.C. Lee, K.S. Fu: "A Computer Vision System for Generating Object Description", in [PRIP82], pp. 466-472

[Lee&Rosenfeld83]
C.-H. Lee, A. Rosenfeld: "Albedo Estimation for Scene Segmentation", Pattern Recognition Letters 1 (1983) 155-160

[Levi&Weirich83]
P. Levi, E. Weirich: "Lasergestützte Qualitätskontrolle mit synthetischen Bildern", 5. DAGM-Symposium 1983, dieser Band

[Levi...83]
    P. Levi, H. Stiefvater, L. Vajta: "Integriertes Laser-Kamera System für die industrielle Bilderfassung", 5. DAGM-Symposium 1983, dieser Band

[Lozano-Perez82a]
    T. Lozano-Perez: "Task Planning", in [Brady...82], pp. 473-498

[Lozano-Perez82b]
    T. Lozano-Perez: "Automatic Planning of Manipulator Transfer Movements", in [Brady...82], pp. 499-535

[Luh83]
    J.Y.S. Luh: "An Anatomy of Industrial Robots and Their Controls", IEEE Trans. AC-28 (1983) 133-152

[Mackworth73]
    A.K. Mackworth: "Interpreting Pictures of Polyhedral Scenes", Artificial Intelligence 4 (1973) 121-137

[Makhlin82]
    A.G. Makhlin: "Vision Controlled Assembly by a Multiple Manipulator Robot", in [RV82], pp. 83-92

[Marr78]
    D. Marr: "Representing Visual Information - a Computational Approach", in [Hanson&Riseman78], pp. 61-80

[Mason82]
    M.T. Mason: "Compliant Motion", in [Brady...82], pp. 305-322

[McCarthy 68]
    J. McCarthy et al.: "A Computer with Hands, Eyes and Ears", AFIPS Conf. Proc. FJCC 1968, pp. 329-338

[McPherson...82]
    C.A. McPherson, J.B.K. Tio, F.A. Sadjadi, E.L. Hall: "Curved Surface Representation for Image Recognition", in [PRIP82], pp. 363-369

[Meagher82]
    D.J. Meagher: "Efficient Synthetic Image Generation of Arbitrary 3-D Objects", in [PRIP82], pp. 473-478

[Mimaroglu82]
    T. Mimaroglu: "A High-Speed Two-Dimensional Hardware Convolver for Image Processing" in [PRIP82], pp. 386-389

[Minsky 66]
    M.L. Minsky: "An Autonomus Manipulator System", Project MAC Progress Report 111, MIT, Cambridge/MA, 1966

[Moravec80]
    H.P. Moravec: "Obstacle Avoidance and Navigation in the Real World by a Seeing Robot Rover", Ph.D. Dissertation Stanford AIM-340, Stanford Univ. Sept. 1980

[Nagel82]
    H.-H. Nagel: "On Change Detection and Displacement Vector Estimation in Image Sequences", Pattern Recognition Letters 1 (1982) 55-59

[Nagel83a]
    H.-H. Nagel: "Displacement Vectors Derived from Second-Order Intensity Variations in Image Sequences", Computer Vision, Graphics, and Image Processing 21 (1983) 85-117

[Nagel83b]
    H.-H. Nagel: "Constraints for the Estimation of Displacement Vectorfields from Image Sequences", in [IJCAI83], im Druck

[Neumann81]
    B. Neumann: "3D-Information aus mehrfachen Ansichten", in [Radig81], pp. 93-111

[Niepold80]
    R. Niepold: "Ein Fernsehsensor zur Überwachung und Regelung von Schweißprozessen", in [Steusloff80], pp. 166-183

[Niepold&Brünner82]
R. Niepold, Brünner: "Ein optisches System zur Überwachung und Regelung von Lichtbogenschweißprozessen", in [IPA82], pp. 117-132

[Okada82]
T. Okada: "Development of an Optical Distance Sensor for Robots", Robotics Research 1 4(1982) 3-14

[Ossenberg80]
K. Ossenberg: "Optische Sensorsysteme für industrielle Anwendungen", in [Steusloff80], pp. 97-126

[Patzelt82]
W. Patzelt: "A Robot Position Control Algorithm for the Grip onto an Accelerated Conveyor Belt", in [ISIR82], pp. 391-399

[Pavlidis77]
T. Pavlidis: "Structural Pattern Recognition", Springer-Verlag, Berlin Heidelberg New York, 1977

[Perkins78]
W.A. Perkins: "A Model-Based Vision System for Industrial Parts", IEEE Trans. C-27 (1978) 126-143

[Prazdny80]
K. Prazdny: "Egomotion and Relative Depth Map from Optical Flow", Biological Cybernetics 36 (1980) 87-102

[PRIP82]
Proc. Conference on Pattern Recognition and Image Processing, IEEE Computer Society Press, Silver Spring/MD, USA 1982

[Pugh82]
A. Pugh: "Second Generation Robotics", in [ISIR82], pp. 1-8

[Radig81],
B. Radig (Hrsg.): "Modelle und Strukturen", 4. DAGM-Symposium, Hamburg 1981, Informatik Fachberichte 49, Springer-Verlag Berlin Heidelberg New York 1981

[Radig82]
B. Radig: "Symbolische Beschreibung von Bildfolgen I: Relationengebilde und Morphismen", Bericht IfI-HH-B90/82 des Fachbereiches für Informatik der Universität Hamburg, 1982

[Radig83]
B. Radig: "Image Sequence Analysis Using Relational Structures", Pattern Recognition (im Druck); Mitteilung IFI-HH-M-106 des Fachbereichs für Informatik der Universität Hamburg, 1983

[Raibert&Tanner82a]
M.H. Raibert, J.E. Tanner: "A VLSI Tactile Array Sensor", in [ISIR82], pp. 417-425

[Raibert&Tanner82b]
M.H. Raibert, J.E. Tanner: "Design and Implementation of a VLSI Tactile Sensing Computer", Robotics Research 1 3(1982) 3-18

[Reddy&Hon79]
D.R. Reddy, R.W. Hon: "Computer Architecture for Vision", in [Dodd&Rosso179], pp. 169-185

[Requicha80]
A.A.G. Requicha: "Representation for Rigid Solids: Theory, Methods and Systems", Computing Surveys 12 (1980) 437-464

[RV81]
Robot Vision and Sensory Controls, Proc. 1st Intern. Conference April 1981, Stratford-upon-Avon, UK, IFS Ltd. Kempston/Bedford England, 1981

[RV82]
Robot Vision and Sensory Controls, Proc. 2nd International Conference Nov. 1982, Stuttgart, IFS Ltd. Kempston/Bedford England, 1982

[Röcker75]
F. Röcker: "Zum Problem der automatischen Analyse dreidimensionaler Szenen", Dissertation, Universität Karlsruhe, Nov. 1975

[Rohde82]
A. Rohde: "Anwendung eines Bildanalysators in der Qualitätskontrolle", in [IPA82], pp. 29-38

[Rosen79]
C.A. Rosen: "Machine Vision and Robotics: Industrial Requirements", in [Dodd&Rossol79], pp. 3-20

[Rosenfeld&Davis79]
A. Rosenfeld, L. S. Davis: "Image Segmentation and Image Models", Proc. IEEE 67 (1979) 764-772

[Salmon&d'Auria79]
M. Salmon, A. d'Auria: "Programmable Assembly System", in [Dodd&Rossal79], pp. 153-163

[Schweizer&Haaf80]
M. Schweizer, D. Haaf: "Taktile Sensoren und ihre Anwendung in programmierbaren Montagesystemen", in [Steusloff80], pp. 184-199

[Shapiro&Haralick81]
L. G. Shapiro, R. M. Haralick: "Structural Descriptions and Inexact Matching", IEEE Trans. PAMI-3 (1981) 504-519

[Shirai79]
Y. Shirai: "Three-Dimensional Computer Vision", in [Dodd&Rossol79], pp. 187-205

[Srihari81]
S.N. Srihari: "Representation of 3-D Digital Images", ACM Comput. Surveys 13 (1981) 399-424

[Srihari82]
S.N. Srihari: "Hierarchical Data Structures and Progressive Refinement of 3-D Images", in [PRIP82], pp. 485-490

[Stein83]
G. Stein: "Automatische Strukturanalyse von Bildsignalen aufgrund rechnerinterner Modelle aus lokalen Formmerkmalen", 5. DAGM-Symposium 1983, dieser Band

[Steusloff80]
H. Steusloff (Hrsg.): "Wege zu sehr fortgeschrittenen Handhabungsystemen", Springer-Verlag, Berlin Heidelberg New York, 1980

[Taylor...82]
P.M. Taylor, K.K.W. Selke, G.E. Taylor: "Closed Loop Control of an Industrial Robot using Visual Feedback from a Sensor Gripper", in [ISIR82], pp. 79-86

[Tenenbaum79]
J.M. Tenenbaum, H.G. Barrow, R.C. Bolles: "Prospects for Industrial Vision", in [Dodd&Rosol79], pp. 239-256

[Tio...82]
J.B.K. Tio, C.A. McPherson, E.L. Hall: "Curved Surface Measurement for Robot Vision", in [PRIP82], pp. 370-378

[Tsai&Fu83]
W.H. Tsai, K.S. Fu: "Subgraph Error-Correcting Isomorphisms for Syntactic Pattern Recognition", IEEE Trans. SMC-13 (1983) 48-61

[Turner74]
K.J. Turner: "Computer Perception of Curved Objects Using a Television Camera", Dissertation, Dept. of Machine Intelligence, University Edinburgh, 1974

[Uno...79]
T. Uno, S. Ikeda, H. Ueda, M. Ejiri, T. Tokumaga: "An Industrial Eye that Recognizes Hole Positions in a Water Pump Testing Process", in [Dodd&Rossol79], pp. 101-114

[Villers82]
P. Villers: "Present Industrial Use of Vision Sensors for Robot Guidance", in [ISIR82], pp. 291-302

[Wahl...81]
F. Wahl, H. Giebel, L. Abele: "Texturanalyseverfahren zur Fehlermessung bei Glasbehältern", in [Radig81], pp. 303-309

[Walter&Tropf83]
I. Walter, H. Tropf: "Erweiterte Übergangsnetze als Modell zur 3-D Erkennung von Werkstücken in Einzelbildern", 5. DAGM-Symposium 1983, dieser Band

[Warnecke&Melchior82]
H.-J. Warnecke, K. Melchior: "Bildverarbeitung als Mittel zur Automatisierung", in [IPA82], pp 1-10

[Warnecke...82]
H.-J. Warnecke, M. Schweizer, I. Schmidt: "Computer Controlled Magazining System", in [ISIR82], pp. 197-216

[Winston75]
P.H. Winston (Hrsg.): "Psychology of Computer Vision", McGraw-Hill, New York, 1975

[Witkin81]
A. P. Witkin: "Recovering Surface Shape and Orientation from Texture", in [Brady81], pp. 17-45

[Woodham81]
R. J. Woodham: "Analyzing Images of Curved Surfaces", in [Brady81], pp. 117-140

[Yakimovsky&Cunningham76]
Y. Yakomovsky, R. Cunningham: "DABI - A Data Base for Image Analysis with Nondeterministic Inference Capability", in [Chen76], pp. 554-592

AUTOMATISCHE STRUKTURANALYSE VON BILDSIGNALEN AUFGRUND RECHNER-INTERNER MODELLE AUS LOKALEN FORMMERKMALEN

Gerda Stein,
Fraunhofer-Institut für Informations - und Datenverarbeitung,
Sebastian-Kneipp-str. 12-14, 7500 Karlsruhe.

Zur modellgesteuerten Erkennung von Bildern aus dem industriellen Fertigungsbereich werden aus dem Grauwertbild Konturpunkte extrahiert und zu kurzen Strecken zusammengefaßt, aus denen in einer von Daten gesteuerten (bottom-up) Suche die Grundelemente erzeugt werden. Ein Satz von Produktionsregeln beschreibt den Aufbau von Zwischenelementen und Formmerkmalen. Technische Objekte werden über Produktionsregeln mit Formmerkmalen modelliert.
Schlagwörter: Werkstückerkennung, Hirarchische Modelle.

Einleitung

Die Arbeiten zur Erkennung von technischen Objekten durch syntaktische Analyse ihrer Konturverläufe mit attributiven Grammatiken lassen sich in verschiedene Klassen einteilen:
Die eindimensionale Repräsentation der Konturform als Kette von Symbolen wird in /1/ beschrieben, wobei die Attribute der Vektor von Anfangs-zu Endpunkt eines Kurvensegments, die Bogenlänge, ein Krümmungsmaß und eine Symmetrieeigenschaft sind. In /2/ wird ein verwandtes Verfahren mit ähnlichen Attributen, aber anderen Primitiven vorgeschlagen. Der Nachteil dieser und ähnlicher Verfahren ist die Beschränkung auf Produktionsregeln, in denen lediglich Beziehungen zwischen benachbarten Kurvensegmenten berücksichtigt sind.
In /3/ werden die Relationen "protrusion" und "intrusion" auf Primitive angewendet, die als zweidimensionale Regionen mit geschlossenen Begrenzungen interpretiert werden. Bei diesem Ansatz und ähnlichen können ebenfalls nur Beziehungen zwischen benachbarten Teilen modelliert werden.
Bei der zweidimensionalen Repräsentation von Konturformen werden örtlich übergreifende Beziehungen zwischen den Primitiven verwendet. In /4/ wird hierbei auf sehr einfachen Grundelementen, nämlich geraden Linienstücken, aufgebaut. Dies erfordert einen komplexen Satz von Regeln und erschwert die Modellgenerierung bei der Umstellung auf neue Objekte. In /5/ werden örtlich übergreifende Beziehungen, "global links", verwendet, um den Komplexitätsgrad der modellgesteuerten Analyse der Szene zu verringern. Das Verfahren ist jedoch auf konvexe Formen beschränkt
In dem hier vorgestellten Verfahren werden die lokalen Formmerkmale anhand lokaler Nachbarschaftsbeziehungen zwischen den Grundelementen modelliert. Die a-priori-Kenntnis über die Kurvenform der Grundelemente wird im Sinne eines einheitlichen Approximationskriteriums für Strecken und Kreisbögen ausgewertet. Zur Modellierung der technischen Objekte wird die örtliche Relativposition der Formmerkmale genutzt. Dies entspricht der zweidimensionalen Repräsentation, wie sie auch in /4/ verwendet wird, jedoch mit komplexeren Primitiven.

Ziele und Randbedingungen

Das Ziel der Arbeit ist die modellgesteuerte Erkennung von Bildern aus dem industriellen Fertigungsbereich unter Berücksichtigung der Übertragbarkeit des Verfahrens auf Anwendungen in der Praxis. Dies bedingt kurze Verarbeitungszeiten, einfache Umstellung auf unterschiedliche Objekte und Objektklassen sowie sichere Separierbarkeit der Musterklassen. Deshalb müssen die folgenden Randbedingungen berücksichtigt werden:

- Die Vorverarbeitung des Grauwertbildes wird von Spezialprozessoren unterstützt.

- Die Modelle sind vom Analyseprogramm getrennt. Sie werden in einer bildhaften Beschreibungssprache implementiert und sind in zwei Ebenen einmal als lokale Formmerkmale und zum anderen als Objektmodelle verfügbar.

- Das Analyseprogramm ist modellgesteuert und liefert sowohl lokale Formmerkmale als auch Objektbeschreibungen.

- In allen Verarbeitungsstufen werden möglichst einfache Algorithmen verwendet, die sich in Hinblick auf ihren eingeschränkten Leistungsbereich ergänzen.

Überblick über das Verfahren

Eine Übersicht ist in Bild 1 gezeigt.
In der Vorverarbeitungsstufe werden aus dem Grauwertbild Konturpunkte extrahiert, die in kodierter Form eine grobe Quantisierung der Richtung des Grauwertgradienten an diesem Ort enthalten. Die Konturpunkte werden zu kurzen Strecken von ca. fünf Bildpunkten Länge zusammengefaßt.
Die kurzen Strecken werden zu Polygonzügen zusammengesetzt, die die Kurvenform der Grundelemente (Strecken und Kreisbögen) annähern. Als Auswahlkriterien dienen die lokale Nachbarschaft und die Erfüllung der Kurveneigenschaft 'Konstanz der Krümmung'.
Die Modelle für lokale Formmerkmale geben an, welche örtliche Relativpositionen die verschiedenen Grundelementtypen zueinander haben. Sie steuern den Analyseprozeß, der die zuvor extrahierten Grundelemente verwendet. Als Ergebnis der Analyse stehen die in der Szene gefundenen Formmerkmale an. Die Modelle für Objekte beschreiben die örtliche Relativpositionierung der verschiedenen Formmerkmalstypen zueinander. Sie steuern den Analyseprozeß, der jetzt auf die zuvor extrahierten Formmerkmale zurückgreift. Das Ergebnis der Analyse ist die aufgabenspezifische Objektbeschreibung.

Vorverarbeitung

Zur Extraktion der Konturpunkte aus dem Grauwertbild wird auf ein Verfahren zurückgegriffen, das am IITB entwickelt wurde /6/. Bei der Kodierung der Richtung des Grauwertgradienten am jeweiligen Ort werden vier Quantisierungsstufen unterschieden. Das Zusammenfassen der Konturpunkte zu kurzen Strecken erfolgt mittels einer Präferenzliste, in der Konstellationen von Konturpunktnachbarschaften berücksichtig sind, die auf Grund eines Konturverlaufs in Form einer Geraden, einer Ecke oder eines Kreisbogens entstehen können. Die Konstellationen sind bestimmt durch die Lage der Konturpunkte zueinander und ihre jeweilige Richtung.

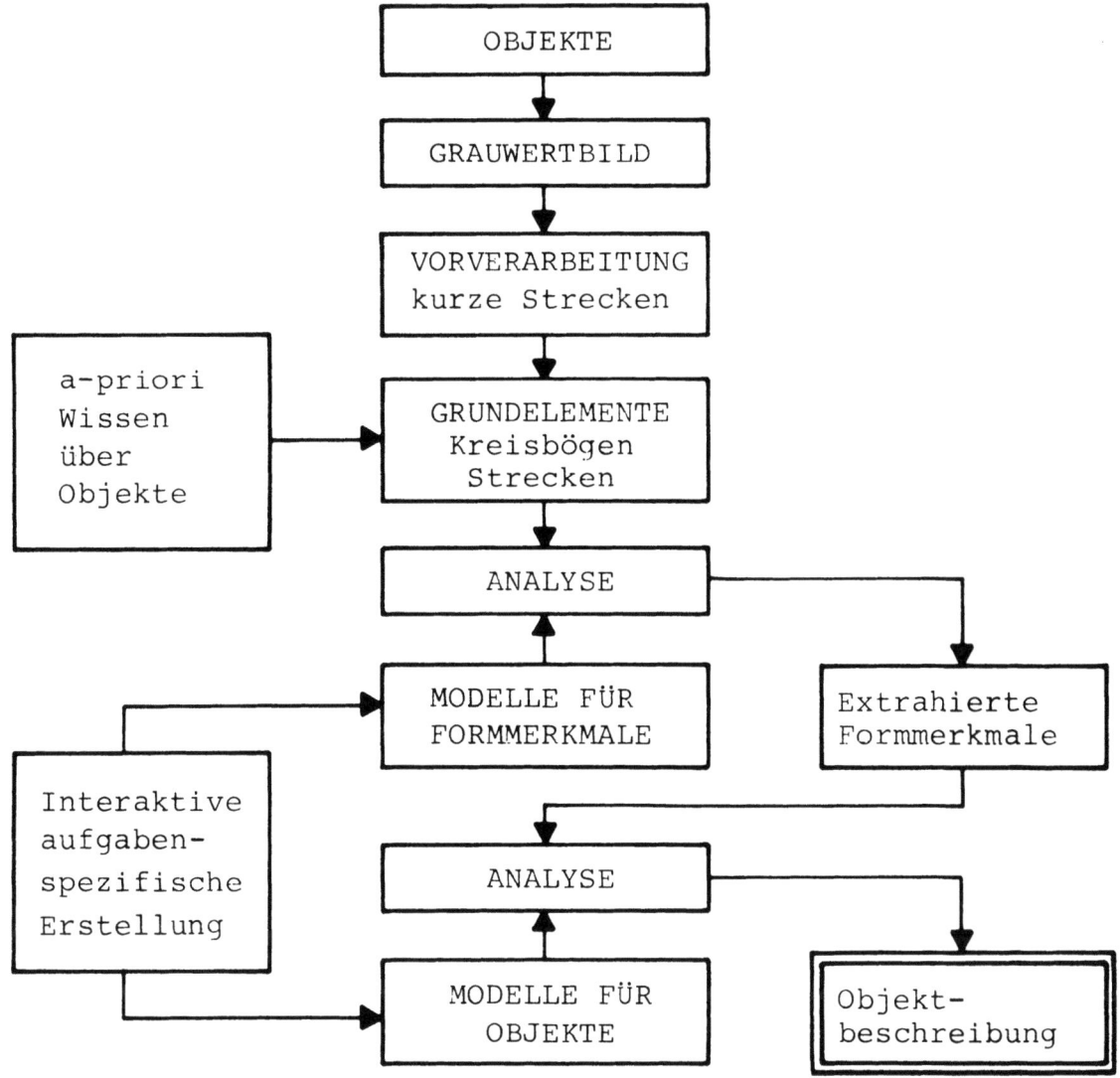

Bild 1: Übersichtsdiagramm des Verfahrens. Erläuterung siehe Text.

In der Nachbarschaft von acht Bildpunkten um den betrachteten aktuellen Konturpunkt wird an Hand der Präferenzliste der bestplazierte Kandidat ausgewählt. Er wird aktueller Konturpunkt für den folgenden Suchschritt. Ist die Manhattan - Distanz zwischen dem ersten und letzten Konturpunkt der so entstehenden Folge gleich vier oder fünf, werden die Koordinaten vom ersten und letzten als Anfangs - und Endpunkt einer kurzen Strecke in einer Liste vermerkt. Die Richtung der kurzen Strecke ist festgelegt durch die Richtungen der beteiligten Konturpunkte der Folge. Die Abbruchsbedingung für die zulässige Länge einer kurzen Strecke resultiert aus zwei gegensätzlichen Forderungen:
1.) Der Approximationsfehler soll so gering wie möglich sein.
2.) Die verschiedenen Quantisierungsstufen der Winkeldifferenz zweier aufeinander folgender kurzer Strecken müssen

drehlageinvariant unterscheidbar sein.
Die kürzeste Streckenlänge zur Erfüllung von Forderung 1 und 2 sind die Manhattan-Distanzen 4 und 5.
Um eine Realisierung auf einem Spezialprozessor zu ermöglichen, ist das Zusammenfassen der Konturpunkte zu kurzen Strecken so implementiert, daß das Konturpunktbild zeilenweise abgearbeitet werden kann.

Grundelemente

Objekte, die in Entwurf und Konstruktion dem Maschinenbau entstammen, haben überwiegend

1. Kanten, deren Verlauf geradlinig oder kreisförmig ist,

2. Übergänge zwischen Kanten, die entweder unter einem Winkel oder mit einem Radius erfolgen,

3. Übergänge zwischen Flächen, die entweder unter einem Winkel oder mit einem Radius erfolgen.

Als Grundelemente für Modelle, die den Kantenverlauf solcher Objekte beschreiben, werden deshalb Strecken und Kreisbögen verwendet.
Die kurzen Strecken werden schrittweise zu Polygonzügen zusammengesetzt, die die Kurvenform der gesuchten Grundelemente annähern. Hierbei muß als erstes Kriterium die 'Anfügbarkeit' erfüllt sein: Anfangs - und Endpunkt zweier aufeinander folgender kurzer Strecken im Polygonzug dürfen nicht weiter als drei Bildpunkte entfernt sein. Bei einem im Aufbau befindlichen Polygonzug wird unter den Kandidaten, die dieses Kriterium erfüllen, derjenige hinzugenommen, der die zweite Anforderung, 'Konstanz der Krümmung', am besten erfüllt. Als Maß für die Krümmung wird der Mittelwert der Winkeldifferenzen aufeinander folgender kurzer Strecken verwendet.
Das Kriterium 'Konstanz der Krümmung' muß wegen des Einflusses der Vorgängerstufe, in der die Konturpunkte zu kurzen Strecken zusammengefaßt werden, modifiziert werden. Die zulässige Toleranz um den Mittelwert der Winkeldifferenzen aufeinander folgender kurzer Strecken in einem Polygonzug wird abhängig gemacht von der Abfolge der Vorzeichen der Winkeldifferenzen.
Eine Vorausschau auf mehrere aufeinander folgende kurze Strecken findet nicht statt. Es wird auch kein Parallelaufbau verschiedener Kurventypen mit denselben kurzen Strecken betrieben. Die Standardabweichung vom Mittelwert der Winkeldifferenzen wird als Gütemaß für das jeweilige Grundelement verwendet.

Modelle für Formmerkmale und Objekte

Die Modelle für Formmerkmale und Objekte werden interaktiv und aufgabenspezifisch mit einem Modelleditor erstellt. Die Formmerkmale werden aufgrund lokaler Nachbarschaften modelliert. Produktionsregeln beschreiben die Zusammenfassung von je zwei Grundelementen zu weiteren Zwischenelementen und zu Formmerkmalen. Bildstörungen werden mit Toleranzmaßen für Position und Orientierung berücksichtigt. In Abhängigkeit von den konkreten Formmerkmalen, die bei den Modellen für die

Objekte verwendet werden, erfolgt die Abarbeitung der Produktionsregeln für die Formmerkmale nach einer Prioritätsliste. Bei der Konzeption der Produktionsregeln sind Richtlinien für funktions- und fertigungsgerechte Gestaltung von Maschinenteilen berücksichtigt.

Zur Modellierung der technischen Objekte wird die örtliche Relativposition der Formmerkmale genutzt. Wegen der Verwendung höher strukturierter Elemente ist die Modellgenerierung erheblich vereinfacht. Die Produktionsregeln sind so aufgebaut wie die Produktionsregeln für die Bildung von Formmerkmalen.

Kurze Strecken, Grundelemente und lokale Formmerkmale haben alle dieselbe rechnerinterne Repräsentationsform, nämlich einen Namen zur Beschreibung des speziellen Typs, Zahlen zur eindeutigen Bestimmung von Position und Orientierung sowie ein Gütemaß. Das Gütemaß dient zur Steuerung der Suche bei der von Daten gesteuerten Analyse.

Diskussion

Die hier gewählte Vorgehensweise hat folgende Vorteile:

- In der Vorverarbeitungsstufe müssen lediglich fünf Zeilen des Grauwertbildes zwischengespeichert werden. Es findet eine erhebliche Datenreduktion statt. Die Anzahl der kurzen Strecken am Ausgang dieser Stufe beträgt bei den bisher verarbeiteten Werkstückszenen 300 bis 1200.

- Die a-priori-Information über die Kurvenform der Grundelemente wird als einheitliches Approximationskriterium bei deren Erzeugung aus kurzen Strecken genutzt. Dies führt zu einer Aufwandsreduktion.

- Grundelemente, die unvollständig sind oder aus Bildstörungen (z.B. Schattenwurf) entstanden sind, können gegebenenfalls auf Grund der Modellvorgaben bei der Generierung der Formmerkmale ergänzt bzw. eliminiert werden.

- Die Modellerstellung für neue Objekte erfolgt in einer dem Menschen adäquaten Vorgehensweise. Sie ist erheblich vereinfacht, da auf höher strukturierte Elemente, die lokalen Formmerkmale, zurückgegriffen werden kann.

In Bild 2 ist eine Werkstückszene gezeigt, das Bild mit den daraus extrahierten Konturpunkten, die kurzen Strecken der Vorverarbeitungstufe und die daraus zusammengefaßten Grundelemente.

Literatur

/1/ K.C.You, K.-S. Fu: A Syntactic Approach to Shape Recognition Using Attributed Grammars. IEEE Trans. on Syst., Man and Cybern., vol. SMC-9, S. 334-345, 1979.

/2/ T.Pavlidis, F.Ali: A Hirarchical Syntactic Shape Analyzer. IEEE Trans. on Pattern Anal.and Machine Intell., vol. PAMI-1, S. 2-9, 1979.

/3/ L.Shapiro: A Structural Model of Shape. IEEE Trans. on

Pattern Anal. and Machine Intell., vol. PAMI-2, S. 111-126, 1980.
/4/ G.Y. Tang, T.S.Huang: Using the Creation Machine to Locate Airplanes on Aerial Photos. Pattern Recognition, vol. 141, S. 431- 442.
/5/ C.Bjorklund, T.Pavlidis: Global Shape Analysis by k-Syntactic Similarity. IEEE Trans. on Pattern Anal. and Machine Intell., vol. PAMI-3, S. 144-155, 1981.
/6/ G.Stein, H.Tropf: Automatische Strukturanalyse von Bildsignalen aufgrund rechnerinterner Modelle aus lokalen Formmerkmalen. IITB-Bericht Nr. 9735, IITB Karlsruhe, 1983.

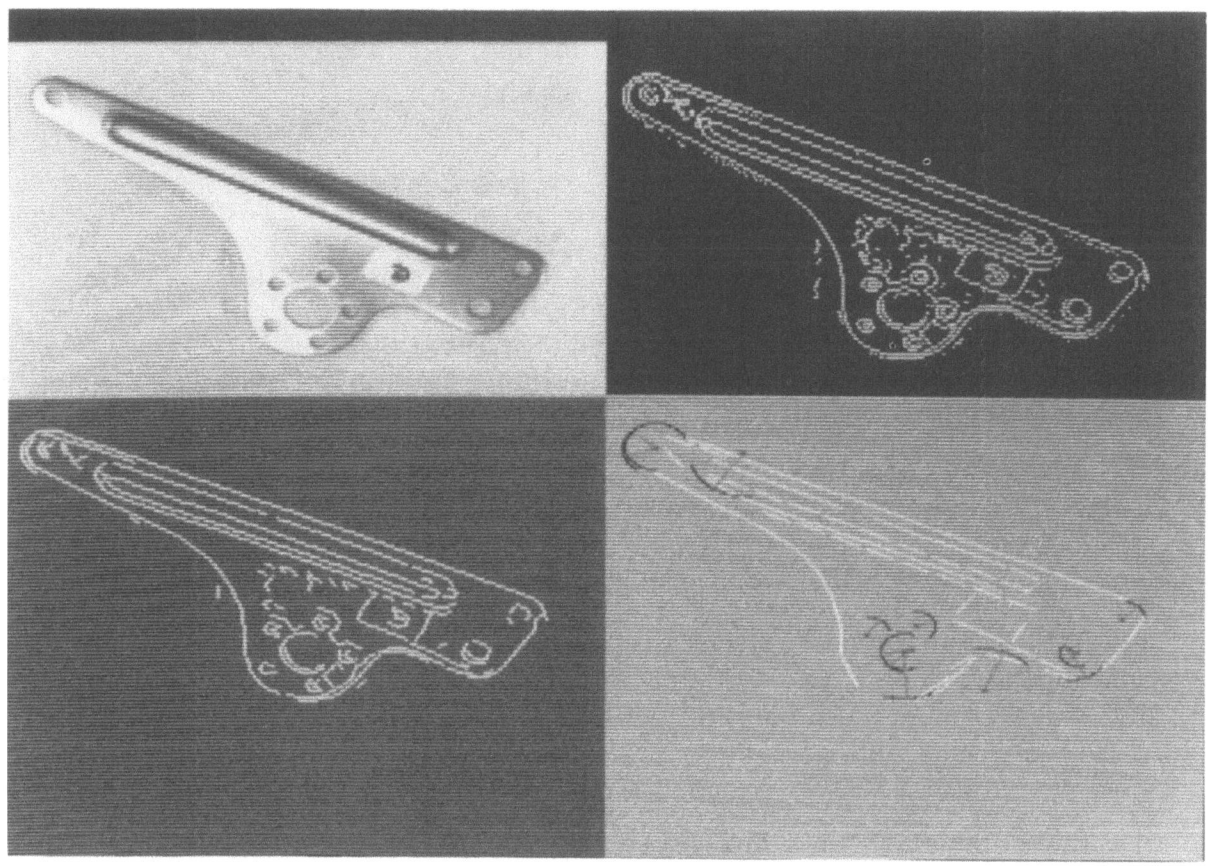

Bild 2: Extraktion der Grundelemente. Links oben: Grauwertbild. Rechts oben: Konturpunktbild. Links unten: Die kurzen Strecken der Vorverarbeitungsstufe. Rechts unten: Die Grundelemente. Die Strecken sind weiß, die Kreisbögen schwarz. Zur Kennzeichnung der berechneten Parameter sind bei Kreisbögen ausgehend vom Mittelpunkt in Richtung der Winkelhalbierenden die Radien eingezeichnet.

Diese Arbeit wird im Rahmen des Schwerpunktprogramms "Modelle und Strukturanalyse bei der Auswertung von Bild- und Sprachsignalen" von der Deutschen Forschungsgemeinschaft gefördert.

ERWEITERTE ÜBERGANGSNETZE ALS MODELL ZUR 3-D ERKENNUNG VON WERKSTÜCKEN IN EINZELBILDERN

I. Walter, H. Tropf

Fraunhofer-Institut für Informations- und Datenverarbeitung
Sebastian-Kneipp-Str. 12-14, 7500 Karlsruhe 1

KURZFASSUNG

Es wird ein ATN-Modell beschrieben, das für die Erkennung von Werkstücken bekannter Geometrie in beliebiger räumlicher Lage erstellt wurde. Anhand dieses Beispiels werden Möglichkeiten des Einsatzes von ATNs für Aufgaben der Bildanalyse aufgezeigt.

1. Einführung

Erweiterte Übergangsnetze (Augmented Transition Networks, kurz ATNs) wurden für die Auswertung natürlich-sprachlicher Texte und gesprochener Sprache entwickelt [1]. Hier wird ein ATN-Modell für Bildanalyse-Aufgaben beschrieben; es wurde für die Erkennung von 3-D Werkstücken bekannter Geometrie in beliebiger räumlicher Lage erstellt.

ATNs sind gut geeignet, a-priori-Wissen über komplexe Zusammenhänge zwischen Bildelementen zu modellieren. Mechanismen zur Zuordnung von 2-D Bildern zu 3-D Objekten lassen sich in den ATN-Formalismus einbetten; es werden 2-D Ansichten des 3-D Modells berechnet.

Das Verfahren beruht auf einer Analyse-durch-Synthese Suchprozedur, die auf der Generierung von Hypothesen und deren Verifikation basiert: aufgrund von Kenntnissen, die in einem Werkstückmodell festgehalten sind, werden (ideale) 3-D Norm-Muster (Prototypen) versuchsweise aufgebaut. Ihre berechneten 2-D Ansichten werden mit dem vorliegenden Bild verglichen. Die Suchprozedur bestimmt denjenigen Prototyp, für den ein zwischen Prototyp und Bild definiertes Ähnlichkeitsmaß maximal ist. Die Information, die als Beschreibung des Bildes dient, wird aus diesem Prototypen entnommen; er wird als die Ausprägung des Modells für die vorliegenden Bilddaten betrachtet.

Das ATN-Modell wird bei diesem Ansatz zur Kontrolle der Suche eingesetzt. Es wird ein Zustandsraum-Suchverfahren (state-space search) benutzt. Das Verfahren ist die Erweiterung eines 2-D Ansatzes, der in [2] erläutert ist.

2. Überblick über das Verfahren

Das Verfahren basiert auf folgender Grundidee: bei Durchlaufen des Zustandsübergangsdiagramms werden sog. Assoziationen hergestellt, d.h. Modellelemente werden Bildelementen zugeordnet. Dabei wird die Anzahl der Bewegungsfreiheitsgrade eines dreidimensionalen Objektmodells zunehmend eingeschränkt; aus möglichen 3-D Positionen von Modellelementen wird deren Lage im zweidimensionalen Bild hergeleitet. Als Modellelemente werden Punkte, Ecken, Kanten und Kreise verwendet, entsprechende Bildelemente werden durch eine Vorverarbeitungsstufe extrahiert.

Die Vorgehensweise ist an dem folgenden Beispiel mit Punkten als Aufbauelementen erläutert (z.B. Eckpunkte oder Mittelpunkte von Kreisen bzw. Ellipsen im Zweidimensionalen); das Beispiel setzt Parallelprojektion voraus: bekannt sei der Abstand d zweier Modellpunkte M1 und M2; M2 befindet sich also auf einer Kugeloberfläche mit Mittelpunkt M1 und Radius d. Wurde der Modellpunkt M1 einem Bildpunkt B_i zugeordnet, so muß der Modellpunkt M2 einem Bildpunkt B_j zugeordnet werden, der innerhalb des Kreises um B_i mit Radius d liegt. Ist eine solche Zuordnung getroffen, so liegt die Achse M1 - M2 im Raum (abgesehen von Mehrdeutigkeiten) fest. Ein Modellpunkt M3, der nicht auf M1 - M2 liegt, liegt auf einem Kreis um M1 - M2, der im Zweidimensionalen als Ellipse erscheint. Sobald ein Bildpunkt B_k, der nahe genug an der Ellipse liegt, dem Modellpunkt M3 zugeordnet ist, ist die Lage des Werkstückes im Raum bis auf Mehrdeutigkeiten festgelegt. Nun kann die Selbstverdeckung der Modellelemente berechnet werden. Abschließend sind die sichtbaren Modellelemente mit den Bilddaten zu verifizieren.

Das System zur Werkstückerkennung besteht aus zwei Hauptkomponenten: Modell und Suche. Die Suche ist in [3] detailliert beschrieben. Auf das Modell wird im folgenden näher eingegangen.

3. Modell

Das Modell besteht aus 2 Teilen: dem geometrischen und dem generativen Modell. Das geometrische Modell beschreibt das 3-D Objekt, das sich beliebig im 3-D Raum befinden kann, in einer willkürlich gewählten Position und Orientierung. Das generative Modell steuert die Suche, die nach dem Analyse-durch-Synthese Verfahren durchgeführt wird. Das generative Modell benutzt dazu ein Wörterbuch (dictionary), in dem vorhandenes Wissen abgespeichert ist.

Geometrisches Modell

Das geometrische Modell besteht n i c h t aus einer Reihe von 2-D Ansichten des Werkstückes, sondern aus einer einzigen 3-D Beschreibung. Ziel ist eine Beschreibungsart, wie sie bei CAD-Systemen üblich ist. Zur Zeit wird mit einer Polyeder-Beschreibung gearbeitet. Mit dieser Beschreibungsart werden sehr viele reale Werkstücke ausreichend gut beschrieben.

Das geometrische Modell umfaßt außerdem die geometrischen Formeln zur Berechnung der Zwangsbedingungen, denen die Bildelemente bei durchzuführenden Assoziationen unterliegen. Bild 1 zeigt das obige Beispiel der Zuordnung eines Bildpunktes zu einem Modellpunkt

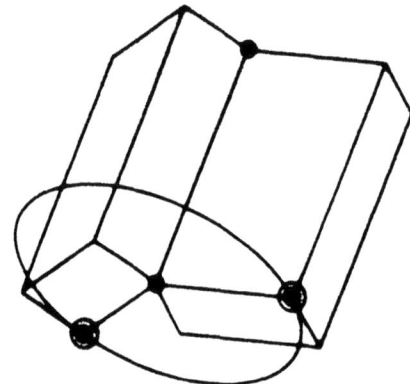

Bild 1: Geometrischer Ort der Bildpunkte für eine Punkt-Assoziation (⊙), wenn bereits zwei Punkt-Assoziationen (•) durchgeführt sind.

unter der Voraussetzung, daß bereits zwei solcher Punkt-Assoziationen durchgeführt wurden; der geometrische Ort der Bildpunkte, mit denen die Assoziation durchgeführt werden kann, ist hier - idealerweise - eine Ellipse. Der entsprechende geometrische Ort unter der Voraussetzung, daß bereits eine Assoziation von V-Ecken (zwei Strahlen mit gleichem Ausgangspunkt) vorliegt, ist in Bild 2 dargestellt.

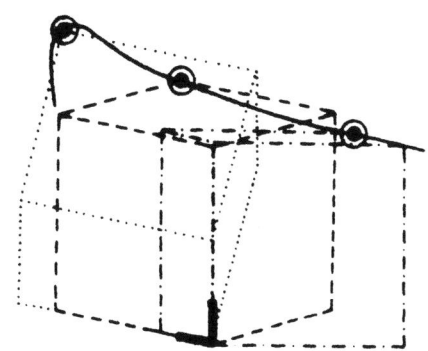

Bild 2: Geometrischer Ort der Bildpunkte für eine Punkt-Assoziation (◉), wenn bereits eine V-Ecken-Assoziation (L) durchgeführt ist.

Generatives Modell

Das generative Modell wird durch ein erweitertes Übergangsnetzwerk (ATN) dargestellt. Es beschreibt Alternativen der Assoziations-Sequenzen. Als Kantenübergänge werden wie bei der Analyse natürlichsprachlicher Texte CAT-, JUMP-, SEEK- und SEND-Kanten eingeführt (Notation nach [4]). Zuordnungen von Modellelementen zu Bildelementen der gleichen Kategorie (z.B. Punkt) geschehen bei CAT-Übergängen. Aufrufe von Teilnetzwerken werden durch SEEK-Kanten initiiert, die Rückkehr geschieht über SEND-Kanten. JUMP-Kanten werden zur Ausführung spezieller Tests und Aktionen benutzt. Zuordnungen finden hier nicht statt.

Zusätzlich wurden sog. CAT-PHANTOM-Kanten eingeführt. Sie bezeichnen die Plazierung von nicht in den Bilddaten vorhandenen Elementen einer Kategorie und deren Zuordnung zu einem entsprechenden Modellelement. Solche Phantom-Elemente können nur in einem Verifizierungsschritt plaziert werden, da Phantom-Elemente keine Information zur Einschränkung der Bewegungsfreiheitsgrade liefern, wie sie bei der Fixierung notwendig ist.

Das Netzwerk ist um sog. Register erweitert. In ihnen werden beliebige Informationen über die ausgeführten Modellelement-Bildelement-Zuordnungen gespeichert. Aus diesen Registerinformationen werden Bedingungen über die Position im 3-D Raum und Bedingungen für die Bildelementauswahl abgeleitet. In den Registern können auch zusätzliche Informationen stehen, die für Überprüfungen der Bildelementdaten herangezogen werden können oder zur Endbeschreibung des Bildes dienen.

Zusätzlich zu den Registern, die sich auf die einzelnen Ebenen des ATN's beziehen, ist noch eine globale Datenliste, die sog. holdlist, vorhanden. Auf sie kann von beliebiger Stelle während des Erkennungsvorganges zugegriffen werden. In ihr wird Information gesammelt, die zur Erkennung von gleichen Teilsuchräumen dient.

Ein ATN für die Erkennung von Werkstücken bei Parallelprojektion ist in den Bildern 3, 4 und 5 gezeigt. Es werden Punkte und V-Ecken benutzt. In Bild 3 ist die oberste Ebene des generativen Modells angegeben. Sie besitzt nur zwei Kanten : 1) die Fixation (FIX) des 3-D Modells im Raum, 2) die Verifikation (VER) der Lage im Raum über die Berechnung der 2-D Ansicht. Bild 4 zeigt die Fixationsphase. Die Fixation geschieht entweder mit drei Punkten oder einer V-Ecke und einem Punkt. Geschieht sie mit drei Punkten, so ist zwischen den ersten beiden Punkten bereits eine Verifikation über eine zwischen den beiden Punkten liegende Kante möglich. Bild 5 zeigt das Diagramm zur Verifikation von Punkten und Kanten. Einige Beispiele von Bestimmungselementen zur Fixation sind in Bild 6 dargestellt.

4. Diskussion

Der vorgestellte Ansatz benutzt ein einzelnes dreidimensionales Modell für jedes Werkstück. Dies führt (gegenüber der Verwendung mehrerer typischer Ansichten) zu erheblichen Vereinfachungen bei der Modelleingabe; es ist die direkte Verwendung von CAD-Modellen möglich.

Die Darstellung des generativen Modells durch ein ATN erhöht die Übersichtlichkeit des Suchvorganges. In dieser Form wird explizit angegeben, wann ein Bildelement fehlen darf und wann nicht, z.B. müssen in der Fixations-Phase alle Zuordnungen durch existierende Bildelemente getroffen werden.

Falls es notwendig ist, können CAT-Kanten durch SEEK-Kanten ersetzt werden. Z.B. könnte eine CAT-Kante der Kategorie 'Linie' durch ein entsprechendes Teilnetzwerk ersetzt werden, das passende Linienfragmente zusammensetzt. Darüber hinaus ist es möglich, spezielle Kantendetektoren oder lokale Merkmalfinder während der Verifikationsphase einzusetzen. Da die Position des gesuchten Bildelementes festliegt, dürften solche Detektoren auch in gestörten Bilddaten erfolgreich arbeiten.

In der Arbeit mit gestörten Bilddaten liegt der Hauptunterschied zwischen dem hier beschriebenen Ansatz und Ansätzen, wie sie in der Block-Welt Literatur beschrieben sind. Initiale topologische Tests, wie sie bei Roberts [5] beschrieben sind, reagieren zu empfindlich auf gestörte Daten. Es können außerdem Objekte erkannt werden, deren geometrische Form nicht so stark eingeschränkt ist. Die Suche nach konsistenten Markierungen in Linienbildern liefert normalerweise nicht genügend Information für industrielle Anwendungen. Deshalb reichen die Ergebnisse der Arbeiten mit der Block-Welt für unsere Zwecke nicht aus. Die Ergebnisse werden jedoch zur Unterstützung des Erkennungsvorganges benutzt; sie sind als Regeln im ATN-Wörterbuch implementiert.

Die dem Beitrag zugrunde liegenden Arbeiten werden vom Bundesminister für Forschung und Technologie gefördert.
Wir bedanken uns für die Unterstützung durch cand. mach. T. Löffler, Diplomand am Lehrstuhl für Rechneranwendung in Planung und Konstruktion, Fakultät für Maschinenbau der Universität Karlsruhe.

5. Literatur

[1] W.A. Woods: Transition Network Grammars for Natural Language Analysis. CACM, Vol. 13, Nr. 10, S.591-606, 1970.

[2] H. Tropf: Analysis-by-Synthesis Search for Semantic Segmentation -- Applied to Workpiece Recognition. Proc. ICPR-80, Miami Beach, FLA, Dez. 1980, S.241-244.

[3] H. Tropf, I. Walter: An ATN Model for 3-D Recognition of Solids in Single Images. Erscheint in: Proc. IJCAI-83, Karlsruhe, Aug. 1983.

[4] T. Winograd: Language as a Cognitive Process. Vol. 1: Syntax. Addison-Wesley Publishing Company. Reading, Mass. 1983.

[5] L. Roberts: Machine Perception of Three-Dimensional Solids. G. Tippett (Ed.), Optical and Electro-Optical Information Processing. Cambridge, Mass: MIT Press, S.159-197, 1965.

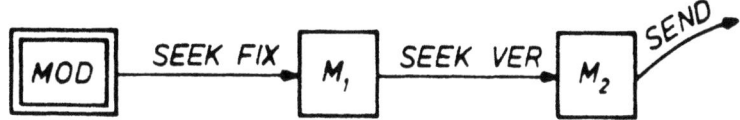

Bild 3: Zerlegung der Erkennung in Fixation (FIX) und Verifikation (VER).

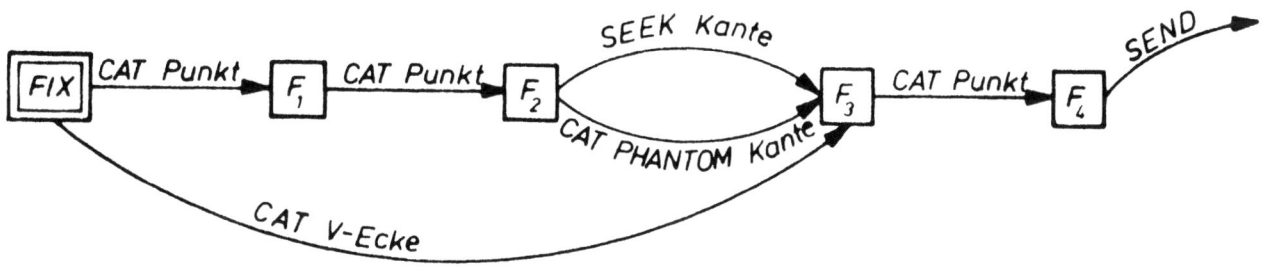

Bild 4: Fixation durch drei Punkte (mit Verifikationskante zwischen zwei Punkten) oder V-Ecke und Punkt.

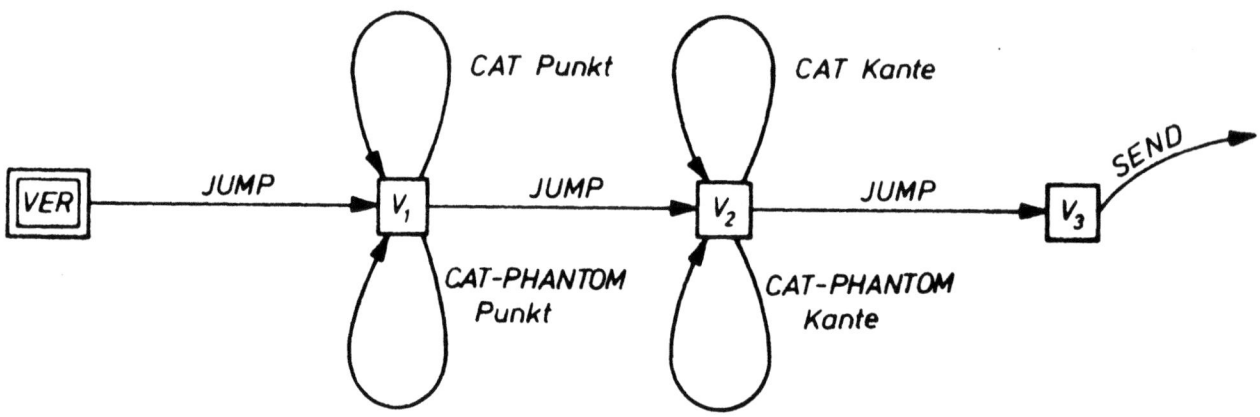

Bild 5: Verifikation durch Punkte und Kanten.

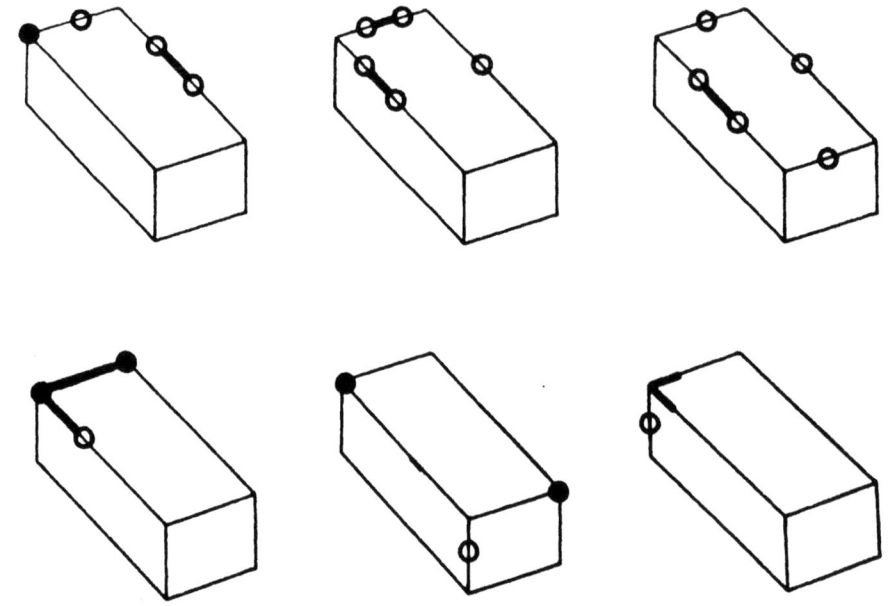

Bild 6: Beispiele zur Fixation eines Körpers durch Assoziationen von Musterelementen zu Bildelementen unter Verwendung der Elemente Punkt (● : Eckpunkt, o : Punkt auf Strecke), Geradenfragment (o—o), Strahl (●—o), Strecke (●—●) und V-Ecke (L) bei Parallelprojektion.

RÄUMLICHE LAGEBESTIMMUNG VEREINZELTER ZYLINDRISCHER WELLEN AUS 3D-RASTERBILDERN

Josef Slavik

Fraunhofer-Institut für Physikalische Meßtechnik, 7800 Freiburg

Zusammenfassung

Zur Bestimmung der räumlichen Lage eines Objektes bzw. von Aufgreif-Punkten und der -Richtung für einen automatischen Greifer genügt die Kenntnis der räumlichen Lage einzelner Objekt-Segmente. Das 3-D-Höhenrasterbild einer zylindrischen Welle wird durch Kombination einer Konturverfolgung mit einer "Profilverfolgung" in Flächen segmentiert. Lageunabhängige und -abhängige Parameter der Segmente werden nach verschiedenen rechenarmen Verfahren bestimmt, i. a. ohne Rückgriff auf das geometrische Modell des Objekts. Die Ergebnisse der Lagebestimmung sind-trotz restriktiver Voraussetzungen-bei Durchmesser, Länge und Achsenrichtung der Segmente zufriedenstellend. Die Achsenpunkte sind gelegentlich stärker fehlerbehaftet.

Stichworte: 3D-Szenen, Industrie-Szenen, gewölbte Flächen, Segmentierung in Flächen, Flächenmethode, optische Längenmessung.

1. Einleitung

Die Analyse industrieller Szenen, deren Objekte einfache (bekannte) Werkstücke sind, welche sich teilweise überdecken, räumlich nichtregelmäßig orientiert sind, und deren räumliche Lage einen größeren Tiefenbereich umfaßt, ist ein sehr umfangreicher und ungelöster Problemkomplex. Im Sinne einer schrittweisen Annäherung an eine Gesamtlösung behandelt auch dieser Beitrag ein hinreichend vereinfachtes Teilproblem aus dem Komplex (vgl. [1]). Die Objekte der Szene seien vereinzelte zylindrische Wellen und in Form von computer-simulierten 3-D-Höhenrasterbildern gegeben. Gefragt ist nach der räumlichen Lage sowie den geometrischen Abmessungen der einzelnen zylindrischen Segmente.

Bezüglich der Segmentation der 3-D-Rasterbilder in Flächen kann aufgrund der formalen Ähnlichkeit mit Grauwertbildern wie bei diesen vorgegangen werden. Zwei prinzipiell verschiedene Verfahren stehen hierfür zur Verfügung [2]. Entweder sucht man zuerst die Ränder der Teilflächen zu erkennen (Konturverfolgung [2], [3]), mit nachfolgender Klassifikation sowie räumlicher Lagebestimmung der (indirekt) gefundenen Teilflächen. Oder man sucht die Teilflächen direkt zu erkennen ("region analysis"), z. B. nach der Methode des Flächenwachstums ([2], [3]); Teilflächenränder sowie Punkte auf anderen Flächen werden dadurch erkannt, daß Akzeptanz-Kriterien nicht erfüllt werden.

Voraussetzungen hinsichtlich der Rasterbilder:

(1) Die xy-Ebene des kartesischen Rasterbild-Koordinatensystems ist zugleich Bildhintergrund.

(2) Die negative z-Achse ist Blickrichtung des 3-D-Bildsensors.

(3) Das z-Raster (h_x, h_y, h_z) ist in allen drei Dimensionen verhältnismäßig grob. (Es wurde $h_x \doteq 2,54$ mm, $h_y = 4,23$ mm, $h_z = 2,50$ mm gewählt.)

(4) Ist der Winkel zwischen Objekt-Flächennormaler (mit positiver z-Komponente) und negativer Blickrichtung des 3-D-Bildsensors (= positive z-Achse) größer als ein "Sichtbarkeits-Grenzwinkel" α_g, so ist der betreffende Objektpunkt

nicht abbildbar, d. h. es gibt zu den Koordinaten x und y keine z-Werte. (Es wurde $\alpha_g = 60°$ gewählt.)

(5) Die Streuung der Bildpunkt-Koordinaten ist gegenüber der Rastergröße vernachlässigbar (aufgrund geeigneter Vorverarbeitung und/oder hinreichend grober Quantisierung).

(6) Innerhalb einer Bildzeile - d. h. beim Abtasten parallel zur x-Achse - auftretende hinreichend große Höhensprünge werden als Punkte von Objektkonturen interpretiert. Diese Information steht als solche ohne weitere Bildverarbeitung zur Verfügung.

Voraussetzung hinsichtlich der Orientierung der Zylinderwellen-Achse:

Die Richtung der Achse sei $\underline{e} = (e_x, e_y, e_z) = (\cos(\gamma)\cdot\cos(\varphi), \cos(\gamma)\cdot\sin(\varphi), \sin(\gamma))$, wobei γ die Elevation und φ das Azimut ist. Es wird $|\gamma| < 30°$, $|\varphi| \leq 30°$ vorausgesetzt.

Voraussetzungen hinsichtlich der Verfahren:

(1) Die mathematischen Verfahren sollen so wenig aufwendig wie möglich sein. Insbesondere soll auf die Anwendung nichtlinearer oder sonstwie iterativer Verfahren sowie auf Eigenwertprobleme verzichtet werden.

(2) Die Segmentierung in Flächen und deren räumliche Lagebestimmung soll im Prinzip separat erfolgen.

2. Segmentation in Flächen

2.1 Längs- und Querkonturen

Die Oberfläche eines Zylindersegmentes läßt sich - als Fläche - aus den einfacheren Flächenstücken Zylinderfläche und Ebene zusammensetzen. Aufgrund der Annahme über den Wert des Sichtbarkeitsgrenzwinkels α_g sowie der Elevation γ erscheinen diese Ebenenstücke (Stirnflächen) im 3-D-Höhenrasterbild als Gebiete mit nichtabgebildeten Punkten (siehe Abbildung). Das Problem der Segmentation reduziert sich dadurch auf die Segmentation der Rasterbilder in Zylinderflächenstücke.

Die - voraussetzungsgemäß ohne weitere Bildverarbeitung - verfügbare Information über Konturen legt die Einführung folgender Begriffe nahe (siehe auch die Abb.):

(1) Eine Längskontur eines Zylindersegments ist jede im 3-D-Rasterbild (i. a. nur teilweise) als Kontur sichtbare Erzeugende dieses Segments.

(2) Eine Querkontur eines Zylindersegments ist jede im 3-D-Rasterbild (i. a. nur teilweise) als Kontur sichtbare Schnittkante von Stirn- und Mantelfläche dieses Segments.

Als Verallgemeinerung zu (1) wird noch definiert:

(3) Eine Profilkurve eines Zylindersegments ist ein auf ihm (jedoch nicht am Rand) liegendes Stück der Erzeugenden dieses Segments. Eine Profilkurve der Zylinderwelle (als ganzes) ist eine Erzeugende der gesamten Welle, welche keine Randkurve ist. Auf jeden Falle erscheint die Profilkurve im 3-D-Rasterbild nicht als Kontur.

In dieser Terminologie setzt die Segmentation durch Konturverfolgung das Erkennen von Längs- und Querkonturen voraus. Als Folge des groben Rasters erhält man Längskonturen - insbesondere bei kleinen Azimutwinkeln $|\varphi|$ - nur nach umfang-

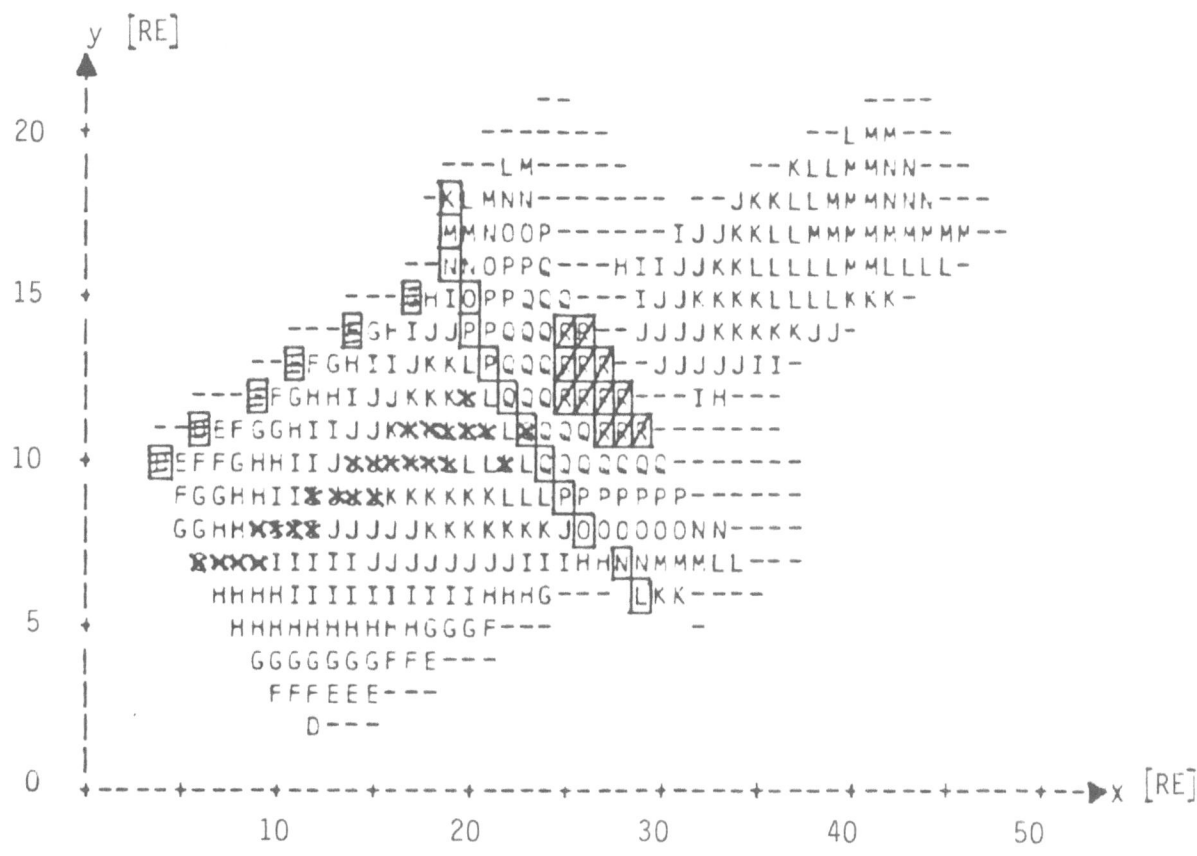

3-D-Höhen-Rasterbild einer Zylinderwelle aus drei (koaxialen) Segmenten.

Die Rasterpunkte sind in ganzzahligen Vielfachen der betreffenden Rastereinheit (RE) h_x, h_y bzw. h_z dargestellt, wobei $h_x = 2{,}54$ mm, $h_y = 4{,}23$ mm, $h_z = 2{,}50$ mm. Die Höhe z ist codiert angegeben, wobei der numerische Wert die lexikographische Ordnung des Buchstabens ist. Punkte des Bildhintergrundes (Ebene $z = 0$) sind ohne Zeichen, nicht abbildbare Punkte (z. B. von den Stirnflächen) durch - dargestellt.

Die Zylindersegmente (von links nach rechts) haben folgende Abmessungen (Länge/Durchmesser) in mm: 50/50; 15/70; 45/26. Der Sichtbarkeits-Grenzwinkel α_g ist $60°$. Die Achsenrichtung (Azimut φ, Elevation γ) ist durch $\varphi = 30°$, $\gamma = 15°$, und ein Achsenpunkt (Mittelpunkt der äußersten linken Stirnfläche) durch (9,0, 6,5, -2,0) (in Rastereinheiten) gegeben.

Einige Rasterpunkte sind besonders gekennzeichnet:

⊘ .....Punkte der Menge mit maximalem z-Wert;

☐ .....Punkte der linken Querkontur des mittleren Segments (eine von den fünf sichtbaren Querkonturen);

🯄 .....Punkte einer (der sechs) Längskonturen;

x .....Punkte, welche sich bei der Profilverfolgung von der linken Querkontur des mittleren Segments zur äußersten linken Kontur der Welle ergeben.

reicher Bildverarbeitung vollständig. Umgekehrt stellen sich Querkonturen im 3-D-Rasterbild weitgehend vollständig dar. Da außerdem die Menge der Rasterpunkte mit dem (lokal) höchsten z-Wert stets Punkte mindestens einer Querkontur enthält (siehe Abb.), erhält man wenigstens eine Querkontur ohne besonderen Aufwand. Aus diesen Gründen wird bei der Segmentation in Flächen auf die Bestimmung von Längskonturen verzichtet.

2.2 Profilverfolgung

Da sich Querkonturen weder berühren noch schneiden, braucht man zur vollständigen Durchführung der Segmentation einen Ersatz für die Längskonturen. Hierfür bieten sich die Profilkurven der Segmente an. Sie sind - wie die Längskonturen - Erzeugende der Zylindersegmente. Sie liegen zur Gänze innerhalb des Flächenrandes, so daß von ihnen sämtliche Rasterpunkte vorliegen. Sie erscheinen allerdings im Rasterbild nicht als Kontur und müssen daher mit Hilfe einer F l ä c h e n m e t h o d e bestimmt werden. Im Gegensatz zur Methode des Flächenwachstums [2] , [3] sind hierfür nur ein Teil der Rasterpunkte des Flächenstückes erforderlich.

Die Definition der Profilkurven als Erzeugende legt auch bereits die Konstruktionsvorschrift zu einer speziellen Segment-Profilkurve nahe. Man bestimmt zu jedem x-Wert zunächst die Menge jener Rasterpunkte, welche auf der Fläche liegen und deren z-Wert ein (lokales) Maximum hat (siehe Abb.). Die Mittenkurve (bezüglich y) stellt dann die grobe Näherung einer speziellen Erzeugenden und somit einer Segment-Profilkurve dar.

Für diese - unseres Wissens neue - Flächenmethode wird in Analogie zur Konturverfolgung die Bezeichnung P r o f i l v e r f o l g u n g vorgeschlagen. Sie stellt gewissermaßen ein (in x-Richtung) "progressives differentielles Flächenwachstum" dar und kann im Prinzip auf jede Rotationsfläche angewendet werden.

3. Räumliche Lagebestimmung der Zylinderflächen

Die räumliche Lagebestimmung einer (unbegrenzten) geraden Kreiszylinder-Fläche ist durch fünf voneinander unabhängige Parameter gegeben. Als solche können gewählt werden: Zylinderradius R, Achsrichtung $\underline{e}$ mit $|\underline{e}|^2 = 1$, sowie ein Punkt der Achse $\underline{a}$ mit (z. B.) $\underline{e} \cdot \underline{a} = 0$. Die Bestimmung dieser Parameter aus den Flächenpunkten führt bekanntlich auf nichtlineare Gleichungen (vgl. [4]), welche iterativ gelöst werden können. Diese Methode kommt aufgrund unserer Voraussetzungen wegen des Aufwandes nicht in Frage. Es gibt jedoch zwei spezielle Umstände, unter welchen die Parameterbestimmung exakt auf lineare Gleichungen führt:

(1) In jedem Rasterpunkt (x, y, z) sind entweder die beiden Gradienten $p \equiv \partial z/\partial x$, $q \equiv \partial z/\partial y$ oder - äquivalent - es ist der auf 1 normierte Oberflächen-Normalenvektor bekannt. Dies wird unter anderem in jenen Verfahren ausgenützt, welche sich die geometrischen Eigenschaften der sphärischen Abbildung [5] der Flächenstücke zunutze machen [6].

(2) Außer den Rasterpunkten (x, y, z) ist wenigstens eine Querkontur gegeben, wobei der Normalenvektor der zugehörigen Stirnfläche parallel zur Achse ist. Die Querkontur ist dann ein Kreis, dessen Mittelpunkt ein Punkt der Zylinderachse und dessen Radius gleich ist dem Zylinderradius.

Man sieht daraus, daß - zumindest im Prinzip - die in den Querkonturen enthaltene Information zur räumlichen Lagebestimmung der Zylindersegmente ausreicht, wobei außerdem nur lineare Gleichungen zu lösen sind.

Die Profilverfolgung kann - bei hinreichender Länge des betreffenden Zylindersegments - mit der Bestimmung einer Erzeugenden gekoppelt werden. Man erhält dabei aber nur die Orientierung der Achse. Um einen Achsenpunkt sowie den Radius ohne Bezugnahme auf eine Querkontur zu berechnen, könnte man einen Teil der Flächenpunkte (oder alle) auf eine Ebene senkrecht zur Achsenrichtung projizieren und mittel Ausgleichsrechung die gewünschten Bestimmungsstücke ermitteln. Obwohl auch bei diesem Verfahren nur lineare Gleichungen auftreten, wurde wegen des damit verbundenen Rechenaufwandes im Rahmen dieser Untersuchung darauf verzichtet.

4. Ergebnisse

4.1 Durchmesser und Länge

Von jeder Querkontur wird aus drei geeigneten Punkten ein (Näherungs-)Wert für den Konturdurchmesser bestimmt. Entweder wird dieser oder - bei zwei Querkonturen (in unserem Beispiel beim mittleren und rechten Segment) - das arithmetische Mittel als Segmentdurchmesser genommen. Trotz der Einfachheit der Methode sind die Ergebnisse erstaunlich genau. Im allgemeinen beträgt der Fehler bis zu 1 Höhen-Rastereinheit h_z (= 2,5 mm). Nur bei kleinen Durchmessern (wie beim rechten Segment im Beispiel) kann er - offenbar infolge des groben y-Rasters - fast $2 h_z$ erreichen.

Die Bestimmung der Länge erfolgt im Prinzip mit Hilfe der Mittenpunkte der angrenzenden Querkonturen. Die Genauigkeit hat denselben numerischen Wert wie bei der Durchmesser-Bestimmung, nämlich 1 h_x (= 2,5 mm), auch bei kurzen Segmenten (wie beim rechten Segment im Beispiel).

4.2 Räumliche Lage der Achse

Ihre Berechnung wird aufgeteilt in die der Achsenrichtung und die eines Achsenpunktes.

(1) Achsenrichtung als Richtung der bei der Profilverfolgung konstruierbaren Erzeugenden:
Ist das betreffende Segment hinreichend lang, so kann bei der Profilverfolgung mit mäßigem Mehraufwand durch Ausgleichsrechnung eine Erzeugende berechnet werden. Stehen hierfür genügend viele Rasterpunkte zur Verfügung (etwa mehr als fünf Punkte), so kann man mit Winkelfehlern bei Azimut φ und Elevation γ von nicht mehr als $2°$ rechnen. Innerhalb dieser Schranke ist der Fehler in φ oft größer als jener in γ - möglicherweise eine Folge des gröberen y-Rasters.

(2) Achsrichtung als Richtung der Symmetrieachse der gesamten Welle:
Aus geeigneten Punkten der beiden äußersten Querkonturen der Welle erhält man die Orientierung der Achse mit gleicher oder sogar höherer Genauigkeit, besonders wenn die Welle hinreichend lang ist (etwas länger als 60 mm). Man kann hierzu aus dem geometrischen Modell auch die Kenntnis des wahren Durchmessers der beiden äußersten Segmente sowie der Länge der Welle heranziehen.

(3) Achsenrichtung als Normalenvektor der Stirnfläche (Querkontur):
Dieselben drei Punkte der Querkontur, aus welchen man den Segmentdurchmesser erhielt, können auch zur Berechnung der Achsenrichtung herangezogen werden. Im Gegensatz zu den bisher genannten Methoden sind die Ergebnisse jedoch sehr unzuverlässig. Darüber hinaus ist die Bestimmung der Elevation γ überhaupt nur sinnvoll, wenn von der Kontur genügend viele Punkte gegeben sind. Diese Methode ist somit nicht sehr empfehlenswert.

(4) Achsenpunkt als Mittelpunkt der Stirnfläche (Querkontur):
Die Ergebnisse sind von unterschiedlicher Genauigkeit. Der Fehler in den Vektorkomponenten ist zwar oft nicht größer als 1 Rastereinheit. Es ergibt sich jedoch leicht ein mehr als doppelt so großer Fehler, wenn einer der drei zur Bestimmung benutzten Konturpunkte unpassend gewählt wurde (z. B. im Übergangsbereich Längs-/Querkontur). Andererseits kann der Wert der z-Komponente deutlich verbessert werden, wenn man aus dem geometrischen Modell den exakten Wert des Segmentdurchmessers berücksichtigt.

5. Diskussion

(1) Das 3-D-Rasterbild des Objekts wurde durch Kombinieren (vgl. [2]) einer Konturmethode (Querkonturverfolgung) mit einer neu entwickelten Flächenmethode ("Profilverfolgung") in Flächen segmentiert. Streng genommen genügt bei Rotationskörpern hierfür die Profilverfolgung in der vorliegenden Form und eine rudimentäre Form der Querkonturverfolgung (zwecks sicheren Auffindens der Startpunkte in den einzelnen Segmenten). Unter weniger einschränkenden Randbedingungen als in der vorliegenden Untersuchung - z. B. bei einem feineren y-Raster - könnte man auf die in den Querkonturen enthaltene objekt- und lagegeometrische Information sogar verzichten (allerdings um den Preis eines höheren Rechenaufwandes).

(2) Die objekt- und lagegeometrischen Parameter einfacher Rotationskörper werden auch ohne die explizite Verwendung eines geometrischen Modells erhalten.

(3) Aufgrund der verhältnismäßig guten Qualität der Ergebnisse der Längen-, Durchmesser- und Achsenrichtungs-Bestimmung kann man schließen, daß Zugreifpunkte und -Richtung für einen flexiblen automatischen Greifer mit völlig ausreichender Genauigkeit berechnet werden können, insbesondere mit den exakten Daten des geometrischen Modells. Da der Zugreifpunkt auf der Objektoberfläche liegt, ist die Kenntnis eines Achsenpunktes - z. B. in Form eines Stirnflächen-Mittelpunktes - nicht unbedingt erforderlich.

(4) Die verbleibenden Ungenauigkeiten, insbesondere der Lage der Achsenpunkte, sind (falls nötig) ausgleichbar z. B. durch rechenaufwendigere Methoden, durch feinere Rasterung oder mit Hilfe zusätzlicher Information von anderen Sensorsystemen.

6. Literatur

[1] J. SLAVIK, "Klassifikation und räumliche Lagebestimmung von Objekten aus 3D-Rasterbildern", in B. RADIG (Hrsg.), "Modelle und Strukturen". DAGM-Symp., Hamburg 1981.

[2] St.W. ZUCKER, "Algorithms for Image Segmentation", in J.C. SIMON, A. ROSENFELD (Eds.), "Digital Image Processing and Analysis". (C) 1977, Noordhoff, Leyden.

[3] R. SCHÄRF, "Extraktion von Objektkonturen und Objektflächen aus Grauwertbildern", in H. KAZMIERCZAK (Hrsg.), "Erfassung und maschinelle Verarbeitung von Bilddaten". (C) 1980, Springer-Verlag, Wien, New York.

[4] R.J. POPPLESTONE et al., "Forming Models of Plane- and Cylinder-Faceted Bodies from Light Stripes". Proc. 4th IJCAI, Tbilisi (USSR) (1975).

[5] M.P. DoCARMO, "Differential Geometry of Curves and Surfaces". (C) 1976, Prentice-Hall, Englewood Cliffs (N.J.).

[6] R. BAJCSY, "Three-Dimensional Object Representation", in J. KITTLER, K.S.FU, L.F. PAU (Eds.), "Pattern Recognition Theory and Applications". (C) 1982, D. Reidel Publ. Comp., Dordrecht, Boston, London.

BESTIMMUNG DREIDIMENSIONALER SYMMETRIEEIGENSCHAFTEN AUF DER

BASIS VON TRÄGHEITSMOMENTEN

P. Levi, R. Horner

Universität Karlsruhe, Institut für Informatik 3,
Postfach 6380, 7500 Karlsruhe 1

Zusammenfassung

Abstandsdaten werden dazu benutzt, Teilansichten eines Objektes zu einer 3-D Darstellung dieses Objektes zu verschmelzen. Durch Hauptträgheitsachsen werden die Symmetrieachsen vorbestimmt. Aufbauend auf den Hauptträgheitsmomenten werden dann in diesem ausgezeichnetem Koordinatensystem die Symmetrieeigenschaften gängiger Volumenprimitive wie z.B. Kugel, Kegel, Quader, Pyramide durch Schnittkurven oder durch die Gauss'sche Krümmung bestimmt.

1. Einleitung

Dreidimensionales Sehen ist eine der Grundforderungen, die es zu erfüllen gilt, bevor sich für Industrieroboter neue und grössere Einsatzfelder (z.B. der Montagebereich) erschliessen können. Der erste Schritt auf diesem Weg führt zur Bestimmung der volumetrischen Eigenschaften (z.B. Masse, Trägheitsmomente) der Objekte. Aufbauend auf diesen Körpereigenschaften müssen dann die Symmetrien des Objektes festgestellt werden, damit Angriffspunkte für den Greifer bestimmen werden können und damit auch die Objektmodellierung (z.B. für den Planner) durch bestimmte Volumenprimitive durchgeführt werden kann.

Ein "Meilenstein" auf dem Wege zum dreidimensionalen Sehen liegt in dem Übergang von 2 1/2-D Darstellungen (partielle, raumfeste Modelle) zu 3-D Darstellungen (vollständige, körperfeste Modelle). Hier gibt es zwei prinzipielle Vorgehensweisen: hypothesengesteuerte Ergänzung der Teilansicht zum vollständigen dreidimensionalen Modell, die möglicherweise Kontext-sensitiv ist [2] und die Verschmelzung mehrfacher Teilansichten zu einer "Vollansicht". In diesem Beitrag wurde der zweite Weg eingeschlagen. Der Verschmelzungsprozess selbst, kann sowohl auf der Basis von Intensitätsdaten als auch mit Abstandsdaten erfolgen. Hierbei ist anzumerken, dass direkte Abstandsmessungen das leidige Korrespondenzproblem der Intensitätsdaten (nahezu) vermeiden. Daher wird die 3-D Modellierung mit Hilfe von Abstandsdaten, die durch einen Triangulations-Laser-Scanner [4] gewonnen werden, durchgeführt. Die Vereinigung zweier Teilansichten erfolgt derart, dass in beiden Teilansichten drei gemeinsame und linear unabhängige Vektoren (4 Punkte) ausgewählt werden, um ein körperfestes Koordinatensystem zu errichten. Dieses lokale Koordinatensystem ermöglicht dann die Bestimmung der Abbildung zwischen den beiden raumfesten Koordinatensystemen bezüglich derer die zugrunde gelegten Teilansichten dargestellt wurden.

Die 3-D Modellierung der Objekte soll nicht mit verallgemeinerten Zylindern (bottom-up Ansatz) erfolgen, sondern mit Volumenprimitiven, die aufgrund der globalen Objektsymmetrie bestimmt werden (top-down Ansatz). Als Volumenprimitive wurde vorerst die folgende Basismenge von 7 Elementen ausgewählt: Quader, allgemeines Ellipsoid, Pyramide, Kreiszylinder, Kreiskegel, Kugel und Würfel. In diesem Beitrag geht es darum, in einem ersten Schritt die Symmetrie dieser Volumenprimitive selbst zu bestimmen. Hierzu werden zuerst die Hauptträgheitsachsen des dreidimensionalen Objektes berechnet, um dann darauf aufbauend mit Hilfe von Schnitten längs der durch diese Achsen ausgezeichneten Kurven oder aufgrund von Gauss'schen Krümmungen die Volumenprimitive zu erkennenn.

2. Dreidimensionale Darstellung

Die Symmetrieeigenschaften dreidimensionaler Objekte, die uns z.B. im Zusammenhang mit industriellem Roboter-Sehen interessieren, bauen sich auf, aus den folgenden 3-D Charakteristiken: Masse, Volumen, Schwerpunkt und Trägheitsmomente. All diese Eigenschaften lassen sich als ein (dreifaches) Integral I über eine Teilmenge des euklidischen Raumes definieren

$$I = \int_{(O)} f(P) dV , \qquad (1)$$

dabei definiert (O) den räumlichen Ausdehnungsbereich des Objektes, $P = (x, y, z)$ ist ein Objektpunkt, dV stellt das Volumenelement dar und f ist eine (einfache) reelle Funktion. Die zuvor genannten 3-D Eigenschaften eines Objektes O mit der Dichte ρ und der Masse m werden mit Hilfe von Gleichung (1) wie folgt definiert:

$f(P) = \rho$: $I = m$ oder $I =$ Volumen, falls $\rho = 1$

$f(P) = (x/m, y/m, z/m)$: $I =$ Schwerpunkt

$f(P) = x^2 + y^2$: $I = I_{zz}$, Trägheitsmoment bezüglich der z-Achse

Die in der Mathematik übliche Berechnung dieser Volumenintegrale bedient sich der Beschreibung dieser Körper durch ihre Grenzflächen, durch die Projektion dieser Grenzflächen auf Koordinatenebenen und durch ihre Oberflächendarstellung $z = f(x, y)$. Diese Methode ist jedoch für allgemein geformte Objekte zu aufwendig, da häufig weder die Grenzkurven noch die Oberflächendarstellung bekannt ist. Aus diesem Grunde wurde von uns eine volumetrische Objektdarstellung gewählt. Sie basiert allerdings nicht auf der CSG Darstellung [1], wie sie etwa im CAD Bereich üblich ist, da diese Darstellung viele Probleme bei der Berechnung der Gl. (1) aufwirft [3]. Unsere Darstellung ist voxel-orientiert und zerlegt das Objekt in gleichmässig angeordnete Zeilen von Quadern (Parallelprojektion). Jeder Punkt (i,j) einer 256x256 grossen Abstandsmatrix (Laser-Scanner) beschreibt den Abstand des Quaders von der x,y-Ebene (z-Komponente) und die Tiefe dieses Quaders. Diese 3-D Darstellung lässt sich erweitern, um später auch strukturelle und topologische Objektaspekte mit einzubeziehen [7].

3. Hauptträgheitsachsen

Der erste Schritt zur Symmetriebestimmung besteht in der Berechnung des Objektschwerpunktes. Er definiert einen ausgezeichneten Punkt für den Ursprung eines körperfesten Koordinatensystems, das zu Anfang wie das raumfeste Koordinatensystem ausgerichtet ist. In diesem Koordinatensystem wird der Trägheitstensor (3x3 Matrix) nach dem Verfahren von Givens-Householder [6] diagonalisiert, um seine Eigenwerte (Hauptträgheitsmomente) und seine Eigenvektoren (Hauptträgheitsachsen) zu berechnen. Diese Hauptträgheitsachsen liefern bereits erste und wichtige Aufschlüsse über die Orientierung eines lokalen Dreibeins, das die Symmetrieeigenschaften des Objektes ausdrückt.

Mit Hilfe der Eigenwerte lassen sich die von uns ausgewählten Volumenprimitive in die folgenden drei Klassen vorab klassifizieren:

K_1 : Alle drei Eigenwerte sind ungleich (Quader, Ellipsoid)
K_2 : Zwei Eigenwerte sind gleich (Zylinder, Kegel, Pyramide)
K_3 : Alle drei Eigenwerte sind gleich (Kugel, Würfel)

Bei den Volumenprimitiven der ersten Klasse zeigen die drei Eigenvektoren bereits in die gewünschte Richtung (z.B. in Richtung der Quaderkanten). Sind zwei Eigenwerte gleich (K_2), so existiert nur eine rotationssymmetrische Achse (z.B. z-Achse) und die beiden anderen Koordinatenachsen können in beliebiger Richtung, orthogonal dazu, ausgerichtet werden. Handelt es sich letztlich um die dritte Klasse, so ist jedes Koordinatensystem (bezüglich der Trägheit) gleichwertig und die Eigenvektoren liefern keine Anhaltspunkte darüber, wie die Ausrichtung dieser Vektoren z.B. längs der Würfelkanten erfolgen soll (Punktsymmetrie).

4. Symmetriebestimmung durch Schnitte

Schnitte durch die Objekte (die Schnittebenen werden jeweils durch zwei Hauptträgheitsachsen definiert) erlauben es, innerhalb der oben genannten Objektklassen weitere Detaillierungen durchzuführen. Dies erfolgt aufgrund des Kompaktheitsmasses $Q = 4 A/P^2$, wobei A die zweidimensionale Schnittfläche und P der Umfang dieser Fläche ist. Mögliche Silhouetten, die bei uns auftreten können, sind: Kreise, Rechtecke, Dreiecke und Ellipsen. Für die Objekte der Klasse K_1 genügt ein einziger Schnitt z.B. längs der x,y-Ebene, um zu entscheiden, ob es sich um eine Kugel oder um einen Würfel handelt. Bei den Objekten der beiden restlichen Klassen müssen zwei Schnitte (z.B. x,y- und x,z-Ebene) durchgeführt werden. Auf diese Weise hat etwa ein Zylinder, einen Kreis und ein Rechteck als Schnittfläche, wohingegen der Kegel die Silhouette eines Kreises und eines gleichschenkligen Dreiecks zeigt, etc. In dem speziellen Fall, wo es um die Unterscheidung zwischen Zylinder und Kegel geht, können auch die Hauptachsenverhältnisse längs der Symmetrieachse (1:3) zur Klassifikation herangezogen werden.

Dieser Ansatz mit Schnittmustern führt zwar in allen unseren Fällen zum Ziel, doch hat er den Nachteil, dass er nichtallgemein genug ist, um alle Informationen, die aus Abstandsdaten gewonnen werden können (z.B. Krümmungen), in ein Sichtmodell einzubeziehen.

5. Symmtriebestimmung durch Krümmungen

Die Krümmung eines Körpers lässt sich in etwas allgemeinerer Form durch den Formoperator F (Vektorgradient) angeben [5]:

$$F_p(\underline{v}) = -(\underline{v} \cdot \nabla)_p \underline{n}(p) \quad (2)$$

Hierbei ist P ein Punkt auf der Oberfläche, $\underline{v}$ ist ein Vektor der Tangentialebene (mit dem Aufpunkt P), der in eine vorgegebene Richtung zeigt und $\underline{n}$ stellt die Oberflächennormale in P dar. Für eine ebene Fläche z.B., ergibt F den Wert 0, für jeden Punkt auf einer Kugel ist $F = \underline{v}/r$ (r ist der Kreisradius) und für ein Ellipsoid ist $F = (v_1/a^2, v_2/b^2, v_3/c^2)$, wobei a, b, c die Hauptachsenabschnitte des Ellipsoids darstellen, etc. Wählt man daher eine Normalenkurve auf dem Objekt, so können z.B. die Objekte der Klasse K_1 sofort unterschieden werden. Die direkte Anwendung des obigen Operators hat aber den Nachteil, dass die Krümmungen, die sich hieraus ergeben, topologisch nicht invariant sind. "Verbiegungsinvariant" ist aber die Gauss'sche Krümmung K, die sich als Produkt der beiden Hauptkrümmungsradien k_1 und k_2 berechnet. Kennt man in jedem Objektpunkt die beiden orthogonalen Hauptkrümmungsrichtungen ($\underline{e}_1$, $\underline{e}_2$), so gilt für den obigen Formoperator die folgende Eigenschaft:

$$F(\underline{e}_1) \cdot \underline{e}_1 = k_1 \quad ; \quad F(\underline{e}_2) \cdot \underline{e}_2 = k_2 \quad (3)$$

Die Berechnung von K erfolgt derart, dass die Schnittkurve bezüglich der x,z-Ebene als ausgezeichnete Oberflächenkurve ausgewählt wird. Bei den von uns betrachteten Fällen zeigen diese Oberflächenkurven bis auf den Fall des Ellipsoids bereits in die gewünschte Hauptkrümmungsrichtung.

Im Falle des Ellipsoids als auch in allen anderen Fällen, in denen $\underline{e}_1$ und $\underline{e}_2$ nicht bekannt sind, lässt sich K aber wiederum aus F berechnen (Diagonalisierung von F). Hierfür wird in jedem Punkt der Oberfläche ein orthogonales Zweibein $\underline{v}_1$ und $\underline{v}_2$ errichtet, welches ebenfalls in der Tangentialebene liegt und bezüglich dessen die folgende 2x2 Matrix (F) berechnet wird

$$(F) = \begin{pmatrix} F_{11} & F_{12} \\ F_{21} & F_{22} \end{pmatrix}, \quad (4)$$

mit $F_{11} = F(\underline{v}_1) \cdot \underline{v}_1$, $F_{22} = F(\underline{v}_2) \cdot \underline{v}_2$,

$F_{12} = F(\underline{v}_1) \cdot \underline{v}_2$ und $F_{12} = F_{21}$

Durch die Diagonalisierung dieser symmetrischen Matrix können die beiden Eigenwerte k_1 und k_2 als auch die zwei dazugehörigen Eigenvektoren $\underline{e}_1$ und $\underline{e}_2$ berechnet werden. Die dritten Komponenten (z.B z-Komponenten) dieser beiden Vektoren werden aus den Orthonormalbedingungen, denen diese beiden Vektoren genügen müssen, abgeleitet.

Mit Hilfe der Gauss'schen Krümmung K lassen sich die von uns betrachteten Volumenprimitive in eine elliptische Klasse K_4 (K > 0) und in eine parabolische Klasse K_5 (K = 0) einteilen:

K_4: $k_1, k_2 < 0, k_1 = k_2$ (Kugel)
$k_1, k_2 < 0, k_1 \neq k_2$ (Ellipsoid)

K_5: $k_1 = k_2 = 0$ (Würfel, Quader, Pyramide)
$k_1 < 0, k_2 = 0$ (Zylinder, Kegel)

Die "Trägheitsklassen" K_1 bis K_3 vereinigt mit den "Gauss'schen Krümmungsklassen" K_4 und K_5 lassen demnach unsere Objekte folgendermassen charakterisieren:

K_1 und K_4 :   Ellipsoid
K_1 und K_5 :   Quader
K_2 und K_5 :   Pyramide($k_1=k_2=0$), Zylinder($k_1<0, k_2=0$)
K_3 und K_4 :   Kugel
K_3 und K_5 :   Würfel

Zylinder und Kegel, die beide in den Durchschnitt der Mengen K_2 und K_5 fallen, können durch den Vergleich der Krümmungsradien k_1 längs zweier übereinander liegender Objektschnitte bestimmt werden. Bei einem Zylinder bleibt k_1 unverändert, bei einem Kegel nimmt k_1 zu, sofern man sich in Richtung positiver z-Werte bewegt.

6. Erfahrungen und Folgerungen

Die Anfangserfahrungen, die wir mit unseren Algorithmen gesammelt haben, wurden mit synthetischen Bildern gemacht. Diese hatten den Vorteil, dass die Geometrie der Objekte und somit auch der Schwerpunkt exakt bestimmt werden konnten. Im Zusammenhang mit realen Daten, die mit einem Laser-Scanner in Verbindung mit einem parallelen Mikrorechnersystem (64 Prozessoren) gewonnen wurden, stellte sich bald heraus, dass die Algorithmen zur Bestimmung der Trägheitsachsen sehr sensitiv bezüglich Schwerpunktsverschiebungen sind. Darüberhinaus zeigte es sich, dass spezielle Rechenverfahren ausgewählt werden müssen, damit eine numerische Konvergenz gewährleistet wird, siehe z.B. [6]. Bei herkömmlichen Verfahren zur Eigenvektorbestimmung (z.B. Gauss'sche Diagonalisierung) konnte es geschehen, dass die Eigenwerte komplex wurden, obwohl symmetrische Matrizen nur reelle Eigenwerte haben dürfen. Die Berechnung der Gauss'schen Krümmung ist zwar nicht abhängig von der Schwerpunktsbestimmung, doch müssen erst weitere Experimente mit realen Objekten, die gleichzeitig mehrere verschiedene Krümmungen aufweisen, zeigen, inwieweit die Gauss'sche Krümmung als Modellierungs- (Segmentierungs-) und Erkennungswerkzeug tauglich ist.

Die Rechenverfahren wurden auf einem 16-Bit Mikrorechnersystem (Intel 86/330) implementiert. Es hat sich dabei gezeigt, dass die höhere Programmiersprache PASCAL im Zusammenhang mit diesem Mikrorechner grosse Datenstrukturen (z.B. 512 kBytes) nur ungenügend unterstüzt. Hier mussten wir auf die zur Verfügung gestellte Assemlersprache oder auf PL/M zurückgreifen. Die Bearbeitung von mehreren 512 kBytes grossen Bildern zur gleichen Zeit erfordert ein zusätzliches, ausgeklügeltes Überlagerungsverfahren, welches sehr stark in die Rechenzeit eingeht. Für die Erkennung von einfachen Körpern von weniger als 50 kBytes Voxels werden Rechenzeiten von ca. 10 Minuten allein für die Bestimmung der Trägheitsachsen benötigt. Bei noch grösseren Objekten von ca. 3 MBytes Voxels übersteigt die Rechenzeit gar eine Stunde.

Danksagung

Die Ergebnisse, die in diesem Beitrag dargestellt wurden, stammen zum grössten Teil von einem Projekt, welches mit Mitteln des BMFT gefördert wurde. Die Arbeiten wurden am Institut für Informatik 3 (Forschungsgruppe: Prof. Dr.-Ing. U. Rembold) der Universität Karlsruhe durchgeführt.

5. Schrifttum

[1] Ballard, D., Brown, M.: Computer Vision, Prentice Hall, Englewood Cliffs, 1982
[2] Binford, Th.: Survey of Model-Based Image Analysis Systems, Journal of Robotic Research, Vol.1, No.1, 18-64, 1982
[3] Lee, Y., Requicha, A.: Algorithms for Computing the Volume and other Integral Properties of Solids, I+II, CACM, Vol.25, No.9, 635-650, 1982
[4] Levi, P.: Laser-Abstandsmessungen: Industrieroboter lernen räumlich sehen, ELEKTRONIK 12, 93-98, 1983
[5] O'Neill, B.: Elementary Differential Geometry, Academic Press, New York, 1966
[6] Ortega, J.: The Givens-Householder Method for Symmetric Matrices, in: Mathematical Methods for Digital Computers, Vol. II, (eds., A. Ralston, H. Wilf), John Wiley & Sons, 94-115, 1967
[7] Shihari, S.: Representation of Three-Dimensional Digital Images, Computing Surveys, Vol.13, No.4, 1981

COMPUTERANALYSE VON ELEKTRONENMIKROSKOPISCHEN BILDERN

A.Kriete, M.Haucke, B.Gerlach, H.Harms, H.M.Aus, V.ter Meulen

Zytophotometrische Einheit des SFB 105 im Institut für Virologie, Universität Würzburg, 8700 Würzburg

1. Einführung

Bislang war die Bildqualität bei der TV-Übertragung vom Transmissionselektronenmikroskop (TEM) sehr mangelhaft. Niedrige Lichtenergie aus dem TEM, fehlende Empfindlichkeit und Rauschen im Bildempfänger waren die Hauptschwierigkeiten. Die Bearbeitung der elektronenmikroskopischen Bilder erfolgte deshalb vorwiegend auf photometrischem Wege an Mikrografien oder über Eingaben auf ein Digitalisiertablett interaktiver Bildanalysesysteme an aus dem TEM herausgespiegelten Bildern. Erst in jüngster Zeit ist mit der Entwicklung hochempfindlicher Kameras, schneller Analog-Digital Wandler und größerer Laborrechnerkapazität eine direkte Bilderfassung überhaupt möglich geworden.

2. Systemkonfiguration

Mit Hilfe eines Zeiss EM-TV Adapters wird ein TV-Anschluß an ein EM 10 Elektronenmikroskop (Zeiss, Oberkochen) ermöglicht. Dieser Adapter hat folgende Aufgaben:
- Wandlung des Elektronenbildes in ein Fotonenbild über eine aluminiumbeschichtete Fluoreszenzschicht
- Abdichtung des Vakuums
- Abbildung des Fotonenbildes auf das Target der Kamera durch eine hochaperturige Tandemoptik

Bei der Kamera handelt es sich um eine hochempfindliche Chalnicon Kamera (Toshiba, Japan). Gekoppelt an einen Imageprocessor Eyecom III (Spatial Data, Goleta, Calif.) können nach digitaler Wandlung vorverarbeitende Bildoperationen in Echtzeit durchgeführt werden. Die Bildgröße beträgt 512*640 Pixel bei 8 bit Tiefe. Eine Weiterverarbeitung der Bilder erfolgt auf einer Digital VAX 11/750 (Maynard, Ma.) und einem Vision One/20 (Comtal/3M, Pasadena, Calif). Für vergleichende lichtmikroskopische Analysen steht eine Farb-TV-Kamera (Sony, Japan) auf einem Axiomat (Zeiss, Oberkochen) zur Verfügung.

3. Vorverarbeitung der Bilder (Shading)

In Abhängigkeit von der Aufgabenstellung kann mit dem TEM-Adapter bei Vergrößerungen bis 20000 fach gearbeitet werden. Dabei treten verschiedene Störungen im Bild auf, die durch eine Vorverarbeitung der Bilddaten verringert werden können, da sie quantitative Messungen und kontrastanhebende Operationen beeinflussen. Zu nennen sind:
- Quanten- und Systemrauschen
- Ungleichmäßige Ausleuchtung durch den Elektronenstrahl und Vignettierung durch die hochaperturige Optik
- Unregelmäßigkeiten in der Empfindlichkeit des Fluoreszenzschirmes und der Kameraoptik .

Für ein ideales, nur durch das Quantenrauschen begrenzte Aufnahmesystem wird der zur Wahrnehmung eines Objektes notwendige Kontrast C bestimmt durch /1/

$$C < a (I d^2 t/e)^{-1/2} \qquad (1)$$

wobei a ein Faktor ist um ein Objekt an der Auflösungsgrenze zu erkennen, abhängig von der Form und Charakteristik des Signales; I ist die Stromdichte; d ist die Fläche eines Bildelementes; t ist die Bildabtastzeit und e die Ladung des Elektrons. Hiernach kann für die Wahrnehmung eines Objektes notwendige Anzahl der Elektronen berechnet werden. Für einen Detektor ist es nach Formel (1) möglich, den Kontrast im Bild durch eine stärkere Vergrößerung anzuheben. Die dabei notwendige Anhebung der Stromdichte birgt jedoch die Gefahr einer Präparatschädigung. Ein anderer Weg ist deshalb die Verlängerung der Abtastzeit, welches durch die Verwendung von Monitoren mit nachleuchtenden Phosphoren versucht wurde. Diese Monitore integrieren das TV-Signal an jedem Bildpunkt über 30 bis 90 Sekunden /2/. Ein anderes Verfahren besteht in der Akkumulation sequentieller, digitalisierter TV-Bilder in einen Computerspeicher. Für diesen Zweck ist der Eyecom Imageprocessor mit einem 16 bit RAM ausgerüstet, der es erlaubt, 256 TV-Bilder in etwa acht Sekunden aufzuaddieren und weiter zu verarbeiten. Der Vorteil dieser Methode gegenüber der Darstellung auf einem nachleuchtenden Monitor besteht darin, daß dynamische Operationen wie Präparatfindung, Abgleich des TEM's und Fokussierung nicht beeinflußt werden, während eine Verringerung des Quanten- und Systemrauschens mit der Folge einer Verbesserung im Signal/Rauschverhältnis bis zu 8 dB eintritt.

Die Beseitigung des Shadings wird üblicherweise durch eine Division des Orginalbildes mit einem hieraus gemittelten Bild erreicht. Auf dieser Methode aufbauend wurde eine Dunkelfeld/Hellfeld Division durchgeführt, die das Shading am Bildrand und Artefakte des Aufnahmesystemes weitgehend verringert /3/.

4. Beispiel für eine quantitative Bildanalyse: Texturanalyse an licht- und elektronenmikroskopischen Bildern

In zytophotometrischen Analysen von Zellveränderungen spielen die Erfassung und Auswertung von Zellstrukturen eine entscheidende Rolle. Neben Faktoren wie Zellgröße, Form des Kernes und Kern/Zytoplasma-Verhältnis hat es sich gezeigt, daß die Bewertung von feinsten Strukturen in Kern und Zytoplasma entscheidend für die Beurteilung eines Präparates ist. Es gibt schon seit längerer Zeit Bestrebungen, die Textur maschinell reproduzierbar und objektiv zu beurteilen, doch haben die bekannten Zell-Texturanalyseverfahren für die Zellbildanalyse und vor allem für die Analyse feinster Chromatinstrukturen versagt. Die wichtigste Voraussetzung für das von uns entwickelte Texturanalyseverfahren ist eine hohe räumliche Auflösung im gesamten Bilderfassungssystem. Nicht nur die Mikroskop-Optik, sondern auch die Abtasteinrichtung spielt eine entscheidende Rolle um die gleiche Information im digitalisierten Zellbild zu registrieren, wie der Mensch sie mit dem Auge im Mikroskop sieht. Der Informationsgehalt des digitalisierten Zellbildes in Abhängigkeit von der Abtastrate wurde mit Hilfe der Modulationsübertragungsfunktion (MTF) des gesamten Bilderfassungssystems bestimmt. Daraus ergab sich je nach verwendeter Mikroskop-Optik und TV-Kamera eine anzustrebende Abtastrate von 15 - 30 Pixel / um /4/. Mit diesen bei hoher Auflösung abgetasteten Zellbildern und einer Texturanalyse nach dem Konturlinienverfahren, bei dem die äußere Zellform nicht in die Analyse eingeht, konnte die Bewertung selbst feinster intrazellulärer Strukturen reproduzierbar und in Korrelation mit dem menschlichen Beobachter erfolgen. Die Texturanalyse nach dem Konturlinienverfahren konnte bisher mit Erfolg für die Früherkennung von leukämischen Blutzellen und auch zur Differenzierung von Adenom- und Karzinom-Zellen der Schilddrüse und der Leber eingesetzt werden /5/. Diese Untersuchungen zeigen eindeutig, daß zu den bisher bekannten Parametern neue signifikante Merkmale für die zytophotometrische Auswertung der Zellveränderungen gefunden werden können.

Da erst in der so optimierten, hochauflösenden lichtmikroskopischen Analyse signifikante Unterschiede gefunden wurden, haben wir die Texturanalyse auch auf den elektronenmikroskopischen Bereich ausgedehnt. Aussagen über die Größe und Verteilung von Chromatinpartikel und deren Erfassung im Vergleich der licht- und elektronenmikroskopischen Analyse an sequentiellen Semidünn- und Ultradünnschnitten sind damit möglich und das Problem des Artefaktes wird abschätzbar. Die ersten Ergebnisse zeigen im Vergleich von lichtmikroskopischen (Abb.1) und ultrastrukturellem Bereich (Abb.2) gleiche statistisch signifikante Unterschiede bei der Beurteilung der Textur von Tumorzellkernen. Daneben sind detailliertere Texturuntersuchungen an Strukturen . z B. im Nukleolus möglich. die unterhalb des Auflösungsvermögens des Lichtmikroskopes liegen.

5. Beispiel für eine Bildsynthese: Rekonstruktion elektronenmikroskopischer Serienschnitte

An ultradünnen Serienschnitten ist es nicht möglich, im TEM die räumlichen Zusammenhänge der komplexen biologischen Strukturen darzustellen. Durch Einzelaufnahme, digitale Speicherung und dreidimensionale Rekonstruktion kann jedoch an den computergenerierten Bildern ein räumlicher Eindruck vermittelt werden. Hierzu eignen sich insbesondere Objekte mit morphologischen Änderungen als Folge physiologischer und pathologischer Zustände. Die entwickelte Methodik zeichnet sich in der Umgehung der fotografischen Zwischenspeicherung und einem interaktiven Alignement aus. Aus den interessierenden Strukturen werden Umrißstapel in einem dreidimensionalen Koordinatensystem generiert, die eine quantitative Bestimmung des Volumens und der Oberfäche ermöglichen. Es wird davon ausgegangen, daß die Bildelemente der Vorlage die Basis der zu rekonstruierenden

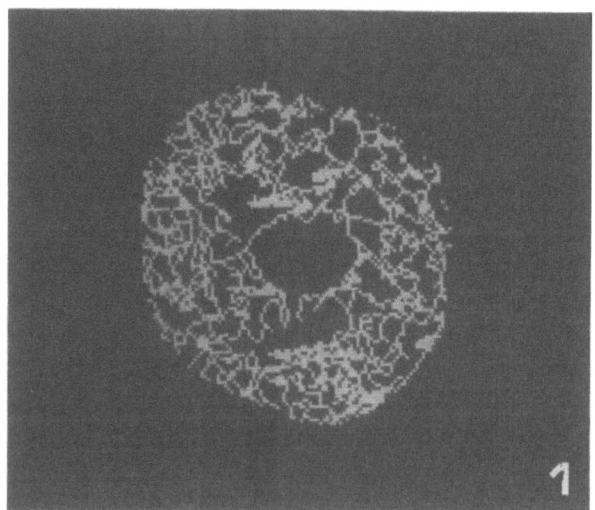 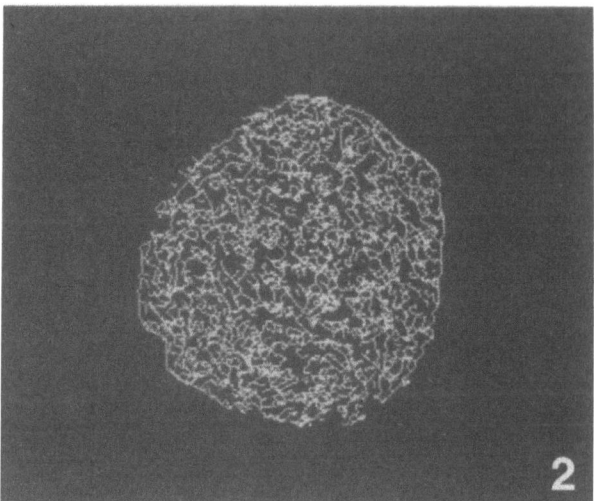

Abb.1,2: Texturlinienbilder eines im Lichtmikroskop (100 x)(1) und im Elektronenmikroskop (1000 x)(2) gescannten Zellkernes, dargestellt bei etwa gleicher Endvergrößerung.

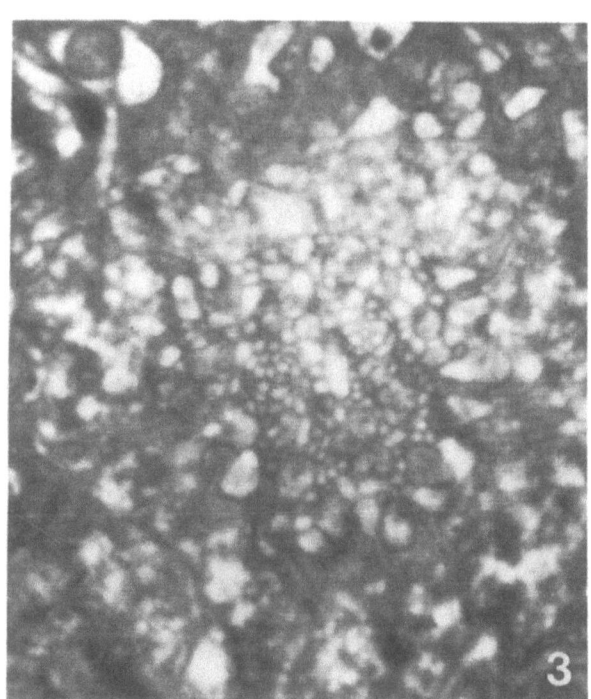 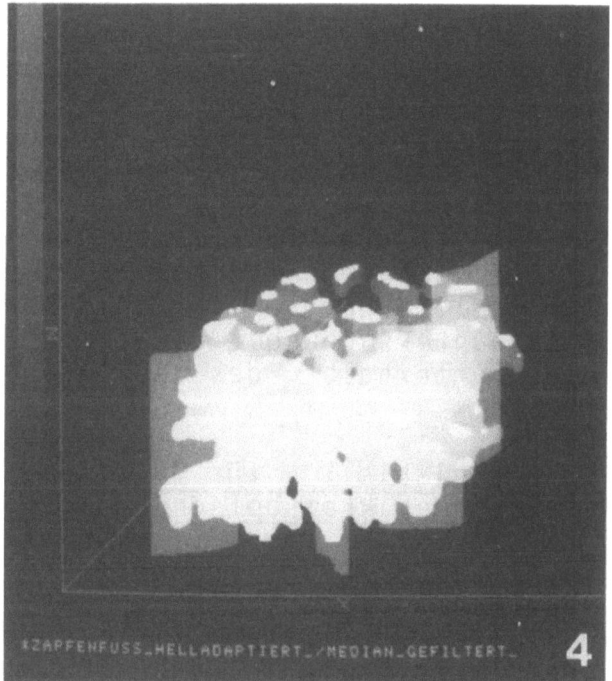

Abb.3,4: Im Elektronenmikroskop aufgenommener Tangentialschnitt durch einen Zapfenfuß (2500 x)(3) der Retina. Die zugehörige dreidimensionale Rekonstruktion (4) von 10 Serienschnitten zeigt neben den Horizontalzellfortsätzen wandförmige Elemente, die in Abb.3 mit den radial wegführenden Strichstrukturen korrellieren.

Volumenelemente (volume elements=voxel/6/) darstellen, wobei sich die dritte Dimension der Voxel aus der Schnittdicke ergibt. Die Objekte können unter einem isometrischen Projektionswinkel von 45 Grad auf einem Farbmonitor dargestellt werden. Zur Vermittlung eines räumlichen Eindruckes werden die Grauwerte nach ihrer Lage im Raum und in ihrer Position relativ zum Objekt modifiziert (shading, hidden line removal, highlight). Durch die Benutzung der Farbkanäle eines Monitors ergibt sich eine Overlayfähigkeit separat aufbereiteter Strukturen. Abbildung 3 zeigt ein Beispiel für eine elektronenmikroskopische Aufnahme eines Tangentialschnittes durch den Zapfenfuß einer helladaptierten Goldfischretina. In der Rekonstruktion von zehn Serienschnitten in Abbildung 4 sind die Horizontalzellfortsätze im Zapfenfuß dargestellt. Zu beobachten sind fingerförmige Fortsätze, die eine laterale Verschaltung zwischen den Farbrezeptoren im Sinne der Gegenfarbentheorie bewirken. Diese Fortsätze, Spinules genannt, fehlen in der dunkeladaptierten Retina. Durch Overlay dargestellte Synaptic Ribbons teilen als wandförmige Strukturen den Zapfenfuß ein /7/.

Anmerkung

Wir danken Prof. W.Romen, Würzburg, Prof. H.-J.Wagner, Marburg und Prof. S.Boseck, Bremen für die uns gewährte Unterstützung.

Diese Arbeit wurde teilweise vom Bundesministerium für Forschung und Technologie, Bonn und von der Deutschen Forschungsgemeinschaft unterstützt.

Literatur

/1/ Rose,A.: The sensitivity performance of the human eye on an absolut scale. J.opt Soc.Am 38 196(1948)

/2/ Anderson,K.:An image intensifier for electron microscopy. J. of Scientific Instruments (J.of Phy.E) 1,601(1968)

/3/ Kriete,A.;Harms,H.;Haucke,M.;Gerlach,B.;Aus,H.M.: A method for the contrast enhancement of TV-scanned EM-images. Pattern Recognition, zur Veröffentlichung eingereicht.

/4/ Harms,H.: Neue Verfahren in der Bildverarbeitung, insbesondere in der lichtmikroskopischen Zellbildklassifizierung. Dissertation Bremen , 1982

/5/ Kriete,A.;Romen,W.;Schäffer,R.;Harms,H.;Haucke,M.;Gerlach,B.; Aus,H.M.;ter Meulen,V.: Computer analysis of chromatin arrangement and nuclear texture in follicular thyroid tumors. Histochemistry, im Druck.

/6/ Herman,G.T.: Three-dimensional imaging from tomograms, in: (Ed.) Höhne,K H.: Digital image processing in medicine. p.93, Springer-Verlag, Berlin, 1981

/7/ Kriete,A.;Gerlach,B.;Harms,H.;Haucke,M.;Aus,H.M.;H.-J.Wagner: Dreidimensional Rekonstruktion elektronenmikroskopischer Serienschnitte zur Erfassung synaptischer Plastizität. Mikroskopie, zur Veröffentlichung eingereicht.

AUTOMATISCHE KONTURFINDUNG IN ULTRASCHALLBILDERN DES HERZENS

W. Vollmann, G. Mahnke

Philips GmbH Forschungslaboratorium Hamburg,
Vogt-Kölln-Straße 30, D-2000 Hamburg 54

1. Motivation

Die Bestimmung der Leistungsfähigkeit des Herzens ist eine zentrale Fragestellung in der Kardiologie. Ein Kriterium für die Herzleistung ist das Volumen des linken Ventrikels in seinem zeitlichen Verlauf während einer Herzphase. Das momentane Ventrikelvolumen kann unter Voraussetzung einfacher Annahmen über die Ventrikelgeometrie aus einer geeignet zu bestimmenden momentanen Schnittfläche durch den Ventrikel abgeschätzt werden. Eine solche Schnittfläche kann aus Ultraschallbildern gewonnen werden. Zur Ermittlung der Fläche muß zunächst der Flächenrand (Kontur) festgelegt werden. Dies kann manuell mit Hilfe eines Lichtgriffels am Display erfolgen. Für die Bearbeitung großer Bildmengen ist eine automatische Konturfindung wünschenswert. In dieser Arbeit wird eine automatische Konturfindung beschrieben, die für die Anwendung auf Ultraschallbilder des Herzens geeignet ist.

2. Anforderungen

Da die manuelle Konturfindung (per Lichtgriffel am Display) eine bewährte Methode ist, ergeben sich für die konkurrierende Methode der automatischen Konturfindung harte Forderungen:

1. Die Kontur muß hinreichend genau gefunden werden.
2. Die Konturfindung muß aus Kostengründen auf einem Mikroprozessor mit wenig Speicher durchgeführt werden; dabei darf die Rechenzeit höchstens einige Sekunden betragen.
3. Die interaktive Eingabe von Information muß minimal sein. Praktisch unvermeidbar ist z.B. die Auswahl des linken Ventrikels aus den vier Herzkammern, die auf den Ultraschallbildern gleichzeitig sichtbar sein können.

Aus physikalischen Gründen sind Ultraschallbilder, im Vergleich etwa zu Bildern der Computer-Tomographie, stark verrauscht; gelegentlich sind Teile der Kontur schwach ausgeprägt oder fehlen ganz.

4. Die Konturfindung muß in verrauschten Bildern arbeiten und Konturunterbrechungen selbständig schließen.

Die gesuchten Konturen müssen mit den a-priori-Informationen über den Ventrikel verträglich sein:

a) Die gesuchten Konturen sind stetig und geschlossen.
b) Die Ventrikelform weicht von der Kreisform nicht stark ab.

Die Eigenschaften a) und b) entlasten die automatische Konturfindung insofern, als ihre Verwendung die Zahl der Konturkandidaten vermindert.

3. Vorarbeiten

Ultraschallbilder und Szintigramme sind beide durch einen hohen Rauschanteil gekennzeichnet. Es ist deshalb naheliegend, Konturfindungsalgorithmen, die sich bei Szintigrammen bewährt haben, auch auf Ultraschallbilder anzuwenden. Ausgangspunkt dieser Arbeit ist ein Konturfindungsalgorithmus, der für Szintigramme des Herzens entwickelt wurde [1]. Das Konzept aus [1] ist auch für Ultraschallbilder hervorragend geeignet und wird deshalb unverändert übernommen. Der Übergang von der Szintigraphie zur Sonographie erfordert allerdings eine Änderung der Gradientenoperation, da die Bilder beider Techniken unterschiedlich zu interpretieren sind.

4. Kontursuche

Die in dieser Arbeit verwendeten Bilder bestehen aus 256 x 256 Punkten und haben eine Grauwertauflösung von 8 bit. Jeweils ein solches Originalbild wird dem Benutzer der automatischen Konturfindung auf einem Display gezeigt. Der Benutzer muß genau zwei Bildpunkte P_1 und P_2 vorgeben: den ungefähren Mittelpunkt P_1 des linken Ventrikels (oder eines anderen Organs) und einen rechts davon befindlichen Punkt P_2 in der Nähe der gewünschten Kontur. Die Angabe dieser beiden Punkte, die mit Lightpen etc. erfolgt, dient der Auswahl eines Kreisringes, in der die Kontur gesucht werden soll. Nach Vorgabe von P_1 und P_2 erfolgt die Kontursuche dann wirklich automatisch.

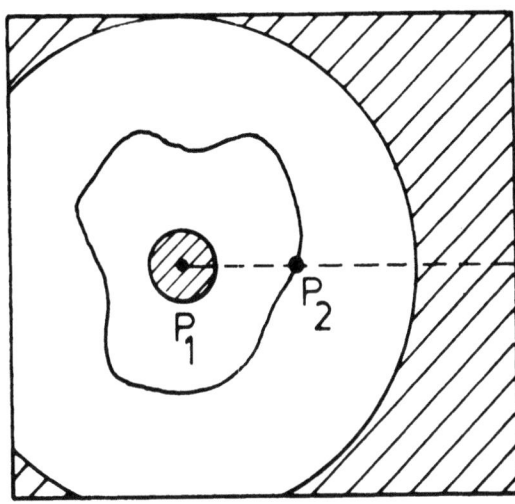

Fig. 1: Kontur im Originalbild

Wenn stets das gleiche Organ untersucht würde, könnte die Wahl von P_2 durch eine feste Vorgabe ersetzt werden; auf die Wahl von P_1 kann kaum verzichtet werden, da sich der Bildinhalt von Bild zu Bild stark verschieben kann.

Je weniger Punkte der Kreisring enthält, desto schneller wird die Kontursuche beendet sein. Für die Rechnung ist es vorteilhaft, die Ultraschallbilder samt Kreisring von 256 x 256 Punkten auf 128 mal 128 Punkte durch Mittelung von jeweils vier Nachbarpunkten zu reduzieren.

Entsprechend dem Algorithmus aus [1] wird die Kontursuche als Suche nach einem Weg mit minimalen Kosten interpretiert. Zu diesem Zweck muß jedem Bildpunkt innerhalb des Kreisringes ein Kostenwert zugeordnet werden. Die Definition der Kostenmatrix ist in Abhängigkeit vom Bildmaterial zu wählen; unsere Definition wird in Abschnitt 5 erläutert. Der Kreisring wird beim Übergang von kartesischen Koordinaten auf Polarkoordinaten in ein Rechteck transformiert (128 Winkelwerte, maximal 64 Radiuswerte).

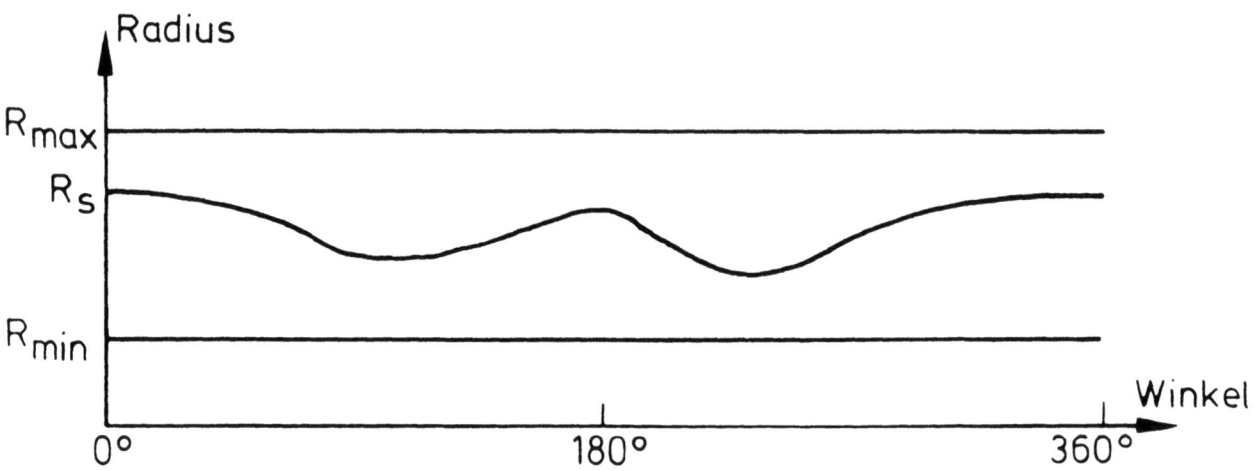

Fig. 2: Kontur in Polarkoordinaten

Die Stetigkeit der Kontur verlangt, daß Start- und Endpunkt (entsprechend 0° und 360°) den gleichen Radiuswert R_s aufweisen. R_s ist durch die Vorgabe des Konturpunktes P_2 festgelegt. Um R_s bei unpräzisen Vorgaben von P_2 zu korrigieren, wird zunächst eine optimale Teilkontur im Winkelbereich 0° bis 60° gesucht. Bei dieser Suche dürfen die Konturkandidaten in einem angemessenen Intervall starten. Der Radius des Startpunktes der ermittelten Teilkontur definiert den korrigierten Wert für R_s. Abschließend erfolgt die Suche der kompletten Kontur zwischen vorgegebenem Start- und Endpunkt. Die Kontursuche kann mit Hilfe der dynamischen Optimierung effizient durchgeführt werden [2]. Die gefundene Kontur wird in kartesischen Koordinaten dargestellt und nach Glättung dem Originalbild überlagert.

5. Definition der Kostenmatrix

Für die Kontursuche muß eine Kostenmatrix definiert werden, die das Qualitätskriterium repräsentiert: Bildpunkten mit starkem Grauwertsprung in gewünschter Richtung (Gradient) und mit geringer Abweichung vom Objektgrauwert soll ein niedriger Kostenwert, anderen Bildpunkten soll ein hoher Kostenwert zugeordnet werden. Vor der Definition der Kostenmatrix wird zweckmäßigerweise eine Gradientenmatrix definiert. Wegen der Erwartung einer kreisähnlichen Konturform kann neben dem Gradientenbetrag auch seine Richtung in bezug auf den Mittelpunkt P_1 ausgewertet werden: ausgehend von P_1 wird der ausgewählte Kreisring in 8 gleichgroße Sektoren eingeteilt; jedem Sektor werden 3 Masken zugeordnet. Im rechten Sektor z.B. sind dies die Masken

$$\begin{bmatrix} 0 & 1 & 2 \\ -1 & 0 & 1 \\ -2 & -1 & 0 \end{bmatrix} \begin{bmatrix} -1 & 0 & 1 \\ -2 & 0 & 2 \\ -1 & 0 & 1 \end{bmatrix} \begin{bmatrix} -2 & -1 & 0 \\ -1 & 0 & 1 \\ 0 & 1 & 2 \end{bmatrix} \quad .$$

Durch Faltung der drei Masken mit einem 3x3-Bildbereich ergeben sich drei Zahlenwerte, deren Maximum als Gradient des Bildbereich-Mittelpunktes genommen werden soll. Auf diese Weise läßt sich jedem Bildpunkt (i,j) des Kreisringes sein Gradientenwert G(i,j) zuordnen. Die Kostenmatrix K(i,j) wird definiert als

$$K(i,j) = \max_{k,l} \{G(k,l)\} - G(i,j) + M(i,j) \quad .$$

Dabei ist M(i,j) die betragsmäßige Abweichung zwischen dem Grauwert des Punktes (i,j) und dem mittleren Objektgrauwert in Konturnähe.

Die Kontursuche in Szintigrammen [1] arbeitet mit nur einer Maske pro Sektor und mit einem Gradientenoperator zweiter Ordnung; der Grauwertlevel kann unberücksichtigt bleiben. Unser Abweichen auf drei Masken pro Sektor und auf einen Gradientenoperator erster Ordnung resultiert aus den Eigenschaften der Ultraschallbilder: bei Verwendung von nur einer Maske pro Sektor würden die spezifischen Strukturartefakte der Ultraschallbilder stören; ein Gradientenoperator zweiter Ordnung - angepaßt an die Projektionsbilder der Szintigraphie - liefert bei den Schnittbildern der Sonographie schlechtere Resultate als ein Gradientenoperator erster Ordnung.

6. Rechenzeit und Speicherbedarf

Die Kontursuche umfaßt die Reduktion des Originalbildes, die Aufstellung der Kostenmatrix und die Durchführung der dynamischen Optimierung. Der Hauptrechenaufwand entsteht bei der Aufstellung der Kostenmatrix; die anderen Aufgaben berücksichtigen wir bei der Abschätzung der Rechenzeit T durch einen Faktor 2. Die Kostenmatrix besteht aus maximal 128 x 64 Elementen. Die Berechnung eines Elementes der Kostenmatrix erfordert auf dem MC 68 000 (16-Bit-Mikroprozessor) etwa 600 Zyklen; die Zykluszeit ist 125 Nanosekunden. Daraus berechnet sich die Rechenzeit zu

$$T = 2 \times 128 \times 64 \times 600 \times 125 \times 10^{-9} \text{ Sekunden} = 1,2 \text{ Sekunden} \quad .$$

Zu speichern sind: das Originalbild (256 x 256 x 8 bit), das reduzierte Bild (128 x 128 x 8 bit), die Kostenmatrix (128 x 64 x 32 bit). Der Gesamtspeicherbedarf beträgt etwa 150 KByte.

7. Ergebnisse

Die Figuren 3 und 4 zeigen die Vorgabe von Mittelpunkt und seitlichem Konturpunkt mit der ermittelten Kontur in einem Ultraschallbild des Herzens. Die beschrifteten Felder dienen der Programmsteuerung per Lichtgriffel. Die Figuren 5, 6 und 7 zeigen automatisch gefundene Konturen mit den jeweiligen Vorgabepunkten in Herzbildern. Die Qualität der gezeigten Konturen ist repräsentativ: in Ultraschallbildern des Herzens fanden wir keine Versager.

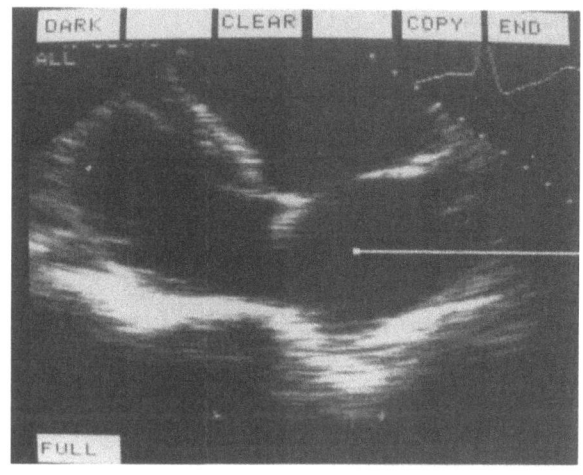

Fig. 3

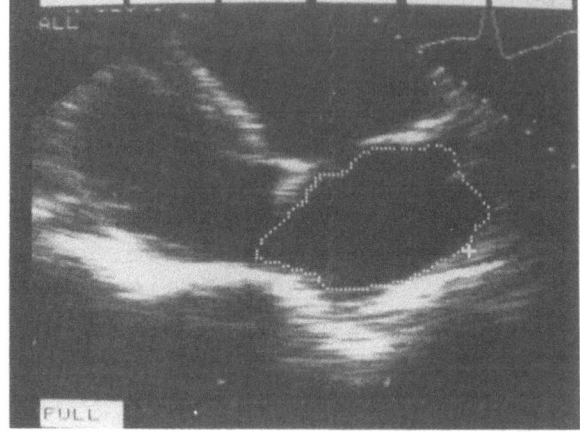

Fig. 4

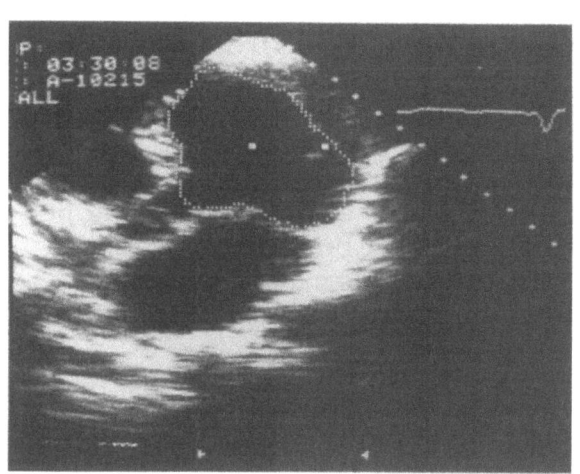

Fig. 5

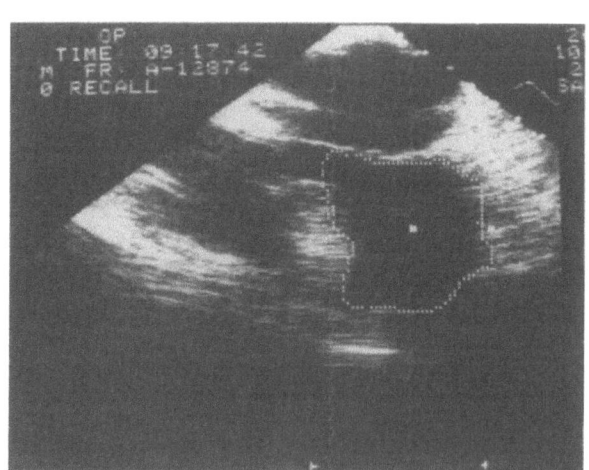

Fig. 6

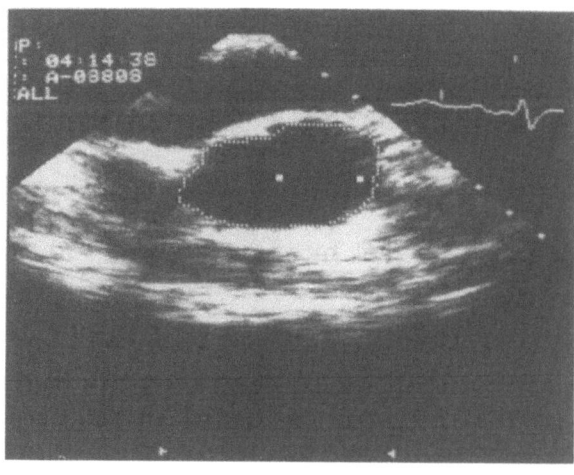

Fig. 7

8. Zusammenfassung

Es wird eine erfolgreiche Methode zur automatischen Konturfindung in Ultraschallbildern des Herzens vorgestellt. Die Rechenzeit auf einem Mikroprozessor ist kleiner als zwei Sekunden, der Speicherbedarf ist etwa 150 KByte.

Literatur

[1] J.J. GERBRANDS, C. HOEK, J.H.C. REIBER, S.P. LIE and M.L. SIMOONS, Automated Left Ventricular Boundary Extraction from Technetium - 99m Gated Blood Pool Scintigrams with Fixed or Moving Regions of Interest,
Proceedings of 'The 2nd International Conference on Visual Psychophysics and Medical Imaging', Brüssel, Juli 1981.

[2] H. NEY, Konturbestimmung in Bildern mit Dynamischer Programmierung,
Informatik-Fachberichte 49, "Modelle und Strukturen", DAGM-Symposium, Hamburg, Oktober 1981.

Danksagung

Wir danken Herrn Prof. Hanrath für die Bereitstellung der Ultraschallbilder und Herrn Proksa für die hilfreiche Unterstützung bei der Rechenzeitanalyse und bei der Benutzung der Bildverarbeitungsperipherie.

Automatisierte Auswertung von Ultraschall-Schnittbildern
der Schilddrüse
N. Stein, P. Pfannenstiel, A. Brückner, W. v. Seelen
Deutsche Klinik für Diagnostik, Wiesbaden

Zusammenfassung:

Die zunehmende Verbreitung der Ultraschalldiagnostik
in der Medizin gebietet eine Standardisierung und Objektivierung der Bildanalyse. Nach mehrjähriger Erfahrung
bei der rechnergestützten Auswertung von Ultraschallbildern
der Prostata /1/, wurde nun ein Verfahren zur automatischen
Analyse von Ultraschall-Schnittbildern der Schilddrüse
entwickelt. Hierbei werden neben Parametern der Statistiken
1. und 2. Ordnung speziell auf die Textur der Schilddrüsen-
Sonogramme adaptierte Merkmale extrahiert. In einer Testreihe von visuell fehlklassifizierten Befunden konnte
eine Sensitivität und Spezifität von über 90% erreicht
werden.

1. Einleitung

In der Diagnostik von Schilddrüsenerkrankungen erhielt
in den letzten Jahren die nebenwirkungsfreie Ultraschalluntersuchung eine immer größer werdende Bedeutung.
Bei der visuellen Auswertung werden die Ultraschall-B-
Bilder nach Parametern, die den Energiegehalt des
reflektierten Signales und deren Verteilung berücksichtigen, klassifiziert. Parameter sind die Begriffe
echoreich, echogleich (bezogen auf Normalbefunde),
echoarm und echofrei sowie regelmäßige, unregelmäßige
Textur.

Die Forschungsgruppe Ultraschall der Deutschen Klinik
für Diagnostik arbeitet seit über fünf Jahren neben
weiteren Schwerpunkten an der Entwicklung von Analysesystemen zur automatischen Auswertung von Ultraschall-
B-Bildern, um eine objektivere Befundung wie die oben
skizzierte, zu erreichen. Unsere erste Studie befaßte
sich mit der Auswertung von transvesikal erstellten
Ultraschallbildern der Prostata. Bei dieser Auswertemethode, bei der differentialdiagnostisch zwischen
Prostata-Karzinomen und Prostata-Adenomen unterschieden wird, werden sowohl visuelle Parameter als auch
EDV-Parameter benutzt. Merkmale, die sich auf die
Form des Organs beziehen und schnell durch das visuelle
System erkannt werden, gehen als visuelle Parameter
ein. Die Bewertung von Intensitäten und Intensitätsverteilungen, die visuell nur schwer und von einer
hohen Irrtumsrate behaftet interpretiert werden können,
wird im Rechner vorgenommen.

Die Klassifikation des gemischten Merkmalsvektors
aus visuellen und EDV-Parametern erfolgt in einem
linearen Optimalklassifikator. Mit diesem Verfahren
konnte die Erkennungsquote von Prostata-Karzinomen
gegenüber Prostata-Adenomen von ca. 75% bei der rein
visuellen Klassifizierung durch den Untersucher, auf
90% bei der Klassifikation des gemischten Merkmalsvektors aus visuellen und EDV-Parametern erhöht werden.

Nachdem sich dieses Verfahren in einer größeren Untersuchungsreihe bewährt hat, wird das in einem Bildrechner
implementierte Auswertesystem von einer medizintech-
nischen Firma hergestellt. Die Validierung des Verfahrens erfolgt derzeit in einer Multicenterstudie
und wird in Kürze abgeschlossen sein (/1/, /2/). Aufgrund der in diesem Projekt gewonnenen Erfahrungen
wurde versucht, ein Mustererkennungs- und Klassifi-
kationssystem für Ultraschallbilder anderer Organe
zu erstellen.

2. Visuelle Beurteilung bei typischen Befunden

Als ein wichtiger Aspekt in der Schilddrüsendiagnostik
erwies sich die Möglichkeit, mit Hilfe der Sonographie
in fast allen Fällen zwischen der normalen Schilddrüse
und dem Morbus Basedow zu unterscheiden. Im Gegensatz
zur gleichmäßig dichten Ultraschallstruktur der ge-
sunden Schilddrüse findet sich beim Morbus Basedow
in etwa 80% der Fälle eine das ganze Organ betreffende
Echoarmut. Da dieses typische Echomuster bei den restlichen 20% der Fälle nicht auftritt, konnte aufgrund
der visuellen Beurteilung der Ultraschallbilder in
diesen Fällen keine richtige Diagnose gestellt werden.
Die Merkmalsextraktion bezog sich nur auf diese visuell
fehlklassifizierten Fälle.

Meist geht der Verlauf der Erkrankung mit einer Umwandlung der Schilddrüsenfollikel zu einer kleinfolli-
kulären Struktur mit einer durchschnittlichen Folli-
kelgröße von 0,05 - 0,1 mm einher, gegenüber ca. 0,2 -
0,5 mm bei der normalen Schilddrüse. Bei den sonographisch atypischen Basedows scheint diese Umwandlung
nicht oder noch nicht vollständig stattgefunden zu
haben.

3. Acquisition und Vorverarbeitung

Bei den 20% visuell fehlklassifizierten Fällen wurde
eine EDV-Auswertung durchgeführt, um zu prüfen, ob
die mit dem Rechner extrahierten Merkmale auf diese
Veränderung frühzeitiger ansprechen als das Auge.
Als Referenzgruppe dienten Normalbefunde. Die Geräte-
kette zur Aufnahme und Auswertung der Ultraschallbilder
beginnt mit einem handelsüblichen Real-time-Sector-
scanner. Die Mittensendefrequenz des schmalbandigen
Schallkopfes liegt bei 4 MHz.

Das demodulierte Echosignal wird geglättet und in
einem 1- bis 10-MHz-A/D-Wandler digitalisiert. Das
digitalisierte Signal wird in Echtzeit in einem schnellen Mikrocomputer zwischengespeichert und anschließend
über eine parallele Datenleitung an einen Digital
PDP-11/34 Minicomputer transferiert.

Im Anschluß an einige Voroperationen (Scan-Konversion
zur Erzeugung des Sektorbildes, Filterung, Normierung)
wird das Bild abgespeichert und kann auch wieder zum
Untersuchungsplatz übertragen werden.

Die Filterung besteht in einer nichtlinearen Operation,
der Medianfilterung. Sie dient der Rauschunterdrückung
und eliminiert Digitalisierungs- und Übertragungsfehler, die in Form von vereinzelten peaks auftreten.

Obwohl die Möglichkeit besteht, fast alle Geräte-Ein-
stellungsparameter zu digitalisieren - hierfür stehen
16 Eingangskanäle zur Verfügung - und eine Normierung
auf diese Parameter durchzuführen wurden alle Einstell-
parameter während der Untersuchungsreihe konstant
gehalten. Somit waren Fehler, die durch unterschiedliche
Geräteeinstellungen entstehen und von Nassiri in einer
größeren Meßreihe nachgewiesen wurden /3/, weitgehend
ausgeschlossen.

Vor der Merkmalsextraktion wurde eine Region-of-Interest
definiert, die die gesamte Ultraschalltextur der Schilddrüse beinhaltet.

4. Merkmalsextraktion

Zur Extraktion der Globalmaße wurde die first-order-
statistic verwendet. Im Diagramm 1 zeigt sich, daß
teilweise schon aufgrund der Kombination zweier Merkmale
eine recht gute Trennung der Befundklassen erreicht
wird.

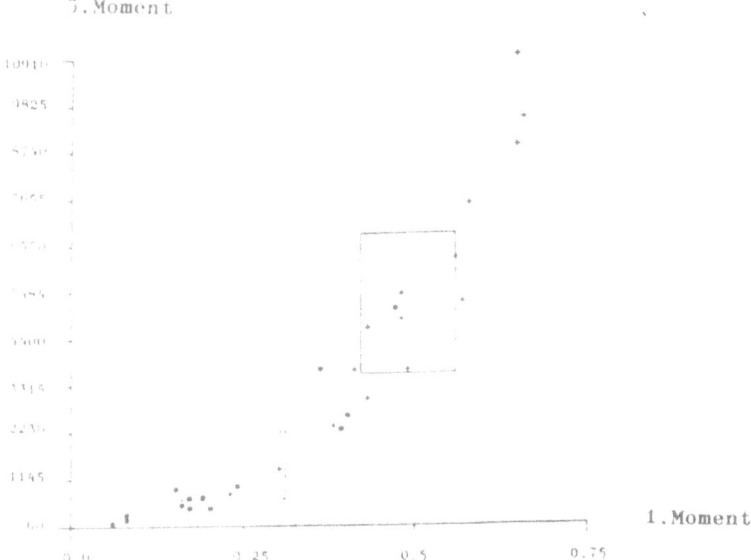

Diagramm 1: Globalmaße: Das Diagramm zeigt die Merkmalswerte für Normalbefunde (+) und sonographisch atypische Basedow-Hyperthyreosen (●) sowie den 95%-Vertrauensbereich um den Mittelwert der Merkmale.

Um Maße für lokale Abhängigkeiten in den Bildern zu extrahieren, wurde ein Teil der Haralick-features (Parameter der second-order-statistic), die zeiteffizient ausgewertet werden können, verwendet. Das sind z.B. mean, contrast, variance, homogenity, entropy. Auch mit diesem Verfahren konnte eine gute Trennung der Befundklassen erreicht werden.

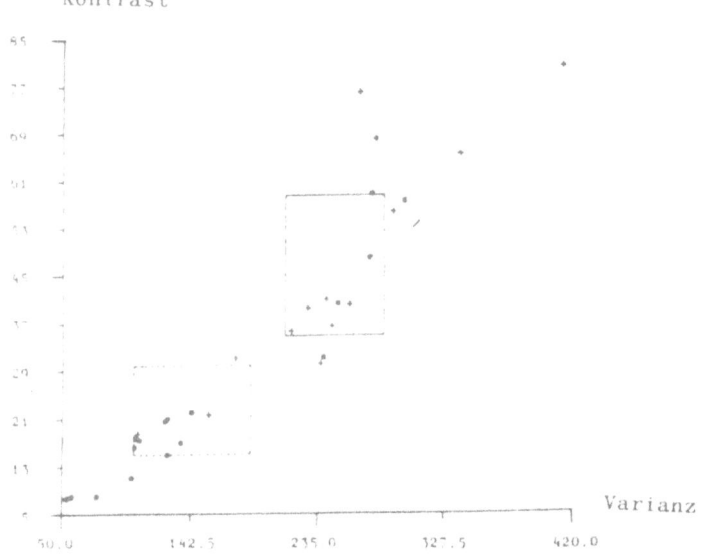

Diagramm 2: Haralick-Merkmale: Bei diesem Verfahren wird nur die Grauwert-Abhängigkeitsmatrix, nicht das Originalbild verwendet. Sowohl Kontrast als auch Varianz dieser Abhängigkeitsmatrizen liegen bei den Sonogrammen der normalen Schilddrüsen deutlich über denen beim Morbus Basedow.

Da sich die Schilddrüsen-Sonogramme aus immer gleichem
Grundmuster zusammensetzen, wurden zusätzlich speziell
auf diese Grundmuster adaptierte Merkmale extrahiert.
diese beschreiben die Form und Verteilung der lokalen
Texturelemente, "Echos", und deren Momente. Maße sind
z.B. Umfang und Fläche der einzelnen Echos, Energie
und Leistung pro Echo, Abstand der Echos, deren Mittelwert und Varianz.

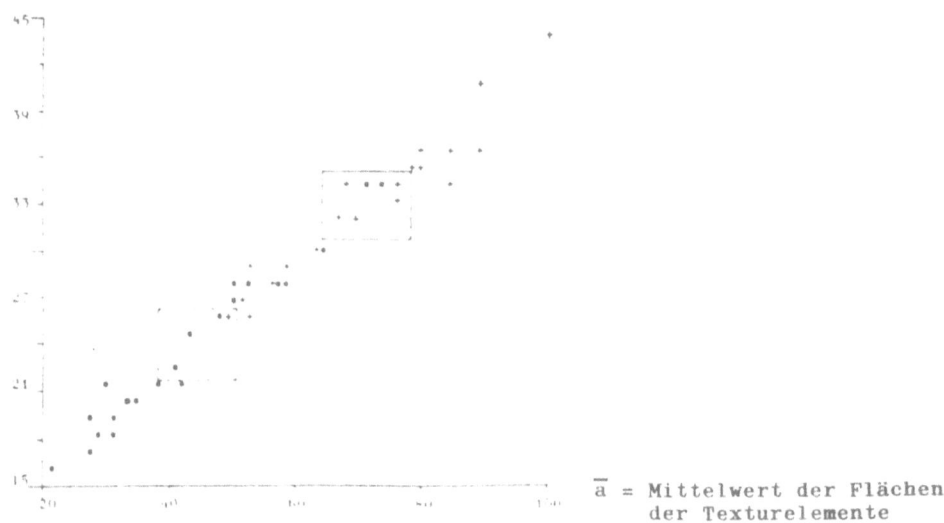

Diagramm 3: Texturanalyse: Diese Merkmale wurden
speziell auf die Textur der Sonogramme der
Schilddruse adaptiert.

Die drei genannten Verfahren liefern eine große Anzahl
von Parametern, die die Form, Verteilung, Regelmäßigkeit, Leistung und Intensität sowohl der lokalen Echos
als auch der gesamten Regions beschreiben. In den
Diagrammen   ist gezeigt, wie bereits mit wenigen
Merkmalen eine Trennung der Befundklassen möglich
ist.

5. Klassifikation

Diese Analyse wurde bei etwa 30 Fällen des relativ seltenen Befundes eines "atypischen" grave's disease im Vergleich zu ebenso vielen Normalbefunden durchgeführt. In der anschließenden Klassifikation des gleichverteilten Lernsatzes unter Verwendung von nur neun Merkmalen konnte eine Sensitivität und Spezifität von über 90% erreicht werden. Als Klassifikator wurde hierbei ebenfalls wie bei der Prostata-Analyse ein linearer Optimalklassifikator, dessen Optimalitätskriterium das Maximum-likelihood-Kriterium ist, verwendet.

Dieses Auswerteverfahren soll nun auf andere Befundgruppen angewendet werden, wobei zusätzliche schallphysikalische Parameter extrahiert werden sollen. Ziel des Vorhabens ist es, ein spezielles Auswertesystem zur quantitativen Analyse von Ultraschallbildern zu erstellen, das sowohl in der Erstdiagnostik aber auch in der Verlaufskontrolle eingesetzt werden soll. In einem weiteren Schritt sollen auch andere bildgebende Verfahren in das Auswertesystem angeschlossen werden.

Literatur:

/1/ Wessels, G. et al.: Mustererkennungsverfahren bei Ultraschallschnittbildern der Prostata zur Tumorerkennung
in "Bildverarbeitung und Mustererkennung", DAGM-Symposium, Oberpfaffenhofen, Oktober 1978, Springer-Verlag, Heidelberg, 1978

/2/ Nauth, P. et al.: Computergestützte Auswertung von Ultraschallbildern der Prostata
in "Ultraschall in der Medizin", Heft 4, 1983, Georg Thieme Verlag, Stuttgart

/3/ Nassiri. D.K. et al.: Texture classification of B-scan ultrasound images: An assessment using tissue models
in "Acoustical Imaging" Volume 12, Plenum Press, New York, 1982

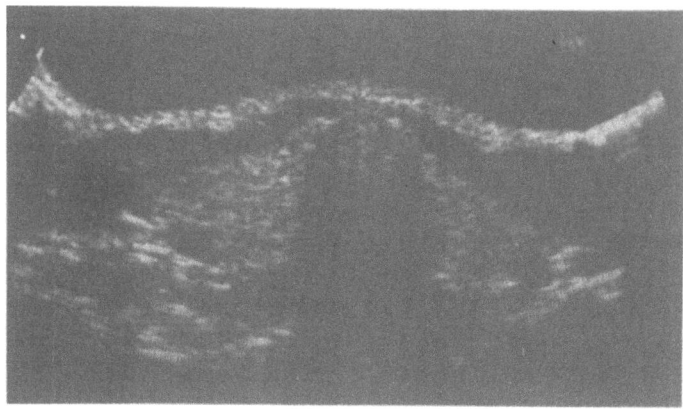

Bild 1: Ultraschall-B-Bild (Transversalschnitt) einer normalen Schilddrüse

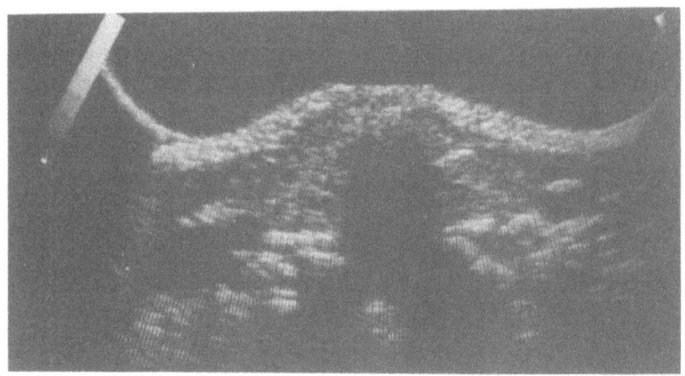

Bild 2: "Heller Basedow": sonographisch atypischer Basedow

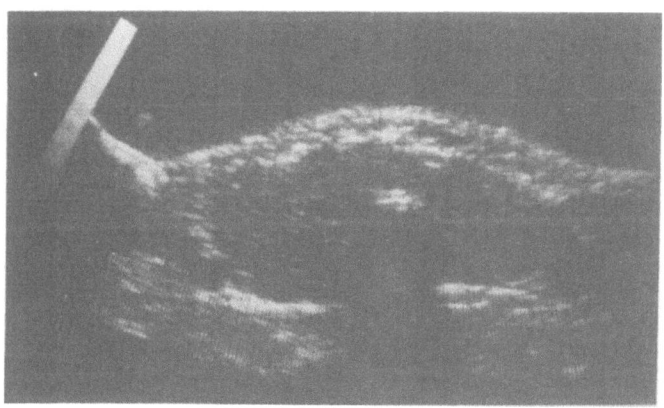

Bild 3: "Dunkler Basedow": Basedow mit typischem sonographischem Echomuster

COMPUTERGESTÜTZTE BESTIMMUNG DES PROSTATAVOLUMENS AUS TRANSREKTALEN ULTRASCHALLTOMOGRAMMEN

K.-H. Englmeier, R. Hecker, S.J. Pöppl

Institut für medizinische Informatik und Systemforschung der
Gesellschaft für Strahlen- und Umweltforschung mbH München
Ingolstädter Landstraße 1, D-8042 Neuherberg

ZUSAMMENFASSUNG:

Die transrektale Sonographie, zur Zeit die beste Methode zur Darstellung der Prostata, erlaubt die Volumen- bzw. Gewichtsbestimmung des Organs, die neben anderen Kriterien die Entscheidung zwischen offener Operation und transurethraler Resektion unterstützt. Aber auch die Kontrolle des Strahlentherapieerfolges bei Behandlung des Prostatakarzinoms setzt eine genaue Bestimmung des Gewichts voraus.

Im Folgenden wird ein Verfahren vorgestellt, das es dem Benutzer ermöglicht, rechnergestützt über Segmentation und Integration von Organschnittflächen das Volumen bzw. das Gewicht der Prostata zu bestimmen.

SCHLÜSSELWÖRTER: Automatische Kontursuche, Prostata-Sonographie Segmentation, Splinefunktionen, Volumenbestimmung

EINFÜHRUNG:

Die rektale Palpation sowie die indirekten radiologischen Methoden Urogramm, Zystourogramm und Vesikulographie waren lange Zeit die einzigen diagnostischen Verfahren zur Untersuchung der Prostata. Einen Fortschritt brachten Computertomographie und suprapubische Sonographie, wobei jedoch beide Methoden mit gewissen Einschränkungen behaftet sind: Während die Computertomographie die Abgrenzung zum umliegenden Gewebe ermöglicht, aber nur bedingt Aussagen über die intraprostatische Struktur erlaubt, können bei der transabdominalen Sonographie bis zu einem gewissen Grad Differenzierungen der intraprostatischen Struktur vorgenommen werden. /1/ Diese Methode hat allerdings den Nachteil, daß nicht immer - bedingt durch die anatomischen Verhältnisse - eine Darstellung des gesamten Organs möglich ist. /2/

Das bisher exakteste Verfahren - einerseits zur Darstellung der intraprostatischen Struktur, andererseits zur Erfassung der Lage des Organs in seiner Umgebung - stellt die transrektale Sonographie dar. Sie wurde bereits 1968 von WATANABE et. al. in Japan beschrieben, und hat mittlerweile das Stadium einer aussagekräftigen klinischen Routineuntersuchung erreicht. Dabei richtet sich die Diagnose

nach folgenden sonographischen Kriterien: Größe
Form
Echostruktur
Darstellung der Kapsel
/1/

Die Volumen- bzw Gewichtsbestimmung der Prostata gewinnt dabei in letzter Zeit immer größere Bedeutung. Einerseits dient sie als Entscheidungshilfe zwischen offener Operation oder transurethraler Resektion der Prostata, andererseits erhielt die Gewichtsbestimmung einen neuen Stellenwert zur Kontrolle des Therapieerfolges bei Behandlung des Prostatakarzinoms, nachdem CARPENTIER, SCHLATMANN und SCHRÖDER signifikante Volumenabnahmen nach Radiotherapie bzw. Kastration beobachteten. /3/

Sowohl für die Therapieplanung als auch für die Kontrolle des Therapieerfolges ist also eine exakte Berechnung des Volumens notwendig. Dazu wurden bisher Sonographie-Schnittbilder in äquidistanten Abständen angefertigt und planimetrisch ausgewertet; anschließend kann über Verfahren aus der numerischen Integration das Volumen bis auf ca. 5% genau angenähert werden. /4/

Da sich jedoch die Planimetrie der Organschnittbilder für den klinischen Routinebetrieb als zeitraubende und umständliche Methode erwies, wurde ein halbautomatisches Verfahren entwickelt, das es dem Benutzer ermöglicht, mit Hilfe eines Rechners das Volumen einfach und schnell zu bestimmen.

METHODE:

Nachdem die Prostata-Querschnittsbilder mit einer Fernsehkamera digital mit einer Auflösung von 256x256 Bildpunkten abgetastet wurden, werden sie miteinander verkettet und als lineare Liste abgespeichert. Der Bildkopf, mit dem jedes Sequenzbild versehen wird, enthält unter anderem Bild- und Patientenidentifikation, Schnittnummer, Maßstabsfaktor und Pointer auf das vorherige und nachfolgende Sequenzbild.

Die Volumenannäherung mit Verfahren aus der numerischen Integration setzt eine Segmentation der Prostataschnittfläche aus den Ultraschallbildern voraus. Dazu werden zunächst zur Unterdrückung des durch die Kamera verursachten Rauschens die Bilder mediangefiltert. Da der Medianfilter keine steilen Intensitätssprünge verwischt, kann durch die sich anschließende Berechnung des Gradienten die Organgrenze der Prostata besser vom Hintergrund hervorgehoben werden. Das erstellte Gradientenbild bildet die Grundlage für den automatischen Kontursucheprozeß, der aus den Rohkonturen ein Konturbild mit einpunktigen Linien erzeugt. Dabei untersucht der Liniendetektor jeden Bildpunkt, ob er eine vorgegebene Mindest-Schwelle überschreitet und markiert dabei seinen Weg mit einpunktigen Linien. Er vergleicht die Länge seines zurückgelegten Weges mit der Mindestlänge für gültige Linien und bricht das Verfahren ab, wenn die zurückgelegte Wegstrecke diese Länge überschreitet. Ist sein bisheriger Weg zu kurz, läuft er wieder zurück, löscht seine Spur und versucht in einem Back-Tracking-Verfahren andere Linien zu finden. /5/

Im Fall der Prostata-Sonogramms findet der Liniendetektor meistens nur Konturbruchstücke entlang der Organgrenze. Dies begründet sich dadurch, daß zum einen auch im normalen Prostata-Ultraschalltomogramm durch Artefakte, die als radiäre Strukturen die Prostatakapsel überlagern, die Reflexzone der Organgrenze Inhomogenitäten aufweist, zum anderen zeigt sich die Organgrenze oft nur schlecht differenziert vom umliegenden Gewebe, was sich besonders durch niedrige Gradientenbeträge ausdrückt. Abbildung 1 zeigt das Sonographiebild einer Prostata überlagert mit den automatisch gefundenen Konturbruchstücken.

Da also die automatische Kontursuche nur lückenhaft die Organgrenze findet, die geschlossene Kurve aber die Grundlage für die Segmentation der Schnittfläche bildet, mußte ein Verfahren gefunden werden, mit dessen Hilfe die geschlossene Organgrenze konstruiert werden kann.

Dazu bieten sich Splinefunktionen an, die die Konstruktion glatter Kurven ermöglichen. Sowohl die Berechnung einer geschlossenen parametrischen Splinefunktion dritten Grades nach interaktiver Stützstelleneingabe, als auch die automatische Erkennung von Stützstellen auf den gefundenen Konturbruchstücken wurden hierfür realisiert, wobei dem Benutzer die Möglichkeit gegeben ist, durch zusätzliche Eingabe von Stützstellen auf der Organgrenze die Annäherung an die Prostatakapsel zu erhöhen. Abbildung 2 zeigt das Original eines Sonographiebildes der Prostata überlagert mit den Bruchstücken der gefundenen Organgrenze. Der Weg des Cursors, mit dem zusätzlich Stützstellen eingegeben wurden ist mit weißer Farbe markiert. Abbildung 3 zeigt die konstruierte geschlossene Kurve nach automatischer und zusätzlicher interaktiver Stützstellendefinition. /6/

Ist die geschlossene Organgrenze bestimmt, kann die Prostataschnittfläche segmentiert und ihr Flächeninhalt ermittelt werden. Dazu eignen sich Näherungsmethoden, die den Integranden durch eine endliche Summe ersetzen. Sie beruhen auf einer Zerlegung des Intervalls [a,b] in n gleiche Teile und der Berechnung der Werte der zu integrierenden Funktion an den Teilpunkten $x_0, x_1, x_2, \ldots, x_{n-1}, x_n$.
Es gilt:

$$h = \frac{b-a}{n}$$

Unter der Voraussetzung, daß die Anzahl n der Teilpunkte $x_0, x_1, \ldots, x_{n-1}, x_n$ gerade ist, wird die Fläche nach der Simpson'schen Formel angenähert:

$$\int_a^b y \, dx = h/3 \cdot (y_0 + 4y_1 + 2y_2 + \ldots + 2y_{n-2} + 4y_{n-1} + y_n)$$

Ist die Voraussetzung der Parabelformel nicht erfüllt, so kann die

Fläche nach der Sehnen-Trapezformel approximiert werden:

$$\int_a^b y \, dx \approx h/2 \cdot (y_0 + 2y_1 + 2y_2 + \ldots + 2y_{n-1} + y_n)$$

Nachdem die Flächeninhalte mit dem aus dem Bildkopf entnommenen Maßstabsfaktor in cm² bestimmt ist, kann das Volumen des Organs wiederum mit Methoden aus der numerischen Integration angenähert werden, wobei in diesem Fall zur genaueren Bestimmung meistens die Rechteckformel angewendet wird: /7/

$$\int_a^b y \, dx \approx h \cdot (y_0 + y_1 + y_2 + \ldots + y_{n-1} + y_n)$$

Das Gewicht ergibt sich durch die Multiplikation des Volumens mit dem spezifischen Gewicht, das bei der Prostata zwischen 1,050-1,060 g/cm³ liegt.

ERGEBNISSE:

Die Validierung des angewandten numerischen Verfahrens wurde unter optimalen Bedingungen am Modell des Ellipsoids nachgewiesen, d.h. durch Konstruktion von Schnittflächen fielen die von Ultraschall hervorgerufenen Verschmierungseffekte an der Objektgrenze weg. Für die Halbachsen wurden die von REINDL P. gefundenen mittleren Prostatadurchmesser verwendet. /1/

Als beste Volumenannäherung des Ellipsoids erwies sich folgendes Vefahren:

Nachdem die Schnittflächen des Ellipsoids in äquidistanten Abständen von 5 mm nach der Simpson'schen Parabelformel bzw. nach der Sehnen-Trapezformel berechnet werden, weicht das durch die Rechteckformel approximierte Volumen durchschnittlich nur um -1,09% vom tatsächlichen Volumen ab. (Beste Annäherung: -0,07%)

Die Berechnung des Volumens aus drei Schnittebenen mit der Simpson'schen Parabelformel wird bei einer Abweichung vom tatsächlichen Volumen von durchschnittlich 2,86% als klinisch ausreichende Methode bewertet, wobei die Schnittflächen wiederum nach der Parabelformel bzw. nach der Sehnen-Trapezformel ausgewertet werden.

SCHLUSSBETRACHTUNG

Es wurde ein Verfahren vorgestellt, das es dem Benutzer ermöglicht, schnell und präzise mit Hilfe der Segmentation und Integration von Organschnittflächen das Volumen bzw. das Gewicht der Prostata zu ermitteln.

Das Verfahren der Segmentation der Organschnittflächen über den automatischen Kontursucheprozeß und der Konstruktion von Splinefunktionen eignet sich allerdings nicht nur zur Volumenbestimmung, sondern bietet sich auch als Voraussetzung zur pseudo-3-dimensionalen Darstellung von Organschnittflächen (Abbildung 4) und zu einer eventuellen automatischen Gewebedifferenzierung mittels Texturanalyse an.

LITERATUR:

/1/: REINDL P.: Die transrektale sonographische Untersuchung des Prostatakarzinoms, RöFo 5, Band 136, 1982, 499-505

/2/: FRENTZEL-BEYME B.: Erste Erfahrungen mit der transrektalen Prostatasonographie, Arzt und Krankenhaus 2/82, 46-54

/3/: CARPENTIER P.J., SCHLATMANN T.J.M., SCHRÖDER F.H.: Transrektaler Ultraschall - ein Parameter zur Beurteilung des Therapieerfolges beim Prostatakarzinom, Verhandlungsbericht der deutschen Gesellschaft für Urologie, 32. Tagung (1980), 94-98

/4/: FRENTZEL-BEYME B., SCHWARZ J., AURICH B.: Das Bild des Prostataadenoms und -karzinoms bei der transrektalen Sonographie, RöFo, Band 137, 1982, 261-268

/5/: LEWERENTZ C.: Attributierte Graph-Ersetzungssysteme und eine Anwendung in der Mustererkennung, Diplomarbeit, Technische Universität München, 1983

/6/: SPÄTH H.: Spline-Algorithmen zur Konstruktion glatter Kurven und Flächen, Oldenburg Verlag München Wien, 1978, 45-52

/7/: P. NONG COOK, LARRY T. COOK, SALOMON BATNITZKY, KYO RAK LEE, WILLIAM H. ANDERSON, SAMUEL J. DWYER, III: Volume and Surface Area Estimation Using Tomographic Data, IEEE Transactions on Pattern Analysis and Machine Intelligence, Vol. PAMI-2, No. 5, 9/1980

BILDANHANG:

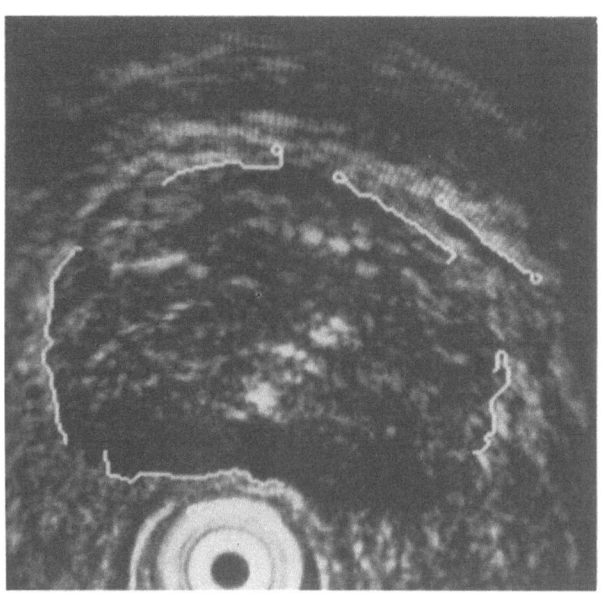

Abb. 1: Original eines Sonographiebildes der Prostata überlagert mit dem Resultat des Liniendetektors

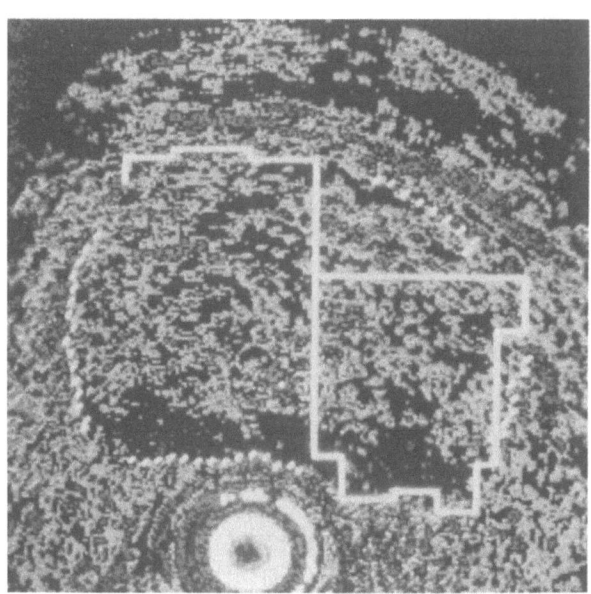

Abb. 2: Sonographiebild der Prostata, überlagert mit den automatischen und interaktiv ermittelten Stützstellen, wobei der Weg des Cursors weiß markiert ist

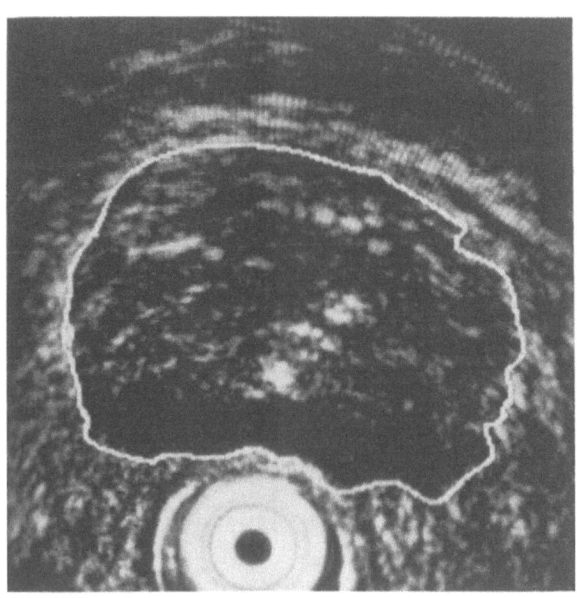

Abb. 3: Prostata-Sonographiebild mit konstruierter geschlossener Splinefunktion

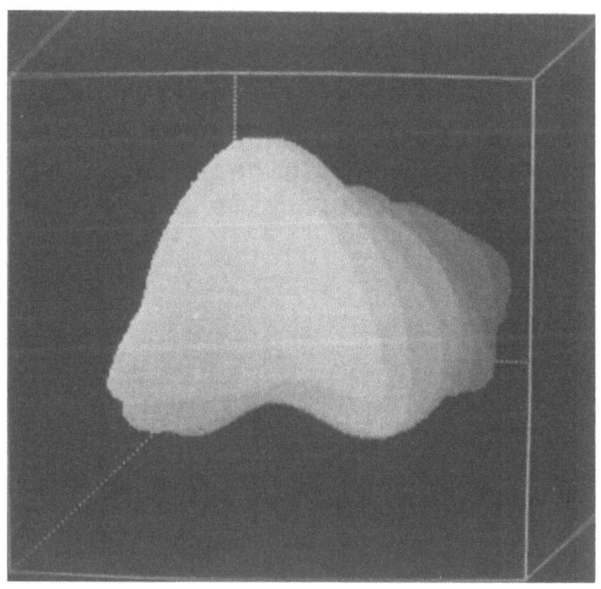

Abb. 4: Pseudo-3-dimensionale Rekonstruktion der Prostata-Schnittflächen

KONTINUIERLICHE SPRACHERKENNUNG: EIN AKUSTIK-PHONETIK MODUL

Peter Regel

Universität Erlangen-Nürnberg, Lehrstuhl für Informatik 5, Martensstr. 3,
8520 Erlangen

1. Einführung

1.1 Sprach-Symbol Transformation

Die hier beschriebene Arbeit ist Teil eines Projektes zum automatischen Verständnis zusammenhängend gesprochener deutscher Sprache [1,2,12]. Mehrere unabhängige Moduln (Lexikon, Syntax, Semantik ...) arbeiten gemeinsam auf einer Datenbank. Als Schnittstelle zum Lexikon wurde eine phonetische Transkription gewählt. Dies hat den Vorteil, daß eine Standardtranskription der Wörter bekannt ist (Duden).

1.2 Anforderungen, Zielsetzung

Das Ziel der akustisch-phonetischen Transkription ist es, die tatsächlich geäußerten Laute zu erkennen. Eine Änderung oder Auslassung eines Lautes (z. B. hervorgerufen durch Koartikulationseffekte) werden nicht berücksichtigt. Es wird ein kooperativer Sprecher vorausgesetzt. Die automatisch Transkription soll sprecherunabhängig erfolgen.

1.3 Ansätze zur Problemlösung

Bei fast allen Methoden zur automatischen Transkription von Sprachsignalen wird das Signal in kurze Zeitabschnitte unterteilt. Die Artikulation soll sich während eines Fensters (5-30 ms) nicht wesentlich ändern. Dieses Fenster darf wegen der notwendigen Frequenzauflösung nicht zu klein gewählt werden. Die Fenstergröße wird konstant gewählt oder an Ereignisse im Signal (z. B. Periode bei stimmhaften Lauten) angepaßt. Diese kurzen Zeitabschnitte (Fenster) werden durch Parameter dargestellt. Die Abstände dieser Fenster sind entweder gleich (1 ms-20 ms) oder werden ebenfalls angepaßt (z. B. kleinere Abstände für Übergangsbereiche).

Mit dieser parametrischen Darstellung der Sprache können Segmentgrenzen bestimmt werden. Segmente sind quasi phonetische Teile der Sprache (Lautkomponenten, Phone oder Diphone). Diese Segmente können klassifiziert werden. Eine andere Möglichkeit besteht darin, mit Hilfe der parametrischen Darstellung Bereiche übergeordneter Klassen zu bestimmen. Diese Bereiche können dann weiter unterteilt und hierarchisch klassifiziert und segmentiert werden. Die hier verwendete Methode ist ähnlich der Methode, die im MAP-System [3] verwendet wird. Die kurzen Zeitabschnitte (Elemente) werden direkt klassifiziert. Anschließend werden gleiche Laute zusammengefaßt.

2. Systembeschreibung

2.1 Sprachaufnahme

Die Sprachaufnahmen erfolgen in einem ruhigen aber akustisch nicht gedämpften Raum. Dabei wird ein normales dynamisches Mikrofon verwendet. Der Tonträger ist ein Analogband. Danach wird das Sprachsignal bandpaßgefiltert (100-3400 Hz)

Dieses Forschungsvorhaben wurde von 1978-1982 von der DFG gefördert und mit 10 kHz (12 bit) abgetastet.

2.2 Klassifikation der Elemente

Die Elemente sind überlappende Fenster auf dem Zeitsignal, wobei die Fensterlänge 20 ms ist. Alle 12 ms beginnt ein neues Element. Die Klassifikation bestimmt für jedes Element mehrere mögliche Lauttypen. Die Lauttypen sind für die Elemente sinnvoll gewählte Klassen. Für einen stationären Laut (z. B. Vokal [e]) gibt es nur einen Lauttyp. Die Verschlußlaute bestehen aus zwei oder drei unterschiedlichen Lauttypen (Verschluß, Plosion bei Öffnung des Verschlusses, evtl. Behauchung).

Die Klassifikation erfolgt in zwei Stufen. In der ersten Stufe werden die Elemente in Kategorien eingeteilt. Die Kategorien sind vier grobe akustische Klassen ('Pause oder Verschluß', 'stimmlos', 'stimmhaft nicht-frikativ', 'stimmhaft frikativ').

Ein Bayes-Klassifikator für normalverteilte Merkmale [4] liefert die a posteriori Wahrscheinlichkeiten für jede Kategorie. Die Merkmale für die erste Stufe sind:

1) normierte Energie (Frequenzbereich 100-900 Hz)
2) normierte Energie in dB
3) $R(1)/R(0)$; R ist die Autokorrelationsfunktion)
4) erster Linear Prediction Koeffizient (LP-Koeffizient)
5) normierter Fehler der LP
6-8) normierte Amplitude, Frequenz und Bandbreite des absoluten Maximums im LP-Modellspektrum.

Bei der Bestimmung der Lauttypen werden unterschiedliche Merkmalssätze für die einzelnen Kategorien verwendet. In der zweiten Stufe werden alle Kategorien weiter bearbeitet, deren Wahrscheinlichkeiten größer als 2 % sind.

Merkmale für die Kategorie 'stimmhaft nicht-frikativ':

1) normierte Energie
2) normierte Energie in dB (Frequenzbereich 640-2800 Hz)
3) $R(1)/R(0)$
4-12) normierte Amplitude, Frequenz und Bandbreite der ersten drei Formanten.

Merkmale für die Kategorie 'stimmlos':

1) Logarithmierter Fehler der LP
2) normierte Energie
3-7) normierte Energie in 5 nichtüberlappenden Frequenzbereichen in dB
8) $R(1)/R(0)$
9-11) normierte Amplitude, Frequenz und Bandbreite des absoluten Maximums im LP-Modellspektrum.

Die Merkmale für stimmhafte Frikative sind die gleichen wie für die stimmlosen Laute, mit Ausnahme der Merkmale 9-11. Hier wird bei der Maximumsuche das erste lokale Maximum, das durch den periodischen Anteil verursacht wird, nicht berücksichtigt. Alle Merkmale, die direkt von der Lautstärke abhängig sind, werden auf die mittlere Energie der Äußerung normiert. Die fünf besten Lauttypen eines jeden Elements werden für die weitere Bearbeitung bereitgestellt.

2.3 Zusammenfassung der Elemente zu Segmenten

Segmente bestehen aus mehreren zusammenhängenden Elementen, die zu einem Laut gehören. Die Zusammenfassung erfolgt in zwei Schritten. Der erste faßt Elemente zusammen, die an erster Stelle gleich oder ähnlich klassifiziert wurden. Gleichzeitig erfolgt eine Glättung. Im zweiten Schritt werden zuerst Segmentkerne

(Längenkriterium) gesucht. Danach werden mit Hilfe eines Ähnlichkeitsmaßes die Segmentkerne ausgedehnt, bis die Lücken geschlossen sind. Die Laute, die aus mehreren Lauttypen bestehen, müssen erkannt und zusammengefaßt werden.

2.4 Stichprobe; Ergebnisse

Die Stichprobe besteht aus fließend gesprochenen Sätzen. Für diese wurde eine phonetische Transkription auditiv erstellt. Der Klassifikator (Version 4) wurde mit ca. 650 Sekunden Sprache trainiert. Diese Lernstichprobe enthält Sprachproben von sechs Sprechern und drei Sprecherinnen. Die Teststichprobe enthält ca. 105 Sekunden Sprache (zwei Sprecherinnen). Die zwei Sprecherinnen der Teststichprobe waren an der Lernstichprobe nicht beteiligt. In der Tabelle 1 sind die Ergebnisse zusammengefaßt. In dieser Tabelle sind auch die Erkennungsraten eines Sprechers, der an der Lernstichprobe beteiligt war (77 Sekunden), mit angegeben. Außerdem enthält die Tabelle 1 die Ergebnisse des Klassifikators (Version 3). Für die Lernstichprobe der Version 3 wurden 60 Sekunden, für die Teststichprobe 40 Sekunden Sprache verwendet. In der Lernstichprobe waren drei Sprecher und zwei Sprecherinnen und in der Teststichprobe drei Sprecher eingesetzt; ein Sprecher der Teststichprobe war an der Lernstichprobe nicht beteiligt.

	Segmentierungsfehler		Erkennungsraten	
	Einfügung	Auslassung	1. Alternative	die richtige Klasse ist unter den besten 3 Alternativen
Version 4 (40 Klassen) Teststichprobe 105 Sekunden 2 Sprecherinnen	20 %	7 %	40 %	63 %
Teststichprobe 77 Sekunden 1 Sprecher in Lernstichprobe enthalten	24 %	9 %	43 %	65 %
Version 3 (30 Klassen)	22 %	6 %	51 %	73 %

Tabelle 1:
Die Ergebnisse des Akustik-Phonetik Moduls. Die prozentualen Angaben beziehen sich auf die tatsächlich artikulierten Laute

3. Untersuchungen zur Sprecherabhängigkeit

Systeme, die nur bekannte Sprecher berücksichtigen, haben bessere Erkennungsraten als solche mit mehreren unbekannten Sprechern. Die Parameter enthalten auch die Charakteristik des jeweiligen Sprechers. Dies führt zu sprecherabhängigen Verteilungen der Merkmale. Eine Verbesserung kann erreicht werden, wenn es gelingt, ein Normierungsverfahren zu finden, das die sprecherbedingten Streuungen der Parameter verkleinert. Im folgenden werden Normierungsverfahren für Vokale und stimmlose Konsonanten dargestellt [5,6].

3.1 Vokale

Für die Erkennung von Vokalen werden häufig die Formanten als Merkmale verwendet. Zur Normierung der Formanten sind einige Methoden bekannt. 1968 schlug Gerstman [7] eine Methode zur Normierung der ersten beiden Formanten vor. Das Verfahren skaliert die Formantfrequenzen auf deren Extremwerte, die für jeden Sprecher einzeln berechnet werden. Andere Normierungsverfahren nutzen die Eigenschaft, daß die Formantfrequenzen ungefähr umgekehrt proportional zur Vokaltraktlänge (VTL) sind. Eine augenblickliche VTL kann aus dem Sprachsignal abgeschätzt werden [8]. Die augenblickliche VTL ist abhängig vom artikulierten Vokal. In [9] wird vorgeschlagen, auf eine mittlere VTL des jeweiligen Sprechers zu normieren. Sambur [10] verwendet die Karhunen-Loeve (KL) Transformation für die Sprechererkennung. Aus [10] könnte geschlossen werden, daß eine Modifikation der dort beschriebenen Methode für eine sprecherunabhängige Lauterkennung geeignet ist. Die Transformationsmatrix wird aus dem Sprachsignal des jeweiligen Sprechers abgeschätzt. Mit Hilfe dieser Transformationsmatrix werden die verwendeten Parameter transformiert. In unserem Experiment verwendeten wir eine 128 Punkte R-Transformation [11] als Parameter.

Zum Vergleich dieser Methoden wurde eine Stichprobe erstellt. Drei Sprecher und drei Sprecherinnen wiederholten eine Liste von Wörtern ('Satz') 20 mal. Dieser Satz enthielt die acht häufigsten deutschen Vokale. In Tabelle 2 sind die Ergebnisse zusammengestellt. Die Erkennungsraten beziehen sich auf die Lauttypen (20 ms Elemente). Um eine größere statistische Signifikanz zu erreichen, wurde das vorhandene Sprachmaterial in mehrere Lern- und Teststichproben aufgeteilt. So wurden die Erkennungsraten aus ca. 50.000 Mustern abgeschätzt. Die jeweilige Lernstichprobe wurde immer von anderen Personen gesprochen als die Teststichprobe. Die mittlere Erkennungsrate bei Einzelsprechertest war 81 %.

Parameter	Normierungsmethode	Erkennungsrate
3 Formantfrequenzen, 3 Bandbreiten	keine	45 %
3 Formantfrequenzen, 3 Bandbreiten	augenblickliche VTL	46 %
3 Formantfrequenzen, 3 Bandbreiten	mittlere VTL	47 %
2 Formantfrequenzen	keine	39 %
2 Formantfrequenzen	Gerstman [7]	42 %
R-Transformation 128 Punkte	Sprecherabh. KL-Transf. 20 Merkmale	18 %

Tabelle 2:
Erkennungsraten verschiedener Normierungsverfahren für Vokale

3.2 Stimmlose Frikative

Zur Normierung der Parameter für stimmlose Frikative wurden zwei Verfahren untersucht. Das erste Verfahren ist die in Kapitel 3.1 beschriebene sprecherabhängige KL-Transformation. Die zweite Methode normiert alle Merkmale einzeln auf einem konstanten Mittelwert und einer konstanten Streuung pro Sprecher. Ein Merkmalssatz, der untersucht wurde, bestand aus den Parametern 1-7 der Kategorie 'stimmlos' (Kapitel 2.2). Einen zweiten Merkmalssatz bildeten 13 Linear Prediction Koeffizienten. Dabei ist zu beachten, daß der Bayes-Klassifikator für normalverteilte Merkmale verwendet wurde und nicht ein für die LP-Koeffizienten angepaßtes Abstandsmaß (z. B. Itakura Abstand). Die Verfahren wurden analog den Bedingungen für Vokale (Kapitel 3.1) getestet. Untersucht wurden die 5 deutschen stimmlosen Frikative. Die Stichprobe wurde von acht Personen gesprochen. Die Ergebnisse sind in Tabelle 3 zusammengefaßt.

Parameter	Normierungsmethode	
Merkmale 1 - 7 der Kategorie 'stimmlos' (Kapitel 2.2)	keine	75 %
	Mittelwert und Streuung (sprecherabhängig)	72 %
	sprecherabhängige KL-Transformation	24 %
13 LP-Koeffizienten	keine	70 %
	sprecherabhängige KL-Transformation	22 %

Tabelle 3:
Erkennungsraten verschiedener Normierungsverfahren für stimmlose Frikative

3.3 Schlußfolgerung

Nur bei den Vokalen erzielen die untersuchten Normierungsverfahren geringfügige Verbesserungen. Die Erkennungsraten bleiben aber weit unter denen der Einzelsprechertests. Die Ergebnisse können vermuten lassen, daß Parameternormierungsverfahren zur Verbesserung der Erkennungsergebnisse wenig geeignet sind. Deshalb versuchen wir mit Hilfe einer Clustoanalyse die Erkennungsraten für ein sprecherunabhängiges System zu verbessern.

Literatur

[1] H. Niemann, H.-W. Hein: A Program System of Parallel Processes for Understanding Continuous Speech. Computing, Suppl.3, 141-148 (1981)

[2] H.-W. Hein: Das Erlanger Spracherkennungssystem. Dissertation, Universität Erlangen-Nürnberg (1982)

[3] N.R. Dixon and H.F. Silverman: The 1976 Modular Acoustic Processor (MAP). IEEE Trans., Vol. ASSP-25, 367-378 (1977)

[4] H. Niemann: Methoden der Mustererkennung. Akademische Verlagsgesellschaft, Frankfurt (1974)

[5] E. Müsse: Normierung von Sprachparametern für eine sprecherunabhängige Vokalklassifikation. Studienarbeit, Universität Erlangen-Nürnberg (1982)

[6] C. Dotzel: Sprecherabhängigkeit bei stimmlosen Konsonanten. Studienarbeit, Universität Erlangen-Nürnberg (1983)

[7] L.J. Gerstman: Classification of Self-Normalized Vowels. IEEE Trans., Vol. AU-16, 78-80 (1968)

[8] H. Wakita: Normalization of Vowels by Vocal-Tract-Length and its Application to Vowel Identification. IEEE Trans., Vol. ASSP-25, 183-192 (1977)

[9] J.D. Broad and H. Wakita: A Phonetic Approach to Automatic Vowel Recognition. In L. Bolc (ed.): Speech Communication with computers, Carl Hansen Verlag, München (1978)

[10] N.R. Sambur: Speaker Recognition Using Orthogonal Linear Prediction. IEEE Trans., Vol. ASSP-24, 283-289 (1976)

[11] M. Kunt: On Computation of the Hadamard Transform and the R-Transform in Ordered Form. IEEE Trans., Vol. C-11, 1120-1121 (1975)

[12] P. Regel: A Modul for Acoustic-Phonetic Transcription of Fluently Spoken German Speech. IEEE Trans., Vol. ASSP-30, 440-450 (1982)

WISSENSGESTEUERTE ANALYSE BEI DER AUTOMATISCHEN SPRACHERKENNUNG

Joachim Mudler

Institut für Nachrichtentechnik, TU Braunschweig

1. Einleitung

Es wird ein dreistufiges Spracherkennungssystem angenommen, bei dem sich an die Signalanalyse und die Aufstellung von Worthypothesen eine wissensgesteuerte Analyse anschließt (Bild 1).

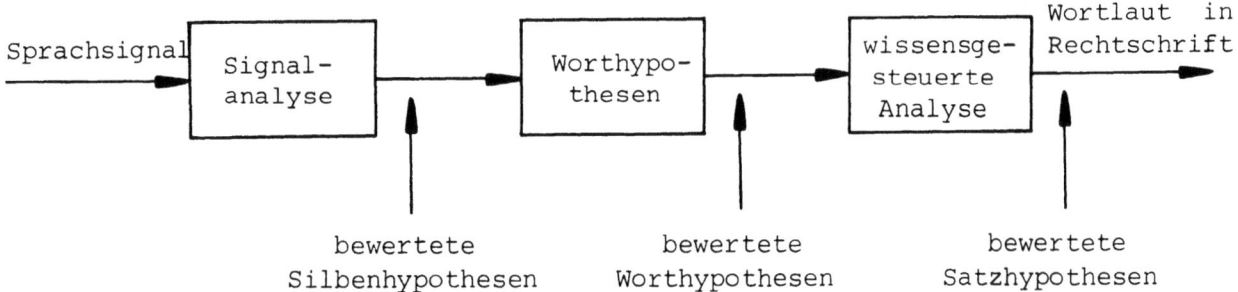

Bild 1: Ein dreistufiges Spracherkennungssystem

Jede Stufe übernimmt dabei von der vorangegangenen Stufe eine bestimmte Darstellung des Sprachsignals und erzeugt daraus eine andere Darstellung, die sie weitergibt. Grundlage für die Umwandlung sind die für jede Stufe charakteristischen a-priori-Kenntnisse.

Die erste Stufe des Systems bearbeitet das akustische Sprachsignal. Es wird prinzipiell eine Segmentierung in Silben vorgenommen und für jedes Segment und jede Silbe aus dem Silbeninventar der deutschen Sprache eine bewertete Hypothese aufgestellt. Die Bewertung gibt dabei die Sicherheit an, mit der das jeweilige Segment die betreffende Silbe repräsentiert. Verwendet wird im vorliegenden Spracherkennungssystem nicht eine Segmentierung in Silben direkt, sondern eine Segmentierung in sogenannte Halbsilben. Dies geschieht nach einem erprobten Verfahren /1/.

Durch Zusammenfassen aufeinanderfolgender hypothetischer (Halb-) Silben werden nun in der zweiten Stufe des Systems bewertete Worthypothesen aufgestellt. Dies wird für jedes Wort des zu gelassenen Wortschatzes und für jede Silbengrenze durchgeführt.

Ausgehend von den in der vorangegangenen Stufe erstellten, vollständigen Worthypothesen werden in der dritten Stufe mit Hilfe eines sehr ausführlichen Lexikons Folgen von zueinander passenden Worthypothesen für einen festgelegten Signalabschnitt zusammengestellt und bewertet. Auf diese Weise ergeben sich Satzhypothesen, unter denen anschließend diejenige mit der besten Bewertung ausgewählt wird.

2. Das Lexikon

Das Lexikon ist die Wissensquelle des Spracherkennungssystems und steuert den Ablauf der Analyse.

Die Einträge im Lexikon können in zwei Gruppen zusammengefaßt werden. Die Einträge der ersten Gruppe dienen zur Beantwortung von Anfragen während des Analyseverlaufes, die Einträge der zweiten Gruppe dienen zur Aufstellung von Strukturhypothesen. In die erste Gruppe fallen neben Einträgen zur Phonetik solche zur Syntax bzw. Grammatik oder Semantik des betreffenden Wortes. Einträge zur zweiten Gruppe geben Strukturen derjenigen Sätze oder Satzteile an, in denen das betreffende Wort in sinnvoller Weise vorkommen kann. Zu jeder dieser Strukturen existiert eine Reihe von Angaben, die offene Positionen innerhalb dieser Struktur beschreiben. Die angegebenen Bedingungen müssen erfüllt werden, wenn ein Wort oder ein Satzteil zur Besetzung der entsprechenden Position in Betracht kommen soll. Verschiedene Bedeutungen eines Wortes bedingen im allg. auch verschiedene Strukturen, die unter dem jeweiligen Wort verzeichnet werden.

Als Beispiel ist im folgenden der Lexikoneintrag für das Verb "fällt" bzw. "fallen" auszugsweise angegeben:

FÄLLT:

I. Lautschrift: F e: LT
   Silbenanzahl: 1
   Rechtschrift: FÄLLT
   Kategorie: Vollverb
   Tempus: Präsens
   Numerus: Singular
   Semantik: Zustandsänderung, Bewegung

II. Struktur: siehe Verbform "fallen";
                 beachte Numerus und Tempus von "fällt"

FALLEN:

⋮

II. Struktur:

   Struktur 1:
      Subjekt <L1> * Verb <fallen> * Lokales Objekt <L2>
   Anfragen 1:
      - Existiert ein Satzteil mit folgenden Merkmalen für <L1>:
        Kasus: Nominativ
        Satzteil: Nominalgruppe, Pronomen
        Merkmal: menschlich
        und dem Numerus der auslösenden Verbform?
        <obligat>
      - Existiert ein Satzteil mit folgenden Merkmalen für <L2>:
        Kasus: Akkusativ
        Satzteil: Präpositionalgruppe
        Merkmal: lokal; Richtung; physisches Objekt?
        <wahlweise>

   Struktur 2:
      Subjekt <L1> * Verb <fallen> * Dativobjekt <L2> *
      Lokales Objekt <L3> * Lokales Objekt <L4>

Anfragen 2:
- Existiert ein Satzteil mit folgenden Merkmalen für <L1>:
  Kasus: Nominativ
  Satzteil: Nominalgruppe, Pronomen
  Merkmal: nicht belebt
  und dem Numerus der auslösenden Verbform?
  <obligat>
- Existiert ein Satzteil mit folgenden Merkmalen für <L2>:
  Kasus: Dativ
  Satzteil: Nominalgruppe, Pronomen
  Merkmal: menschlich?
  <wahlweise>
- Existiert ein Satzteil mit folgenden Merkmalen für <L3>:
  Kasus: Dativ
  Satzteil: Nominalgruppe, Pronomen
  Merkmal: menschlich?
  <wahlweise>
- Existiert ein Satzteil mit folgenden Merkmalen für <L3>:
  Kasus: Dativ
  Satzteil: Präpositionalgruppe
  Merkmal: lokal; Ort; physisches Objekt?
  <wahlweise>
- Existiert ein Satzteil mit folgenden Merkmalen für <L4>:
  Kasus: Akkusativ
  Satzteil: Präpositionalgruppe
  Merkmal: lokal; Richtung; physisches Objekt?
  <wahlweise>
  ⋮

(Die hier angeführten Strukturen könnten für Sätze stehen wie "jemand fällt irgendwohin" bzw. "etwas fällt von Ort 1 nach Ort 2".)

Die Überlegungen zu den Lexikoneinträgen und auch zum weiter unten beschriebenen Analysealgorithmus basieren auf dem aus der Literatur bekannten Verfahren der "expectation-based-analysis" /2/, das allerdings geschriebene Texte in englischer Sprache behandelt, während die Überlegungen hier für gesprochene Texte in deutscher Sprache nutzbar gemacht werden sollen.

3. Die wissensgesteuerte Analyse

Die wissensgesteuerte Analyse hat die Aufgabe, vom soweit aufbereiteten Sprachsignal, den bewerteten Worthypothesen, zu bewerteten Satzhypothesen zu gelangen, und so den genauen Wortlaut zu rekonstruieren. Der Aufbau der wissensgesteuerten Analyse ist in Bild 2 skizziert.

Im folgenden soll angenommen werden, daß der Signalabschnitt (Fenster), dessen Länge in Silben bekannt ist, genau einen Satz enthält (Satzgrenzen gegeben) und Worthypothesen vollständig generiert wurden. Grundsätzlich verfolgt die Analyse eine Strategie von sicheren zu weniger sicheren Hypothesen.

Zu Beginn der Analyse befinden sich in der Anfragedatei eine Anfrage nach der besten Hypothese (Anfangsanfrage), die die Analyse initiiert, und eine Anfrage nach einem vollständig analysierten Satz.

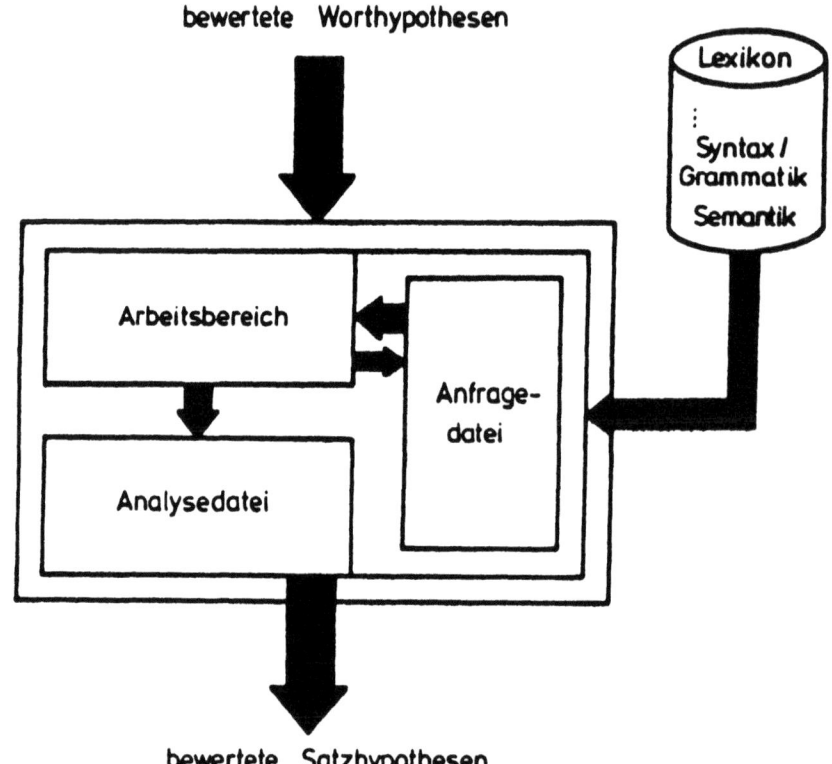

Bild 2: Aufbau der wissensgesteuerten Analyse

Für den Fall, daß während der Analyse sämtliche Anfragen abgearbeitet wurden, ist eine Fortsetzungsanfrage nach der jeweils besten noch ausstehenden Hypothese generierbar.

Die Steuerung der Analyse erfolgt nun durch das Abarbeiten der Anfragen aus der Anfragendatei. Mit der Annahme einer Worthypothese werden aus dessen Lexikoneinträgen Strukturhypothesen und ihre zugehörigen Anfragen in den Arbeitsbereich bzw. die Anfragedatei übernommen. Im folgenden wird versucht, die Strukturhypothesen durch Ausfüllen zumindest aller notwendigen offenen Positionen zu bestätigen. Bestätigte Strukturhypothesen gelangen dann als Vorschläge für Satzteile in die Analysedatei der wissensgesteuerten Analyse, versehen mit ihren charakteristischen Merkmalen. Anfragen nach Satzgliedern können sich auch an diese Analysedatei richten (z.B. Anfrage nach einer Ortsangabe). Aufgrund der aktuellen Anfragen werden die ausstehenden Hypothesen einer Vorauswahl unterzogen. Die Analyse setzt wiederum auf der danach besten Hypothese an. Es wird geprüft, welche Anfragen mit der Annahme einer neuen Hypothese erledigt werden können. Wiederum kommen neue aktuelle Anfragen hinzu und bestimmen die weiteren Schritte. Für den Fall, daß eine Hypothese - z.B. aufgrund negativ verlaufender grammatikalischer oder semantischer Kongruenztests - zurückgewiesen wird, werden alle Entscheidungen revidiert, bis man zu alternativen Hypothesen gelangt, deren Weg dann weiter verfolgt wird.

Sobald ein syntaktisch korrekter und semantisch sinnvoller Satz das Signalfenster überlappungsfrei und lückenlos ausfüllt, wird er als Satzhypothese vorgemerkt. Nach Abarbeitung aller Alternativen, die sich aufgrund der (vollständigen) Worthypothesen ergeben, gelangt man zu einer (vollständigen) Liste von Satzhypothesen, von denen die am besten bewertete als Erkennungsergebnis dient. Die Zahl der akzeptierten Sätze hängt dabei in starkem Maße vom Umfang und von der Güte des Lexikons ab.

4. Zusammenfassung

Das vorgestellte Spracherkennungssystem führt ausgehend vom Sprachsignal über Umwandlungen der Signaldarstellung zu einer wissensgesteuerten Analyse, die schließlich den genauen Wortlaut des gesprochenen Textes in Rechtschrift liefert.

Einige einschränkende Voraussetzungen, die dem System im momentanen Zustand noch zugrundeliegen, sollen zu einem späteren Zeitpunkt fallen gelassen werden. So ist daran gedacht, mit Hilfe der wissensgesteuerten Analyse auch die Satzgrenzen zu bestimmen, d.h. das Signalfenster soll einen beliebigen Signalausschnitt enthalten können.

Eine Beschränkung der Anzahl von Worthypothesen wird möglich, wenn man Schwellwerte einführt. Dann werden nur noch solche Worthypothesen aufgestellt, die diesen Schwellwert unterschreiten. Es kann dann aber nötig werden, eine Rückkopplung von der wissensgesteuerten Analyse zu vorangehenden Stufen zu erlauben, wenn keine der generierten Worthypothesen eine Anfrage erfüllen kann.

5. Literatur

/1/ Ruske, G., Schotola, T.: An Approach to Speech Recognition Using Syllabic Decision Units. In: Proc. IEEE Conf. on Acoustics, Speech and Signal Processing, Tulsa, Oklahoma, USA, April 1978, pp. 722-725.

/2/ Riesbeck, C.K., Schank, R.C.: Comprehension by Computer: Expectation-based Analysis of Sentences in Context. In: Studies in the Perception of Language, Wiley & Sons, 1978, pp. 247-293.

ERZEUGUNG UND VERARBEITUNG HIERARCHISCH CODIERTER KONTURINFORMATION

G. Hartmann, Universität - Gesamthochschule - Paderborn

1. Einleitung

Kontinuierliche Konturen sind für die Erkennung von Bildmustern von großer Bedeutung. Es wird ein Verfahren vorgestellt, das alle Elemente kontinuierlicher Konturen erfaßt und codiert. In einem hierarchischen Verknüpfungsprozeß werden benachbarte codierte Konturelemente in überlappenden Teilbildfeldern explizit auf Kontinuität überprüft. Da die Größe der Teilbildfelder und damit die kombinatorische Vielfalt der Verknüpfungsmöglichkeiten von Ebene zu Ebene der Verknüpfungshierarchie wächst, werden auf jeder Ebene Sequenzen von Konturelementen mit ähnlichem Verlauf bei der Codierung nicht mehr unterschieden. Dies führt zu einer hierarchischen Verallgemeinerung der Form zugunsten einer weiträumigen systematischen Überprüfung der Kontinuität. Der dabei erzeugte hierarchische Konturcode ermöglicht einem Mustererkennungssystem optimalen Zugriff auf Information über Verlauf und Kontinuität von Konturen.

2. Orientierte Formenelemente und Detektoren

In einer hexagonalen Pixelstruktur kann das Bildfeld in überlappende inselförmige Teilbildfelder I eingeteilt werden (Fig. 2) und es läßt sich ein vollständiger Satz von orientierten Formelementen T finden, für den gilt:
- Formelemente T sind seitlich begrenzt und laufen von Peripherie zu Peripherie einer Insel I (Fig. 1).
- Benachbarte Formelemente T überlappen und bilden lückenlose glatte schlauchförmige Sequenzen $T_1 \circlearrowright T_2 \circlearrowright T_3$ ... (Fig. 2).
- Sequenzen von T hüllen beliebig verlaufende kontinuierliche Konturen ein (Fig.2).
- Zu jedem orientierten Formelement T gibt es je einen orientierten Detektor für helle und dunkle Linien sowie für Kanten mit einer aktiven Detektorfläche A = T.

Das Zeichen $\circlearrowright$ weist darauf hin, daß orientierte Formelemente T nur dann vereinigt werden dürfen, wenn die Überlappbedingung erfüllt ist.

Der Satz von Formelementen (Fig. 1) umfaßt 22 Formen m, die jeweils in sechs Orientierungen φ auftreten können. Die Detektorflächen unterscheiden sich darüber hinaus hinsichtlich des Konturtyps $t \in \{1: =$ helle Linie; $2: =$ dunkle Linie; $3: =$ Kante$\}$, auf den sie ansprechen. Diese Angaben kennzeichnen $T = T<m;\varphi|$ bzw. $A = A<t;m;\varphi|$. Die Formangabe $<c| = <m;\varphi|$ heißt Formcode, die zusätzliche Angabe des Konturtyps t ergibt den Konturcode $<t;c| = <t;m;\varphi|$.

Detektoren mit aktiven Flächen $A<t;c| = T<t;c| = T<c|$ können mit gleicher Form für alle Konturtypen realisiert werden und zwar durch logische Verknüpfung von Vorzeichenkombinationen im hexagonalen Laplace-Bild L; vgl. /1/. Ein Detektor erzeugt den Konturcode $<t;c|$, wenn der Graph g(t) eines Konturtyps t die orientierte aktive Fläche $A<t;c|$ in Längsrichtung ganz durchläuft, ohne die seitlichen Begrenzungen zu durchstoßen. Unter g(t = 1) bzw. g(t = 2) soll die Mittellinie einer hellen bzw. dunklen endlich breiten Linie verstanden werden, g(t = 3) ist die Mittellinie einer Kante mit endlich breiten Helligkeitsübergang (vgl. Fig. 3).

3. Ortsfrequenzhierarchie und Codierung auf Detektorebene

Die Größe der Inseln I, der Formelemente $T<c|$ und damit der Detektorflächen $A<t;c|$ ist durch den Pixelabstand U festgelegt. Zur vollständigen Codierung der Konturinformation eines Bildes reicht aber eine Detektorgröße nicht aus. Eng benachbarte Konturen und Konturen mit kleinen Krümmungsradien erfordern kleine Detektoren. Umgekehrt sprechen kleine Detektoren nicht auf breite Linien bzw. flaue Kanten an.

In Vorarbeiten /2/ wurde gezeigt, daß aus einem Laplacebild $^{(0)}L$ mit Pixelabstand $U_0 \cdot 2^0$ eine Hierarchie von Laplacebildern $^{(k)}L$ mit Pixelabstand $U_k = U_0 \cdot 2^k$ erzeugt werden kann, wobei jeweils $^{(k+1)}L$ aus $^{(k)}L$ direkt hervorgeht. Da die Detektoren durch logische Verknüpfung der Vorzeichen des Laplacebildes gebildet werden, stehen mit jedem Laplacebild $^{(k)}L$ auch Inseln, Formelemente und Detektoren 2^k-facher Abmessung zur Verfügung, die somit Ortsfrequenzkanäle k einer Ortsfrequenzhierarchie bilden.

Um die Konturcodes <t;c| von Detektoren gleicher Form aber unterschiedlicher Größe der aktiven Fläche A<t;c| unterscheiden zu können, wird der Ortsfrequenzkanal in einer Hierarchieklammer |k> dem Konturcode angefügt, der dann <t;c|k> heißt. Gleichzeitig kennzeichnet |k> die Größe der Formelemente T<c|k>, der Detektorflächen A<t;c|k> und der Inseln I|k>.

Eine beliebig verlaufende kontinuierliche Kontur g(t) mit Krümmung $\varrho_K > U_0 \cdot 2^k$ wird stets in eine Sequenz überlappender Formelemente eingehüllt und zu jedem Formelement T<c|k> existiert eine Detektorfläche A<t;c|k> für Konturtyp t. Deshalb wird g(t) vollständig codiert und durch die Menge $\{<t;c|k>_{ij}\}$ der in den Inseln $I|k>_{ij}$ eingetragenen Konturcodes beschrieben. Obwohl die zugehörigen Formelemente $\{T<c|k>_{ij}\}$ lückenlose Ketten bilden, ist mit $\{<t;c|k>_{ij}\}$ die Kontinuität von g(t) nur implizit beschrieben. Eine explizite Überprüfung der Kontinuität anhand von $\{<t;c|k>_{ij}\}$ führt mit zunehmender Bildgröße rasch zu einer kombinatorischen Explosion.

4. Verknüpfungshierarchie und Hierarchischer Konturcode

Ein hierarchisches Verknüpfungsverfahren beschränkt deshalb auf der ersten Ebene n=1 der Verknüpfungshierarchie die Kontinuitätsüberprüfung auf inselförmige überlappende Teilbildfelder I|k;n=1>. In I|k;1> werden die Konturcodes von sieben überlappenden Inseln I|k> auf Kontinuität untersucht. Im zweiten Schritt wird die Kontinuitätsprüfung auf Inseln I|k;2> aus sieben überlappenden Inseln I|k;1> ausgedehnt und sie bricht beim n-ten Schritt ab, wenn die Kontur g(t) bei endlicher Ausdehnung Inseln der Größe I|k;n> nicht mehr von Rand zu Rand durchläuft.

Die Verknüpfungsebene n wird zusammen mit der Ortsfrequenzebene k in der Hierarchieklammer |k>=|k;0> angegeben. Der Durchmesser der Inseln verdoppelt sich mit jeder Ortsfrequenzebene k und mit jeder Verknüpfungsebene n, so daß Inseln I|k;n> gleichen Durchmesser haben, wenn k+n konstant bleibt.

Kontinuitätsprüfung in Inseln I|k;1> bedeutet, den Konturcode <t;c|k;0>=<t;c|k> aus jeweils sieben Inseln I|k;0>=I|k> zu prüfen, ob sich aus den dadurch codierten Formelementen Sequenzen T<t;s|k;0> bilden lassen, wobei

$$T<t;s|k;0> = T<t;c_1|k;0> \circlearrowleft T<t;c_2|k;0> \ldots \circlearrowleft T<t;c_L|k;0>$$

mit Formelementen $T<t;c_1|k;0>$ und $T<t;c_L|k;0>$ beginnt und endet, die in peripheren Inseln codiert sind und außerhalb des Gebiets von I|k;n+1> fortsetzbar sind (vgl. Fig. 4). Eine Folge <s|=<c_1|, <c_2|, ... <c_L| heißt Codesequenz, wenn die entsprechende Folge T<t;s|k;0> eine Sequenz von Formelementen im Sinne der obigen Definition bildet.

Während in jeder Insel I|k;0> der Detektorebene bei 22 Formen m und sechs Orientierungen der Formelemente nur 132 Formelemente T<c|k;0>=T<m;γ|k;0> codiert werden, gibt es in jeder Insel I|k;1> der ersten Verknüpfungsebene bereits mehrere Tausend verschiedene Sequenzen von Formelementen T<s|k;1> und eine entsprechende Vielzahl an Sequenzcodes <t;s|k;1>.

Deshalb werden unter einem Hierarchischen Konturcode <t;c|k;1> alle die Sequenzen T<t;s|k;0> mit ähnlichem Verlauf zusammengefaßt, die von einem Formelement T<c|k;1> eingehüllt werden (Fig. 4), d. h.

<t;c|k;1> wird statt <t;s|k;0> codiert, wenn T<t;s|k;0> $\subset$ T<c|k;1>.

Damit gibt es in I|k;1> statt mehrerer Tausend Sequenzcodes <t;s|k;0> wieder 132 Hierarchische Konturcodes <t;c|k;1> entsprechend der Zahl von einhüllenden Formelementen T<c|k;1>. Da der Hierarchische Konturcode <t;c|k;1> jeweils eine Gruppe unterschiedlicher Sequenzen von Formelementen codiert, ist der Konturverlauf durch <t;c|k;1> nicht mehr exakt festgelegt, während dafür die Kontinuität im Gebiet der Insel I|k;1> explizit überprüft ist.

Für alle anderen Sequenzen <t;s|k;0>, die infolge starker Krümmung nicht in eines der Formelemente T<c|k;1> einhüllbar sind, wird ein Vertix-Code <t;v|k;1> erzeugt, dessen Behandlung den Rahmen dieser Darstellung sprengen würde. Der Vertix-Code behandelt auch Kreuzungen und Verzweigungen von Konturen, die von den hier vorgestellten Detektoren nicht direkt codiert werden.

Diese Prozedur wiederholt sich auf allen Verknüpfungsebenen, d. h. die Hierarchischen Konturcodes <t;c|k;n> aus sieben überlappenden Inseln I|k;n> werden daraufhin untersucht, ob Codesequenzen <t;s|k;n> vorhanden sind und

<t;c|k;n+1> wird statt <t;s|k;n> codiert, wenn T<t;s|k;n> $\subset$ T<c|k;n+1>

<t;v|k;n+1> wird statt <t;s|k;n> codiert, wenn T<t;s|k;n> $\not\subset$ T<c|k;n+1>

Je höher die Verknüpfungsebene, in der ein Hierarchischer Konturcode <t;c|k;n> erzeugt wurde, in einem desto größeren Bereich I|k;n> wurde die Kontinuität einer Kontur g(t) explizit überprüft, desto allgemeiner ist aber andererseits die Beschreibung des Konturverlaufes.

5. Hierarchische Verallgemeinerung der Formbeschreibung

Neben dem bisher beschriebenen Mechanismus zur Erzeugung des Hierarchischen Konturcodes soll jetzt gezeigt werden, welche Variationen eines Konturverlaufs zum gleichen Code <t;c|k;n> führen. Dazu muß die aktive Fläche A<t;c|k;n> beschrieben werden, die eine Kontur g(t) durchlaufen muß, um <t;c|k;n> zu erzeugen.

In der Detektorebene |k;0> gilt (vgl. Fig. 3)

(g(t;k) $\cap$ I|k;0>) $\subset$ A<t;c|k;0> codiert <t;c|k;0>

In der ersten Verknüpfungsebene |k;1> ist die Formulierung

(g(t;k) $\cap$ I|k;1>) $\subset$ A<t;c|k;1> codiert <t;c|k;1>

eine symbolische Schreibweise für (g(t;k) $\cap$ I|k;1>) $\subset$ T<s|k;0>
und (g(t;k) $\cap$ I|k;1>) $\subset$ T<c|k;1>. In der nächsten Ebene |k;2> ist die Formulierung

(g(t;k) $\cap$ I|k;2>) $\subset$ A<t;c|k;2> codiert <t;c|k;2>

eine symbolische Schreibweise und bedeutet (g(t;k) $\cap$ I|k;1>) $\subset$ T<s|k;0> für alle I|k;1> $\subset$ I|k;2>; (g(t;k) $\cap$ I|k;2>) $\subset$ T<s|k;1> und (g(t;k) $\cap$ I|k;2>) $\subset$ T<c|k;2>. Schließlich ist die Formulierung

(g(t;k) $\cap$ I|k;n>) $\subset$ A<t;c|k;n> codiert <t;c|k;n>

eine symbolische Schreibweise und bedeutet (g(t;k) $\cap$ I|k;ν>) $\subset$ T<s|k;ν-1> für alle I|k;ν> $\subset$ I|k;n> mit ν=1...n und (g(t;k) $\cap$ I|k;n>) $\subset$ T<c|k;n>. Die Variationsmöglichkeiten für Graphen g, die zum gleichen Hierarchischen Konturcode führen, nehmen also mit jeder Verknüpfungsebene zu.

6. Korrespondenz zwischen Elementen des Hierarchischen Konturcodes

Bei der bisherigen Beschreibung des Codierungsprozesses wurde vor allem gezeigt, wie die Konturinformation nach Typ t, Ortsfrequenzkanal k und Verknüpfungsebene n in (t·k·n) Kanälen erfaßt wird. Hier soll nun beispielhaft gezeigt werden, daß gerade die Verknüpfungshierarchie auch eine Integration der separierten Konturinformation ermöglicht.

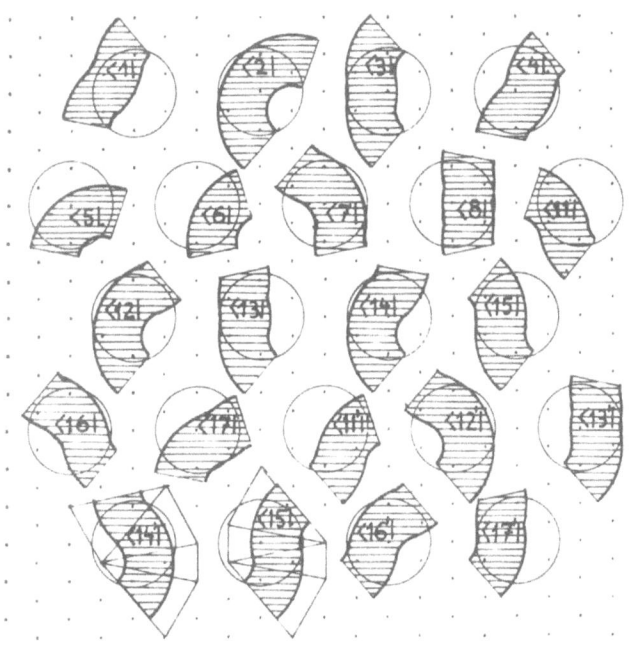

Fig. 1: Vollständiger Satz von Formelementen. T<14'| und T<15'| zeigen den Aufbau aus Dreiecken

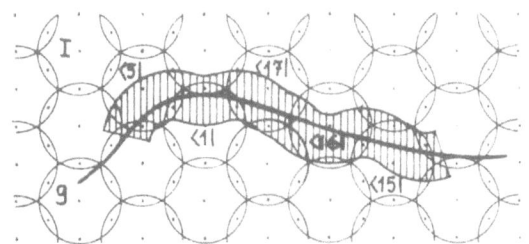

Fig. 2: Sequenzen von Formelementen hüllen Konturen mit beliebigem Verlauf ein

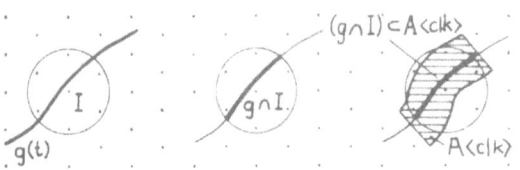

Fig. 3: Code <t;c|k;0> wird erzeugt, wenn $g(t) \subset A<c|k;0>$

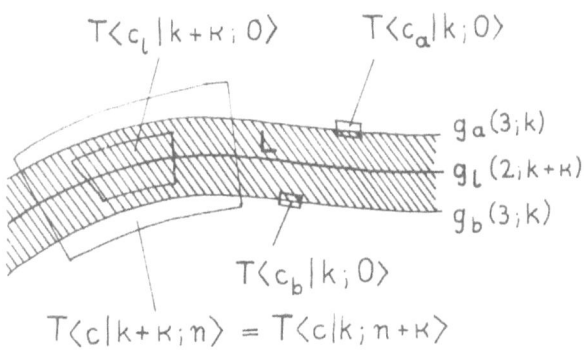

Fig. 5: Gemeinsame Codierung von Linien und deren Kanten

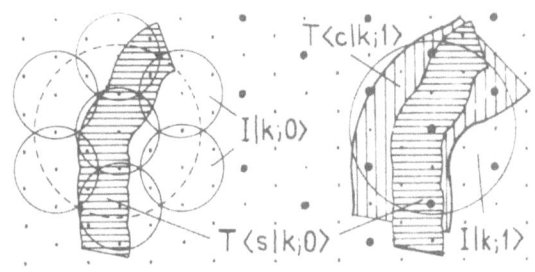

Fig. 4: Code <t;c|k;1> wird erzeugt, wenn $T<s|k;0> \subset T<c|k;1>$

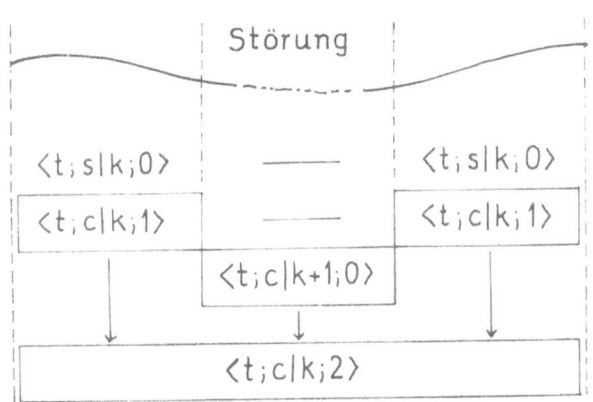

Fig. 6: Kontinuität bei gestörten Konturen

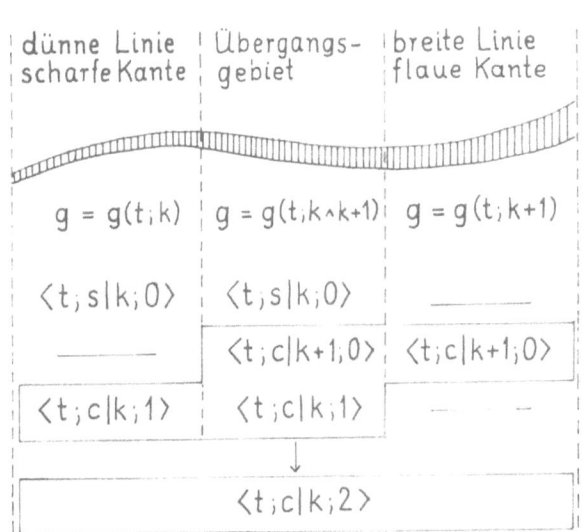

Fig. 7: Kontinuität bei Konturen wechselnder Breite

Am Beispiel einer dunklen Linie (t=2) mit zwei scharfen Kanten (t=3) soll gezeigt werden, welche Relationen zwischen Hierarchischen Konturcodes unterschiedlicher Konturtypen t bestehen (Fig. 5). Die Linie L erzeugt an den Orten der Graphen $g_a(3;k)$ und $g_b(3;k)$ Konturcodes $<3;c_a|k;0>$ und $<3;c_b|k;0>$ für die beiden Kanten sowie am Ort des Graphen $g_L(2;k+K)$ den Code $<2;c_L|k+K;0>$ der Linie und zwar in einem Kanal $|k+K>$ niedrigerer Ortsfrequenz. Ist die Krümmung der Linie $g > g_{(k+K+n)}$, so kann die hierarchische Verknüpfung des Liniencodes bis zur Ebene $|k+K;n>$, die des Kantencodes bis zur Ebene $|k;n+K>$, also bis zu einer Inselgröße $I|k+n+K;0>$ fortschreiten. Sind bei dieser Inselgröße die Formelemente so groß, daß g_a, g_b und g_L in einem gemeinsamen Formelement $T<c_L|$ auf Ebene $|k;n+K>$ bzw. $|k+K;n>$ liegen, so erzeugt $(g_a \cap I|k;n+K>) \subset A<3;c_L|k;n+K>$ und $(g_b \cap I|k;n+K>) \subset A<3;c_L|k;n+K>$ den gemeinsamen Formcode $<c_L|$ in Ebene $|k;n+K>$ mit t=3 und $(g_L \cap I|k+K;n>) \subset A<2;c_L|k+K;n>$ erzeugt den gleichen Formcode $<c_L|$ in Ebene $|k+K;n>$ für t=2. Ab dieser Ebene kann also der Kantencode gelöscht werden, da er durch den Liniencode vollständig beschrieben ist.

An einer durch kurze Unterbrechungen gestörten Kontur soll gezeigt werden, daß bei der Verknüpfung von Konturcodes fehlende Glieder von Sequenzen aus nächst niedrigeren Ortsfrequenzkanälen ergänzt werden können. In Fig. 6 sind z. B. drei Abschnitte einer Kontur dargestellt, die ohne Störung zu $<t;c|k;2>$ verknüpft werden könnten. Die Unterbrechung im mittleren Teil erlaube zwar die Codierung von $<t;c|k+1;0>$ im schlechter auflösenden Kanal $|k+1>$, störe aber die Codierung von $<t;c|k;0>$, so daß keine Sequenz $<t;s|k;0>$ und damit auch kein Code $<t;c|k;1>$ gebildet werden kann. Da aber die aktiven Flächen $A<t;c|k;1>$ und $A<t;c|k+1;0>$ vom gleichen Formelement $T<c|k;1>=T<c|k+1;0>$ eingehüllt werden, kann $<t;c|k+1;0>$ das fehlende Glied $<t;c|k;1>$ der gestörten Sequenz $<t;s|k;1>$ ersetzen und $<t;c|k;2>$ kann trotz der Störung codiert werden. Die großräumige Kontinuitätsprüfung wird also durch Störungen nicht grundsätzlich verhindert.

Ähnliche Überlegungen zeigen, daß die Kontinuität von Konturen auch dann überprüft werden kann, wenn sie in ihrem Verlauf von unterschiedlichen Ortsfrequenzkanälen erfaßt werden. So fehlt z. B. in Fig. 7 sowohl für eine Sequenz $<t;s|k;1>$ als auch für eine Sequenz $<t;s|k+1;0>$ jeweils ein Glied. Beide Teilsequenzen können aber über die sich überlappenden orts- und formgleichen Glieder $<t;c|k+1;0>$ und $<t;c|k;1>$ verknüpft werden.

7. Erkennungsstrategien bei hierarchisch codierten Konturen

Der hierarchische Konturcode erlaubt einem Mustererkennungssystem in mehrfacher Hinsicht optimalen Zugriff auf die Konturinformation. Nur ausgedehnte kontinuierliche Konturen werden im allgemeinen große Inseln $I|k;n>$ durchlaufen und es werden nur wenige Elemente $<t;c|k;n>$ auf Ebenen $|k;n>$ mit hohem (k+n) codiert sein. Es ist also leicht möglich, beim Erkennungsprozeß gezielt auf ausgedehnte Strukturen zuzugreifen und erst bei Bedarf Details einzubeziehen.

Die Suche nach Details stellt eine Umkehr des Codierungsprozesses dar und bleibt deshalb auf Baumstrukturen beschränkt. Insbesondere sind korrespondierende Informationen $<t';c|k';n'>_{ij}$ zum gleichen Code $<t;c|k;n>_{ij}$ auf ortsgleiche Inseln (ij) mit (k'+n')=(k+n) und auf die drei Typen t beschränkt.

Linienverfolgungsalgorithmen und Approximationsverfahren sind nicht notwendig, weil Kontinuitätsprüfung und Beschreibung der Konturen in allgemeinster Form Bestandteil der hierarchischen Konturcodierung sind. Insbesondere ermöglicht die Verallgemeinerung der Formbeschreibung mit wachsender Verknüpfungshierarchie die Bereitstellung einer Hierarchie von Beschreibungen. Während Beschreibungen durch Code-Ketten auf der Detektorebene $|k;0>$ einer detaillierten Beschreibung nach Art des Freeman-Code entsprechen, erlauben Beschreibungen auf höheren Verknüpfungsebenen immer größere Formtoleranzen. So kann beim Erkennungsprozeß zunächst die Übereinstimmung zwischen einer verallgemeinerten Beschreibung und einem Modell überprüft werden und erst bei Erfolg eine Übereinstimmung im Detail einbezogen werden.

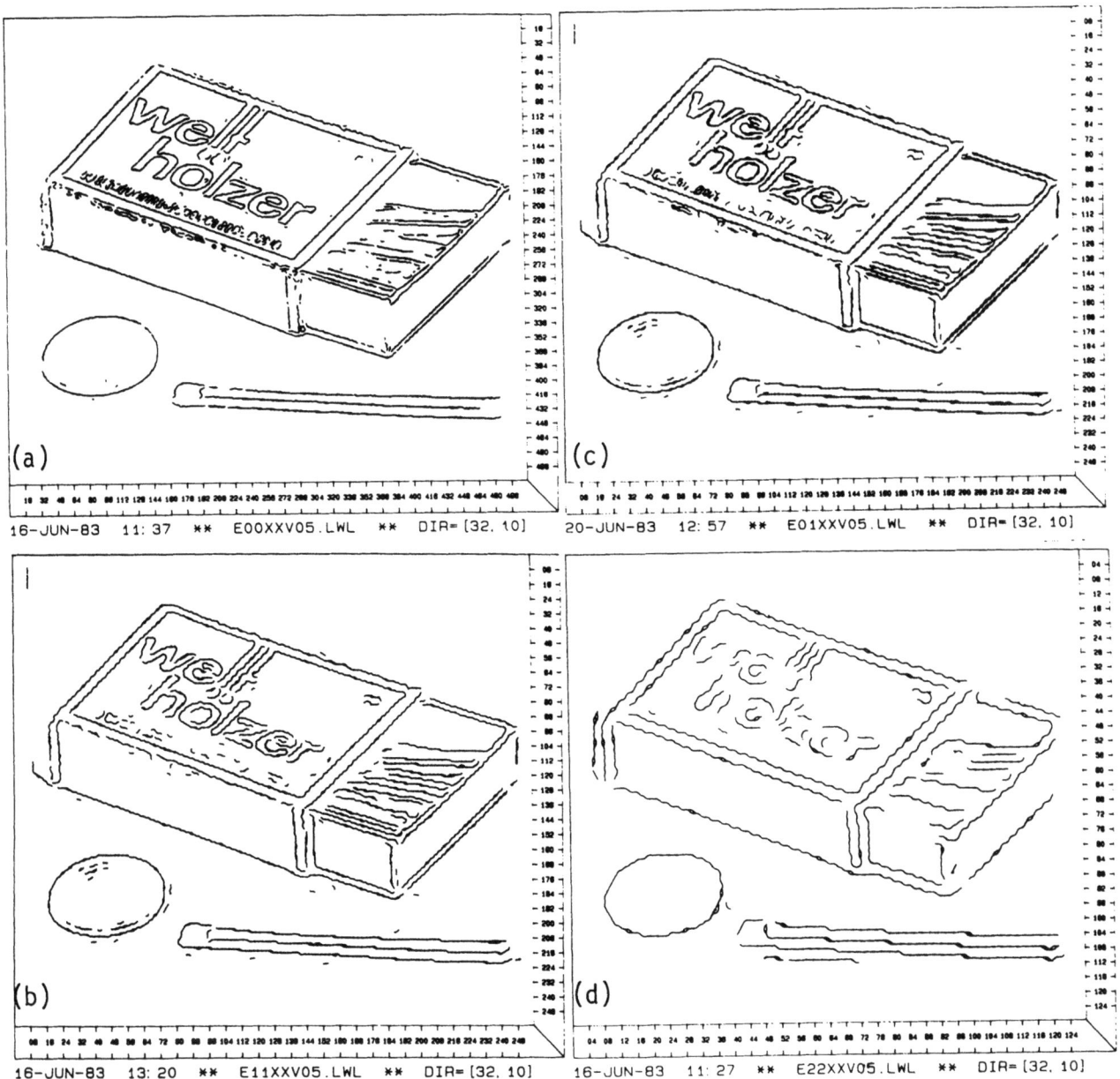

Fig.8: Darstellung der Formelemente aus dem Hierarchischen Konturcode. (a) zeigt Ebene |0;0>, (b) zeigt |1;0>, bei (c) ist |1;0> durch |0;1> ergänzt (sichtbar z. B. an der Beschriftung). In (d) ist Ebene |2;0> dargestellt.

8. Schlußbemerkungen

Ein hierarchisches Konturcodirungssystem wurde auf PDP-11 Basis aufgebaut. Der dabei erzeugte Code kann zu Kontrollzwecken auf einem Schreiber in Formelemente zurückverwandelt werden (Fig. 8). Die Algorithmen des Codierungssystems erfordern fast ausschließlich logische Verknüpfungen und es ist deshalb möglich, schnelle Hardwaresysteme zu entwickeln.

/1/ G. Hartmann, Recognition of Continuous Line Structures by a Hierarchical System, Proc. of the 6th ICPR München, IEEE Comp. Soc. Press, 195-200 (1982)

/2/ G. Hartmann, H. Krasowski, R. Schmid, Ein rekursives Linien- und Kantendetektionsverfahren, DAGM Symp. Modelle und Strukturen, Informatik Fachber. 49, 343-349 (1981)

/3/ G. Hartmann, Recursive Features of Circular Receptive Fields, Biol. Cybernetics 43, 99-208 (1982)

/4/ G. Hartmann, Processing of Continuous Lines and Edges by the Visual System, Biol. Cybernetics 47, 43-50 (1983)

MODELLORIENTIERTE BILDSEGMENTIERUNG

Piero Zamperoni

Institut für Nachrichtentechnik, Technische Universität Braunschweig

1. Umriß eines modellorientierten Ansatzes zur Bildsegmentierung

Um Bilder stark unterschiedlicher Natur in Regionen segmentieren zu können, ist es erforderlich, daß Begriffe wie 'Region' und 'Kontur' auf der Basis eines jeweis passenden Bildmodells definiert werden. Diese Arbeit befaßt sich mit der Untersuchung von Bildmodellen 'in Reinkultur', um später auf eine Betrachtung von Bildmodellkombinationen überzugehen. Dabei wird ein schematisches Rahmenkonzept zur Definition von Bildmodellen vorgestellt, in dem sich dann zahlreiche empirisch zu bestimmende einzelne Bildmodelle einfügen.
Ein Bildmodell wird durch die Auswahl eines Merkmalpaares festgelegt. Der Merkmalvorrat enthält hier sowohl statistische Merkmale als auch analytisch ermittelbare Schätzwerte des Grauwertverlaufs. Für einige Bildmodelle wird dann der Versuch unternommen, aus del Modelldefinition auf die Beschaffenheit von idealen Regionen zurückzuschliessen. Zum Schluß wird an Hand von Experimentalergebnissen gezeigt, wie eine modellorientierte Regionanalyse zum Zweck der Bildsegmentierung dienen kann.

2. Rahmenkonzept und Definition einer Region

Ein Bildmodell wird durch die Wahl von zwei Merkmalen MX und MY festgelegt. Eine ideale Region setzt sich aus benachbarten Bildpunkten zusammen, die am gleichen Ort des Merkmalraumes M(MX,MY) abgebildet werden. Da reale Bilder jedoch nicht aus idealen Regionen (im obigen Sinne) bestehen, kann der Grad der Zugehörigkeit zweier Bildpunkte, wie P und Q in Bild 1, zur gleichen Region durch den Abstand d in M dargestellt werden. Werden diese zwei Bildpunkte diametral symmetrisch zu einem beliebigen Bildpunkt O gewählt, so kann d als Entscheidungsmaßstab dienen, ob O innerhalb einer Region, oder auf der Grenze zwischen zwei Regionen liegt. Die Größe d kann also als 'Konturoperator' aufgefaßt und zum Ziel der Bildsegmentierung verwendet werden.
Um einen beliebigen Bildpunkt O herum befinden sich vier Punktpaare wie P-Q (in Bild 1 mit X dargestellt) und somit vier Paare von diametral zu O liegenden 3x3-Fenstern (wie U_P und U_Q), in denen Merkmale definiert und gerechnet werden können.
Da die Richtung einer eventuell durch O verlaufenden Regionengrenze zunächst unbekannt ist, gilt für d der Maximalwert für die vier Fensterpaare um O.

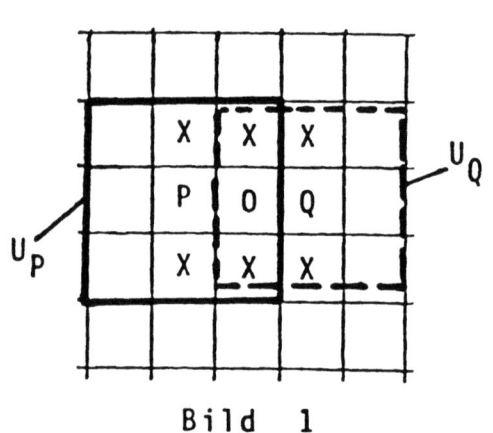

Bild 1

Der Begriff der Entfernung zwischen zwei benachbarten Bildpunktumgebungen (U_P und U_Q) wird hier in zwei verschiedenen Weisen aufgefaßt, die nun erläutert werden:

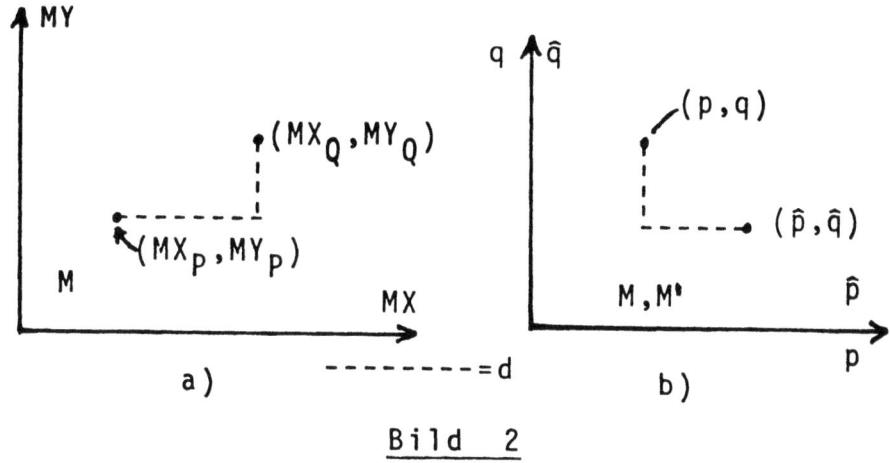

Bild 2

2.1. Entfernung bei statistischen Merkmalen

Der Abstand d zwischen U_P und U_Q wird, wie im Bild 2a gezeigt, nach der city-block-Metrik im Raum (MX,MY) gemessen:

$$d = |MX_Q - MX_P| + |MY_Q - MY_P|$$

2.2. Entfernung als Maß des Schätzfehlers

Der Grauwert eines Bildpunktes Q (s. Bild 1) kann mit Hilfe eines Polynoms abgeschätzt werden, dessen Koeffizienten von den Grauwerten eines Nachbarfeldes U_P abhängen. Der Schätzvorschrift liegt implizit eine Modellvorstellung des Bildes als stückweise kontinuierliche Fläche zweiter Ordnung zugrunde /4/,/6/. So kann der Schätzfehler hier als Maß für die Übereinstimmung zwischen Modell und dem wahren Grauwert betrachtet werden. Es liegt nahe, als Entfernung zwischen U_P und U_Q den Ausdruck:

$$d = |p-\hat{p}| + |q-\hat{q}|$$

zu nehmen. Die Größe d ist hier der Abstand zwischen dem Abbild des Grauwertpaares p, q im Merkmalraum M(p,q), und dem Abbild des gleichen Punktpaares in einem auf M überlagerten Raum $M'(\hat{p},\hat{q})$, wie im Bild 2b gezeigt. Dabei stellen $\hat{p}$ und $\hat{q}$ die Schätzwerte von p und q dar.

3. Merkmalvorrat

Im folgenden werden die einzelnen Merkmale des untersuchten Vorrates aufgelistet und kurz erläutert.

3.1. Statistische Merkmale

Merkmal	Beschreibung (s. Bild 1)
Z	Grauwert im Bildpunkt P
M	Mittelwert im 3x3-Fenster U_P
K	Maximaler Kontrast: $Max(U_P) - min(U_P)$
B	'Business' (/2/): Mittelwert der Beträge der Differenzen zwischen 4-Nachbarn in U_P
I	Gradientkomponente in x-Richtung
J	Gradientkomponente in y-Richtung
V	Mittelwert der Beträge der Differenzen zwischen 8-Nachbarn i.U_P
SV	Streuung um V
W	Mittelwert der Beträge der Differenzen zwischen Bildpunkten mit 8-Entfernung = 2 in U_P
SW	Streuung um W

R	Representativer Grauwert für die Mehrheit der Grauwerte in U_p
SR	Streuung um R

Tabelle I: Statistische Merkmale

Nicht jede Kombination dieser Merkmale ist immer sinnvoll: es liegt z.B. nahe, die Merkmale I und J nur zusammen zu verwenden, und die Streuungen SV, SW und SR jeweils nur mit V, W und R zu kombinieren.

3.2. Schätzwerte der Grauwertfunktion als Merkmale

Auch die Schätzwerte $\hat{p}$ von p und $\hat{q}$ von q können, wie bereits in 2.2. erwähnt, als Merkmale von U_Q bzw. von U_p betrachtet werden. Jedes dieser Merkmale wird nun in Kombination mit dem wahren Grauwert p bzw. q (Merkmal Z in Tabelle I) betrachtet. Die folgende Tabelle gibt die in dieser Arbeit untersuchten Merkmale:

Merkmal	Beschreibung
L	Schätzwert, gerechnet mit Hilfe der Regressionsebene für die Grauwerte in U_p (best-linear-fit)
T	Schätzwert, gerechnet mit Hilfe einer Taylorreihenentwicklung mit Koordinatenursprung in P
F	Schätzwert nach einem Satz von best-fit ortogonalen Polynomen zweiten Grades

Tabelle II: Schätzwerte als Merkmale

4. Bildmodelle als Kombinationen von zwei Merkmalen

Es gibt zahlreiche Möglichkeiten, Merkmale paarweise zu kombinieren und dadurch immer neue Bildmodelle aufzustellen. Sieht man einmal von den bereits erörterten Einschränkungen der sinnvollen Merkmalkombinationen ab, so erlaubt das Rahmenkonzept, an Hand von intuitiven Überlegungen über die Beschaffenheit eines Bildes, ein für die Segmentierung geeignetes Merkmalpaar zu wählen und es probeweise zu variieren.

Im folgenden werden einige Bildmodelle näher betrachtet, die bei der Erprobung der Methode am sinnvollsten erschienen. Es wird versucht, für jedes Bildmodell die lokalen Eigenschaften einer idealen Region (wie im Abschnitt 2. definiert) zumindest qualitativ zu beschreiben. Es ist zu bemerken, daß in einer idealen Region die Lageinvarianz des Abbildes im Merkmalraum nur lokal, für benachbarte 3x3-Fenster, jedoch nicht für entfernte Bildpunkte der Region erforderlich ist.

4.1. Modell M/K (Mittelwert/Maximaler Kontrast)

Man kann im eindimensionalen Fall zeigen, daß eine ideale Region durch einen konstanten mittleren Grauwert u. durch eine periodische Textur (Periode 3 bis 4 Bildpunkte) gekennzeichnet ist. Im zweidimensionalen Fall reicht eine additive Mischung von zwei solchen Texturmustern in x- und y-Richtung aus, um die Bedingungen für eine ideale Region zu erfüllen.

4.2. Modell M/B (Mittelwert/'business')

Dieses Modell läßt sich nur statistisch beschreiben: eine Region ist gekennzeichnet durch konstanten mittleren Grauwert und durch eine Textur mit einem bestimmten Energieinhalt des Ortsfrequenzspektrums. Läßt sich die Textur schematisch mit Hilfe einer Walsh-Basisfunktion /8/ der Ordnung m,n darstellen, so ist das Merkmal B proportional zu m+n. Eine ideale Region kann eine Mischung von Texturen beinhalten, die durch Walsh-Basisfunktionen mit m+n = konstant dargestellt werden können.

4.3. Modell K/B (Maximaler Kontrast/'business')

Der mittlere Grauwert spielt hier keine Rolle, und für B gilt dasselbe wie in 4.2. Das Abbild einer idealen Region auf der K/B-Ebene liegt immer in einem Sektor des ersten Quadranten, zwischen den Geraden B = K (treppenförmiger Grauwertverlauf) und B = 12 K (Schachbrettmuster).

4.4. Modelle V/SV (Mittelwert und Streuung der Differenzbeträge, 8-Entfernung=1)
   W/SW ("   "   "   "   "   "   "   =2)
   V/W   (Mittelwerte der Differenzbeträge, Entfernung=1 und =2)

Die Zuordnung zwischen idealen Regionen und Texturmustern ist auch hier nicht eineindeutig. Gegebene Muster, wie z.B. dünne Linien, mehrpegelige Schachbrettmuster, Einzelpunkte, Abschnitte von Flächen erster und zweiter Ordnung sind auf der Merkmalebene durch Halbgeraden im ersten Quadranten abgebildet. Dabei wächst der Detailreichtum mit der Entfernung zum Ursprung. Auch bei stark unterschiedlichen Texturen kann der Winkel zwischen den entsprechenden Halbgeraden klein sein. Daher vermögen diese Modelle, Regionen eher nach Detailreichtum als nach Texturform zu unterscheiden.

4.5. Modelle Z/L (Abschätzung nach best-linear-fit)
   Z/T (Abschätzung nach Taylorreihenentwicklung)
   Z/F (Abschätzung mit einem best-fit-Polynom zweiten Grades)

Die geometrische Bedeutung dieser Modelle geht aus ihrer Definition und aus den Abschnitten 2.2. und 3.2. hervor. Das Modell Z/L ist auch unter dem Name "facet model" (/4/) bekannt. Hier sind die Regionen Abschnitte aus Ebenen im Raum, und die Regionengrenzen bestehen aus Bildpunkten, in denen eine lineare Abschätzung in mindestens einer Richtung versagt.
In ähnlicher Weise können die Modelle Z/T und Z/F betrachtet werden, mit dem Unterschied, daß in diesem Fall der Grauwert nach einer quadratischen Funktion mit lokal errechneten Koeffizienten verläuft. Im Modell Z/T sind die Koeffizienten der Taylorreihe durch die diskreten ersten und zweiten Ableitungen der Grauwertfunktion gegeben. Im Modell Z/F sind sie dagegen für ein best-fit-Polynom des zweiten Grades gerechnet (/9/). In beiden Modellen kann der Polynomgrad -wie aus der Literatur bekannt (/6/)- ohne Nachteil für die Güte der Abschätzung auf 2 beschränkt werden.

4.6. Modell Z/R (Grauwert/Representativer Grauwert)

Der representative Grauwert entspricht etwa einem Maximun des lokalen Histogramms, wenn vorhanden, und sonst dem Mittelwert. Die Invarianz dieser Merkmale kennzeichnet eine ideale Region.

5. Anwendungsbeispiele und Auswertung der Ergebnisse

Zahlreiche Testbilder unterschiedlicher Art (z.B.: Gebäude, Portraits, Mikroskopbilder, Szenen) wurden verwendet, um all diese Konturmodelle zu untersuchen. Die in Bild 3 gezeigten Beispiele gestatten nur einen sehr beschränkten Einblick in die Vielfalt der Ergebnisse. Diese zeigen, daß bei Auswahl eines zutreffenden Bildmodells eine gute Segmentierung, z.B. auch für Texturreiche Zellbilder, gelingt. Trifft das Modell für ein Bild nicht zu, so erhält man, statt eines linienhaften, ein gleichmäßig stark verrauschtes 'Konturbild', da die Abweichung zwischen dem wahren und dem abgeschätzten Grauwert überall beträchtlich ist.
In dieser Weise kann man einerseits mit Hilfe eines zutreffenden Modells Segmentierungsaufgaben lösen, und andererseits aus den erzeugten 'Konturbildern' auf die Güte des zugrundegelegten Modells zurückschliessen.

Für das Testbild a) im Bild 3 trifft das Modell Z/F gut zu, in dem der Grauwert lokal nach einer quadratischen Funktion verläuft. Dies entspricht der Intuition, schließt jedoch nicht aus, daß auch andere weniger anschauliche Modelle sich für das gleiche Bild gut eignen.

Auch die Plausibilität des Modells V/W für das Testbild 3 b) kann intuitiv einigermaßen nachvollzogen werden, da dort die Texturunterschiede eine wesentliche Rolle spielen. Zu bemerken ist, daß dieses und zahlreiche andere Beispiele die Hypothese über die entscheidende Relevanz der lokalen Struktur bei der Texturunterscheidung bekräftigen (/10/).
Intuitiv weniger einsichtig ist der Grund, warum Modelle wie Z/R für das Testbild 3 c), oder M/B für das Testbild 3 d) so zutreffend sind, wie im Experiment wiederholt bestätigt. Nachträglich kann man, Fall für Fall, eine Begründung finden, aber es fehlt noch eine einheitliche Regionencharakterisierung durch notwendige Bedingungen für die Modelle mit den Merkmalen M,K,B und R. Diese Zusammenhänge zu ergründen, wäre deshalb besonders wünschenswert, weil gerade Kombinationen zwischen den obengenannten Merkmalen Bildmodelle ergeben, die einige der besten Segmentierungsergebnisse für eine Reihe von in ihrer Beschaffenheit stark unterschiedlichen Testbildern liefern.

Literaturverzeichnis:

/1/ A. Rosenfeld, L. Davis: "Image models", Proc. IEEE, Vol. 67 (1969), N.5 S. 764-772.

/2/ A. Dondes, A. Rosenfeld: "Pixel classification based on grey level and local business", IEEE Trans. PAMI-4 (1982) S. 79-84.

/3/ B.J. Schachter, L. Davis, A. Rosenfeld: "Some experiments in image segmentation by clustering of local feature values", Pattern Recognition, Vol. 11 (1979) S. 19-28.

/4/ R. Haralick, L. Watson: "A facet model for image data", Computer Graphics and Image Processing, Vol. 15 (1981) S. 113-129.

/5/ P.L. Beaudet: "Rotationally invariant image operators", Proc. 4th Intern. Joint Conf. Pattern Recognition, Kyoto 1978, S. 579-583.

/6/ M. Kocher: "Codage d'images à haute compression basé sur un modèle contour-texture", Dissertation, Eidgenössische Technische Hochschule Lausanne 1983.

/7/ E. Gurari, H. Wechsler: "On the difficulties involved in the segmentation of pictures", IEEE Trans. PAMI-4 (1982) S. 304-306.

/8/ E.L. Hall: "Computer image processing and recognition", Academic Press, New York, 1979.

/9/ R.M. Haralick: "Zero-crossing of second directional derivative edge operator", Proc. 1982 Technical Symposium East on Robot Vision of SPIE, Arlington, USA, paper 336-23.

/10/ H.C. Nothdurft: "Lokale Vergleichsoperationen bei der menschlichen Texturempfindung", Tagungsbericht DFG-Kolloquium Digitale Signalverarbeitung, Göttingen, März 1983, S. 79-83.

Bild 3

Links: Original
Rechts: 'Konturbild'

a) Modell Z/F

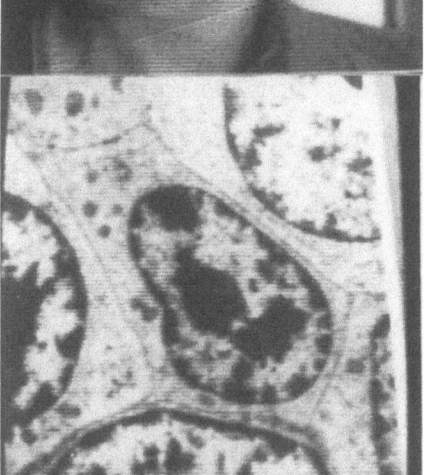
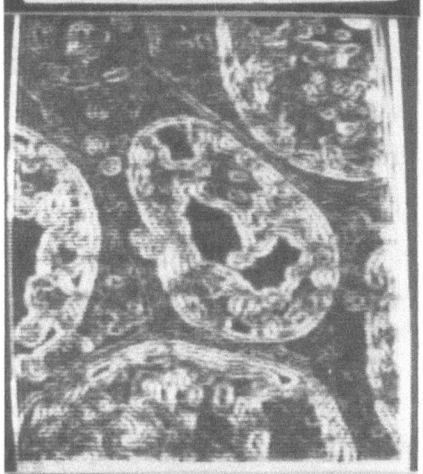

b) Modell V/W

c) Modell Z/R

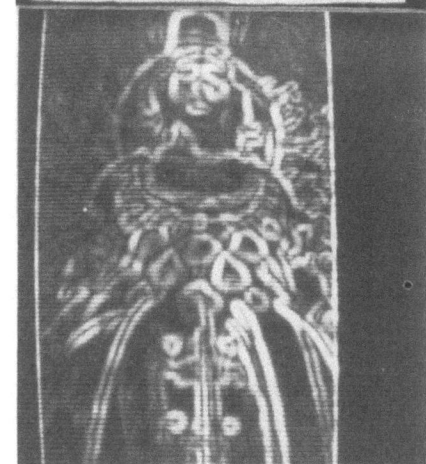

d) Modell M/B

Wissensgesteuerte Segmentierung von Urothelzellbildern

C.-E. Liedtke, F. Kappei

Institut für Theoretische Nachrichtentechnik
und Informationsverarbeitung
Universität Hannover
Callinstr. 32, 3000 Hannover 1

1. Einleitung

Der erste Schritt in der automatischen Auswertung von Bildern auf ihre Inhalte ist die Segmentierung. Unter Segmentierung verstehen wir dabei die Zerlegung eines Bildes in Teilbilder, die mit einer besonderen Bedeutung verknüpft sind. Im Falle von mikroskopischen Urothelzellbildern handelt es sich um die Zerlegung in Teilbilder mit den Bedeutungen "Zellkern", "Zellplasma" und "Hintergrund". Während ein menschlicher Beobachter scheinbar mühelos und mit großer Genauigkeit das Bild in die gesuchten Bestandteile zerlegen kann, treten bei der maschinellen Bearbeitung erhebliche Schwierigkeiten auf. Der Grund, warum der Mensch die Aufgabe der Segmentierung wesentlich zuverlässiger und unabhängig von irrelevanten Änderungen in der Bilderzeugung durchführen kann, liegt darin, daß er gegenüber der Maschine über einen erheblichen Wissensvorsprung über den Bildinhalt und die Zusammenhänge und Eigenschaften der Bildteile verfügt. Ziel der hier beschriebenen Arbeit ist es daher, Wissen über den Bildinhalt, speziell von mikroskopischen Urothelzellbildern zu formalisieren und eine Strategie zu entwickeln, die es gestattet, dieses Wissen effizient für die Aufgabe der maschinellen Bildsegmentierung einzusetzen.

2. Wissensformalisierung

Wenn man davon ausgeht, daß ein Bild eine Anordnung von Objekten gegenüber einem Hintergrund beinhaltet, kann man das Wissen grob aufgliedern in Information über

- Objektklassen, die vorhanden sein können
- Eigenschaften (Merkmale) der Objekte
- Beziehungen zwischen den Objekten.

Die Eigenschaften lassen sich beschreiben durch photometrische
Merkmale, wie Grauwert, Farbe und Textur, die auf photometrischen
Messungen basieren, und geometrische Merkmale, wie Größen, Richtungen und Formen. Die Beziehungen zwischen den Objekten können
einen Vergleich der o.g. photometrischen und geometrischen Eigenschaften beinhalten, aber auch die räumlichen Beziehungen, d.h.
die Topologie des Bildes beschreiben.

Für die Unterscheidung von Kern, Plasma und Hintergrund in Urothelzellbildern ist die Grauwertrelation von hoher Bedeutung.
Textur und Farbe sind bei den vorliegenden Präparaten dagegen
unwichtig. Die Form der Segmente ist relativ kompakt. Bezüglich
geometrischer Eigenschaften erscheinen maximale und minimale
Flächenangaben über Kern- und Zellgröße sehr wichtig. Über die
topologischen Beziehungen zwischen den Segmentklassen lassen sich
einige Aussagen machen, wie daß der Kern von Plasma und dieses
wiederum vom Hintergrund umgeben ist, daß nur der Hintergrund
Bildrandberührungen aufweisen darf und daß Kern und Plasma keine
Einschlüsse aufweisen. Angaben über erlaubte und unerlaubte Nachbarschaften lassen sich tabellarisch zusammenfassen.

Die o.g. Erkenntnisse wurden aus einem Satz von mehreren Tausend
Urothelzellbildern gewonnen. Hierauf aufbauend wurde eine Segmentierungsstrategie entwickelt, die eine Steuerung aufgrund der
o.g. Wissenskategorien gestattet.

3. Segmentierungsalgorithmus

Die Strategie zur Segmentierung von Urothelzellbildern ist in
Abb. 1 dargestellt.

Der erste Schritt des Segmentierungsverfahrens besteht darin, daß
aufgrund eines Einheitlichkeitsmaßes in Anwendung auf die Grauwerte das Bild in eine Anzahl Teilbilder zerlegt wird, die wir
Parzellen nennen. Die Parzellen müssen so klein sein, daß sich
die gesuchten Segmente aus mindestens einer oder mehreren dieser

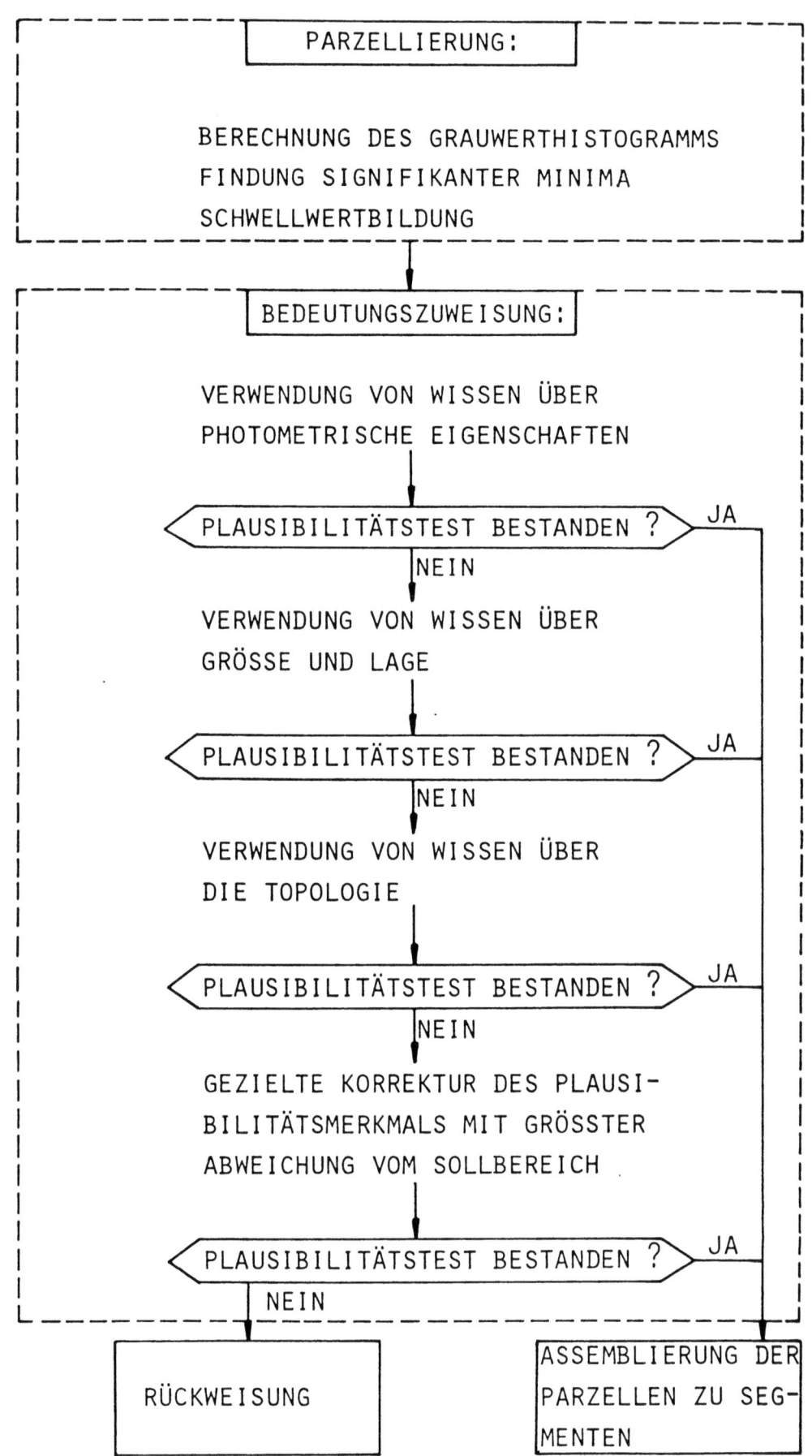

ABB. 1. STRATEGIE ZUR SEGMENTIERUNG VON UROTHELZELLBILDERN

Parzellen zusammensetzen lassen. Zum anderen sollten die Parzellen so groß sein, daß sich gegenüber der Gesamtzahl der Bildpunkte eine erhebliche Datenreduktion ergibt. Alle weiteren Operationen werden nur noch auf die Parzellen und nicht mehr auf die einzelnen Bildpunkte angewendet. Die Parzellierung erfolgt durch Schwellwertbildung an Grauwertschwellen, die als signifikante Minima aus dem Grauwerthistogramm des Zellbildes gewonnen worden sind. Sie ist in Abb. 2a-2c an einem Beispiel dargestellt.

Wie aus der Segmentierungsstrategie nach Abb.1 hervorgeht, besteht nach der Parzellierung der zweite Schritt darin, daß jeder Parzelle eine Bedeutung zugewiesen wird. Die Bedeutungszuweisung zu jeder Parzelle erfolgt mit Hilfe eines Wahrscheinlichkeitsvektors, dessen Komponenten bei dieser konkreten Anwendung angeben, mit welcher Wahrscheinlichkeit die betreffende Parzelle "Kern", "Plasma" oder "Hintergrund" ist. In aufeinanderfolgenden Blöcken werden die Wissensgruppen

- photometrische Eigenschaften
- Größen- und Lageinformation
- räumliche Nachbarschaftsbeziehungen
- Form

überprüft und gegebenenfalls die Wahrscheinlichkeiten in der Bedeutungszuweisung aufgrund des Ergebnisses der Überprüfung verändert. In Abhängigkeit vom Bestehen eines Plausibilitätstests wird die Segmentierung abgeschlossen oder die Änderung der Bedeutungszuweisungen anhand anderer Kriterien weitergeführt. Abschließend werden die Parzellen zu Segmenten mit den Bedeutungen zusammengefaßt, für die sie die höchste Wahrscheinlichkeit aufweisen.

In Abb.2 und Abb.3 sind Korrekturen in der Bedeutungszuweisung zu den Parzellen sowie die endgültigen Resultate dargestellt. Die unterschiedlichen Bedeutungen der Parzellen sind durch unterschiedliche Grauwerte wiedergegeben. Der Plausibilitätstest beinhaltet die Überprüfung einer Zahl ausgesuchter und als besonders wichtig befundener Merkmale zur Beschreibung der Größe, Form und Topologie von Kern und Gesamtzelle.

Die Erfolgsquote der vollautomatischen Analyse wurde durch subjektive Beurteilung von 2200 Zellbildern bestimmt und liegt z.Z. bei ca. 78%.

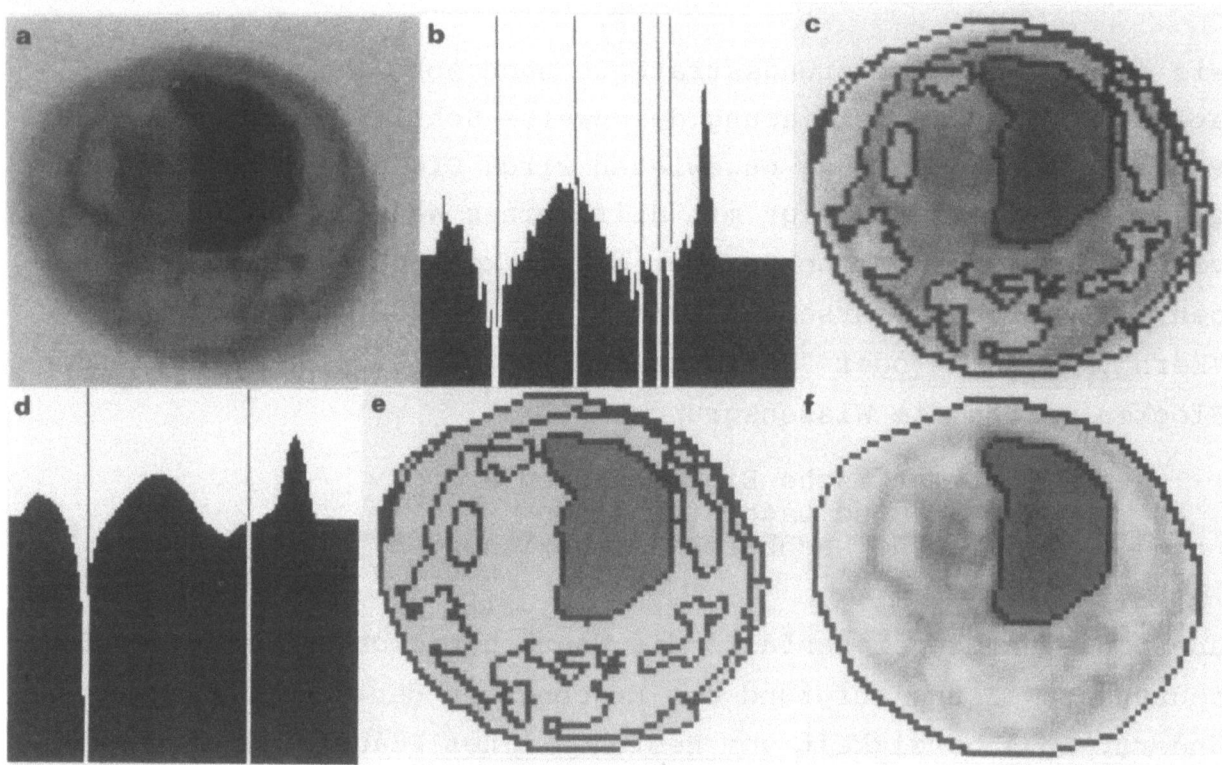

Abb.2, Parzellierung und Segmentierung eines Zellbildes
(a) Original, (b) Grauwerthistogramm mit signifikanten Minima,
(c) Parzellen, (d) geglättetes Grauwerthistogramm mit Bereichsgrenzen des Grauwertmerkmals für "Kern", "Plasma" und "Hintergrund", (e) Bedeutungszuweisung durch photometrische Merkmale,
(f) Resultat.

Abb.3, Korrekturmaßnahmen in der Bedeutungszuweisung zu Parzellen: Kern = Schwarz, Plasma = Grau, Hintergrund = Weiß

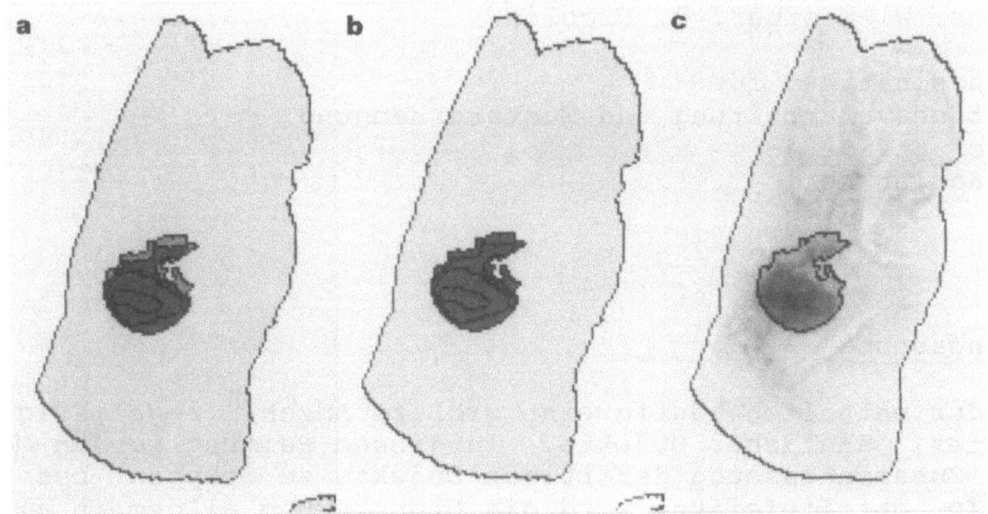

(a) Bedeutungen aufgrund photometrischer Merkmale,
(b) Korrektur aufgrund von Kerngröße und Randberührung,
(c) Resultat.

(d) Zwischenresultat, (e) Korrektur aufgrund von Nachbarschaftsbeziehungen, (f) Resultat.

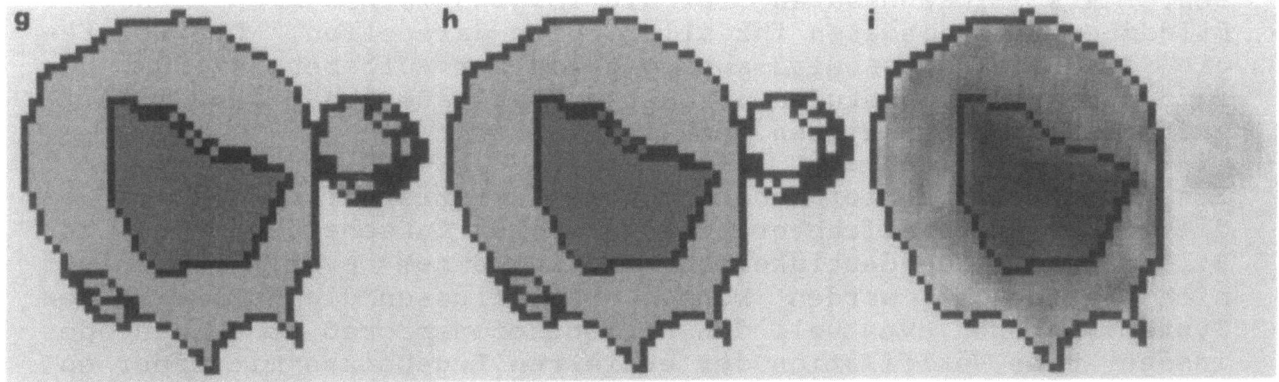

(g) Zwischenresultat, (h) Korrektur aufgrund der Form, (i) Resultat.

OBJEKTGRUPPIERUNG IN LUFTBILDERN

R. Gabler, W. Kestner, B. Nicolin

Forschungsinstitut für
Informationsverarbeitung und Mustererkennung
Breslauer Straße 48
D 7500 Karlsruhe 1

Zusammenfassung

Luftbilder enthalten häufig eine größere Anzahl regelmäßig angeordneter, ähnlicher Objekte. In diesem Beitrag werden Methoden zur Zusammenfassung derartiger Objekte zu Gruppen beschrieben. In der Einleitung wird die Gruppierung allgemein als ein Teil eines Systems zur Bildanalyse dargestellt. Sodann werden Verfahren für die Gruppierung punktförmiger bzw. nichtpunktförmiger Objekte erläutert. Das Projekt wird von der DFG gefördert.

Schlagwörter:

Bildanalyse, Luftbild, Interpretation, Segmentation, Gruppierung

1. Einleitung

Die Gruppierung von Objekten in Luftbildern ist ein Baustein eines beim FIM in der Entwicklung befindlichen Grundlagenprojekts für die automatische, wissensgestützte Bildanalyse.

In diesem Projekt erfolgt die automatische Bildauswertung durch einen mehrstufigen Prozeß, der sich, grob gesehen, in die klassischen Stufen Vorverarbeitung (hier besser Grauwertanalyse), Segmentation, Merkmalsextraktion und Interpretation gliedern läßt, wobei die (Zwischen-) Ergebnisse einer vorausgegangenen Stufe als Eingangsdaten für die folgende Stufe dienen und die Bilddaten Eingangsdaten für alle Stufen darstellen. Die Strategie der Bildanalyse wird abhängig von der Aufgabenstellung, den in den Bearbeitungsstufen erzielten Resultaten und dem modellhaft gespeicherten Wissen gewählt.

Ein Hauptziel des hier nur in Schemen skizzierbaren Entwurfs ist die Vermeidung verfrühter, irreversibler Entscheidungen bei der Bildanalyse. Mehrdeutigkeiten, die in einem ersten Durchlauf nicht aufgelöst werden können, beeinflussen die Strategie des Systems, stoßen eventuell den Segmentationsprozeß erneut an oder lassen eine Verifikation der erzielten Ergebnisse mit einer anderen Methode geraten erscheinen, so daß in den folgenden Iterationen zuverlässigere und genauere Resultate erzielt werden.

In dieses Projekt ordnet sich die Gruppierung von Objekten /1/, /2/ als eine Fortsetzung der Segmentation auf einer höheren Ebene ein. Bei der Bildsegmentation können den ermittelten Objekten aufgrund ihrer Merkmale oft nur erste Hinweise auf eine mögliche Bedeutung zukommen. Durch eine geeignete Zusammenfassung von Objekten zu Gruppen werden zuverlässigere und qualitativ andere, über das einzelne Objekt hinausgehende Aussagen für die spätere Deutung erzielt. Beispiele hierfür sind die in Luftbildern von Siedlungsgebieten häufig auftretenden, regelmäßigen Anordnungen von Gebäuden, Bäumen und Fahrzeugen, die nicht immer eindeutig zu interpretieren sind, wenn nur die Merkmale der isolierten Einzelobjekte wie Form, Farbe und Textur beurteilt werden. Durch die Gruppierung von Häusern zu Hauszeilen oder Bäumen zu Baumreihen wird der nachfolgenden Interpretation, die diese Gruppen einer Deutung zuführen muß, zusätzliches Wissen an die Hand gegeben. Die Zusammenfassung von punkt-, linien- oder flächenhaften Objekten zu Gruppen ist daher als ein wesentlicher Bestandteil eines Systems zur automatischen Analyse von Luftbildern anzusehen.

Als Voraussetzung für die Bildung einer Gruppe müssen folgende zwei Bedingungen erfüllt sein:

1. Die Eigenschaften der Objekte müssen ein gewisses Maß an Ähnlichkeit aufweisen.

2. Die Objekte einer Gruppe müssen sich durch eine gewisse Regelmäßigkeit der örtlichen Anordnung auszeichnen. Dabei werden Gruppen mit linien- und flächenhafter Anordnung der Einzelobjekte unterschieden (s. a. /3/).

Entsprechend dem Konzept, nicht zu früh endgültige Entscheidungen herbeizuführen, wird jede Zuordnung eines Objekts zu einer Gruppe mit einem Vertrauenswert versehen.

2. Gruppierung von Punktobjekten

Form- und Texturmerkmale isolierter Einzelobjekte sind umso weniger zuverlässig, je kleiner die Objekte bei einer gegebenen Auflösung im Bild erscheinen. Unter Punktobjekten sollen Objekte mit einer Fläche von nur wenigen Bildpunkten verstanden werden, deren Form nicht näher und deren Lage zweckmäßig durch Angabe eines einzigen Punktes, z. B. ihres Schwerpunktes, beschrieben wird.

Aus der Gesamtmenge der Objekte im Bild wird eine Untermenge ähnlicher Objekte ausgewählt /4/. Die Forderung nach ähnlichen Eigenschaften der zu gruppierenden Objekte beschränkt sich bei Punktobjekten neben der Größe auf deren Farbe, Grauwert bzw. Kontrast gegenüber der Umgebung.

Zum Zweck der Bildung von Gruppen wird die örtliche Anordnung der Einzelobjekte mit gegebenen Modellen verglichen. Ein Beispiel für ein solches Modell einer linienhaften Gruppe ist eine Folge von Punktobjekten, die geradlinig und in regelmäßigen Abständen angeordnet sind. Abweichungen in der Anordnung realer Objekte von den Idealvorstellungen einer Gruppe werden über ein Vertrauensmaß berücksichtigt.

Im ersten Verfahrensschritt der Gruppierung wird ein Nachbarschaftsgraph erstellt, in dem festgehalten wird, welche Objekte einander benachbart sind. Für die Definition der Nachbarschaft kommen verschiedene Ansätze in Betracht (maximaler Abstand, konstante Anzahl von Nachbarn, Voronoi-Nachbarschaft). Auf diese Weise entstehen benachbarte Objektpaare (i,j).

Ziel der Gruppierung ist es, jedem Paar (i,j) einen Vertrauenswert zuzuordnen, der angibt, wie groß die Wahrscheinlichkeit für die Zugehörigkeit beider Objekte zur selben Gruppe ist. Dies geschieht mit Hilfe eines Relaxationsverfahrens. Die Neubewertung wird so vorgenommen, daß die sich schließlich ergebenden Vertrauen folgenden Bedingungen genügen:

1. Gruppen mit vielen Objekten ergeben höheres Vertrauen als Gruppen mit wenig Objekten.

2. Regelmäßig angeordnete Objekte ergeben höheres Vertrauen als unregelmäßig angeordnete.

3. Das Endvertrauen ist unabhängig von einem Initialwert, da über diesen keinerlei Aussage möglich ist.

4. Das Vertrauen eines Objektpaares ist bei einer idealen Gruppe unabhängig von der Position des Paares innerhalb der Gruppe.

Nach der Relaxation werden sogenannte Elementargruppen gebildet, die aus jeweils zwei benachbarten Paaren (i,j) und (j,k), d. h. aus drei Punktobjekten i, j und k bestehen.

Im letzten Schritt werden die paarweise verknüpften Elementargruppen miteinander verkettet, so daß schließlich die gesuchten Gruppen entstehen. Während Paare von Punktobjekten eindeutig einer Gruppe zugeordnet werden, können einzelne Punktobjekte durchaus (auch mit hohem Vertrauen) mehreren Gruppen angehören.

Das Gruppierungsverfahren wurde für den Typ der linienhaften Gruppen implementiert. In den Bildern 1 bis 4 wird die Gruppierung für das oben als Beispiel erwähnte Modell einer linienhaften Gruppe gezeigt. Bild 1 zeigt das Luftbild einer Vorstadt. Ein einfacher Segmentationsalgorithmus /4/ liefert ähnliche Punktobjekte. Die Schwerpunkte dieser Objekte zeigt Bild 2. In Bild 3 ist der Nachbarschaftsgraph dargestellt. Benachbarte Punktobjekte sind hierbei durch eine Linie verbunden. Bild 4 zeigt das Ergebnis des Relaxationsverfahrens. Die Darstellung ist so gewählt, daß die Intensität einer Linie zwischen zwei Punkten dem Vertrauenswert für die Zugehörigkeit beider Punktobjekte zu einer gemeinsamen Gruppe proportional ist.

3. Gruppierung nichtpunktförmiger Objekte

Während bei der Gruppierung punktförmiger Objekte aus nur einigen wenigen Bildpunkten Information gezogen werden kann und sich die Regelmäßigkeit der Anordnung der Objekte in einer Beschreibung der Regelmäßigkeit der Anordnung ihrer Schwerpunkte erschöpft, fließt bei der Gruppierung flächen- oder linienhaft ausgedehnter Objekte, wie beispielsweise den in Bild 5 gezeigten Häusern, zusätzliche Information über Form und Orientierung der Objekte ein. Ebenso werden Aussagen über Farbe, Kontrast und Textur der Objekte zuverlässiger, wenn nicht überhaupt erst möglich und können als weitere Wissensquellen bei der Gruppierung herangezogen werden.

Die Vorgehensweise bei der Gruppierung nichtpunktförmiger Objekte läßt sich in drei Phasen aufteilen. Zunächst werden über ein Segmentationsverfahren Objekte gewonnen und durch ihre Konturen dargestellt. Der Algorithmus arbeitet auf diesen Konturen und versucht Nachbarschaften zwischen Teilen verschiedener Objektkonturen zu ermitteln. Bei dieser Suche werden für jedes Kontursegment, abhängig von dessen Länge, individuelle Nachbarschaftsbereiche definiert. Die ovalartigen Nachbarschaftsbereiche liegen vorzugsweise in Segmentrichtung (anisotroper Nachbarschaftsbereich) und sind in der Nähe der Segmentendpunkte angebracht. Sind zwei Segmente als benachbart erkannt worden, wird die Art der Nachbarschaft analysiert und bewertet. Die Nachbarschaften werden als Kanten in einen Graphen eingetragen, dessen Knoten die Objekte sind. Ergebnis des ersten Schritts sind Verknüpfungen zwischen örtlich benachbarten Objekten, wobei Art und Güte dieser Beziehungen festgehalten werden und als Hinweise für spätere Gruppierungen dienen.

Ziel des nächsten Verfahrensschritts ist es, aus den Beziehungen zwischen zwei Objekten Hypothesen über die mögliche Zugehörigkeit beider Objekte zu einer Gruppe abzuleiten. Typische (örtliche) Beziehungen zwischen Konturteilen zweier Objekte (i,j) sind z. B.:

<Obj(i), Obj(j), Segment(a), Segment(b), kollinear, Güte, ... >
<Obj(i), Obj(j), Segment(c), Segment(d), kollinear, Güte, ... >
<Obj(i), Obj(j), Segment(d), Segment(e), parallel, Güte, ... >

Wie aus dem Beispiel zu entnehmen ist, können für ein Objektpaar verschiedene, sich ergänzende und unterstützende Beziehungen für eine Gruppierung gefunden werden. Über einen Satz von Regeln, in denen die charakteristischen Eigenschaften der Gruppen zusammengefaßt sind, werden die Beziehungen zwischen den Objekten untersucht. Erzeugt eine Regel eine Gruppierungshypothese, wird diese als eine neue Art von Kante in den Graphen eingetragen. Die Qualität, Anzahl und Art der Hinweise gehen dabei in die Bewertung der Hypothese ein.

Die bislang genannten Gruppierungshinweise beschränken sich auf einfache Beziehungen der Anordnung der Objekte. Hierzu gehören auch spezielle Hinweise, die aus der Gruppierung der Schwerpunkte von Objekten abgeleitet werden (s. Abschnitt 2). In Fällen unsicherer Hinweise reicht dies für eine Gruppierung nicht aus, so daß zusätzliche Informationen (z. B. die spektralen Eigenschaften der Objekte oder komplexere Beziehungen zwischen den Konturen der Objekte) herangezogen werden müssen, um Gruppierungshypothesen zu bestätigen oder abzuschwächen.

Der dritte Verfahrensschritt sucht die als Gruppierungshypothesen deklarierten Kanten des Graphen, die als Verknüpfung jeweils zweier Objekte zu Elementargruppen angesehen werden können, untereinander zu verbinden. Dazu werden zwei benachbarte, d. h. über ein gemeinsames Objekt verknüpfte Elementargruppen derselben Gruppierungshypothese auf ihre Kompatibilität untersucht und gegebenenfalls zusammengefaßt. Als Ergebnis entstehen Gruppen, die den vorgegebenen Gruppierungsregeln genügen.

Diese Vorgehensweise soll am Beispiel der Gruppierung quasi-linear angeordneter Objekte demonstriert werden, wie sie die in Bild 5 gezeigten Häuser darstellen. Bild 6 zeigt das Ergebnis des Segmentationsverfahrens /4/, das als Vorverarbeitungsschritt auf Bild 5 angewandt wird und hier Objekte etwa gleicher Größe und Grauwerte liefert. Ausreichend kompakte Objekte werden durch ihre approximierenden Konturen beschrieben (Bild 7). Bild 8 gibt die Hinweise des Graphen wieder, die eine lineare Anordnung der Objekte vermuten lassen und von einer Gruppierungsregel zur Aufstellung von Hypothesen benutzt worden sind. Die Hypothesen stellen in diesem Fall gleichzeitig die generierten Elementargruppen dar. Bild 9 zeigt das Ergebnis des Gruppierungsprozesses, nachdem benachbarte Elementargruppen zu Gruppen zusammengefaßt worden sind. Die Mitglieder einer Gruppe tragen dieselbe Marke.

Der vorgestellte Algorithmus ist für einfache Gruppierungsregeln implementiert. Das nächste Ziel wird sein, eine größere Anzahl von Gruppierungsregeln zu realisieren.

Literaturhinweise

/1/ S. W. Zucker: "Vertical and Horizontal Processes in Low Level Vision.", Computer Vision Systems, ed. by Hanson and Riseman, pp. 187-195, Academic Press, 1978

/2/ M. Tavakoli, A. Rosenfeld: "Building and Road Extraction from Aerial Photographs.", IEEE Trans. SMC Vol. 12, No. 1, pp. 84-91, 1982

/3/ E. Mauer, R. Schärf: "Automatische adaptive Texturanalyse in Kombination mit der Multispektralanalyse.", in diesem Band

/4/ W. Kestner, W. Hartmann, R. Neu: "Isolation flächenhafter und linienhafter Komponenten aus Grauwertbildern unter Verwendung hierarchischer Bilddatenstrukturen.", FIM Forschungsbericht Nr. 109, 1982

Bild 1
Vorstadtszene

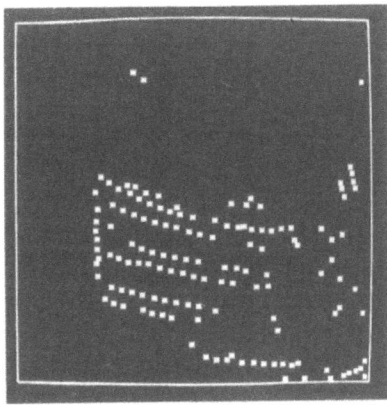

Bild 2
Punktobjekte

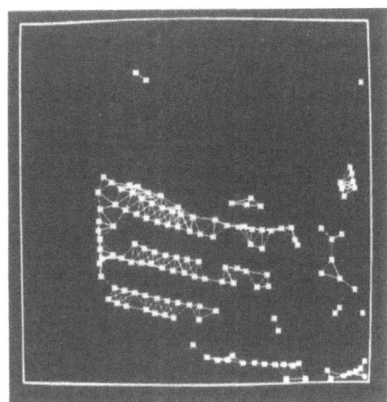

Bild 3
Nachbarschafts-
graph

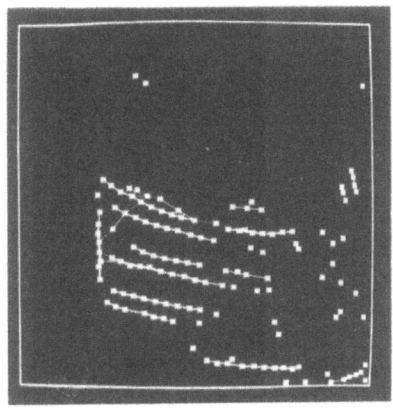

Bild 4
Relaxations-
ergebnis

Bild 5
Vorstadtszene

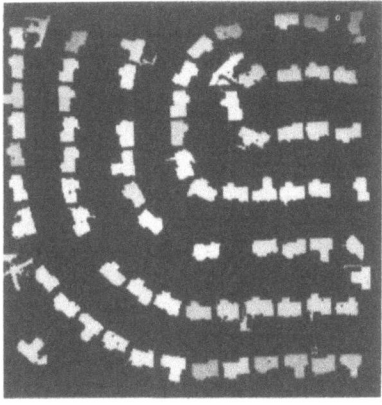

Bild 6
Segmentations-
ergebnis

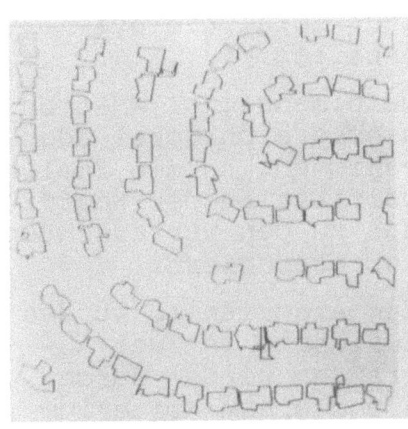

Bild 7
approximierende
Konturen

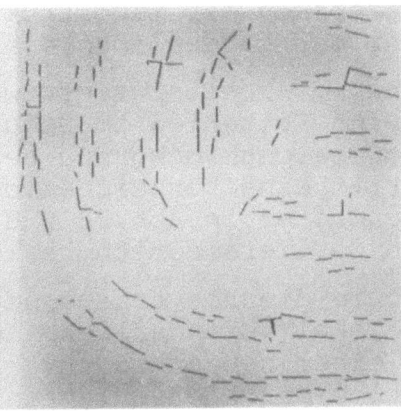

Bild 8
Gruppierungs-
hinweise

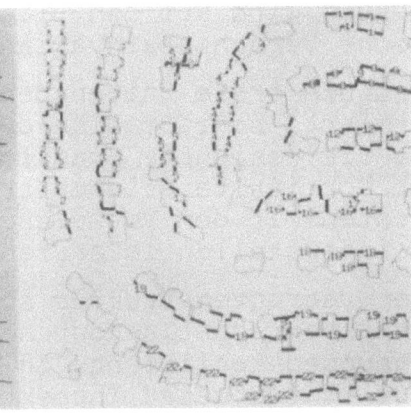

Bild 9
Gruppierungs-
ergebnis

QUADRANTENSTRUKTUR ZUR ERZEUGUNG VARIABLER UNTERBILDGRÖSSEN

Dipl.-Ing. M.F. Carlsohn
Universität Bremen, FB 1, Theoretische Elektrotechnik und Digitale Systeme, Postfach 33 04 40, D-2800 Bremen 33

Die Bedeutung der Walsh-Hadamard Transformation für die Bildkodierung ist weithin bekannt. Unterschiedliche Versuche, die Kodierung an eine lokal nichtstationäre Bildstatistik anzupassen sind in /1/ zusammengestellt. Neuere Untersuchungen /2/ haben gezeigt, daß die WHT trotz Erhöhung der Transformationsblockgröße eine verbleibende Restkorrelation nicht aufzulösen vermag.

Unter diesem Aspekt stellt die bildabhängige Wahl einer veränderlichen Unterbildgröße bei der WH-Transformationskodierung eine interessante Adaptionsvariante dar. In detailreichen Bildausschnitten kann so durch Verwendung kleiner Unterbilder die Adaptionshäufigkeit erhöht werden, in detailarmen Bildflächen mit schwachen Grauübergängen kann durch die Wahl großer Unterbilder die Korrelation über große Bildpunktfelder reduziert werden. Störende "Block-Effekte" in der Form von WH-Basisbildern, die durch niedrige Übertragungsraten oder eingestreute Übertragungsfehler hervorgerufen werden, sollen dadurch unterdrückt werden.

Betrachtet man die Erzeugung von Binärbildern durch "Dither-Verfahren" aus der Sicht der Datenreduktion, so erzielt die Verwendung variabler Unterbildgrößen Vorteile bezüglich der Erhöhung der Ortsauflösung und der Unterdrückung von künstlichen Texturen.

Die hier beschriebenen Algorithmen sind die Voraussetzung für eine dynamische Anpassung der Unterbildgröße durch Auswahlkriterien im Orts- und Sequenzbereich der WHT /3/ .

Ausgehend von einer maximalen Unterbildgröße werden die Bilddaten unter Berücksichtigung eines Quadrantenpräfix als erste Knotenebene des Quadrantenbaumes im Arbeitspuffer gespeichert /Abb.1a,b/ . Ein schneller Transformationsalgorithmus generiert "bottom-up" einen Quadrantenbaum, dessen Blätter zu den Unterbildern variabler Größe korrespondieren. In Abhängigkeit eines geeigneten Adaptionskriteriums erfolgt der notwendige Speicherplatztausch in zwei Sortieriterationen einer radix-2 Transformation "in-place" im Verarbeitungspuffer /Abb.2a/ . Durch iterative Erzeugung einer dyadischen Indizierung wird auf den Blattebenen der Baumstruktur lokal die dyadische Verschiebeinvarianz der Datenelemente erhalten /4/ .

Wird die erste Knotenebene im Arbeitspuffer zweidimensional WH-transformiert, so läßt sich durch Kriterien im Sequenzbereich lokal adaptiv die geeignete Transformationsblockgröße bestimmen. An die Stelle der Sortieriterationen tritt eine Vorzeichenmodifikation der Koeffizienten mit dem Vorzeichenmuster in Abb.2b , das zu den vertauschten Speicherstellen im ersten Sortieralgorithmus korrespondiert.

Die Quadrantenstruktur sowie die sie erzeugenden Algorithmen wurden zur Datenreduktion durch lokal veränderliche Auflösung in zwei Anwendungen realisiert. In einem neuen Kodierverfahren werden durch eine "in-process" Inspektion der Koeffizienten und einem Kriterium im Sequenzbereich die Transformationsblockgrößen Ausgewählt. Ein Dither-Verfahren verwendet Schwellwertmatrizen variabler Dimension zur Steigerung der Orts- und Pseudo-Grauauflösung im Binärbild.

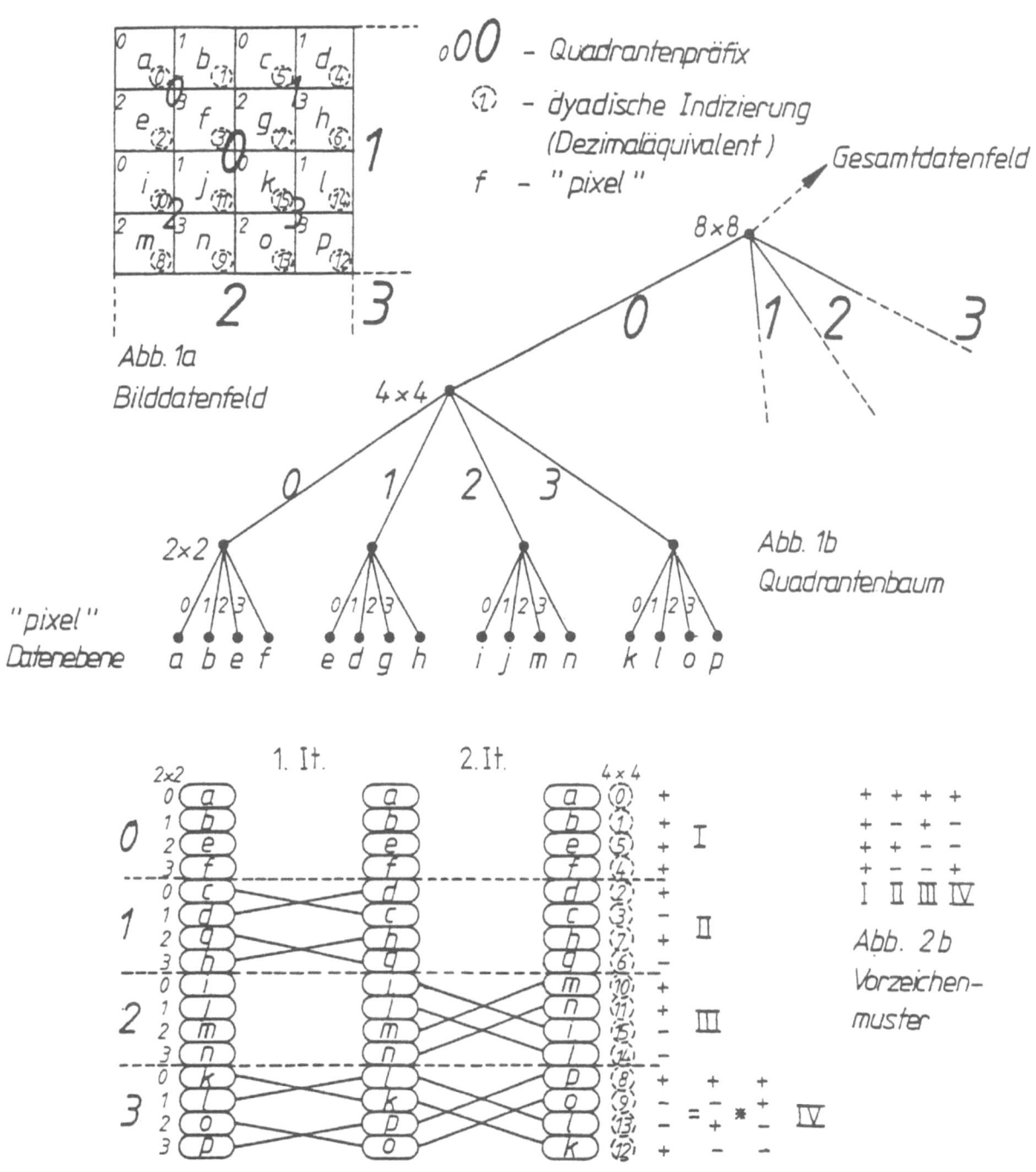

Abb. 1a Bilddatenfeld

Abb. 1b Quadrantenbaum

Abb. 2a Sortieralgorithmus ("butterfly")

Abb. 2b Vorzeichenmuster

/1/ A.G. Tescher, Transform Image Coding in Image Transmission Techniques, ed. W.K. Pratt, Academic Press, 1979

/2/ H. Kitajima, T. Shimono, Residual Correlation of Hadamard Transforms of Stationary Markov-1 Signals, IEEE Transactions on Commun., vol. COM-31, No. 1, pp 119-121, Jan. 1983

/3/ K.N. Ngan, Adaptive Transform Coding of Video Signals, Proc. IEE Part F, Commun., Radar and Signals, vol. 129, pp 28-40, Febr. 82

/4/ Ph.W. Besslich, Fast In-place Processing of Pictorial Data, in Pictorial Data Analysis, ed. R.M. Haralick, Springer-Verlag, Berlin, Heidelberg, New York, 1983

KRITISCHE ANMERKUNGEN ZUR SYNTAKTISCHEN MUSTERERKENNUNG

Peter Jaenecke

Mustererkennung und Künstliche Intelligenz
Udersbergstr. 23, D-6300 Giessen

1. Ablauf eines Mustererkennungsprojektes: Analyse von 30 Arbeiten aus der syntaktischen Mustererkennung

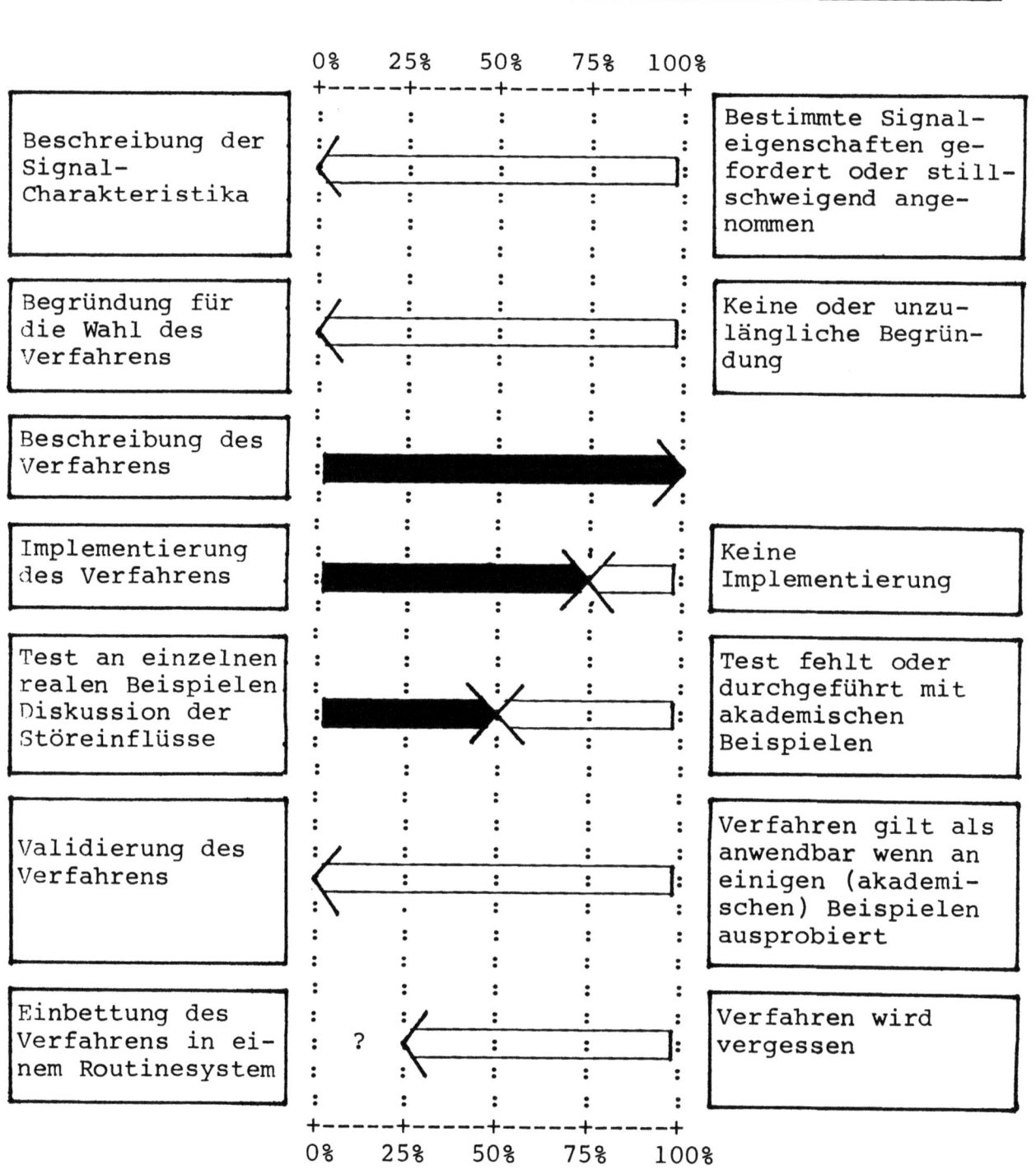

2. Ergebnisse

(1) Die syntaktische Mustererkennung leidet unter einem Theorieüberschuß:

- KEINE ODER NUR EINE UNGENÜGENDE VERTRAUTHEIT MIT DEM ANWENDUNGSGEBIET (KEINE BESCHREIBUNG DER SIGNAL-CHARAKTERISTIKA, UNGENÜGENDE KENNTNISSE ÜBER BEREITS BEKANNTE LÖSUNGEN)

- BESCHRÄNKUNG AUF DIE AUFSTELLUNG EINER GRAMMATIK OHNE EINEN AUSREICHENDEN TEST AUF IHRE BRAUCHBARKEIT: VON EINER ANWENDUNG WIRD BEREITS DANN GESPROCHEN, WENN DAS VERFAHREN ANHAND EINIGER, MEIST AKADEMISCHER BEISPIELE ILLUSTRIERT WERDEN KANN

(2) Die syntaktische Mustererkennung leidet unter einem Theoriedefizit:

- ES STEHEN EINE VIELZAHL VON GRAMMATIK-TYPEN ZUR VERFÜGUNG, ABER ES GIBT BISLANG KEINE MÖGLICHKEIT, FÜR EINE GEGEBENE AUFGABE DEN OPTIMALEN TYP AUSZUWÄHLEN

(3) Die syntaktische Mustererkennung leidet unter der Parsing-Doktrin:

- WESENTLICHER BESTANDTEIL DES VERFAHRENS IST DIE ÜBERPRÜFUNG EINER ZEICHENKETTE AUF IHRE ZUGEHÖRIGKEIT ZU EINER BESTIMMTEN SPRACHE; ANDERE SYNTAKTISCHE METHODEN (TRANSFORMATIONEN, KATEGORIENBILDUNG) BLEIBEN WEITGEHEND UNGENUTZT

DIE DREIDIMENSIONALE ÜBERTRAGUNGSFUNKTION EINES SCANNINGMIKROPHOTOMETERS[+]

H. Linge, H.-G. Zimmer, V. Neuhoff

MPI für experimentelle Medizin, Forschungsstelle Neurochemie, Göttingen

Für die digitale Rekonstruktion dreidimensionaler mikroskopischer Objekte aus einer Serie von zweidimensionalen Schichtbildern wird die dreidimensionale Übertragungsfunktion OTF3D des zur Bilddatenerfassung benutzten Systems benötigt.

Die OTF3D ist die räumliche Fouriertransformierte der Punktbildfunktion PSFM, die bis auf einen Normierungsfaktor die Verteilung der Lichtintensität in dem Kegel beschreibt, der das räumliche Objekt durchsetzt (Abb. 2). Bei dem von uns benutzten Scanningmikrophotometer (SMP) ist diese Intensitätsverteilung abhängig von der Geometrie und Transparenz der Meßblende, jedoch ortsunabhängig im Sinne der Isoplanasie. Der Radius der Meßblende beträgt das 1,34-fache der Abtastschrittweite. In radialer Richtung oszilliert die Lichtintensität im Kegel um einen mittleren Wert, der genauso wie die Anzahl der Oszillationen vom Abstand zum Fokus abhängt. Auf der Achse des Lichtkegels oszilliert die Lichtintensität ebenfalls mit einer Dynamik größer 1:10 und einer Periodenlänge von 0,7 µm. Bei absorbierenden Objekten zerstört die nichtlineare Absorption den linearen Zusammenhang zwischen Bild und Objekt. Untersucht wurde bisher nur der Grenzfall nichtabsorbierender Objekte, wofür es eine Übertragungsfunktion gibt.

Die PSFM und OTF3D wurden numerisch aus einer zweidimensionalen Fouriertransformation in x-y-Richtung bzw. einer eindimensionalen Fouriertransformation in z-Richtung aus den zweidimensionalen Übertragungsfunktionen OTF2D der defokussierten inkohärenten Abbildung ebener Objekte berechnet.

Die OTF2D ist analytisch bekannt in Abhängigkeit von dem durch die Defokussierung bedingten maximalen Phasenfehler $\bar{w}$ am Rand der Austrittspupille des abbildenden Systems. Als Voraussetzung für eine möglichst genaue Bestimmung der OTF3D wurde eine verbesserte Näherung für $\bar{w}$ und die Relation zur objektseitigen Defokussierung dz abgeleitet. Eine verbesserte Näherung für $\bar{w}$ berechnet sich aus der geometrischen Länge der Strecke w2 (Abb. 1). Für ein Objektiv mit der numerischen Apertur N.A.=1,3 und einer Sollbildweite von 158 mm gilt w2=dz·0,845 mit einem Fehler von weniger als 0,001, wenn |dz| < 100 µm.

Mit Hilfe dieser Beziehung wurde die OTF3D in einzelnen Profilschnitten berechnet (Abb. 3). Die OTF3D ist nur innerhalb eines torusförmigen Gebietes von Null verschieden und hat auf der kz-Achse die Form eines δ-Impulses. Die Steigung der Tangente an der gestrichelten Randkurve (Abb. 3a) im Ursprung des Koordinatensystems und bei der Grenzfrequenz 2 ist gleich der numerischen Apertur. Die maximale Ausdehnung in kz-Richtung erreicht die OTF3D bei den Frequenzen $\sqrt{k_x^2+k_y^2}=1$ mit dem Wert kz=0,663≈N.A./2. Hieraus berechnet sich der für die digitale Bilderfassung optimale Schichtebenenabstand bei dem genannten Objektiv zu 0,33 µm und hat damit die Größenordnung der geometrischen Schärfentiefe.

Die spezielle Form der OTF3D mit einer δ-Impuls-förmigen Einschnürung im Ursprung des Koordinatensystems verhindert eine "vollständige" Rekonstruktion einzelner Schichtebenen im dreidimensionalen Objekt, wie sie bei zweidimensionalen Abbildungen bekannt ist. Die Rekonstruktion mit der "Schärfentiefe Null" ist also nicht möglich. Aber Projektionen des Objekts auf Ebenen, die mit der x-y-Ebene einen Winkel bilden, dessen Tangens kleiner ist als die numerische Apertur, sind bis zu einer bestimmten Grenzfrequenz rekonstruierbar, die von dem genannten Winkel abhängt. Die Rekonstruktion mit der "Schärfentiefe unendlich" ist also realisierbar.

[+]Mit Unterstützung der Deutschen Forschungsgemeinschaft

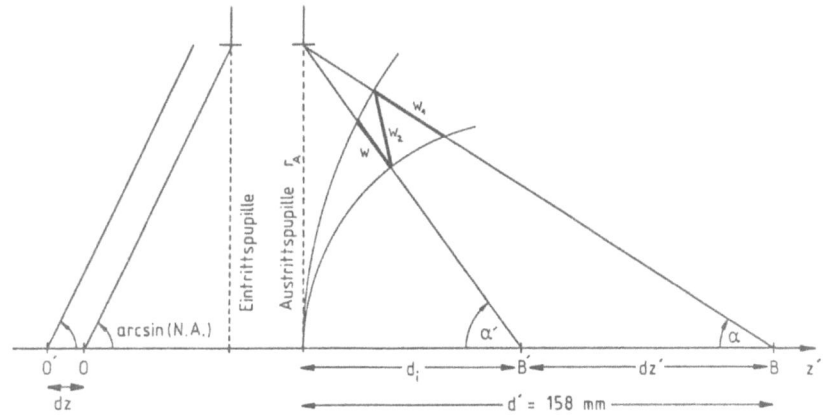

Abb. 1 : Skizze zur Berechnung des maximalen Phasenfehlers am Rand der Austrittspupille des abbildenden Systems.

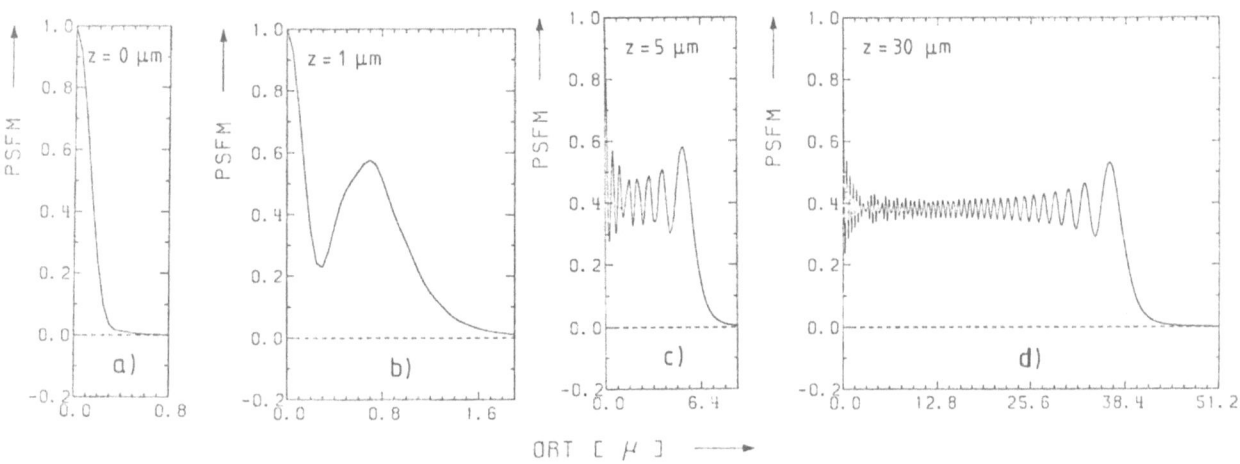

Abb. 2 : Radialer Schnitt durch die PSFM a) z=0 µm , b) z=1 µm , c) z=5 µm , d) z=30 µm .

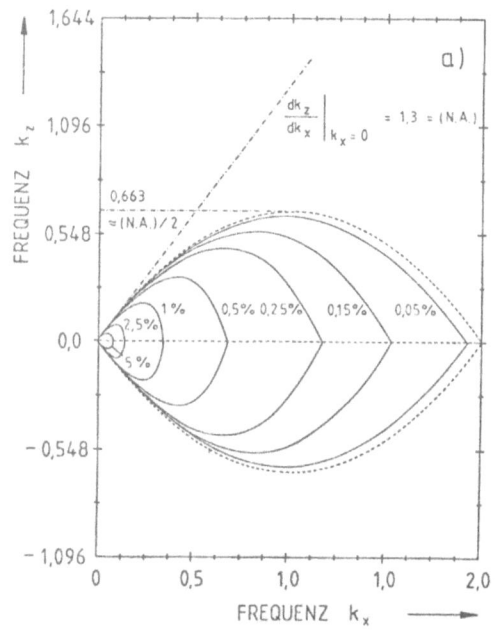

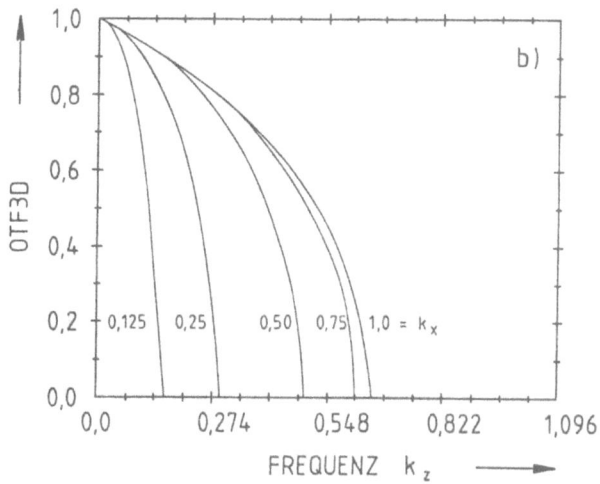

Abb. 3 : OTF3D
  a) Linien gleichen Funktionswertes ,
  b) eindimensionale Schnitte in k_z-Richtung.

Darstellung von diskreten Volumendaten in stereoskopischen Projektionsbildern.

Manfred Rübel, Hochschule der Bundeswehr Hamburg

Handelsübliche bildgebende Geräte der medizinischen Diagnostik bieten dem Anwender ein Schnittbild der zu untersuchenden Region (Realtime - B-Scan Ultraschallgeräte, CT - Scanner). Die Wahrnehmung räumlicher Zusammenhänge kann mit diesen Geräten durch eine Sequenz von Schnitten erzielt werden, hierbei ist das a priori Wissen über die inneren Strukturen des zu untersuchenden Objekts von grosser Bedeutung (z. B. die anatomischen Kenntnisse des Arztes über den Verlauf der Gefäße in der Leber).

Die heute verfügbaren Speichermedien erlauben die Zwischenspeicherung einer solchen Sequenz von räumlich versetzten Schnitten in einer Volumendatei. Es werden Möglichkeiten und Grenzen stereoskopischer Abbildungsverfahren für die 3-D Darstellung der gespeicherten Volumeninformation gezeigt.

Die Schnittbilder eines Realtime Ultraschallgerätes werden diskretisiert und eine Sequenz paralleler Schnitte gespeichert (Abmessungen ca. 100*100*150 mm). Die diskreten räumlichen Abtastpositionen repräsentieren diskrete Volumenelemente (Voxels). Jedem Voxel ist ein Echowert zugeordnet. Ein stereoskopisches Bild erhält man, indem man von zwei gedachten Projektionszentren (PZ) Strahlen durch das Volumen berechnet und Voxels längs der Strahlen in ein rechtes und ein linkes Teilbild (TB) projiziert. Bei der Wiedergabe darf das rechte Auge nur das rechte und das linke Auge nur das linke TB betrachten. Es wurden drei verschiedene Methoden zur Erzeugung und Darstellung des Stereobildes realisiert und untersucht, in welchem Umfang sie die räumliche Wahrnehmung und "Durchsicht" durch das Volumen ermöglichen.

1. Addition der Echowerte aller Voxels, die in dasselbe diskrete Element der Bildebene (Pixel) projiziert werden.

Der Abtastwert (Echowert) eines Voxels wird nur seinem Mittelpunkt zugeordnet, der übrige Raum wird als echofrei betrachtet. Projektionsstrahlen (PS) werden definiert zwischen PZ und diesem Mittelpunkt. Die Echowerte aller Voxels, die in dasselbe Pixel projiziert werden, werden addiert. Durch diese Maßnahmen wird erreicht, daß jedes Voxel nur in ein Pixel projiziert wird.

1.1 Normierung der Pixelwerte auf den Dynamikumfang des Bildprozessors.

Obwohl aufgrund der o.a. Zuordnung weniger Echowerte zu einem Pixelwert addiert werden als z. B. bei einer pixelbezogenen Projektion von Voxels mit homogener Echoverteilung, ist dennoch eine Anpassung an den Dynamikumfang des Bildsystems erforderlich. Das resultierende stereoskopische Bild läßt die räumliche Wahrnehmung zu in den Zonen, in denen eine geringe Anzahl von Voxels in ein Pixel projiziert wird, in den echostarken Zonen ist dies nicht mehr möglich. Schwächere Echozonen und singuläre Echos werden ganz unterdrückt, wenn es einzelne Pixels gibt, in denen viele echostarke Voxels abgebildet werden.

1.2 Darstellung des vollen Dynamikumfangs in Farbteilbildern.

In einem voll farbfähigen Bildsystem mit unabhängigen Speichern für die einzelnen Farbauszüge lassen sich die etwa 12 bis 14 bit der nach dem beschriebenen Verfahren erhaltenen Pixelwerte durch Aufspalten in die drei Farbauszüge darstellen.

Es wurden zwei Varianten durchgeführt: a) je 4 nichtüberlappende Bit des 12 bit Pixelwertes werden in den MSB der einzelnen Farbauszüge dargestellt, b) je 8 Bit, die sich teilweise überlappen, werden auf die Farbauszüge aufgesplittet.

Beide Varianten zeigen nun zwar die zuvor unterdrückten Echos singulärer Reflexionszentren, jedoch ist der räumliche Eindruck durch die stark nichtlineare Bewertung der Helligkeit nicht merklich besser geworden. Die gewünschte räumliche "Durchsicht" durch den Körper ist nicht möglich.

Die angegebenen Verfahren "Addition von Echowerten mehrerer Voxels" stellen an das visuelle System des Menschen Anforderungen, für die es nicht angepaßt ist: Es geht davon aus, daß jeder Bildpunkt in jedem Teilbild nur einen Objektpunkt repräsentiert.

2. Auswahl eines einzigen Voxels für die Abbildung.

Die Probleme, die sich bei der Addition von Echowerten ergeben, lassen sich durch die Abbildung von nur einem Voxel je Pixel vermeiden. Es wurde das Voxel ausgewählt, das von allen Voxels, die in dasselbe Pixel projiziert werden, den maximalen Echowert hat. Es wurden drei Varianten realisiert:

2.1 Unabhängige Projektion in beiden Teilbildern.

Hierbei wird in jedem TB das Maximum unabhängig vom anderen TB ermittelt. Dadurch ergibt sich, daß viele Objektpunkte nur in einem TB vetreten sind (das Maximum auf dem PS vom linken PZ durch ein Voxel ist nicht notwendigerweise auch ein Maximum auf dem zugeordneten PS vom rechten PZ durch dasselbe Voxel).

2.2 "Gleichzeitige" Projektion eines Maximalwertes in beide Teilbilder.

Beim Setzen eines "Pixelpaares" werden in beiden TB Pixels überschrieben, die i.a. zuvor kein "Paar" bildeten. Dennoch wird die Anzahl von Objektpunkten, die nur in einem TB vertreten sind, verglichen mit 2.1, erheblich verringert.

2.3 "Gleichzeitige" Projektion wie bei 2.2, zusätzlich Löschen des Wertes des früheren "Partnerpixels" im jeweils anderen Teilbild.

Durch diese Maßnahme wird sichergestellt, daß jeder abgebildete Objektpunkt immer in beiden TB vertreten ist.

Die Abbildung von jeweils einem Voxel in ein Pixel führt zu Bildern, die einen klaren räumlichen Eindruck vermitteln. Bei einfachen Objekten (z.B. wassergefüllte Ballons in Wasser) ist die "Durchsicht" gut, bei komplizierteren Objekten (Schweineherz in vitro) ist sie nur in einem gewissen Umfang möglich Verglichen mit dem Verfahren "Addition" sind echoschwache Zonen sehr gut zu sehen. Das Verfahren liefert nicht ganz befriedigende Ergebnisse bei Körpern mit relativ konstanter Echointensität oder mit einer Konturfläche mit dominierendem Echosignal. In diesem Fall ist die "Durchsicht" mehr oder weniger eingeschränkt.

3. Gemeinsame Darstellung des Gesamtbildes mit interaktiv ausgewählten Ausschnitten aus stereoskopischen Schichtbildern.

Es werden ein Stereobild nach einem der unter 2. genannten Verfahren und zusätzlich ein Satz stereoskopischer Schichtbilder erzeugt: Das sind Bilder, die nur Informationen aus einer dünnen ebenen Schicht des Objektes (parallel zur Bildebene) enthalten. Bei der Darstellung kann der Betrachter nun das räumliche Gesamtbild mit einem oder mehreren dieser Schichtbilder mischen. Er definiert einen Auschnitt und ersetzt darin das Gesamtbild durch stereoskopische Bilder von einer oder mehreren Schichten.

Das zuletzt beschriebene Verfahren zeigt einerseits das Volumen mit Details in den Bereichen kleiner und mittlerer Echodichte und ermöglicht andererseits die interaktive Manipulation der Tiefe der dargestellten Schichten unter Beibehaltung des räumlichen Eindrucks an den Stellen, an denen die Verfahren nach 2. nicht ganz befriedigende Ergebnisse erzielen.

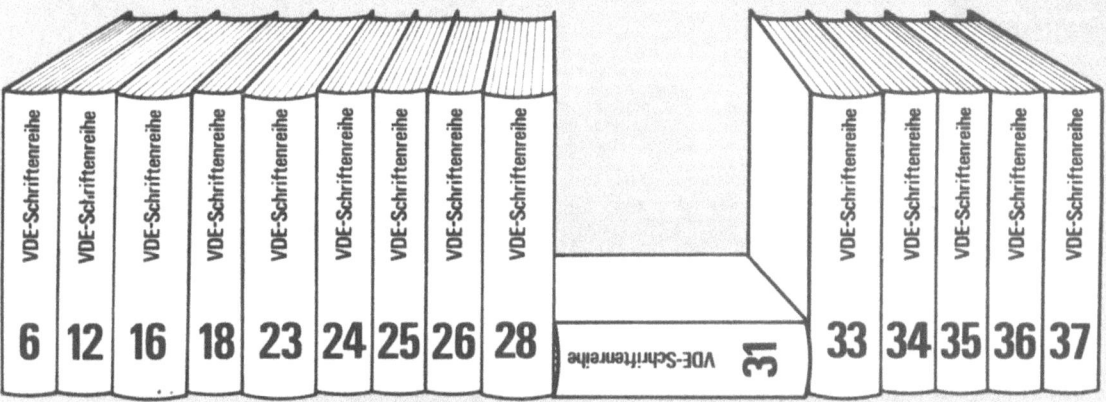

Band 50
Einführung in das VDE-Vorschriftenwerk

Herausgegeben von Dr.-Ing. A. Warner, Leiter der VDE-Prüfstelle, Offenbach, 408 Seiten, 155 Bilder, 48 Tabellen, 141 Schrifttumsquellen, Format A5, kartoniert.
ISBN 3-8007-1252-0,
Bestell-Nr. 400 250,
45,80 DM zzgl. Versandkosten.

Zum Buch:

Rechtzeitig zum 90jährigen Jubiläum des Verbandes Deutscher Elektrotechniker (VDE) e.V. erschien diese Einführung. Sie bietet einen Querschnitt aller VDE-Bestimmungen und erfaßt damit Erzeugnisgruppen und Sachaussagen entsprechend der VDE-Gruppeneinteilung:

- Starkstromanlagen
- Kabel und isolierte Leitungen
- Isolierstoffe
- Messung und Prüfung
- Maschinen, Transformatoren, Umformer
- Installationsmaterial, Schaltgeräte, Hochspannungsgeräte
- Verbrauchsgeräte
- Fernmeldeanlagen und Rundfunkanlagen

Wo immer nur möglich, werden die gemeinsamen Merkmale herausgearbeitet, soweit sie sich elektrischen, mechanischen, thermischen und sonstigen Eigenschaften eindeutig zuordnen lassen.

Interessentenkreis:

- VDE-Neulinge: Wer sich in die VDE-Bestimmungen einer engeren Erzeugnisgruppe einarbeiten möchte.

- VDE-Kenner: Wer sich über die VDE-Bestimmungen benachbarter Erzeugnisgruppen informieren möchte. Von großem Nutzen sind für den VDE-Kenner die Einzelübersichten über alle gültigen VDE-Bestimmungen und die tabellarische Gegenüberstellung IEC, CISPR, CEE, HD/EN des CENELEC, BS, NF/UTE, ÖVE und SEV, soweit sie mit VDE-Bestimmungen im Zusammenhang stehen.

Entwicklungsingenieure, Konstrukteure, Prüffeldingenieure, Vertriebsingenieure, Approbationsingenieure, Normeningenieure, Elektromeister, Schüler von Berufsfachschulen sowie Studenten von Technikerschulen, Fachhochschulen und Technischen Universitäten.

VDE-Schriftenreihe:

In dieser Buchreihe werden Kommentare und Erläuterungen zu den VDE-Bestimmungen veröffentlicht. Sie sind ein wichtiges Instrument zum Verständnis und zur „sicheren Anwendung" der VDE-Bestimmungen. Eine Übersicht aller z. Z. lieferbaren Bände senden wir Ihnen gern zu.

Bitte achten Sie auf folgende Anzeigen. Wir werden Ihnen die herausgegebenen Bände innerhalb dieses Rahmens vorstellen.

 VDE-VERLAG GmbH · Buchvertrieb · Bismarckstraße 33 · D-1000 Berlin 12

VDE-Fachberichte Band 33

Sicherer Strom in Heim und Freizeit

Vorträge der VDE-Tagung am 11. und 12. Mai 1982 in Dortmund
Wissenschaftliche Tagungsleitung: Prof. Dr.-Ing. K.-H. Schneider
134 Seiten, zahlr. Graphiken und Tabellen, A4, kart.
ISBN 3-8007-1281-4, Bestell-Nr. 400 673, 36,20 DM zzgl. Versandkosten

Die VDE-Tagung „Sicherer Strom in Heim und Freizeit" ist die dritte Tagung, die der Verband Deutscher Elektrotechniker (VDE) in Zusammenarbeit mit der Bundesanstalt für Arbeitsschutz- und Unfallforschung (BAU) mit dem Ziel durchführte, das Unfallgeschehen in seinen Ursachen zu analysieren und Verbesserungsmöglichkeiten abzuleiten.

Das Tagungsprogramm ist unter drei Aspekten zu sehen:

1. Darstellung des Unfallgeschehens mit möglichst detaillierter Angabe der Ursachen, Darstellung des physiologischen Vorganges bei Stromdurchtritt durch den menschlichen Körper.

2. Passive Unfallverhütung, die da reicht von den staatlichen Aufgaben des Verbraucherschutzes über die Normung bis zu den Prüfzeichen, die auch dem Laien anzeigen, daß das neu erworbene Produkt den durch die Normen gesetzten anerkannten Regeln der Technik entspricht.

3. Eine vom Anwender betriebene aktive Unfallverhütung, die nur nach intensiver Aufklärung erfolgen kann.

Das Ergebnis der Tagung war, daß Gefahrenquellen bewußt gemacht, aber auch gezeigt wurde, wie in konsequenter Anwendung der Normung und der Aufklärung eine weitere Verbesserung der Sicherheit erreicht werden kann.

Dieses neue VDE-Fachbuch ist jedem zu empfehlen, der in irgendeiner Form mit elektrischer Energie in Berührung kommt, also nicht nur dem industriellen Nutzer, sondern auch gerade den privaten Haushalten.

VDE-VERLAG GmbH · Buchvertrieb · Bismarckstraße 33 · D-1000 Berlin 12

If you have any concerns about our products,
you can contact us on
ProductSafety@springernature.com

In case Publisher is established outside the EU,
the EU authorized representative is:
**Springer Nature Customer Service Center GmbH
Europaplatz 3, 69115 Heidelberg, Germany**

Printed by Libri Plureos GmbH
in Hamburg, Germany